厦门大学出版社

高等学校**法学精品**教材系列

朱崇实 总主编

商 法

Commercial Law

[第二版]

王新红 曾 炜 / 主 编
柳建闽 张冬梅 / 副主编

撰稿人（按章节顺序）

王新红 彭桂兰 蔡 劼 丁国民
张冬梅 李良雄 钟付和 柳建闽
曾 炜

厦门大学出版社 XIAMEN UNIVERSITY PRESS
国家一级出版社
全国百佳图书出版单位

图书在版编目(CIP)数据

商法/王新红,曾炜主编.—厦门:厦门大学出版社,2016.8(2018.3 重印)
高等学校法学精品教材系列/朱崇实总主编
ISBN 978-7-5615-6150-8

Ⅰ.①商… Ⅱ.①王… ②曾… Ⅲ.①商法-中国-高等学校-教材
Ⅳ.①D923.99

中国版本图书馆 CIP 数据核字(2016)第 200746 号

出版人 郑文礼
责任编辑 甘世恒
封面设计 洪祖洵
电脑制作 张雨秋
责任印制 许克华

出版发行 厦门大学出版社
社　　址 厦门市软件园二期望海路 39 号
邮政编码 361008
总 编 办 0592-2182177 0592-2181406(传真)
营销中心 0592-2184458 0592-2181365
网　　址 http://www.xmupress.com
邮　　箱 xmupress@126.com
印　　刷 厦门市明亮彩印有限公司

开本 787mm×1092mm 1/16
印张 35
插页 2
字数 706 千字
版次 2016 年 8 月第 2 版
印次 2018 年 3 月第 2 次印刷
定价 60.00 元

本书如有印装质量问题请直接寄承印厂调换

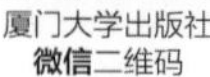

厦门大学出版社
微信二维码

厦门大学出版社
微博二维码

总主编简介

朱崇实，1982年2月毕业于厦门大学经济系，获经济学学士学位；1990年5月毕业于南斯拉夫贝尔格莱德大学国际经济系，获经济学博士学位。现为厦门大学校长、厦门大学法学院教授、经济法学专业博士生导师，兼任中国法学会经济法研究会副会长。主要著作9部（含合著），发表论文40余篇。主持或参与国家级、部省级科研课题10项，科研成果先后获“孙冶方经济科学奖”“国家首届人文社科优秀成果奖”和“福建省社会科学优秀成果奖”等。

执行总主编简介

朱福惠，湖南娄底人，1961 年 7 月生。武汉大学法学博士，现为厦门大学法学院教授，宪法与行政法专业硕士生、博士生导师，中国宪法学研究会副会长、中国法学会比较法学研究会理事。主要学术成果有：《宪法与制度创新》（法律出版社 2000 年版），《宪法至上——法治之本》（法律出版社 2000 年版），《宪法专论》（与刘连泰、周刚志合著，科学出版社 2007 年版），《宪法学原理》（主编，厦门大学出版社 2011 年版）。

主编简介

王新红，男，汉族，湖南洞口人，福建师范大学法学院教授、副院长。兼任中国经济法学研究会理事、中国财税法学研究会理事、福建省法学会经济法学研究会副会长。在人民出版社、中央编译出版社等出版社出版个人专著 4 部，在《法学评论》《当代法学》《法学论坛》《政治与法律》等学术期刊发表论文 50 多篇。主持国家社科基金重点项目、教育部人文社科一般项目、中国博士后基金项目、中国法学会重点项目、福建省社科规划项目等省部级以上项目 10 余项。

曾　炜，男，1976 年 8 月生，湖南邵阳人；2010 年毕业于武汉大学国际法研究所，获国际法博士学位，现为贵州民族大学法学院教授、国际法专业硕士研究生导师，兼任中国国际经济法学会理事、中国法学会 WTO 法学会常务理事。

总 序

中国的改革开放要求建立一个法治社会。与这样的一个宏伟目标相适应，自1979年以来中国的法学教育蓬勃发展，截至2006年，全国已经成立了法律院校600多所，在读大学生数十万人（尚不包括大中专及夜大、成人教育的学生人数）。应该承认，我国法学教育在迅速发展的同时也存在教育质量参差不齐、不能完全适应社会发展需要等方面的问题。因而，积极推进教学方式改革，促进法学课程体系的完善，努力培养"宽口径、厚基础"的复合型法律人才，已经成为法学教育界的共识。为达成此种目的，法学教育中的课程建设及其相关的教材编写，在当前法学教育大调整的格局中显得尤其重要。基于上述考虑，我们特组织福建省各高等法律院校的主要学术骨干编写了这套教材，各部教材的主编均是福建省高等学校法学院的主要学科带头人。例如，《国际经济法》主编廖益新教授、《民法总论》主编蒋月教授、《环境法》主编陈泉生教授、《宪法学》主编朱福惠教授、《刑法总论》主编陈晓明教授和《法理学》主编宋方青教授等，都是在本学科领域颇有建树，得到同行认可并深受学生喜爱的优秀教师。其他参与教材编写的也都是教学第一线的中青年骨干教师，具有良好的法学教育背景，许多人兼通中西法学。由于众多优秀教师参与编写，使这套教材的质量有了可靠的保障。

厦门大学法学院在编写这套教材中发挥了积极的作用。厦门大学是国内最早开设法科的高校之一，从事法学教育已经有八十多年的历史。改革开放以来，法学院在1986年即获得博士学位授予权，2006年获得法学博士授权一级学科，现设有国际法、经济法、民商法、宪法与行政法、诉讼法、法理学和刑法学七个博士点，拥有法学博士后流动站。国际法是国家重点学科，民商法、经济法、宪法与行政法是福建省重点学科。在学科建设取得重大成就的同时，法学院适应我国法制发展的需要，为国家和社会培养了大批优秀的法律人才，成为我国重要的法学研究和人才培养的基地。为了推动我国法学教育事业的发展，厦门大学法学院联合福建省各主要高校的法学院系编写了这套教材，其目的在于整合福建省高校法学教学资源，加强各高校法学教师的联系，总结教学经验，为福建省乃至全国的法学教育作出更多有益的贡献。

这套教材具有如下几个特色：

第一，依据法学本科教育的特点和规律，吸收我国法学理论界近年来最新的、较为成熟的研究成果。我们认为，本科教学以培养初级法律人才为直接的教育目标，因而必须注重基本概念、基本原理与基本制度的讲解与传授，而不能一味求新求奇，更不能以个别专家的学术观点取代理论界已经形成的共识。我国处于社会转型时期，改革开放事业日新月异的发展，国家的法律制度的变革十分迅速，法学理论的发展更有“一日千里”之势。为了确保本科教育的培养质量，我们在教材内容的甄选方面，努力做到既注重基本知识、理论共识，又注意吸纳理论界近年来最新的、较为成熟的研究成果。

第二，依据法律人的思维范式编撰教学内容，寓“德育”于法律知识教育之中。如前所述，法学教育的总目标在于培养社会主义法治国家的“治国之才”。新时代的法律人才不仅应当具备扎实的法学知识理论功底，而且还应当具有牢固的法律信仰和优秀的道德品质。法律人所具有的这种独特的信仰和道德，与其独特的知识背景和思维范式联系在一起，共同构成法律人所特有的人文精神。如欲培养法律人的道德品质，空洞的道德说教无济于事。唯有依据法律人独特的思维范式、将公平正义的法律理念融汇在教学内容中，学生才能在学习的过程中逐渐自觉地确立法律信仰，法律道德的培养才能初具成效。基于这种认识，我们依据法律人的思维范式编撰教学内容，力图寓“德育”于法律知识教育之中。

第三，依据当代中国社会对于法律人才的要求，努力建构完善的课程体系与教学内容体系。要培养合格的法律人才，建构完善的法学课程体系至关重要。我们根据本科教学的要求，首先组织编写十四门核心课程的教材，对法学上的基本概念和基本原理作了较为清晰的阐释。除此之外，还组织编写了房地产法、证券法、公证与律师制度和知识产权法等与市场经济发展密切相关的法学教材。希望我们这一套教材能够为本科法学教材体系的发展作出微薄的贡献。

由于我们的水平有限，缺点和错误在所难免，敬请读者批评指正。

2007年8月1日

第二版说明

本次《商法》的修订主要涉及两个方面：一是一些法律做了修订，根据修订后的法律对相关内容做修订；二是根据读者反馈的意见，对不够简明的内容，在文字表述上做了调整，删除了一些繁冗的内容。另外，增补了最新司法考试真题。

修订工作基本上由原编者完成，但也有个别调整。修订版编者简介和具体分工如下：

王新红：福建师范大学法学院教授、博士，修订第一编第一章、第二章第一节、第三章；

彭桂兰：福建师范大学法学院讲师，修订第一编第二章第二、三、四节；

蔡　劼：福建警察学院法学系讲师，修订第二编；

丁国民：福州大学法学院教授、博士，修订第三编；

张冬梅：福建师范大学法学院副教授、博士，修订第四编；

李良雄：福建江夏学院金融系副教授，修订第五编；

钟付和：华侨大学法学院副教授、博士，修订第六编；

柳建闽：福建农林大学人文学院副教授，修订第七编；

曾　炜：贵州民族大学法学院教授、博士，修订第八编。

全书由王新红、曾炜负责统稿、定稿。

编　者

2016 年 7 月 9 日

前言

商人对利益的追逐具有两面性，一方面为社会提供丰富的物质财富，推动社会的进步和发展，另一方面也可能为谋取利益不择手段，损害他人及社会公共利益。为善还是为恶，当然与商人伦理相关，但起决定作用的，还是法制。好的法制保护诚实守信、依法经营的商人和商行为，制止、惩戒不法、不诚信的商人和商行为。商法是调整商主体和商行为的法律，是直接规范和保障商人正当营利行为之法，是市场经济法律保障体系中最重要的法律部门之一。

转型时期的中国，商事环境不容乐观，假冒伪劣、坑蒙拐骗大行于市。在这种背景下，研究和探索适合中国国情的、良好的商法制度，为完善我国商事法治、营造良好的商事环境做出贡献，是当代商法学人和学子不容推卸的责任。

本书是供大学法律专业本科生使用的商法学教材，如能使初涉商法的学子对商法产生兴趣，并帮助他们掌握商法的基本知识，编者将倍感欣慰；倘若还能激起部分学子矢志投身于商法实践或者商法研究，编者将受到莫大的鼓舞。

本书的体系结构既参照国内商法教材的通例又略有改变：商事名称、商事登记和商事账簿都属于商主体法律制度的一部分，故将它们纳入"商主体"一章，不再分别单独设章；个人独资企业和合伙企业是小微型商主体的主要存在形式，个人独资企业法和合伙企业法都是重要的商主体法律制度，因而新增了一编：个人独资企业法和合伙企业法。这种改变，使商法学的体系更合理、更完整。

本书由来自福建师范大学、福州大学、华侨大学、福建农林大学、福建江夏学院、福建警察学院、贵州民族大学的学者合作完成。编者简介和具体分工如下：

王新红：福建师范大学法学院教授、博士，撰写第一章、第二章第一节、第三章；

彭桂兰：福建师范大学法学院讲师，撰写第二章第二、三、四节；

蔡　劼：福建警察学院法学系讲师，撰写第四章、第八章；

徐　斌：福建警察学院法学系讲师，撰写第五章、第六章、第七章、第九章；

丁国民：福州大学法学院教授、博士，撰写第十章、第十一章；

张冬梅：福建师范大学法学院副教授、博士，撰写第十二章、第十三章、第十四章；

李良雄：福建江夏学院金融系副教授，撰写第十五章、第十六章、第十七章；

钟付和:华侨大学法学院副教授、博士,撰写第十八章、第十九章、第二十章、第二十一章;

柳建闽:福建农林大学人文学院副教授,撰写第二十二章、第二十三章、第二十四章、第二十五章、第二十六章;

曾　炜:贵州民族大学法学院副教授、博士,撰写第二十七章、第二十八章、第二十九章、第三十章。

全书由王新红负责统稿、定稿。

由于编者能力、时间所限,本书中必然还存在一些编者自身发现不了的错漏,恳期读者批评指正!

编　者

2012 年 12 月 16 日

目　录

第一编　总　论

第二编　公司法

第三编 个人独资企业法和合伙企业法

第四编 破产法

第五编　票据法

第六编　证券法

第七编　保险法

第八编　海商法

第一编

总论

LAW

第一章 商法概述

【引 例】

甲、乙二人拟共同出资开办一家酒店，取名“醉心楼餐饮无限公司”。他们向工商行政管理部门申请开业登记时被告知：我国法律中没有无限公司这种组织形式，不能成立无限公司，故不能准予开业登记。但甲、乙二人认为，他们自己开的酒店，取什么名字是他们自己的事，工商行政管理部门不应干涉。

第一节 商的含义与商法的概念和特征

一、商的含义

商，又称商事，是一个使用得非常普遍、含义丰富的概念。商的最初含义，也是当今人们对商最通常的理解，是指货物的交换。随着商品贸易的发展，交易的规模不断扩大，出现了职业的从事买卖、以赚取买卖的差价为生的阶层。这时对商的理解就多了一层含义，即商是以营利为目的的货物交易行为。这揭示了商的本质，基本上接近了现代意义上商的含义。此后对商的含义的发展，只是不断地拓展范围而已。

现代意义上对商的含义在不同学科中有着不同的理解。作为一个法学概念，商有两层基本含义：一是指一切以营利为目的的营业行为，也即商行为；二是指从事以营利为目的的营业行为的人，也即商主体。准确理解这一定义，关键要把握两个要点：

（一）营利性

所谓营利性，是指以营利为目的。只有以营利为目的行为才属于商行为，只有从事以营利为目的行为的主体才是商主体。营利性是商的本质属性，正是对利益的无限追求，才推动了商事活动的不断发展与繁荣，正是对营利性行为的保障和规制,才有了商法的产生和发展。不过,营利性指的是主体的获利目的,而不是指获利的结果。出于营利动机而为营业行为,结果却亏损了,仍然不失其营利性。

(二)营业性

所谓营业性是指营利行为是连续不断的经营活动,具有连续性。一次性的营利行为,虽然是为了营利,但不是营业,不能称之为商。

不过,随着社会交易活动的频繁,产生于商活动中的某些行为进入非商领域后,不再具有营利性或营业性,甚至两者均不具有,但在法律上仍然视其为商,适用商法,如某些票据行为。

二、商法的概念

商法有广义和狭义之分。狭义的商法也称形式意义的商法,是指以商法为名称制定的法典,如《法国商法典》《日本商法典》等;广义的商法也称实质意义的商法,是指一切调整商事关系的法律规范的总称。

(一)形式意义的商法

奉行民商分立立法原则的国家在民法典之外制定了以"商法"命名的法典,此即形式意义的商法。大陆法系的德国、法国、日本、奥地利、比利时、卢森堡、希腊等均制定了商法典。由于各国的国情和法律编纂的原则不同,各国的商法典也各具特色。

1. 商人法主义的商法典。商人法主义又称主观主义,是指以商人概念为核心,并以此为基础表述商行为概念而编纂的商法典。《德国商法典》是这种立法例的典型代表。

2. 商事法主义的商法典。商事法主义又称商行为法主义、客观主义,是指以商行为概念为核心,并以此为基础表述商人概念而编纂的商法典。1808 年施行的《法国商法典》是这种立法例的先驱。

3. 折中主义的商法典。这是同时以商人概念和商行为概念为基础而编纂的商法典,是对前两种立法例的折中,也可以说是兼具它们的优点,这是现代商法典编纂的总趋势。《日本商法典》是这方面的典型代表,20 世纪《法国商法典》的修订也采用了这一原则。

英美法系国家原先没有商法典。1952 年,美国统一州法委员会制定了《统一商法典》,该法与大陆法系国家的商法典不同。由于统一州法委员会并不是立法机构,《统一商法典》在州议会批准前不是法,只有经州议会批准后才成为该州的法律,才能在该州适用。该法现在已经大多数州批准。该法既不是以商人为基础,也不是以商行为为基础,而是以货物买卖为中心构造的规范体系。

(二)实质意义的商法

有商事活动,必有调整商事活动的法律。国家可以不制定商法典,却一定有实质意义的商法。从表现形式上看,实质意义的商法不仅包括专门的、单行的商事法律、法规,还包括散见于宪法、民法、行政法等其他法律法规中的商事法规范,国家加入的有关商事的国际条约,国家认可的国际商事惯例,还有判例法国家有关商事的司法判例。

中国目前尚不存在形式意义的商法。大多数学者认为中国宜采用民商合一的立法体例,因此以后也不必制定形式意义的商法。实质意义的商法却是大量存在的。不仅民法、经济法和行政法中有大量的调整商事关系的规范,国家还颁布了《公司法》《合伙企业法》《破产法》《票据法》《证券法》《保险法》《海商法》[①]等单行商法,基本上构成了一个完整的商法体系。

三、商法的特点

特点,是一事物区别于他事物的显著标志,是通过比较而展现的。无论是"民商合一",还是"民商分立",商法总与民法有不解之缘,合称为民商法。因此,对商法特点的归纳与概括也主要是与民法相比较而言的。

(一)营利性

商法具有营利性的特点并不是指商法是指导人们营利的"淘金术",而是指商法规范的是商主体的营利行为。商总是与营利联系在一起。商人对利润的追逐,尽管在中国社会曾经遭人鄙夷,但不容否认的是,正是对利益的永无止境的追求,才有了人类物质文明和精神文明的进步,对人类具有重要意义。商法是商事活动发展的产物,随着商事活动的繁荣而不断走向完善,其首要职能就是保护营利、促进营利。

当然,商法只鼓励通过正当手段和途径获取利益,对于通过欺行霸市、坑蒙拐骗、巧取豪夺、尔虞我诈等一切不正当竞争或非法手段营利的行为,商法要加以禁止和制约,这也是商法营利性特征的重要方面。

(二)技术性

商法以经济上的实用为依归,为达到商事交易的迅捷、高效和安全,以实现营

---

① 为使行文简洁,我国法律名称中的"中华人民共和国"字样一律省略,如无特别说明,《公司法》《合伙企业法》《企业破产法》《票据法》《证券法》《保险法》《海商法》均指我国现行法律,即均省略了"中华人民共和国"字样。

利性，其规范中有了更多的技术含量，特别是现代商事交易中更多地融进了先进的科学技术，具有很强的技术性。有些规范，与其说是法律，还不如说是技术规程，这与民法中偏重伦理、多作定性规定的特点大异其趣。例如，公司法中关于股东会召集程序与决议方法的规定，票据法中票据的无因性、文义性、追索权等的规定，海商法中关于理算规则的规定，保险法中关于保险利益的认定……无不体现了极强的技术性。

（三）私法公法化现象明显

商法是私法。但是，自 20 世纪以来，随着国家权力不断地干预经济，出现了“私法公法化”的倾向，也就是原来大量的私人“意思自治”的领域，被国家强行干预和介入，大量的任意性规范由强行性规范所取代。这种趋势主要表现为商法的公法化。如对于引例中涉及的商事组织形式，法律有明确规定，设立商事组织，只能在法定的形式中选择，这是商主体法定原则的要求，就是商法公法化的典型例证。不过，私法公法化的特征只是表明商法中融入了公法的内容，从总体上、本质上说，商法仍然是私法。

（四）国际性

商人无国界，哪里有利可图，哪里就有商人的影子。商人活动的这种特性决定了商法的国际性。中世纪的商人基尔特自治法便是由不分国籍的欧洲商人在交易中形成和发展起来的。到了现代，商事活动更是明显地跨越了国界，国际货物买卖、国际技术转让、国际资产融通、海上运输与保险、国际结算等，无不反映了商事活动的国际性。商法对商事活动的国际性的回应反映在三个方面：一是商法中往往对涉外商事活动作出专门规定；二是各国在制定本国的商法时大量地借鉴和参照国际惯例和别国的立法，各国立法有趋同的倾向；三是国际贸易惯例的广泛采用以及大量的有关商事的国际条约的签订和遵守。

（五）组织法和行为法的统一

商事活动是商主体的活动，商主体包括商个人和商组织，主要是商组织，商法首先要对商组织作出规定，因此有商组织法；商组织设立的目的是从事商事活动，因此商法也应包括商行为法。两者统一构成完整的商法。在立法上，商组织法和商行为法往往结合在一起，如公司法、证券法、保险法，既是组织法，也是行为法；也有单独的行为法，如票据法，但没有纯粹的组织法，以组织法为主的商法中，总有一些关于商行为的规定。

商组织法与商行为法相比较，前者具有更多的公法属性，多数规定属于强行性规范。商法的私法公法化主要体现为商组织法。商行为法主要是规范各种交易及相关行为的规则，多为任意性规范，保留了商法作为私法的典型特征。由于世界上

的交易一般遵循一些同样的基本规则，具有一致性，因此，商行为法还更多地体现了商法的国际性特点。

第二节　商法的调整对象

一、商法调整对象的概念和范围

（一）商法调整对象的概念

商法的调整对象是指由商法所调整的特定范围的社会关系，这种特定的社会关系就是商事关系。商事活动主要是商主体的商行为，因此，商事关系包括商组织关系和商行为关系，是两者的统一。

（二）商事关系的范围

商事关系包括商事组织的设立、组织、活动与解散等过程中发生的有关当事人之间的社会关系，商主体相互之间从事商事交易所发生的社会关系，以及国家对商主体和商行为的管理关系。具体包括：

1. 商事组织内部关系。这是指商事组织的投资者之间、投资者与商事组织之间、商事组织各种组织机构之间，在商事组织设立、存续、变更与解散过程中所发生的社会关系。它们主要是财产关系，也包括某些同财产关系密切联系的人身关系；它们既包括各方之间的平等协商和互相配合、监督关系，也包括管理与被管理关系。

2. 商行为关系。商行为关系包括两大类：一类是双方商行为关系，即交易双方主体都是商主体，这是典型的商事关系；另一类是单方商行为关系，即商主体与消费者之间的关系。这种区分对于商法而言是有意义的，有些商法只适用于双方商行为关系，不适用于单方商行为关系，而单方商行为关系除了受商法一般调整外，还受消费者权益保护法的特别调整。此外，还有一种商行为，被称为“绝对商行为”，即不论行为的主体是不是商主体，法律均承认其为商行为，受商法调整，如票据行为就是此类行为。

3. 国家对商主体和商行为的管理关系。国家出于行政管理和监督的需要，对商主体及某些特殊的商行为进行管理、监督或引导，由此发生国家与商主体之间的管理与被管理关系，如商号管理、商事登记管理、商事账簿管理等。不过，并非国家对商主体和商行为的所有的管理关系都属于商事关系，例如，国家对商主体的宏观调控中发生的社会关系就不属于商事关系，也不由商法调整，而是属于国家调节关系，由经济法调整。只有直接针对商主体和商行为，并以保护和规范营利性为目的的管理行为所形成的社会关系，才可以纳入商事关系。

二、商事关系与民事关系的区别

民事关系是指平等主体之间的财产关系和人身关系。商事关系从某种意义上说也是民事关系，是特殊的民事关系，其与民事关系有密切联系，不能完全脱离民事关系而存在。但是，两者之间的区别也是明显的。

1. 民事关系调整平等主体之间的关系，既包括经营活动，也包括非经营活动，商事关系具有很强的营利性特征，只包括经营活动，不包括非经营活动。

2. 民事关系中不仅包括财产关系，而且包括人身关系，如婚姻关系、继承关系、家庭关系；商事关系不涉及与自然人人身关系。

3. 民事关系中的财产关系主要反映的是商品交换关系，重点是支配权；商事关系中的财产关系不仅仅是交换关系，还包括生产和经营关系，不仅包括财产的支配权，更多的还包括财产的管理权和经营权。

4. 民事关系所体现的私的关系性质，较少牵涉到国家利益和社会公共利益，国家干预极少，国家也多采用私法调整手段；商事关系基于其生产经营本质以及对整个社会生活的重要影响，不可避免地要引起国家不同形式和不同程度的干预和控制，因而现代各国普遍对其采取某些公法性的调整手段。

三、商法与其他法律部门的关系

(一)商法与民法的关系

商法和民法均属于私法，均调整平等主体之间的财产关系和人身关系，两者有着极其紧密的联系。民法是调整私人关系的一般法，商法是调整私人关系中的商事关系作出规定的特别法，两者是一般法和特别法的关系。具体表现在：

1. 民法作为基本法的一般适用和补充适用。民法作为基本法，规定了私法的一般原则和规则，这些原则和规则适用于商事活动，商法无须再作规定。例如，关于权利能力、行为能力的规定，关于平等原则、诚实信用原则、公平原则、自愿原则的规定，均适用于商事活动。另外，如果商法对某项商事事项予以特别规定，民法的规定则可以补充适用，如商法短期时效的特别规定。但商法未作特别规定的商事争议，其诉讼时效仍然适用民法的规定。

2. 商法作为特别法的优先适用。商法作为民法的特别法，表现在三个方面：(1)对民法个别规定的补充、变更。如上文提到的短期时效就是对民法关于诉讼时效的变更规定；再如合同法中关于仓储合同的规定，是对作为民事合同的保管合同的补充规定。(2)对民法一般制度的特别规定。如商法关于公司的规定，关于合伙

企业、个人独资企业的规定，就是对民法中企业法人、合伙和自然人的特别规定，这些规定专为确立商主体及其行为规则而创设，已经超出了民法的范围。(3)创设民法所没有的特殊制度。如商法关于商事账簿、共同海损、海事赔偿责任限制制度等，这些都是传统民法中所没有的制度。根据特别法优于普通法的原理，商法优先于民法在商事活动中得到适用。但是，商法只适用于商事活动，在商事活动以外的领域，即使商法有特别规定，仍然适用民法。

(二)商法与经济法的关系

从本质上说，由于经济法调整的是国家的经济调节行为，属于公法的范畴；而商法是私法，是保障和规范商人及其营利行为的法律，以私人为本位，两者的区别是显而易见的。但两者也有着广泛的联系：(1)两者都规范企业，商法是确定和保护商主体地位，为市场确定合格的商主体，企业法当中的组织法部分属于商法；经济法规范企业，主要是企业政策方面的法律。(2)两者都是规范市场经济的基本法律制度，但商法主要是保障主体的自由意志，奉行"私法自治"，维护形式公正；经济法主要是矫正不当市场行为，利用国家强制力维护实质公正。(3)两者都关注利益和效率，但商法维护的是私人个体的利益和效益；而经济法追求的是社会整体的利益和效率。

(三)商法同劳动法的关系

劳动法调整劳动关系，是在劳动者与雇主的长期斗争中逐渐形成的、以保护劳动者利益为目的的法律。劳动者与雇主相比，处于相对弱者的地位，从总体上讲，劳动法属于弱者权利保护法，属于社会法的范畴。劳动法与商法在调整企业时发生关系，企业与投资者、企业与企业管理者的关系，由商法调整；企业与职工之间的关系，由劳动法调整；企业管理者同时与企业形成劳动关系的，受商法和劳动法的双重调整。

(四)商法与刑法、诉讼法、国际法等部门法的关系

作为法律体系中的一员，商法与刑法、诉讼法、国际法等部门法都发生关系，如刑法中设有关于商事的犯罪和刑罚，诉讼法为商法的实施提供程序保障，在全球经济一体化的今天，许多商法就直接表现为国际条约、国际惯例等。总之，法律体系是一个相互联系和作用的整体，学习和研究商法，必须把它放到整个法律体系中去。

第三节 商法的基本原则

一、商法基本原则的含义及意义

所谓商法的基本原则，是指商法的主旨和基本准则，是对于各类商事关系具有普遍性适用意义或司法指导意义、对于统一的商法规则体系具有统领作用的某些基本法律规则。商法基本原则的价值和意义主要表现在三个方面：

（一）是商事立法的指导原则

商法是由各类商事特别法组成的庞大的体系，要使各类特别法服务于商法的主旨，相互之间不产生矛盾和冲突，立法时必须遵循统一的原则。

（二）是商法解释的指导原则

商法需要解释，由于文字本身存在的歧义以及不同的人对商法理解的差异，商法有时可以作不同乃至相反的解释。怎样的解释更符合商法的本义呢？此时就必须依靠商法的基本原则来判断，只有符合商法基本原则的解释才是正确的解释。

（三）是弥补商事成文法不足的重要手段

由于人类知识、能力、时间和资源的有限性，以及社会的发展性，商法总是不完备的、滞后的。不完备的、滞后的商法调整商事关系，必然留下许多法律的空白。面对法律的空白，裁判者不能拒绝裁判，也不能任意裁量，而必须依据商法的基本原则来作出裁判。

商法是民法的特别法，作为一般私法的基本原则，如平等原则、公平原则、等价有偿原则、自由原则、诚实信用原则、依法行使权利原则、公序良俗原则等，也是商法的基本原则。这些原则在民法学中有详细介绍，这里不再赘述，只介绍专属于商法的特有原则。

二、商主体法定原则

商主体是商事活动的实施者，是商事权利义务的承担者。在现代市场经济条件下，商主体的活动情况关系到整个国民经济能否健康有序地运行，各国一般制定了大量的对商主体的资格进行规制的强行性规范，形成了商主体法定原则。它包括商主体类型法定、商主体内容法定和商主体公示法定三个方面。

（一）商主体类型法定

商主体在组织形式上由法律予以明确设定，非经法律设定者不得享有商主体的资格，任何人不得创设法定形式以外的商主体形式。引例中的甲、乙二人欲创设我国法律中没有规定的商主体形式——无限公司，工商行政管理部门当然不能准予登记。在西方国家，商主体形式主要包括公司、合伙企业、个人独资企业和合作社几种形式。我国在商主体方面的立法比较混乱，既有按所有制形式设定的全民所有制企业、外商投资企业等，也有按投资结构和责任形式设定的公司企业、合伙企业、个人独资企业、合作社等，还有独具特色的股份合作制企业，另外还有个体工商户、农村承包经营户。

（二）商主体内容法定

商主体的财产关系和组织关系的主要方面由法律予以规定，行为人不得创设与法律规定不相容的财产关系和组织关系。例如，合伙人不能约定对合伙企业的债务负按份责任，有限责任公司的股东不能以劳务作为出资，等等。违反法定的财产关系或组织关系，不能依法取得合法商主体资格。商主体的不同类型是通过法律对它们的财产关系和组织关系的不同规定来体现的。

（三）商主体公示法定

商主体之成立、变更和终止必须按照法定程序予以公示，以便交易第三人及时知晓；未经法定公示者，不得对抗善意第三人。商主体公示的方式主要是进行商事登记及将主要登记事项在公共媒体上公布。

商主体法定原则是经济社会化的产物，是传统商事交易自由主义向现代商事活动之国家干预转变的结果，也是商法“私法公法化”的重要表现。不过，商主体法定的目的在于从商事活动的参加者的角度规范商事活动，保障交易安全。舍此，对商主体的限制就成了阻碍商主体积极能动性发挥的羁绊，违背了私法自治原则，是不恰当的。

三、维护交易安全原则

交易安全是对取得利益的合法交易活动加以保护，是指交易行为的安全，表现为行为自身的有效性。维护交易安全原则，是对商法通过建立一系列的规则来保护交易主体的合理信赖利益，减少和消除商事交易活动中的不安全因素，确保交易行为的法律效用和法律后果的可预见性。商事活动的目的在于营利，如果没有交易安全，营利更是无从谈起。商法对交易安全的保护主要是通过以下制度来体现的。

(一)商事交易的公示主义

商主体在从事交易行为时,应当公开交易中相对人所必须知晓的重要事项。在商事交易中,当事人必须能够事先获得准确可靠的信息,如了解交易相对人的法律地位、权利能力、资信状况等,以便正确作出是否进行交易的决断。各国法律对商事交易的公示的主要法律规定有:(1)企业法关于企业登记的公示;(2)证券法关于股票、债券等证券发行和交易的信息公开;(3)担保法关于抵押等的担保登记公示;(4)海商法关于船舶登记的公示。

(二)商事行为的要式主义

在商事交易中,一方面实行自主经营、当事人意思自治;另一方面,为促进当事人建立稳定的交易基础,确保交易安全,对某些合同和商事文书,商法作出要式化的要求。如公司章程的记载事项、票据的格式和记载事项、提单的记载事项等,商法都有详细明确的强行性规定,违背了这些规定,将导致行为无效等不利于行为人的法律后果。

(三)商事行为的外观主义

所谓外观主义,又称禁止反言,是指在内心意思和外观表示不相一致时,以当事人行为的外观为准去认定行为的法律后果。民法中的表见代理制度就是外观主义的典型例证。不过,民法仅仅是将外观主义作为特例,商法却是作为一般制度加以规定的。如票据法对于票据行为的规定就贯彻了严格的外观主义:票据属于文义证券,一切票据行为的意思表示都是通过票据上的记载来反映,票据上记载的文字是解释票据行为人意思的唯一根据。

(四)商事交易的严格责任

所谓严格责任,是指在商事交易中,债务人无论有无过错,均应对债权人负责。商事交易是大量、连续和反复进行的,对商主体的责任要求较高,这样才能更好地保护债权人的利益。如票据关系中出票人、持票人对后手的连带责任,公司发起人对不足出资补足的连带责任,销售商因产品缺陷对购买者所负的连带责任,均是严格责任的典型例证。

商法对交易安全的保护是相对的,可以减少商业风险,却不能完全消除。对交易安全的保护往往是以牺牲效率或商主体的自由为代价的,因此,也不能过于强调。

四、保障交易迅捷原则

对商人来说,时间和效率就是金钱。商法的营利性特征主要体现为保障交易迅捷。商法保障交易迅捷原则主要体现为交易简便、短期时效和定型化交易规则三个方面。

(一)交易简便

各国商法大量规定要式行为方式和文义行为方式供商主体从事商行为时选用;大量使用默示推定规则,在商主体没有约定或约定不明时直接按法定的规则确定当事人双方的权利义务,简化了当事人的协商过程,简便了交易手续,节约了交易成本。

(二)短期时效

商法对于各类商事请求权普遍采用不同于民法上时效期间的短期时效,如票据请求权、铁路运输合同货物损失请求权等。短期时效制的目的在于促使当事人迅速行使权利,以保障交易的迅捷。

(三)定型化交易规则

权利证券化和权利义务格式化是商法的重要特点。权利证券化促进了流通,如票据、提单等就可以自由转让。权利义务格式化可以大大节约交易的谈判时间和成本,如国际贸易术语 FOB,表示出口方装运港船上交货,卖方不负责货物的运输和保险,短短三个字母,却使买卖双方的权利义务清楚、明确。

五、鼓励交易原则

市场经济要依靠交易来优化资源的配置,没有繁荣的市场,就没有繁荣的经济。促进交易是商法的重要使命。商法促进交易主要表现在以下三个方面:

1. 通过确立维护交易安全原则、保障交易迅捷原则,为商主体提供良好的交易环境,使商主体能够在一个有序的市场上低成本地完成交易。

2. 最大限度地维护交易的有效性。如合同法中的可撤销制度、效力待定制度,就是在合同存在瑕疵时给当事人留下了维护交易有效的空间。

3. 企业复兴制度。交易是主体之间的交易,因此,商主体的复兴制度也是鼓励交易的重要内容。商法对商主体在面临破产时提供了和解、重整制度,以促进企业复兴。

第四节 商法的渊源和体系

一、商法的渊源

商法的渊源是指商法的表现形式。商法的渊源是多样化的，包括制定法、国际商事条约、商习惯法、立法和司法解释、商事自治法等。在我国，商法的渊源主要表现为：

1. 宪法。宪法是国家的根本大法。宪法规定的主要不是商法规范，但它是一切法律的母法，宪法中关于经济组织的规定、关于经济活动的规定、关于财产权利的规定，为商主体和商行为提供了最基本的准则，可以视为商法的渊源。

2. 法律。即全国人民代表大会及其常务委员会制定的规范性文件。我国主要的商法均以法律形式为载体。如《公司法》《票据法》《证券法》《破产法》《保险法》《海商法》等。

3. 行政法规。即国务院颁布的有关商事的规范性文件。如《公司登记管理条例》。

4. 立法解释。全国人民代表大会常务委员会对商事法律的解释。

5. 司法解释。最高人民法院对商事法律的解释及人民法院审理商事案件的规定。

6. 国际条约和国际贸易惯例。我国参加的与商事有关的国际条约是商法的重要渊源。在国际贸易中，当法律和国际条约没有规定时，可以参照国际惯例。因此，国际贸易惯例也可以视为我国商法的渊源之一。

二、商法的体系

商法的体系是指商法作为一个独立部门法，其内部是由具有逻辑联系的各商事法律制度所组成的有机体系。在不同的国家、不同的时期，商法的体系各不相同。

根据商法的定义，一切调整商事关系的法律都可以被纳入商法的范围。在传统的商法体系中，商法主要包括商主体法和商行为法两大类；在现代市场经济条件下，商主体泛化，商行为与非商行为的区别淡化，商法体系也冲破了传统的两分法，形成了商事身份法、商事组织法、商事管理法、商事行为法以及商事秩序法相互包含、相互联系的统一整体。另外，由于商法作为民法的特别法，一些民法规范也直接调整商事关系，有的甚至主要调整商事关系。但是，由于这些法律规范一直被视为民法，各种教科书往往未将其纳入商法体系，《合同法》就是典型的例证。

我国学者对商法的体系存在不同的认识。本书中，商法体系由以下商事法律

制度构成：(1)商主体法律制度；(2)商行为法律制度；(3)公司法律制度；(4)个人独资企业和合伙企业法律制度；(5)破产法律制度；(6)票据法律制度；(7)证券法律制度；(8)保险法律制度；(9)海商法律制度。

第五节 商法的产生和发展

一、商法的起源

商法与商事交易一样古老。关于商法的起源，有人追溯到古希腊甚至更早，《汉穆拉比法典》和《摩奴法典》中关于买卖的规定即是古代商法的最初形式。还有学者认为，近代商法起源于罗马法，罗马法后期万民法中关于代理、冒险借贷、海运赔偿等规定构成早期商法的基本内容。[①] 但大多数民商法学者认为，近代商法形成于中世纪。中世纪以前的法律中当然不乏有关商事交易的规范，但它们是孕育于民法之中，并不具有独立的、区别于民法的品格。简而言之，古代的商法规范与民法同源同体，但作为独立部门法的商法却是起源于中世纪。

二、中世纪的商法

近代西方商法(Lex Mercatoria)起源于 11 世纪晚期，最初的表现形式是商人习惯法。11 世纪后期，欧洲农村经济迅速发展，十字军东征的胜利打开了通向东方的商路。东西方贸易的发展首先促进了地中海海上贸易的发达和沿岸新兴城市商业贸易的繁荣，出现了独立的商人阶层，产生了商会。新兴的商人阶层迫切需要对其利益给予法律上的保护和适应商人营利需要的迅速解决纠纷的机构及规则。但是，当时的欧洲大陆仍处于封建法和教会法的支配下，许多正常的商业活动被禁止，有关保护商事活动的法律欠缺，商人受到歧视。封建法和教会法成为阻碍商事活动发展的严重羁绊。因此，商会开始自行另立规范，并建立自己的裁判机构，用以解决本商会内部的纠纷。该种规约从 11 世纪至 14 世纪实行数百年，终于形成中世纪商人习惯法。

三、近代商法

近代商法指 16 世纪资本主义萌芽到第二次世界大战前夕这段时期的商法。

---

① [日]上柳克朗等：《商法总则 · 商行为法》，有斐阁 1993 年版，第 16 页。

近代商法总的来说具有民族化、国家化的特点，但大陆法系与英美法系又各具特点。

（一）大陆法系的近代商法

16世纪以后，随着资本主义商品经济关系的萌芽，欧洲一些国家封建割据势力开始衰落，统一的民族国家逐步形成。与此同时，自治城邦不复存在，商人团体逐步消亡，资本主义的商品经济关系受到保护。反映在法律上，封建法和教会法开始被废弃，统一的民族国家法国和德国率先开始了统一商法运动，即用统一的成文商法取代分散、零散的商人习惯法。不过，这种取代不是重新创立商法，而主要是用国家立法的形式确认商人习惯法。1673年，法国国王路易十四颁布了《陆上商事条例》（以下简称《条例》），该《条例》包括商人、票据、破产、商事裁判、管辖等，不仅主要内容是对商人习惯法的确认，而且在适用上也受商人习惯法的补充。该《条例》被认为是近代法国商法的起源。1807年，拿破仑制定了统一的《商法典》，开了大陆法系国家民商分立体例的先河，标志着近代商法体系的基本建立。与法国类似，德国从18世纪起也以商人习惯法为依据，开始制定成文商法。当时主要的成文商法有：1727年的《普鲁士海商法》、1751年的《普鲁士票据法》、1776年的《普鲁士保险法》等。1861年，德国制定了《德国普通商法法典》。

（二）英美法系的近代商法

英美法系相对于大陆法系，被称为海洋法系。开放的海洋与商法有着不解之缘。商法最初表现为习惯法，与英美法可以说是一脉相承。在近代大陆法系纷纷将商法法典化的同时，英美法继续秉承不成文法的传统。但是，大陆法系中的各种商法概念和制度，都已经在英美法中存在。同时，英美法系国家，特别是美国，面对日益繁荣和复杂的商事活动，也注重制定一些成文的商法。但这些成文商法主要是以示范法的形式出现的，且是建立在商事习惯的基础之上的。所谓示范法，并不是由立法机关制定的具有强制力的法律，而是由学术团体、民间机构或半官方机构制定的供立法机关、司法机关参考的规范性文件。示范法只有经立法机关认可或者被判例法国家司法机关采用，才具有法律的效力。

四、现代商法

二战以后，世界经济得到了进一步的发展，经济全球化的趋势进一步加强。反映在商法的变迁上，一是各国的商法进一步趋同，任何国家在制定本国的商法时，都不得不考虑别国商法规定和国际条约、国际惯例的要求。当今世界，法国、德国、日本等大陆法国家的商法频频修改，主观主义和客观主义的商事立法例相互靠近、相互融合，形成了折中主义的商事立法例。二是商人习惯法复兴，在国际贸易领

域，新的商人习惯法日益占据统治地位。“一个得到各主权国家明示或默示同意的新的商人习惯法已经展现在我们的面前。它冲破国界，具有普遍性。”[①]具体来说，现代商法呈现出以下特点：

(一)动态化

随着商事活动的日益现代化和复杂化，商事法需要不断更新以适应商事交易发展的需要。商法的动态化表现在两个方面：一是各国商法的频繁修改。以日本商法典为例，自一战以来，该法典已进行了 30 多次修改，就最近而言，2000 年的修订墨迹未干，2002 年又再次作了修订。二是在商法典之外制定大量的商事单行法，并通过单行法废除商法典中的某些条款。

(二)两大法系互相融合的趋势进一步加强

两大法系有着不同的法律传统，商法颇有差异。但商人无国界，市场和人们的商事活动不存在英美和欧洲大陆的界限，两大法系的商法在近代就相互借鉴，到了现代，这种趋势进一步加强了。大陆法越来越重视判例、习惯在商法中的地位，英美法加强了成文商法的制定。就具体制度而言，相互融合的事例也比比皆是。如大陆法系借鉴英美法系的授权资本制，英美法国家借鉴大陆法国家公司法做法取消越权原则，两大法系均确立了公司人格否定制度……均是明证。

(三)国际化和统一化

经济全球化对法律的影响，首先带来的是商法的国际化和统一化。商法的国际化和统一化肇始于 20 世纪初，到 20 世纪末世界贸易组织建立时，发展到了登峰造极的程度。如 1928 年在哈瓦那签订的《关于国际私法的条约》，1968 年在布鲁塞尔签订的《关于相互承认公司和法人社团的公约》，国际商会 1974 年修订的《跟单信用证统一惯例》，联合国 1980 年通过的《国际货物销售合同公约》，等等。

五、中国商法的历史发展

我国古代社会长期奉行诸法合体，并以刑法为主，不存在独立的商法部门和完整的商法制度。在重农抑商的思想指导下，商法极不发达，虽然也有一些商法规范，主要散见于律令中关于买卖、钱庄、银票、手工作坊、店铺等的规定，且带有浓厚的刑法、行政法色彩。

---

① [英]施米托夫：《国际贸易法文选》，赵秀文译，中国大百科全书出版社 1993 年版，第 179 页。

近代意义上的商法始于清朝末期，清政府推行洋务运动，试图振兴工商业。1903 年派载振、伍廷芳等人学习外国经验，起草商法，于 1904 年公布了《公司律》《商人通律》，1906 年公布了《破产律》。此后，还制定了《大清商律草案》，只是未及颁布，清朝就灭亡了。

辛亥革命以后的民国政府在清朝商事法律的基础上重新颁布了一批商事法律，主要有《中华民国商律》《中华民国公司条例》《中华民国商人通例》等。1926 年 6 月，国民党中央政治会议通过了《民商划一提案审查报告书》，并于 1929 年制定了民法典，民法典中规定了商法的基本内容。在民法典之外，制定了一些单行法规，主要有《中华民国公司法》《中华民国票据法》《中华民国保险法》《中华民国海商法》《中华民国证券交易法》等。

新中国成立后，由于很长一段时间实行计划经济，且不重视法制，商事交易不发达，仅有的交易也主要由国家以行政的手段进行管理，商法极不发达。1993 年之前，真正现代意义上的商法只有《海商法》，其他如《中外合资经营企业法》《中外合作经营企业法》《外资企业法》《全民所有制工业企业法》《破产法(试行)》等，虽然也应当属于商法，但由于其中包含太多的计划经济色彩，行政管理的色彩太浓，与作为私法的商法的理念相差甚远。1992 年以后，中国走上社会主义市场经济发展道路，与此相应，具有现代意义的商法也一一制定和颁行了。举其要者，有《公司法》《票据法》《保险法》《证券法》《商业银行法》《信托法》《担保法》《合伙企业法》《个人独资企业法》《企业破产法》等。对不符合市场经济要求的《中外合资经营企业法》《中外合作经营企业法》《外资企业法》也进行了修订。基本上形成了完整的商法体系，商法作为一个独立法律部门的地位也得到确立。

第二章 商主体

【引 例】

新疆奇正实业集团有限公司以张先生在乌鲁木齐市开的“奇正烤鸭店”侵犯其商事名称权为由诉诸法院，要求张先生停止侵害，法院判决责令张先生立即停止使用“奇正”二字作为其商号。请问：法院的判决是否正确？

第一节 商主体概述

一、商主体的概念及特征

商主体有广义和狭义之分。狭义的商主体，也称为商人，是指具有商事权利能力和商事行为能力，以自己的名义持续地从事某种营利性行为，并以此为职业或营业，享有商法上权利、承担商法上义务的组织和个人。广义的商主体包括狭义的商主体，但不限于狭义的商主体，它是指商事法律关系的主体，即指依照法律规定参与商事法律关系，以自己的名义从事商行为，享有商法上的权利、承担商法上的义务的个人和组织。某些组织和个人不具有狭义的商主体资格，但是也偶尔参加商事法律关系（如普通公民参加票据关系），成为商事法律关系的主体。我们在通常意义上所讲的商主体，均是指狭义上的商主体。本章也是从狭义上阐述商主体。我国目前主要的教科书均不对商主体作广义与狭义之分，而是笼统地将商主体等同于商事法律关系的主体，但在定义商主体时，又是从狭义上对商主体下定义，从而出现概念的不周延问题。

商主体是一种特殊的民事主体，具有民事主体的一般属性。例如，主体之间关系的平等性。在认识商主体时，应意识到它首先是民事主体。但因其是特殊的民事主体，与普通民事主体相比，又有其特殊的属性：

1. 法定性。根据商主体法定原则，商主体的类型、内容都是法定的，要取得商主体资格，必须符合法定的条件，履行法定的手续。在我国，无论自然人还是法人或其他组织，要取得商人资格，都必须进行工商登记。在有些国家，对于小商人，可以不进行登记，这种小商人也被称为“不完全商人”。

2.营利性。主体取得商人资格是为了营利，资格取得后所从事的活动，必须是以营利为目的。不以营利为目的的主体不是商主体。以营利为目的并不一定就赢利，也可能亏损，亏损不影响商主体的资格；虽然有盈利，但不以营利为目的的组织或个人，如律师事务所、会计师事务所、医院等，不是商主体。

3.营业性。商主体必须从事持续的营业活动，一般应有固定的经营场所，持续不断地从事稳定的营业。临时性的、偶然从事营利行为的人，不是商主体。

4.独立性。商主体必须以自己的名义从事商事活动，并以自己的名义享有商事权利，承担商事义务和责任。商主体责任的独立性并不等于责任的有限性。个人独资企业、合伙企业的财产不足以清偿债务时，依法由业主负清偿责任或合伙人负连带清偿责任。此时商主体责任的独立性表现在，必须先以企业的财产偿还债务，只有在企业财产不足以清偿时，才由业主或合伙人清偿。

二、商主体的不同规制原则

虽然商主体法定是各国商法的基本原则，但是法定的方式却有很大的不同。概括起来，有三种不同的规制原则：

1.客观主义原则。又称实质主义原则，它是指商法着眼于行为自身的商的性质，并将商行为的主体确定为商主体。按这一立法原则，商主体的确立，不是基于主体本身的特定身份——商人，而是根据其所从事的行为是否属于商行为。首创这一原则的是1807年的《法国商法典》，该法典第1条明确规定：商人者，以商行为为业者。德国旧商法典也采此原则，该法典第4条规定，以商行为为业者是商人。但是，坚持和发展以客观主义原则规定商主体的却是西班牙1885年的商法典。该法典以自己的鲜明特色向人们揭示了客观主义原则的应有内涵，即重视商行为概念的基础作用，以商行为概念揭示商主体的范围，强调商主体对商行为的依存。[①]

2.主观主义原则。又称形式主义原则，它是指商主体的确定，主要着眼于商主体本身的法律要求及其行为的形式。1897年的《德国商法典》是采用该原则确定商主体的典范。该法典第1条规定：“(1)本法典所称的商人是指经营营业的人。(2)营业指任何营利事业，但企业依种类或范围不要求以商人方式进行经营的，不在此限。”该法典强调商人概念在法律适用中的核心地位，而不是依商行为的客观性质确定商主体。瑞士债法也是采用主观主义原则规定商主体，该法第934条第1项规定，从事商业、制造业及其他以商人的经营方法营业并将其商号注册登记者为商人。

① 董安生：《中国商法总论》，吉林人民出版社1994年版，第75～76页。

3. 折中主义原则。这是对以上两原则的修改融合，即同时将商人概念和商行为概念作为其基础，既注意商行为的客观性质，强调商行为的外在表现形式，同时又在一定程度上承认商人概念的独立存在价值，以商人规定商行为的范围。法国现行商法典是采用这一原则的代表，《日本商法典》亦采用此原则规定商主体。

上述三种规制商主体的立法原则各有其产生的背景，各有其特点。客观主义原则注重行为的客观商性质，从而高度概括了商主体的特征。但这种概括不可避免地带来了对商主体界定的含糊。主观主义原则采取列举商行为的方式，并以此确定商主体的范围，有利于克服客观主义原则含糊的弱点，但社会经济发展迅速，列举方式难免挂一漏万。正是这两种立法例均存在明显的缺陷，才出现了扬两者之长、避两者之短的折中主义原则，它将概括与列举方式有机结合，从而较好地确定了商主体的特征和范围。现代多数国家采用此原则规定商主体。①

三、商主体的分类

在不同历史时期、不同法系以及同一法系的不同国家，商主体的表现形态多有区别。在商法产生的初期，由于法律本身没有刻意塑造商人的不同形式，从事不同种类经营活动的商人相互之间的区别，在法律表现形式上并不明显。当时，除从事海上贸易的商人受海商法的调整，从而在身份上具有一定的特殊性外，其他商人，无论是以个体、家庭出现，还是以无限公司、合伙身份出现，常常在对外表现上并不引起太大关注。商法典的制定标志着农业社会向商业社会转变的制度认同，商事经营者成为一个特殊的社会阶层，商人的社会身份随之提高。在当时充满等级色彩的社会中，为了强化这一新兴的、象征财富增长的社会阶层，在法律上细化商人身份，无疑有助于塑造商人的社会形象。当然，它在一定程度上也反映了当时社会经济活动中分工日益明确、管理日益细化的需要。20 世纪以来，民法所规范的主体不断扩大，出现了民法和民事主体商化的趋势。商人作为特殊阶层身份的特征逐渐淡化，但商主体的范围空前地扩大了，对其进行分类研究显得更为重要。按照不同的标准，商主体可以作多种划分：

1. 按照商主体的组织机构特征及其责任承担方式的不同，商主体可以分为商个人、商法人与其他商事组织。商法人是指依法成立的，专门从事商事营业的法人组织，主要是公司。其他商事组织是指依法成立的，专门从事商事营业的非法人组织，主要是合伙企业。

2. 按商主体的存在形式是个人还是组织体，商主体可以分为商个人和商事企业。商事企业又可以分为公司企业和非公司企业。

---

① [日]户田修三、中村真澄：《商法总则·商行为法》，青林书院 1993 年版，第 61 页。

3. 按商主体资格的取得是否需要履行相应的注册要求，商主体可以分为法定商人、注册商人与任意商人。法定商人是指以法律规定的特定商行为为营业内容并经特殊程序而设立的商主体。注册商人是指不以法律规定的绝对商行为为营业内容，而经一般商业登记程序设立，并以核准的营业范围为其商行为内容的商主体。注册商人经核准的营业内容，并非必然属于商行为的范畴，但由于此类主体是以营利性营业方式从事经营活动，并且选定了商业登记程序作为主体认定的前提，故法律上承认其为商主体。任意商人只有某些国家(如德国)允许存在，是指不以绝对商行为或其他营利性商行为为其行为内容，并且依法不需要进行商业登记而存在的商主体。任意商人在形式上表现为小商人和个体商人，多从事辅助性的商行为，对其放松规制有利于降低成本，且不至于影响市场秩序，反映了灵活而富有弹性的立法政策。在我国，一切商主体都需要进行商事登记，故没有任意商人存在的法律空间。但实践中，各种没有登记的小商小贩以非法的方式大量存在，国家难以有效监管，反而扰乱了市场，因此，比较实际的做法是借鉴欧洲某些国家的做法，承认任意商人的合法存在。

4. 按被认定为商人的原因划分，分为完全商人、拟制商人及表见商人。完全商人是指在经营活动中，需要根据经营的种类和范围建立完整的商事机构，其经营活动均适用商法和其他商事法规的商主体。拟制商人是指本身仅是小商人甚至不从事商行为，但如果已经在商事登记簿上登记注册并且正在从事经营活动，鉴于登记的效力而被视为商人。《德国商法典》第 5 条规定："商号如果已在商事登记簿上注册，依据使登记生效之商事登记簿，该商号经营之业务不能被认为不是商事，或仅属于第 4 条规定之经营。"表见商人是指主体不是法定商人、注册商人，也没有在商事登记簿上登记注册，但已经以商人的身份从事商事经营活动，那么该主体应当被视为商人。法律确定表见商人的目的在于保护善意第三人的利益，并维护交易的安全。

5. 依照经营的种类，商主体可以分为制造商、加工承揽商、销售商、供应商、租赁商、运输仓储商、旅游服务商、金融证券商、信托商、保险商、代理商、行纪商、居间商等。

6. 依据商主体从事商行为时，是从事直接商行为，还是从事中介等辅助商行为，商主体可以分为固有商和辅助商。

四、商个人

商个人，又称商自然人，是指具有商事权利能力和商事行为能力，独立从事商行为，依法承担商法上的权利义务的自然人。商个人相对于商事企业，仅指个体商人，在我国，便是指个体工商户和农村承包经营户。我国《民法通则》对个体工商户和农村承包经营户作了相关规定，一般的民法学教科书都会做介绍，本书不再介

绍。但必须明确,该法律规定是商主体法的重要组成部分。

五、商中间人

商中间人,也称中间商,是指为其他商人的商事交易提供信息和便利、创造交易条件或者直接为其他商人从事商行为的商人。现代社会已经进入信息社会,在供方与需方之间提供信息、架构桥梁的商中间人起着越来越重要的作用,商中间人也随之成为商主体中极其重要的一类。商中间人虽然从事的也是以营利为目的的经营性行为,但其与直接从事生产和销售的商人在经营方式、经营能力、国家对其的管理以及税收方面,都有不同,呈现出明显的特点。各国的法律一般有专门针对商中间人的规定。我国虽然没有对商中间人的专门规定,但在商事登记中,要求将中介性质的字样作为营业种类予以登记,甚至要求记载于企业的名称之中。商中间人主要有三种类型:代理商、行纪商和居间商。

(一)代理商

代理商是受他人(被代理人)委托,在代理权限内,固定地为他人促成交易或以他人名义缔结交易的一种独立的商主体。代理商不是直接的生产者,也不是原始的经营者,而是一种独立的、为其他商主体的经营或其他主体的交易提供辅助服务的商主体,它以受他人之托,经常不断地从事贸易联系和契约缔结为自己的营业内容,其收入来源于被代理人支付的代理服务费,是最典型的商中间人。与其他商主体相比,代理商具有以下特点:

1. 代理商以促成交易或缔结交易为营业方式。促成交易是指通过代理商的介绍活动,直接或间接地影响有意进行交易的第三人,从而使被代理人与第三人达成交易协议。缔结交易是代理商以被代理人的名义与第三人达成交易协议。

代理商可以代理的业务范围相对广泛。可以代理其他商主体为商行为,也可以代理非商主体从事其他交易。但代理的内容必须是促成或缔结交易,不包括代为劳务。

2. 代理商必须固定地从事受人之托促成交易或缔结交易的活动。代理商与委托人(被代理人)之间的关系是一种持续的、完整的委任关系。

3. 代理商是一种独立的商事经营者。代理商虽然是以为他人促成交易或缔结交易为业,但却是独立的商事经营者。这种独立性表现在,代理商可以拥有自己的营业地,自己承担营业费用,使用自己的商号,编制自己的财务报表,并可以同时是几个被代理人的代理商;对于所代理的事务,在授权范围内,独立为意思表示。

(二)行纪商

行纪商是指以自己的名义为他人(委托人)购买或销售货物、有价证券,并以其作为职业性经营的一种独立的商主体。行纪商有以下几个特点：

1.为委托人的利益从事活动，其行为所带来的经济上的利益和损失由委托人承担。

2.行纪商以自己的名义缔结交易和履行交易。行纪商虽然是为委托人的利益缔结交易，但在与第三人的交易中，委托人并不是当事人，对第三人承担合同责任的是行纪商而不是委托人。

3.行纪商必须以行纪业务为营业，其营业收入不是来自与当事人交易的盈利，而是来自委托人支付的行纪服务费。

（三）居间商

居间商是指以从事契约缔结之促成为业，并从中获取佣金的独立的商主体。居间商有以下特点：

1.受人之托、搜索及报告可以签约的相对人，或者周旋于各方之间，促成合同订立。居间商不同于代理商，仅仅是从事交易的促成活动，不能代理委托人订立契约。

2.居间费用由居间商自己承担，当居间行为达到了一定法律效果后，可以向委托人请求支付报酬；居间行为没有产生预期的效果，委托人不支付费用。

3.以居间为营业。居间是一种独立的营业，居间商是独立的、完全的商主体，其活动是独立的、自主的。

我国没有关于代理商、行纪商和居间商的立法，只是在《民法通则》和《合同法》中对代理行为、行纪行为和居间行为作了一些规定。而在社会主义市场经济的发展过程中，商中间人越来越多地涌现，所起的作用也越来越大。有关主体立法的缺位，影响了商中间人的健康发展，不规范的商中间人的大量存在，引起了市场秩序的混乱。因此，尽快出台专门针对商中间人的法律或行政法规，成为当务之急。

第二节 商事名称

一、商事名称的概念和特征

（一）商事名称的概念

商事名称，是指商主体用来在营业活动中表彰自己的名称。商事名称的概念在不同国家的法律中有不同的解释。英美法上，商事名称被称为“business name”“trade name”或“commercial name”。在我国，依照法律和法规的规定，商事名称包括企业名称、个体工商户和个人合伙的字号。我国法律也没有对商事名称进行

统一的解释和规范。在具体的法律规范中,就不同类型的商主体的名称作了不同的规定。如我国《民法通则》第33条规定:个人合伙可以起字号,依法经核准登记,在核准登记的经营范围内从事经营。《企业名称登记管理规定》第7条规定:企业名称应当由以下部分依次组成:字号(或者商号,下同)、行业或者经营特点、组织形式。企业名称应当冠以企业所在地省(包括自治区、直辖市)或者市(包括州)或者县(包括市辖区)行政区划名称。

(二)商事名称的法律特征

1.商事名称的使用者是商主体

商主体在进行营业活动时使用的名称即商事名称,因此,商事名称的使用者是商主体。凡自然人、合伙人或者法人,均可以为商主体。通过使用商事名称,可以保持商主体营业的同一性和持续性。

2.商事名称是商主体在营业活动中使用的名称

商事名称是商主体在进行商事登记和进行商事行为时,用以标示商主体本身和进行商事活动署名时使用的名称。这一特征可以用来区分商主体的商事行为和非商事行为。当商主体为商事行为时应使用商事名称,否则不应该使用。这一特征主要体现在商自然人的民事主体与商主体的名称竞合上。当自然人为商主体时,其行为可能为商事行为,也可能为一般民事行为,当其使用自己的姓名为一般民事行为时,其姓名就不是商事名称。商主体在营业活动中使用商事名称,并因此享有和承担相应的权利和义务。商主体不能出借自己的商事名称。当明知他人使用自己的商事名称时应当加以制止或提出异议,否则,商主体应当承担相应的法律责任。

3.商事名称具有主体间的区别功能

同自然人的姓名一样,商事名称具有区别功能。商事名称是区别不同商主体的外在标志,特别是在商业活动中,商主体需要使自己区别于他人,以维护自己不同于他人的特征。商事名称的这一功能为商主体在市场竞争中提供了个性识别的符号。尤其是当一个商主体在商事经营中已经树立了良好的信誉时,更需要确立一个区别于他人的商事名称,以增强社会公众的识别力。商事名称具有一定的价值,在商事流转和竞争中,它表明一定的商业信誉和资产额,可以转让。

(三)商事名称与相关概念的区别

1.商事名称与字号

商事名称中的核心部分,应称其为字号,例如北京的"同仁堂",杭州的"张小泉",其仅仅是所代表的商主体名称中的核心部分,并非该商主体的名称。字号具有重大的商业价值,使用字号的商主体的商誉与其字号更是不可分离的,法律应该对字号有专门的保护,以避免商主体出于不正当目的而使用他人的字号。商主体为了保护其字号，也可以将其字号注册为商标。

2.商事名称与商标

商标是区别不同生产者或经营者所生产或经营商品的标记。商事名称与商标都是一定对象的标识，都具有一定的区别功能，很多时候商事名称如企业名称中的商号本身就是商标，大众对于商标的认识经常不可避免地和企业名称联系在一起，可见它们之间关系密切。虽然商事名称与商标具有上述方面的联系和相同之处，但是二者的区别是明显的：(1)商事名称用于区分不同的商主体，而商标则用来区分不同的产品或者服务；(2)一个商主体只能有一个商事名称，但可以没有商标或者有多个商标；(3)商事名称只能以文字形态存在，而商标可以文字、图形、数字、字母、颜色及其组合的形态来表示；(4)商事名称的空间效力范围通常以被核准机关辖区为限，而注册商标的专用权在全国范围内有效。

二、商事名称的选用

各国和地区商事法律大都规定，商主体应以其商事名称从事营业活动。各国和地区法律对于商事名称的选用的态度包括严格主义和自由主义。严格主义又称真实主义，是指商主体选定的商事名称必须与其名称或者营业内容相一致，不符合的，均不予承认，且无法转让或者继承。法国、瑞士与拉美的许多国家均采取此种立法主义。为了保证商主体经营带来的商誉的传承，往往还有一项原则，即“商号连续原则”。即当一个人购买或继承某个商主体的业务，或者根据租赁契约经营他人的业务，他可以在原来业主或其继承人同意的情况下，继续保留和使用原来的商事名称。自由主义是指商主体的商事名称由当事人自由选择，法律原则上不加限制。商事名称与营业人的姓名及营业种类并不存在必然的联系。采用此种立法主义的国家和地区包括日本、韩国、我国台湾地区及英美法国家。当然，自由主义也并非绝对自由，仍然受到不同程度的限制。

在我国，根据《企业名称登记管理规定》的规定，商主体只准使用一个商事名称，在商事登记管理机关辖区内不得与已登记注册的同行业商主体的商事名称相同或相似。登记主管机关有权纠正已登记注册的不适宜的企业名称，上级登记主管机关有权纠正下级登记主管机关已登记注册的不适宜的企业名称。对已登记注册的不适宜的企业名称，任何单位和个人可以要求登记主管机关予以纠正。商事名称必须具备以下几个要素：

(一)地域

除法律、法规另有规定外，企业名称中应当冠以所在地县级以上行政区划的名称或地名。经国家工商行政管理局核准，下列企业的企业名称可以不冠以企业所在地行政区划名称：全国性公司、国务院或其授权的机关批准的大型进出口企业、

国务院或其授权的机关批准的大型企业集团;历史悠久、字号驰名的企业;外商投资企业以及国家工商行政管理局规定的其他企业。除了全国性公司、国务院或其授权的机关批准的大型进出口企业、国务院或其授权的机关批准的大型企业集团及国家工商行政管理局规定的其他企业以外,在企业名称中不得使用“中国”、“中华”或者冠以“国际”字样。

(二)字号

字号是商事名称中的核心要素,同时也是商事名称中企业唯一可以自己创设的要素。字号应当符合下列三个要件:

1.字号应当由两个以上的汉字组成。

2.字号应当具有显著的与登记机关辖区内已登记的同行业商主体字号相区别的特征。

3.不得违反禁止性规定。依照《企业名称登记管理规定》的规定,商主体不得使用以下名称:(1)有损于国家、社会公共利益的名称;(2)可能对公众造成欺骗或误解的名称;(3)各国国家(地区)、国际组织的名称;(4)政党名称、党政军机关名称、群众组织名称、社会团体名称、部队番号;(5)以汉语拼音字母(外文名称中使用的除外)、数字组成的名称;(6)其他法律、行政法规规定禁止使用的名称。

(三)行业或者经营特点

行业是商主体经营活动所属的国民经济的工业或者商业的类别。商主体应当根据其主营业务及国家行业分类标准,在企业名称中标明所属行业或经营特点。

(四)组织形式

组织形式反映了商主体的组织结构和责任形式。对交易相对人组织形式的了解,对于商主体从事交易活动来说意义重大。商主体应当将自己所采用的组织形式在商事名称中标明。在我国,要在商事名称中,尤其是在企业名称中具体标明合伙或者公司形态。《合伙企业登记管理办法》明确规定:合伙企业名称中的组织形式后应当标明“普通合伙”“特殊普通合伙”或者“有限合伙”字样,并符合国家有关企业名称登记管理的规定。没有在合伙企业登记时明确标明是有限合伙或者特殊的普通合伙的,一概推定为普通合伙。公司名称登记时要具体标明有限责任公司或者股份有限公司。

另外,商主体设立分支机构的,商主体及其分支机构的企业名称应当符合下列规定:(1)在企业名称中使用“总”字的,必须下设三个以上分支机构;(2)不能独立承担民事责任的分支机构,其企业名称应当冠以其所从属企业的名称,缀以“分公司”“分厂”“分店”等字词,并标明该分支机构的行业和所在地行政区划名称或者地名,但其行业与其所从属的企业一致的,可以从略;(3)能够独立承担民事责任的分支机构，应当使用独立的企业名称，并可以使用其所从属企业的企业名称中的字号；(4)能够独立承担民事责任的分支机构再设立分支机构的，所设立的分支机构不得在其企业名称中使用总机构的名称。

三、商事名称的登记

(一)商事名称登记的种类

1.商事名称创设登记。商事名称创设登记是商主体创设登记时的一项绝对必要记载事项。商主体创设登记时，必须对商事名称进行登记，此时的登记即为商事名称的创设登记。我国法律还对公司名称和外商投资企业名称作了预登记的强制性规定。

2.商事名称变更登记。商主体在持续营业活动中，如果对商事名称进行了全部或者部分的变更，就必须进行变更登记。只有进行了变更登记，商主体才对该新的商事名称享有专用权。否则，不得对抗善意第三人。

3.商事名称转让登记。商事名称经登记后，商主体取得商事名称的专有使用权。《企业名称登记管理规定》第23条规定：企业名称可以随企业或者企业的一部分一并转让。企业名称只能转让给一户企业。企业名称的转让方与受让方应当签订书面合同或者协议，报原登记主管机关核准。企业名称转让后，转让方不得继续使用已转让的企业名称。进行商事名称的转让时，必须到登记机关办理转让登记。

4.商事名称废止登记。当商主体终止商事营业而停止对商事名称的使用时，应当及时向商事登记机关办理注销登记。只有经过商事名称的废止登记才能对抗善意第三人。

5.商事名称撤销登记。当某些法定事由发生时，行政主管机关可依职权终止商主体的营业活动，此时商事名称自然也没有存在的可能性和必要性。因此，在商事登记机关终止商主体的资格的同时，商事名称也终止使用。

(二)商事名称登记的程序

我国对商事名称的登记实行强制登记制度，商事名称的登记程序因商主体种类的不同而有不同的程序。

1.公司名称的预登记程序。设立公司应当申请名称预先核准。法律、行政法规或者国务院决定规定设立公司必须报经批准，或者公司经营范围中属于法律、行政法规或者国务院决定规定在登记前须经批准的项目的，应当在报送批准前办理公司名称预先核准，并以公司登记机关核准的公司名称报送批准。设立有限责任公司，应当由全体股东指定的代表或者共同委托的代理人向公司登记机关申请名称预先核准；设立股份有限公司，应当由全体发起人指定的代表或者共同委托的代

理人向公司登记机关申请名称预先核准。申请名称预先核准,应当提交下列文件:(1)有限责任公司的全体股东或者股份有限公司的全体发起人签署的公司名称预先核准申请书;(2)全体股东或者发起人指定代表或者共同委托代理人的证明;(3)国家工商行政管理总局规定要求提交的其他文件。

2.外商投资企业的商事名称的核定程序。外商投资企业应当在项目建议书和可行性研究报告批准后,合同、章程批准前,预先单独申请商事名称登记注册。外商投资企业预先单独申请商事名称登记注册时,应当提交企业组建负责人签署的申请书、项目建议书、可行性研究报告的批准文件,以及投资者所在国(地区)主管当局出具的合法开业证明。外商投资企业登记的名称,保留期为一年。在保留期内不申请企业登记,其登记的名称自然失效。在保留期内不申请企业登记而仍需保留登记的名称,可申请延长保留期,延长的保留期期限最长为一年。在延长的保留期内仍不申请企业登记的,其登记的名称自然失效。

3.外国企业商事名称的核定程序。外国企业商事名称登记应向国家工商局申请,由国家工商局登记注册。外国企业办理商事名称登记,直接向国家工商行政管理局申请。外国企业申请商事名称登记,应提交以下文件:(1)外国企业董事长签署的申请书(中、外文两种文本);(2)外国企业所在国政府出具的近期合法开业证明。外国企业的商事名称登记核定后,保留期为两年。逾期仍需在中国保留名称的,可重新申请商事名称登记。

(三)商事名称登记的效力

商事名称一经登记,商主体就取得该商事名称的专用权,从而发生排他效力和得到法律救济的效力。

1.排他效力。所谓排他效力,即商事名称一经登记确认,即发生排斥他人使用相同或类似的商事名称登记或使用相同或类似商事名称的法律效力。《企业名称登记管理规定》确认了申请在先原则。两个以上企业向同一登记主管机关申请相同的符合规定的企业名称,登记主管机关依照申请在先原则核定。属于同一天申请的,应当由企业协商解决;协商不成的,由登记主管机关作出裁决。两个以上企业向不同登记主管机关申请相同的企业名称,登记主管机关依照受理在先原则核定。属于同一天受理的,应当由企业协商解决;协商不成的,由各该登记主管机关报共同的上级登记主管机关作出裁决。两个以上的企业因已登记注册的企业名称相同或者近似而发生争议时,登记主管机关依照注册在先原则处理。中国企业的企业名称与外国(地区)企业的企业名称在中国境内发生争议并向登记主管机关申请裁决时,由国家工商行政管理局依据我国缔结或者参加的国际条约的规定的原则或者《企业名称登记管理规定》处理。

2.救济效力。所谓救济效力是指商事名称因商事登记而取得商事名称专有使用权,商主体可以因此获得商事名称的专有权和使用权。《企业名称登记管理规定》第 26 条、第 27 条明确规定:(1)使用未经核准登记注册的企业名称从事生产经营活动的,责令停止经营活动,没收非法所得或者处以 2000 元以上 2 万元以下罚款,情节严重的,可以并处;(2)擅自改变企业名称的,予以警告或者处以 1000 元以上 1 万元以下罚款,并限期办理变更登记;(3)擅自转让或者出租自己的企业名称的,没收非法所得并处以 1000 元以上 1 万元以下罚款;(4)使用保留期内的企业名称从事生产经营活动或者保留期届满不按期将"企业名称登记证书"交回登记主管机关的,予以警告或者处以 500 元以上 5000 元以下罚款;(5)违反本规定第 20 条规定的,予以警告并处以 500 元以上 5000 元以下罚款。擅自使用他人已经登记注册的企业名称或者有其他侵犯他人企业名称专用权行为的,被侵权人可以向侵权人所在地登记主管机关要求处理。登记主管机关有权责令侵权人停止侵权行为,赔偿被侵权人因该侵权行为所遭受的损失,没收非法所得并处以 5000 元以上 5 万元以下罚款。对侵犯他人企业名称专用权的,被侵权人也可以直接向人民法院起诉。

四、商事名称的法律保护

保护商事名称,就是保护依附于商事名称上的信誉。法律为了保护商事名称所具有的这种社会价值和经济价值,特别赋予商事名称以专有使用的权利,称其为商事名称权。法律对商事名称的保护,主要通过这种赋予专有权的方式实现。

(一)商事名称权

商事名称权,又称商事名称专用权,是指商事名称经登记,商主体即取得该商事名称的专有使用的权利。商事名称权兼具人格权和财产权的双重属性。一方面,商事名称依附于商主体而存在,自身不能单独存在,因此具有人格权的性质;另一方面,商事名称具有财产价值,可以许可他人使用,可以转让,又具有财产权的性质。商事名称权有以下特征:

1. 地域性。各国法律普遍规定,商事名称权的效力只及于一定的地域范围内。一般只在其登记机关的辖区范围内有效,超出该区域的范围,商事名称权就不受保护。《企业名称登记管理规定》第 6 条规定,企业只准使用一个名称,在登记主管机关辖区内不得与已登记注册的同行业企业名称相同或者近似。引例中,"奇正"是新疆奇正实业集团有限公司的字号,该公司在新疆维吾尔自治区范围内对"奇正"享有专用权,张先生使用"奇正"作为其烤鸭店的字号,侵犯了新疆奇正实业集团有限公司的商事名称权,法院判决其停止侵害是正确的。

2. 公开性。商事名称权经登记才能取得,而登记是公示的一种方式,因此,商事名称权具有公开性。同时也必须经过公开,商事名称才能为公众知晓。商事名称的创设、变更、废止、转让和继承都应当进行登记,否则,不发生对外效力。

3.可转让性。商事名称权具有财产权的性质,因此可以转让和继承。我国法律规定商事名称可以自由转让,但也有一些国家对商事名称权转让作了限制。

4.时间上的无限性。商事名称权无时间上的限制,只有在商事名称所有人营业终止并未转让商事名称权的情况下,商事名称权才绝对终止,而专利权、商标权等工业产权均有一定的时间性。

(二)商事名称权的限制

商事名称权具有严格的地域性,商主体仅在设立登记的登记机关管辖范围内享有商事名称专用权,即其效力或被限制在特定的县、市范围,或限定于特定的省、自治区、直辖市范围。另外,商事名称权的转让也有一定的限制,即商事名称可以与商主体一同转让,但不得单独转让。

(三)商事名称权的法律保护

1.商事名称权的内国法律保护

在大陆法系国家,采用民法对商事名称权进行保护是其重要手段之一。我国采用民商合一的法律制度,对商事名称权的保护也大都采用民法加以保护。我国《民法通则》第120条规定,法人的商事名称权受到侵害的,有权要求停止侵害,恢复名誉,消除影响,赔礼道歉,并可以要求赔偿损失。此处的规定不适用于非法人的组织、个体与合伙,但我们认为在原则上亦应适用。一般而言,仅仅适用民法条款对商事名称权进行保护是不够的,我国除适用《民法通则》《公司法》《企业法人登记管理条例》等法律法规对商事名称权进行保护外,还专门制定了保护商事名称权的专项法规——《企业名称登记管理规定》。其中对商事名称权的争议与保护作了详细规定。《企业名称登记管理规定》第27条规定,擅自使用他人已经注册的企业名称或者有其他侵犯他人企业名称专用权行为的,被侵权人可以向侵权人所在地登记主管机关要求处理。登记主管机关有权责令侵权人停止侵权行为,赔偿被侵权人所遭受的损失,没收非法所得并处以5000元以上5万元以下罚款;对侵犯他人企业名称专用权的,被侵权人也可以直接向人民法院起诉。

2.商事名称权的国际保护

人类社会进入现代社会以后,国际贸易进一步发展,世界范围的统一市场逐步形成。对于商事名称权的法律保护也需要从一国或一地区扩大到国际范围。最早适应这种变化的公约是《巴黎公约》。该公约第1条、第8条、第9条、第10条均规定了对商事名称权的保护。该公约第8条规定:“厂商名称应在本联盟一切国家受到保护,没有申请或注册的义务,也不论其是否为商标的一部分。”根据这条规定,在被请求给予保护的国家,不应要求厂商名称在该国或在任何其他国家申请或注册,尤其不应要求厂商名称在原属国申请或注册,即使在原属国注册是强制性的也一样。由于我国对商事名称权的保护以注册为要件,所以根据《巴黎公约》的这条规定，我国对外国厂商名称的保护免除了注册登记的义务。第9条规定，非法标有商事名称的商品在输入或在发生非法黏附上述标记的国家应予以扣押。第10条之一把第9条的原则扩大适用于“间接使用虚伪的生产者或商人标记的情况”；第10条之二规定：“对不择手段地对竞争者的营业所造成混乱性质的行为及对竞争者的营业的虚伪说法称之为不正当竞争行为。”第10条之三则规定：“联盟成员国承诺保证其他国家国民获得有效制止这些不正当竞争行为的法律救济。”

第三节 商事登记

一、商事登记的概念及法律特征

(一)商事登记的概念

商事登记指商事筹办人或者商主体为设立、变更或终止商主体资格，而依相关商事登记法律规定的内容和程序向登记主管机关申请登记，被登记主管机关审查核准并将登记事项予以公告的法律行为。

(二)商事登记的法律特征

1. 商事登记是一种创设、变更或终止商主体资格的法律行为。商事登记的首要目的在于对商主体的资格和能力的创设、变更或终止的确认。多数国家法律都规定商主体资格和能力的创设、变更或终止均源于商事登记行为发生的法律后果。我国的商事登记法律也规定，绝大多数商主体资格的创设、变更或终止均要向商事登记管理机关申请并获得核准登记后方能生效。

2. 商事登记是一种要式法律行为。商事登记并非指商主体的所有事项都要登记，而是指对于商事经营过程中关系到商事交易安全和社会公共利益的重要事项必须进行登记。商事登记注册的内容和事项往往由商事特别法以强行性条款的形式规定并具体列明。因为商事活动涉及社会的各个领域，尤其与生产和消费密切相关，所以必须规定一定的程序，表示商事的运作状态，目的是维护生产者、商品经营者和消费者的合法权益，同时也有利于对商事活动的管理。各国对商事登记的具体内容的要求有所不同，但是核心的内容基本一致，如商事名称、住所、法定代表人、商主体性质、经营范围等。我国商事登记法律对不同的商主体在商事登记时要求登记的内容有很大区别。对个体工商户的商事登记要求比较简单；对个人独资企业和合伙企业的商事登记要求登记的强制性内容较多；对公司的商事登记的内容要求最多。在商事登记中，商主体的行为内容、行为方式和行为生效均需符合法律设定的要求。

3. 商事登记是一种公法行为。商事登记是商主体从事商业活动的一个重要组成部分，具有一定的私法性质。但是，商事登记本质上是国家利用公权力对商主体资格和商事活动的干预和规制。除了像德国等少数国家，多数国家基本上将商事登记纳入行政管理的范畴。在我国，绝大多数商主体要从事商事经营活动，就必须向我国的工商行政管理机关申请登记并获得登记机关的核准登记注册；获得商主体资格后，在商事经营过程中相关法定登记事项发生变更时，也要及时申请变更登记，直至商主体资格消亡时也要及时办理终止登记。与商主体所从事的众多以表意为特征的民事行为不同，商事登记行为主要体现的是一种国家意志，在性质上属于作为公法主要内容的行政法律行为。这就是作为私法的商法的公法性最为直接的体现。

二、商事登记的作用

商事登记作为国家调整商事交易活动的一个重要方式，对于保障商事交易安全和社会公共利益等均具有十分重要的作用。商事登记制度是社会公共权力对营利性主体的营业活动实施管理的基础，是商法对社会经济关系进行调控的不可或缺的必要环节。商事登记作为国家管理商主体活动的主要手段，不仅可以赋予商主体以合法资格，保障商主体的合法权益，而且有利于维护正常的社会经济秩序，维护交易安全。商事登记的作用主要体现在以下几个方面：

1. 商事登记是商法维护商主体的合法地位，保障商主体的权益，昭示其营业信用的重要手段。对商人来说，有了商事登记，就可以使自己取得合法的商法上的主体资格，可以使自己的合法经营受到法律保护。通过商事登记核准商主体的名称、住所、法定代表人、经营范围、企业类型、注册资本、营业期限等，可以使其取得合法的商主体资格，并在法律规定和确认的范围内独立从事商事活动，享有商法上的权利、承担商法上的义务和责任，维护自己的合法权益。商事登记还具有赋予登记申请人对登记商号的排他性使用权的效力，从而便于保护登记人商号的专有使用权。凡是已登记事项，除有虚假陈述以外，均属确定事项，商主体可以依据这些登记事项，对抗善意第三人，保护自己的合法权益。

2. 商事登记是维护第三人利益和社会公共利益的基础。现代商事登记制度的基本作用不仅在于通过法律程序创设或确认经营性主体，而且在于确认登记事项的法律效力，向社会公布商主体的信用、能力和责任。商主体的登记事项与事实有实质性差别者，将构成商业欺诈的证据，非经商事登记的事项则不具有对抗第三人的效力。这些规定显然有助于保护社会交易人和社会商业秩序。通过商事登记，可以将商主体的营业状况详细登记于登记主管机关的档案中，向社会公众公开，使公众能够知道商主体的营业情况，与商主体进行交易时，可以有所取舍，从而实现交易安全的目的。

3. 商事登记是国家对商主体进行行政管理和宏观调控的重要手段。通过商事登记，国家不仅可以取得社会经济发展各项必要的统计资料，从而实现国家对经济的宏观调控，而且也便于对各种不同类型的商主体及商业经营业态的开业和经营进行持续有效的国家监督。同时，商事登记还是国家依法对各类不同商主体进行税收征纳的重要依据。

三、商事登记的不同立法原则

不同历史时期和不同国家，在商事登记中所奉行的立法态度和立法原则也大不相同。主要有以下几种：

（一）放任主义

欧洲中世纪时期，政府对商主体不限制任何条件和形式要求。商主体的类型和经营活动完全由商人自由选择，政府不加以任何规制和干预。结果就是皮包公司满天飞，对交易安全构成了严重的损害，也对社会经济发展和社会稳定产生了严重的影响。这种制度早就被废弃。

（二）特许主义

早期欧洲国家在公司设立时基本奉行这一原则。在总结放任主义的弊端后，在资产阶级革命胜利之初的社会背景下，许多欧洲国家对商主体的设立采取遏制甚至是禁止的态度，干涉和限制较多。而且商主体的设立和存续要经过国家专门立法和君主或者国王的特别许可，社会公众没有公平地获得商主体资格的机会。这不利于社会经济的发展，现在也已经基本被废弃。

（三）核准主义

这一原则是指商主体的设立和从事商事经营活动，不仅要符合国家相关法律规定的条件，还必须向商事登记主管机关提出申请，并获得行政主管机关的许可。行政主管机关可以根据社会经济发展的实际需要对符合商主体设立条件的申请人作出是否予以核准的决定。核准原则实质上是以行政许可权取代特许原则下的君主特许权，但是，行政机关对商主体的限制和自由裁量权没有特许原则严格。

（四）准则主义

在这个原则的指引下，商主体只要符合法律预先设定的商主体成立和存续的必要条件，并向商事登记管理机关提出商事登记申请，即可获得商主体资格。现在许多国家对商主体的设立都奉行这一原则。

我国《公司法》以及《公司登记管理条例》确立了我国公司在设立上采用以准则

主义为原则，以核准主义为补充的登记原则。

四、商事登记的对象

商事登记的对象是商主体。但是不同国家和地区的法律对于商主体登记的范围、具体的登记事项以及登记程序等都有不同的规定。一般来说，商事登记是商主体资格取得的充分必要条件，但也有例外。如我国台湾地区“商业登记法”第4条规定了可不登记的几种小规模经营的商业种类：(1)沿门沿路叫卖者；(2)于市场外临时设摊营业者；(3)自任操作或虽雇用员工而仍由自己操作的家庭农、林、渔、牧业者；(4)自任操作或虽雇用员工而仍由自己操作的家庭手工业者；(5)符合“中央主管机关”所定的其他小规模营业标准的。

根据《企业法人登记管理条例》及其实施细则和《公司登记管理条例》及其实施细则的规定，我国商事登记的对象及登记的种类包括：(1)具备企业法人条件的全民所有制企业、集体所有制企业、联营企业、在中国境内设立的外商投资企业和其他企业，应当申请企业法人登记；(2)实行企业化经营、国家不再核拨经费的事业单位和从事经营活动的科技性社会团体，具备企业法人条件的，应当申请企业法人登记；(3)不具备企业法人条件的企业和经营单位，应当申请营业登记；(4)有限责任公司和股份有限公司设立、变更、终止，应当办理公司登记。

五、商事登记的管理

(一)商事登记主管机关

商事登记主管机关是指接受商事登记申请，依照商事登记法律规定的内容和程序，办理商事登记事务的国家主管机关。各国关于商事登记管理机关的规定存在差异。有的国家由法院负责商事登记，典型的代表国家是德国；有的国家规定由专门的行政机关负责商事登记。

我国商事登记主管机关是工商行政管理机关。我国的工商行政管理机关由三级组成，分别是国家工商行政管理总局，各省、自治区、直辖市工商行政管理局和市、县工商行政管理局。

(二)商事登记管理的原则

商事登记管理的原则，是商事登记管理过程中必须遵守的基本规则。我国商事登记管理的原则包括：(1)登记主管机关依法独立行使职权，不受非法干涉的原则；(2)实行分级登记管理的原则；(3)对外商投资企业实行国家工商行政管理局登记管理和授权登记管理的原则；(4)上级登记主管机关有权纠正下级登记主管机关不符合国家法律、法规和政策的决定。

(三)商事登记管理的分工

国家工商行政管理总局主管全国的公司登记工作。我国各级商事登记机关的登记管辖权限分工如下:

1.国家工商行政管理总局。在中央由国家工商行政管理总局负责商主体的登记管理,其具体的登记管理范围因商事登记对象包括:(1)非公司。国务院批准设立的或者行业归口管理部门审查同意由国务院各部门以及科技性社会团体设立的全国性公司和大型企业;国务院批准设立的或者国务院授权部门审查同意设立的大型企业集团;国务院授权部门审查同意由国务院各部门设立的经营进出口业务、劳务输出业务或者对外承包工程的公司。(2)公司。国务院国有资产监督管理机构履行出资人职责的公司以及该公司投资设立并持有50%以上股份的公司;外商投资的公司;依照法律、行政法规或者国务院决定的规定,应当由国家工商行政管理总局登记的公司;国家工商行政管理总局规定应当由其登记的其他公司。

2.省、自治区、直辖市工商行政管理。各省、自治区、直辖市工商行政管理局负责各辖区范围内的相关商主体的商事登记注册,主要包括:(1)省、自治区、直辖市人民政府国有资产监督管理机构履行出资人职责的公司以及该公司投资设立并持有50%以上股份的公司;(2)省、自治区、直辖市工商行政管理局规定由其登记的自然人投资设立的公司;(3)依照法律、行政法规或者国务院决定的规定,应当由省、自治区、直辖市工商行政管理局登记的公司;(4)国家工商行政管理总局授权登记的其他公司。

3.市、县工商行政管理局。市、县工商行政管理局具体包括设区的市(地区)工商行政管理局、县工商行政管理局,以及直辖市的工商行政管理分局、设区的市工商行政管理局的区分局,负责本辖区内下列公司的登记:(1)除由国家工商行政管理总局和省、自治区、直辖市工商行政管理局管辖登记的公司以外的其他公司;(2)国家工商行政管理总局和省、自治区、直辖市工商行政管理局授权登记的公司。

以上具体登记管辖由省、自治区、直辖市工商行政管理局规定。但是,其中的股份有限公司由设区的市(地区)工商行政管理局负责登记。

六、商事登记的种类

(一)设立登记

设立登记是指商主体的筹办人为了取得商主体资格而向工商行政管理机关提出设立申请,并由商事登记机关依法办理商事登记的法律行为。登记主管机关受理登记申请后,对申请单位提交的文件、证件、登记申请书以及其他有关文件进行

审查，此处的审查包括形式审查和实质审查，具体核实商主体的设立条件。对不具备设立条件的，应当依法作出不予核准登记的决定。对符合设立条件的，应作出核准登记的决定，并分别核发相应的执照。

根据《企业法人登记管理条例》第9条及施行细则的规定，企业法人登记注册的主要事项有：企业法人名称、住所、经营场所、法定代表人、经济性质、经营范围、经营方式、注册资金、从业人数、经营期限、分支机构；外商投资企业登记注册的主要事项有：名称、住所、经营范围、投资总额、注册资本、企业类型、法定代表人、营业期限、分支机构、有限责任公司股东或者股份有限公司发起人的姓名或者名称；外商投资企业设立的分支机构登记注册的主要事项有：名称、营业场所、负责人、经营范围、隶属企业；外商投资企业设立的办事机构登记注册的主要事项有：名称、地址、负责人、业务范围、期限、隶属企业。根据《公司登记管理条例》第9条的规定，商主体登记注册的主要事项包括：名称；住所；法定代表人姓名；注册资本；公司类型；经营范围；营业期限；有限责任公司股东或者股份有限公司发起人的姓名或者名称。

根据法律规定，商主体的设立登记通常包括以下事项：

1. 商事名称。商事名称应当符合国家有关法律法规及登记主管机关的规定。一个商主体只能使用一个名称。经商事登记机关核准登记的商事名称受法律保护。设立公司时还应当申请名称预先核准。对于其他类型的商主体的名称，法律并没有预先申请登记制度。法律、行政法规或者国务院决定规定设立公司必须报经批准，或者公司经营范围中属于法律、行政法规或者国务院决定规定在登记前须经批准的项目的，应当在报送批准前办理公司名称预先核准，并以公司登记机关核准的公司名称报送批准。设立有限责任公司，应当由全体股东指定的代表或者共同委托的代理人向公司登记机关申请名称预先核准；设立股份有限公司，应当由全体发起人指定的代表或者共同委托的代理人向公司登记机关申请名称预先核准。

2. 住所。商主体必须有自己的住所，没有住所的商主体不允许设立。商主体的住所以它的主要办事机构所在地为准。商事筹办人必须提交商主体住所的证明。商主体住所证明是指能够证明商主体对其住所享有使用权的文件。商主体变更住所的，应当在迁入新住所前申请变更登记，并提交新住所使用证明。确定商主体的住所地，对于解决纠纷，维护社会经济秩序，保障当事人的合法权益，具有重要意义：确定商主体的住所地，有利于其他组织及时、迅速地与商主体取得联系，有利于商主体以自己的住所地为据点与外界进行联系。

3. 法定代表人。法定代表人是指依照法律或者商主体的章程规定代表商主体行使权利承担义务的负责人。法定代表人对外以商主体名义从事经营活动，因此给他人造成经济损失的，由商主体承担法律责任。

4. 注册资本。注册资本是指商主体的全体成员（出资人）认缴纳并在登记机关登记的财产总额。注册资本以货币单位表示。对于出资人承担无限责任的个人独资企业、个体工商户和合伙企业，没有注册资本的要求。对于商法人，除法律、法规另有规定外，不设最低注册资本要求。公司实收资本不再作为工商登记事项。

5. 主体类型。主体类型主要是指商主体的法律性质。我国现行法律规定的商主体的类型主要包括个体工商户、个人独资企业、合伙企业和公司四种类型。合伙企业包括普通合伙、特殊的普通合伙以及有限合伙，在合伙企业商事登记中若没有明确注明是特殊的普通合伙或者有限合伙，则一概推定为普通合伙。公司包括有限责任公司和股份有限公司，在公司的商事登记中要具体标明公司的类型。

6. 经营范围。商主体要在其取得的经营范围内从事商事经营活动。公司申请登记的经营范围中属于法律、行政法规或者国务院决定规定在登记前须经批准的项目的，应当在申请登记前报经国家有关部门批准，并向公司登记机关提交有关批准文件。

7. 经营期限。经营期限是商主体进行经营活动的时间限制，经营期限自登记主管机关核准登记之日起计算。我国现行法律对经营期限有明确法律规定的，主要体现在外商投资企业的商事登记中。登记主管机关应当在核发给外商投资企业的证明上注明有效期限。外商投资企业的经营期限，根据不同行业和企业的具体情况，由外国投资者在设立外商投资企业的申请书中拟定，经审批机关批准。外商投资企业的经营期限，从其营业执照签发之日起计算。外商投资企业经营期满需要延长经营期限的，应当在距经营期满 180 天前向审批机关报送延长经营期限的申请书。审批机关应当自收到申请书之日起 30 天内决定批准或者不批准。外商投资企业经批准延长经营期限的，应当自收到批准延长期限文件之日起 30 天内，向工商行政管理机关办理变更登记手续。

（二）变更登记

《企业法人登记管理条例》规定：企业法人改变名称、住所、经营场所、法定代表人、经济性质、经营范围、经营方式、注册资金、经营期限，以及增设或者撤销分支机构，应当申请办理变更登记。企业法人分立、合并、迁移，应当向登记主管机关申请办理变更登记、开业登记或者注销登记。《公司登记管理条例》规定：公司变更登记事项，应当向原公司登记机关申请变更登记。未经变更登记，公司不得擅自改变登记事项。公司变更登记事项涉及修改公司章程的，应当提交由公司法定代表人签署的修改后的公司章程或者公司章程修正案。变更登记事项依照法律、行政法规或者国务院决定规定在登记前须经批准的，还应当向公司登记机关提交有关批准文件；变更登记事项涉及《企业法人营业执照》载明事项的，公司登记机关应当换发营业执照。

（三）注销登记

《企业法人登记管理条例》规定：企业法人歇业、被撤销、宣告破产或者因其他

原因终止营业，应当向登记主管机关办理注销登记。《公司登记管理条例》规定，有下列情形之一的，公司清算组应当自公司清算结束之日起 30 日内向原公司登记机关申请注销登记：(1)公司被依法宣告破产；(2)公司章程规定的营业期限届满或者公司章程规定的其他解散事由出现，但公司通过修改公司章程而存续的除外；(3)股东会、股东大会决议解散或者一人有限责任公司的股东、外商投资的公司董事会决议解散；(4)依法被吊销营业执照、责令关闭或者被撤销；(5)人民法院依法予以解散；(6)法律、行政法规规定的其他解散情形。国有独资公司申请注销登记，还应当提交国有资产监督管理机构的决定，其中，国务院确定的重要的国有独资公司，还应当提交本级人民政府的批准文件。有分公司的公司申请注销登记，还应当提交分公司的注销登记证明。

(四)分支机构的登记

分支机构是指具备独立法律地位的商主体在其住所以外设立的从事经营活动的不具备独立法律地位的经济组织。分支机构没有自己独立的法律地位，其在经营活动中所产生的关系由设立它的商主体承担。对于公司而言，也就是分公司。分公司是指公司在其住所以外设立的从事经营活动的机构。分公司不具有企业法人资格。分公司的登记事项包括：名称、营业场所、负责人、经营范围。分公司的经营范围不得超出公司的经营范围。

公司设立分公司的，应当自决定做出之日起 30 日内向分公司所在地的公司登记机关申请登记；法律、行政法规或者国务院决定规定必须报经有关部门批准的，应当自批准之日起 30 日内向公司登记机关申请登记。法律、行政法规或者国务院决定规定设立分公司必须报经批准，或者分公司经营范围中属于法律、行政法规或者国务院决定规定在登记前须经批准的项目的，还应当提交有关批准文件。

(五)名称预先核准登记

设立公司应当申请名称预先核准。法律、行政法规或者国务院决定规定设立公司必须报经批准，或者公司经营范围中属于法律、行政法规或者国务院决定规定在登记前须经批准的项目的，应当在报送批准前办理公司名称预先核准，并以公司登记机关核准的公司名称报送批准。设立有限责任公司，应当由全体股东指定的代表或者共同委托的代理人向公司登记机关申请名称预先核准；设立股份有限公司，应当由全体发起人指定的代表或者共同委托的代理人向公司登记机关申请名称预先核准。申请名称预先核准，应当提交下列文件：(1)有限责任公司的全体股东或者股份有限公司的全体发起人签署的公司名称预先核准申请书；(2)全体股东或者发起人指定代表或者共同委托代理人的证明；(3)国家工商行政管理总局规定要求提交的其他文件。预先核准的公司名称保留期为 6 个月。预先核准的公司名称在保留期内，不得用于从事经营活动，不得转让。

七、商事登记的程序

商事登记的程序是指法律规定的在办理商事登记时，申请登记的单位和商事登记机关所应共同遵守的法定实施步骤。根据我国《个体工商户登记管理办法》《个人独资企业登记管理办法》《合伙企业登记管理办法》《企业法人登记管理条例》以及《公司登记管理条例》的相关规定，从登记主管机关的角度出发，商事登记程序可以概括为申请和受理、审查、核准发照、公告四个阶段。

（一）申请和受理

商事登记以商事筹办人或者商主体的申请为前提，是指商事筹办人或者商主体为了设立、变更或者注销商主体而向商事登记主管机关提出申请的行为。商事登记的申请，必须以书面的形式提出，按照法律要求的内容和形式提交相应的文件。以有限责任公司的登记为例，申请设立有限责任公司，应当向公司登记机关提交下列文件：公司申请变更登记，应当向公司登记机关提交下列文件：(1)公司法定代表人签署的设立登记申请书；(2)全体股东指定代表或者共同委托代理人的证明；(3)公司章程；(4)股东的主体资格证明或者自然人身份证明；(5)载明公司董事、监事、经理的姓名、住所的文件以及有关委派、选举或者聘用的证明；(6)公司法定代表人任职文件和身份证明；(7)企业名称预先核准通知书；(8)公司住所证明；(9)国家工商行政管理总局规定要求提交的其他文件。

公司登记机关应当根据具体情况分别作出是否受理的决定。商事登记机关决定予以受理的，应当出具《受理通知书》；决定不予受理的，应当出具《不予受理通知书》，说明不予受理的理由，并告知申请人享有依法申请行政复议或者提起行政诉讼的权利。

（二）审查

商事登记事项必须真实合法，登记主管机关在决定受理登记申请后，就需要对登记申请书及有关文件进行审查。目前各国对于商事登记的审查，主要存在三种立法例。

1.形式审查主义。商事登记机关对于申请人提交的申请及相关文件，仅审查其形式上是否符合法律要求。而对其所申请事项的真实性，则不负有进行审查的责任。因此，即使商主体已经登记注册，也很难证明其为真实可信。但法律要求商事登记申请人保证登记事项是真实的，并对虚假登记承担相应的法律责任。采此立法主义的国家有瑞士、比利时等。

2.实质审查主义。商事登记机关不但要审查有关申请文件是否符合法律要求，而且要审查登记事项的真伪，并且还要对登记结果负责。登记机关要承担较多

的工作量，实际操作困难较大，并会延缓商事登记的进程。许多国家不采用此种模式。

3.折中审查主义。商事登记机关有实质审查的职权，但是没有进行实质审查的义务，只有对登记事项产生疑问时，商事登记机关才依职权加以审查。已进行登记的事项，虽然经过登记，但仍不能推定其真伪，证据效力如何，由法院自由裁判。这种审查主义集前两种主义之所长，较好地避免了两者之所短。

根据我国过去有关法律的规定，登记主管机关须审查商事登记申请提交的文件、证件及填报的登记注册书是否符合有关登记管理规定，并核实有关登记事项和开办条件，我国过去采取的是实质审查主义。但是，随着《行政许可法》的出台、《公司法》以及《公司登记管理条例》的修订，我国也从过去的实质审查主义向折中审查主义过渡。

(三)核准发照

商事登记主管机关对登记注册的事项内容进行审查核实后，应当在规定的时效内作出是否核准登记的决定。同时对核准登记的企业分别颁发有关证明，并通知法定代表人(负责人)领取证照，办理法定代表人(负责人)签字备案手续。以《公司登记管理条例》为例，公司登记机关对决定予以受理的登记申请，应当分别情况在规定的期限内作出是否准予登记的决定：(1)对申请人到公司登记机关提出的申请予以受理的，应当当场作出准予登记的决定。(2)对申请人通过信函方式提交的申请予以受理的，应当自受理之日起 15 日内作出准予登记的决定。(3)通过电报、电传、传真、电子数据交换和电子邮件等方式提交申请的，申请人应当自收到《受理通知书》之日起 15 日内，提交与电报、电传、传真、电子数据交换和电子邮件等内容一致并符合法定形式的申请文件、材料原件；申请人到公司登记机关提交申请文件、材料原件的，应当当场作出准予登记的决定；申请人通过信函方式提交申请文件、材料原件的，应当自受理之日起 15 日内作出准予登记的决定。(4)公司登记机关自发出《受理通知书》之日起 60 日内，未收到申请文件、材料原件，或者申请文件、材料原件与公司登记机关所受理的申请文件、材料不一致的，应当作出不予登记的决定。公司登记机关需要对申请文件、材料核实的，应当自受理之日起 15 日内作出是否准予登记的决定。公司登记机关作出不予公司名称预先核准、不予商主体登记决定的，应当出具《企业名称驳回通知书》《登记驳回通知书》，说明不予核准、登记的理由，并告知申请人享有依法申请行政复议或者提起行政诉讼的权利。商主体取得营业执照是其取得主体资格的凭证，执照的签发日期就是商主体成立的日期。

(四)公告

商事登记经审查批准后，应当及时予以公告，将登记的有关事项通过报刊或其他途径公告。依据我国法律规定,商事登记公告只能由商事登记主管机关公告,其他任何单位未经登记主管机关的批准,无权公告。商事登记机关应当将登记的商主体的登记事项记载于商事登记簿上,供社会公众查阅、复制。吊销商主体营业执照的公告由商事登记机关发布。

八、商事登记的效力

1.商事登记对商主体的效力。登记注册是商主体取得经营资格的前提条件,凡未经登记者不得以商主体的身份从事经营活动。大多数国家规定商事登记是商主体取得经营资格的前提。我国法律禁止商主体无照经营。因此登记注册是商主体取得商事经营资格的前提条件。通过设立登记,申请人获得商主体资格,取得了合法的商事经营权,商主体的企业名称权受法律保障,具有排他权。当法律规定的商主体的某些事项发生变化时,应当及时向商事登记机关申请办理变更登记或者注销登记。通过办理变更登记或者注销登记可以对商主体产生部分免责或者完全免责的法律效力。

2.商事登记对第三人的效力。商事登记使社会公众得以明了商主体的基本情况,向社会公布商主体的信用、能力和责任。如果商主体对于应登记事项未登记者,对于善意第三人不发生法律效力。而且法律对于应登记而未为登记者,除要求商主体承担相应的法律责任外,对商主体的法定代表人,也要追究其民事责任、行政责任甚至刑事责任。《公司登记管理条例》规定:提交假材料或者采取其他欺诈手段隐瞒重要事实,取得公司登记的,由公司登记机关责令改正,处以5万元以上50万元以下的罚款;情节严重的,撤销公司登记或者吊销营业执照。公司登记事项发生变更时,未依照本条例规定办理有关变更登记的,由公司登记机关责令限期登记;逾期不登记的,处以1万元以上10万元以下的罚款。其中,变更经营范围涉及法律、行政法规或者国务院决定规定须经批准的项目而未取得批准,擅自从事相关经营活动,情节严重的,吊销营业执照。

九、商事登记的监管

商事登记监督管理分为社会监督管理和登记主管机关的监督管理两种方式。社会监督管理主要是规定公众享有查阅登记簿、查阅与登记相关的各项资料和信息的权利。我国对社会公众监管的重视程度有待进一步提高。商事登记主管机关的监督管理主要是通过法律明确规定商事登记主管机关对商主体的商事登记事项负有监督管理的职责;对违反商事登记法律法规的行为予以处罚。

（一）证照和档案管理

《企业法人营业执照》《营业执照》分为正本和副本，正本和副本具有同等法律效力。国家推行电子营业执照。电子营业执照与纸质营业执照具有同等法律效力。《企业法人营业执照》正本或者《营业执照》正本应当置于公司住所或者分公司营业场所的醒目位置。公司可以根据业务需要向公司登记机关申请核发营业执照若干副本。任何单位和个人不得伪造、涂改、出租、出借、转让营业执照。营业执照遗失或者毁坏的，公司应当在公司登记机关指定的报刊上声明作废，申请补领。公司登记机关依法作出变更登记、注销登记、撤销变更登记决定，公司拒不缴回或者无法缴回营业执照的，由公司登记机关公告营业执照作废。公司登记机关对需要认定的营业执照，可以临时扣留，扣留期限不得超过10天。借阅、抄录、携带、复制公司登记档案资料的，应当按照规定的权限和程序办理。任何单位和个人不得修改、涂抹、标注、损毁公司登记档案资料。营业执照正本、副本样式，电子营业执照标准以及公司登记的有关重要文书格式或者表式，由国家工商行政管理总局统一制定。

（二）违反商事登记管理法规的法律后果

各级商事登记主管机关有权根据《公司法》《公司登记管理条例》《企业法人登记管理条例》等相关法律、法规，对违反商事登记法律法规的商主体及其相关责任人作出相应的处罚。

商主体有下列情形之一的，商事登记主管机关可以根据情况分别给予警告、罚款、没收非法所得、停业整顿以及扣缴、吊销营业执照的处罚：(1)登记中隐瞒真实情况、弄虚作假或者未经核准登记注册擅自开业的；(2)擅自改变主要登记事项或者超出核准登记的经营范围从事经营活动的；(3)不按照规定办理注销登记或者不按照规定报送年检报告书，办理年检的；(4)伪造、涂改、出租、出借、转让、出卖或者擅自复印营业执照、营业执照副本的；(5)抽逃、转移资金，隐匿财产逃避债务的；(6)从事非法经营活动的。对企业法人按照上述规定进行处罚时，应当根据违法行为的情节，追究法定代表人的行政责任和经济责任；触犯刑律的，由司法机关依法追究刑事责任。

商主体对商事登记主管机关的处罚不服时，可以在收到处罚通知后向上一级商事登记主管机关申请复议。上级商事登记主管机关应当在收到复议申请后按照法律程序作出复议决定。申请人对复议决定不服的，可以在收到复议通知后向人民法院起诉。逾期不提出申诉又不缴纳罚没款的，登记主管机关可以按照规定程序通知其开户银行予以划拨。

第四节 商事账簿

一、商事账簿的概念、设置原则和作用

(一)商事账簿的概念

所谓商事账簿,是指商主体为了明确自身的经营状况和财产状况而依法制作的账簿。商事账簿是商事实践的产物,与商事活动具有内在的必然联系。商事活动是以营利为目的的活动,商人为了考核其盈利状况与财产状况,必须借助商事账簿这一工具。一般认为,商事账簿起源于欧洲10世纪的海商贸易。随着商事生活的日趋复杂,商人之间的联系日渐密切,这就在客观上要求商人编制商事账簿,借以维护自身利益和社会公共利益,确保商事交易的安全、有序。为了适应这一客观要求,各国立法逐渐确认和建立了商事账簿制度,对商事账簿的内容和编制规则予以规范,使之由商事习惯走向了法制化轨道,并形成了当代商法中一项十分重要的制度。

(二)商事账簿的设置原则

各国商法对于商主体是否必须设置商事账簿,采取不同的立法原则。各国法律对商主体设置商事账簿的要求有所不同,主要有以下三种:

1. 强制主义原则,又称干预主义原则。大陆法系国家多采此原则。我国也采用此原则。法律既规定商主体必须设置账簿,又对账簿种类、内容及记载方法有详细规定,而且还规定政府有关部门对商事账簿制作及其内容进行审查与监督。《法国商法典》第8条规定:"一切具有商人身份的自然人或法人,均应对影响其企业财产的活动进行会计登记。"该商法典对商事账簿的内容和记账方法作出具体的规定。我国澳门也采取强制主义原则,《澳门商法典》第38条规定:"商业企业必须以适合其企业既有组织之方式记账,以便按时序知悉其各项交易,并须定期编制资产负债表及财产清单。"

2. 自由主义原则,又称任意原则。法律不直接规定商主体必须设立账簿,对于商事账簿是否设置,纯粹是商人的自由,法律不干涉。此种立法原则大多为英美法系国家所采用。随着经济发展的客观需求,在英美国家,出现了由会计职业团体和学术团体制定的会计准则,这些准则对于商主体设立商事账簿有一定的约束力。而且,商主体出于纳税、考核盈亏、破产清算和诉讼上举证责任的需要,通常都会设置详细的商事账簿。

3. 折中主义原则,即法律上仅规定商主体有置备商事账簿的义务,但并不规定

商事账簿的记载内容、形式和方法，也未规定国家主管机关的监管。另外，从事小规模商事交易活动的商个人，一般均不要求制作商事账簿。德国就是采用折中主义的做法。

我国《会计法》及《会计法实施细则》规定，国家机关、社会团体、公司、企业、事业单位、个体工商户和其他组织办理会计事务，必须遵守《会计法》。会计机构、会计人员必须遵守法律、法规，按照本法规定办理会计事务，进行会计核算，实行会计监督。按照《会计法》的规定，我国"实行统一的会计制度"，即由国务院财政部门统一制定关于会计核算、会计监督、会计机构和会计人员及会计工作管理的制度，单位的会计凭证、会计账簿、会计报告以及其他会计资料必须符合国家统一会计制度的规定。我国《公司法》第 6 章对公司财务、会计作了专章规定。按照财政部 1986 年发布的《关于个体工商户账簿管理的规定》，个体工商户必须按税务机关的规定建立、使用和保管账簿、凭证。1992 年财政部发布的《企业会计准则》则对企业的财务会计制度作了基本规定。1999 年 10 月 31 日通过的《会计法》要求国家机关、社会团体、公司、企业、事业单位和其他组织必须依法设置会计账簿，并保证其真实、完整。《会计法》同时还规定了违反商事账簿制作、保管义务者应当承担相应的法律责任。

（三）商事账簿的作用

1. 对商主体自身及其成员的作用。对于商主体自身而言，商事账簿使其可以及时准确地了解自身经营状况和财务状况，可以依此进行盈余计算和利润分配，进而判断有关经营决策和方式是否合理、是否需要调整以及如何进行调整。在诉讼中，商事账簿属于重要的证据之一。法国、德国、日本等国法律规定商事账簿必须保存 10 年，在这 10 年内具有法律规定的证据效力。我国《税收征收管理法实施细则》规定，账簿、会计凭证、报表、完税凭证以及其他有关纳税资料应该保存 10 年；《外商投资企业和外国企业所得税法实施细则》规定，企业的会计凭证、账簿和报表，至少保存 15 年。一般来说，普通商事账簿至少要保存 10 年，部分重要账簿保存时间应更长。按照我国《民事诉讼法》以及相关法律的规定，商事账簿只要内容属实，就是具备证据效力的书证之一，具有很强的证明力。

2. 对第三人的作用。在交易过程中，相对人可以借助商事账簿了解商主体的经营情况和资信情况，进而决定是否交易以及如何进行交易。

3. 对监管者的作用。政府的社会经济管理部门可通过商事账簿进行有关统计，并作为政府有关决策和宏观调控的重要依据。作为税收机关，商事账簿是其征税的依据，因为无论是利润还是营业额，其确定依据均是商事账簿。

二、商事账簿的内容

《会计法》及相关法律法规将商事账簿的内容分为会计凭证、会计账簿、财务会计报告三类,下面对这三类商事账簿加以介绍。

(一)会计凭证

会计凭证是指商主体用来记录经济业务、明确经济责任,并按一定格式编制的据以登记会计账簿的书面证明。会计凭证可以记录经济业务的发生和完成情况,为会计核算提供原始依据;可以检查经济业务的真实性、合法性和合理性,为会计监督提供重要依据;可以明确经济责任,为落实岗位责任制提供重要文件;可以反映相关经济利益关系,为维护合法权益提供法律证据;可以有效监督经济活动,控制经济运行。按填制程序和用途进行分类,会计凭证可以分为原始凭证和记账凭证。

1.原始凭证。原始凭证是记录经济业务已经发生、执行或完成,用以明确经济责任,作为记账依据的最初的书面证明文件,原始凭证是在经济业务发生的过程中直接产生的,是经济业务发生的最初证明,在法律上具有证明效力,所以也可叫作“证明凭证”。它是进行会计核算的原始资料。原始凭证的填制要求主要包括以下几个方面:(1)记录要客观、真实。原始凭证所填列的经济业务内容和数字,必须真实可靠,符合实际情况。(2)内容要完整。原始凭证所要求填列的项目必须逐项填列齐全,不得遗漏和省略。(3)手续要完备。(4)书写要清楚、规范。(5)编号要连续。如果原始凭证已预先印定编号,在写坏作废时,应加盖“作废戳记”,妥善保管,不得撕毁。(6)不得涂改、刮擦、挖补。(7)填制要及时。

2.记账凭证。记账凭证是会计人员根据审核无误的原始凭证或汇总原始凭证,用来确定经济业务应借、应贷的会计科目和金额而填制的,作为登记账簿直接依据的会计凭证。由于原始凭证来自不同的单位,种类繁多,数量庞大,格式不一,不能清楚地表明应记入的会计科目的名称和方向。为了便于登记账簿,需要根据原始凭证反映的不同经济业务,加以归类和整理,填制具有统一格式的记账凭证,确定会计分录,并将相关的原始凭证附在后面。这样不仅可以简化记账工作、减少差错,而且有利于原始凭证的保管,便于对账和查账,提高会计工作质量。

(二)会计账簿

会计账簿简称账簿,是由具有一定格式、相互联系的账页所组成,用来序时、分类地全面记录一个企业、单位经济业务事项的会计簿籍。设置和登记会计账簿,是重要的会计核算基础工作,是连接会计凭证和会计报表的中间环节,做好这项工作,可以提供系统、完整的会计核算资料,有效发挥会计的监督职能。会计账簿是

编制会计报表的主要依据，也是进行会计分析的重要依据。制作规范的会计账簿对于加强经济管理工作具有十分重要的意义。

依据《会计基础工作规范》第60条的规定，登记会计账簿的基本要求是：(1)登记账簿时，应当将会计凭证日期、编号、业务内容摘要、金额和其他有关资料逐项记入账内，同时记账人员要在记账凭证上签名或者盖章，并注明已经登账的符号(如打“√”)，防止漏记、重记和错记情况的发生。(2)各种账簿要按账页顺序连续登记，不得跳行、隔页。如发生跳行、隔页，应将空行、空页划线注销，或注明“此行空白”或“此页空白”字样，并由记账人员签名或盖章。(3)登记账簿时，要用蓝黑墨水或者碳素墨水书写。不得用圆珠笔(银行的复写账簿除外)或者铅笔书写。红色墨水只能用于制度规定的“按红字冲账的记账凭证、在不设减少金额栏的多栏式账页”中。(4)记账要保持清晰、整洁，记账文字和数字要端正、清楚、书写规范。(5)凡需结出余额的账户，应当定期结出余额。(6)每登记满一张账页结转下页时，应当结出本页合计数和余额，写在本页最后一行和下页第一行有关栏内，并在本页的摘要栏内注明“转后页”字样，在次页的摘要栏内注明“承前页”字样。

（三）财务会计报告

财务会计报告是指单位根据经过审核的会计账簿记录和相关资料，编制并对外提供的反映单位某一特定日期财务状况和某一会计期间经营成果、现金流量的书面文件。财务会计报告由会计报表、会计报表附注和财务情况说明书组成。其中，以会计报表为编制的核心和重点。

会计报表是根据会计账簿定期编制的，综合反映企业某一特定日期财务状况和某一会计期间经营状况、现金流量的总结性书面文件。它是企业财务报告的主要部分，是企业向外传递会计信息的主要手段。我国会计法律制度规定，企业向外提供的会计报表包括资产负债表、利润表、现金流量表、资产减值准备明细表、利润分配表、股东权益增减变动表、分部报表和其他有关附表。

会计报表为评价企业经营业绩和改善经营管理提供重要信息；为国家经济管理机构进行宏观调控与管理提供必要信息；为投资者和经营者进行决策提供有用信息。编制会计报表的基本目的是为决策提供有用的会计信息，要求会计报表反映的会计信息具有相关性和可靠性。所谓相关性，是指企业提供的会计信息应当与财务会计报告使用者的经济决策需要相关，有助于财务会计报告使用者对企业过去、现在或者未来的情况作出评价或者预测。所谓可靠性，是指财务报表以客观的会计凭证为依据，根据公认的会计准则进行会计处理，忠实表述商主体的经营状况和财务状况。根据我国《会计法》及相关法律法规的要求，编制会计报表主要有以下要求：

1.内容真实、完整。企业在编制年度财务会计报告前，应当按照规定，全面清查资产、核实债务；核对各会计账簿记录与会计凭证的内容、金额等是否一致，记账方向是否相符;依照规定的结账日进行结账,结出有关会计账簿的余额和发生额,并核对各会计账簿之间的余额;检查相关的会计核算是否按照国家统一的会计制度的规定进行;会计报表中的数据必须是实际数,不能篡改原始数据。会计报表应当反映企业生产经营活动的全貌,全面反映企业的财务状况、经营成果和现金流量,各种报表所规定的指标项目、补充资料都要填列齐全,不能遗漏。

2.准确、简明。为保证会计报表资料的准确性,编制会计报表时,数字必须计算准确。企业提供的会计信息应当具有可比性。同一企业不同时期发生的相同或者相似的交易或者事项,应当采用一致的会计政策,不得随意变更。确需变更的,应当在附注中说明。不同企业发生的相同或者相似的交易或者事项,应当采用规定的会计政策,确保会计信息口径一致、相互可比;企业提供的会计信息应当清晰明了,便于财务会计报告使用者理解和使用。

3.报送及时。为保证会计报表编制的及时性,企业编制会计报表时必须遵守对各种会计报表编制期限的规定。应做到报送及时,以便有关方面及时掌握企业的财务状况和经营状况,作出正确的经营决策。报送前应对报表进行认真复审。财务会计报告应当根据经过审核的会计账簿记录和有关资料编制,并符合本法和国家统一的会计制度关于财务会计报告的编制要求、提供对象和提供期限的规定;其他法律、行政法规另有规定的,从其规定。向不同的会计资料使用者提供的财务会计报告,其编制依据应当一致。有关法律、行政法规规定会计报表、会计报表附注和财务情况说明书须经注册会计师审计的,注册会计师及其所在的会计师事务所出具的审计报告应当随同财务会计报告一并提供。财务会计报告应当由单位负责人和主管会计工作的负责人、会计机构负责人(会计主管人员)签名并盖章;设置总会计师的单位,还须由总会计师签名并盖章。单位负责人应当保证财务会计报告真实、完整。

三、商事账簿的编制与保管

(一)商事账簿的编制原则

1.真实、完整原则。《企业会计准则》第10条、第12条规定:企业应当按照交易或者事项的经济特征确定会计要素。会计要素包括资产、负债、所有者权益、收入、费用和利润。企业应当以实际发生的交易或者事项为依据进行会计确认、计量和报告,如实反映符合确认和计量要求的各项会计要素及其他相关信息,保证会计信息真实可靠、内容完整。商主体依法设置会计账簿,并保证其真实、完整。任何单位或者个人不得以任何方式授意、指使、强令会计机构、会计人员伪造、变造会计凭证、会计账簿和其他会计资料,提供虚假财务会计报告。单位负责人对本单位的会计工作和会计资料的真实性、完整性负责。《会计法》第26条规定,严禁伪造、变

造会计凭证、账簿;第27条规定,会计人员明知是不真实、不合法的原始凭证予以受理,将依法承担法律责任。

2.相关和及时原则。《企业会计准则》第13条对这项原则作出了规定。企业提供的会计信息应当与财务会计报告使用者的经济决策需要相关,有助于财务会计报告使用者对企业过去、现在或者未来的情况作出评价或者预测。同时商主体必须按照有关法律法规的规定或者根据与相关主体的约定,及时地编制并报送商事账簿,以便会计信息能够被使用人及时加以利用。

3.可比和一致原则。企业提供的会计信息应当具有可比性。同一企业不同时期发生的相同或者相似的交易或者事项,应当采用一致的会计政策,不得随意变更。确需变更的,应当在附注中说明。不同企业发生的相同或者相似的交易或者事项,应当采用规定的会计政策,确保会计信息口径一致、相互可比。不同行业,特别是同一行业的商主体在编制会计报表时,应按规定使用同一类似的会计程序和会计方法,以便使各商主体的会计报表使用者在对商主体财务状况、经营成果进行分析对比时,能够对其经营的优劣作出有效的判断。

4.明晰原则。《企业会计准则》第14条规定,企业提供的会计信息应当清晰明了,便于财务会计报告使用者理解和使用。

5.谨慎原则,又称稳健原则。企业对交易或者事项进行会计确认、计量和报告时应当保持应有的谨慎,不应高估资产或者收益、低估负债或者费用。在估价无法确定而又必须涉及估计及判断时,或者每当有几项不同的合理方法可供采用时,传统上通常都倾向于选择较不利的财务状况和使当期净利较低的会计方法。

(二)商事账簿的记载方法

《企业会计准则》对商事账簿的记载方法作了三方面的要求:

1.统一适用借贷记账法。所谓借贷记账法是指以"借""贷"为记账符号,记录经济业务的复式记账法。借贷记账法是复式记账法的一种,通常又称为借贷复式记账法。它是以"资产=负债+所有者权益"为理论依据,以"借"和"贷"为记账符号,以"有借必有贷,借贷必相等"为记账规则的一种复式记账法。借贷记账法以"借""贷"二字作为记账符号,并不是"纯粹的""抽象的"记账符号,而是具有深刻经济内涵的科学的记账符号。

2.应以人民币为记账本位币。记账本位币是指会计核算中所采用的基本货币单位。《会计法》第12条规定:会计核算以人民币为记账本位币。业务收支以人民币以外的货币为主的单位,可以选定其中一种货币作为记账本位币,但是编报的财务会计报告应当折算为人民币。

3.记录文字应当使用中文。使用中文记录是编制商事账簿的一般原则。会计记录的文字应当使用中文。在民族自治地方,会计记录可以同时使用当地通用的一种民族文字。在中华人民共和国境内的外商投资企业、外国企业和其他外国组织的会计记录可以同时使用一种外国文字。

（三）商事账簿的保管

各国法律均要求商主体承担保管商事账簿的义务，并对保存年限作出规定。有些国家对保存年限规定了确定期间，如德国、意大利、比利时、法国、日本为至少10年，西班牙5年，荷兰30年。

我国法律同样规定了商主体应当保管商事账簿。《税收征收管理法实施细则》第29条规定，账簿、记账凭证、报表、完税凭证、发票、出口凭证以及其他有关涉税资料应当合法、真实、完整。账簿、记账凭证、报表、完税凭证、发票、出口凭证以及其他有关涉税资料应当保存10年；但是，法律、行政法规另有规定的除外。《外商投资企业和外国企业所得税法实施细则》第100条规定，企业应当在中国境内设置能够正确计算应纳税所得额的会计凭证、账簿。采用电子计算机记账的企业，其由电子计算机储存和输出的会计记录，视同会计账簿；凡未打印成书面记录的磁带、磁盘应当完整保留。企业的会计凭证、账簿和报表，至少保存15年。一般来说，普通商事账簿至少要保存10年，部分重要账簿保存时间应更长。我国《刑法》第162条第2款规定，隐匿或者故意销毁依法应当保存的会计凭证、会计账簿、财务会计报告，情节严重的，处5年以下有期徒刑或者拘役，并处或者单处2万元以上20万元以下罚金。

四、违反商事账簿制作义务的法律后果

多数国家法律规定了商主体必须履行制作、保管义务。违反法律规定者，均要接受不同程度的法律制裁。我国《会计法》也对此作了比较完整的规定。《会计法》规定：有以下行为之一者，由县级以上人民政府财政部门责令限期改正，可以对单位并处3000元以上5万元以下的罚款；对其直接负责的主管人员和其他直接责任人员，可以处2000元以上2万元以下的罚款；属于国家工作人员的，还应当由其所在单位或者有关单位依法给予行政处分：(1)不依法设置会计账簿的；(2)私设会计账簿的；(3)未按照规定填制、取得原始凭证或者填制、取得的原始凭证不符合规定的；(4)以未经审核的会计凭证为依据登记会计账簿或者登记会计账簿不符合规定的；(5)随意变更会计处理方法的；(6)向不同的会计资料使用者提供的财务会计报告编制依据不一致的；(7)未按照规定使用会计记录文字或者记账本位币的；(8)未按照规定保管会计资料，致使会计资料毁损、灭失的；(9)未按照规定建立并实施单位内部会计监督制度或者拒绝依法实施的监督或者不如实提供有关会计资料及有关情况的；(10)任用会计人员不符合本法规定的。有前款所列行为之一，构成犯罪的，依法追究刑事责任。

伪造、变造会计凭证、会计账簿，编制虚假财务会计报告者，尚不构成犯罪的，

由县级以上人民政府财政部门予以通报，可以对单位并处5000元以上10万元以下的罚款；对其直接负责的主管人员和其他直接责任人员，可以处3000元以上5万元以下的罚款；属于国家工作人员的，还应当由其所在单位或者有关单位依法给予撤职直至开除的行政处分；对其中的会计人员，并由县级以上人民政府财政部门吊销会计从业资格证书。构成犯罪的，依法追究刑事责任。

隐匿或者故意销毁依法应当保存的会计凭证、会计账簿、财务会计报告者，尚不构成犯罪的，由县级以上人民政府财政部门予以通报，可以对单位并处5000元以上10万元以下的罚款；对其直接负责的主管人员和其他直接责任人员，可以处3000元以上5万元以下的罚款；属于国家工作人员的，还应当由其所在单位或者有关单位依法给予撤职直至开除的行政处分；对其中的会计人员，并由县级以上人民政府财政部门吊销会计从业资格证书。构成犯罪的，依法追究刑事责任。

五、商事账簿的审计

(一)商事账簿审计的意义

对商事账簿的审计，主要是指对商事账簿中会计报表的审计。会计报表审计是指对被审计单位的会计报表(如资产负债表、利润表和现金流量表)、会计报表附注及相关附表进行的审计。在西方称为财务报表审计。

在审计企业会计报表的过程中，审计人员以独立于企业的所有者和经营者的“第三人”身份进行审计活动。独立审计的目的是对被审计的单位会计报表的合法性、公允性及会计处理方法的一贯性发表审计意见。担任独立审计工作的注册会计师应当具备专门学识与经验，经过适当的专业训练，并具有足够的分析、判断能力。注册会计师应当遵守职业道德规范，恪守独立、客观、公正的原则，并以应有的职业谨慎态度执行审计业务、发表审计意见。

(二)会计报表审计的内容

会计报表审计的范围应当根据独立审计准则和有关法规的规定及审计业务约定书的要求确定。审计的范围一般应限于约定的会计报表报告期内的有关事项，但凡与被审计单位的会计报表有关和影响注册会计师作出专业判断的所有方面，均属于会计报表审计的范围。由于审计测试及被审计单位内部控制制度的固有限制，可能存在会计报表某些反映失实而未被发现的情况。注册会计师如果发现可能导致会计报表反映严重失实的迹象，应当追加必要的审计程序予以证实或排除。

(三)会计报表审计的一般要求

1.审计的依据。注册会计师对会计报表审计的依据主要有国家有关法律、行政法规和财务会计制度等规定或者有关协议、合同、章程、决议等条款的规定。

2.对内部控制的了解。《独立审计具体准则第9号》规定：注册会计师编制审计计划时，应当研究与评价被审计单位的内部控制。注册会计师应当对拟信赖的内部控制进行符合性测试，据以确定对实质性测试的性质、时间和范围的影响。注册会计师应当保持应有的职业谨慎，合理运用专业判断，对审计风险进行评估，制定并实施相应的审计程序，以将审计风险降低至可接受的水平。

3.出具审计意见和审计报告。注册会计师应当在实施必要的审计程序后，以经过核实的审计证据为依据，形成审计意见，出具审计报告。审计报告应当说明审计范围、会计责任与审计责任、审计依据和已实施的主要审计程序等事项。审计报告应当说明被审计单位会计报表的编制是否符合国家有关财务会计法规的规定，在所有重大方面是否公允地反映了其财务状况、经营成果和资金变动情况，以及所采用的会计处理方法是否遵循了一贯性原则。注册会计师可以出具无保留意见、保留意见、否定意见和拒绝表示意见四种意见类型的审计报告。在表示保留意见、否定意见或拒绝表示意见时，应明确说明理由，并在可能的情况下，指出其对会计报表反映的影响程度。

六、商事账簿的披露

商事账簿的披露是指商主体通过公开的途径向社会公众公开自己商事账簿的具体内容，以便让社会公众知悉、了解商主体的营业状况和财产状况。商事账簿的披露在很大程度上对商主体构成了不利的影响。负有商事账簿信息披露义务的主要是上市公司，本书将在后文详述。

第三章　商行为

【引　例】

甲委托青春旧货贸易有限公司（简称"青春公司"）销售其旧机器1台，双方约定：青春公司以不低于5万元的价格销售该机器，佣金10%，青春公司应在机器出售后10日内将扣除佣金后的价款支付给甲。合同订立后，青春公司以自己的名义将机器卖给乙，双方约定：机器价格为6万元，乙自收到机器后3日内付清货款。但乙收货后迟迟未付款，青春公司也没有向甲支付价款。甲多次向青春公司催收，青春公司均以乙未付款为由加以拒绝，并声称，自己只是中介，没有付款的义务，甲应向乙催收价款。

第一节　商行为概述

一、商行为的概念

商行为，又称商业行为、商事行为，它是大陆法系商法中特有的概念。在大陆法系国家，商行为观念和商主体观念共为商事立法的基本观念，一切商法规则，或为规范商主体而设，或为规范商行为而设，其他规则仅具有辅助性意义。在民商分立的国家，商法体系之差异，主要是因为：有的国家的商法强调商主体观念的基础作用，有的国家的商法强调商行为观念的基础作用。对商行为的理解和定义，在理论和司法实践中，也因立法体系的差异而有所不同。在民商合一的国家，商行为被认为是民事行为的特例。但是，不论是在民商分立还是在民商合一的大陆法系国家，对商行为最基本的内涵是有共识的，即商行为是指以营利性经营为目的而从事的行为。

二、商行为的特征

（一）商行为是主体为营利目的而实施的行为

所谓营利目的，是指行为人的行为目的在于营利，而非公益或其他。营利目的并不表明某一特定商行为一定能赢利，而仅指该类行为主体的一般活动目的。是否有营利目的，属于行为人的内在意思，如何判断呢？大陆法系国家多采取推定的原则，即根据法律规定的原则推定行为人的营利目的。对于商人，可根据其作为商主体的特征，在不能举出反证时，推定其行为为商行为。对于非商人则要以行为的性质、目的或者一般的商业习惯为根据加以推定。营利目的对区分商行为与非商行为具有特别重要的意义，公益机构、政治组织、社会团体偶尔也从事经济活动，但都不得以营利为目的，因而其行为不是商行为。

（二）商行为是营业行为

所谓营业，指行为人以营利性经济活动为业。具体包含三层含义：(1)行为人的营利性活动具有反复性。行为人必须反复从事同种营业，其行为才能被认定为商行为。虽为营利性活动，但不具有反复性，而仅是一次或偶尔几次，不能认定为商行为。(2)行为人的营利性活动具有连续性。商行为的营业性，不仅要求主体的同种营利性行为反复进行，而且要求连续进行。实施商行为的主体主要是商事企业，它们都是连续经营的实体。(3)行为人的营利性活动具有计划性。商事活动不仅有明显的目标追求——营利，而且要对实现营利目标的措施和所采取的手段作出具体安排。

（三）商行为的主体具有商事行为能力

商行为是特定的民事行为，商行为的主体也是特定的民事主体。不是任何民事主体都可以从事商行为，只有具有商事行为能力的主体才可以实施商行为。这包含两层含义：第一，主体必须有完全民事行为能力，能够凭自己的意思表示从事民事法律行为，并对其后果负责；第二，主体必须通过某种方式取得商事行为能力。主体或者通过商事登记取得商主体资格，从而取得商事行为能力，或者依法从事某种特殊的营业，从而被认定为具有商事行为能力。

在认识商行为的上述特点的同时，必须明确，我们研究商行为的目的是对商行为与非商行为作出区分，而这种区分的意义在于，当商法对某些法律行为有特别规定时只对商行为适用商法，非商行为应当适用民法。但是，在现代市场经济条件下，商人作为特殊阶层的地位已经不复存在，民事行为与商行为的界限有时并不是很清楚，特别是有些国家规定了所谓的绝对商行为，即商法将某些行为法定为商行为，不论行为主体是否为商人，也不论该行为是否具有营利性、营业性。此时，我们便不能以其不符合商行为的特征而否定其商行为的性质，进而否定对其适用商法。例如，票据行为便是绝对商行为，无论什么人为票据行为，均适用票据法。

三、商行为的法律规制原则

与对主体的法律规制相对应,法律对商行为的规制也有不同的立法例。

1.主观主义原则。即以商人概念为前提,并在此基础上推导出商行为。采用此原则的国家,其商法均持商人营业行为是商行为的立场,或者强调商人的经营方法在确定商行为中的意义。德国新商法是率先采用此原则的代表,该法典将商人作为确定商行为的核心概念,并依照商人经营的不同形式,将商行为分为不同的类型。瑞士债法是继德国新商法典之后采用此原则的典型,它强调商人经营方法在确定商行为上的意义。

2.客观主义原则。即着眼于行为的客观性质,并据此确定商行为。采用此原则的国家,其商法不强调商人概念在揭示商行为中的地位和作用,而是依据行为的客观性质确定一定的行为为商行为。法国原商法典是创造这一原则的先驱,但继承和发展这一原则的是西班牙商法典。

3.折中主义原则。即在修正上述两原则的基础上,以折中的立场确定商行为。一方面,一些商行为是根据一定行为的客观性质确定的;另一方面,一些商行为是根据商人的经营方法,仅在营业的场合才加以确认。法国新商法典和日本商法典均采此立场规定商行为。

在以上各原则中,客观主义原则从行为的性质揭示商行为的范围,具有概括性的优点,但缺乏明确性;主观主义原则以列举的方式揭示商行为的范围,具有明确性的优点,但客观存在的商行为种类繁多,不可能全部加以列举,难免挂一漏万。显然,这两者均有不适应商法发展的明显弊端,而折中主义原则继承了两者的优点、扬弃了两者的缺点,正逐渐为越来越多的国家所采用。中国目前尚没有关于商行为的总则性的立法,这是制约商法发展的不利因素,应尽快改变这种现状。中国立法的模式选择,按大多数学者的意见,应采用折中主义。

四、商行为的性质

对于商行为的法律性质问题,即商行为是法律行为,或是事实行为,抑或是法律行为与事实行为之总和,学术界有不同的认识。

有人认为,商行为包括法律行为和事实行为,凡是以营利为目的的商品交换行为以及与商品交换行为有关的活动,甚至一些单纯以营利为目的的活动都可以称为商行为。“商行为概念仅为商特别法规则的适用而创制,它对于解决民商法规则的适用范围和顺序具有重要意义。因此,商行为概念中不仅应包括商事法律行为,而且必须包括商业性事实行为。"[①]

但大多数学者认为，商行为仅仅指某种商事法律行为，它仅以意思表示为必备要素，是主体为了确立、变更或终止商事法律关系而实施的行为。这些学者指出，在商事法律关系中，有很大一部分是通过法定主义调整方式来调整的，商主体间的权利义务是通过商法认定商主体的事实行为成立来认定的。商事活动中确实存在不依当事人意志、由法律直接拟定并确认的事实行为。但是，这并不等于说商行为中应包含这些事实行为。法律对事实行为的认定和法定主义调整方式的使用，都以法律上已拟定的典型状态为标准，如果商行为既包括商事法律行为，又包括商事事实行为，那么我们就无法决定对一个行为是应该套用法律事先拟定的标准，还是应该探求当事人的内心意思，会引起法定主义调整方式与法律行为调整方式的相互误用。商行为中包含商业性事实行为，商行为就成了商事法律行为与商事事实行为的共同上位概念，法律中就应该同时明确规定商事法律行为这一概念，因为既然规定了上位概念，就至少应规定一个下位概念，使各个下位概念之间相互区别。但实际立法并不是这样的。在民商分立国家的商法典中，一般只设商行为专章，而没有商事法律行为概念的规定，在商行为成为上位概念的情况下，就会使对方当事人和法官都难以判断其行为是否基于当事人的意思表示，以致损害当事人利益或公共利益。而在民商合一国家，法律上一般并无商行为和商事法律行为概念，但依据传统，其立法的逻辑是：商行为是民事法律行为的延伸，它在本质上也是法律行为。如果认为商行为是上位概念，就是否认了这个传统，民事法律行为与商行为之间必将截然断裂，民法典的内在逻辑将遭到破坏，使民商合一失去了意义。[②]

第二节 商行为的分类

商法为使商行为的概念准确、完整，从而有利于该制度的正确适用，往往要列举具体的商行为，以补充其内容概括的不足，而这种列举是以商法理论对商行为的合理分类为依据的。对商行为的分类，依据不同的标准，主要有以下几种：

一、绝对商行为与相对商行为

这是根据商行为确认条件所作的分类。绝对商行为又称客观商行为，是指依照法律规定当然属于商行为的行为，不论行为主体是谁、目的如何，均应认定为商行为。其判断标准是客观的，不需要其他辅助条件。绝对商行为基本上属于传统

① 董安生、王文钦、王艳萍：《中国商法总论》，吉林人民出版社 1994 年版，第 128 页。

② 苏惠祥：《中国商法概论》，吉林人民出版社 1996 年修订版，第 76～79 页。

的商事交易领域,但各国的规定略有差异,其中,《日本商法典》的规定比较有代表性。根据该法第501条的规定,下列行为为绝对商行为:(1)以获利而转让的意思,有偿取得动产、不动产、有价证券的行为或有偿转让取得物的行为;(2)缔结供给自他人处取得的动产或有价证券的契约,以及为履行此契约而实施的以有偿取得为目的的行为;(3)于交易所进行的交易;(4)有关票据或其他商业证券的行为。

相对商行为,又称主观商行为、营业商行为,指在法律列举的范围内,由商主体实施或基于其他主体的营业性营利目的实施的行为。相对商行为既可以是只能由商人实施才能构成商行为的行为,也可以是基于营业目的实施方可构成商行为的行为,主要包括:保管运送、出版印刷、娱乐服务、居间代理、财产出租、加工制造等。与绝对商行为相比,它是相对的,只有在行为目的或行为主体符合法定条件时,才适用商法的特别规定,否则,不视为商行为,不得适用商法,而应适用民法的规定。《日本商法典》对相对商行为的列举也颇具代表性。该法第502条规定,下列行为,作为营业而实施时,为商行为。但是,专以取得工资为目的而制造物或服劳务者的行为,不在此限:(1)以租赁的意思,有偿取得或承租动产或不动产的行为,或者以出租其取得物或承租物为目的的行为;(2)为他人实施的制造或加工行为;(3)供用电或煤气的行为;(4)运输行为;(5)作业或劳务的承揽;(6)出版、印刷或摄影行为;(7)以招徕顾客为目的所实施的场所交易;(8)兑换及其他银行交易;(9)保险;(10)寄托的承受;(11)居间或代办行为;(12)商行为代理的承受。

二、基本商行为与附属商行为

在同一类商事经营中,商行为具有不同的性质与作用,以此为标准可将商行为分为"直接媒介商品交易的"行为和"间接媒介商品交易的"行为,前者为基本商行为,后者为附属商行为。基本商行为具有直接营利性,又称为固有商行为,如买卖行为。附属商行为不具有直接营利性,但能起到协助基本商行为实现的作用。传统上,认为仓储、运送、广告、服务等营业属于附属商行为。但现代商法理论认为,任何商事营业范围内都存在基本商行为和附属商行为。例如,买卖活动中的销售行为是基本商行为,而其运送和仓储等辅助性活动则是附属商行为;对于服务性营业,提供服务为基本商行为,而为此购进原材料则是附属商行为。

三、双方商行为与单方商行为

根据行为人双方是否具有商主体资格来划分,商行为可以分为双方商行为与单方商行为。双方商行为是指双方当事人都具有商主体资格所从事的商行为,如卖方与买方分别是批发商与零售商或制造商与销售商的销售行为。单方商行为是指行为人中一方为商主体,另一方为非商主体时所从事的交易行为,又称"混合交易行为”,如商业银行与普通公民之间的存、贷款行为,商人与消费者之间的交易行为。

双方商行为适用商法规定是没有疑问的,对于单方商行为的法律适用,各国的规定有很大的差异。德国、日本商法规定,单方商行为,对双方当事人均适用商法。《日本商法典》第 3 条规定:“(一)当事人一方实施商行为时,本法适用于双方。(二)当事人一方有数人,其中一人实施商行为时,本法适用于全体。”法国、英美国家的商法规则则是,单方商行为是商行为与一般民事法律行为的结合,商法中针对商行为的规定仅适用于商主体一方,而对相对方只适用民法的相应规定。

四、纯然商行为与推定商行为

根据商法对商行为的不同确认方式,商行为可以分为纯然商行为与推定商行为。纯然商行为是指依据法律规定或法律列举可以直接认定的商行为,包括绝对商行为和固有商人的营业上的商行为,是当然适用商法的行为。推定商行为是指不能直接根据法律规定或法律列举加以认定,而必须通过事实推定或法律推定方可确认其商行为性质的行为。包括商人通过非商人所为的行为,商人在商事行为能力范围之外从事的与营业关系重大的行为,或法律虽没有列举,但具有营利性目的的营业行为等。

五、一般商行为与特殊商行为

从商法对商行为之特别调整的共性与个性的角度来划分,商行为可以分为一般商行为与特殊商行为。一般商行为是指在商事交易中具有共性的、受商法规则调整的行为。商行为相对于民事法律行为而言,有其特殊性,但商行为作为总体,又有其共性。一般商行为主要包括商法上的债权行为、物权行为、交易结算行为等。特殊商行为是指在商事交易中具有个性的,并受商法中的特别法或特别规则调整的商行为。随着现代商事交易的发达和交易规模的扩大,现代商事交易的手段、方法、标的等,都变得纷繁复杂、丰富多彩,这在客观上提出了对各种特殊商行为进行个别调整的要求。一般认为,特殊商行为包括商事买卖、商事行纪、商事居间、商事代理、商事运输、商事仓储、商事票据、商事担保、商事保险、海商、商事信托、商事期货、商事融资租赁、商事证券交易等。

第三节 商行为的法律控制

一、商行为的法律控制概述

(一)对商行为进行法律控制的意义

在法治社会,任何行为都必须在法律许可的范围内进行,换言之,任何行为都直接或间接地受到法律的调控,商行为也不例外。除此以外,对商行为进行法律控制还有以下重要意义:

1.是保证交易迅速、方便,提高交易效率和促进交易的需要。商法的营利性属性客观上要求交易迅捷,减少交易成本,提高交易效率。如果任何交易都必须由当事人充分、自由协商,必不能达此目的。因此,商法通过大量的技术性制度设计来控制商行为,如定型化交易,大大地降低了交易成本,促进了交易。

2.是保护交易安全的需要。商人对利润的追逐,往往会不择手段,没有法律的规制,就没有交易安全,商人的营利目的也难以实现。最早的商人习惯法主要是对商行为的约束,它是商人在长期的交易实践中自发产生的,应该说是商人自我省悟的结果。

3.是维护社会公共利益和弱者利益的需要。在市场经济条件下,整个社会的联系日趋紧密,单个主体的商行为不仅仅影响到交易相对人,而且也会影响到社会公共利益;另外,在消费者与商人的交易中,消费者往往处于弱者地位,需要法律给予特殊保护。基于对社会公共利益和弱者利益的保护,需要对商行为加以控制,防止其损害社会公共利益和弱者利益。

(二)对商行为进行法律控制的方式

在民商分立的国家,一般通过商法对商行为进行控制,而在民商合一的国家,没有对商行为专门进行规定,有关商行为的规定,一方面采用民法中的规则,另一方面制定一系列单行商法加以规定。但不论法律的形式如何,对商行为进行控制的一般规则是相通的。商法属民法的特别法,对商行为的控制基本承袭民法对民事法律行为的控制,但基于以上特别需要,商法对商行为的控制采严格主义的立场,即在商法中规定大量的强行性规范,对当事人意思的认定采外观主义、推定主义等。从法律控制方式上说,有两种控制方式:强行法的控制方式和推定法的控制方式。

1.强行法的控制方式。强行法是指不依当事人的意志,无条件地适用的法律规范,分为直接控制和间接控制。直接控制是直接规定商行为的有效性标准,对其作出效力性评价。间接控制是指除商行为制度本身的效力性强行法规则外，商法其他规范对商行为的效力均有间接的强制性控制的作用。直接控制对商行为的成立要件及效力要件只作了最基本的限制，而间接控制则补充了对其内容的限制。

2.推定法的控制方式。推定法包括意思推定的法律规范和事实推定的法律规范两种。意思推定是指根据行为外观及环境推定行为内容，即意思表示，除非行为人作出相反的意思表示；事实推定是指强行法规范对内容不明确或无法证明的法律事实直接加以认定。基于商事交易的独特性，商法注重交易的外观，在很多情况下，对行为人的意思是推定出来的，而不顾及行为人的真实意思，行为人的责任也较民法规定更为严格。

强行法对商行为的控制着眼于商行为成立的最基本条件以及不违反公共利益、不危害交易安全这一最基本的行为边界；推定法对商行为的控制着眼于对行为内容的控制，保证行为内容的明确和完整，降低交易成本，促进交易。两者共同完成对商行为的法律控制。不过，有必要指出的是，对商行为的法律控制，并非由商法独立完成或由民法和商法共同完成，而是由包括经济法、行政法、刑法等多个法律部门共同实现的。

二、对格式合同条款的法律控制

(一)格式合同条款的概念和特征

格式合同条款，又称一般交易条款、标准合同条款，是指未经合同双方当事人个别磋商，由一方当事人事先拟定的、对方当事人只能对该条款全盘接受或者拒绝交易的合同条款。它具有以下特点：(1)事先性。格式合同条款先于当事人合意而存在，它是由一方当事人事先拟定好的。其订约过程不存在互相协商，制定格式合同的一方是向不特定人发出要约。[①] (2)附和性。对于格式合同条款，对方当事人只有接受或者拒绝的自由，不能就合同条款与格式合同条款制定者协商，不能更改合同条款。(3)标准性。格式合同的内容适用具有统一的方式，凡是参加格式合同的不特定人一律平等适用。

(二)格式合同的产生原因、意义和弊端

罗伯特·霍恩等在《德国民商法导论》一书中系统地阐述了格式合同条款产生的原因、意义以及它的弊端和对其进行特别规制的必要性："第一次世界大战之后，

① 也有人认为制定和发布格式合同条款属于要约邀请，对方当事人愿意订立合同的意思表示才属于要约。

开始出现了一种趋势，即保险公司、银行、大公司，以及联合企业等，一反过去根据个别客户的需要分别签订契约的一贯做法，改而采用标准统一，并事先规定好一般交易条款的格式契约，以使其业务合理化。在今天，没有这些统一的条款，很多工业、贸易和商业部门的运作将变得难以想象。这些统一的条款使得大宗交易成为可能，并为计算机的利用提供了便利条件。那些适用各种不同交易中特定问题的条款，统一了人们的法律行为，但这并不是一般交易条款的唯一作用。一般交易条款曾经广泛地用来规避法律规则，制作由对方承担一切风险和不利的契约形式。而对方当事人则通常无力抗拒这种单方面的风险转移，因为提出契约的一方几乎不可能就其一般交易条款另外进行个别商讨。银行的客户或电力的用户一般都没有力量坚持修改一般交易条款，而对于采用一般交易条款的一方来说，一旦同意对这些条款加以变更，这种统一性所带来的好处就会丧失殆尽。只有那些具有同等或更强经济实力的当事人，才有可能坚持签订特殊的契约。如果契约当事人中，有一方可以利用其经济实力将不公平的单方面条款强加给对方，特别是有关违约的条款，那么一般交易条款本身所赖以存在的基础，即契约自由，就需要某种补充性的保护了。”①

（三）格式合同法律控制的内容

对格式合同的规制，在德国，最早是法院在处理涉及格式合同条款的纠纷中，对该条款作有利于对方相对人的解释；既而援引《德国民法典》第 138 条关于禁止违背善良风俗的行为规定，以及第 242 条关于公平交易及依诚实信用履行一切契约的规定，以否定不公平条款的效力。1976 年，德国颁布了专门的规制格式合同条款的《一般交易条款规制法》。其他国家也均有对格式合同条款的特别法律规制。我国《合同法》第 39 条至第 41 条是对格式合同条款的专门规定。综观各国对格式合同条款的规制内容，主要包括：

1. 对格式合同形式的控制。合同的形式关系到对方当事人能否了解并理解合同条款的确切内容。在实践中，格式合同主要表现为以下形式：(1)当事人签字认可的合同文本；(2)记载于收据上的格式合同条款；(3)以店堂告示、用户须知等形式悬挂于商行为发生地的文字材料；(4)记载于商品包装、产品使用说明书、保修单等涉及当事人权利义务的文字材料。以这些形式存在的格式合同条款往往使对方当事人难以注意到。为此，各国商法一般规定，合同的形式必须使一般的交易相对人能够注意到，并能够意识到他们属于合同的组成部分。例如，法律要求对于免责事由应以显著的方式标明。

---

① ［德］罗伯特·霍恩等：《德国民商法导论》，楚建译，中国大百科全书出版社 1996 年版，第 94～95 页。

2.对格式合同条款解释的控制。对格式合同条款的理解产生歧义、可以作多种解释时,各国商法一般规定应作不利于合同条款制定方的解释。如我国《合同法》第41条规定:"对格式合同的理解发生争议的应当按照通常理解予以解释。对格式条款有两种以上解释的,应当作出不利于提供格式条款一方的解释。"

3.对格式合同条款内容的控制。格式合同的内容虽然由一方单独制定,但其并不能任意制定,合同的内容需受到法律的特别约束。按照我国《合同法》的规定,这些约束除了包括一般合同均应当受到的约束外,还应当包括以下特别规则:(1)格式合同条款不得不恰当地免除合同提供方的责任、加重对方的责任、排除对方的主要权利,否则该条款无效;(2)对于格式合同中的免责、限制责任条款,必须采取合理的方式提请对方注意,并有责任按对方要求对该条款作出解释,否则,该条款不发生法律效力;(3)当格式合同条款与非格式合同条款发生冲突时,应当采用非格式合同条款。

4.对格式合同条款的行政控制。行政控制是指对格式合同条款在公开使用前的监督和事先核准。一些国家和地区法律规定,对于某些格式合同条款,必须经过主管机关事先核准才能合法使用。我国大陆和台湾地区均如此规定。

第四节 商事合同

一、商事合同概述

(一)商事合同的概念和特点

商行为最典型、最常见的表现形式是商事合同。所谓商事合同,是指平等的商主体以营利为目的,相互之间设立、变更、终止商事权利义务关系的协议。商事合同是一种特殊的民事合同,与一般民事合同相比,有以下特点:

1.商事合同的双方当事人都是商人或者依法有权从事商行为的其他人(拟制商人),一般民事合同的主体不受此限。

2.缔结商事合同是双方商行为,商人与非商人(主要是消费者)缔结的合同不属于商事合同。不过,某些非商主体以商事交易的方法缔结的合同可以准用商事合同的规定。

3.当事人订立商事合同的目的在于营利,不以营利为目的订立的合同不属于商事合同。

4.商事合同是双务、有偿合同,这是由商事合同的订立目的所决定的。商主体非基于营利目的所缔结的合同,如公益捐助合同,不属于商事合同。

(二)商事合同的立法

商事合同与一般民事合同相比,具有特殊性,这种特殊性体现在法律的调整上,就是商事合同除了遵守民法的一般规则外,还要受到商法的特别调整。在民商分立的大陆法系国家,商法典一般不设对商事合同的专门规定,有关商事合同的规定通过对各种商行为的特别规定体现出来;在民商合一的国家,商事合同更是与民事合同规定在一起,基本规则是一致的,只是在具体的合同规定上体现商事合同的特点。对商事合同最彻底、最全面的规定,在国内法上应属《美国统一商法典》,该商法典共10篇49章,近400条,以商事买卖为核心,对商事合同作了系统、全面的规定,并且,将商人与消费者之间的合同排除在商法典的调整范围之外。国际上的规定主要有《联合国国际货物销售合同公约》和《国际商事合同通则》[①],以后者的规定最为全面。

我国于1999年在原《经济合同法》《涉外经济合同法》和《技术合同法》的基础上制定了现行《合同法》,该法没有区分民事合同与商事合同,只将婚姻、收养、监护等有关身份关系的协议排除在外。这与我国一向坚持的民商合一的立法体例是相一致的。但在具体的规定上,还是在一定程度上照顾了商事合同的特点。例如,对作为民事合同的保管合同和作为商事合同的仓储合同分别规定,适用不同的规则;而借款合同则主要是规定了商事借款合同,对自然人之间的借款合同则作了补充规定,等等。但由于没有明确区分商事合同与民事合同,存在的问题也不少,如对民事买卖与商事买卖适用同样的规则,即属不当。

二、主要商事合同介绍

(一)商事买卖合同

商事买卖合同是买卖双方均基于经营目的,由出卖人转移标的物的所有权于买受人,买受人支付价款的合同。商事买卖以民事买卖为基础,但与民事买卖在概念、性质、对象以及原则上均有差异,民商分立国家的商法典一般有对商事买卖行为的特别规定,旨在保护和促进商事交易的迅捷和安全。我国《合同法》关于买卖合同的规定,没有区分民事买卖与商事买卖,但从其内容来看,主要是针对商事买卖的。对于商主体与消费者之间的买卖合同,除了受《合同法》的约束外,还须受《消费者权益保护法》的约束。

---

① 《国际商事合同通则》由国际统一私法协会于1994年5月通过,它不是国际条约或国际公约,而是以一般法律规则的面目出现,无须各国政府批准,而是由各国商主体通过约定的形式选择适用。这与作为国际公约的《联合国国际货物销售合同公约》的性质是不同的。

（二）商事代理合同

商事代理合同是代理商与被代理商签订的，代理商以被代理商的名义实施商事交易行为，其结果由被代理商承担的协议。商事代理与民事代理相比，具有以下特点：（1）代理人和被代理人都是商人；（2）代理的事项是从事商事交易。我国《民法通则》和《合同法》均有关于代理的规定，但同样未区分民事代理和商事代理。

（三）商事行纪合同

商事行纪合同是指以行纪为业的商主体（行纪人）与其他商主体（委托人）签订的，委托人委托行纪人以行纪人的名义购买或销售货物、有价证券，委托人支付报酬的协议。在行纪合同中，行纪人虽然以自己的名义从事商事交易活动，但其法律后果实际上由委托人承担：购买的价款和出卖的财物由委托人交付给行纪人、买得的财物和卖出所得价款，由行纪人交付给委托人。但在行纪人的对外交易中，与相对人所产生的权利义务关系，是由行纪人承担的，行纪人在承担后再转移给委托人，委托人与交易相对人不直接发生关系。引例中青春公司以乙未付款为由拒绝向甲付款的抗辩理由不能成立。行纪合同为商事合同，因此，委托人为非商主体的，其与行纪人签订的行纪合同，也被视为商事合同。我国《合同法》第 22 章专章规定了行纪合同。

（四）商事居间合同

商事居间合同是指商主体为获取一定的佣金而与委托人签订的，为委托人与第三人签订商事合同提供缔约机会或者进行介绍，以促成委托人与第三人商事合同成立的协议。与民事居间相比，商事居间具有两大特点：（1）居间人是以获取佣金为业的商人；（2）其所从事的居间事项，是促成委托人与第三人达成商事合同。我国《合同法》第 23 章将民事居间与商事居间作了规定。

（五）商事信托合同

信托又称信任委托，是指委托人将其财产移转给受托人，受托人以自己的名义依照委托人的指定，为受益人的利益或特定目的，管理或者处理财产的行为。信托可分为民事信托和商事信托。民事信托以安排个人资产移转、承继等为目的；商事信托以获取商业利益为目的。我国《信托法》将信托分为民事信托、营业信托和公益信托。其中的营业信托就是商事信托。商事信托种类繁多，涉及经济生活的许多方面，常见的商事信托主要有投资基金信托、贷款信托、设备买卖融资担保信托、公司股东表决权信托、职工持股基金信托等。

（六）商事期货交易合同

商事期货交易合同是特殊的商事买卖合同，是指按照期货交易所的规定，由期货买卖双方商主体在交易所内预先订立买卖合同，而货款的支付和货物的交割要在约定的远期进行的一种买卖合同。与一般商事买卖合同相比，商事期货交易合同具有以下特点：(1)交易必须由期货交易所的会员在期货交易所内进行，会员以外的人买卖期货，必须委托会员进行；(2)商事期货交易合同是由交易所事先拟定的格式合同，其交易价格由交易所内的竞价系统形成，均无须当事人协商；(3)交易的标的物是交易所选定的、可以标准化的种类物；(4)期货交易是一种远期交易；(5)交易的履行往往无须实物交割，而仅仅是将期货合约卖出或买入进行对冲，只有在合约到期时没有对冲的合约才需要实物交割；(6)期货交易具有套期保值和投机双重功能。在我国，期货交易已经广泛出现，但相关的法律还很不完善。

（七）融资租赁合同

融资租赁合同是指出租人根据承租人对出卖人、租赁物的选择，向出卖人购买租赁物，提供给承租人使用，承租人支付租金的合同。融资租赁合同是一种具有浓厚金融色彩的、典型的商事合同，是现代商事交易繁荣的产物。它具有以下特点：(1)它是买卖合同与租赁合同两种合同的结合，牵涉到出租人、承租人和出卖人三方当事人；(2)它具有融资和融物的双重功能，一方面，它具有租赁合同融物的功能，另一方面，它又具有明显的融资功能，承租人自己选定供应商和租赁物，出租人按承租人的指示向出卖人付款，然后，出卖人向承租人直接交付出卖物（租赁物），在整个过程中，出租人承担的主要是融资的功能；(3)对于租赁物的瑕疵，一般约定由承租人而不是出租人向出卖人行使索赔权，出租人不对租赁物承担瑕疵担保责任；(4)合同一般约定，租赁期满后，租赁物归承租人所有或者承租人应当购买租赁物。我国《合同法》第 14 章专章对融资租赁合同作了规定。

（八）商事仓储合同

商事仓储合同是专门从事仓库经营的商主体（保管人）与其他商主体（存货人）签订的，约定保管人储存存货人交付的仓储物，存货人支付仓储费的合同。仓储营业是一种专为他人储藏、保管货物的典型商事营业。从性质上说，仓储属于保管的一种，仓储合同是特殊的保管合同。但我国《合同法》分别在第 19 章、第 20 章规定了保管合同和仓储合同，对保管合同主要按民事合同对待，如规定当事人对保管费没有约定的视为无偿保管，就体现了民事合同的特点；而对仓储合同则是作为商事合同来规定的，如规定仓单的转让，就体现了商法促进交易的迅捷的特点。学术界对这种将保管合同和仓储合同分别规定的做法有不同的看法，我们认为这是一种有益的、成功的做法。

(九)商事货运合同

商事货运合同是指专门从事运输营业的承运人与托运人签订的,将货物从起运地点运输到约定地点并交付给收货人,托运人或者收货人支付运费的协议。商事货运合同往往牵涉到第三人——收货人,收货人不是合同的当事人,但是有收取货物的权利,在某些情况下,还有支付运费的义务。货运营业是一种极其重要的辅助商行为,各国商法或者商事特别法均对其有专门规定。我国《合同法》第 17 章将货运合同与客运合同规定在同一章,但在该章的第 2 节作了专门规定。另外,《铁路法》《民用航空法》等还分别对不同运输方式的货运合同作了特别规定。

第二编

公司法

LAW

第四章 公司与公司法概述

【引 例】

福特汽车公司成立于1903年。亨利·福特持有58%的股份,控制着董事会。道奇兄弟持有10%的股份。从1908年开始,福特汽车公司每年支付固定分红120万美元,从1911年开始到1915年10月期间,福特汽车公司还派发特别分红,累计4100万美元。但是其后,福特宣布公司不再派发任何特别分红,此时公司有1.12亿美元的盈余,福特解释不支付特别分红的原因是:福特公司赚了太多的钱,有太高的利润。公司计划将汽车的售价从每辆440美元降低到360美元,但仍保持原来的质量,以此帮助尽可能多的人创造美好生活。道奇兄弟不满福特的决定,向法院提起了诉讼,要求判令福特汽车公司支付相当于现金盈余75%的特别分红。法院认为:公司的主要目的是为股东创造利润。公司董事在行使其权力时,亦应服务于该目的。董事在行使权力时,应选择实现前述目的的方式,而不能过分到改变这一根本目的。董事不能为了其他目的选择减少利润或者不向股东分红。判决福特公司支付特别分红。

第一节 公司概述

一、公司的概念

公司在现代社会的经济活动中是最为重要的经济活动主体,公司这一概念的应用非常普遍。不同学科,因为研究、描述公司概念的方法、角度的不同,所以存在各种不同的公司的概念。本书讨论的是法律意义上的公司的概念。法律意义上的公司的概念因法系的不同,也存在较大的差异。

(一)大陆法系公司的概念

依通说,公司是指依法设立的、以营利为目的的社团法人,属于私法人中的社团法人，是社员的结合而非财产的结合。由于社团法人分为公益性社团法人与营利性社团法人，公司属于营利性社团法人，而营利性又是企业的本质属性，所以公司属于企业法人。

（二）英美法系公司的概念

英美法系基于其不注重法律概念界定的传统未对公司的概念予以明确定义，所使用的公司概念的外延范围远远超出了大陆法系公司概念的外延范围。如英国称公司为“company”，意指一定数量的自然人为共同目的（往往是营利目的）进行经营而结成的社团。但这一术语在法律上也常常只是指合伙组织，甚至是个人经营者。美国称公司为“corporation”，含义为依法成立的，具有法定组织结构与法人资格的实体。其外延既包括政府，也包括商业公司、非营利法人。

（三）我国《公司法》中公司的概念

我国《公司法》未直接规定公司的概念，但在条文中对公司的内涵与外延作出了界定。该法第 2 条明确规定：“本法所称公司是指依照本法在中国境内设立的有限责任公司与股份有限公司。”该法第 3 条第 1 款规定：“公司是企业法人，有独立的法人财产，享有法人财产权。公司以其全部财产对公司的债务承担责任。”该条第 2 款进一步规定：“有限责任公司的股东以其认缴的出资额为限对公司承担责任，股份有限公司的股东以其认购的股份为限对公司承担责任。”依上述条文，我国《公司法》中的公司，是指股东依法设立的，股东以其出资或所持股份为限对公司承担责任，公司以其全部财产对公司债务承担责任的企业法人。

二、公司的法律特征

（一）公司具有营利性

公司的营利性有两层含义：(1)设立公司的目的在于获取利润，并最终将利润分配给公司的投资者即股东；(2)公司应连续地从事营利性活动。许多国家均在其公司立法中直接或间接地确认了公司的营利性质，如《日本商法典》《韩国商法典》《美国商事公司示范法》《德国商法典》等均对公司的营利性作了明确规定。我国《公司法》未就公司的营利性作出明确规定。

强调公司的营利性是为了使公司区别于不以营利为目的的公益性社团法人和财团法人。传统公司法理论认为：公司一切行为的最终目的都是基于盈利最大化的考虑，以满足股东的投资回报需求，引例中美国法院的判决意见就体现了这一理论。但现代公司法理论认为，公司行为不能都以营利为目的，公司也应当承担一定的社会责任。我国《公司法》第 5 条明确规定公司应当承担社会责任。

(二)公司具有社团性

社团性又被称为联合性,是指公司应当是人的结合,其成员具有多元性。所谓社团,是指为实现一定的目的而由两人以上所组成的团体,其成员称为社员,社员成立社团的目的在于实现其共同利益。

传统公司法理论认为,公司作为社团法人,一定是由两个或两个以上的股东组成的,单独一人不能设立公司,而只能设立独资企业。公司设立后股东也必须保持多数,而不得减为一人,所以不允许一人公司的存在。但是随着公司法的发展,大多数国家的公司法在不同程度上承认一人公司。而在我国,旧《公司法》[①]施行期间,实践中就已经存在着大量设立后因为股权或股份转让而形成的一人公司以及实质上的一人公司[②],对于这两类公司,旧《公司法》及相关行政法规未作出要求其强制性解散或转变为个人独资企业的规定,而是默许其存在。而现行《公司法》尊重一人公司在我国存在的客观事实,有限制地承认了一人公司,即确认了一人有限责任公司,并且对其作出了系统的规定,但是仍未承认一人股份有限公司。

公司立法对一人公司的承认对公司的社团属性造成了一定的冲击,但这并不意味着公司法理论完全否定了公司的社团属性,就整体而言,社团性依然是公司的特征之一,只是存在一人公司这一例外情形。

(三)公司具有法人性

公司作为企业法人,符合《民法通则》规定的法人的定义与特征,因而公司也具有法人性。具体表现在:

1.公司拥有独立的财产。公司的财产由股东的出资、公司的盈利积累以及其他途径获得的财产(设立后的贷款、获奖奖金、营利活动取得)组成。公司拥有独立财产的意义在于:独立的财产是公司赖以进行经营的物质基础,也是其履行义务、承担责任的物质保证。从债的担保角度而言,公司的财产是其债务的一般担保。股东一旦将其财产出资给公司,这些财产就属于公司,公司对于该财产享有法人财产权,而股东在将其财产出资给公司后,只能作为股东享有股权,而不再对其出资享有财产权,否则就构成侵害公司财产权的行为。进一步而言,股东不能侵害公司对其全部财产享有的财产权。但在实践中,某些掌握、控制公司经营管理权的大股东,任意占用、调配公司的财产以满足自己的私利。这种侵害公司财产权的行为不仅严重损害公司利益,而且也间接损害了其他股东的利益。

2.公司设有独立的组织机构。不同于自然人,公司是拟制主体,必须建立由自

① 本书中使用“旧《公司法》”一词指称2005年修订之前的《公司法》。

② 所谓实质上的一人公司是指形式上为股东为两人或两人以上,但实际是由一名股东出资设立,其他股东被这名股东借用其名义出资。

然人组成的机构来开展对内对外活动,完善、健全的组织机构是公司进行经营活动的组织条件。

3.公司独立承担法律责任。《公司法》第3条第1款对公司独立承担民事责任有明确规定:“公司以其全部财产对公司的债务承担责任。”公司的独立责任表现如下:(1)公司责任与股东责任的彼此独立;(2)公司的责任与其工作人员责任的独立,公司的经营活动由其工作人员实施,但不能因此要求其工作人员承担公司经营活动导致的责任;(3)公司责任与其他公司责任的独立,实践中,公司往往与其他公司之间有各种联系,但是在民事法律关系领域,它们之间都是彼此独立的法人,各自独立承担财产责任。

4.股东对公司承担有限责任。《公司法》第2条第2款规定:“有限责任公司的股东以其认缴的出资额为限对公司承担责任,股份有限公司的股东以其认购的股份为限对公司承担责任。”这是股东有限责任的体现。所谓股东有限责任是指股东仅以其出资或所持股份为限对公司债权人间接承担责任。所谓间接承担责任是指股东不直接对公司债权人承担责任。股东有限责任与公司的独立责任是同一现象的两种表述,前者是从股东的角度进行表述,而后者是从公司的角度进行表述。但是含义均为公司以其全部财产对公司债务独立承担责任,而股东则不对公司承担其出资额或所持股份以外的其他责任。

5.公司具有法定性。公司作为最典型的商主体,充分体现了商主体法定原则。(1)公司类型法定。公司类型法定是指公司法对于公司的类型作出了明确规定,公司的创设或变更只能严格依照法律预定的公司类型和标准进行。我国《公司法》所规定的公司类型有有限责任公司和股份有限公司。(2)公司内容法定。公司内容法定是指公司的财产关系与组织关系由法律予以明确规定。这样可以在一定程度上保障同类型公司具有大体相同的法律性质。(3)公司公示法定。公司公示法定是指公司的成立必须按照法定程序予以公示,以便交易第三人及时知晓;未经法定公示者,不得对抗善意第三人。

三、公司的产生与发展

(一)公司的起源

关于公司的起源,通说认为公司起源于中世纪的欧洲。其起源线索如下:(1)海上风险促成公司的萌芽。古代西方的企业组织与航海事业紧密相连,风险促成信用。(2)无限公司的缘起。早期的家族经营体也是一种企业模式,企业成员仅限于家族之内,后来非家族人员不断加入。

(二)股份有限公司的起源与发展

最早的股份有限公司是1600年成立的英国东印度公司。但是,在英国,股份

有限公司的发展并非一帆风顺。18 世纪 20 年代,英国爆发了"南海泡沫"事件[①],该事件导致了许多中小投资者破产,影响了股份有限公司的声誉,更使得英国通过《反金融诈骗与投机法》,规定了许多限制股份有限公司设立并取得法人资格的内容。该法案矫枉过正,严重阻碍了股份有限公司的发展。此后百年间,英国未发行一张股票。直至 1825 年该法案才被废除,此后英国陆续有一系列促进股份有限公司发展的法案出台,20 世纪初,股份有限公司才进入快速发展的黄金时期。

(三)有限责任公司的起源与发展

有限责任公司起源于 19 世纪末的德国。当时德国在修订商法典时发现股份有限公司不十分适合规模不大的企业,而经济的发展迫切需要为中小企业设计一种股东承担有限责任的新型公司。法学家、经济学家、立法者联合设计了有限责任公司制度。1892 年,德国颁布《德国有限责任公司法》,确立了有限责任公司形式,此后这一新公司形式在世界各地得到了广泛的发展。

(四)公司制度在中国的发展

1. 近代中国公司的产生与发展

古代中国商品经济十分薄弱,未能自发地孕育资本主义的生产关系,所以公司制度直至鸦片战争前后才由西方传入中国。清政府被推翻后,北洋政府创办了一些公司,如 1915 年成立的华新纺织公司等。国民党统治时期,以四大家族为代表的官僚资本控制了当时中国绝大多数的优质企业。在公司方面表现为带有官僚资本性质的公司完全控制了国家命脉。尽管当时公司已成为企业的重要组织形式,但与西方资本主义国家相比,在企业中所占比重依然较小。

新中国建立后,在 1953 年社会主义改造之前,仍然允许私营公司继续发展,同时建立了一批国营公司。但是在 1953 年社会主义改造之后,对私营资本主义工商业逐步实行公私合营,1956 年社会主义改造完成后,经济体制转变为计划经济,相应的企业组织形式也逐渐演变为全民所有制与集体所有制,基本丧失了公司属性。

2. 改革开放时期中国公司的发展

改革开放以来,我国公司制度经历了重新萌发、逐渐兴起和不断发展的过程。

---

① 18 世纪,英国南海公司获得了英国政府授予的对南美洲的贸易垄断权,英国各界人士对公司前景看好,踊跃购买其股票,最后在全英国形成了无视南海公司经营实绩而盲目投机股票的浪潮。1719 年上半年,南海公司股票价格一路飞涨。7 月,股票价格涨至每股 1000 英镑以上,涨幅高达 700%,但最终因为并无真正支持该价格的经营业绩,南海公司股票被大量抛售,股票价格迅速下跌,至 12 月跌至每股 124 英镑,投资者遭受巨大损失。此后很长一段时间内,民众对新兴的股份有限公司闻之色变。这一事件史称"南海泡沫"事件。转引自叶林:《公司法原理与案例教程》,中国人民大学出版社 2010 年版,第 2~3 页。

在对外开放、引进外资的需求推动下，首先允许成立公司形式的“三资企业”（中外合资经营企业、中外合作经营企业、外商独资企业）。20 世纪 80 年代，股份制被作为经济体制改革的有效手段大规模推行。1984 年，上海飞乐音响公司首次向社会公开发行股票，从而组建了新中国历史上第一家比较规范的股份有限公司。1986 年，上海静安证券业务部首先开办股票上市买卖业务，这是社会主义国家首次股票上市。整个 80 年代，我国出现了公司发展的繁荣景象，但是存在着政企不分、产权关系模糊等经济体制问题，公司立法极不完善、缺乏调整公司制度的系统法律规范等法制问题。

20 世纪 90 年代，随着邓小平同志南方谈话的发表以及建立社会主义市场经济体制目标的确立，国家领导层普遍认识到实行公司制是进行国有企业改革的主要途径。我国公司进入了稳健发展的时期，相应的配套制度建设也加紧进行，1993 年《公司法》正式颁布。党的十五大报告中明确提出建立现代企业制度是国有企业改革的方向。公司也逐步在企业组织形式中占据绝对优势的主导地位。

四、公司的分类

（一）无限公司、两合公司、有限责任公司、股份有限公司

这一分类是以股东对公司债务承担的责任为标准对公司进行的分类，也是大陆法系国家对公司的法定分类。

1. 无限公司

无限公司，是指全体股东对公司债务负无限连带责任的公司。股东的无限责任意味着股东不仅要以其出资，还要以其出资以外的其他个人财产来清偿公司债务，而股东的连带责任意味着公司的各股东必须对公司的全部债务承担清偿责任。公司的债权人既可以要求所有股东，也可以只要求其中个别股东清偿。

无限公司是公司的早期形态，因其从合伙进化而来，带有合伙的性质。无限公司的组织与设立程序简单，无最低资本额的限制，出资形式灵活，劳务与信用也可出资。股东之间关系密切，清偿债务不以出资为限，这是其有利之处。但是无限公司的弊病也很明显：股东投资风险太大，责任太重，不利于吸引投资。总体而言，无限公司偏向于保护交易安全，维护债权人的利益，不利于股东利益的保护和吸引投资，弊端较多。目前无限公司这种形式已很少为投资者所采用。

2. 两合公司

两合公司是指一个以上的无限责任股东与一个以上的有限责任股东组成的公司。其中无限责任股东对公司债务负无限连带责任，而有限责任股东对公司债务负有限责任，即以其出资为限承担责任。在两合公司中，两类股东的法律地位不同。根据权益与风险相一致的原则，无限责任股东代表公司执行业务；有限责任股

东没有业务执行权也没有代表权，只有一定的监督权。两合公司相对于无限公司的优点是避免了全体股东对公司债务承担无限连带责任，有利于吸引希望投资但又不愿意冒太大风险或者不愿意直接从事经营活动的投资人。但这种进步是不彻底的，相对于有限责任公司与股份有限公司，两合公司对于股东利益的保护仍显得薄弱，对于债权人利益的保护又有所减弱，所以现在也很少为投资者所采用。

3.有限责任公司

有限责任公司，简称有限公司，是指由两个或者两个以上股东共同出资，每个股东以其出资为限对公司承担责任，公司以其全部资产对其债务承担责任的企业法人。有限责任公司真正实现了股东的有限责任与公司的法人独立，因此最大限度地维护了股东的利益。

4.股份有限公司

股份有限公司，简称股份公司，是指由一定人数的股东发起设立的并通过股票的发行筹集资本，全部资本分为等额的股份，股东以其认购的股份为限对公司债务承担责任，公司以其全部资产对其债务承担责任的企业法人。股份有限公司相对于有限责任公司，在出资的转让、股东权益的计算上更为简便，更有利于维护股东的权益。

（二）人合公司、资合公司及人合兼资合公司

这一分类是以公司信用基础为标准对公司进行的分类。这一分类也是大陆法系学者对公司所作的学理分类。

1.人合公司

人合公司是指公司以股东的个人信用作为公司信用基础的公司。就外部关系而言，第三人与公司进行交易时，是基于对股东个人的信任。因此股东对于公司债务承担的责任，不限于其出资，而是以其全部财产承担责任。就内部关系而言，股东之间也往往具有特殊的信任关系，彼此比较了解，公司事务由股东共同协商、共同执行。无限公司就是典型的人合公司。

2.资合公司

资合公司是指公司以其自身资本和资产而非股东的信用作为公司信用的基础。为防止公司资本的缺乏而损害债权人的利益，一些大陆法系国家对资合公司的设立条件予以严格限制，规定了公司设立的注册资本最低限额。我国以前也不例外，2005 年修订后的《公司法》规定我国有限责任公司的最低资本金为 3 万元人民币，股份有限公司为 500 万元人民币。但 2013 年 12 月修订后的《公司法》，在一般情形下取消了法定注册资本最低限额，以降低公司设立门槛，遏制虚假出资，抽逃出资现象，体现保护营利、促进营利原则。但法律、行政法规以及国务院决定对有限责任公司、股份有限公司注册资本最低限额另有规定的，从其规定。股份有限

公司是典型的资合公司。

3. 人合兼资合公司

人合兼资合公司，是指公司兼以股东个人信用和公司自身资产作为公司信用的基础。两合公司是典型的人合兼资合公司。有限责任公司虽然其本质是资合公司，但也被认为带有一定的人合因素。当然有限责任公司的人合因素是就其股东之间的信任关系而言的，有限责任公司的信用基础仍然是公司自身的资产。

（三）母公司与子公司

按照一公司对另一公司的控制与支配关系为标准，可以将公司划分为母公司与子公司。这一分类实际上揭示的是公司之间因为持股、协议等原因而产生的控制与依附关系。

1. 母公司

母公司是指因拥有其他公司一定比例股份或者根据协议等原因而可以控制或支配其他公司的公司。以持股方式而形成的母子公司关系中，母公司又被称为控股公司。传统上母公司对另一公司的控制，需要持有该公司 50% 以上的股份（绝对控股）。但随着股份有限公司股份的分散化，母公司往往无须持有半数以上的股份即可取得对该公司的实际控制权（相对控股）。此外，母公司还可以通过协议方式实现对其他公司的控制。因此，如何认定母子公司关系的确立，对于各国和地区的公司立法来说，都是一个难题。

2. 子公司

子公司是母公司的对称，是指全部股份或者达到控股程度的股份被另一个公司控制，或者按照协议等原因被另一个公司实际控制的公司。其中全部股份被另一个公司控制的子公司，被称为全资子公司。实际上全资子公司也就是一人公司。需要强调的是，子公司虽然为母公司所控制，但是它仍然是独立法人，具有权利能力与行为能力，对外独立承担责任。当然对于母公司过度控制子公司，滥用子公司的独立法人资格为自己牟取非法利益的情形，则可以依据公司法人格否认制度，由母公司对子公司的债务承担法律责任。

（四）封闭式公司与开放式公司

这是以公司资本的筹集方式以及股东出资的转让方式为标准对公司进行的分类，也是英美法系国家对公司的基本分类。

1. 封闭式公司

封闭式公司又称为不上市公司、私公司，是指依公司法设立的，股东人数有所限制，不能对外发行股份，股东的股份也不能在股票市场上自由流通的公司。此类公司类似于大陆法系国家的有限责任公司。

2. 开放式公司

开放式公司又称为公众公司、上市公司，是指可以公开募集股份，并且股票可以在股票市场上公开交易、自由转让的公司。此类公司类似于大陆法系国家的上市公司。

(五)上市公司与非上市公司

这是以公司股份能否上市交易为标准对公司进行的分类。依《公司法》，上市公司是指其股票在证券交易所上市交易的股份有限公司，而非上市公司是指公司股票不上市交易的股份有限公司。

(六)本国公司与外国公司

这是以公司国籍为标准对公司进行的分类。本国公司是指具有本国国籍的公司，外国公司是指具有外国国籍的公司。而确定公司国籍的标准，各国并不一致，我国采纳的是准据法说，即以公司成立时依据的是哪国法律，在哪国登记为标准确定其国籍。凡是按照我国法律在我国境内登记成立的公司，都是中国公司。另外，还有两个与本国公司、外国公司相关的概念：

1.外国公司分支机构

外国公司分支机构，是指外国公司依照内国的法律规定，经内国批准，在内国设立的公司分支机构。

2.跨国公司

跨国公司是指以本国为基地，通过对外投资，在多个国家或地区拥有为数众多的分公司、子公司、参股公司，从事国际化生产与经营的大型公司组织。但是就法律而言，跨国公司并非是一种独立的公司类型，而只是一个公司的集合概念。

(七)《公司法》对公司的分类

《公司法》中规定的公司类型为有限责任公司和股份有限公司。

此外，需要指出的是，实践中还有一种貌似公司的分类：将公司分为总公司与分公司。总公司与分公司是以公司的内部管辖关系为标准，对同一公司不同组成部分进行的划分。

总公司，又称本公司，是指管辖公司全部组织的总机构，本公司本身具有法人资格，同时对于公司系统内部的业务经营、资金调度、人事安排具有统一的决定权。根据我国《企业名称登记管理条例》的规定，具有三个以上分支机构的公司，才可以在名称中使用“总公司”字样。分公司是指被本公司所管辖的公司分支机构，其在法律上不具法人资格。但是分公司具有经营资格，可以自己的名义独立签订合同，具有一定的行为能力，但不能独立承担责任。

第二节 公司法的概念、调整对象、性质与特征

一、公司法的概念及其调整对象

（一）概念

公司法是调整公司的设立、组织、活动、清算等对内对外关系的法律规范的总称。公司法有狭义和广义之分。狭义的公司法是指以“公司法”命名的公司法和商法典中的“公司法篇”，如我国的《公司法》。而广义的公司法是指调整公司设立、组织、活动、清算及其对内对外法律关系的法律规范的总称，既包括公司法，也包括其他法律中调整公司关系的法律规范。

（二）调整对象

公司法的调整对象主要如下：

1.公司的组织关系

包括：(1)发起人之间以及股东之间的相互关系；(2)股东与公司之间的关系；(3)公司内部组织机构之间的关系。

2.公司部分经营关系

对于公司的经营关系，各国公司法的调整原则是一致的：公司法不调整公司的全部经营关系，只调整那些与公司组织有密切联系的经营关系；对于与公司组织无关的交易关系，如买卖等关系，则不予调整。可见公司法侧重调整的是公司内部关系，而对于外部关系的调整则是次要的、辅助的。

二、公司法的性质与特征

（一）性质

1.公司法是组织法。公司法虽然既规范主体，又规范主体的活动，但是就其性质与成分而言，是以规范主体为主，所以公司法是组织法。

2.公司法是带有公法成分的私法。按照大陆法系公私法划分的理论，公司法属于私法。但是随着19世纪后民商法律的价值取向向社会本位转化，国家权力日

益渗透到社会生活的各个领域，公司法中的许多制度也受到国家的介入与干预，如公司设立登记制度、股东出资制度等。所以虽然从本质上而言公司法仍然属于私法，但是它也含有不少公法成分。

3. 公司法是国家管理公司的行为规范。公司法不仅是公司的行为准则，也是国家对公司进行管理的依据与准绳。

（二）特征

1. 从性质上而言，公司法是兼具公法属性的私法。

2. 从内容上而言，公司法是组织法与行为法相结合的法律，而且是兼具商行为内容的商主体法。以调整公司的组织关系为其主要内容，同时也调整部分与公司组织关系密切的公司经营活动，所以组织法是第一位的，行为法是第二位的。

3. 从体例上而言，公司法是实体法与程序法相结合的法律，而且是兼具程序性内容的实体法。公司法侧重对于股东、公司机构的权利（力）与义务，以及股东与公司间财产责任的划分。公司法中有关公司设立条件、资本制度、公司组织机构及其职权等主要内容同属于实体规范，所以公司法主要是实体法。而公司法中有关公司设立程序，公司组织机构行使职权的方式，公司变更、清算、解散的程序，以及实体权利受到侵害后的救济程序的规定（股东会、董事会的召集，表决的规则，股东派生诉讼的提起程序）则属于程序规范，所以公司法又具有程序法的因素。

4. 从公司法律规范的性质而言，公司法是强制性规范与任意性规范相结合的法律。为保证交易安全与社会经济秩序，国家必然对公司的组织、行为予以一定的干预，保证公司主体适格，所以强制性规范不可缺少。同时公司法本质上是私法，公司的根本目的是通过平等主体间的商事行为取得经济利益。所以，应当贯彻“意思自治原则”。允许当事人自行协商，对强制性规范以外的公司法规范自主选择或变通，所以任意性规范又是公司法体现其私法属性的基础。所以公司法是强制性规范与任意性规范相结合的法律。其中任意性规范主要适用于公司内部关系的调整，而强制性规范则主要适用于公司外部关系的调整。

5. 兼具国际性的国内法。这是因为国际商品交换是商法的核心内容，其特征之一就是国际性，所以说公司法的调整对象具有世界范围的共性。但是公司法又是一国立法机关制定并颁布的，其在本质上又属于一国的国内法。

6. 具有较强的技术性。公司法以维护交易的便捷、安全为其主要目的，所以其规定明显具有技术性，与民法偏重伦理规范有着明显的区别。公司法的技术性主要体现在行为规范部分。公司治理结构，公司股份的构成与股票、债券的发行，董事会召集程序与表决办法等都是这一特征的集中体现。

第三节 公司设立制度

一、公司设立的概念和特征

(一)公司设立的概念

公司设立是指设立人(发起人)为组建公司,使其取得法人资格,依法必须采取和完成的各种连续的准备行为。公司的设立与公司的成立是两个互有联系但又彼此区别的概念,公司完成设立过程,取得法人资格就是公司的成立。

(二)公司设立的法律特征

1. 设立主体为发起人。
2. 设立行为发生在公司成立之前。
3. 设立的目的为成立公司。
4. 设立行为应当严格履行法定条件与程序。

二、公司设立的方式

公司设立的方式分为发起设立与募集设立两种方式。

(一)发起设立

发起设立又被称为共同设立或单纯设立,是指由发起人认购公司应发行的全部股份而设立公司。发起设立的最大特点是公司的所有资本都来自公司的发起人,公司不能向社会公开募集股份。由于有限责任公司具有人合属性,其资本与公司运作均有封闭性,所以只能采取发起设立方式。而股份有限公司可以选择采取该发行方式。

(二)募集设立

募集设立又被称为渐次设立、复杂设立,是指由发起人认购公司应发行股份的一部分,其余股份向社会公开募集或者向特定对象募集(定向募集)而设立公司。在我国只有股份有限公司可以采取这种设立方式。《公司法》募集设立包括公开募集与定向募集两种形式。募集设立相对于发起设立,在广泛募集社会资金方面具有无可比拟的优越性,尤其是公开募集,它具有通过发行股份充分吸收社会闲散资

金，在短期内筹集设立公司所需巨额资本，缓解发起人的出资压力，便于公司的成立的优点，但其也存在弊端：(1)因为需要对外募集股份，所以必须实施股份的募集程序，召开创立大会，手续复杂，成本较高，而且审批程序也较复杂；(2)股权高度分散，不利于实现发起人对公司的控制权；(3)由于发起人只需要认购少量股份就可面向他人溢价发行股份，可以轻易获取设立利润，所以极可能被不法分子作为欺诈手段(集资诈骗)运用或导致过度投机，危及认股人的投资安全。在公开募集情形下，这一危害尤其严重，因此募集设立，尤其是公开募集设立受到法律和监管部门的严格监督和管制。①

三、公司设立的条件

《公司法》第 23 条、第 76 条分别规定了有限责任公司和股份有限公司的设立条件。一般来说，公司设立应具备以下几个条件：

1.主体条件。主体条件是指公司设立在公司股东与发起人人数以及发起人资格方面的要求。

2.资本条件。包括最低注册资本要求和资本构成的要求。

规定最低注册资本的目的在于提高设立公司的要求，防止滥设公司。这一侧重保护交易安全的制度却与鼓励投资的公司法基本原则相冲突。因此不同国家的公司法对该制度的态度不一。英美法系公司法与部分大陆法系公司法未规定此项制度。如前述，我国 2005 年修订后的《公司法》明确规定了注册资本最低限额，但是因各种原因也被弱化，例如我国对于有限责任公司的相应数额规定仅为 3 万元人民币，其限制作用相当微弱。而在实践中大量存在的抽逃出资与虚假出资行为又使得这一制度的效果大打折扣。最终，2013 年 12 月 28 日修改《公司法》时，在一般情形下取消了法定注册资本最低限额，但是仍为其在特定种类的公司适用留有一定的余地。

3.组织条件。该条件是指公司作为组织体必须具备符合法律所规定的名称、章程、组织机构等。

4.经营条件。该条件是指公司设立必须具有符合法律规定的固定生产经营场所和必要的生产经营条件。

5.行为条件。该条件是指设立公司必须制定公司章程，以作为公司行为的准则。

---

① 《证券法》第 10 条规定：公开发行证券，必须符合法律、行政法规规定的条件，并依法报经国务院证券监督管理机构或者国务院授权的部门核准；未经依法核准，任何单位和个人不得公开发行证券。……

四、发起人

(一)发起人的概念

发起人在公司设立过程中起着关键作用,《公司法》虽使用发起人这一概念,但却未对其含义作出界定。《最高人民法院关于适用〈中华人民共和国公司法〉若干问题的规定(三)》第1条规定:发起人是指为设立公司而签署公司章程,向公司认购出资或股份并履行公司设立职责的人。依据这一定义,发起人的认定要件有三:(1)必须有认购公司出资或股份的行为;(2)必须参与公司设立行为,履行公司设立职责;(3)必须承担因公司设立而产生的法律责任。承担责任的理由在于发起人负有履行公司设立的职责。

(二)发起人与股东的区别

尽管公司成立后,发起人一般都成为公司的股东,但两者是不同的概念,存在明显的区别,不能混同。两者的主要区别有:

1.身份不同。发起人是公司设立期间的民事主体,而股东是公司成立以后或者说公司存续期间的民事主体。如果公司成立,则发起人一定也获得公司股东身份,但如果公司未能成立,则发起人不能取得股东身份。

2.对自然人的行为能力要求不同。对于发起人为自然人的,必须具有完全行为能力,但是对于自然人股东,法律未规定必须具备完全行为能力。

3.法律地位不同。发起人就其设立行为对设立中公司承担诚信义务以及因此导致的法律责任,并且享有设立费用返还请求权、报酬请求权等权利,而这是股东所不承担或享有的。而股东所享有的股权也是发起人所不享有的。

(三)发起人的资格与人数

1.人数限制。大陆法系国家公司法多有发起人数的限制,而英美法系则无,我国《公司法》则区分有限责任公司与股份有限公司而有不同的规定。对于有限责任公司,因为其只有发起设立这一设立途径,全体发起人就是未来公司成立时的股东,因此《公司法》对于有限责任公司股东最高人数限制为50人,最低人数限制为1人的规定也是对发起人的人数限制。而对于股份有限公司,《公司法》第78条明确规定发起人应是2人以上,200人以下。

2.资格要求。大多数国家基于发起人要承担设立责任的缘故,规定发起人应当具备行为能力。《公司法》对于发起人的行为能力无明确规定,通说持肯定观点。《公司法》第78条规定股份有限公司的发起人中至少有一半在中国境内有住所,旨在便于监管机关监督设立行为,遏制设立欺诈,尤其是遏制境外人员在我国境内实

施，损害我国民事主体利益的设立欺诈行为。

（四）发起人的法律地位

在公司设立的过程中发生的法律关系，发起人均参与其中，但在不同的法律关系中其所处的法律地位是不同的。这些法律关系总体可分为：

1. 发起人与设立中公司之间的关系。大陆法系公司法理论认为发起人作为一个整体，是设立中公司的机关，行使设立活动中的意思表示与执行职能。而个体发起人则是该机关的成员。依此理论如果公司不能成立，由设立行为产生的债务则由发起人整体承担。而发起人之间则应当对债务承担连带责任。《公司法》采纳了上述理论。

2. 发起人之间的关系。大陆法系公司法理论将发起人的关系视为一种合伙关系，受发起人协议或公司章程相关内容中所包含的合伙协议的约束。《公司法》及其司法解释同样采纳这一理论。

（五）发起人的职责与权利

1. 发起人的职责可以概括为公司设立业务执行职责。

2. 发起人的权利主要包括设立费用返还请求权、劳务报酬请求权以及非货币出资权。

五、公司设立的效力

公司设立的效力即公司设立行为的法律后果。设立行为的法律后果包括三种：

1. 公司设立完成、符合法律规定、依法被核准登记，获得法人资格，也即公司设立成功。

2. 公司设立未能最终完成，导致公司设立失败。

3. 公司设立存在瑕疵，导致被责令采取补救措施或者被宣告已成立的公司设立无效或被撤销。

六、设立中公司

（一）设立中公司的概念

设立中公司是指自发起人订立发起人协议开始，至公司成立之前这一特殊阶段中，公司虽未成立，但是已经出现了一个渐渐成形的实体或者说社团，它具有一定的财产基础、成员和组织机构。这一实体在公司法理论上被称为设立中公司。

（二）设立中公司的责任归属

1.发起人以自己的名义为设立中公司实施的行为的责任归属。各国公司法基本上对此问题不作明确规定，司法实践中则按照合同法的一般规定，由实施该行为的发起人自行承担。但成立后的公司可以追认该行为。

2.发起人以设立中公司的名义实施的行为的责任归属。(1)公司顺利成立的，则公司自动承继相应法律关系中所包含的权利义务及责任；(2)如公司未能成立，则相应法律关系中的权利义务及责任由发起人整体承担。此外，为防范发起人在公司设立过程中滥用自动承继的规定为自己谋利，则应当免除公司的相应责任，但这一免除的规定受到保护善意的交易相对人利益的限制，以维护交易安全原则。

七、公司设立的法律责任

（一）公司设立的法律责任的概念

公司设立的法律责任是指在公司设立过程中，因相关主体的设立行为而引起的、其所应当承担的法律责任。因为公司设立行为主要由发起人实施，责任主体基本上为发起人，所以有学者直接称之为发起人的法律责任。但是特定情形下设立中公司的董事、监事以及公司的其他股东也可能成为责任主体。

就责任的性质而言，公司设立的法律责任包括民事责任、行政责任和刑事责任。就本课程而言，其核心内容为民事责任。以下分别介绍公司设立过程中产生的具体民事法律责任。

（二）公司设立失败时发起人的法律责任

在公司设立失败的情形下，如前述，设立中公司被视为发起人之间形成的合伙，基于这一认识以及保护债权人、认股人利益的考虑，由发起人对设立行为产生的债务和费用负无限连带责任（也可视发起人为设立中公司的机关），由于认股人未实施设立行为，所以在公司设立失败时，其与设立中公司的债权人地位相同。通说认为该无限连带责任为无过错责任，不要求发起人对公司的设立失败存在过错。

（三）公司成立时发起人的法律责任

公司成立意味着公司设立成功，在公司成立后，发起人分别对公司及第三人承担相应的法律责任。

1.发起人对公司的法律责任

(1)资本充实责任。资本充实责任是指为贯彻资本充实原则，由公司发起人共同承担的相互担保出资义务。该责任对于公司资本制度的完善、推动公司的顺利

设立具有重要意义。发起人的资本充实责任包括:①认购担保责任。所谓认购担保责任,是指为设立股份有限公司而发行股份,发行的股份未被认足或者认购后被撤销,则视为发起人已共同认购未被认足部分股份,由其缴纳。该责任的设置体现了企业维持原则,即尊重已经进行的设立程序,尽管在股份发行上存在瑕疵,但是出于微观利益与宏观利益的考虑,仍然尽可能地不作出公司设立失败或无效的决定,让公司得以成立或延续。②缴纳担保责任。缴纳担保责任是指发起人未按照公司章程或发起人协议或招股说明书缴纳出资时,其他发起人对未缴纳部分出资承担连带补交责任。③差额填补责任。差额填补责任是指在公司成立后,如果发现非货币出资的实际价额显著低于公司章程所规定的价额,发起人对不足的差额部分承担连带缴纳责任。

(2)损害赔偿责任。发起人在公司设立过程中如有过失,则应当对公司因此遭受的损失承担损害赔偿责任。

2.发起人对第三人的责任

发起人在设立公司过程中损害第三人的利益的,对第三人承担损害赔偿责任。该责任的性质为侵权责任,适用无过错的归责原则。

3.发起人之间的出资违约责任

发起人之间的出资违约责任是指发起人不履行其出资义务而对公司及其他发起人所应承担的责任。不履行出资义务包括未履行出资义务与未全面履行出资义务两种表现。发起人所承担违约责任的依据,在有限责任公司表现为公司章程或者发起人协议,而在股份有限公司则表现为发起人协议。

出资义务是股东对公司履行的最重要、也是最基本的义务,因为股东的出资形成了公司的财产基础,而发起人的出资就更为重要。股东违约责任的具体形式(发起人的违约责任形式包括在内),可分为三种:(1)行使失权程序,使得不履行出资义务的股东丧失其股权。(2)公司、其他股东、公司债权人行使追缴出资权。(3)损害赔偿,造成其他股东损失的,承担赔偿责任。

第四节　公司章程

一、公司章程的概念与特征

(一)公司章程的概念与性质

公司章程是指公司必备的由公司设立时的全体股东制定并对公司、股东、公司经营管理人员具有约束力的调整公司内部关系和经营行为的自治规则,也是反映全体股东共同意思表示的基本法律文件。公司章程不仅约束制定章程者(公司设立时全体股东),而且约束公司的机关和新加入公司的股东。

(二)公司章程的特征

1.公司章程的法定性

所谓法定性,是指公司章程的制定、内容、修改程序、效力、法律地位均由公司法明确规定。主要表现在:(1)制定的法定性。《公司法》第11条规定,设立公司必须制定公司章程。公司章程是公司设立的组织条件与设立程序的必备内容,所以公司章程是公司得以成立的必备法律文件。(2)章程内容的法定性。公司章程的内容是指公司章程记载的事项。根据公司法对于公司章程记载事项有无明确规定,可以将公司章程的记载事项分为必要记载事项和任意记载事项。必要记载事项是公司法明确规定公司章程应当记载的事项,而任意记载事项是指公司股东或发起人任意选择记载的事项。必要记载事项一旦缺少,或者记载事项不合法,依公司法理论,会导致整个公司章程无效。而公司章程又是公司的构成要素之一,章程的无效又将导致公司不能成立或者已成立的公司被宣告无效或被撤销。任意记载事项则是由股东或发起人自主选择是否载入公司章程,不载入不影响公司的成立。一旦载入章程并被登记机关核准则发生法律效力,如欲变更,必须办理变更登记。(3)章程效力的法定性。根据《公司法》第11条的规定,公司章程对公司、股东、董事、监事、高级管理人员具有约束力。公司章程是沟通与平衡公司、股东、公司经营管理人员以及国家之间利益的重要工具与媒介,在调整公司组织关系中处于核心地位,所以有学者将公司章程称为"公司的宪法"。公司章程还是公司设立行为的中心内容,各国公司法均规定公司在设立时必须依法制定章程。(4)章程修改权限与程序的法定性。公司章程一经确定,非因法定事由与法定程序,不得修改。公司章程的修改必须经股东会或股东大会以特别决议的方式进行。修改变更后,还必须办理相应的变更登记手续。

2.公司章程的自治性

公司章程是公司的自治规则与自治手段,因此公司法中任意性规范越多,公司的自治空间也就越大,公司章程的效力范围也就越广。《公司法》中多处出现"公司章程另有规定的除外"、"由公司章程规定"的表述,体现了公司章程对实现公司自治的作用。公司章程是股东或发起人意思自治的产物,只要其内容不违背法律的强制性规定,就具有法律约束力。公司章程的自治性表现在:(1)公司章程不是由国家,而是由公司自行依法制定的行为规范。(2)公司章程是法律以外的行为规范,由公司自行执行,无须国家强制力保证实施。违反公司章程的行为一般由公司自行解决。(3)公司章程作为公司的内部规章,其效力仅及于公司和相关当事人,而不具有普遍的约束力,尤其不具有普遍的对外效力。

3.公司章程的公开性

公司章程的公开性，是指公司章程不仅要对包括股东在内的广大投资者公开，还要对包括债权人在内的社会公众公开。公司章程主要调整公司内部组织关系，是公司最基本的法律文件，了解公司章程是投资者乃至社会公众了解公司基本情况的重要手段，因此公司章程应当以适当的方式不仅向股东公开，而且向意向投资者、债权人、一般社会公众公开。这有利于股东知悉公司的基本情况，从而切实行使其经营监督权；有利于维护公司交易相对人的利益；便于社会公众了解公司内部情况，为其是否投资提供可靠的决策参考。

公司章程的公开性表现在三个方面：(1)公司章程须经登记本身就是公司章程公开性的表现；(2)在公司日常经营过程中，股东有权查阅公司章程，股份有限公司应当将章程置备于本公司；(3)公司章程是公司公开发行股票或债券必须披露的文件之一。

二、公司章程的作用

公司章程的作用主要有：(1)公司章程是公司设立的行为要件；(2)在公司章程是全面指导公司行为、活动的基本规范；(3)公司章程是维护股东、债权人权益，向社会公众表明其基本情况的重要手段；(4)公司章程是公司向国家作出的书面保证，也是政府管理公司的重要依据。

三、公司章程的制定

(一)公司章程制定的主体

公司章程制定的主体为发起设立公司的投资者。具体而言，因公司形式不同而略有区别：

1. 有限责任公司章程的制定主体。有限责任公司的章程，由设立时的股东，也就是全体发起人共同制定。

2. 股份有限公司章程的制定主体。发起设立的股份有限公司，公司章程由发起人制定。募集设立的股份有限公司，其章程由发起人制定，经创立大会通过。

(二)公司章程制定的原则

1. 公司章程不应与公司法重复。公司章程本质上属于公司根据自身实际，以公司法及相关法律和股东的意思为依据制定的本公司内部的自治规则。简单重复公司法的规定的弊端在于：不能反映本公司的实际，将股东的权利义务，董事、高级管理人员、监事的职权，公司的运行程序进一步细化，从而更具可操作性，更不能为公司存续期间可能发生的内部矛盾冲突预先设置解决机制。

2.公司章程不得与公司法冲突。公司章程的制定应当以法律为依据。所谓不冲突是指公司章程所记载的事项不得与公司法的强制性规定相抵触，不得剥夺或限制公司法所赋予股东的权利。如果抵触，则该章程条款无效。

3.公司章程应注意填补公司法的授权性规范留下的空白并弥补公司法的遗漏。各国公司法都将相当部分的公司内部权利义务内容交由公司章程具体规定，因此存在授权性规范留下的法律空白。《公司法》也不例外，如该法第44条第1款规定："股东会的议事方式和表决程序，除本法有规定外，由公司章程规定。"

四、公司章程的修改

（一）修改公司章程提案的提出

只有享有公司章程修改提案权的组织机构或人员才有权提交关于修改公司章程的提案。根据《公司法》的相关规定，有限责任公司中享有提案权的组织机构与人员为：代表十分之一以上表决权的股东，三分之一以上的董事，监事会或者不设监事会的公司的监事。股份有限公司中享有提案权的组织机构与人员为：董事会、监事会、单独或者合计持有公司百分之三以上股份的股东。

（二）修改公司章程议案的表决

根据《公司法》的规定，有限责任公司修改公司章程的议案必须在股东会会议上经代表三分之二以上表决权的股东通过。股份有限公司修改公司章程的议案必须经出席股东大会的股东所持表决权的三分之二以上通过。

（三）公司章程的变更登记

公司章程经股东会或股东大会修改后，必须由公司向登记机关申请章程的变更登记，经登记机关核准登记后才正式生效。

五、公司章程的效力

（一）公司章程的时间效力

虽然在公司设立过程中，公司章程制定在前，公司设立登记在后，但通说认为以公司成立时间作为公司章程的生效时间。而公司章程的失效时间则应当是公司的终止时间。

（二）公司章程对人的效力

1.对内效力。鉴于公司章程自治规则属性，公司章程具有对内效力。具体包

括:(1)对公司的效力。公司的一切内部组织活动均应受公司章程的约束。(2)对股东的效力。公司章程对股东具有约束力。此处的股东不仅包括公司成立时的股东(原始股东),还包括公司成立后加入公司的股东。公司章程对股东的效力表现在股东依公司章程享有权利承担义务,所以股东与公司之间、股东与股东之间依公司章程而产生权利义务关系,股东享有权利并承担因违反义务而导致的法律责任。(3)对董事、监事、公司高级管理人员的效力。董事、监事、公司高级管理人员应当严格遵照公司章程行使职权。如违反公司章程并损害了公司、股东的利益,则应依公司章程的规定承担法律责任。

2. 对外效力。通常情形下公司章程只具有对内效力而无对外效力。这是其自治规则属性所致,同时也是出于保护交易安全的考虑。但是如果与公司交易的第三人明知公司章程的限制性规定而仍然与公司高级管理人员合谋突破这一限制,则公司章程的效力及于该第三人。

第五节 公司的人格制度

一、公司的权利能力

(一)公司权利能力的概念

公司的权利能力是指公司具有的享受权利、承担义务的法律资格。

(二)公司权利能力的限制

公司是拟制主体,其权利能力受到以下几方面的限制:

1. 公司权利能力因性质而受到的限制

公司是法律拟制的主体,因此其权利能力与自然人的权利能力不同,主要表现在公司不能享有基于自然人的自然性质所形成的权利。例如,公司不能享有属于自然人人身的生命权与健康权以及属于自然人亲属关系的继承权、配偶权。同样,公司也不能承担上述权利导致的义务,例如扶养义务。但公司只是不能享受专属于自然人基于其生命、身体、亲属关系而产生的权利,除此之外,公司的权利能力不再受性质的限制。例如,公司也享有名称权、名誉权等人身权利。至于财产权利、义务方面更不受限制。

2. 公司的权利能力因法律的规定而受到的限制

公司的权利能力不仅要受到一般法律的限制,还要受到公司法的特别限制。公司法对于公司的权利能力的限制表现在:

(1)时间上的限制。公司的权利能力取得于公司成立之时,消灭于公司终止之时。在公司存续期间,公司具有权利能力。因此,存在两个特殊阶段:一是设立中的公司。设立中的公司不具有权利能力,它只是一种没有权利能力的社团,只能以非法人的身份进行民事活动。二是解散后的公司。公司的终止分为解散与清算两阶段,其中解散后的公司同样具有权利能力,但其权利能力仅局限于清算范围之内,不得从事清算范围外的活动。一旦清算完毕,公司即终止,权利能力归于消灭。

(2)公司投资对象的限制。部分大陆法系国家和地区公司法规定公司不得作为其他公司的无限责任股东或合伙企业的合伙人,例如日本与我国台湾地区。我国《公司法》第 15 条也规定:"公司可以向其他企业投资,但是,除法律另有规定外,不得成为对所投资企业的债务承担连带责任的出资人。"这一规定的理论背景是:无限责任股东、合伙人对于公司与合伙的债务必须承担无限连带清偿责任。如果公司成为无限责任股东、合伙人,所投资的企业严重亏损、资不抵债时,则公司势必因其无限连带责任而受到牵连,加重公司的债务责任。法国、德国以及大多数英美法系国家的公司法律就不存在这一限制。而且根据我国 2006 年修订的《合伙企业法》第 3 条的规定,这一限制也有所放宽,任何公司都可以成为有限合伙人,除国有独资公司、上市公司外,其余公司可以成为合伙企业的普通合伙人。

(3)公司转投资额的限制。公司的转投资行为是利弊共存的。公司通过转投资不仅可以扩大公司的利润来源与经营范围,而且可以形成母子公司或关联公司,组建公司集团。但是转投资也会产生某些消极影响:一是减少公司直接支配的有形财产,增加变现偿债的难度,从而可能降低公司的实际偿债能力,增加公司债权人的风险;二是转投资额不仅表现为投资公司的资产,也表现为被投资公司的资产,导致资产的重复计算,产生资本的虚增问题,不利于保证公司资本的充实。大陆法系国家和地区公司法律大多为保持公司资本的充实与确定,规定在公司作为其他企业的有限责任股东时,对其他企业的投资总额不得超过本公司资本的一定比例。旧《公司法》第 12 条规定:"公司向其他有限责任公司、股份有限公司投资的,除国务院规定的投资公司和控股公司外,所累计投资额不得超过本公司净资产的百分之五十……"这一限制由于公司净资产的频繁变动性而难以操作,而且严重阻碍了公司的对外扩张和发展。而反观英美法系国家公司法则未对公司转投资作出限制性规定。鉴于上述原因,2005 年修订后的《公司法》取消了这一限制。而在其第 16 条第 1 款规定:"公司向其他企业投资或者为他人提供担保,依照公司章程的规定,由董事会或者股东会、股东大会决议;公司章程对投资或者担保的总额及单项投资或者担保的数额有限额规定的,不得超过规定的限额。"将该问题交由公司自治。

(4)公司担保、借贷等行为的限制。出于保证公司资本的充实性,使其免受意外损失,以维护股东以及债权人的利益的考虑,某些国家公司法均规定公司不得为他人债务承担担保责任。但是大多数学者主张,公司是否为他人提供担保,应当由

公司自治。根据2005年修订后的《公司法》第16条第1款的规定，该问题同样交由公司自治。而对于借贷问题，出于与公司担保问题的相同考虑，各国公司法一般都对公司的借贷行为加以限制。但是目前我国法律对于公司的借贷行为的限制并无直接规定，通说认为此问题也应交由公司自治。

(5)公司的经营范围对于公司权利能力、行为能力的限制。《公司法》第25条、第82条规定有限责任公司与股份有限公司的公司章程必须记载公司的经营范围。以往，两大法系传统理论均认为公司的权利能力应受到其经营范围的限制，但后来两大法系均通过修订法律或者判例的方式否定了这一限制。旧《公司法》第11条第1款规定："公司的经营范围由公司章程规定，并依法登记。公司的经营范围中属于法律、行政法规限制的项目，应当依法经过批准。"该条第2款规定："公司章程内必须记载公司的经营范围，公司按照法定程序修改公司章程并经法定机关变更登记，可以变更其经营范围。"由于上述规定本身的模糊性，加之《民法通则》第42条规定，"企业法人应当在核准登记的经营范围内从事经营"，所以实践中凡是公司超出登记机关核准登记的经营范围从事经营的，应被确认为无效行为。但实践中企业为获取更大的经济效益，以一业为主，兼营他业，甚至在多行业领域齐头并进(产业多元化)也是一种正常的经营策略。如果仍坚持公司经营范围对其权利能力的限制，明显不符合市场经济的发展要求。因此，《合同法》最早放松了这一限制。该法第50条规定："法人或其他组织的法定代表人、负责人超越权限订立的合同(这其中就包括超越该企业法人经营范围订立的合同——笔者注)，除相对人知道或应当知道其超越权限的以外，该代表行为有效。"而最高人民法院《关于适用〈中华人民共和国合同法〉若干问题的解释(一)》第10条进一步明确规定："当事人超越经营范围订立的合同，人民法院不因此认定合同无效，但违反国家限制金银、特许经营以及法律、行政法规禁止经营规定的除外。"所以《合同法》实际上已经废除了严格的经营范围限制，审判实践中对于超越经营范围的合同也不再认定为无效合同。公司登记机关——国家工商管理总局于2004年颁布《企业经营范围登记管理规定》，将企业经营范围分为许可经营项目与一般经营项目，对于前者，在企业申请纳入经营范围前，需要依法律法规报经有关部门批准，而对于后者，则不需批准，由企业自主决定。最终2005年修订后的《公司法》第12条第1款也规定："公司的经营范围由公司章程规定，并依法登记，公司可以修改公司章程，改变经营范围，但是应办理变更登记。"该条第2款规定："公司的经营范围中属于法律、行政法规规定须经批准的项目，应当依法经过批准。"可见《公司法》也在一般经营项目上抛弃经营范围对公司权利能力的限制。

二、公司的行为能力

公司的行为能力是指公司以自己的名义从事商事活动，通过自己的行为取得权利并承担义务的资格。我国采纳法人实在说，承认公司具有行为能力，但是与自然人的行为能力相比，公司的行为能力具有以下特殊性：

1.权利能力与行为能力取得时间的一致性。自然人的行为能力不是与生俱来的，而是受到年龄、智力、精神状况等因素的制约。而公司的民事主体地位是法律所赋予的，所以其权利能力与行为能力取得以及终止的时间是一致的。

2.公司的行为能力通过公司的机关而实现。公司的意思具体由公司的代表机关——法定代表人以及得到公司授权的人员依照法律和公司章程规定的程序作出。法定代表人的职务行为即为公司的行为，而得到公司授权的公司管理人员、雇员在授权范围内从事的活动也是公司的行为。对于上述公司机关、人员的行为，公司必须承担责任。

3.公司不存在无行为能力以及行为能力被限制、剥夺的问题。

三、公司的责任能力

公司作为民商主体，具有行为能力，自然也具有侵权行为能力。公司对于自身的侵权行为当然要承担侵权责任。但是相对于自然人实施的侵权行为，公司的侵权行为的特殊性在于它是由公司的代表机关或得到公司授权的人员实施的职务行为或者以公司名义实施的行为。从广义上说，公司实施的行为不仅可能产生民事责任，还可能产生行政责任和刑事责任。本书仅讨论公司的侵权行为能力。

（一）公司侵权行为的构成要件

公司侵权行为的构成要件与一般侵权行为的构成要件无异，仍然是主观过错、客观行为的违法性、实际损害、因果关系四个要件，但其特殊性在于公司作为拟制主体，其侵权行为必然通过自然人或由自然人组成的机关实施，所以公司侵权行为认定的关键问题在于区分公司机关组成人员或者得到公司授权的人员的个人行为与职务行为。通说认为一种行为只有具备以下构成要件才能被认定为公司的行为：(1)公司工作人员实施的行为。(2)公司工作人员实施的行为与其所担任的公司职务有密切联系。有关密切联系的解释，应当采取外观主义理论，这样才能切实维护善意第三人的利益。只要公司工作人员的行为与其职务范围有密切联系，无论公司是否真正授权于他，也无论他的行为是否违反法律法规或超越公司章程规定的权限范围，该行为均构成公司的行为，由公司承担侵权责任。(3)符合一般侵权行为的构成要件。

（二）公司侵权责任的承担

公司侵权行为的法律责任，自然由公司承担。也就是由公司对受害人承担损害赔偿责任。公司的工作人员并不直接对受害人承担赔偿责任。但存在的问题是

在公司承担了赔偿责任之后能否向工作人员追偿或请求其赔偿公司因此遭受的损失。对此《公司法》没有统一的原则性规定，仅在第150条规定："董事、监事、高级管理人员执行公司职务时违反法律、行政法规或者公司章程的规定，给公司造成损失的，应当承担赔偿责任。"

四、公司法人格否认制度

(一)公司法人格否认制度的概念与特征

公司法人格否认制度又被称为公司法人人格否认制度，是指为防止公司的独立人格被滥用，在具体的法律关系中否认公司的独立人格与股东的有限责任，令公司的股东对公司的债权人直接承担责任的法律制度。该制度最早源于英美法系国家的判例，后为大陆法系国家吸收。

公司法人格否认制度属于在特定情形下对股东有限责任的否定，以实现公司、股东、公司债权人之间权利与风险的平衡。其特征如下：

1. 公司已取得独立法人资格，具备独立承担法律责任的能力。这是适用公司法人格否认制度的前提，因为只有具备独立法人资格的公司，其独立人格才可能被滥用。而该制度正是对实际上已经丧失独立人格的公司的确认。

2. 只适用于特定的法律关系，不具有普遍性。公司法人格否认制度并不是对公司法律人格与独立责任的全盘、彻底的否定，也不会导致公司不再作为一个独立主体继续存续，它只是在具体的法律关系中否认公司的独立人格，所以是一种个案否认。

3. 属于事后的救济。公司法人格否认制度只有在公司的独立人格被滥用的情形下才适用，因此是一种事后的救济而非事前的预防。对于无法在公司独立责任制度内维护的权益，通过使滥用公司独立人格者对公司债务负无限连带责任的途径而获得救济。

(二)公司法人格否认制度的一般适用情形

1. 公司资本显著不足。公司的资本是其债务一般担保的重要构成部分，与债权人的利益关系密切。因此是导致公司人格被否认的重要因素之一。

2. 利用公司独立人格逃避合同义务。具体而言，这种情形又可细分为：(1)为回避合同约定的不作为义务，例如保密义务、竞业限制义务，而设立新公司，借新公司名义实施以掩盖其违约行为；(2)为逃避公司债务而抽逃资金或解散公司或宣告公司破产，尔后再以原公司的生产要素、人员，实施与原公司范围相同的经营行为；(3)利用公司名义转移财产进行欺诈以逃避合同义务的行为。

3. 滥用公司独立人格逃避法律义务或者骗取非法利益的行为。例如为避免公司财产被强制执行而设立另一公司,并将财产转移至该公司的行为,以及为骗取国家依产业政策而给予的特殊优惠,如财政补贴与税收减免,而由本不符合获惠条件的公司设立并控制一家形式上符合条件的公司,操纵该公司获取优惠。

4. 人格混同。这一情形的客观表现是两家企业之间财产混同,或者业务混同,或者组织机构混同,或者同时具备上述两项以上的事实。

(三)我国公司法人格否认制度的立法

《公司法》2005 年修订时才在其第 20 条第 3 款确立公司法人格否认制度,并在第 64 条规定了一人有限责任公司的法人格否认制度。前者是适用于一切公司的原则性规定,后者则为专门性规定。

第六节 公司资本制度

一、公司资本的概念和特征

(一)公司资本的概念

公司资本,又称注册资本,是指公司的股份资本或股本,是公司章程所规定的,在公司成立时由股东出资构成并在登记机关登记注册的财产总额。

(二)公司资本的特征

1. 公司资本源于股东的出资。股东的出资行为使得全体股东向公司的出资构成了公司的资本。因此,股东的出资总额就是公司的资本总额。换言之,股东将自己对出资所拥有的财产权转让给了公司,因此股东的出资是永久性的。而公司在经营过程中所获得的经营积累以及所接受的赠与、奖励等所形成的财产不属于股东的出资,只能被视为公司的财产,不能计入公司的资本。

2. 公司资本是公司的自有财产、最初财产、原始财产。首先,股东对公司出资而使得公司拥有了自己的财产。因此,股东出资形成的公司资本是公司的自有财产。其次,从公司设立的角度而言,公司资本又是公司所获得的最初的财产。再次,从公司的持续经营角度而言,公司资本是其开展经营的基础,通过运用公司资本,公司才可能获得收入乃至利润。因此,公司资本也是公司的原始财产。

3. 公司资本是一个抽象的财产价值金额。公司资本不体现具体的财产形式,虽然构成公司资本的财产总是以货币、实物、知识产权、建设用地使用权等具体形式存在,但是资本的金额并不受具体财产形式的影响,不随财产价值的变化而变

化,例如作为出资的实物,其价值随着使用而持续贬损,但是它所形成的公司资本并未随之变化。因此,相同金额的资本可以有完全不同的财产构成,而相同金额的财产构成也可能代表不同的资本。

4. 公司资本是一个相对确定不变的财产数额。相对确定不变是指公司资本一经确定,即不能自然或随意加以改变,所谓确定不变是指公司不能因其赢利或亏损导致资产发生变化而改变其资本数额;相对确定不变意味着可以依据法律的规定改变公司资本的数额,但需要严格按照法定程序加以改变。

5. 公司资本在公司成立时由公司章程予以规定。公司资本为公司章程的必要记载事项。

二、公司资本的相关概念

要准确理解公司资本的含义,还必须正确理解公司资产、公司净资产、股东权益与公司资本之间的联系与区别。

(一)资本与资产

公司资产(assets),又被称为公司实有财产,是指公司可以支配或实际拥有的全部资产,也就是《公司法》第 3 条规定的"公司以其全部财产对公司债务承担责任"中的全部财产。以能否以货币形式表示为标准,公司资产分为以货币形式表示的资产以及以非货币形式表现的资产。在形态上,公司资产不仅包括有形财产(货币、实物),还包括无形财产(知识产权、债权等);既包括货币、财物、权利等积极财产,也包括债务之类的消极财产。

资产的来源主要有三方面:公司资本、公司的资产收益与经营收益、公司的负债。在公司的资产负债表中,上述三个项目中的前两者属于所有者权益,而所有者权益与负债之和也就是公司的资产数额。相应的会计学公式为资产=负债+所有者权益。依上述公式,公司资本是公司资产的组成部分。公司资产在外延上比公司资本广泛。由于公司经营是一个动态的过程,所以公司资产也始终处于变动之中,公司资产可能等于公司资本或多于公司资本,也可能少于公司资本。

具体而言,资本与资产的对应关系因公司的经营状况的不同而有很大差别。公司成立时的那一刻,没有任何对外负债,其资本等于资产,公司成立后,随着公司对外负债的发生,资产通常高于资本,但是并不排除公司的极度亏损或公司资产价值的剧烈变化而导致资产低于资本情况的发生。

(二)资本与净资产

公司的净资产是一个会计学上的概念,其等于公司资产减去负债,也就是所有者权益,包括公司注册资本、资本公积金、未分配利润等。公司净资产同样是一个动态的概念。

公司的资产实质上有借贷资产与自有资产之分。前者虽然使得公司拥有了资产，却承担了归还义务和相应的使用成本，而且不一定能够依自己的意思获得、使用、归还。而后者则属于公司的自有资产，不存在归还问题和使用成本，在使用上享有自主权。公司的净资产就是公司的自有资产。公司的净资产的意义在于它是公司实质的财产能力和资产信用的基础，也就是公司债务的一般担保，而借贷资产不能作为公司债务的一般担保。同样，公司的净资产也可能等于、大于、低于公司资本。例如公司成立时，其资产也就是净资产，也等于股东的出资(资本)，公司随其经营状况的好坏、经营决策的变化，而出现公司资本大于净资产或小于净资产的情形。

(三)资本与股东权益

股东权益又被称为所有者权益，可分为资本、法定公积金、任意公积金、可分配利润四部分，资本仅是其中之一。一般情况下，股东权益大于资本。但如果公司没有资本收益，又不盈不亏，则不可能提留资本公积金与盈余公积金，此时股东权益等于资本。如果公司亏损，则股东权益可能小于公司资本。

此外，股东权益仅仅是股东对于公司净资产抽象意义上的权利，而不是实际的权利。股东权益无论有多大，都无权直接支配或处分公司的财产。会计学上的所有者权益概念不能作为法律权属的认定依据。

三、公司资本的法律意义

1.资本是公司成立的基本条件。

2.资本是公司进行经营活动的基本物质条件。公司的行为能力的实现必须以一定的物质条件为基础，而这些条件的具备都需要一定的资本，否则公司无法开展经营，设立、变更、消灭任何财产关系。

3.资本是公司承担财产责任的基本保障。因为公司净资产是公司债权人实现债权的一般担保，而公司资本是公司净资产形成的基础与来源之一。维持确定数额的公司资本，对维持公司的基本债务清偿能力，债权人的利益的保障乃至交易安全具有重要的意义。

4.资本是股东承担责任的界限。股东的有限责任体现为公司以全体股东的出资构成的资本为基础而形成的净资产直接承担自身债务的清偿责任。因此，公司的资本就是股东承担公司债务的最大限度。“如果股东履行了出资义务，公司资本

真实到位，股东也就不再承担进一步的责任。”[①]

四、公司资本原则与资本形成制度

（一）公司资本原则

公司资本原则是指公司资本立法的指导原则，与英美法系国家的公司资本原则有所不同，大陆法系国家普遍确立的是资本确定、资本维持、资本不变三原则，而英美法系国家也普遍确立了资本维持、资本不变原则，但还强调资本授权原则，两大法系资本原则的区别就在于此，这也导致了法定资本制度与授权资本制度的确立。我国《公司法》确立的是大陆法系的资本三原则。

1.资本确定原则

资本确定原则是指公司在设立时，必须在章程中对公司的资本总额作出明确的规定，而且必须全部认足或募足，否则公司不能成立。该原则的设置目的在于保证公司资本的真实性、可靠性，防止公司设立中的欺诈行为，有效维护交易安全。资本确定原则是公司资本形成的基本原则，其核心含义为“资本既要确定，又要认足”。这也正是资本形成制度之一——法定资本制的内容。当然，资本确定原则在实现上述目的的同时也存在一定的弊端：增加了公司的设立难度，易造成资金在公司中的闲置与浪费，此外，增加资本的程序也较烦琐。

《公司法》中的诸多规定体现了资本确定原则：(1)明确规定公司章程必须明确载明公司注册资本——“资本确定”的体现(《公司法》第25条、第81条)。(2)有限责任公司与发起设立的股份有限公司不必在公司设立时实际缴纳其认购、认缴的全部资本或者股份，但是公司的注册资本仍需在公司成立时一次性发行完毕。发起人须按照公司章程按期足额缴纳出资，也就是“必须认足”的体现(《公司法》第26条、第28条、第81条、第83条)。(3)股东对非货币形式的出资必须承担出资差额的填补责任(《公司法》第30条、第93条)。(4)对于“虚假出资”“抽逃出资”行为予以严惩(《公司法》第199条、第200条)。

2.资本维持原则

资本维持原则又被称为资本充实原则，是指公司在其存续过程中，应(至少)维持与其资本额相当的实有财产——资产。在公司存续期间，公司的注册资本与公司的资产是两个不同的概念。在公司成立时，其注册资本为股东认缴和认购资本的数额，资产是股东所实际缴纳的出资。而真正对公司债务起一般担保作用的是公司的资产。公司成立后，其资产是一个变量。随着公司的经营状况以及资产本

① 赵旭东：《商法学》，高等教育出版社2011年第2版，第139页。

身的损耗而发生价值上的变动，如果对于资产的变动不加以限制，势必导致代表公司信用的注册资本与衡量公司实际信用的公司资产脱节，公司的资本也因此不具任何实际意义。为确保公司资本能够代表公司信用，各国公司法普遍确立了资本维持原则，以防止资本的实质减少，从而保护债权人的利益。

资本维持原则适用于公司全部存续期间，而且贯穿整个公司资本制度。各国公司法有关公司资本法律制度的大部分规定都是资本维持原则的直接或间接体现。《公司法》也体现了这一原则：(1)公司成立后，股东不得抽回出资(《公司法》第35条、第91条)；(2)公司一般不得收购自己的股份(《公司法》第142条第1款)、公司不得折价发行其股份(《公司法》第127条)；(3)公司分配当年利润时，应当提取利润的10%作为法定公积金(《公司法》第166条第1款)；(4)公司在弥补亏损之前，不得向股东分配股利(《公司法》第166条第5款)；(5)公司不得接受以本公司股票提供的担保(《公司法》第142条第4款)。

3.资本不变原则

资本不变原则是指公司的资本一经确定，非依法定程序不得随意变更。该原则是为配合资本维持原则而确立的。设置这两个原则的目的在于防止公司资本总额的减少而导致公司资产的减少，进而削弱公司的一般担保责任能力，保护债权人利益。如果没有资本不变原则，一旦公司资产减少，公司即可相应降低其注册资本额，资本维持原则也就失去意义。可以说资本不变原则与资本维持原则是形式与实质之间的关系，但二者的作用方式不同："资本维持原则是从公司资产与注册资本数额的相互吻合来防止公司资本的实质减少，而资本不变原则是从注册资本数额本身来防止公司资本在形式上的减少"①，所以二者相辅相成。《公司法》对于资本不变原则的体现是对于公司减少注册资本设立了严格的限制条件与程序。②

资本三原则形成于大陆法系国家，是大陆法系公司资本制度的核心，同时也对英美法系公司资本制度产生重大影响，为英美法系各国在不同程度上吸收采纳。在法定资本制下，这三项原则得到最充分的体现，在折中资本制和授权资本制下，这三项原则也得到了较多的体现。其立法价值取向——保护交易安全、保障债权人利益，进而维护社会经济秩序的稳定，更是得到了充分的彰显。

(二)公司资本形成制度

公司资本系通过股份的发行或股东认缴出资而形成的。由于公司资本形成的方式的不同，公司法发展至今，共产生了以下三种公司资本形成制度。

① 李建伟：《公司法学》，中国人民大学出版社2011年第2版，第164页。

② 《公司法》第37条、第99条、第177条、第179条。

1. 法定资本制

法定资本制是大陆法系国家通行的资本制度，是指公司在设立时，必须在公司章程中明确记载公司资本总额，并且一次性发行完毕，由股东全部认足或募足并予以实缴、实收，否则公司不得成立的资本制度。法定资本制具有如下特征：(1)公司设立时必须在公司章程中明确记载公司资本总额。(2)公司设立时必须将资本总额一次性全部发行完毕，由股东全部认购。(3)股东足额认购资本或者股份后，需要实际缴纳股款或其他出资，即对于认购的股款或其他出资必须一次或分期缴清。(4)公司成立后非经变更公司章程、发行新股等程序，不得增加资本。(5)对无形资产的出资占全部出资的比例予以严格限制。

2. 授权资本制

授权资本制是英美法系通行的资本制度，是指公司在设立时将公司资本总额记载于公司章程，但不必将资本总额全部发行，具体发行比例与数额也不予以严格限制，未发行部分授权董事会在公司成立后随时一次或分次发行的一种公司资本制度。[①] 授权资本制具有以下特点：(1)公司设立时，必须在公司章程中明确记载公司的资本总额(此点与法定资本制相同)，但是章程也应当载明公司首次发行资本的数额；(2)公司章程确定的资本总额在公司设立时不必一次性发行完毕，公司仅发行资本总额的一部分，由股东认足，公司即可成立(认足的股份必须实际缴纳，股东在公司设立时认购的股份还可以分期缴纳)；(3)公司成立后如需要增加资本，仅需在授权资本范围内(即在公司资本总额范围内)由董事会自行决议发行新股，而无须经过股东会议决议变更章程。

3. 折中资本制

比较上述两种资本制度，可以说是各有优劣之处。法定资本制的优点在于有利于巩固公司资本结构，能有效地维护交易安全和债权人利益，在一定程度上遏制公司的滥设。但法定资本制也存在着不少缺陷：增加公司的设立难度，不利于充分地发挥公司这一企业组织形式在经济生活中的作用；一次性缴足公司资本总额导致资金的低效占用，因为公司成立之初，经营活动尚未全面展开，不需要大量的资本，所以公司成立之初就实收全部注册资本，导致资本的闲置与挤压；一次性足额缴纳全部资本也剥夺了财力薄弱者的投资机会；增资十分不便，因为增加资本意味着增加注册资本，手续烦琐，不利于公司利用商业机会。而授权资本制也是利弊共存。其优势在于：筹集资金灵活方便，资本利用率高，有利于公司的设立和最大限度地发挥资本的效用，而且公司成立后增资时程序简单，方便快捷，有利于公司迅速作出经营决策，抓住商业机会，体现对企业的经营效率的注重。但是，授权资本

① “授权资本制”的“授权”二字源于英美法系公司发展早期的股份发行采取的是特许(设立)主义，即国家授权公司发行股份，见范健、王建文：《商法学》，法律出版社 2009 年第 2 版，第 142 页。

制也容易引起公司设立中的欺诈等非法行为。因为授权资本制未规定公司的实收资本应与公司的经营规模相适应,也未规定公司首次发行股份的最低限额,不利于保护债权人的利益和交易安全。在授权资本制度下,公司章程规定的公司资本仅仅是一种名义资本,实收资本可能与之相差巨大,加上没有对公司首次发行资本的最低限额与发行期限作出限制,极易造成公司实收资本与其实际经营规模、资产实力的严重脱节,商业欺诈难以避免,债权人利益易遭侵害。

由于法定资本制与授权资本制各有利弊,而且一种制度的优势就是另一种制度的缺陷所在,所以出现了将二者进行结合,兼采二者优势的新型资本制度——折中资本制度。

折中资本制是在法定资本制或授权资本制的基础上,兼采另一资本制的优点而创建的一种新的公司资本制度。折中资本制的主要表现为许可资本制与折中授权资本制。

许可资本制是在法定资本制的基础上,通过对董事会发行股份的授权,放宽限制,简化公司增资程序而形成的。该制度既坚持了法定资本制的基本原则,又吸收了授权资本制的灵活性。但其核心仍是法定资本制。

折中授权资本制即在公司设立时,章程明确记载公司的资本总额,但资本允许分期发行,股东只需认购、缴纳第一次发行的资本,公司即可成立。但是公司第一次发行的资本不得低于资本总额的一定比例,未发行部分由公司授权董事会随时发行。

4.《公司法》规定的资本制度

我国《公司法》实行的是宽松与严格相结合的法定资本制,对于有限责任公司以及发起设立的股份有限公司(封闭式公司)实行的是宽松的法定资本制。将注册资本的实缴制改为认缴制,发起人须按照公司章程按期足额缴纳出资。取消了验资程序。而对于募集设立的股份有限公司,则仍实行严格的法定资本制。既必须在成立时一次性缴足全部注册资本。也就是仍坚持注册资本的实缴制,并保留了验资程序。

六、增加资本

《公司法》虽然确立了法定资本制,贯彻资本三原则,但是公司的资本并非永恒不变,在公司存续期间,随着公司自身经营状况和市场状况等内外部因素的变化,客观上也要求公司资本随之相应增减。因此,公司法必须对公司资本的增加或减少予以规制。

(一)增加资本的目的

所谓增加资本,简称增资,是指公司在存续过程中基于各种目的而依照法定条

件、程序增加公司资本额的法律行为。公司增资的常见目的包括:(1)筹集经营资金,开拓新的投资领域,扩大经营规模。(2)保持现有运营资金,减少股东收益分配。在公司拥有大量公积金、未分配利润的情形下,增加资本可以避免对股东的股利分配,而使得公司继续保持现有资金。(3)改变现有股东结构和持股比例,改变公司管理机构的人员组成。向现有股东以外的人募集资本,可以吸收新的股东,改变现有股东结构和持股比例。向现有股东募集资本,可以改变现有股东的持股比例,尔后随着股东权的行使,董事会乃至高级管理人员、监事会组成人员也将随之变更。(4)配合公司的合并。公司吸收合并其他公司时,被合并公司的资产并入公司,导致公司的资本增加。(5)增强公司实力,提高公司信用。如前述,作为公司资产的一部分,公司资本在资本三原则的贯彻下,也具有一定的信用功能,因此增加资本不仅可以增强公司的实力,也可以提升公司的信用。

(二)增加公司资本的分类

按照不同的标准,增加资本可以作多种分类。

1.内部增资与外部增资。这是以是否向现有股东以外的人募集资本为标准进行的划分。其中,对于内部增资,以是否按照原持股比例进行增资为标准,可以进一步划分为同比增资与不同比增资。

2.追加性增资与分配性增资。这是以是否既增加公司资本,又增加公司资产与运营资金为标准进行的划分。追加性增资属于现有股东或其他投资者对公司的新投资,这既增加资本,又增加公司资产与运营资金。而分配性增资属于内部增资,是在股东不变化的前提下,将公积金或未分配利润转为资本,因此公司的资产与运营资金并未增加。

3.增加股份数额与增加股份金额。这两种增资方式属于股份有限公司特有的增资方式。前一种属于股份发行中的新股发行,可能同时导致股东的增加,也可能只是向原有股东发行。后者则属于内部增资,是在不改变公司股份总数的前提下,增加每股的金额或面额。

4.配股增资与送股增资。这是上市公司广泛采用的内部增资方式,配股增资是指上市公司根据现有股东持股的数量按照一定比例向其发售股份。而送股增资是指上市公司根据现有公司股东持股的数量按照一定比例向其无偿分配股份。所以送股增资实际上属于股利分配,只不过分配的是股份而非货币。这两类增资方式,前者属于追加性增资,而后者属于分配性增资。

5.公司债转换增资与债转股增资。公司债转换增资属于上市公司特有的增资方式,因为这一方式必须借助可转换公司债进行,而这种证券依据《公司法》第161条,只有上市公司才能发行。当可转换公司债依规定的条件转换为公司股份时,公司资本相应增加。而债转股增资属于公司的债权人将其对公司的债权转换为其对公司的股权,由此导致公司资本的增加。公司债转换增资实质上也属于债转股增资，只不过适用的对象特定为上市公司。这两类增资方式虽然增加了资本，但是与分配性增资类似，并未增加公司运营资金。

（三）增加公司资本的条件与程序

由于增加公司资本能够增强公司实力，提高公司信用，从而有利于维护债权人利益与交易安全，因此各国公司立法普遍对有限责任公司增资不作强制性要求。但是对于股份有限公司增资，因为其增资而可能实施的新股发行涉及不特定证券投资者利益乃至金融市场的安全，还要受到《证券法》相应新股发行条件的规范和证券监管部门的监督。

需要指出的是，依据《公司法》第 34 条，有限责任公司的股东在公司增加资本时享有按照实缴出资比例认缴出资的优先权，但是全体股东另有约定的除外。

由于公司增加资本必然导致公司章程的变更，所以增资必须严格准照法定程序进行。《公司法》第 178 条规定："有限责任公司增加注册资本时，股东认缴新增资本的出资，依照本法设立有限责任公司缴纳出资的有关规定执行。股份有限公司为增加注册资本发行新股时，股东认购新股，依照本法设立股份有限公司缴纳股款的有关规定执行。"

公司增资的通常程序如下：(1)公司决议；(2)缴纳股款；(3)变更登记。

七、减少资本

（一）减少资本的原因

减少注册资本，简称减资，是指公司在存续过程中，依照法定条件与程序减少注册资本的法律行为。减资的原因通常包括：(1)缩小经营规模或停止经营项目；(2)减少资本过剩，提高财产效用；(3)缩小资本与公司净资产的差距，反映公司真实信用状况；(4)配合公司的派生分立。

（二）减资的分类

依据公司减资的背景与目的，可以将公司减资分为：

1. 实质减资

当公司资本过剩时，维持过量的资本势必造成其闲置与浪费，减少资本可以提高资本的效用，为股东进行其他投资创造条件。

2. 形式减资

公司经营严重亏损导致公司资本与公司净资产严重不符，也可能误导、损害债权人利益，减资可以实现资本与资产相符的目标，正确体现公司信用。在公司的派生分立中原公司的减资也属于形式减资。

(三)减资的条件与程序

由于减资必须体现资本确定、资本不变原则,保护债权人利益与交易安全以及股东的利益,所以相对于增资,各国公司立法对减资规定了更为严格、复杂的条件与程序。依据《公司法》第 178 条的规定,公司减资的条件与程序如下:

1. 股东会或股东大会以特别多数通过减资决议,而且减资后的资本不得低于法定资本的最低限额。

2. 编制资产负债表及财产清单。

3. 通知债权人并公告。公司应当自作出减少注册资本决议之日起 10 日内通知债权人,并于 30 日内在报纸上公告。

4. 债权人保护。债权人自接到通知书之日起 30 日内,未接到通知书的自公告之日起 45 日内,有权要求公司清偿债务或者提供相应的担保。本程序以及上述通知及公告程序体现了对债权人利益的保护。①

5. 办理减资事宜。

6. 变更公司章程并办理变更登记。

八、股东出资制度

(一)股东出资的法律意义

股东出资是指出资人(包括发起人与认股人)为取得股权,而在公司设立或增资时根据法律、章程、协议向公司履行给付义务。股东出资的法律意义在于:

1. 股东出资是公司资本的来源。全体股东的出资构成公司的资本总额,为贯彻资本三原则,确保资本的真实可靠,就必须建立与之配套的股东出资制度。

2. 股东出资是股东对公司所负最基本、最重要的义务。

3. 股东出资是股东取得股权的对价。股东出资是股东取得股权的事实根据与法律根据。股东履行了出资义务,才能获得相应的对价——股权。除章程另有约定外,出资越多,所获得的股权也就相应越大,这也是资本多数决原则的要求。进一步而言,股东资格的取得是以其对公司承诺出资为前提的。而实际股权的行使,则是以股东出资义务的实际履行为前提的。

4. 股东出资是其对公司债务承担有限责任的前提与范围。从正面而言,股东对公司出资,才能形成公司独立人格,使得自身对公司间接承担有限责任;从反面

① 但是法律并未规定如果公司对于债权人的异议不予理会应承担的责任,也未规定在此情形下公司减资行为的效力。这对于债权人利益的保护十分不利。

而言，股东对公司未履行或未完全履行出资义务，则必须在差额范围内对公司债权人承担直接清偿责任。

（二）股东出资形式

关于股东出资形式，我国公司法采取的是法定主义，股东以何种财产、权利出资，不完全取决于股东自身的财产、权利拥有情况，也不完全取决于公司对财产、资源的需要，而是由公司法直接规定何种财产可以作为股东的出资。这种法定性是法定资本制的目的所决定的——既然股东出资是公司的资本来源，为保证资本的真实、可靠，就必须限制股东的出资形式。而英美法系因为未实行法定资本制，所以对股东出资形式的限制极少。

《公司法》采取了概括加列举式的立法模式。该法第 27 条第 1 款规定："股东可以用货币出资，也可以用实物、知识产权、土地使用权等可以用货币估价并可以依法转让的非货币财产作价出资；但是法律、行政法规规定不得作为出资的财产除外。"该条第 2 款规定："对作为出资的非货币财产应当评估作价，核实财产，不得高估或低估作价……""可以用货币估价并可以依法转让的非货币财产作价出资"的规定指明了非货币财产作为出资的本质要求，使得法定出资形式不限于前述四种列举的出资形式。因此，这一规定扩大了股东出资形式的范围，便于公司充分利用各种投资和财富，也最大限度地满足了股东的投资需求。

当然，该条"但是法律、行政法规规定不得作为出资的财产除外"的规定，对于股东的非货币财产出资形式予以了限制，在一定程度上防止了以价值不确定的财产向公司出资可能产生的风险。2014 年 3 月施行的《公司注册资本登记管理规定》第 5 条第 2 款就明确规定："股东或发起人以货币、实物、知识产权、土地使用权以外的其他财产出资的，应当符合国家工商行政管理总局同国务院有关部门制定的有关规定。"该条第 3 款进一步明确规定："股东或发起人不得以劳务、信用、自然人姓名、商誉、特许经营权或者设定担保的财产等作价出资。"

以下根据是否明确为法定出资形式将股东出资形式划分为典型出资形式与非典型出资形式，进行介绍。

1. 股东出资的典型形式

（1）货币出资。货币出资是公司资本中最基本的一种构成形式，货币资本对于一切公司而言都是不可缺少的。货币资本具有可直接使用、方便快捷、能被准确衡量、直接清偿债务的特点。为保证公司资本中能够有足够的货币（现金）用于满足经营需要，大部分国家的公司法，尤其是大陆法系国家的公司法，都对现金应占公司资本的最低比例作出明确规定。旧《公司法》对此未作规定。2005 年修订后的《公司法》规定，"全体股东货币出资金额不得低于公司注册资本的百分之三十"。但 2013 年修订公司法时又取消了这一限制。

（2）实物出资。实物形式的出资主要指机器设备、厂房、交通工具等有形财产。

各国公司法都允许股东以实物作为出资。但是作为出资的实物财产必须满足以下两个条件:①用于出资的实物首先应当具有财产价值,因而才可能进行出资额的评估;②股东对其用于出资的实物财产,必须拥有所有权,而且该所有权不得被设定担保物权。对于房屋等财产,在出资时,应当到相关部门办理财产权移转的变更登记。原因在于公司应当对股东的出资拥有所有权,并且不受法律规定以外的限制,以确保其经营的自由。

(3)知识产权出资。知识产权包括专利权、商标权和著作权。专利技术代表了科学技术的创新与进步,其应用会带来巨大的经济效益。而商标则表明了商品的质量与信誉,尤其是驰名商标,因其代表特定商品的特有质量与信誉,具有显著的经济价值。作为出资的著作权大多为计算机软件。股东以知识产权出资应当提供专利证书等以供评估作价。

(4)土地使用权出资。对于上述非货币形式的出资,《公司法》第 27 条第 2 款规定:“对作为出资的非货币财产应当评估作价,核实财产,不得高估或者低估作价。法律、行政法规对评估作价有规定的,从其规定。”

2.股东出资的非典型形式

《公司法》规定了非货币财产出资的标准:“可以用货币估价并可以依法转让。”符合这一条件的财产和财产权益除了上述典型出资形式中的实物、知识产权和土地使用权外,还有很多。其中比较有代表性的是股权和债权。

(1)股权出资。所谓股权出资是指股东或发起人以其在其他公司享有的权益(投资)出资。从法理上说,股权出资可以被视为货币、实物、无形财产等出资方式的结合体,而从会计学角度,长期的股权投资又是一项长期资产,为投资人所拥有并能为其带来经济利益,而且可以转让,所以股权可以作为投资。实践中股权投资时常发生。

(2)债权出资。债权出资又被称为“以债作股”,是指投资人以其对公司或者第三人的债权向公司出资。与其他财产权益相比,债权具有很大的不稳定性。因此有学者认为允许债权作为出资,必然导致资本的不安全。而另一些学者则认为应当将债权一分为二区别对待,即将债权分为债券和一般性债权,前者具有较高的确定性与稳定性,作为出资不存在问题,而后者则因其不稳定性而不应作为出资。我国实践中债权出资较多,尤其是在债务纠纷的解决、国有公司改制上市、商业银行改革、公司资产重组过程中,“债转股”现象更为普遍。

(三)股东出资的验资

为确保出资的真实、可靠,必须对其进行检验。这是法定资本制的要求与保障。所谓验资,是指由法定机构对出资进行检验并出具相应证明的行为。根据《公司法》第 29 条、第 90 条的规定,有限责任公司和股份有限公司的股东出资均需要经依法设立的验资机构验资并出具证明。

法定验资机构通常由会计师事务所、审计事务所等机构构成。检验的内容包括出资是否符合法律、法规、章程的规定，是否存在虚假出资，非货币出资的评估作价是否公平合理等。

验资结束后，验资机构应当出具验资证明。该证明必须客观真实，否则根据《公司法》第208条，要承担相应的行政、民事责任。

司法考试真题链接

1. 下列关于公司分类的哪一表述是错误的？（2006年司法考试真题）

A. 一人公司是典型的人合公司

B. 上市公司是典型的资合公司

C. 非上市股份公司是资合为主兼具人合性质的公司

D. 有限责任公司是以人合为主兼具资合性质的公司

2. 关于有限责任公司和股份有限公司，下列哪些表述是正确的？（2009年司法考试真题）

A. 有限责任公司体现更多的人合性，股份有限公司体现更多的资合性

B. 有限责任公司具有更多的强制性规范，股份有限公司通过公司章程享有更多的意思自治

C. 有限责任公司和股份有限公司的注册资本都可以在公司成立后分期缴纳，但发起设立的股份有限公司除外

D. 有限责任公司和股份有限公司的股东在例外情况下都有可能对公司债务承担连带责任

3. 某国有企业拟改制为公司。除5个法人股东作为发起人外，拟将企业的190名员工都作为改制后公司的股东，上述法人股东和自然人股东作为公司设立后的全部股东。根据我国公司法的规定，该企业的公司制改革应当选择下列哪种方式？（2007年司法考试真题）

A. 可将企业改制为有限责任公司，由上述法人股东和自然人股东出资并拥有股份

B. 可将企业改制为股份有限公司，由上述法人股东和自然人股东以发起方式设立

C. 企业员工不能持有公司股份，该企业如果进行公司制改革，应当通过向社会公开募集股份的方式进行

D. 经批准可以突破有限责任公司对股东人数的限制，公司形式仍然可为有限责任公司

4. 关于股份有限公司的设立，下列哪些表述符合《公司法》的规定？（2010年

司法考试真题)

A. 股份有限公司的发起人最多为 200 人

B. 发起人之间的关系性质属于合伙关系

C. 采取募集方式设立时,发起人不能分期缴纳出资

D. 发起人之间如发生纠纷,该纠纷的解决应当同时适用《合同法》和《公司法》

5. 甲、乙、丙、丁拟设立一家商贸公司,就设立事宜分工负责,其中丙负责租赁公司运营所需仓库。因公司尚未成立,丙为方便签订合同,遂以自己名义与戊签订仓库租赁合同。关于该租金债务及其责任,下列哪些表述是正确的?(2011 年司法考试真题)

A. 无论商贸公司是否成立,戊均可请求丙承担清偿责任

B. 商贸公司成立后,如其使用该仓库,戊可请求其承担清偿责任

C. 商贸公司成立后,戊即可请求商贸公司承担清偿责任

D. 商贸公司成立后,戊即可请求丙和商贸公司承担连带清偿责任

6. 甲乙丙三人共同组建一有限责任公司。公司成立后,甲将其20%股权中的5%转让给第三人丁,丁通过受让股权成为公司股东。甲、乙均按期足额缴纳出资,但发现由丙出资的机器设备的实际价值明显低于公司章程所确定的数额。对此,下列哪些表述是错误的?(2010 年司法考试真题)

A. 由丙补交其差额,甲、乙和丁对其承担连带责任

B. 丙应当向甲、乙和丁承担违约责任

C. 由丙补交其差额,甲、乙对其承担连带责任

D. 丙应当向甲、乙承担违约责任

7. 公司在经营活动中,可以以自己的财产为他人提供担保,关于担保的表述中,下列哪一选项是正确的?(2010 年司法考试真题)

A. 公司经理可以决定为本公司的客户提供担保

B. 公司董事长可以为本公司的客户提供担保

C. 公司董事会可以决定为本公司的股东提供担保

D. 公司股东会可以决定为本公司的股东提供担保

8. 甲公司章程规定:董事长未经股东会授权,不得处置公司资产,也不得以公司名义签订非经营性合同。一日,董事长任某见王某开一新款宝马车,遂决定以自己乘坐的公司旧奔驰车与王某互换,并办理了车辆过户手续。对任某的换车行为,下列说法正确的是?(2005 年司法考试真题)

A. 违反公司章程处置公司资产,行为无效

B. 违反公司章程从事非经营性交易,行为无效

C. 并未违反公司章程,行为有效

D. 无论是否违反公司章程,只要王某无恶意,该行为有效

9. 甲乙两公司与刘某、谢某欲共同设立一注册资本为 200 万元的有限责任公司，他们在拟定公司章程时约定各自以如下方式出资，下列哪些出资是不合法的？(2006 年司法考试真题)

A. 甲公司以其企业商誉评估作价 80 万元出资

B. 乙公司以其获得的某知名品牌特许经营权评估作价 60 万元出资

C. 刘某以保险金额为 20 万元的保险单出资

D. 谢某以其设定了抵押担保的房屋评估作价 40 万元出资

10. 2014 年 5 月，甲、乙、丙三人共同出资设立一家有限责任公司。甲的下列哪一行为不属于抽逃出资行为？(2014 年司法考试真题)

A. 将出资款项转入公司账户验资后又转出去

B. 虚构债权债务关系将其出资转出去

C. 利用关联交易将其出资转出去

D. 制作虚假财务会计报表虚增利润进行分配

11. 甲、乙、丙、丁计划设立一家从事技术开发的天际有限责任公司，按照公司设立协议，甲以其持有的君则房地产开发有限公司 20% 的股权作为其出资。下列哪些情形会导致甲无法全面履行其出资义务？(2011 年司法考试真题)

A. 君则公司章程中对该公司股权是否可用作对其他公司的出资形式没有明确规定

B. 甲对君则公司尚未履行完毕其出资义务

C. 甲已将其股权出质给其债权人戊

D. 甲以其股权作为出资转让给天际公司时，君则公司的另一股东已主张行使优先购买权

第五章　有限责任公司

【引　例】

甲乙丙丁戊五人共同组建一有限责任公司，出资协议约定甲以现金10万元出资，甲已缴纳6万元出资，尚有4万元未缴纳。某次公司股东会上，甲请求免除其4万元的出资义务。股东会上5名股东，其中有4名股东表示同意，只有股东丙表示反对。

第一节　有限责任公司的概念和特征

一、有限责任公司的概念

有限责任公司，又称有限公司，是指由法律规定的一定人数的股东共同出资设立，每个股东以其所认缴的出资额为限对公司承担责任，公司以其全部资产对其债务承担责任的企业法人。

有限责任公司起源于德国1892年的《有限责任公司法》。一战后，法国于1925年也设立了此种公司，自此以后，大陆法系各国普遍都设立有限责任公司。英美法系的封闭公司(private company)与大陆法系的有限责任公司相似。

有限责任公司兼具人合性和资合性两种性质，就其股东的责任形式而言，接近股份公司，所以又称为“小型股份公司”，这是有限责任公司的基本性质。德国型的有限公司偏重于资合性质，表现在股东的出资基本上可以自由转让。日本型的有限公司，则对股东出资的转让限制较严，人合色彩较重。①

二、有限责任公司的特征

有限责任公司除具有公司的基本特征以外，还具有以下特征：

① 谢怀栻：《外国民商法精要》，法律出版社2006年版，第337页。

1. 股东人数的限制性。《公司法》第 24 条规定:“有限责任公司由五十个以下股东出资设立。”由于有限责任公司具有人合性的特点,股东之间须相互信任,这决定了其股东人数不可能太多,在立法上就有必要对其人数的上限作出规定。

2. 有限责任公司的股东对公司所负的责任,仅以其出资额为限,对公司的债权人不负直接责任。公司对于其债务以公司全部法人财产独立承担清偿责任,若公司的财产不足以清偿全部债务,股东没有以自己出资以外的个人财产为公司清偿债务的义务,在这一点上明显区别于合伙企业。

3. 股东出资的非股份性。这是与股份有限公司的重要区别之一。有限责任公司股东的出资,是以出资额来计算的,主要根据出资额的大小来行使权利和承担义务。《公司法》第 43 条规定:“股东会会议由股东按照出资比例行使表决权;但是,公司章程另有规定的除外。”

4. 公司资本的封闭性。有限责任公司的资本只能由其全体股东出资,而不能公开向社会募集股份,这决定了有限责任公司资本来源的封闭性,由此决定其公司会计账簿也无须向社会公开,这也是与股份有限公司的重要区别之一。此外,由于公司资本的封闭性,股东向股东以外的人转让其出资也受到了限制。

5. 公司设立的简便性。有限责任公司的设立程序,只有发起设立,而无募集设立。

6. 公司组织机构设置的灵活性。有限责任公司的股东会、董事会、监事会都不是必须设置的,如股东人数较少或者规模较小的有限责任公司,不设董事会,可以设 1 名执行董事,不设监事会,可以设 1～2 名监事;国有独资公司只设董事会和监事会,不设股东会。

第二节 有限责任公司的设立

一、有限责任公司设立的条件

根据《公司法》第 23 条的规定,设立有限责任公司,应当具备下列条件:

1. 股东符合法定的人数。有限责任公司具有一定的人合性质,故股东人数不能太多,我国规定为 50 人以下。一般来说,公司作为社团法人,应有两个以上的股东,但由于实践中一人公司事实上的大量存在,各国立法也就逐渐地承认了一人公司的合法性,我国《公司法》也允许设立一人公司。

2. 股东认缴符合公司章程约定的出资。

3. 股东共同制定公司章程。公司章程是公司的自治规则,是公司的宪章,是公司的所有成员都必须遵守的内部行为准则。有限责任公司的公司章程由全体股东共同制定,它为公司的设立及其今后的经营活动提供了一个基本的行为准则。

4. 有公司的名称，建立符合有限责任公司要求的组织机构。公司的名称是公司具有独立法律人格和对外经营活动的标志。公司名称的确定，除了严格遵守有关法律、行政法规的要求外，还要根据《公司法》第 8 条的规定在公司名称中标明有限责任公司或者有限公司字样。公司组织机构是公司正常运转的必备条件，《公司法》对有限责任公司的组织机构有专门的规定。

5. 有公司住所。公司住所是指公司的主要办事机构所在地，也是公司最为重要的生产经营场所。

二、有限责任公司设立的方式

由有限责任公司自身的特点所决定，公司设立的方式只能采取发起设立的方式，而不能采取募集设立的方式。所谓发起设立，是指由发起人认购公司所发行的全部出资额或股份而设立的公司。根据投资主体数量的不同，发起设立方式又可分为共同出资设立和单独投资设立两种方式，一般有限责任公司采共同出资的设立方式，国有独资公司和一人有限公司采单独投资的设立方式。

三、有限责任公司的设立程序

1. 签订发起人协议。发起人协议是发起人之间就设立公司过程中各自所享有的权利和承担的义务而签订的书面协议。发起人协议与公司章程不同，其目的在于确保公司的成立，明确各发起人所应享有的权利和应履行的义务，以及对第三人所应承担的连带责任，其性质类似于合伙协议。一般说来，发起人为了成立公司，都会签订发起人协议，以明确各自的权利和义务，以避免日后的纠纷，但《公司法》对此并没有明确规定，因此签订发起人协议并不是公司设立的法定必经程序。

2. 订立公司章程。订立公司章程是公司设立的一个必经程序，它是股东共同的书面意思表示。公司章程是由股东共同制定的自治规则，也是公司向第三者表明信用以及相对人了解公司组织和财产状况的重要法律文件。公司章程向外公开表示的公司宗旨、营业范围、资本数额以及责任形式等内容，为投资者、债权人和第三人与该公司进行经济交往提供了条件和资信依据，便于相对人了解公司的组织和财产状况，便于公司与第三人间的经济往来，因此，公司章程对于维护交易安全起了重要的作用。

3. 申请名称预先核准和必要的审批。设立公司应当申请名称预先核准。法律、行政法规或者国务院决定规定设立公司必须报经批准，或者公司经营范围中属于法律、行政法规或者国务院决定规定在登记前须经批准的项目的，应当在报送批准前办理公司名称预先核准，并以公司登记机关核准的公司名称报送批准。

4. 缴纳出资及验资。缴纳出资是股东对公司所负的义务，公司的原始资本就来源于股东的出资。根据2013年修改后的《公司法》，一般情形下，股东应当按期足额缴纳公司章程规定的出资额。而此前《公司法》所规定的有限责任公司股东缴纳出资后的验资义务，则被取消。

5.设立登记。设立有限责任公司，应当由全体股东指定的代表或者共同委托的代理人向公司登记机关申请登记。设立国有独资公司，应当由国务院或者地方人民政府授权的本级人民政府国有资产监督管理机构作为申请人，申请设立登记。法律、行政法规或者国务院决定规定设立有限责任公司必须报经批准的，应当自批准之日起90日内向公司登记机关申请设立登记；逾期申请设立登记的，申请人应当报批准机关确认原批准文件的效力或者另行报批。登记机关对申请人所提交的相关文件依法进行审查，对符合《公司法》规定条件的，予以登记，出具《准予设立登记通知书》，并发给营业执照，营业执照的签发日期为有限责任公司的成立日期，公司即取得法人资格，从而可以以公司的名义对外从事经营活动。对不符合《公司法》规定条件的，不予以登记，申请人对不予登记的决定不服的，可以依法申请行政复议或提起行政诉讼。

第三节　有限责任公司的组织机构

一、股东会

(一)股东会的性质

有限责任公司的股东会由全体股东组成，股东是按其所认缴出资额向公司缴纳出资的投资者。股东会是有限责任公司的权力机关，其拥有公司重大事项的决策权。股东会是一般有限责任公司必设的机关，国有独资公司和一人有限责任公司由于只有一个股东，不设股东会。国有独资公司由国有资产监督管理机构行使股东会职权，国有资产监督管理机构可以授权董事会行使部分股东会职权；一人有限责任公司由股东直接行使股东会职权。股东会是非常设机关，它仅以会议形式存在，只有在召开股东会会议时，股东会才作为公司机关存在。

(二)股东会的职权

根据《公司法》第37条的规定，股东会行使下列职权：(1)决定公司的经营方针和投资计划；(2)选举和更换非由职工代表担任的董事、监事，决定有关董事、监事的报酬事项；(3)审议批准董事会的报告；(4)审议批准监事会或者监事的报告；(5)审议批准公司的年度财务预算方案、决算方案；(6)审议批准公司的利润分配方案和弥补亏损方案；(7)对公司增加或者减少注册资本作出决议；(8)对发行公司债券

作出决议;(9)对公司合并、分立、解散、清算或者变更公司形式作出决议;(10)修改公司章程;(11)公司章程规定的其他职权。应注意的是,公司可以通过章程规定"其他职权",但是不能以公司章程的规定剥夺《公司法》所规定的股东会职权。

(三)股东会会议

1.会议种类。有限责任公司的股东会会议分为首期会议、定期会议和临时会议。股东会首期会议是指公司成立后的第一次会议,由出资最多的股东召集和主持,依照《公司法》规定行使职权。股东会定期会议是指应当按照公司章程的规定按时召开的会议,一般来说,定期会议应每年召开一次,通常在每个会计年度结束之后召开。股东会临时会议仅在必要时才召开,代表1/10以上表决权的股东,1/3以上的董事,监事会或者不设监事会的公司的监事可以提议召开股东会临时会议。

2.召集和主持。股东会会议的召集和主持因公司是否设立董事会而有所不同:设立董事会的,由董事会召集,董事长主持;董事长不能履行职务或者不履行职务的,由副董事长主持;副董事长不能履行职务或者不履行职务的,由半数以上董事共同推举一名董事主持。不设董事会的,股东会会议由执行董事召集和主持。董事会或者执行董事不能履行或者不履行召集股东会会议职责的,由监事会或者不设监事会的公司的监事召集和主持;监事会或者监事不召集和主持的,代表1/10以上表决权的股东可以自行召集和主持。

3.会议通知。召开股东会会议,除公司章程另有规定或者全体股东另有约定以外,应当于会议召开15日前通知全体股东,该通知应写明股东会会议召开的日期、时间、地点和目的,以使股东对拟召开的股东会有最基本的了解。

(四)股东会的决议

股东会对其法定职权内的事项进行表决,其最后形成的法律文件就是股东会决议。对于属于股东会的法定职权事项,一般应通过股东会会议来形成决议。但如果股东以书面形式一致表示同意的,也可以不召开股东会会议,直接作出决定,并由全体股东在决定文件上签名、盖章。根据决议事项和表决人数的不同,股东会的决议可分为普通决议和特别决议。普通决议指决定公司的普通事项时,以简单多数通过的决议。特别决议是指决定公司的特别事项时,以绝对多数才能通过的决议。在我国,除《公司法》明文规定以特别决议进行的事项外,其他一律以普通决议进行。《公司法》第43条明确规定股东会会议作出修改公司章程、增加或者减少注册资本的决议,以及公司合并、分立、解散或者变更公司形式的决议,必须经代表2/3以上表决权的股东通过。应注意的是,对于这7个法定特别表决权事项,公司章程不能对其作出相反的规定。引例中股东会的决议是无效的,丙反对是有效的,因为《公司法》第28条规定,股东应当按期足额缴纳公司章程中规定的各自所认缴的出资额。股东以货币出资的,应当将货币出资足额存入有限责任公司在银行开设的账户；以非货币财产出资的，应当依法办理其财产权的转移手续。股东不按照前款规定缴纳出资的，除应当向公司足额缴纳外，还应当向已按期足额缴纳出资的股东承担违约责任。第22条第1款规定，公司股东会或者股东大会、董事会的决议内容违反法律、行政法规的无效。据此可知，甲应向公司足额缴纳，还应当向已按期足额缴纳出资的股东承担违约责任，而股东会对于免除甲4万元出资义务的决议违反法律规定，应为无效决议。

股东会会议由股东按照出资比例行使表决权，但是允许公司章程对股东表决权的形式、方式作出变通规定。股东会的议事方式和表决程序，除《公司法》另有规定以外，也由公司章程作出规定。股东会应当对所议事项的决定作成会议记录，出席会议的股东应当在会议记录上签名。股东会决议不得违反法律、法规和公司章程，其决议对公司、股东、董事、经理和监事均有约束力。

二、董事会

（一）董事会的性质

有限责任公司的董事会是由股东选举产生的董事组成的公司业务执行机关。董事会是一般有限责任公司的必设机关，但股东人数较少或公司规模较小的有限责任公司除外。董事会还是有限责任公司的常设机关，它不仅以会议形式存在，而且是负有使公司正常运营职责的工作机构。董事会享有业务执行权和日常经营的决策权，股东会作出决议后，董事会应执行其决议并对股东会负责，同时，还要对如何执行这些决策作出决定。

（二）董事会的职权

从各国公司立法来看，对董事会的权利内容规定有三种立法模式，即列举主义、概括主义或列举概括兼有主义。《公司法》对董事会的职权采取了列举主义的方式，根据《公司法》第46条的规定，有限责任公司的董事会行使下列职权：(1)召集股东会会议，并向股东会报告工作；(2)执行股东会的决议；(3)决定公司的经营计划和投资方案；(4)制订公司的年度财务预算方案、决算方案；(5)制订公司的利润分配方案和弥补亏损方案；(6)制订公司增加或者减少注册资本以及发行公司债券的方案；(7)制订公司合并、分立、解散或者变更公司形式的方案；(8)决定公司内部管理机构的设置；(9)决定聘任或者解聘公司经理及其报酬事项，并根据经理的提名决定聘任或者解聘公司副经理、财务负责人及其报酬事项；(10)制定公司的基本管理制度；(11)公司章程规定的其他职权。股东人数较少或者规模较小的有限责任公司只设一名执行董事、不设董事会的，执行董事的职权由公司章程规定。

（三）董事会的组成

董事会由董事组成，其成员为3～13人。两个以上的国有企业或者两个以上的其他国有投资主体投资设立的有限责任公司，其董事会成员中应当有公司职工代表；其他有限责任公司董事会成员中可以有公司职工代表。董事会中的职工代表由公司职工通过职工代表大会、职工大会或者其他形式民主选举产生；其余董事由股东会选举产生。董事会设董事长1人，可以设副董事长。董事长、副董事长的产生办法由公司章程规定。

（四）董事会会议

董事会会议由董事长召集和主持；董事长不能履行职务或者不履行职务的，由副董事长召集和主持；副董事长不能履行职务或者不履行职务的，由半数以上董事共同推举一名董事召集和主持。董事会对所议事项进行表决的方式，采用"人头主义"原则，即一人一票制。董事会应当对所议事项的决定作成会议记录，出席会议的董事应当在会议记录上签名。

三、经理

有限责任公司的经理是负责公司日常经营管理工作的高级管理人员。在有限责任公司中，经理为非必设公司机关，其与公司的关系，一般认为两者之间是"委任关系"，经理由董事会决定聘任或者解聘。经理对董事会负责，《公司法》对经理的职权规定较为灵活，列举了经理的以下职权：(1)主持公司的生产经营管理工作，组织实施董事会决议；(2)组织实施公司年度经营计划和投资方案；(3)拟订公司内部管理机构设置方案；(4)拟定公司的基本管理制度；(5)制定公司的具体规章；(6)提请聘任或者解聘公司副经理、财务负责人；(7)决定聘任或者解聘除应由董事会决定聘任或者解聘以外的负责管理人员；(8)董事会授予的其他职权。这些职权均不是必须赋予经理的，公司章程可以对经理职权另作规定。此外，为了更好地组织实施董事会决议，《公司法》还规定，经理列席董事会会议；为适应公司经营活动的需要，经理依照公司章程的规定，也可以担任公司的法定代表人。

四、监事会

（一）监事会的性质和组成

监事会是由依法选举产生的监事组成的，对公司的经营管理活动进行监督与检查的监督机构。监事会为经营规模较大的有限责任公司的常设和必设的机构，其对股东会负责，并向股东会报告工作。《公司法》第 51 条规定："有限责任公司设监事会，其成员不得少于三人。股东人数较少或者规模较小的有限责任公司，可以设一至二名监事，不设监事会。监事会应当包括股东代表和适当比例的公司职工代表，其中职工代表的比例不得低于三分之一，具体比例由公司章程规定。监事会中的职工代表由公司职工通过职工代表大会、职工大会或者其他形式民主选举产生。监事会设主席一人，由全体监事过半数选举产生。监事会主席召集和主持监事会会议；监事会主席不能履行职务或者不履行职务的，由半数以上监事共同推举一名监事召集和主持监事会会议。董事、高级管理人员不得兼任监事。"

（二）监事会的职权

监事会、不设监事会的公司的监事行使下列职权：(1)检查公司财务；(2)对董事、高级管理人员执行公司职务的行为进行监督，对违反法律、行政法规、公司章程或者股东会决议的董事、高级管理人员提出罢免的建议；(3)当董事、高级管理人员的行为损害公司的利益时，要求董事、高级管理人员予以纠正；(4)提议召开临时股东会会议，在董事会不履行本法规定的召集和主持股东会会议职责时召集和主持股东会会议；(5)向股东会会议提出提案；(6)依照《公司法》的规定，对董事、高级管理人员提起诉讼；(7)公司章程规定的其他职权。此外，为了便于对董事会的监督以及强化其独立性，《公司法》还规定，监事有权列席董事会，监事行使其职权所必需的费用，由公司承担。而所谓"必需的费用"可由公司章程作出规定。

（三）监事会会议

监事会会议每年度至少召开一次，监事可以提议召开临时监事会会议。监事会的议事方式和表决程序，除《公司法》另有规定以外，由公司章程规定。监事会决议应当经半数以上监事通过。监事会应当对所议事项的决定作成会议记录，出席会议的监事应当在会议记录上签名。

第四节 一人有限责任公司

一、一人有限责任公司概述

一人有限责任公司是指只有一个自然人或一个法人股东持有公司全部出资的有限责任公司。一人有限责任公司的出现，突破了传统公司社团性的理论，同时它又不具有有限责任公司的"人合性"特征，这是现代市场经济和公司制度发展的结果。随着现代市场经济的发展，拥有巨额投资能力的经济实体和高新技术中小企

业大量出现,它们既是高成长的企业,同时又是高风险的企业,它们希望享有有限责任公司的优势,即承担有限责任,为满足这种需求,法律扩张了有限责任公司的形式,承认了一人有限责任公司的主体资格,一人有限责任公司就此应运而生。

从投资主体来看,一人有限责任公司与独资企业没有很大区别,都是一个投资主体,但在其他方面,两者之间存在较大区别,一般认为,两者的区别表现在:第一,一人有限责任公司可依法取得法人资格,而私营独资企业则是自然人企业;第二,一人有限责任公司股东仅以其出资额为限对公司负责,公司对债权人负责,股东不对债权人直接承担责任,而私营独资企业的出资人则应对企业的债务承担无限责任;第三,一人有限责任公司虽无股东会,但设有董事会(或执行董事)、监事会(或监事)和经理,有现代企业的公司组织机构,而私营独资企业则仅有以经理为首的经营管理机构;第四,一人有限责任公司受《公司法》调整,而私营独资企业则受《个人独资企业法》调整。

二、一人有限责任公司的特别规定

一人有限责任公司除了适用《公司法》关于有限责任公司的一般规定外,还具有自己一套独特的法律规则。

1.规定了一人有限责任公司投资主体再投资的限制。(1)一个自然人只能投资设立一个一人有限责任公司,不能投资设立第二个一人有限责任公司。(2)由一个自然人投资设立的一人有限责任公司不能作为股东再投资设立一人有限责任公司。此一限制仅适用于自然人,而不适用于法人,即一个法人可以投资设立两个或两个以上的一人有限责任公司,由一个法人设立的一人有限责任公司可以再投资设立一人有限责任公司,成为一人有限责任公司的股东,当一人有限责任公司的股东为公司法人时,其设立的一人有限责任公司就是通常所说的全资子公司。

2.规定了特别的公示要求。一人有限责任公司应当在公司登记中注明自然人独资或者法人独资,并在公司营业执照中载明。

3.公司治理结构要求简单。由于一人有限责任公司只有一个股东,所以一人有限责任公司不设股东会,其公司章程也由该股东自己制定。股东作出应由股东会决议事项的决定时,应采用书面形式,并由股东签字后置备于公司。同时,董事会、监事会也不是法定的必设机构,而且,股东既可以自任董事、经理,也可以聘用他人担任。

4.强化一人有限责任公司审计要求。一人有限责任公司应当在每一会计年度终了时编制财务会计报告,并经会计师事务所审计。

5.规定了一人有限责任公司承担责任时举证责任倒置的特别法律规则。一人有限责任公司的股东不能证明公司财产独立于股东自己的财产的,即发生公司财产与股东个人财产的混同,进而发生公司人格与股东个人人格的混同,此时应适用

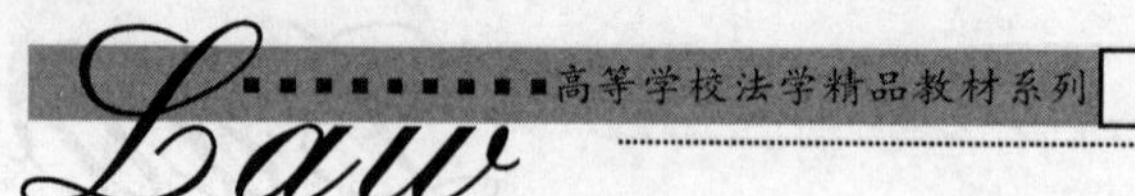

公司法人格否认制度，股东必须对公司债务承担连带责任，公司的债权人可以将公司和公司股东作为共同债务人进行追索。

第五节 国有独资公司

一、国有独资公司的概念

国有独资公司是指国家单独出资、由国务院或者地方人民政府授权本级人民政府国有资产监督管理机构履行出资人职责的有限责任公司。

国有独资公司的投资主体具有特殊性，只能是国家，由国有资产监督管理机构代表国家进行投资。国有独资公司作为一种特殊的有限责任公司，其在组织机构、公司章程、财产管理等方面，都与普通有限责任公司不同。

二、国有独资公司的组织机构

(一)国有资产监督管理机构

国有独资公司不设股东会，其权力机关就是国有资产监督管理机构，其负责公司章程的制定或者批准由董事会制定的公司章程，此外，还由其行使普通有限责任公司股东会的部分职权，其中，有 6 个事项须由其决定：公司的合并、分立、解散、增资、减资、发行债券；有 4 个事项须经其核准后报本级人民政府批准：合并、分立、解散、申请破产。其他部分股东会的职权由其授权董事会行使，因为这有利于国有独资公司的发展。

(二)董事会

在国有独资公司中，董事会是公司的业务执行机关和经营意思决定机关，它是法定和必设的机关。董事会成员包括两部分：一是由国有资产监督管理机构委派的人员，二是公司职工代表，其通过职工代表大会选举产生。董事会设董事长 1 人，可以设副董事长。董事长、副董事长由国有资产监督管理机构从董事会成员中指定，公司董事每届任期不得超过 3 年。此外，公司董事的任职受到两方面的限制：(1)经国有资产监督管理机构同意，董事会成员可以兼任经理。(2)国有独资公司的董事长、副董事长、董事、高级管理人员，未经国有资产监督管理机构同意，不得在其他有限责任公司、股份有限公司或者其他经济组织兼职。国有独资公司董事会的职权比普通有限责任公司董事会的职权要多，其职权包括两部分：一部分是《公司法》第 47 条规定的法定职权；一部分是因授权而行使的职权，即《公司法》第

60条规定的由国有资产监督管理机构授权的决定公司重大事项的部分职权。

(三)监事会

监事会是国有独资公司法定必设的监督机关,国有独资公司监事会成员不得少于5人,其中职工代表的比例不得低于1/3,具体比例由公司章程规定。监事会成员由国有资产监督管理机构委派;但是,监事会成员中的职工代表由公司职工代表大会选举产生。监事会主席由国有资产监督管理机构从监事会成员中指定。监事会行使的职权包括:(1)检查公司财务;(2)对董事、高级管理人员执行公司职务的行为进行监督,对违反法律、行政法规、公司章程或者股东会决议的董事、高级管理人员提出罢免的建议;(3)当董事、高级管理人员的行为损害公司的利益时,要求董事、高级管理人员予以纠正;(4)国务院规定的其他职权。

司法考试真题链接

1. 方圆公司与富春机械厂均为国有企业,合资设立富圆公司,出资比例为30%与70%。关于富圆公司董事会的组成,下列哪些说法是正确的?(2012年司法考试真题)

A. 董事会成员中应当有公司职工代表

B. 董事张某任期内辞职,在新选出董事就任前,张某仍应履行董事职责

C. 富圆公司董事长可由小股东方圆公司派人担任

D. 方圆公司和富春机械厂可通过公司章程约定不按出资比例分红

2. 下列有关一人公司的哪些表述是正确的?(2012年司法考试真题)

A. 国有企业不能设立一人公司

B. 一人公司发生人格或财产混同时,股东应当对公司债务承担连带责任

C. 一人公司的注册资本必须一次足额缴纳

D. 一个法人只能设立一个一人公司

3. 甲公司出资70%,乙公司出资30%共同设立有限责任公司丙(注册资本2000万元),双方的《投资协议》约定:丙公司董事会成员为三人,第一任董事长由乙公司推荐、财务总监由甲公司推荐;股东拒绝参加股东会会议的,不影响股东会决议的效力。若丙公司章程对《投资协议》的内容予以确认,则丙公司董事会的下列何种行为符合法律规定?(2006年司法考试真题)

A. 选举乙公司董事长帅某为丙公司董事长

B. 任命公司监事、甲公司代表马某为财务总监

C. 任命帅某为公司总经理

D. 决定斥资500万元参股某广告公司

4. 汪某与李某拟设立一注册资本为50万元的有限责任公司，其中汪某出资60%，李某出资40%。在他们拟定的公司章程中，下列哪项条款是不合法的？(2006年司法考试真题)

A. 公司不设董事会，公司的法人代表由公司经理担任

B. 公司不设监事会，公司的执行监事由股东汪某担任

C. 公司利润在弥补上一年度亏损并提取公积金后，由股东平均分配

D. 公司经营期限届满前，股东不得要求解散公司

5. 张平以个人独资企业形式设立"金地"肉制品加工厂。2011年5月，因"瘦肉精事件"影响，张平为减少风险，打算将加工厂改换成一人有限公司形式。对此，下列哪一表述是错误的？(2011年司法考试真题)

A. 因原投资人和现股东均为张平一人，故加工厂不必进行清算即可变更登记为一人有限公司

B. 新成立的一人有限公司仍可继续使用原商号"金地"

C. 张平为设立一人有限公司，须一次足额缴纳其全部出资额

D. 如张平未将一人有限公司的财产独立于自己的财产，则应对公司债务承担连带责任

6. 张某与潘某欲共同设立一家有限责任公司。关于公司的设立，下列哪一说法是错误的？(2015年司法考试真题)

A. 张某、潘某签订公司设立书面协议可代替制定公司章程

B. 公司的注册资本可约定为50元人民币

C. 公司可以张某姓名作为公司名称

D. 张某、潘某二人可约定以潘某住所作为公司住所

7. 王某依公司法设立了以其一人为股东的有限责任公司。公司存续期间，王某实施的下列哪一行为违反公司法的规定？(2007年司法考试真题)

A. 决定由其本人担任公司执行董事兼公司经理

B. 决定公司不设立监事会，仅由其亲戚张某担任公司监事

C. 决定用公司资本的一部分投资另一公司，但未作书面记载

D. 未召开任何会议，自作主张制订公司经营计划

第六章　股份有限公司

【引　例】

大青股份有限公司发起人在招股说明书中承诺自2010年8月1日至10月1日止,2个月内首批向社会公开募集资金5000万元后,召开公司创立大会。但是,公司在按期募足资金后,到10月底仍未发出召开公司创立大会的通知。股东要求公司发起人按所认购的股金加算银行同期利息予以返还,而公司发起人则认为公司目前仍在筹建之中,股东抽回资金不合时宜,有违法律规定。试问:公司在募集设立过程中发起人不如期召开公司创立大会将会导致什么法律后果?

第一节　股份有限公司的设立

一、股份有限公司的概念和特征

股份有限公司,又称股份公司,是指公司的全部资本分为等额股份,股东以其认购的股份为限对公司承担责任,公司以其全部资产对公司的债务承担责任的企业法人。股份有限公司具有以下特征:

1.公司组织的资合性。股份有限公司是以资本的结合作为公司对外经营活动的信用基础,公司的信用基础在于其资本,而不在于股东个人。公司的股东只能以货币、实物、无形资产等出资,而不能以个人信用或劳务出资。

2.募集资本的公开性。除发起设立的股份有限公司外,股份有限公司采用公开发行股票的形式募集资本,其公司的股东具有广泛性。同时,这也决定了股份有限公司必须公开其经营状况和公司财务会计,以使投资者对公司的经营状况有所了解,这也是股份有限公司区别于有限责任公司的一大重要特征。

3.股东责任的有限性。与有限责任公司一样,股份有限公司的股东也仅以其所认购的股份为限对公司负责,对公司的债权人不负任何直接法律责任。

4.公司资本的股份性。股份有限公司的资本划分为等额股份,同股同权,同股同利，通常每一股份代表一份股东权，拥有股份的数额多少决定股东权利义务的大小。公司资本的股份性，不仅便于筹资，而且便于股权的行使和利润的分配。

5.公司股份的流通性。股份有限公司的股份具有流通性，使股东可以随时转移投资风险。同时，为提高股份的融资能力和吸引投资者，股份也必须有较高程度的流通性，股票必须能够自由转让和交易。

二、股份有限公司设立的条件

根据《公司法》的规定，股份有限公司的设立，必须具备以下条件：

1.发起人符合法定条件。发起人是指按照公司法规定制定公司章程，认购其应认购的股份，承担公司筹办事宜，并对公司设立承担责任者。发起人可以是自然人、法人、非法人组织和国家。股份有限公司的发起人的法定人数为 2 人以上 200 人以下，并且要有半数以上的发起人在中国境内有住所。发起人必须承担公司筹办事务，必须在公司章程上签章，必须认购股份。

2.设立特殊类型的股份有限公司，发起人认购和募集的股本达到法定资本最低限额。如前述，2013 年修改后的《公司法》在一般情形下取消了法定注册资本最低限额，而我国《保险法》《商业银行法》《证券法》等对特殊类型的股份有限公司的最低资本额仍有特别规定。股份有限公司在出资方式上与有限责任公司的规定相同。在出资责任方面，如果发起人不按时、足额缴纳出资，应当按照发起人协议承担违约责任。

3.股份发行、筹办事项符合法律规定。以向社会公开募集股份方式设立公司的，应当公告招股说明书、制作认购书，由依法设立的证券公司承销，并与银行签订代收股款协议，股款纳足后召开创立大会。

4.发起人制定公司章程，采用募集方式设立的，经创立大会通过。创立大会由发起人与认股人组成，在股款纳足之日起 30 日内，在代表股份总数过半数的发起人、认股人出席时，由发起人主持召开。

5.有公司名称，建立符合股份有限公司要求的组织机构。公司的名称必须符合《公司法》的要求，公司名称中必须标明“股份有限公司”或者“股份公司”字样。公司组织机构主要有股东大会、董事会、监事会等。

6.有公司住所。股份有限公司要有公司的住所，这与有限责任公司设立的条件相同。

三、股份有限公司设立的程序

股份有限公司的设立程序依公司设立的方式不同，分为发起设立和募集设立，这两种设立方式的程序大致相同，但募集设立的程序要求比发起设立的程序要求

更高。

(一)签订发起人协议

发起人协议是发起人之间就设立公司有关事项所达成的协议,该协议明确规定发起人各自的权利和义务以及因违约所要承担的法律责任,发起人协议在法律性质上类似于合伙协议。

(二)制定公司章程

发起人制定公司章程,并经创立大会通过。

(三)认购股份并缴纳股款

1. 在发起设立中,发起人应认购所发行的全部股份,即每一个发起人都应当以书面方式承诺自己将要购买多少股份,并且所有发起人所承诺购买的股份的总和应当等于应发行的全部股份。在发起人认购的股份缴足前,不得向他人募集股份。每个发起人应当书面认足公司章程规定其认购的股份,并按照公司章程规定缴纳出资。

2. 在募集设立中,公司注册资本为在公司登记机关登记的实收股本总额。所以发起人应认购法定数额的股份,缴纳出资并公告招募股份。根据《公司法》的规定,发起人认购的股份不得少于公司股份总数的 35%,但是,法律、行政法规另有规定的,从其规定,发起人只有在纳足所认购的出资后,才能向社会公开募集股份。为了防止滥发股份,欺诈社会公众的行为发生,发起人在向社会公众募股前,一般须经国务院证券监督管理机构核准,其后公开相关信息,并与证券经营机构签订协议,由其代为承销股份,同时,还应当与银行签订代收股款协议。代收股款的银行应当按照协议代收和保存股款,向缴纳股款的认股人出具收款单据,并负有向有关部门出具收款的证明义务。

(四)确定公司的组织机构

1. 发起设立的股份有限公司

发起人首次缴纳出资后,应当选举董事会和监事会,由董事会向公司登记机关报送公司章程,以及法律、行政法规规定的其他文件,申请设立登记。

2. 募集设立的股份有限公司

发行股份的股款缴足后,必须经依法设立的验资机构验资并出具证明。发起人应当自股款缴足之日起 30 日内主持召开公司创立大会。创立大会由发起人、认股人组成。此外,发起人还应当在创立大会召开 15 日前将会议日期通知各认股人或者予以公告。创立大会应有代表股份总数过半数的发起人、认股人出席,方可举行。创立大会是公司募集设立中的临时机构,讨论决定公司设立事项。当创立大会决定成立公司时，其应通过公司章程，选举首届董事会、监事会成员。

（五）申请设立登记并公告

董事会向公司登记机关报送设立公司的有关文件，并由登记机关作出是否予以登记的决定。公司经登记成立后，应当进行公告。申请人自获准登记之日起10日内领取营业执照。

四、股份有限公司的设立责任

股份有限公司在设立过程中，由于各种原因，可能导致公司不能有效成立。募集设立失败的情形如：超过招股说明书截止期限尚未募足股款的；发起人30日内未召开创立大会的；创立大会作出不设立公司的决议的。根据《公司法》第94条的规定，股份有限公司的发起人对设立行为应承担一定的法律责任。

（一）对债务和费用承担连带责任

当公司不能成立时，发起人对设立行为所产生的债务和费用应当负连带责任。正在设立中的公司没有权利能力，当公司未能成立时，发起人作为正在设立中的公司负责人，自应对其设立行为产生的债务和费用负连带责任。

（二）对返还股款加息的连带责任

当公司不能成立时，发起人对认股人已缴纳的股款，负返还股款并加算同期存款利息的连带责任。认股人在发起人制作的认股书上填写有关法定内容后，即同发起人之间建立了一种合同关系，如公司不能成立，对认股人已经缴纳的股款，发起人自应负连带责任，即应负返还股款并加算银行同期存款利息的连带责任。

（三）对公司的损害赔偿责任

在公司设立过程中，发起人对设立公司应尽善良管理人之注意义务，当因其过失致使公司利益受到损害的，应当对公司承担损害赔偿责任。

引例中发起人未如期召开公司创立大会而致公司不能成立，发起人应承担如下法律后果：公司不能成立时，对设立行为所产生的债务和费用负连带责任；发起人拒绝股东的合理要求，并几经协商未果而引起的诉讼，其诉讼费用亦应由发起人承担；在设立公司的过程中，由于发起人的过失使公司利益受到损害的，应当对公司承担赔偿责任。所以股东要求公司发起人按所认购的股金加算银行同期利息予以返还，应予支持，而公司发起人则认为公司目前仍在筹建之中，股东抽回资金不合时宜，由于公司发起人未如期召开公司创立大会而得不到支持。

第二节　股份有限公司的组织机构

一、股东大会

（一）股东大会的概念

股东大会是由全体股东组成的公司最高意思决定机关，依据公司法规定行使职权。股东大会是法定的必设机关，但不是常设机构，因为股东大会由众多股东组成，每一股东居住分散，不易召集，而且股东大会一般只在公司遇到有关重大问题或须针对公司重大事项作出决定时才召开，所以股东大会没必要常开，其机构也无常设必要。

（二）股东大会的职权

股东大会的职权除了法定职权外，还可在不违反法律规定的原则下，由公司章程另行作出规定。股东大会的法定职权有：(1)决定公司的经营方针和投资计划；(2)选举和更换非由职工代表担任的董事、监事，决定有关董事、监事的报酬事项；(3)审议批准董事会的报告；(4)审议批准监事会或者监事的报告；(5)审议批准公司的年度财务预算方案、决算方案；(6)审议批准公司的利润分配方案和弥补亏损方案；(7)对公司增加或者减少注册资本作出决议；(8)对发行公司债券作出决议；(9)对公司合并、分立、解散、清算或者变更公司形式作出决议；(10)修改公司章程。

（三）股东大会的种类

股东大会分为定期会议和临时会议两种。定期会议应当依照公司法的规定每年召开一次，通常在上一个会计年度结束之后的一定期限内召开。临时会议则是由于出现法定事由而临时召开的不定期会议。出现法定事由时，应当在2个月内召开临时会议，这些法定事由有：(1)董事人数不足《公司法》规定人数或者公司章程所定人数的2/3时；(2)公司未弥补的亏损达实收股本总额1/3时；(3)单独或者合计持有公司10%以上股份的股东请求时；(4)董事会认为必要时；(5)监事会提议召开时；(6)公司章程规定的其他情形。

（四）股东大会召集人和主持人

股东大会会议由董事会召集，董事长主持；董事长不能履行职务或者不履行职务的，由副董事长主持；副董事长不能履行职务或者不履行职务的，由半数以上董事共同推举1名董事主持。董事会不能履行或者不履行召集股东大会会议职责的，监事会应当及时召集和主持；监事会不召集和主持的，连续 90 日以上单独或者合计持有公司 10%以上股份的股东可以自行召集和主持。

（五）股东大会的召集程序

召开股东大会会议，应当将会议召开的时间、地点和审议的事项于会议召开 20 日前通知各股东；临时股东大会应当于会议召开 15 日前通知各股东；发行无记名股票的，应当于会议召开 30 日前公告会议召开的时间、地点和审议事项。单独或者合计持有公司 3%以上股份的股东，可以在股东大会召开 10 日前提出临时提案并书面提交董事会；董事会应当在收到提案后 2 日内通知其他股东，并将该临时提案提交股东大会审议。临时提案的内容应当属于股东大会职权范围，并有明确议题和具体决议事项。股东大会不得对前两款通知中未列明的事项作出决议。无记名股票持有人出席股东大会会议的，应当于会议召开 5 日前至股东大会闭会时将股票交存于公司。

（六）股东表决权的行使

股东表决权是股东基于股东资格而享有的，就股东大会的议案作出一定意思表示的权利。由于股份有限公司资合性的特点，世界各国公司法都规定了一股一权或资本多数决的原则来行使表决权。《公司法》第 103 条第 1 款规定："股东出席股东大会会议，所持每一股份有一表决权。但是，公司持有的本公司股份没有表决权。"这是因为公司依法自己持有本公司股份，如特殊情况下购买自己本公司的股份，其股东权处于停止状态，故无表决权。此外，为维护中小股东的利益，《公司法》引进了英美国家的累积投票制，即依据公司章程的规定或股东大会的决议，在股东大会选举董事或监事时，可以赋予每一股东拥有与应选董事或监事数目相当的多个表决权，并允许股东把其表决票集中投于一人。这样使中小股东的代言人有可能进入董事会或监事会，以维护中小股东的利益。另外，当股东无法亲自行使表决权时，可以由代理人行使。

（七）股东大会的决议

股东大会的决议是通过股东行使表决权作出的，因此，股东大会应对所议事项作出决议，根据决议的内容可分为普通决议和特别决议。普通决议必须经出席会议的股东所持表决权过半数通过。特别决议是指股东大会作出修改公司章程、增加或者减少注册资本的决议，以及公司合并、分立、解散或者变更公司形式的决议，必须经出席会议的股东所持表决权的 2/3 以上通过。此外，股东大会应当对所议事项的决定作成会议记录，主持人、出席会议的董事应当在会议记录上签名。会议记录应当与出席股东的签名册及代理出席的委托书一并保存。

二、董事会、经理

（一）董事会的概念

董事会是由依法选举产生的全体董事组成的业务执行机构或经营决策机构。董事会是股份有限公司必设和常设的法定组织机构。

（二）董事会的职权

股份有限公司董事会的职权与有限责任公司董事会的职权相同。

（三）董事会的组成

股份有限公司的董事会是由股东大会选举产生的董事组成，其成员为 5～19 人。董事会成员中可以有公司职工代表。董事会中的职工代表由公司职工通过职工代表大会、职工大会或者其他民主形式选举产生。

（四）董事会会议

董事会会议可分为普通会议和临时会议。对于普通会议，董事会每年至少要召开两次，多则不限，每次会议应当于会议召开 10 日前通知全体董事和监事。对于临时会议，是在公司必要时召开的不定期会议，代表 1/10 以上表决权的股东、1/3以上董事或者监事会，可以提议召开董事会临时会议。董事长应当自接到提议后 10 日内，召集和主持董事会会议。董事会召开临时会议，可以另定召集董事会的通知方式和通知时限。董事会会议应有过半数的董事出席方可举行。董事会决议的表决，实行一人一票原则。董事会作出决议，必须经全体董事的过半数通过。董事会会议，应由董事本人出席，当董事因故不能出席，可以书面委托其他董事代为出席，委托书中应载明授权范围。董事会应当对会议所议事项的决定作成会议记录，出席会议的董事应当在会议记录上签名。董事应当对董事会的决议承担责任。董事会的决议违反法律、行政法规或者公司章程、股东大会决议，致使公司遭受严重损失的，参与决议的董事对公司负赔偿责任。但经证明在表决时曾表明异议并记载于会议记录的，该董事可以免除责任。

（五）经理

股份有限公司设经理，由董事会决定聘任或者解聘。公司董事会可以决定由董事会成员兼任经理。

三、监事会

股份有限公司的监事会每 6 个月至少召开一次会议，除此之外，《公司法》对股份有限公司监事会的有关规定与有限责任公司监事会的规定相同。

四、上市公司的组织机构

（一）上市公司的概念

上市公司是指其股票在证券交易所上市交易的股份有限公司。根据股份有限公司的股票能否获准上市交易，可以将股份有限公司分为上市公司和非上市公司。所以，只有股票在证券交易所公开上市交易的股份有限公司才是上市公司。上市公司的公司治理结构，除了股东大会、董事会、监事会外，法律规定还必须设立独立董事、董事会秘书这两个特殊机构。

（二）上市公司的议事规则

在我国，上市公司规模大，股份分散，而上市公司进入资本市场多出于融资的目的，因此，更容易出现少数股东控股现象，从而损害中小股东的利益，为此，《公司法》对上市公司的议事规则作了特别的规定。(1)特别事项的议事规则。对于特别事项的通过，应当由股东大会作出决议，并经出席会议的股东所持表决权的 2/3 以上通过，例如，上市公司在一年内购买、出售重大资产或者担保金额超过公司资产总额 30％的。(2)关联交易的议事规则。上市公司董事与董事会会议决议事项所涉及的企业有关联关系的，关联董事的表决权不得行使且必须符合以下条件：关联董事不得对相关联的决议行使表决权，也不得代理其他董事行使表决权；该董事会会议由过半数的无关联关系董事出席即可举行；董事会会议所作决议须经无关联关系董事过半数通过；出席董事会的无关联关系董事人数不足三人的，应将该事项提交上市公司股东大会审议。

（三）独立董事

独立董事来自公司外部，不在公司担任董事以外的其他任何职务。由于上市公司是个公众公司，而监事会又往往起不到应有的监督作用，我国为此而引入了英美法系的独立董事制度。2001 年 8 月 16 日，中国证监会正式发布了《关于在上市公司建立独立董事的指导意见》，要求在上市公司董事会成员中应当至少包括 1/3 的独立董事。上市公司设立独立董事，具体办法由国务院规定。

（四）董事会秘书

董事会秘书是上市公司特有的职位，其对外负责办理信息披露事务等事宜，对内负责公司股东大会和董事会会议的筹备、文件保管以及公司股东资料的管理。只有上市公司才被强制要求设置董事会秘书，其性质属于高级管理人员，其由董事会任免，对董事会负责。

第三节 公司董事、监事、高级管理人员的任职资格和义务

一、董事、监事和高级管理人员的任职资格

《公司法》对公司董事、监事和高级管理人员的任职资格的条件没有作出明确的规定，但对担任上述职务的人员作出了限制性规定。有下列情形之一的，不得担任公司的董事、监事、高级管理人员：(1)无民事行为能力或者限制民事行为能力；(2)因贪污、贿赂、侵占财产、挪用财产或者破坏社会主义市场经济秩序，被判处刑罚，执行期满未逾5年，或者因犯罪被剥夺政治权利，执行期满未逾5年；(3)担任破产清算的公司、企业的董事或者厂长、经理，对该公司、企业的破产负有个人责任的，自该公司、企业破产清算完结之日起未逾3年；(4)担任因违法被吊销营业执照、责令关闭的公司、企业的法定代表人，并负有个人责任的，自该公司、企业被吊销营业执照之日起未逾3年；(5)个人所负数额较大的债务到期未清偿。公司违反以上情形选举、委派董事、监事或者聘任高级管理人员的，该选举、委派或者聘任无效。董事、监事、高级管理人员在任职期间出现以上情形的，公司应当解除其职务。

此外，根据《公务员法》关于公务员“不得从事或者参与营利性活动，在企业或者其他营利性组织中兼任职务”的规定，公务员不得兼任公司董事、监事和高级管理人员。

二、董事、监事、高级管理人员的义务

公司董事、监事、高级管理人员实际上控制着公司，他们既具有和公司及其他股东共同的利益，同时又不可避免地具有自己个人的私益，这两种利益必然会产生冲突，为此，《公司法》第147条规定：“董事、监事、高级管理人员应当遵守法律、行政法规和公司章程，对公司负有忠实义务和勤勉义务。”

(一)忠实义务

忠实义务是指公司董事、监事和高级管理人员应忠实履行职务,当个人利益与公司及其他股东利益发生冲突时,应以后者利益为重。忠实义务,其着重点是从董事、监事和高级管理人员履行职务时的出发点考虑,是否已尽到忠实义务。由于确定监事忠实义务的评判标准相对较困难,《公司法》只确定了对董事、高级管理人员的评判标准,《公司法》第 148 条规定:“董事、高级管理人员不得有下列行为:(1)挪用公司资金;(2)将公司资金以其个人名义或者以其他个人名义开立账户存储;(3)违反公司章程的规定,未经股东会、股东大会或者董事会同意,将公司资金借贷给他人或者以公司财产为他人提供担保;(4)违反公司章程的规定或者未经股东会、股东大会同意,与本公司订立合同或者进行交易;(5)未经股东会或者股东大会同意,利用职务便利为自己或者他人谋取属于公司的商业机会,自营或者为他人经营与所任职公司同类的业务;(6)接受他人与公司交易的佣金归为己有;(7)擅自披露公司秘密;(8)违反对公司忠实义务的其他行为。董事、高级管理人员违反前款规定所得的收入应当归公司所有。”

(二)勤勉义务

勤勉义务,又称善良管理人义务,其要求董事、监事和高级管理人员处理公司事务时,应负有像普通人处理自己个人事务时所应具有的谨慎、合理注意义务。由于勤勉义务的认定标准较为主观,不易判断,因此,只要董事、监事、高级管理人员执行公司职务时违反法律、行政法规或者公司章程的规定,给公司造成损失的,就应当承担赔偿责任,对此不存在免责的事由。

三、董事、监事和高级管理人员的民事责任

公司董事、监事和高级管理人员滥用公司权力,违反对公司负有的忠实义务与勤勉义务的,应当承担民事责任。

(一)停止侵害

董事、监事和高级管理人员违反法律、行政法规或者公司章程的规定,损害股东利益的,股东可以向人民法院提起诉讼,并要求停止侵害。

(二)返还财产

董事、监事和高级管理人员侵占公司财产,董事、高级管理人员挪用公司资金或者将公司资金以其个人名义开立账户存储的,公司有权请求返还公司财产,如果财产已不复存在,则可请求损害赔偿。

（三）赔偿损失

董事、监事和高级管理人员的违法或不当行为给公司或其他股东造成损害的，则其应该对公司或其他股东进行赔偿。

司法考试真题链接

1. 甲、乙两公司拟募集设立一股份有限公司。他们在获准向社会募股后实施的下列哪些行为是违法的？（2006 年司法考试真题）

A. 其认股书上记载：认股人一旦认购股份就不得撤回

B. 与某银行签订承销股份和代收股款协议，由该银行代售股份和代收股款

C. 在招股说明书上告知：公司章程由认股人在创立大会上共同制定

D. 在招股说明书上告知：股款募足后将在 60 日内召开创立大会

2. 华胜股份有限公司于 2006 年召开董事会临时会议，董事长甲及乙、丙、丁、戊等共 5 名董事出席，董事会中其余 4 名成员未出席。董事会表决之前，丁因意见与众人不合，中途退席，但董事会经与会董事一致通过，最后仍作出决议。下列哪些选项是错误的？（2008 年司法考试真题）

A. 该决议有效，因其已由出席会议董事的过半数通过

B. 该决议无效，因丁退席使董事的同意票不足全体董事表决票的二分之一

C. 该决议是否有效取决于公司股东会的最终意见

D. 该决议是否有效取决于公司监事会的审查意见

3. 甲公司于 2008 年 7 月依法成立，现有数名推荐的董事人选，依照《公司法》规定，下列哪些人员不能担任公司董事？（2008 年司法考试真题）

A. 王某，因担任企业负责人犯重大责任事故罪于 2001 年 6 月被判处 3 年有期徒刑，2004 年刑满释放

B. 张某，与他人共同投资设立一家有限责任公司，持股 70%，该公司长期经营不善，负债累累，于 2006 年被宣告破产

C. 徐某，2003 年向他人借款 100 万元，为期 2 年，但因资金被股市套住至今未清偿

D. 赵某，曾任某音像公司董事长，该公司因未经著作权人许可大量复制音像制品，于 2006 年 5 月被工商部门吊销营业执照，赵某负有个人责任

4. 甲公司章程规定：董事长未经股东会授权，不得处置公司资产，也不得以公

司名义签订非经营性合同。一日,董事长任某见王某开一新款宝马车,遂决定以自己乘坐的公司旧奔驰车与王某调换,并办理了车辆过户手续。对任某的换车行为,下列说法正确的是?(2005 年司法考试真题)

A. 违反公司章程处置公司资产,行为无效

B. 违反公司章程从事非经营性交易,行为无效

C. 并未违反公司章程,行为有效

D. 无论是否违反公司章程,只要王某无恶意,该行为就有效

5. 某国有企业拟改制为公司。除 5 个法人股东作为发起人外,拟将企业的 190 名员工都作为改制后公司的股东,上述法人股东和自然人股东作为公司设立后的全部股东。根据我国公司法的规定,该企业的公司制改革应当选择下列哪种方式?(2007 年司法考试真题)

A. 可将企业改制为有限责任公司,由上述法人股东和自然人股东出资并拥有股份

B. 可将企业改制为股份有限公司,由上述法人股东和自然人股东以发起方式设立

C. 企业员工不能持有公司股份,该企业如果进行公司制改革,应当通过向社会公开募集股份的方式进行

D. 经批准可以突破有限责任公司对股东人数的限制,公司形式仍然可为有限责任公司

6. 关于股份有限公司的设立,下列哪些表述符合《公司法》规定?(2010 年司法考试真题)

A. 股份有限公司的发起人最多为 200 人

B. 发起人之间的关系性质属于合伙关系

C. 采取募集方式设立时,发起人不能分期缴纳出资

D. 发起人之间如发生纠纷,该纠纷的解决应当同时适用《合同法》和《公司法》

7. 李某花 1.5 万元购买了某股份公司发行的股票 2000 股,但该公司股票尚未上市。现李某欲退还已购股票。在下列哪些情况下李某可以要求发起人退股?(2004 年司法考试真题)

A. 发起人未按期召开创立大会

B. 公司股东大会同意

C. 公司董事会同意

D. 公司未按期募足股份

8. 甲股份公司成立后，董事会对公司设立期间发生的各种费用如何承担发生了分歧。下列哪一项费用应当由发起人承担？（2008 年司法考试真题）

A. 发起人蒋某因公司设立事务而发生的宴请费用

B. 发起人李某就自己出资部分所产生的验资费用

C. 发起人钟某为论证公司要开发的项目而产生的调研费用

D. 发起人缪某值班时乱扔烟头将公司筹备组租用的房屋烧毁，筹备组为此向房主支付的 5 万元赔偿金

9. 甲公司是一家上市公司。关于该公司的独立董事制度，下列哪一表述是正确的？（2015 年司法考试真题）

A. 甲公司董事会成员中应当至少包括 1/3 的独立董事

B. 任职独立董事的，至少包括一名会计专业人士和一名法律专业人士

C. 除在甲公司外，各独立董事在其他上市公司同时兼任独立董事的，不得超过 5 家

D. 各独立董事不得直接或间接持有甲公司已发行的股份

第七章 股东与股权

【引 例】

甲、乙、丙是某有限责任公司的股东，各占50%、20%、30%的股份。乙想对外转让其所拥有的股份，丙表示同意，甲表示反对，但又不愿意购买该股份。于是乙便与丁签订了一份股份转让协议，约定丁一次性将股权转让款支付给乙。此时，甲又表示愿以同等价格购买，只是要求分期付款。乙以甲曾不愿购买为由拒绝了甲的要求。试问：乙与丁的股份转让协议是否有效？

第一节 股 东

一、股东的概念与分类

股东是指依法取得公司股份并对公司享有权利和承担义务的人。根据不同的标准，股东可以分为以下几类：

1.根据股东资格取得的时间与方式不同，股东可分为原始股东、继受股东和新股东。原始股东是指因创立公司或认购公司首次发行股份的人；继受股东是指公司成立后，因依法转让、继承、赠与等原因而取得股东地位的人；新股东是指公司成立后因公司增资而加入公司的人。

2.根据股东出资规模的大小不同，股东可分为大股东与中小股东。

3.根据股东主体性质不同，股东可分为法人股东与自然人股东。在我国，国家也可以成为公司的股东。

二、股东资格的认定

股东资格的认定问题主要存在于有限责任公司之中，《公司法》采用了形式要件标准，以股东名册作为确认股东资格的依据。《公司法》第3条第2款规定："记载于股东名册的股东，可以依股东名册主张行使股东权利。"因此，股东身份或者资

格的法定证明文件就是公司的股东名册。可见,出资证明并不是权利证书,它的转移并不带来股权转移。公司应将股东的姓名或者名称及其出资额向公司登记机关登记;登记事项发生变更的,应当办理变更登记,不经登记或者变更登记的,不得对抗第三人。因此,公司登记机关登记,只具有程序性意义,若未向其登记,不得否定股东资格。由于公司登记机关的登记具有公信力,该记载就具有对抗效力,因此,公司登记是对抗要件,不能据此作为确认股东身份的依据,但被记载者可以据此以股东身份对抗第三人。

三、股东的权利

(一)股东权利的概念和分类

股东的权利简称股权,是指股东基于出资在法律上对公司所享有的权利。对于股东的权利,根据不同的标准,可以分为不同类别。

1. 以股东权行使的目的为标准,股权可分为自益权和共益权。自益权是指股东专为自己的利益而行使的权利,如投资受益权、剩余财产分配权、出资转让权等。共益权是指股东为自己的利益同时又为公司的利益而行使的权利,如表决权、选择管理者权、质询权等。

2. 以股东权的性质不同为标准,股权可分为固有权和非固有权。固有权又称法定的股东权,是指法律赋予股东的,不得以公司章程或股东(大)会决议剥夺和限制的权利,如普通股的表决权。非固有权是指公司章程和股东(大)会决议可以剥夺和限制的权利。

3. 以股东权行使的方法为标准,股权可分为单独股东权和少数股东权。单独股东权是指股东不论持股多少,股东一人可以行使的权利,如分红权、表决权等。少数股东权是指持有一定比例股份的股东才能行使的权利,如《公司法》第 101 条规定“单独或者合计持有公司百分之十以上股份的股东”有召集临时股东大会的请求权,即为少数股东权。

(二)股东权利的内容

《公司法》第 4 条规定:“公司股东依法享有资产收益、参与重大决策和选择管理者等权利。”这是《公司法》总则对股东权的主要内容所作出的概括性规定,《公司法》分则又具体规定了各种股东权利。

1. 投资收益权。是指股东按其所持股份对公司税后利润获得分配的权利,即公司盈余分配的请求权。《公司法》第 34 条规定:“股东按照实缴的出资比例分取红利,但全体股东约定不按照出资比例分取红利或者不按照出资比例优先认缴出资的除外。”《公司法》第 166 条规定:“公司弥补亏损和提取公积金后所余税后利润,股份有限公司按照股东持有的股份比例分配,但股份有限公司章程规定不按持股比例分配的除外。”

2. 表决权。是指股东按照其持股比例对公司的重大事项行使决策权,即股东有权出席或委托代理人出席股东(大)会并行使表决权,但无表决权股除外。《公司法》第42条、第103条规定,有限公司股东按照出资比例行使表决权,但公司章程另有规定的除外;股份有限公司按持股比例行使表决权,一股一表决权。

3. 选择管理者权。在股份有限公司中,股东往往并不参加公司的管理,公司的管理是由董事会实施的,所以选举董事是股东控制公司的重要手段。

4. 公司经营建议权和质询权。股东有权监督公司的经营,提出建议和质询。

5. 知情权。股东享有对公司经营状况和财务状况的知情权,而且该权利不得以章程加以限制或剥夺,股东知情权的内容包括财务会计报告查阅权、会计账簿查阅权和检查人选任请求权。

6. 出资或股份的转让权。股东为了转移投资风险或者收回本金,有权按照公司法及公司章程的规定转让出资或股份。

7. 剩余财产的分配请求权。公司依法清算后,还有剩余的财产,股东可以按照出资比例或持股比例分配剩余财产,即公司终止后股东有权依法取得公司的剩余财产。

8. 股东诉权。股东对损害公司利益和股东自身利益的行为,有权向法院提起诉讼。

四、股东的义务

1. 遵守公司章程。这是股东最基本的义务,因为公司章程对股东具有约束力,股东应按公司章程的规定享有权利和承担义务。

2. 出资义务。股东认购出资或股份后,就负有向公司缴纳股款的义务,包括按照法律或章程规定的方式、条件、比例和期限缴纳。股东认购出资或股份后,若不履行缴纳股款的义务,因此对公司造成损害的,应负赔偿责任。

3. 公司成立后不得抽逃出资。股东的出资是公司资本的来源,也是公司经营活动的基础,因此,公司成立后,股东不得抽逃出资。

4. 填补出资的义务。若股东未履行或者未完全履行出资义务,则视情况由其他发起人对该股东不能缴纳的部分负连带责任,或者由因未履行对公司的忠实、勤勉义务而对此负有责任的董事、高级管理人员承担相应责任。

第二节　有限责任公司的股权转让

一、股权转让的概念

股权转让，是指有限责任公司的股东按照一定的程序，转让自己的股权，由受让人依法取得股权。股权转让是一种要式法律行为，除需符合实体要件外，还需履行法定的程序，股权转让才合法有效。

二、股权转让的方式

有限责任公司的股权转让可分为自愿转让和强制转让。而自愿转让又可分为内部转让、对外转让这两种方式，即股东之间的转让、股东向股东以外的人转让。此外，还有一种股权转移的方式，即股权的继承。

（一）内部转让

因不涉及交易第三方的利益，《公司法》对股东之间转让股权没有作任何限制，即股东之间转让股权，无须通知其他股东或征得其同意。

（二）对外转让

《公司法》第71条第2款和第3款规定："股东向股东以外的人转让股权，应当经其他股东过半数同意。股东应就其股权转让事项书面通知其他股东征求同意，其他股东自接到书面通知之日起满三十日未答复的，视为同意转让。其他股东半数以上不同意转让的，不同意的股东应当购买该转让的股权；不购买的，视为同意转让。经股东同意转让的股权，在同等条件下，其他股东有优先购买权。两个以上股东主张行使优先购买权的，协商确定各自的购买比例；协商不成的，按照转让时各自的出资比例行使优先购买权。"对此，应注意的是：(1)股东向股东以外的人转让股权，应当经其他股东过半数同意，这是指其他股东人数的过半数，而非指股权总数的过半数，"过半数"也不同于"半数以上"，它不包括本数。(2)"其他股东有优先购买权"只存在于有限责任公司之中，因为它体现了有限责任公司的人合性，而且优先购买权的行使只有一种情形，即在经股东同意转让股权时，如果股东半数以上不同意转让的，就不是优先购买权的问题了，而是反对的股东必须购买。(3)当两个以上的股东主张行使优先购买权时，先协商确定各自的购买比例，若协商不成的，按照转让时各自的出资比例行使优先购买权。(4)"其他股东有优先购买权"在公司章程没有作出相反规定的情况下，可以对抗善意第三人。(5)公司章程对股权转让另有规定的,按照其规定执行。

在引例中,甲(代表半数以上的股权)起初表示不同意转让,则应该购买乙预备转让的股权,但是甲本身又不愿意购买,所以视为甲同意转让,则乙和丁之间的股份转让协议是有效的。后来,甲表示愿意购买,却主张分期付款,跟丁的一次性付款的条件相比,丁的条件更优越,因此不符合"在同等条件下,其他股东有优先购买权"的规定,所以甲不享有优先购买权。如果甲和丙都行使优先购买权,则应该协商确定购买的比例,协商不成的,按照出资比例 5∶3 进行购买。

(三)强制转让

强制转让是指人民法院依照法律规定的强制执行程序转让股东的股权。强制转让,人民法院应当通知公司及全体股东,其他股东在同等条件下有优先购买权。其他股东自人民法院通知之日起满 20 日不行使优先购买权的,视为放弃优先购买权。

(四)股权继承

《公司法》第 76 条规定:"自然人股东死亡后,其合法继承人可以继承股东资格;但是,公司章程另有规定的除外。"《公司法》确认了股东资格可以继承,但是当继承人为多数时,公司应变更股东名册,按照继承人的继承份额析分各人的持股份额,将他们分别登记为股东,而且,继承人也不一定要求为完全民事行为能力人。由于有限责任公司实行的是资本多数决原则,基于继承而增加股东人数一般也不会对其他股东的权益造成实质性影响,也不会影响公司的性质。但当股东人数超过 50 人时,应由各继承人协商转让其继承份额,以使股东人数符合法定要求。此外,还应注意的是,股权继承仅限于自然人股东,其他股东不能主张优先购买权。但如果公司章程对股东资格的继承另有规定时,则优先适用公司章程的规定。

三、股权转让的程序

(一)股权转让协议

股权转让协议是指股权转让双方对股权转让份额、转让价格、交割日期、公司债权债务的承担等作出约定的书面法律文件。

(二)公司内部股东变更登记

公司应当注销原股东的出资证明,向新股东签发出资证明,并相应修改公司章程和股东名册中有关股东及其出资额的记载,对公司章程的此项修改不需要再由股东会表决。

（三）股东工商变更登记

公司股权转让，应就公司章程修改、股东及其出资变更、董事会和监事会的变更等向工商行政管理部门申请工商变更登记。

此外，在股权对外转让情形下，当股东和受让人达成协议时，股权转让合同即生效。股权转让合同的批准主要限于国家股权和外商投资企业股权转让等情形，一般股权转让合同的生效无须批准。

第三节　股份有限公司的股份发行和转让

一、股份有限公司的股份概述

（一）股份的概念和特征

股份是股份有限公司资本构成的最小单位，即公司的全部资本分为金额均等的股份，全部股份金额的总和即为公司资本的总额。股份有限公司的资本之所以要分为股份是因为：便于计算各股东出资的份额，从而计算其权利的大小；便于发行股票；便于股权的转让。① 股份有限公司的股份具有以下特征：

1. 股份具有均等性。股份是公司资本的基本计算单位，每一股所代表的资本是平等的。因此，公司资本的股份都是等额划分，每一股的金额都是相等的。此外，同种类的每股份给其持有人带来的权利是同等的，即同股同权。

2. 股份具有不可分割性。股份是资本构成的最小单位，资本分为股份，股份不可再分。但股份可以为数人共有，即一个股东权的主体可以为复数，共有人只能推选一个行使股东权，而不能分别行使整个股东权，也不能将股份再次分割成若干份由各共有人分别行使。

3. 股份具有可转让性。由于股份有限公司是资合性公司，是以公司的资本信用为基础，与股东个人的信用无关，对公司而言，谁为公司的股东并不重要，所以，股东可以自由转让其持有的股份。因此，除法律另有规定外，公司不得以公司章程或股东大会的决议来限制股东自由转让其所持有的股份，股东自由转让股份是公司法赋予股东固有的一项权利。

4. 股份具有证券性。股份有限公司的股份必须依法采取股票的形式，股票是

---

①　谢怀栻：《外国民商法精要》，法律出版社 2006 年版，第 517 页。

一种流通性很强的有价证券，股份的证券化更加便于股东所持股份的自由转让。

（二）股份的种类

根据不同的标准，股份可以划分为以下种类：

1. 普通股与特别股。这是依据股东所享有的权益及承担的风险大小标准所作的划分。普通股是股份有限公司发行的最大的和最基本的股份种类，是指股东权一律平等，无任何差别待遇的股份。普通股的股东在分配股利时，不享有特别的利益，均按当年的赢利状况而定，而且只能在支付了公司债券的利息且优先股股东权益得到满足后，才能参加分配。在公司因破产等原因进行清算时，普通股股东必须排在公司的债权人、优先股股东之后分得公司剩余财产，但普通股的股东享有投票表决权。特别股是指由法律和章程作出区别于普通股股权特殊规定的股份，特别股依其内容又可以分为优先股与后配股。优先股股东在股东大会上没有表决权，但在分配股利和剩余财产时优先于普通股；后配股是最后享受公司利润分配的股份。

2. 记名股和无记名股。这是依股东名册和股票对股东的姓名或名称的记载状况标准所作的划分。记名股转让应通过背书或者法律、行政法规规定的其他方式进行，转让后须变更股东名册，记名股有利于公司对股东状况、股份流通情况的了解和掌握。无记名股仅凭交付即完成转让，即可发生股权转移的效力，无记名股有利于股份的流通。《公司法》第 129 条规定："公司发行的股票，可以为记名股票，也可以为无记名股票。公司向发起人、法人发行的股票，应当为记名股票，并应当记载该发起人、法人的名称或者姓名，不得另立户名或者以代表人姓名记名。"此外，根据国务院有关规定，境外上市公司的外资股也应该采取记名股票形式，而公司向社会公众发行的股票可以记名，也可以不记名。

3. 面额股和无面额股。这是股份是否以金额表示为标准所作的划分。面额股是指在股票上记载一定金额的股份；无面额股是指股票上没有记载具体金额的股份，而只是注明其占公司资本总额一定比例的股份。目前，我国不允许发行无面额股。

4. 特殊类型的股份。在我国市场经济发展过程中，还出现了一些特殊类型的股份。以投资主体为标准来划分，可分为国家股、法人股、社会公众股和外资股；以能否在股票二级市场上自由转让为标准，可分为流通股和非流通股；以认购股份的货币不同为标准，又可分为 A 股、B 股、H 股等。

二、股份发行

股份发行是股份有限公司设立时及成立后为募集资本而出售股份的行为。根据不同的标准，股份发行分为以下几类：

1.设立发行与新股发行。这是按照股份发行的目的与发行的阶段来划分的。设立发行是设立中的公司为募集公司设立所需的资本而发行的股份；新股发行是已成立的公司为增加公司资本、改变公司股份结构而发行股份。

2.直接发行与间接发行。这是按照股份的发行是否需要由证券机构承销来划分的。直接发行是指股份有限公司不通过证券承销机构，而是由自己承担发行风险，直接与证券投资者签订认购合同，自行办理发行事宜的发行方式。间接发行是指股份有限公司委托证券承销机构发行股份，承销的方式包括代销和包销。股份有限公司公开募集股份必须采用间接发行的方式。

3.公开发行与不公开发行。这是按照股份的发行对象来划分的。公开发行是面向社会，向不特定的人进行的发行。而不公开发行则是向特定对象，采取特定方式进行的发行。由于公开发行涉及社会公众的利益，法律为此规定了严格的发行条件和发行程序，必须经国务院证券管理机构核准。

4.增资发行与非增资发行。这是按照股份发行的目的来划分的。增资发行是指公司章程所定资本总额全部发行完毕后，为增加公司资本而再次发行股份。非增资发行是指在公司资本总额范围内，不增加公司资本而发行股份。非增资发行发生在授权资本制度下，而我国实行法定资本制度，因而，股份发行均为增资发行。

5.平价发行、折价发行与溢价发行。这是按照发行价格来划分的。按照票面金额发行为平价发行；低于票面金额发行为折价发行；超过票面金额发行为溢价发行。《公司法》第127条规定："股票发行价格可以按票面金额，也可以超过票面金额，但不得低于票面金额。"在公司财务上，溢价发行的收益属于全体股东，列入公司的资本公积金。

三、股份转让

股份转让是指股份有限公司的股东，依照一定程序把自己的股份让与他人，受让人取得股份成为该公司股东的行为。在各国公司法上，均采取股份自由转让的原则。股份自由转让也是股东的一项法定权利，除了法定情形外，任何公司不得通过其公司章程禁止股东转让其手中所持有的股份。因而，股东可以根据自己实际情况，依法转让其所持有的股份。

（一）股份转让的方式

股份转让方式因股票是否记名而不同。(1)对于记名股的转让。记名股票由股东以背书方式或者法律、行政法规规定的其他方式转让；转让后由公司将受让人的姓名或者名称及住所记载于股东名册。为便于公司确定行使股东权的股东，股东大会召开前20日内或者公司决定分配股利的基准日前5日内，不得进行股东名册的变更登记，在这一法定期间发生股权转让的，受让人不能成为公司的股东，也不能主张公司权利，而转让人仍然是公司的股东，仍享有公司股东应享有的权利。(2)对于无记名股的转让，由股东将该股票交付给受让人后即发生转让的效力。

（二）股份转让的限制

股份自由转让是股份转让的一般性原则，但为防止股份转让出现的弊端，保护公司、股东及公司债权人等的合法利益，各国公司法都对股份转让作了一定的限制。

1.转让场所的限制。《公司法》第138条规定："股东转让其股份，应当在依法设立的证券交易场所进行或者按照国务院规定的其他方式进行。"这里所说的依法设立的证券交易所，包括证券交易所、从事证券柜台交易的机构等。

2.发起人转让股份的限制。发起人持有的股份与公开发行股份前公司已发行在外的股份，限制期间都是一年，但起算日不同，分别为公司成立之日和上市交易之日。

3.对公司董事、监事、高级管理人员持有本公司股份转让的限制。《公司法》第141条第2款规定："公司董事、监事、高级管理人员应当向公司申报所持有的本公司的股份及其变动情况，在任职期间每年转让的股份不得超过其所持有本公司股份总数的百分之二十五；所持本公司股份自公司股票上市交易之日起一年内不得转让。上述人员离职后半年内，不得转让其所持有的本公司股份。公司章程可以对公司董事、监事、高级管理人员转让其所持有的本公司股份作出其他限制性规定。"应当注意的是，副经理、财务负责人、上市公司的董事会秘书、公司章程规定的其他人员均受以上规定的限制。

4.公司收购本公司股份的限制。原则上，公司不能收购本公司的股份，但是有下列情形之一的除外：(1)减少公司注册资本；(2)与持有本公司股份的其他公司合并；(3)将股份奖励给本公司职工；(4)股东因对股东大会作出的公司合并、分立决议持异议，要求公司收购其股份的。上述前三种情形下的收购，应经股东大会决议。第一种情形下收购的股份，应当自收购之日起10日内注销；第二、四种情形下收购的股份，应当在6个月内转让或者注销。第三种情形下收购的本公司股份，不得超过本公司已发行股份总额的5%；用于收购的资金应当从公司的税后利润中支出；所收购的股份应当在一年内转让给职工。

5.对股票质押的限制。《公司法》第142条第4款规定："公司不得接受本公司的股票作为质押权的标的。"股票质押在性质上属于权利质押，如果公司接受本公司的股票作为质押权的标的，无异于用自己的财产担保自己的债权，显然不妥；当公司的债务人无力清偿到期债务而公司拍卖质押股票所代表的股份又无人应买

时，公司自然就成为质押股票的所有人，这又违背了公司不得拥有自身股份的一般原则。[①]

司法考试真题链接

1. 周某向钱某转让其持有的某有限责任公司的全部股权，并签署了股权转让协议。关于该股权转让和股东的认定问题，下列哪些选项是正确的？（2008 年司法考试真题）

A. 在公司登记机关办理股权变更登记前股东仍然是周某

B. 在出资证明书移交给钱某后，钱某即成为公司股东

C. 在公司变更股东名册后，钱某即成为公司股东

D. 在公司登记机关办理股权登记后该股权转让取得对抗效力

2. 严某为鑫佳有限责任公司股东。关于公司对严某签发出资证明书，下列哪一选项是正确的？（2014 年司法考试真题）

A. 在严某认缴公司章程所规定的出资后，公司即须签发出资证明书

B. 若严某遗失出资证明书，其股东资格并不因此丧失

C. 出资证明书须载明严某以及其他股东的姓名、各自所缴纳的出资额

D. 出资证明书在法律性质上属于有价证券

3. 甲上市公司在成立 6 个月时召开股东大会，该次股东大会通过的下列决议中哪项符合法律规定？（2006 年司法考试真题）

A. 公司董事、监事、高级管理人员持有的本公司股份可以随时转让

B. 公司发起人持有的本公司股份自即日起可以对外转让

C. 公司收回本公司已发行股份的 4% 用于未来 1 年内奖励本公司职工

D. 决定与乙公司联合开发房地产，并要求乙公司以其持有的甲公司股份作为履行合同的质押担保

4. 金某是甲公司的小股东并担任公司董事，因其股权份额仅占 10%，在 5 人的董事会中也仅占 1 席，其意见和建议常被股东会和董事会否决。金某为此十分郁闷，遂向律师请教维权事宜。在金某讲述的下列事项中，金某可以就哪些事项以股东身份对公司提起诉讼？（2006 年司法考试真题）

A. 股东会决定：为确保公司的经营秘密，股东不得查阅公司会计账簿

B. 董事会任期届满，但董事长为了继续控制公司，拒绝召开股东会改选董事

C. 董事会不顾金某反对，制订了甲公司与另一公司合并的方案

D. 股东会决定：公司监事调查公司经营情况时，若无法证明公司经营违法

---

① 赵旭东：《商法学》，高等教育出版社 2007 年版，第 296 页。

的，其调查费用自行承担

5. 杨某持有甲有限责任公司10%的股权，该公司未设立董事会和监事会。杨某发现公司执行董事何某(持有该公司90%的股权)将公司产品低价出售给其妻开办的公司，遂书面向公司监事姜某反映。姜某出于私情未予过问。杨某应当如何保护公司和自己的合法利益？(2006年司法考试真题)

A. 提请召开临时股东会，解除何某的执行董事职务

B. 请求公司以合理的价格收回自己的股份

C. 以公司的名义对何某提起民事诉讼要求赔偿损失

D. 以自己的名义对何某提起民事诉讼要求赔偿损失

6. 甲乙等六位股东各出资30万元于2004年2月设立一有限责任公司，五年来公司效益一直不错，但为了扩大再生产一直未向股东分配利润。2009年股东会上，乙提议进行利润分配，但股东会仍然作出不分配利润的决议。对此，下列哪些表述是错误的？(2010年司法考试真题)

A. 该股东会决议无效

B. 乙可请求法院撤销该股东会决议

C. 乙有权请求公司以合理价格收购其股权

D. 乙可不经其他股东同意而将其股份转让给第三人

7. 甲公司出资20万元、乙公司出资10万元共同设立丙有限责任公司。丁公司系甲公司的子公司。在丙公司经营过程中，甲公司多次利用其股东地位通过公司决议让丙公司以高于市场同等水平的价格从丁公司进货，致使丙公司产品因成本过高而严重滞销，造成公司亏损。下列哪一选项是正确的？(2008年司法考试真题)

A. 丁公司应当对丙公司承担赔偿责任

B. 甲公司应当对乙公司承担赔偿责任

C. 甲公司应当对丙公司承担赔偿责任

D. 丁公司、甲公司共同对丙公司承担赔偿责任

8. 刘某是甲有限责任公司的董事长兼总经理。任职期间，多次利用职务之便，指示公司会计将资金借贷给一家主要由刘某的儿子投资设立的乙公司。对此，持有公司股权0.5%的股东王某认为甲公司应该起诉乙公司还款，但公司不可能起诉，王某便自行直接向法院对乙公司提起股东代表诉讼。下列哪些选项是正确的？(2008年司法考试真题)

A. 王某持有公司股权不足1%，不具有提起股东代表诉讼的资格

B. 王某不能直接提起诉讼，必须先向董事会或监事会提出请求

C. 王某应以甲公司的名义起诉，但无须甲公司盖章或刘某签字

D. 王某应以自己的名义起诉，但诉讼请求应是将借款返还给甲公司

9. 甲与乙为一有限责任公司股东，甲为董事长。2014年4月，一次出差途中

遭遇车祸,甲与乙同时遇难。关于甲、乙股东资格的继承,下列哪一表述是错误的?(2014年司法考试真题)

A. 在公司章程未特别规定时,甲、乙的继承人均可主张股东资格继承

B. 在公司章程未特别规定时,甲的继承人可以主张继承股东资格与董事长职位

C. 公司章程可以规定甲、乙的继承人继承股东资格的条件

D. 公司章程可以规定甲、乙的继承人不得继承股东资格

10. 甲、乙、丙为某有限责任公司股东。现甲欲对外转让其股份,下列哪一判断是正确的?(2009年司法考试真题)

A. 甲必须就此事书面通知乙、丙并征求其意见

B. 在任何情况下,乙、丙均享有优先购买权

C. 在符合对外转让条件的情况下,受让人应当将股权转让款支付给公司

D. 未经工商变更登记,受让人不能取得公司股东资格

11. 甲、乙、丙拟共同出资50万元设立一有限公司。公司成立后,在其设置的股东名册中记载了甲乙丙3人的姓名与出资额等事项,但在办理公司登记时遗漏了丙,使得公司登记的文件中股东只有甲乙2人。下列哪一说法是正确的?(2012年司法考试真题)

A. 丙不能取得股东资格

B. 丙取得股东资格,但不能参与当年的分红

C. 丙取得股东资格,但不能对抗第三人

D. 丙不能取得股东资格,但可以参与当年的分红

12. 郑贺为甲有限公司的经理,利用职务之便为其妻吴悠经营的乙公司谋取本来属于甲公司的商业机会,致甲公司损失50万元。甲公司小股东付冰欲通过诉讼维护公司利益。关于付冰的做法,下列哪一选项是正确的?(2012年司法考试真题)

A. 必须先书面请求甲公司董事会对郑贺提起诉讼

B. 必须先书面请求甲公司监事会对郑贺提起诉讼

C. 只有在董事会拒绝起诉情况下,才能请求监事会对郑贺提起诉讼

D. 只有在其股权达到1%时,才能请求甲公司有关部门对郑贺提起诉讼

第八章 公司债与公司财务会计制度

【引 例】

某股份有限公司出资额资本为6000万元，2006年，经国务院证券监督管理部门批准，以超过股票票面金额1.5倍的价格公开发行股票。超过票面金额发行股票获得的溢价款为3000万元。公司董事会决定将溢价款作为当年股利予以分配。因管理不善，2007年该公司亏损1000万元，且公司法定公积金不能全部予以弥补。经整顿并调整经营策略，2008年该公司赢利，税后利润为800万元，公司考虑到去年因亏损未分配股利，决定将盈利中的600万元作为股利分配给股东，其余200万元作为经营资金使用。此后公司连年赢利，并且逐年提取了法定公积金，累计提取的法定公积金占注册资本的48%后，公司决定不再提取法定公积金。2011年，公司决定把全部法定公积金转为公司资本，按照股东持股比例派送给股东。

第一节 公司债概述

一、公司债的概念与特征

《公司法》第153条规定："本法所称公司债券，是指公司依照法定程序发行、约定在一定期限还本付息的有价证券。"根据该定义，公司债券是指公司发行的，按照约定的期限还本付息的有价证券。公司债券是公司债的表现形式，二者间的关系类似于股票与股份的关系。"可见，公司债就是基于公司债券的发行而在债券持有者与债券发行公司之间形成的以还本付息为内容的债权债务关系。"[①]公司债具有如下法律特征：

1.有价证券化的债务。公司债是以有价证券形式表现的债权债务关系，因此

① 赵旭东：《商法学》，高等教育出版社2011年第2版，第220页。

具有有价证券的特征，例如流通性、收益性。公司债的债权债务关系的形成也就表现为公司债券的发行。这就形成了公司债的发行市场即一级市场。而公司债券的成功发行又使得其成为证券交易市场上众多证券投资者的交易标的，由此又形成公司债券的二级市场。

2.金钱之债。公司债的标的只能是货币，所以它属于金钱之债。

3.长期债务。从公司经营资金使用期限的角度分析，公司经营所需资金可以分为永久性资金、长期资金、中短期资金。其中永久性资金由股东的出资以及公司的盈利积累构成，中短期资金通过借贷、票据的贴现等方式获得，而长期资金一般由公司债提供。

4.集团债务。同一次发行的公司债，其债权人所享有的权利在性质上是相同的，换言之，同一单位的公司债券所包含的权利不仅在性质上相同，而且在量上也是相同的，因此公司债券持有者的权利大小只取决于各自持有的债券数量的多少。

二、公司债券与股票的比较

公司债券与股票都是公司发行的有价证券，都属于公司募集资金的重要手段，也都受到《公司法》和《证券法》的调整，但是二者之间存在较大的区别：

（一）体现的法律关系不同

公司债券体现的是债权债务关系，公司债券的投资者因为购买了公司债券而成为公司的债权人，公司因为发行公司债券获得资金，从而在增加资产的同时，负债也增加了。而股票体现的是股权法律关系，认股人通过认购公司发行的股票而获得股东的身份，并凭借其实际缴纳的出资享有股东权，股东的出资又构成了公司的资本，对于公司而言，这既增加了其资产，也增加了其净资产。

（二）投资者承担的风险不同

公司债的法律关系的核心内容是公司负有按照法定期限还本付息的义务。而利息是依据约定的利率计算的，因而公司债券投资者收益固定，不受公司经营状况的影响，而且本金到期后也由投资者收回。股票的投资者不能在出资后抽回出资，而且其收益不固定，要视公司经营状况而定，公司没有赢利就不能获得收益。因此就整体而言，债券投资风险小于股票投资，与此相应，债券投资的收益一般小于股票投资的收益。

第二节 公司债的分类

一、公开发行的公司债与非公开发行的公司债

这是以公司债是否公开发行为标准进行的划分，也是《证券法》对证券的分类标准。依《证券法》，向不特定的对象或向特定对象发行证券累计超过 200 人的为公开发行，反之则属于非公开发行，也就是所谓的公募与私募。公司债券的发行自然也可依此标准分为公募公司债券与私募公司债券。但是根据《公司法》第 155 条规定中公司债券发行必须有承销机构的表述，公司债应当为公开发行的公司债。实践中，我国发行的公司债也均为公开发行。

二、上市公司债与非上市公司债

这是依据公司债券能否在证券交易所公开交易为标准进行的划分。公开发行后依法在证券交易所上市交易的公司债券就是上市公司债。反之则为非上市公司债。这一分类的意义在于两类证券的交易场所与交易规则不同。根据《公司法》第 160 条的规定，上市公司债按照证券交易所的交易规则进行转让。

三、记名公司债与无记名公司债

这是以公司债券是否记载持有人的姓名、名称为标准进行的分类，也是《公司法》对公司债券进行的分类。记名公司债是指记载了持有人的姓名或名称的公司债券，反之则为无记名公司债。《公司法》第 157 条规定："公司债券，可以为记名债券，也可以为无记名债券。"《公司法》第 158 条进一步规定：公司发行公司债券应当置备公司债券存根簿。发行记名公司债券的，应当在公司债券存根簿上载明下列事项：(1)债券持有人的姓名或者名称及住所；(2)债券持有人取得债券的日期及债券的编号；(3)债券总额，债券的票面金额、利率、还本付息的期限和方式；(4)债券的发行日期。而发行无记名公司债券的，应当在公司债券存根簿上载明债券总额、利率、偿还期限和方式、发行日期及债券的编号。

这一分类的意义在于：(1)转让的规则不同。依据《公司法》第 161 条的规定，记名公司债的转让必须采取背书方式或者法律、法规规定的其他方式转让才有效。而无记名公司债则采取交付的方式进行转让即为有效，无须背书。由此可见两类公司债对转让行为的效率与安全的取舍。(2)债券灭失的补救方式不同。记名公司债的灭失补救方式可以通过公示催告程序向法院申请除权，尔后由公司补发债

券。而无记名公司债则不适用公示催告程序。(3)领取本息的要求不同。记名公司债持有人在领取本息时必须出示证件证明自己的身份,而无记名公司债持有人仅凭债券即可。实践中,我国发行的公司债通常为无记名公司债。

四、可转换公司债与不可转换公司债

这是以公司债券可否转换为发行公司的其他种类的证券为标准进行的划分。不可转换公司债又被称为普通公司债,不能转换为发行公司发行的任何其他种类证券。可转换公司债则可以转换为发行公司的其他种类的证券。可转换公司债有狭义和广义之分。狭义的可转换公司债是指债券持有人有权将所持公司债券转换为发行公司的股票。而广义的可转换公司债是指债券持有人有权将所持公司债券转换为发行公司的其他种类证券,而不限于股票。实践中所使用的一般是狭义的可转换公司债的概念。本章也沿用这一模式。

依据狭义的可转换公司债的概念,只有股份有限公司才能发行可转换公司债,为投资者提供更多的选择,同时也能够为发行人吸引更多的资金。但是从证券法的角度而言,相对于不可转换公司债,也就是普通公司债而言,可转换公司债既具有普通公司债的性质,也具有股票的部分性质,所以可转换公司债在可能带来更大收益的同时,其投机性更强,风险也更大。《公司法》第 161 条规定了可转换公司债,但是其适用对象仅限于上市公司。

第三节　公司债的发行与交易

一、公司债的发行

各国公司法普遍允许股份有限公司发行公司债,但是关于有限责任公司能否发行公司债的问题,各国规定不一。总体上有三种模式:禁止型、限制型和开放型。我国属于开放型。旧《公司法》采取的是有条件允许有限责任公司发行公司债的模式,但 2005 年修订后的《公司法》取消了相关限制。这意味着有限责任公司同样具有发行公司债的权利能力。

二、公司债的发行条件

公司债的过度发行会破坏公司合理的财务结构,增加公司的经营风险,同时也会降低证券市场的交易安全,损害证券投资者的利益。出于维护公司利益和证券市场健康发展的考虑,各国公司法普遍为公司债的发行设定一定的条件。《公司

法》第153条第2款规定："公司发行公司债券应当符合《中华人民共和国证券法》规定的发行条件。"《证券法》第16条、第18条则规定了首次公开发行公司债券与再次公开发行债券的相应条件。这些条件主要是对公司的净资产、债券利率、本金利息支付情况、债券的用途有所要求。

三、公司债券的发行程序

根据《证券法》第10条的规定，我国对于公开发行证券采取核准制，在这一体制下，结合《公司法》的相应规定，公司债的发行程序可以概括为：

1.公司董事会制订发行方案。

2.公司股东会或者股东大会作出发行公司债券的决议；国有独资公司发行公司债则由国有资产监督管理机构决定。

3.依照《公司法》与《证券法》的相应规定，报请国务院证券监督管理机构或国务院授权的部门核准。

4.履行发行信息披露义务。根据《证券法》第25条的规定，公司债券经核准公开发行后，发行人应当依法在公开发行前公告发行募集文件，并将该文件置备于指定场所供公众查阅。这一行为属于发行人在证券发行阶段信息披露义务的履行，也是证券法公开原则的体现。而根据《公司法》第154条的规定，发行募集文件的核心是债券募集办法。

5.公开发行。《公司法》第154条规定，公司债券的公开发行必须由具有承销资格的证券承销机构代为发行，所以公司债券的发行属于间接发行。

6.登记结算。《公司法》第158条规定："记名公司债券的登记结算机构应当建立债券登记、存管、付息、兑付等相关制度。"

第四节　可转换公司债

一、可转换公司债的特征

如前述，相对于普通公司债，可转换公司债是一种特殊的公司债，具有普通公司债的性质，也具有股票的部分性质。其特征如下：

（一）发行主体特定

可转换公司债的发行主体一般限定为股份有限公司，而依《公司法》，我国可转换公司债的发行主体只限于股份有限公司中的上市公司。

(二)内容与相关利益主体的复杂性

可转换公司债兼具公司债券与股票的性质,其持有人享有债券转换为发行公司股票的选择权。这一权利本身也属于衍生证券的一种:股票的买入期权。一旦债券持有人行使了转换权,其与发行公司的关系也随着证券种类的转换而发生变更。持有人与发行公司之间的关系由债权债务关系转变为公司与股东之间的关系。持有人因此对公司享有股权,公司所负义务也由债务转变为与股权相对应的义务。持有人借贷给公司的资金也由公司的借贷资产转变为自有资产,构成了公司资本的一部分。

综上,可转换公司债同时涉及了三种权利:债权、期权和股权。而相关的利益主体也是三个:债券持有人、发行公司和股东。可转换公司债内容与利益主体的复杂性可见一斑。

(三)较强的投机性与较高的风险性

可转换公司债发行价格通常较高,但票面利率通常较普通公司债低,而且持有人要经过一定的时期以后方可行使转换权,所以投资者购买可转换公司债的目的在于获取其转换为股票以后的收益而非债券的利息。但是因为股票收益的不稳定加之证券市场价格的不确定,所以对于投资者而言,可转换公司债的投机性和风险性均高于普通公司债;而对于发行公司而言,发行可转换公司债的风险也高于发行普通公司债的风险。这是因为可转换公司债持有人行使转换权与否主要取决于公司的经营状况。当公司经营状况不佳时,持有人缺乏转换的积极性,公司还本付息的压力将相应增大,加剧了公司的经营困难。

(四)严格的法律规制

由于上述特征,相对于普通公司债,各国公司法与证券法对于可转换公司债普遍给予严格管制。

第五节　公司财务会计制度

一、公司财务会计的概念与特点

公司财务会计是指在会计法规、会计原则、会计制度的指导下,以货币为主要计量形式,对公司整个财务活动和经营状况进行记账、算账、报账,为公司管理者和其他利害关系人定期提供公司财务信息的活动。

公司财务会计的特点如下:(1)基本内容为编制和提供公司财务经营信息;(2)基本要求是通过会计资料,系统、真实、准确、全面地反映公司资金运动信息;(3)服务对象主要为与公司有利害关系的外部人——股东、债权人、潜在投资者或交易对象、税务部门等；(4)财务会计报表是在公司内部管理者的领导下，由会计人员具体编制的，这易导致利益冲突。因此，需要法定的会计准则、制度予以遏制。

二、公司财务会计报告

公司财务会计报告是反映公司生产经营的成果与财务状况的总结性书面文件，具体由各种报表组成。《公司法》第164条规定："公司应当在每一会计年度终了时编制财务会计报告，并依法经会计师事务所审计。"公司财务会计报告通常包括资产负债表、损益表、现金流量表、财务情况说明书、利润分配表等内容。以下逐一作简单介绍。

(一)资产负债表

资产负债表是根据会计学上的公式，即资产＝负债＋所有者/股东权益，依照一定的分类标准与顺序，将公司某一特定日期的资产、负债及股东权益各项目予以适当排列，编制而成的报表。资产负债表是国际上通行的公司基本财务报表。资产负债表可以提供以下几方面的公司经营信息：(1)反映公司的资产规模与资产构成；(2)反映公司的财务结构，也就是公司借贷资产与自有资产的比例关系；(3)反映公司的短期偿债能力与支付能力。

(二)损益表

损益表，又被称为利润表，是反映公司在一定会计期间内的经营成果的报表。损益表根据"收入－费用＝利润"这一公式制作，提供以下几方面的公司经营信息：(1)反映公司经营成果，其中的"净利润"数据是衡量公司经营成果的最佳指标；(2)反映公司长期偿债能力；(3)反映公司所得税的纳税基础；(4)评估公司的管理水平。

(三)现金流量表

现金流量表是反映公司一定会计期间现金以及现金等价物的流入与流出情况的报表。现金流量表以现金为基础，反映公司经营活动、投资活动、融资活动以及公司内部现金周转情况。现金流量表中的现金流量分为三类，即经营活动产生的现金流量、投资活动产生的现金流量、筹资活动产生的现金流量。编制现金流量表的目的是向会计报表使用者提供公司一定会计期间内现金流入与流出的信息，以便其了解、评估公司获取现金的能力，并据以预测公司未来现金流量及短期偿债能力。

(四)财务情况说明书

财务情况说明书是对公司上述三类报表以及其他会计报表所列示的资料以及未能列示但对公司财务状况有重大影响的其他重要事项所作的必要文字说明。

（五）利润分配表

利润分配表是反映公司一定会计期间对净利润以及以前年度未分配利润的分配或亏损弥补的报表，属于损益表的附属明细表。

三、公司财务报告的编制、批准、验证、公示

公司财务会计报告的制作程序分为编制、批准和审验三个步骤。根据《公司法》第165条及《会计法》的相关规定，公司应当在每一会计年度终了时制作财务会计报告，并且依法经会计师事务所审计。具体而言，也就是由公司董事会编制，并对财务会计报告的真实性、准确性、完整性负责，尔后由公司股东会或股东大会批准，最后交由外部审计机构审验。

对于未公开发行公司债券的有限责任公司，基于其封闭性，财务会计报告仅限于对股东公开，而对于上市公司以及公司债券在证券交易所上市交易的公司，在证券上市期间，上述公司还负有持续性信息披露义务，也就是将其财务会计报告依照法律、法规、规章，定期向社会公示并向国务院证券监督管理机构与证券交易所报告的义务。

四、公司税后利润的分配

税后利润指的是公司当年利润扣除应纳所得税的余额。其中当年利润是公司营业收入减去营业成本、期间费用、流转税、附加税费的余额。《公司法》第166条第2款规定："公司的法定公积金不足以弥补以前年度亏损的，在依照前款规定提取法定公积金之前，应当先用当年利润弥补亏损。"公司税后利润的分配严格贯彻兼顾股东、债权人、公司和社会公众利益的原则。明确规定公司税后利润首先用于弥补公司亏损，其次用于提留公司法定公积金，最后才能进行股息和红利的分配。

五、公积金制度

（一）公积金的概念与作用

公积金又被称为储备金，是指公司为增强自身财力，扩大业务范围，抵御意外亏损，而依照法律、公司章程、股东决议从公司税后利润中提取的累计资金。

公积金的作用在于：(1)抵御意外亏损；(2)提高公司竞争力、生产能力、把握商业机会的能力；(3)转增资本。

(二)公积金的种类与用途

1. 法定公积金

(1)法定盈余公积金。《公司法》第 166 条第 1 款规定:“公司分配当年税后利润时,应当提取利润的百分之十列入公司法定公积金。公司法定公积金累计额为公司注册资本的百分之五十以上的,可以不再提取。”根据《公司法》第 168 条的规定,公司法定盈余公积金的用途为弥补公司的亏损、扩大公司生产经营或者转为增加公司资本。当法定公积金转为资本时,所留存的该项公积金不得少于转增前公司注册资本的 25%。引例中,某股份有限公司 2011 年决定将全部法定公积金转为资本的决定违反了《公司法》第 168 条的规定,是错误的。该公司在将法定盈余公积金转为资本时,至少应留存不少于公司注册资本 25%的公积金,也就是 1500 万元。该公司对于 2008 年的利润,在未弥补亏损,也未提取法定公积金的情况下,就直接将其中的一部分作为股利分配给股东,这一做法违反了《公司法》第 166 条的规定,也是错误的。该公司对于 800 万元税后利润,应当首先用于弥补亏损,然后提取法定公积金,提取后如有剩余,才可分配给股东。此外,该公司在法定公积金累计额不满注册资本 50%的情况下决定不再提取法定公积金也违反了《公司法》第 166 条的规定,是错误的。该公司应当继续提取法定公积金,直至法定公积金累计额达到公司注册资本的 50%才可停止提取。

(2)资本公积金。《公司法》第 167 条规定:“股份有限公司以超过股票票面金额的发行价格发行股份所得的溢价款以及国务院财政部门规定列入资本公积金的其他收入,应当列为公司资本公积金。”资本公积金的主要用途为扩大公司生产经营、增加注册资本,但不得用于弥补亏损。引例中某股份有限公司董事会 2006 年决定将发行股份所得溢价款作为当年股份予以分配,违反了《公司法》第 167 条的规定,该公司应当将溢价款列为公司资本公积金。

2. 任意公积金

《公司法》第 166 条第 3 款规定:“公司从税后利润中提取法定公积金后,经股东会或者股东大会决议,还可以从税后利润中提取任意公积金。”

六、股利及其分配

(一)股利的含义

所谓股利是指依法律或章程的规定,按期以一定的数额和方式分配给股东的利润。股利有股息与红利之分,但我国《公司法》未加以区别。

(二)股利的分配标准

《公司法》第 166 条第 4 款规定:“公司弥补亏损和提取公积金后所余税后利

润，有限责任公司依照本法第三十四条的规定分配；股份有限公司按照股东持有的股份比例分配，但股份有限公司章程规定不按持股比例分配的除外。"《公司法》第34条规定："股东按照实缴的出资比例分取红利；公司新增资本时，股东有权优先按照实缴的出资比例认缴出资。但是，全体股东约定不按照出资比例分取红利或者不按照出资比例优先认缴出资的除外。"可见《公司法》规定的股利分配标准以按出资比例分配为一般原则，但允许有例外。

司法考试真题链接

1. 甲、乙、丙成立一家科贸有限公司，约定公司注册资本100万元，甲、乙、丙各按20%、30%、50%的比例出资。甲、乙缴足了出资，丙仅实缴30万元。公司章程对于红利分配没有特别约定。当年年底公司进行分红。下列哪一说法是正确的？（2012年司法考试真题）

A. 丙只能按30%的比例分红

B. 应按实缴注册资本80万元，由甲、乙、丙按各自的实际出资比例分红

C. 由于丙违反出资义务，其他股东可通过决议取消其当年分红资格

D. 丙有权按50%的比例分红，但应当承担未足额出资的违约责任

2. 某公司注册资本为500万元，该公司年终召开董事会研究公司财务问题，在该公司董事会的决议内容中，下列哪一项是不合法的？（2008年司法考试延期考试真题）

A. 鉴于公司历年的法定公积金已达300万元，决定本年度不再提取法定公积金

B. 鉴于公司连年赢利，决定本年度税后利润依公司章程全部由股东按持股比例分配

C. 为扩大生产，将该公司历年的法定公积金全部用于转增股本

D. 公司合法转增部分的股本由各股东按原持股比例无偿取得

3. 关于公司的财务行为，下列哪些选项是正确的？（2014年司法考试真题）

A. 在会计年度终了时，公司须编制财务会计报告，并自行审计

B. 公司的法定公积金不足以弥补以前年度亏损时，则在提取本年度法定公积金之前，应先用当年利润弥补亏损

C. 公司可用其资本公积金来弥补公司的亏损

D. 公司可将法定公积金转为公司资本，但所留存的该项公积金不得少于转增前公司注册资本的百分之二十五

第九章 公司的变更、终止和清算

【引 例】

甲公司欠乙公司货款100万元，后又欠丙公司货款50万元。后甲公司因经营不善，便与丁公司达成意向，拟由丁公司兼并甲公司。乙公司原欠丁公司租金80万元。试问：乙公司能否向丁公司主张原来对甲公司的债权100万元？丙公司能否要求甲公司或者丁公司提供担保？

第一节 公司的合并

一、公司合并的概念和特征

公司合并是指两个或两个以上的公司通过订立合并协议，依法直接合并为一个公司的法律行为。公司合并具有以下共同的法律特征：(1)公司合并是公司之间的合同行为，须以各公司之间订立合同为前提；(2)公司合并是一种法律行为，必须依照法定程序进行；(3)因合并而被消灭了的公司的财产及债权债务，均为存续公司或新设公司所概括承受。

二、公司合并的方式

公司合并有两种方式，即吸收合并和新设合并。吸收合并是指两个或两个以上公司合并后，其中吸收一方的原公司继续存在，而被吸收的公司则予以解散。新设合并是指两个或两个以上的公司合并后，原各合并公司均予以解散，而成立一个新的公司。

三、公司合并的程序

由于公司合并涉及股东、债权人及公司等各方的利益，《公司法》对公司的合并

设立了较为严格的程序。

（一）签订合并协议

合并协议是公司合并的前提和基础，公司董事会在拟订好公司合并方案后，即可据此与其他公司就公司合并事宜进行协商，合并协议应采取书面形式。

（二）通过合并协议

公司合并需要股东（大）会进行特别决议，即有限责任公司须经代表 2/3 以上的表决权的股东通过，股份有限公司须经出席会议的股东所持表决权的 2/3 以上通过。

（三）编制资产负债表及财产清单

资产负债表是反映公司在某一特定日期财务状况的报表，财产清单即财产目录，包括财产的名称、种类、数量及其价款等内容。

（四）通知债权人及发布公告

公司应当自作出合并决议之日起 10 日内通知债权人，并于 30 日内在报纸上公告。债权人自接到通知书之日起 30 日内，未接到通知书的自公告之日起 45 日内，可以要求公司清偿债务或者提供相应的担保。若债权人的请求权得不到满足，并不影响公司合并程序的进行。

（五）办理登记手续

因合并而存续的公司，应当依法办理公司变更登记；因合并而解散的公司，应当依法办理公司注销登记；因合并而新设的公司，应当依法办理公司设立登记。

在引例中，丁公司兼并甲公司采用的是吸收合并的方式，被吸收的甲公司解散，而吸收者即丁公司依然存在。《公司法》第 174 条规定，公司合并时，合并各方的债权、债务，应当由合并后存续的公司或者新设的公司承继。因此，原来甲公司的债务由丁公司继承，乙公司可以向丁公司主张原来对甲公司的债权 100 万元，但又因乙公司欠丁公司租金 80 万元，丁公司可以向乙公司主张债务抵销。此外，《公司法》第 173 条规定，公司合并，应当由合并各方签订合并协议，并编制资产负债表及财产清单。公司应当自作出合并决议之日起 10 日内通知债权人，并于 30 日内在报纸上公告。债权人自接到通知书之日起 30 日内，未接到通知书的自公告之日起 45 日内，可以要求公司清偿债务或者提供相应的担保。因此，丙公司是甲公司的债权人，甲丁公司合并时，丙公司有权要求甲公司或丁公司提供履行债务的担保。

第二节 公司的分立

一、公司分立的概念与特征

公司分立是指一个公司依法分解为两个或两个以上的公司的法律行为。公司分立具有以下共同的法律特征:(1)公司分立是由一个公司分成两个或两个以上具有独立法人资格的公司行为。因此,公司分立后,分立的公司与公司之间、分立的公司与原公司之间并无隶属关系,这与公司设立分公司不同,本公司与分公司之间存在一定的管理关系和隶属关系。(2)公司分立是一种法律行为,必须依照法定程序进行。(3)公司在分立前,可与债权人就债务清偿达成书面协议,若未达成书面协议,公司分立前的债务则应由分立后的公司承担连带责任。

二、公司分立的方式

公司分立主要有派生分立和新设分立两种形式。派生分立,也称存续分立,是指一个公司分立成两个以上的公司,而原公司仍然继续存在并设立一个以上新的公司。新设分立,也称解散分立,是指一个公司分解为两个以上公司,原公司解散并设立两个以上新的公司。

三、公司分立的程序

公司分立应依以下法定的程序进行:

1.制订分立方案。公司分立方案由公司的董事会或执行董事提出。

2.作出分立决议。公司分立需要股东(大)会特别决议,国有独资公司的分立由国有资产监督管理机构决定,重要的国有独资公司的分立,由国有资产监督管理机构审核后,报本级人民政府批准。

3.订立分立协议。《公司法》规定公司合并后应当由各方签订合并协议,但并未规定公司分立时应订立分立协议。

4.编制资产负债表及财产清单。

5.通知债权人与发布公告。公司应当自作出分立决议之日起10日内通知债权人,并于30日内在报纸上公告。

6.办理登记手续。在派生分立中,原公司应办理变更登记,分立出来的公司应办理设立登记;在新设分立中,原公司解散,应办理注销登记,分立出来的公司应办

理设立登记。

第三节 公司组织变更

一、公司组织变更的概念

公司组织变更，是指在保持公司的法人资格的前提下，将公司由一种法定形态变更为另一种法定形态的法律行为。公司通过合法的组织变更，使其能更好地适应市场竞争的需要，也更好地体现出公司效益经营的原则。

二、公司组织变更的类型和条件

《公司法》只确立了有限责任公司和股份有限公司，因此，公司的组织变更只存在于这两者之间。

(一)有限责任公司变更为股份有限公司

这是实践中最为常见的一种公司组织变更形式。一般说来，有限责任公司规模较小，当其发展到一定程度时，原有的公司组织形式已不适应现有发展需要，经股东会决议，有限责任公司可依法变更为股份有限公司。根据《公司法》第 95 条的规定，有限责任公司变更为股份有限公司，应当符合以下条件：(1)符合《公司法》规定的股份有限公司设立的条件。(2)折合的实收股本总额不得高于公司的净资产额。净资产额是指公司资产总额减去负债总额的余额，它代表了股东在公司中所拥有财产的价值，在公司组织形式变更时，应确保资本的真实，以防止损害其他股东和第三人的利益。(3)为增加资本向社会公开募集股份时，应当依照《公司法》有关向社会募集股份的规定办理。

(二)股份有限公司变更为有限责任公司

在实践中，这种公司组织变更的形式并不常见。当股份有限公司经营困难，或被收购，股权结构发生重大变化时，其可依法变更为有限责任公司，以使自己在市场竞争中继续存活。由于股份有限公司的设立条件比有限责任公司的设立条件来得严格，因此，股份有限公司依法变更为有限责任公司相对容易些，但也应符合有限责任公司的设立条件，如股东人数应在 50 人以下。

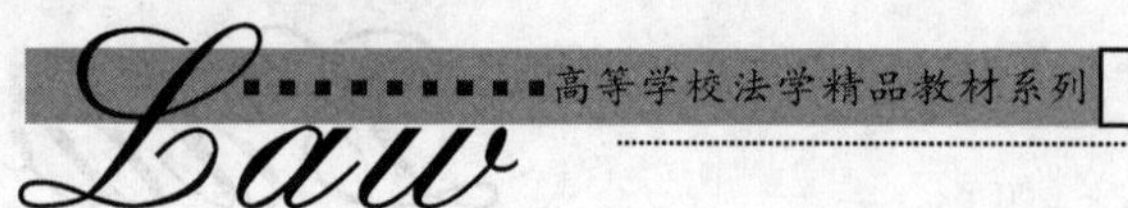

三、公司组织变更程序

公司组织变更的程序是:(1)董事会制订公司变更的方案;(2)股东(大)会作出决议,公司组织的变更须经股东(大)会的特别决议,有限责任公司须经代表 2/3 以上的表决权的股东通过,股份有限公司须经出席会议的股东所持表决权的 2/3 以上通过;(3)办理变更登记,公司组织的变更,会引发公司章程、资本结构等诸多要素的变动,因此,公司需要向登记机构办理变更登记。

四、公司组织变更的效力

公司组织的变更只是公司组织形式的变化,其人格继续存在。变更前公司的权利和义务由变更后的公司继续享有和承担。

第四节　公司的解散

一、公司解散的概念

公司解散是指公司因法律或章程规定的解散事由出现时,而终止公司法人资格的行为。当公司出现解散事由时,其法人资格尚未消灭,在清算终结之前,公司的法人资格仍被视为存在。因此,在公司消灭之前,先宣告公司解散,然后成立清算组进行清算。

二、公司解散的原因

根据公司解散的原因不同,可分为自愿解散与强制解散。《公司法》并未把公司破产纳入其中。

(一)自愿解散

自愿解散是指基于公司章程的规定或者股东的意愿而解散公司。根据《公司法》第 181 条的规定,公司解散的事由有以下三种:(1)公司章程规定的营业期限届满或者公司章程规定的其他解散事由出现。当然,出现这种情形时,公司并不一定要解散,其也可通过法定程序,修改公司章程而使公司继续存在。(2)股东(大)会决议解散。出现这种情形时,须经股东(大)会的特别决议,并且要以法定多数通过,公司即可解散。(3)因公司合并或者分立解散。因这种情形解散时,公司不需

经过清算程序。

(二)强制解散

强制解散是指非因公司自愿，而是因有关行政机关决定或者法院判决而解散公司。因此，根据强制解散公司的主体不同，又可分为行政解散和司法解散两种。

1. 行政解散

行政解散属于行政处罚的方式，它是行政机关行使行政权力的后果。《公司法》第 180 条第 4 项规定："依法被吊销营业执照、责令关闭或者被撤销。"《公司法》第 199 条也分别规定了公司被撤销登记和被吊销营业执照的情形。此外，《公司登记管理条例》在此基础上还补充规定了多种违反公司登记规定得被吊销营业执照的事由。由此可见，行政解散是由于公司严重违反法律、行政法规时，由行政机关依职权作出行政决定，强制解散公司的行政行为。

2. 司法解散

司法解散是指法院依股东的公司解散请求，依法定程序审理，判决对公司予以解散。《公司法》赋予股东享有对公司解散的请求权，《公司法》第 182 条规定："公司经营管理发生严重困难，继续存续会使股东利益受到重大损失，通过其他途径不能解决的，持有公司全部股东表决权百分之十以上的股东，可以请求人民法院解散公司。"其中，为指导法官审理公司解散案件，《最高人民法院关于适用〈中华人民共和国公司法〉若干问题的规定(二)》第 1 条规定："单独或者合计持有公司全部股东表决权百分之十以上的股东，以下列事由之一提起解散，并符合公司法第一百八十二条规定的，人民法院应予受理：(一)公司持续两年以上无法召开股东会或者股东大会，公司经营管理发生严重困难的；(二)股东表决时无法达到法定或者规定的比例，持续两年以上不能做出有效的股东会或者股东大会决议，公司经营管理发生严重困难的；(三)公司董事长期冲突，且无法通过股东会或者股东大会解决，公司经营管理发生严重困难的；(四)经营管理发生其他严重困难，公司继续存续会使股东利益受到重大损失的情形。"

三、公司解散的法律效力

公司解散的决议、决定或判决一旦生效，将产生一系列法律后果：被解散的公司的法人资格虽然还存在，但公司就要进入清算程序，应依法成立清算组；公司的权利能力仅限在清算所必要的范围内，公司超越清算事务范围所为的民事法律行为无效；在公司解散的诉讼之中，应以公司为被告，由清算组负责人代表公司参加诉讼，对于解散之诉的法律后果，对全体股东有效，基于同一事实和理由，法院不再受理。

第五节 公司清算

一、公司清算的概念

公司清算是指公司解散或被宣告破产后，依照一定程序了结公司事务，清理公司债权、债务，并最终使公司归于消灭的法定程序。在清算期间，公司存续，但不得开展与清算无关的经营活动。清算期间，公司的清算活动由清算组进行，公司财产在未依照法定顺序清偿前，不得分配给股东。公司经清算后，公司终止。

二、清算的分类

清算因清算的原因、清算的复杂程度不同而有不同的分类：

（一）破产清算与非破产清算

破产清算是公司因具备破产原因而被宣告破产，由法院依破产程序进行的清算。非破产清算是公司非因破产原因在破产程序之外进行的清算。

（二）普通清算与特别清算

普通清算是指公司自行组织清算机构依法进行的清算。特别清算是指公司因某些特殊事由解散后，或者被宣告破产后，或者在普通清算发生显著障碍无法继续时，由政府有关部门或法院介入而进行的清算。《公司法》第 183 条规定："公司因本法第一百八十一条第（一）项、第（二）项、第（四）项、第（五）项规定而解散的，应当在解散事由出现之日起十五日内成立清算组，开始清算。有限责任公司的清算组由股东组成，股份有限公司的清算组由董事或者股东大会确定的人员组成。逾期不成立清算组进行清算的，债权人可以申请人民法院指定有关人员组成清算组进行清算。人民法院应当受理该申请，并及时组织清算组进行清算。"

三、清算组织

清算组织是公司清算事务的执行人，是指在公司清算过程中，依法成立的执行清算事务并对外代表清算中公司的机构。清算组织的人员组成为：有限责任公司由股东组成；股份有限公司由董事或股东大会确定的人员组成；特殊情况下，债权人或股东申请法院指定人员组成。《公司法》第 184 条规定："清算组在清算期间行

使下列职权：(一)清理公司财产，分别编制资产负债表和财产清单；(二)通知、公告债权人；(三)处理与清算有关的公司未了结的业务；(四)清缴所欠税款以及清算过程中产生的税款；(五)清理债权、债务；(六)处理公司清偿债务后的剩余财产；(七)代表公司参与民事诉讼活动。”

四、清算程序

清算组成立后，公司清算的基本程序如下：

1. 通知、公告债权人并进行债权登记。清算组应当自成立之日起 10 日内通知债权人，并于 60 日内在报纸上公告。债权人应当自接到通知书之日起 30 日内，未接到通知书的自公告之日起 45 日内，向清算组申报其债权。

2. 清理财产，编制资产负债表和财产清单。

3. 制订清算方案，并报股东(大)会或者人民法院确认。普通清算，清算方案由股东(大)会表决通过；特别清算，清算方案需报人民法院确认。

4. 分配财产。财产的分配顺序如下：(1)支付清算费用；(2)支付职工工资、社会保险金、法定补偿金；(3)缴纳税款；(4)清偿公司普通债务；(5)分配剩余财产。如发现财产不足以清偿公司债务的，应终止清算程序，分别作如下处理：普通清算，由公司依法向人民法院申请破产；特别清算，由人民法院依职权决定转入破产清算。

5. 清算终结。公司清算结束后，应制作清算报告，并编制清算期间收支报表及财产账册，报股东(大)会或者人民法院确认，并报送公司登记机关，申请注销公司登记，公告公司终止。

司法考试真题链接

1. 白阳有限公司分立为阳春有限公司与白雪有限公司时，在对原债权人甲的关系上，下列哪一说法是错误的？(2011 年司法考试真题)

A. 白阳公司应在作出分立决议之日起 10 日内通知甲

B. 甲在接到分立通知书后 30 日内，可要求白阳公司清偿债务或提供相应的担保

C. 甲可向分立后的阳春公司与白雪公司主张连带清偿责任

D. 白阳公司在分立前可与甲就债务偿还问题签订书面协议

2. 2009 年，甲、乙、丙、丁共同设立 A 有限责任公司。丙以下列哪一理由提起解散公司的诉讼法院应予受理？(2011 年司法考试真题)

A. 以公司董事长甲严重侵害其股东知情权，其无法与甲合作为由

B. 以公司管理层严重侵害其利润分配请求权，其股东利益受重大损失为由

C. 以公司被吊销企业法人营业执照而未进行清算为由

D. 以公司经营管理发生严重困难，继续存续会使股东利益受到重大损失为由

3. 一枝花有限公司因营业期限届满解散，并依法成立了清算组，该清算组在清算过程中实施的下列哪些行为是合法的？（2007年司法考试真题）

A. 为使公司股东分配到更多的剩余财产，将公司的库房出租给甲公司收取租金

B. 为减少债务利息，在债权申报期间清偿了可以确定的乙公司债务

C. 通知公司的合作伙伴丙公司解除双方之间的供货合同并对其作出相应赔偿

D. 代表公司参加了一项仲裁活动并与对方当事人达成和解协议

4. 甲乙、丙三人共同设立云台有限责任公司，出资比例分别为70%、25%、5%。自2005年开始，公司的生产经营状况严重恶化，股东之间互不配合，不能作出任何有效决议，甲提议通过股权转让摆脱困境，被其他股东拒绝。下列哪一选项是正确的？（2008年司法考试真题）

A. 只有控股股东甲可以向法院请求解散公司

B. 只有甲、乙可以向法院请求解散公司

C. 甲、乙、丙中任何一人都可向法院请求解散公司

D. 不应解散公司，而应通过收购股权等方式解决问题

5. 庐阳公司系某集团公司的全资子公司。因业务需要，集团公司决定庐阳公司分立为两个公司。鉴于庐阳公司已有的债权债务全部发生在集团公司内部，下列哪些选项是正确的？（2007年司法考试真题）

A. 庐阳公司的分立应当由庐阳公司的董事会作出决议

B. 庐阳公司的分立应当由集团公司作出决议

C. 庐阳公司的分立只需进行财产分割，无须进行清算

D. 因庐阳公司的债权债务均发生于集团公司内部，故其分立无须通知债权人

6. 甲为某有限公司股东，持有该公司15%的表决权股。甲与公司的另外两个股东长期意见不合，已两年未开成公司股东会，公司经营管理出现困难，甲与其他股东多次协商未果。在此情况下，甲可以采取下列哪些措施解决问题？（2009年司法考试真题）

A. 请求法院解散公司

B. 请求公司以合理的价格收购其股权

C. 将股权转让给另外两个股东退出公司

D. 经另外两个股东同意撤回出资以退出公司

7. 某有限责任公司股东会决定解散该公司，其后股东会、清算组所为的下列哪一行为不违反我国法律的规定？（2005 年司法考试真题）

A. 股东会选派股东甲、股东乙和股东丙组成清算组，未采纳股东丁提出吸收一名律师参加清算组的建议

B. 清算组成立次日，将公司解散一事通知了全体债权人并发出公告，一周内全体债权人均申报了债权，随后清算组在报纸上又发布了一次最后公告

C. 在清理公司财产过程中，清算组发现设备贬值，变现收入只能够清偿75%的债务，遂与债权人达成协议：剩余债务转由股东甲负责偿还，清算继续进行

D. 在编制清算方案时，清算组经职代会同意，决定将公司所有的职工住房优惠出售给职工，并允许以部分应付购房款抵销公司所欠职工工资和劳动保险费用

8. 2012 年 5 月，东湖有限公司股东申请法院对公司进行司法清算，法院为其指定相关人员组成清算组。关于该清算组成员，下列哪一选项是错误的？（2012 年司法考试真题）

A. 公司债权人唐某

B. 公司董事长程某

C. 公司财务总监钱某

D. 公司聘请的某律师事务所

9. 李桃是某股份公司发起人之一，持有 14% 的股份。在公司成立后的两年多时间里，各董事之间矛盾不断，不仅使公司原定上市计划难以实现，更导致公司经营管理出现严重困难。关于李桃可采取的法律措施，下列哪一说法是正确的？（2015 年司法考试真题）

A. 可起诉各董事履行对公司的忠实义务和勤勉义务

B. 可同时提起解散公司的诉讼和对公司进行清算的诉讼

C. 在提起解散公司诉讼时，可直接要求法院采取财产保全措施

D. 在提起解散公司诉讼时，应以公司为被告

第三编

个人独资企业法和合伙企业法

LAW

第十章　个人独资企业法

【引　例】

个人独资企业老板张某因经营不善，宣布解散并依法公告债权债务。张某在经营原个人独资企业期间向李某借的8万元欠款因联系不上李某而未清偿。三年之后，李某从国外回来向张某主张债权。张某以已过诉讼时效为由不予偿还，李某诉至法院，请求法院判令张某偿还欠款。

第一节　个人独资企业法概述

一、个人独资企业的概念及法律特征

个人独资企业一般简称为独资企业，也称为个人业主制企业，或独资商号，是由一个自然人单独投资设立的，独立拥有和控制企业资产和收益，由投资者以其个人财产对企业债务承担连带责任的企业法律形式。个人独资企业是企业形式中最简单也最古老的一种形式，因而有时也被称为“古典企业”。① 个人独资企业法，是规范个人独资企业的设立、投资人及其事务管理、解散和清算等关系的法律规范的总称。

个人独资企业除具有企业的一般属性外，与合伙企业、公司企业等经济组织比较，还有以下特征：

（一）由一个自然人出资设立

把个人独资企业的出资人限制在自然人范围内，这与合伙企业、公司企业等一般要有两个以上的人联合投资形成区别。二战以后，一人公司是公司法的新发展，一人公司与个人独资企业这两类企业形态的相似之处在于形式上都只有一个出资人，但二者有不同之处。一人公司是由一个自然人股东单独投资的有限责任公司

① 张东明、徐传谌：《企业剩余权分配问题解析》，载《江汉论坛》2010年第11期。

或股份有限公司，股东一般只承担有限责任，公司具有法人资格。一人公司兼具独资企业和有限公司的优点。而个人独资企业的出资者要以其个人财产对企业承担无限连带责任，个人独资企业有相对独立的法律地位。①

个人独资企业与我国法律规定的个体工商户也有所不同。

1. 立法角度不同

个体工商户是从民事主体的角度，对自然人主体之特殊权利能力的一种规定，其主体资格是自然人的一种特殊形态。而个人独资企业则是从营业主体即企业的投资形式、法律责任对企业类型的划分，从市场主体角度进行的划分。

2. 构成要件不同

《中华人民共和国私营企业暂行条例》(以下简称《私营企业暂行条例》)规定包括个人独资企业在内的私营企业必须雇工在8人以上；雇工不到8人的，则称为个体工商户。个体工商户是在法律允许的范围内，依法经核准登记，从事个体工商业经营的城乡居民，是城乡劳动者个体经济的表现形式。个体工商户不是一种企业组织形式。法律对个体工商户在资金数额、生产经营场所和生产经营条件等方面的要求较低。

3. 成立的法律依据和运行程序不同

个人独资企业是依《个人独资企业法》成立和规范运行的，而个体工商户是依《城乡个体工商户管理暂行条例》成立和规范运行的。根据各自法律规定，成立的条件、享有的权利、核发执照的期限、清算程序等均不相同。

但就晚近发展趋势看，实践中工商行政部门对二者的营业登记已不严格区分，有许多个体工商户实际上已发展为个人独资企业，应由《个人独资企业法》加以调整。我国《个人独资企业法》没有再从雇工人数的角度进行区分。

(二)企业财产为出资人所有，企业事务管理归出资人绝对控制与支配

在个人独资企业中，个人可以自主决定是否投资并从事经营。一旦独资企业成立，出资人不仅继续保持其作为出资财产的所有人，而且有权控制投资财产的使用。同时，在独资企业的生产经营过程中，独资企业拥有的财产往往和其他个人财产相混同。当出资人直接运用投资财产从事经营时，出资人既是财产的所有者，又是经营者，形成所有者与经营者的统一，出资人完全按自己的个人意志经营管理企业，不受其他人的制约，出资人的个人意志就是个人独资企业的意思表示，即使出资人委托或者聘请企业管理人员，他们也只能按照出资人的意志在授权范围内行使代理职责。

个人独资企业这一法律特征，使企业出资人区别于公司中的股东。公司中的

① 刘瑞复：《企业法学通论》，北京大学出版社2005年版，第109页。

股东虽然也是企业的投资人,但在出资以后已不再成为财产的直接所有者,而只能根据所占的股份间接地控制或影响企业的生产经营和决策。

(三)出资人以其个人财产对企业债务承担无限责任

个人独资企业是业主制企业,它表现在责任形式上,就是出资人作为业主,要以其全部个人财产对其所投资的企业债务承担责任,而且出资人在企业财产不足以清偿企业债务的情况下要以出资人自己所有的其他财产承担责任。之所以采取该种责任形式,根本原因在于个人独资企业为其业主一人出资、一人拥有,企业由其直接经营,收益由其个人所得,企业经营的风险、债务理应由其个人承担,并且个人独资企业的财产与其出资人的个人财产是密不可分的,因此个人独资企业的出资人用于投资在企业的财产和其他个人财产,都构成清偿企业债务的基础保证。个人独资企业的这一特征,也使出资人区别于公司中承担有限责任的股东。

(四)企业的存续与出资人个人的民事人格不可分割

个人独资企业不具有独立的法人人格,企业随业主的死亡而消亡。虽然企业的财产及经营可由另外他人继承,但从法律上严格说来,原来的企业已经消亡;同样的道理,原业主若将个人独资企业整体转让给他人,意味着原企业消亡,随之产生的则是新的企业。个人独资企业的这一法律特征与具有法人资格的公司企业形成鲜明对比,也与合伙企业存在较大差异。

二、市场经济发达国家个人独资企业的产生与发展

个人独资企业作为最古老的一种企业法律形态,其产生和发展始终是与一定的社会经济基础以及社会生产力发展水平分不开的。在商品经济发展初期,各种商品生产和商品经营活动是由个人进行的,商品交换基本上发生在自然人之间。最初的商品交换往往表现为土地占有者将剩余的农作物投放市场进行交换。后来随着生产力水平的不断提高和社会分工的发展,手工业制品和农作物加工品在市场交易中的地位逐渐提高,并由此促进了商业的发展。如在早期的罗马,据史料记载,就广泛地出现了葡萄酒商、卖花人、香水或香膏的制造和贩卖者、浆洗店、金匠等个人经营的商业事业。在罗马帝国时期,甚至出现了较大规模的作坊。因此,当时的罗马法律便以调整自然人间各种民事活动为核心。即使存在大规模的奴隶劳动,也无法改变自然人个体经营的性质。

进入欧洲中世纪后,由于海运事业的发展,尤其在地中海沿岸,促成了城市的发展。这在一定程度上促进了欧洲内地经济的发展。到 11 世纪,逐步发展起包括采矿业、青铜业和纺织业在内的新型产业——工业,到了 15 世纪,城市工业的发展更为明显。中世纪的欧洲农业社会里商人和工匠越来越形成一个脱离土地的阶

级，个人独资企业形式遍布城市甚至乡村。欧洲进入封建社会末期，特别是进入资本主义社会以后，大规模的商品生产和商品经营活动迅猛发展，多种形式的资本联合促成各种企业形式大量涌现。17世纪初股份公司的产生与发展更具有划时代的意义。个人分散经营转变为大规模的企业生产，大型企业具有很强的生命力和竞争力，逐渐控制了商品生产经营的各主要经济部门。①

纵观企业法律形态经历了从独资经营到合伙经营再到股份制经营的历史变更，即使在市场经济发达国家，个人独资企业仍一如既往地显示出旺盛的活力，其以经营灵活、受法律制约较少、适应性强等优点，成为数量最多、分布最广的企业形式。20世纪80年代，在美国1100万个不同规模的企业中，小企业（主要是独资企业和合伙企业）至少占95%；德国个人独资企业占其企业总数的76%；法国个人独资企业占全国企业总数约达60%；加拿大接近50%。个人独资企业之所以能在现代经济生活中经久不衰，主要基于以下两方面的原因：(1)从经济上讲，个人独资企业为数众多，涉及的行业广泛，大企业无法完全取而代之；另外，个人独资企业经营灵活，这是其他企业无法比拟的。(2)从法律角度而言，各国对个人独资企业的法律限制较少，设立成本较低，这为个人独资企业的存在和发展创造了较好的条件。

第二节　我国个人独资企业法的历史发展及其法律地位

一、我国个人独资企业的概念

在新中国的法制史上，曾有三次立法对个人独资企业的概念作出规定。个人独资企业的概念是不断发展的。

第一次规定个人独资企业的法律文件，是1950年中央人民政府政务院发布的《私营企业暂行条例》，该条例第3条第2款规定，个人独资企业为“一人出资，单独负无限清偿债务责任”的企业。该暂行条例是根据当时我国经济发展状况，为保障带有资本主义经济性质的个人独资企业的发展和促进国民经济发展而颁布实施的。这一定义与西方各国企业法中关于个人独资企业的规定基本一致。

第二次规定个人独资企业的法律文件，是1988年6月3日通过并于同年7月1日施行的《私营企业暂行条例》，这一新条例第2条规定：“私营企业是指企业资产属于私人所有，雇工八人以上的营利性的经济组织。”第7条规定：“独资企业是指一人投资经营的企业。独资企业投资者对企业债务负无限责任。”新条例是在

① 郑立、王益英：《企业法通论》，中国人民大学出版社1995年版，第342页。

总结中国个体经济和私营经济发展情况并考虑到旧条例颁布和实施的基础上制定和颁布的，呈现出以下社会属性：第一，新条例强调个人独资企业财产的私人所有性质，保障出资人（业主）的合法权益；第二，新条例强调一人经营，从而在相当程度上限制代理经营的可能，鼓励投资人直接经营；第三，新条例着重强调个人独资企业的雇工性质，使雇工经营被法律肯定下来。

第三次规定也是目前为止最科学界定个人独资企业的法律文件便是1999年8月30日九届全国人大常委会第十一次会议通过并于2000年1月1日起施行的《中华人民共和国个人独资企业法》（以下简称《个人独资企业法》），这是在社会主义市场经济条件下企业立法的新成果，它与《公司法》、《合伙企业法》共同构成了我国市场经济主体的法律框架。依照该法第2条的规定，个人独资企业是指“依照本法规定在中国境内设立，由一个自然人投资，财产为投资人个人所有，投资人以其个人财产对企业债务承担无限责任的经营实体”。这一概念与当前世界各国法律对个人独资企业的描述相一致，也符合我国经济发展的现实情况，与上一节归纳的法律特征相吻合。《个人独资企业法》对个人独资企业的准确定位，对于规范个人独资企业的组织和行为，保护个人独资企业投资人和债权人的合法权益具有重要意义。

二、我国个人独资企业的历史发展

个人独资企业在我国有着悠久的发展历史。早在夏末商初，我国就出现了商人，商人便成为个人独资企业的最早形式。到了周朝，商人有了行商与坐商之分，专指设有店铺或有固定经营场所的坐商与我们现在所说的个人独资企业已是十分相近了。在国民政府时期，我国的个人独资企业有了相当程度的发展，据统计，新中国成立前全国共有独资和合伙企业129万户左右。

新中国成立后，正如独资企业的概念有一个演变的过程，我国的独资企业在不同的历史时期也呈现出不同的历史发展状况。

第一阶段自1949年新中国成立到1978年“文化大革命”结束。新中国成立伊始，我国在消灭官僚资本主义、封建地主经济的基础上，逐步建立起社会主义公有制经济；同时还大力鼓励和发展包括个体工商业在内的其他经济形式。1949年中国人民政治协商会议第一届全体会议通过的具有宪法作用的《中国人民政治协商会议共同纲领》第26条规定：“国家应在经营范围、原料供应、销售市场、劳动条件、技术设备、财政政策、金融政策等方面，调剂国营经济、私人资本主义经济和国家资本主义经济，使各种社会经济成分在国营经济领导下，分工合作，各得其所，以促进整个社会经济的发展。”第30条又规定：“凡有利于国计民生的私营企业，人民政府应鼓励其经营的积极性，并扶助其发展。”这为促进包括个人独资企业在内的多种经济成分的发展提供了宪法性的法律依据。为了贯彻《共同纲领》的宪法精神，

1950 年中央人民政府政务院第六十五次会议又颁行了《私营企业暂行条例》，鼓励并扶助有利于国计民生的私营企业。

第二阶段自 1978 年十一届三中全会开始至 1993 年。国家实行改革开放政策，我国的个体工商业得到迅速恢复与发展，其数量和规模都是前所未有的。我国 1982 年宪法第 11 条规定："在法律规定的范围内的城乡个体经济，是社会主义公有制经济的补充。国家保护个体经济的合法权益和利益。"这样就以国家根本大法的形式确认了城乡个体经济的法律地位。1986 年颁布的《民法通则》则以基本法形式对个体工商户的法律地位作出了明确规定。1988 年通过的宪法修正案第 11 条又增加了保护私营经济的规定，这是我国第一次以国家根本大法的形式明确了私营经济的法律地位。接着于同年颁布的《私营企业暂行条例》，强调私营企业财产的私人所有性质，鼓励投资者直接从事经营管理，肯定雇工经营的合法性，落实了宪法规定，进一步促进了我国个人独资企业的发展。

第三阶段自 1994 年至今。随着我国改革开放的深入和社会主义市场经济的发展，我国个人独资企业经历了由迅速增长到稳定有序发展的过程。1999 年宪法修正案第 6 条规定："国家在社会主义初级阶段，坚持公有制为主体，多种所有制经济共同发展的基本经济制度。"第 11 条规定："法律规定范围内的个体经济、私营经济等非公有制经济，是社会主义市场经济的重要组成部分。国家保护个体经济、私营经济的合法权利和利益，国家对个体经济、私营经济实行引导、监督和管理。"1999 年 8 月制定通过的《个人独资企业法》是一部专门调整个人独资企业关系，规范个人独资企业的组织和行为，保护投资人及其企业和债权人的合法权益的基本法律。该法自 2000 年 1 月 1 日起施行。

三、我国个人独资企业的法律地位

个人独资企业的法律地位，在是指个人独资企业作为民商事主体，以自己的名义独立从事民商事活动，享有权利和承担义务的资格。个人独资企业是不同于自然人和法人的经济组织。个人独资企业作为业主制企业，属于与"商法人"相并列的"商自然人"，它依赖雇工经营，以雇佣劳动为基础，并有与其经营规模相适应的经营资金，在社会经济活动中具有不可替代的作用。所以，法律赋予个人独资企业相对独立的权利能力和行为能力具有积极的社会意义。

第三节　个人独资企业法的立法指导思想及其调整范围

一、《个人独资企业法》立法的指导思想

制定个人独资企业法的目的是规范个人独资企业的组织和行为，保护个人独资企业及其投资人和交易相对人的合法权益，维护社会经济秩序，促进社会主义市场经济的发展。为了体现这一精神，我国在立法中贯彻了以下指导思想：

一是适当放宽个人独资企业的设立条件，鼓励公民个人投资设立独资企业。我国是一个发展中国家，资源与资金有限，劳动力过剩，鼓励一部分先富裕起来的人以个人独资企业的形式，把资金投入生产经营，有利于推动国民经济和各项社会事业的发展。

二是明确保护个人独资企业及其投资人的合法权益。在该法制定之前，个人独资企业发展中遇到的主要问题是对投资人的财产及合法权益保护不力，非法干预企业自主权，以及侵占、挪用企业财物行为比较严重，在一定程度上损害了企业及投资人的利益。为了鼓励个人独资企业发展，保护企业及其投资人的合法权益，该法对于侵犯个人独资企业合法权益的行为进行了严格的限制并规定了相应的法律责任。

三是赋予个人独资企业与其他企业同等的市场主体地位，为个人独资企业在社会主义市场经济条件下进行公平竞争提供法律保障。

四是明确个人独资企业投资人承担无限责任，当企业财产不足以偿付债务时，要求投资人以自己的其他个人财产清偿债务，以有效保护债权人和第三人的合法权益。

五是该法颁布前个人独资企业在注册登记、事务管理以及解散清算等方面存在一些不规范的做法，法律对此加以必要规范，并对违法行为规定了较严格的法律责任，同时对个人独资企业从业人员的行为进行约束，以促进个人独资企业的健康发展。

二、我国《个人独资企业法》的调整范围

根据国际上的通行做法和我国立法过程中各方比较一致的意见，个人独资企

业是一个自然人投资，投资人对企业债务承担无限责任，企业不具备法人地位的经济组织。为此我国个人独资企业法的调整对象是一个自然人单独投资设立的企业，包括符合规定的私营企业和个体工商户，但不包括国有企业和集体企业，也不包括外商独资企业。

国有企业、集体企业不纳入该法调整范围，主要考虑到国有企业、集体企业由国家或集体一方投资，但出资人承担的都是有限责任，而且企业一般具有法人资格，它们不符合个人独资企业的性质。如果用一部法律对国有企业、集体企业与自然人投资的个人独资企业进行调整，则在同一部法律中涉及对法人与非法人、有限责任与无限责任的规范，既不符合国际上的通行做法，立法难度也很大。目前亟待规范与保护的是自然人投资的个人独资企业，对这类企业亟须规范的问题进行立法，有利于解决它们在当前发展中存在的紧迫问题。

我国的个体工商户依据《民法通则》第 26 条规定："公民在法律允许的范围内，依法经核准登记，从事工商业经营的，为个体工商户。"个体工商户作为一种特殊的法律主体，其合法权益受法律保护。个体工商户在其核准的经营范围内，具有相应的法律主体资格。个体工商户对其债务承担无限责任。个人投资并经营的，以个人的全部财产承担清偿责任；用家庭共有财产投资或家庭参与经营的，或者收益的主要部分供家庭成员享用的，其债务应以家庭共有财产清偿。可见，在投资主体和债务责任承担上，个体工商户与个人独资企业并无什么区别。其中有相当部分有企业名称，有必要的出资，有固定的生产经营场所和必要的生产经营条件，符合个人独资企业的性质和条件。将这部分经营组织纳入个人独资企业法调整范围，既有利于这类组织的发展，也有利于对它们的管理与规范。同时应该看到，我国过去按雇工人数来区分私营企业与个体工商户并对其采取不同政策和管理方式的做法在理论上不科学，在实践中也有较多弊端，较突出的弊端是有些已有相当规模的私人企业由于管理上的区别仍然注册为个体工商户，造成了国家税收的大量流失。因此，将符合规定条件的个体工商户纳入个人独资企业法的调整范围，不仅符合市场经济的客观要求，也有利于个人独资企业的快速、健康发展。

第四节 个人独资企业的设立和变更

一、个人独资企业的设立条件

《个人独资企业法》第 2 章详细规定了企业设立的条件，下面作出具体分析。

（一）个人独资企业的投资人及其必要的从业人员

国外法律对个人独资企业的出资人（创办人）通常没有特别限制，这与资本主

义社会推崇“商业自由”和“商业竞争”原则是一脉相承的，认为只要是民事主体，无论是否具有行为能力，均可投资设立个人独资企业。在我国，依据《个人独资企业法》第 8 条的规定，设立个人独资企业的投资人应为一个自然人。这就将法人和其他组织排除在投资人之外。依据我国《民法通则》的规定，自然人作为民事法律主体参加民商事法律活动，应以民事权利能力作为前提，在自己为民事法律行为时还应具有民事行为能力。投资作为一种经营行为，自然人理应具有相应的民事行为能力。

个人独资企业不同于公司制企业和合伙企业，它只能有一个投资主体，而且只能是一个自然人。即使是家庭式的个人独资企业，实际投资人可能是夫妻、父子、兄弟姐妹之间多人或一家人，但只要设立个人独资企业，投资人就只能以家庭成员的一员之名义进行登记。同时，我国《个人独资企业法》第 16 条又规定，法律、行政法规禁止从事营利活动的人，不得作为投资人申请设立个人独资企业。这主要包括：不具有民事行为能力的人；国家公务员和中国共产党领导机关干部；法官、检察官、人民警察及现役军人；根据竞业禁止原则受到约束的特定身份的人员，如国有独资公司的董事长、经理等人。我国法律法规禁止上述这些人设立个人独资企业，主要考虑到从事该营利活动不能影响和损害社会公共利益以及其他组织或个人的合法利益。

另外，个人独资企业除了投资人即业主之外，还必须有必要的从业人员，即有与企业的生产经营活动相适应的从业人员。只有有了与企业经营规模以及经营性质相符合的从业人员，才能保证企业所提供的产品或服务达到合格要求，企业才能顺利发展。这也是个人独资企业设立运行的要素之一。我国《私营企业暂行条例》将雇工 8 人作为其区别于个体工商户的主要标准之一。此项规定源于 80 年代我国特定的历史条件，基于当时私营企业经营规模的情况，主要考虑到保持政策和立法的连续性，使国家有关个体工商户的政策、法规与私营企业立法相衔接，并没有科学的法理依据。事实上这一标准已远远不适应现今的私营企业的规模了，况且对独资企业而言，从业人员人数并不是主要衡量标准，关键在于资本的来源和责任方式。所以，我国《个人独资企业法》并未对个人独资企业的从业人员人数作出要求，只是原则地规定须有必要的从业人员，即有与独资企业的生产经营活动相适应的营业人员。[①]

（二）个人独资企业的名称

个人独资企业的名称又称商号，是企业作为经营主体从事生产经营服务等营业活动及对外交往所使用的名称，是区别于其他企业的基本标志。从法理上说，个

---

① 夏利民、包锡妹：《企业法》，人民法院出版社 1999 年版，第 68 页。

人独资企业名称是企业所享有的一种人格化财产权利，具有识别功能和经济价值。因此，个人独资企业名称一经核准便具有专用性，企业可以使用这一名称从事民商事经营活动和诉讼活动，并有权排斥他人使用相同或相近的名称。

有合法的企业名称是个人独资企业设立的条件之一，个人独资企业的名称必须符合国家规定。如果不对企业名称进行法律上的规定，就可能出现企业重名的混乱现象，造成经济交往和法律诉讼中的无序。因此，企业名称是企业登记的一项重要内容。由于个人独资企业名称的重要性和专用性，我国《个人独资企业法》第11条规定：个人独资企业名称应当与其责任形式及从事的营业相符合。其一，个人独资企业名称应当与其责任形式符合。个人独资企业投资者对由其投资经营的企业所产生债务承担无限清偿责任。对负无限责任的企业的名称，各国都有法定的特别要求。若个人独资企业在其名称中使用"有限"、"有限责任"，则上述词语与个人独资企业的属性相悖，名不符实，且会误导其他交易当事人与其进行交易，则必然损害社会经济秩序。其二，个人独资企业名称与营业相符。企业的名称不仅具有识别功能，还具有宣示意义。企业的名称，应当表明个人独资企业所从事的活动内容，以便交易当事人能更好地了解个人独资企业的营业活动，避免误导交易当事人。企业名称应与其从事的营业性质、营业的地域范围相符合，不允许在其名称中标明与其从事的营业不相符的内容而造成他人误解。最后，企业名称应经工商行政管理机关核准登记，经登记后便在规定的范围内享有专用权。

（三）个人独资企业投资人申报的出资

投资人申报的出资，是指在设立个人独资企业时，投资人承诺将投入企业资本的总和。它既是企业设立和经营的财产保障，也是登记机关据以登记的企业注册资本额。值得注意的是，投资人的申报出资，不能等同于最低注册资本金，这是两个完全不同的概念。按照鼓励发展、方便设立的立法原则，我国《个人独资企业法》并没有规定设立个人独资企业的出资最低限额，也不要求进行验资，只是规定"有投资人申报的出资"。与此不同的是，《合伙企业法》规定设立合伙企业，应该"有各合伙人实际缴付的出资"；《公司法》则规定设立公司时，不仅出资（注册资本）不得低于最低限额，而且股东的出资必须"实缴"，并需进行验资，奉行严格的法定资本原则。

个人独资企业是一种营利性的组织（经营实体），其从事经营活动必须具有经济基础，如果没有物质保障，就有可能产生欺骗行为，损害债权人的利益。而投资人申报的出资是个人独资企业成立之初的经营资本，也是企业对外承担责任的重要财产来源，它是由个人独资企业承担与其经营活动相适应的财产责任所需要的。另外，规定出资是国家对个人独资企业监督管理的要求。《个人独资企业法》对个人独资企业的设立没有规定最低注册资本金的要求，但这并不等于企业的设立和经营不需要资金保证，也不意味着企业登记不必登记注册资本（法律规定个人独资

企业设立申请书应当载明投资人的出资额和出资方式)。事实上,在设立个人独资企业时,投资人承诺将投入企业的资本金,不仅是企业设立和经营的资本保障,也是登记机关据以登记的企业出资额。同其他企业一样,个人独资企业的设立和生产经营需要一定的资金保证,企业设立需要资金,企业生产经营、采购原材料、招用职工、刊播广告、推销产品等都需要一定的资金保障。只是由于个人独资企业对资金的需求比其他企业相对要小,同时为鼓励中小企业投资者和其他有能力但一时缺少资金的人投资办企业,国家对个人独资企业注册资本要求采取实事求是的态度,不规定最低限额,只要求其保证生产经营的实际需要即可。因此,登记机关不仅需要对投资人在设立个人独资企业时申报的出资进行注册登记,而且有义务对其申报的出资进行审查,如认为其不能满足生产经营需要的,也可以要求其根据需要适当增加注册资本金。对于违反规定,提交虚假文件或采取其他欺骗手段,取得企业登记的,可以依照《个人独资企业法》第 23 条的规定,分别给予责令改正、罚款、吊销营业执照的处罚。这些规定,既体现了设立简便的原则,又解决了企业交易相对人的利益保护问题,有利于促进独资企业的迅速发展,符合我国现阶段经济发展的实际。

另外,《个人独资企业法》没有对出资方式加以规定和限制,其意同样在于鼓励设立。关于出资方式,需要注意的是:第一,对于用货币以外的实物、土地使用权、知识产权或者其他财产权利出资,依法需要评估作价的,应当由法定机构进行评估,核实资产,不得高估或者低估作价,登记机关也有权依法核实。第二,无论投资人以上述哪一种方式出资,用于出资的财产和财产权利都应当是自己的或享有独立支配权的合法财产和财产权利。①

(四)个人独资企业的生产经营场所、住所以及必要的生产经营条件

个人独资企业法定的住所与个人独资企业的生产经营场所不同。《个人独资企业法》第 3 条规定,个人独资企业以其主要办事机构所在地为住所。个人独资企业法定住所只能有一处,而生产经营场所可以根据实际需要设置,可以是一处,也可以是多处。生产经营场所为个人独资企业设立的必要条件之一,有固定的生产经营场所和必要的生产条件是个人独资企业存续与经营的基本物质条件。任何市场经济组织对外开展经营活动,都必须具备固定的生产经营场所,至于生产经营场所和生产经营条件的规模、数量等则根据个人独资企业的不同情况来确定。这是个人独资企业与一般的小型商贩区别开来的关键所在。在企业只有一处生产经营场所时,该处场所也即为住所;当企业有多处场所时,则主要办事机构所在地为其住所,根据决定和执行企业的生产经营业务活动的主要基地和中心场所来确定,企

---

① 施正文:《我国〈个人独资企业法〉实施中的若干问题》,载《当代法学》2001 年第 2 期。

业住所经依法登记后如有改变还要进行变更登记。

二、个人独资企业的设立程序

(一)投资创办人的设立申请

设立申请是个人独资企业设立活动的第一步。申请投资设立企业是一种民事法律活动,根据《个人独资企业法》第 9 条的规定,既可以由投资人本人自己提出申请,也可以由投资人所委托的代理人代为申请。投资人委托的代理人申请设立登记时,应当出具投资人的委托书和代理人的合法证明。申请设立个人独资企业,应当提交相应的法律文件:(1)设立申请书,是指表明投资人希望设立个人独资企业的意向,其内容应当能够反映投资人的基本情况和个人独资企业的基本状况。根据《个人独资企业法》第 10 条的规定,设立申请书应载明的事项有:企业的名称和住所;投资人的姓名和居所;投资人的出资额和出资方式;经营范围。(2)投资人身份证明,是指投资人居民身份证及相应的证件。这些证明文件主要表明投资人属于国家允许进行投资活动的实际身份。(3)生产经营场所使用证明。个人独资企业的生产经营场所可以是投资人个人所有的,也可以是投资人租赁使用的,只要有固定的生产经营场所,就可证明投资人在何地有意开办个人独资企业,企业登记机关就有了基本依据。

《个人独资企业法》第 9 条第 2 款的规定,是对个人独资企业所从事的生产经营业务范围的界定,即企业的行业准入问题。按我国现行法律、法规的规定,有的行业禁止个人投资生产经营,比如国防科技、军工行业、金融行业;有的行业的生产经营需要经过有关部门审批之后才能经营,比如烟草、旅店、音像制品或印章制作等特种行业。因此,在申请设立登记时应当事先提交有关部门的批准文件,也就是应先获得许可方可申请设立这一行业的个人独资企业。个人独资企业的经营范围是确定个人独资企业作为经营实体的权利能力的重要依据。个人独资企业的经营范围应当与其资金、场地、设备、从业人员以及技术力量相适应。按照国家法律规定,个人独资企业的经营范围可以一业为主,兼营他业。个人独资企业应当在核准注册的经营范围内从事经营活动。

(二)工商行政管理部门的受理、审查程序

个人独资企业的设立采取直接登记制,即法理上的准则主义,只要满足法定市场准入条件,充分履行法定程序,企业即可成立。申请设立个人独资企业应当向拟设立企业所在地的工商行政管理机关提出申请。工商登记机关收到个人独资企业的设立申请文件后,要根据《个人独资企业法》第 12 条的规定,对投资人所提设立申请及所附文件进行审查和必要的查验。符合法定条件的,应当予以登记。不符

合法律规定的要求的，则不能登记。其次是《个人独资企业法》第 12 条规定的另一个程序，即应当以登记机关名义指明作出不予登记的告知义务，意图是防止实际工作中存在的"无原因拒绝登记"的现象。规范企业登记的行为，促使登记机关慎重处理登记事宜，使申请人知道自己条件不足或程序欠缺，不致无所适从。《个人独资企业法》第 12 条规定，企业设立登记的审查时间期限是 15 日，即必须在 15 日内书面答复是否予以登记或不予登记。企业设立登记时间过长，设立成本过高，是影响我国公民投资办企业的一个重要因素。缩短个人独资企业的设立登记时间是立法思想上的一大进步，有利于提高行政机关的工作效率，降低投资人企业设立的成本，以便投资人尽快把握商机，促进市场经济的发展。

（三）个人独资企业的登记成立

个人独资企业营业执照是企业登记机关对企业设立申请进行审查后，对于符合法律规定条件的企业准予登记而核发的证明企业设立合法的法律文件，也是企业能够依法进入市场，合法开展经营活动的法律资格，是企业取得合法经营权的凭证。《个人独资企业法》第 13 条规定，个人独资企业的成立日期，以工商行政管理机关签发的营业执照的日期为准。

个人独资企业的营业执照表征企业的权利能力和行为能力。在领取个人独资企业营业执照之前，个人独资企业还未合法存在，更未合法成立，即企业没有独立的民事主体资格。因此，投资人不能以不存在的个人独资企业的名义从事经营活动，《个人独资企业法》第 13 条第 2 款规定，在领取个人独资企业营业执照前，投资人不得以个人独资企业名义从事经营活动。这有利于维护商事交易安全和交易当事人权益，稳定社会经济秩序。

（四）个人独资企业分支机构的设立程序

个人独资企业的分支机构是指个人独资企业在住所地以外设立的从事业务活动的办事机构。企业分支机构的设立是自身业务发展需要，扩大生产经营规模的表现。随着现代市场经济的发展和经济全球化趋势的加强，物资和信息的流通范围会越来越广，其速度也会越来越快，跨地区投资是经济发展的自然趋势。我国《个人独资企业法》第 14 条规定，允许个人独资企业设立分支机构，而且也没有限制设立分支机构的数量。法律规定设立分支机构的内容有：(1)设立申请。由投资人或其委托的代理人向分支机构拟设立地的登记机关申请登记，领取营业执照后才能营业。(2)分支机构登记备案制度。分支机构在其设立地被核准登记后，应将登记情况报该分支机构隶属的个人独资企业的登记机关备案。目的在于明确个人独资企业的生产经营活动，保证交易相对人利益，使备案程序变得简单。(3)分支机构的民事责任。按照个人独资企业性质，个人独资企业分支机构不具备独立承担民事责任的能力，其民事责任由个人独资企业承担，而个人独资企业无限责任最终又是由投资人以个人全部财产保证的。所以说，个人独资企业的分支机构的民事责任最终仍然是由投资人以个人财产承担的。

三、个人独资企业的变更

我国《个人独资企业法》第15条规定："个人独资企业存续期间登记事项发生变更的，应当在作出变更决定之日起的十五日内依法向登记机关申请办理变更登记。"变更登记有别于设立登记。

个人独资企业的变更是指个人独资企业在其存续期间和活动过程中，因为各种原因而发生的活动宗旨和业务范围的变化，以及组织的变更。活动宗旨及业务范围的变化，是指改变企业字号名称、经营者住所、组成形式、经营范围、经营方式、经营场所等项内容以及家庭经营的独资企业改变经营者姓名等。组织的变更，主要包括合并和分立。通常情况下，个人独资企业的变更主要表现为合并、分立、转产和迁移。

（一）合并

合并是指个人独资企业兼并或收买另外的企业。由于合并，被合并的企业主体资格归于消灭，而个人独资企业主体资格仍然存在，只是由于被合并的企业部分或全部地加入而使个人独资企业主体资格发生变化。

（二）分立

关于个人独资企业的分立，依照企业法的一般原理是完全可行的。个人独资企业的分立在实践中有两种途径：一种分立是指将个人独资企业的所有营业与财产进行分割，组成两个或两个以上的企业。这样，原个人独资企业主体资格归于消灭，产生两个或两个以上的新主体。另一种分立是指将个人独资企业中的一部分从该独资企业中分离出来，组成新的企业。在这种情况下，原个人独资企业主体资格仍然保留，分离出来的部分又可依法取得新的主体资格，从而使个人独资企业主体资格发生变化。我国个人独资企业法在制定的过程中，一部分人认为个人独资企业投资人对企业债务承担的是无限责任，担心独资企业进行分立就要对投资人的财产进行分割，容易造成承担责任的财产的价值减少，从而规避投资人以全部个人财产承担责任的规定，所以不主张在法律中规定允许我国个人独资企业进行分立。实际上，只是担心独资企业投资人规避承担债务的法律责任而剥夺企业的分立权，是典型的因噎废食之举，这也与我国广大家庭经营式的个人独资企业因业主年迈或病逝导致企业分立（多表现为家庭析产与继承）的实际相悖，既不符合个人独资企业的运作实际，又不利于个人独资企业的发展。

（三）转产

转产即指个人独资企业经营范围的变化，如个人独资企业放弃原来的生产经营项目，而从事新的项目；再如个人独资企业增加新的经营项目或减少原有的经营项目，转产或改变经营范围。转产只改变原个人独资企业的权利能力和行为能力，而不能从根本上消除原独资企业的存在。在特殊情况下，转产会带来消灭原主体资格的法律后果。

（四）迁移

迁移是指个人独资企业地址由本地迁到异地。由于迁移只影响到独资企业原地址，而不影响企业其他方面的问题，故此不影响独资企业的主体资格。

第五节　个人独资企业的权利、义务与企业事务管理

一、个人独资企业的权利

由于个人独资企业是业主制企业，所以个人独资企业的权利与个人独资企业投资人的权利是等值概念。依照我国《个人独资企业法》以及《民法通则》等现行法律、行政法规的规定，我国个人独资企业享有广泛的权利，主要表现在：

（一）财产权

个人独资企业的投资人对企业财产及经营效益享有所有权，即可以依法占有、使用、收益和处分。

对于个人独资企业的合法权益，《个人独资企业法》是明确予以保护的，在总则第 5 条中明确规定："国家依法保护个人独资企业的财产和其他合法权益。"在这条规定中首先突出了财产权利，这是必要的，因为它是个人独资企业最基本的权利。当然，在保护财产权利的同时，对企业的其他合法权益也同样依法给予保护。与个人独资企业的财产权利直接联系在一起的投资人的所有权，在《个人独资企业法》第 17 条中也作出了专门规定，即："个人独资企业投资人对本企业的财产依法享有所有权，其有关权利可以依法进行转让或继承。"对个人独资企业的合法权益依法保护，为个人独资企业的正常存在与发展提供法律保障，是宪法原则的体现，也是基本经济制度的具体体现。

1. 防止在委托、授权管理中其合法权益受到侵害

这是针对个人独资企业的合法权益可能遇到的侵害而作出的法律规定。明确在个人独资企业中,投资人委托或者聘用的管理个人独资企业事务的人员不得有十种侵权的违法行为,比如,利用职务上的便利,索取或者收受贿赂;利用职务或者工作上的便利侵占企业财产;挪用企业的资金归个人使用或者借贷给他人;擅自将企业资金以个人名义或者以他人名义开立账户储存;擅自以企业财产提供担保;未经投资人同意,从事与本企业相竞争的业务;泄露本企业的商业秘密等。对这些行为从法律上予以禁止,规范了受委托或者被聘用人员的行为,也是对个人独资企业合法权益的切实保护。在整部个人独资企业法中贯彻了这个原则,就是在规范中保护和鼓励个人独资企业的发展,使它的合法权益纳入法律保护的范围。

2.禁止任何不法的侵害行为

在现实生活中,个人独资企业大量地受到乱摊派、乱罚款、乱集资的侵害,同时还出现一些其他形式的侵害其权益的行为,有的甚至严重影响到企业的正常经营乃至生存。许多方面呼吁应当在法律中对此有所规定,并应当在法律责任中有相应的规定,以使法律规定更有力度。因此,《个人独资企业法》第25条规定,任何单位和个人不得违反法律、行政法规的规定,以任何方式强制个人独资企业提供财力、物力、人力;对于违法强制提供财力、物力、人力的行为,个人独资企业有权拒绝。同时,《个人独资企业法》第41条规定,违反法律、行政法规的规定强制个人独资企业提供财力、物力、人力的,按照有关法律、行政法规予以处罚,并追究有关责任人员的责任。这两项法律规定的要点为:一是不允许对个人独资企业的合法权益有侵害行为,而且这些禁止性的规定是针对任何单位和个人的;二是判定是否为侵害行为以法律、行政法规为准,违法的即被禁止;三是个人独资企业有权对侵害其合法权益的行为予以拒绝,法律支持对违法行为的抵制;四是对违法者进行处罚,同时追究责任人员的责任。

3.确认应当享有的权利

个人独资企业不但有作为企业存在的权利,而且还应当享有依法申请贷款、取得土地使用权,以及法律、行政法规规定的其他权利。这些权利的内容是广泛的,比如还有商标法规定的使用商标的权利;专利法规定的享有专利权的权利等许多在法律、行政法规中确定的权利。这些权利在个人独资企业法中得到重申,事实上是要求社会上尊重个人独资企业的这些权利,也是让个人独资企业享有与自觉地维护这些权利。

值得提出的是,个人独资企业对经核准登记的名称在法律规定的范围内享有专用权。名称是个人独资企业存在的重要标志,它具有两方面的意义:从经营上讲,企业名称是增加企业知名度和提高企业营业额的载体,具有经济价值,属于企业的无形财产;从法律上讲,名称使各种个人独资企业相互区别,既便于国家管理,又具有识别功能。所以,个人独资企业一经选定与其责任形式及从事的营业相符合的名称并被登记机关认定,便具有名称专用权。企业的名称专用权具有下列法

律属性：

(1)名称专用权是经企业申请并经有关机关核准登记后，才授予企业的权利。未经申请或虽然申请却未得到核准登记之前，该名称可由任何人使用，任何实际使用该名称的企业均不对此享有专用权。

(2)名称专用权具有独占性和排他性，即只有提出申请并经核准登记取得该名称使用权的独资企业，才有权使用该名称。其他企业未经名称专用权人许可，不得使用该名称。

(3)名称专用权具有唯一性，即任何企业只能申请登记使用一个企业名称，不得同时采用两个或两个以上的名称。

(二)自主经营权

企业在核准登记的范围内享有自主经营权，即决策权、指挥权和管理权。自主经营权，是个人独资企业拥有的一项基本权利，也是个人独资企业进行各种生产经营活动的前提。自主经营权与经营范围不同，经营范围是个人独资企业民事行为能力的体现；自主经营权与经营方式不同，经营方式是指独资企业从事生产经营活动所采取的个人经营或家庭经营形式。但是，自主经营权与经营范围和经营方式密切联系在一起，其核心是指个人独资企业在依法确定的经营范围内，采取个人经营或家庭经营形式，对企业生产经营享有完全的决策权、指挥权和管理权。

(三)机构设置及劳动用工自主权

个人独资企业的经营规模和业务情况不尽相同。有的独资企业规模较小，事务比较简单，经营者本人就能够担负生产经营活动中的全部或主要经营管理工作，没有必要设置具体的机构；有的独资企业规模较大，甚至分布到若干不同地点或地区，使经营者本人无法同时完成全部经营活动。在这种情况下，经营者有权根据生产经营活动的实际需要，委托或者聘用其他具有民事行为能力的人负责企业的事务管理。此外，个人独资企业可根据行业特点和生产经营的需要，确定用工数量、招用条件和考核办法，依法招用职工。

(四)法律、法规规定的其他权利

在以上财产权和经营自主权等权利上还会派生出其他相关的个人独资企业权利，如依法将其企业及有关权利转让、赠送和以遗嘱方式处分的权利，这是个人独资企业投资人企业财产所有权形成的派生权利；为扩大企业的经营规模依法设置分支机构的权利；依法申请贷款、取得土地使用权；企业工资制度制定权、拒绝摊派权、订立合同权、专利和注册商标的申请权等。

二、个人独资企业的义务

个人独资企业在其生产经营过程中，除享有法律规定的权利外，还应承担相应的义务。个人独资企业的义务主要有：

（一）依法经营的义务

个人独资企业应当遵守国家的法律、法规开展经营，遵守诚实信用原则，不得损害国家和社会公共利益以及其他组织和个人的合法权益。

（二）依法纳税的义务

个人独资企业应当依法办理税务登记，不得偷税、漏税和抗税。根据我国现行税收法律制度规定，我国实行的是企业所得税和个人所得税两种所得税制度，不论企业的投资形式、法律地位如何，凡称为企业都一律征收企业所得税。投资者从企业获得的利润分红或经营所得要缴纳个人所得税。因此，根据《企业所得税暂行条例》的规定，纳入《个人独资企业法》调整的个人独资企业根据其应税所得额的多少，分别缴纳33%、27%或18%的企业所得税。与此同时，根据《个人所得税法》的规定，个人独资企业的投资人应从企业的收益按20%的比例提取缴纳个人所得税。

（三）依法建立企业财务会计制度的义务

个人独资企业从事生产经营活动，需要记录经济业务的发生，确认、计量收入、成本、费用等，核算损益，因而需要进行自己的会计活动。为了规范会计行为，发挥会计在经济管理中的积极作用，我国专门制定了《会计法》，主要对会计活动的基本原则、会计账簿的设置、会计凭证的记载、会计核算的基本规则、会计监督等方面的内容作了规定，这是会计方面的基本法律规范，个人独资企业进行会计活动必须遵守会计法的规定。有关法律、行政法规以及规章，也对会计活动作出了相应的规定，如，现行《税收征收管理法》规定，纳税人、扣缴义务人应当按照有关部门的规定，在领取营业执照之日起15日之内设置账簿（包括总账、日记账以及其他辅助性账簿），根据合法有效的凭证记账，进行核算，生产、经营规模较小又确无建账能力的个体工商户，经过主管税务机关核准，可以不设置账簿，聘请注册会计师或者经过税务机关认可的财会人员，代为建账和办理财务。聘请上述人员确有困难的，经过主管税务机关批准，可以按照规定建立收支凭证粘贴簿、进销货登记簿等。《企业所得税暂行条例》对纳税人收入的计算、费用的扣除项目和不得扣除项目、资产的税务处理、应纳税额的计算等，作了非常明确具体的规定，个人独资企业的会计活动也应当遵守这些规定。由于会计法及其他法律、行政法规和规章对企业会计

管理所作的规定中，已经包括了适用于个人独资企业会计管理的内容，在个人独资企业法中可以不再对这方面的内容作具体规定，个人独资企业的会计活动可以直接适用会计法及其他有关法律、行政法规、规章的规定。

(四)保障和维护企业职工的合法权益的义务

个人独资企业应当依法与职工签订劳动合同，保障职工劳动安全，按时足额发放职工工资；并按照国家规定参加社会保险，为职工缴纳社会保险费。我国《个人独资企业法》第6条还规定，个人独资企业职工依法建立工会，工会依法开展活动。

三、个人独资企业的经营管理

个人独资企业的性质决定了企业的事务管理权在法律上归属于企业投资人。在实际生活中，个人独资企业规模较小，投资者往往从事自己熟悉的行业或者本人就是某一行业的行家里手。因此，企业所有者与经营者集于一体，投资人自己经营、自行管理企业。在现代社会里，生产社会化，社会分工越来越精细，企业管理呈现专业化、职业化趋势。若投资经营多样性企业，技术含量较高，企业规模较大，投资人由于自身专业知识、经验、能力有限和空间、时间的客观原因，不能亲力亲为，事必躬亲。投资者可以行使企业管理权利，选择企业事务管理形式。《个人独资企业法》第19条规定，个人独资企业可以自行管理企业事务，也可以委托或者聘用其他具有民事行为能力的人负责企业的事务管理。

根据代理法原理，投资人委托或聘用他人管理企业事务是基于二者人身信赖关系，但代理人却不能代替投资人自己的思维，他的代理活动很难完全符合投资人的想法或意愿，特别是由于道德风险存在，受聘人可能有违代理初衷损害投资人的利益。因此，为确立稳定的委托关系，规范代理行为，明确双方的权利义务，保证受托人或聘用人大胆工作，积极履行职务，同时便于投资者对管理人员的监督，维护企业投资者合法权益，以利于建立稳定的交易秩序和提高经济效率，《个人独资企业法》第19条第2款规定，投资人委托或者聘用他人管理个人独资企业事务，应当与受托人或者被聘用的人签订书面合同，明确委托的具体内容和授予的权利范围。

由于投资人与受托人或者被聘用的人员之间的关系属于企业的内部法律关系，受托人或者被聘用的人员在对外活动中是代表企业与第三人进行交易活动的。关于受托人或被聘用人的职权限制由委托或者聘用合同明确规定。在实际交易时，其职务代理行为往往被内在地推定其代表企业，在经营范围内从事各项经营活动。根据诚实信用原则，受托人或者被聘用人在对外交易活动中应当积极主动地向交易相对人告知自己的职权范围，投资人承担受托人员对外交易行为的信用担保责任。《个人独资企业法》第19条第4款规定，投资人对受托人或者被聘用的人员职权的限制，不得对抗善意第三人。也就是说，为保护善意第三人的利益，保障市场交易安全，受托人或被聘用的人员超越职权进行活动时，投资人因其委托或聘用人员的过错应承担相应的法律责任，投资人不得以任何理由对抗没有任何过错的善意第三人。当然，若交易相对人已经明知受托人具体职权限制而非善意的情况，则属例外。[①]

为了保护个人独资企业的合法权益，依法规范聘用人员的行为就显得至关重要。投资人授予管理人的只能是一种经营管理权，管理人根据具体情况自行决定临机处置企业事务。因此，明确管理人的责任至关重要。《个人独资企业法》第 19 条第 2 款规定，受托人或被聘用人员应当履行诚信、勤勉义务，按照与投资人签订的合同负责个人独资企业的事务管理。

诚实信用、勤勉敬业是市场经济中处理他人事务所应提倡的一种道德准则。受托人管理企业经营事务，由于自身的认知能力的限制，以及市场客观条件的变化而出现的失误，只要管理人是真正按照诚实信用的原则勤奋勉力管理事务，由此造成利益或负担均应由企业及投资人承担。如果违背诚信原则怠于工作，借执行事务为自己牟取私利或懒惰疏忽错失商机，则投资者有权依据合同追究管理人的责任。

投资人委托或者聘用他人管理企业事务，是基于对受托人或者被聘用人员的办事能力和个人信誉的信任。而委托合同的订立，也体现了受托人或者被聘用人员信任投资人，并愿意为投资人办理委托事务的意志，有了这种彼此信任，才有了建立委托关系的基础。因此，受托人或被聘用人员应以追求个人独资企业利益的最大化为最高原则，通过企业的管理活动使企业财产得以不断保值增值。由于道德风险存在，为防止受托人或者被聘用人员利用投资人的信任，从事损害投资人利益的侵权背德行为，《个人独资企业法》第 20 条规定，受托或者受聘用管理企业事务的人员不得有下列行为：(1)利用职务上的便利，索取或者收受贿赂。贿赂行为是肮脏的权钱交易行为，特征是利用职务便利，牟取不当利益。立法意图在于保护企业及投资者的利益，而禁止行为成立的要件，却不在于是否直接损害了企业和投资者的利益。(2)利用职务或者工作上的便利侵占企业财产。侵占企业财产具有利用职务或者工作便利实际控制个人独资企业财产的客观条件，将企业的财物非法占为己有。实质上是保护投资人的企业财产所有权。这类行为在过去的有关立法中未予以明确，新刑法已将其作为犯罪加以制裁，个人独资企业法也将其作为侵犯企业财产的行为而加以禁止。(3)挪用企业的资金归个人使用或者借贷给他人。受托人或者被聘用人的各项经营活动必须是为了企业的利益。若有违这一目标，不在于他是否实际为自己牟取利益，或者是否使资金有所“损失”，只要实施该种行为，均属违禁之列。(4)擅自将企业资金以个人名义或者以他人名义开立账户储

① 刘剑文、杨汉平：《非公有制企业法律保护》，西苑出版社 2001 年版，第 173～175 页。

存。这实际上是挪用企业资金的一种形式,当然也应予以禁止。(5)擅自以企业财产提供担保。以个人独资企业财产提供担保,一旦被担保人不能实际履行债务,就需要以担保财产来履行债务。担保行为使企业用于担保的财产处于一种不稳定的状态,属于对企业财产行使处分权,从法理上讲一般只能由所有权人即业主行使。其他人要处分企业财产,必须由企业投资人即企业财产所有人特别授权。(6)未经投资人同意,从事与本企业相竞争的业务。本项是有关竞业禁止的规定,受托人或者被聘用的人员执行企业职务,熟悉企业内部情况,如经营诀窍、管理方式、原料来源、销售渠道等商业秘密,如果从事与本企业相竞争的业务,这种业务往往可能与其承担的独资企业管理事务相同或相近,从而产生一定的竞争关系,有悖公平原则。当事人应或者自行终止该业务,或者辞去受托人身份。(7)未经投资人同意,同本企业订立合同或者进行交易。本项是有关自营禁止的规定,受托人或者被聘用的人员代表企业执行职务,如果自己同本企业订立合同或者进行交易,受托人或者被聘用人员必然面临角色冲突,追求各自利益的最大化必然会使当事人处于两难境地,角色的冲突即使没有发生损害企业利益的现象,投资人也难免对此产生异议或怀疑。为此,从保护个人独资企业利益和规范交易行为的目的出发,除投资人同意外,受托管理人不得同本企业进行交易。(8)未经投资人同意,擅自将企业商标或者其他知识产权转让给他人使用。知识产权是人们的智力劳动成果在法律上产生的无形财产权利。知识产权可以用作对企业的出资,应用于企业的生产经营,为企业创造较高的效益。在知识经济时代,知识产权所具有的渗透性、持久性使知识产权能为人们带来意料不到的收益,且不会在当时使知识产权本身有所减少或降值,因而容易被侵权。为此,法律严格禁止受托事务管理人从事该行为。(9)泄露本企业的秘密。商业秘密是一种新型的智慧财产权,具有较大的经济价值。在市场经济中,企业获得成功在很大程度上依赖于商业秘密,商业秘密决定了企业在市场竞争中处于有利地位。而商业秘密的保护较其他财产的保护更加困难。因此,为维护公平的市场环境,受托人有义务保护个人独资企业的商业秘密,既不能故意泄露,也应避免无意疏忽将商业秘密泄露出去。(10)法律、行政法规禁止的其他行为。这是一条兜底条款,规定了受托人不得从事损害个人独资企业利益的其他行为。该条款既具有一定的灵活性,有利于适应今后发展的需要,也有利于与其他法律相衔接。《个人独资企业法》第 40 条规定,投资人委托或者聘用的人员违反该法第 20 条规定,侵犯个人独资企业财产权益的,责令退还侵占的财产;给企业造成损失的,依法承担赔偿责任;有违法所得的,没收违法所得;构成犯罪的,依法追究刑事责任。

第六节　个人独资企业的解散和清算

一、个人独资企业的解散

个人独资企业的解散，也叫关闭，即个人独资企业的终止，是指企业作为一个经营实体因法律规定的情形出现时归于消灭的一种状态和法律程序。企业解散清算完结后，其民商事权利能力和民商事行为能力归于消灭，主体资格随即丧失，原出资人不得再以个人独资企业的名义对外从事生产经营活动。

依照我国《个人独资企业法》第 26 条的规定，个人独资企业在出现下列情形之一时，应当解散：

1. 出资人自行决定解散

个人独资企业是自然人进行商业运作的一种载体，基于商业自由原则，它产生于自愿设立的行为，当然也可以因投资人的意愿使其归于消灭。

2. 投资人自然死亡或者被宣告死亡，无继承人或者继承人决定放弃继承

投资人的死亡，表明以其名义设立的个人独资企业在商事法律关系中的消亡，但它不等于企业经营实体的消失，投资人如有继承人，其继承人仍可继承企业财产，通过变更登记成为新的个人独资企业。如果继承人是数人的，可变更登记为合伙企业或有限责任公司。

3. 被依法吊销营业执照

这属于在个人独资企业进行违法活动时被强制解散的情形。依据我国法律、行政法规，有许多违法行为均可导致企业被吊销营业执照。比如，对商品或服务作引人误解的虚假宣传、拖延理赔或无理拒绝消费者的索赔要求等，情节严重的均可由登记机关依法吊销其营业执照。

4. 法律、行政法规规定的其他情形

如企业的合并、转让或业主丧失行为能力等。

二、个人独资企业的清算

个人独资企业解散，应当进行清算。清算是依法定程序清理企业尚未了结的事务，收回债权，清偿债务，使企业归于消灭的活动。依照我国《个人独资企业法》第 27 条的规定，清算视解散情形，又有两种方式：一是由投资人（业主）自行清算，一是由债权人申请人民法院指定清算人进行清算。投资人即业主决定自行清算的，应当在清算前 15 日内书面通知债权人，无法通知的，也应当予以公告。债权人

则应当在接到通知之日起 30 日内，未接到通知的应当在公告之日起 60 日内，向投资人申报其债权。逾期没有申报的，视其放弃债权。

依照我国法律规定，个人独资企业解散后，原投资人对个人独资企业存续期间的债务仍应承担偿还责任，但债权人在 5 年内未向债务人提出清偿要求的，则该责任消灭。引例中张某所欠债务应当偿还，因为《个人独资企业法》中所规定的 5 年，不同于民法中诉讼时效的规定。法律作出这种规定，是从有效维护社会经济秩序的角度而作出的制度安排。

个人独资企业解散的，其财产应当按照下列顺序予以清偿：首先是清偿所欠本企业职工工资和社会保险费用；其次是所欠的税款；最后是其他债务。个人独资企业一旦进入清算程序，至清算完结之前，企业法律上的主体地位虽然仍然存在，但其民商事行为能力却受到了明显的限制。《个人独资企业法》第 30 条规定："清算期间，个人独资企业不得开展与清算目的无关的经营活动。在按前条规定清偿债务前，投资人不得转移、隐匿财产。"由于个人独资企业是不具备法人资格的经济组织，所以企业业主即投资人对企业债务负无限责任。据此，《个人独资企业法》第 31 条规定，个人独资企业财产不足以清偿债务的，投资人应当以其个人的其他财产予以清偿。

个人独资企业依法清算结束后，投资人或者人民法院指定的清算人应当编制清算报告，并于 15 日内到国家工商行政管理机关办理企业注销登记。

司法考试真题链接

1. 张某为避免合作矛盾与问题，不想与人合伙或合股办企业，欲自己单干。朋友对此提出以下建议，其中哪一建议是错误的？（2010 年司法考试真题）

A."可选择开办独资企业，也可选择开办一人有限公司"

B."如选择开办一人公司，那么注册资本不能少于 10 万元"

C."如选择开办独资企业，则必须自己进行经营管理"

D."可同时设立一家一人公司和一家独资企业"

2. 甲以夫妻共有的写字楼作为出资设立个人独资企业。企业设立后，其妻乙购体育彩票中奖 100 万元，后提出与甲离婚。离婚诉讼期间，甲的独资企业宣告解散，尚欠银行债务 120 万元。该项债务的清偿责任应如何确定？（2005 年司法考试真题）

A. 甲以其在家庭共有财产中应占的份额对银行承担无限责任

B. 甲以家庭共有财产承担无限责任，但乙中奖的 100 万元除外

C. 甲以全部家庭共有财产承担无限责任，包括乙中奖的 100 万元在内

D. 甲仅以写字楼对银行承担责任

3. 根据《个人独资企业法》的规定，下列各项中，属于设立个人独资企业应当具备的条件有？（2006 年司法考试真题）

A. 投资人须为具有完全民事行为能力的自然人

B. 有符合规定的法定最低注册资本

C. 有企业章程

D. 有合法的企业名称

4. 下列关于个人独资企业事务管理的表述中，正确的有？（2005 年司法考试真题）

A. 投资人不能聘用他人管理企业事务

B. 投资人可以聘用他人管理企业事务

C. 投资人对受托人职权的限制不得对抗善意第三人

D. 投资人对受托人职权的限制不得对抗恶意第三人

5. 根据《个人独资企业法》的规定，个人独资企业解散后，原投资人对企业存续期间的债务仍应承担偿还责任，但债权人在一定期限内未向债务人提出偿债要求的，债务人的偿还责任消灭，该期限是？（2004 年司法考试真题）

A. 1 年　　B. 2 年

C. 3 年　　D. 5 年

6. 林某以个人财产出资设立一个人独资企业，聘请陈某管理该企业事务。林某病故后，因企业负债较多，林某的妻子作为唯一继承人明确表示不愿继承该企业，该企业只得解散。根据《个人独资企业法》的规定，关于该企业清算人的下列表述中，正确的是？（2006 年司法考试真题）

A. 由陈某进行清算

B. 由林某的妻子进行清算

C. 由债权人进行清算

D. 由债权人申请法院指定清算人进行清算

第十一章　合伙企业法

【引　例】

李某和张某、王某各自出力、出钱、出物，一同建造了一个建材市场，未书面约定各自份额。开业一年以后，李某与合伙人张某、王某签订了退伙协议，并获得100万元的补偿。三年后，建材市场生意很好，单房产就值2700万元。李某觉得，即使自己签订了协议之后不再是合伙人了，这也只是说明自己不再享有以后的分红，但建材市场当初是他们一起修建的，作为当初的合伙人之一，这些固定资产中自己应该占三分之一。李某根据退股协议书，将张某和王某告上法庭，要求分割建材市场固定资产的三分之一，即900万元。

第一节　合伙企业的沿革与发展

一、合伙企业的历史沿革

最早的合伙可以追溯到古巴比伦的合伙收割及文艺复兴时期希腊和罗马的贸易企业。[①] 合伙最初起源于家族共有。早在远古的血缘家族里，由于人们劳动的必然聚合，人身关系上的互为制约，共有财产不便分散，家族就有了共产合伙的一般特征。[②] 公元前18世纪的《汉穆拉比法典》第99条即有这样的规定：某人按合伙的方式将银子交给他人，则以后不论盈亏，他们在神的面前均分。这样便初步规定了合伙的一般原则。至罗马共和国时期，合伙制度已经较为繁荣。[③]

合伙企业的发展壮大则是商品经济发展的需要。最初的商品经营形式是自然人独资经营，以个体为单位进行投资营运，独自享有经营收益并承担亏损责任。这

① 宋永新：《合伙制度的重大革新》，载王保树：《商事法论集》第4卷，法律出版社2001年版，第322页。

② 曹胜亮：《经济法》，华中科技大学出版社2009年版，第123页。

③ 王晓川：《商事法学》，对外经贸大学出版社2003年版，第67页。

种个人独资经营的方式具有自由、独立、灵活的特点。随着商品经济的发展，社会文明程度的不断提高，商业活动日趋频繁，经营规模也日渐扩大，个人独资经营方式暴露出越来越多的弊端：资金来源渠道狭窄；单个力量往往难以应付变幻无穷的市场情况；经营风险集中在单个人身上，往往会导致大起大落。为了克服独资经营的诸多弊端，人们自然地想到联合，把分散的个人资金和个人力量集中起来，把巨大的经营风险分散开来，把多数人的智慧和经验汇集在一起，这样就出现了自然人之间最初级的联合经营形式。

合伙作为民法制度，是应集资以经营共同事业的需要而产生的。在人类文明社会早期，人们为了从事买卖小麦、奴隶等特定的短期的事务而组成合伙，或者为了不特定的长期的目的而将他们的财产聚合在一起形成合伙形式的共同体。1000多年前的古罗马法对合伙的设立、合伙及于合伙人的效力、合伙期限、合伙种类、合伙人之间的关系、合伙对外关系、合伙的消灭等已作了较为详细的规定。现今世界各国的立法中，大都把合伙列入商法部分，将其作为企业行为或企业组织加以规定。新中国成立以后，有关合伙的规定最初是由单行法规予以调整。1986 年《民法通则》对“个人合伙”和“法人联营”作了规定。1997 年 2 月出台的《合伙企业法》对合伙企业作了专门而系统的规定，2006 年 8 月 27 日第十届全国人民代表大会常务委员会第二十三次会议对该法进行修订，修订后的法律于 2007 年 6 月 1 日起施行。

二、合伙企业的发展前景

早期的合伙是由自然人的聚合而形成的一种经营方式，它有着自然人无法比拟的经营优势。合伙的出现给商品经济社会的发展注入了新的血液，大大促进了商品经济发展的进程。但随着商品经济的进一步发展，合伙经营方式也暴露出许多局限性：合伙对资本集中的有限性；合伙人对合伙债务的连带清偿责任，风险较大；合伙人协商一致决定合伙事务，经营灵活性较差等。为了克服这些缺陷，在中世纪的地中海沿岸一些发达城市出现了一种叫作“康门达”(Commenda)的有限合伙。在这种合伙关系中，有限合伙人向一般合伙人出资并由一般合伙人独立经营、独立对外以自己所有的和有限合伙人出资的财产承担责任。有限合伙人只以其投资为限承担合伙风险，并分享收益。这种合伙把团体责任与团体成员责任相分离，较好地解决了合伙人对无限责任的畏惧问题，同时解决了投资与经营分离的问题。这种“康门达”组织进一步发展成为后来的两合公司。大陆法系国家大都赋予两合公司以法人资格。盛行于 17 世纪初的股份有限公司是公司的最完善形式，它的出

现，使法人制度也最终完善起来。①

从不具有法律人格的有限合伙到形成以股份有限公司为代表的法人制度经历了一个漫长的过程。1804年《法国民法典》对合伙有专门规定，但没有关于法人制度的规定。直到19世纪末《德国民法典》才将法人作为民事主体由成文法典固定下来。作为团体经营，公司与合伙相比，有着许多优越性：公司有完全独立于投资者的法定最低财产，对外能够独立承担责任；公司成员只以其投资为限对公司债务承担责任，大大减少了投资者的风险；公司章程对社会公开，其经营相对人对公司状况有较详细的了解；公司有独立于投资者的意志和行为，经营方式灵活高效，适应市场能力强等。所以，公司制度在近现代得到充分发展并日趋成熟。然而，公司制度的充分发展并没有使古老的联合经营方式——合伙走向衰落，更没有使其灭亡。相反，合伙以其独特的经营方式在现代商品经济社会中占有一席之地。公司制度虽然克服了合伙的许多不足，但它不能完全替代合伙，而且合伙与公司相比，有其自身的优势：合伙人之间基于相互信任而组合，利益一致且集中，不至于因利益冲突而产生内耗；合伙聚散灵活，应变能力强；合伙不必像公司那样非得设专门机构，经营开支少；合伙人对合伙债务承担连带责任，商业信誉高，各合伙人经营责任心强；合伙人的投资份额一般只能在合伙人之间转让，合伙资产稳定等。

合伙发展至今，已突破了旧的合伙制度的种种束缚：(1)合伙的独立民事主体资格在许多国家立法中已得以确立。从最初的一概否认到后来有条件地承认发展到现在大多数国家通过立法赋予合伙以独立民事主体地位，这一过程表明，合伙这种团体和经营方式已经被社会广泛认可，同时也显示出强大的生命力。(2)合伙人范围在不断扩大。在原来只准自然人之间建立个人合伙的基础上出现了法人合伙。美国合伙立法还确立了自然人与法人之间合伙、其他组织之间合伙、其他组织与自然人或法人之间合伙等不同主体之间可以组成合伙的制度。我国也有对法人间合伙的立法和实践。(3)合伙形式多样且逐步规范。现在简易合伙、民用合伙、商事合伙、有限合伙等合伙形式在许多国家的民法典或判例中都得以确认。合伙这种独特的经营形式正蓬勃发展，日益兴旺。可以说，自然人独资经营、合伙经营、公司经营三种经营形式，每一种都有其他形式所不可替代的地位和作用。因此，这三种经营形式在商品经济社会中长期并存，各自都显示出旺盛的生命力。

---

① 戴镦隆、丁岩：《论合伙》，载《法学研究》1986年第5期。

第二节　合伙企业的内涵及法律地位

一、合伙企业的概念和特征

关于什么是合伙的问题，古今各国立法的规定及法学家著述都不尽一致。罗马法中的合伙(societas)有广义、狭义之分。广义的合伙包括所有为着共同目的而组织起来的团体，如政治、经济、宗教、慈善、文化、学术团体等；狭义的合伙是指两人以上互约出资经营合法事业、共同分配损益的契约。但不管哪种合伙在当时都不被看作是法律上的权利义务主体。[①] 大陆法系国家立法及学者论著大都把合伙界定为契约，而回避其组织性。《法国民法典》第 1832 条规定："合伙，为二人或数人约定以其财产或技艺共集一处，以便分享由此产生的利益及自经营所得利益的契约。"[②]《日本民法》第 668 条规定："合伙契约，因各当事人约定出资以经营共同事业而发生效力。"[③]《德国民法典》第 705 条规定："各合伙人依合伙契约，互负以契约所定的方法促进共同目的事业的完成，特别负履行约定出资的义务。"[④]我国近代民事立法基本上借鉴的是大陆法模式，《大清民律》第一次草案第 796 条规定："合伙因当事人依契约所定方法公共出资以达共同之目的而生效力。"[⑤]在英美法系国家立法及论著中大都突出合伙的主体性。《美国统一合伙法》第 6 条规定："合伙是两人或两人以上以共有人的形式从事营利活动的组织。"

近年来，大陆法系国家也在立法中注意到了合伙的主体地位问题。《法国民法典》经 1978 年修改后甚至认为合伙(除隐名合伙外)可以取得法人资格。我国《民法通则》第 30 条规定："个人合伙是指两个以上公民按照协议，各自提供资金、实物、技术等，合伙经营，共同劳动。"似乎言犹未尽，从而回避了对合伙性质的界定。但在第 33 条中又规定："个人合伙可以起字号，依法经核准登记，在核准登记的经营范围内从事经营。"突出了个人合伙的民事主体性质。1988 年《私营企业暂行条例》规定合伙企业、个人独资企业和有限责任公司皆属私营企业范畴，并把合伙企业界定为："二人以上按照协议投资，共同经营，共负盈亏的企业。"1997 年 2 月颁布的《合伙企业法》把合伙企业界定为"营利性组织"，更强调了个人合伙的民事主

① 周枏：《罗马法原论》，商务印书馆 1994 年版，第 728～729 页。

② 《法国民法典》，马育民译，北京大学出版社 1982 年版。

③ 曹为、王书江：《日本民法》，法律出版社 1986 年版。

④ 戴镦隆、丁岩：《论合伙》，载《法学研究》1986 年第 5 期。

⑤ 潘维和：《中国近代民法史》，台北汉林出版社 1982 年印行，第 259 页。

体性质。对合伙的特征应从其契约性和主体性两方面来认识，不可片面强调某一方面。前者反映的是对合伙人有拘束力的内部关系，后者反映的是全体合伙人作为整体与第三人产生的法律关系的外部形式。两者结合起来，构成完整的合伙概念。

(一)合伙的契约特征

合伙的契约特征主要体现在合伙人之间共同经营目的事业必须是根据合伙协议来进行的。合伙协议即合伙人之间的内部权利义务关系的一种约定。该协议具有合同的一般特征，同时又有自己单独的特征：

1. 订立合同的目的是追求全体合伙人共同的目的事业

当然，合伙人订立合同也是为了满足各合伙人自身利益，但只有合伙共同利益的实现，才有各合伙人自身利益的实现。

2. 合同规定的各合伙人之间的权利义务是平行的而非对应的

合伙人之间权利义务的平行性是由他们共同经营的目的事业的一致性所决定的。在履行合伙协议时，各合伙人对其违约行为的法律责任，也是针对全体合伙人而非针对某一合伙人的。

3. 合同须经核准登记方产生合伙成立的法律效力

传统的合伙立法大都承认事实合伙，即只要各合伙人有合伙合意和合伙行为，虽没经过登记亦具有法律效力。我国最高人民法院于 1988 年 4 月发布的《关于贯彻执行〈中华人民共和国民法通则〉若干问题的意见(试行)》中也承认了事实合伙的效力。但《合伙企业法》却规定："合伙企业的营业执照签发日期为合伙企业的成立日期。"虽然"合伙协议经全体合伙人签名盖章后生效"，但合伙人订立合伙协议的目的是成立合伙，而未经登记取得营业执照前，合伙不得成立。所以登记是合伙成立之要件，而合伙成立又是合伙协议具有实际意义的最终法律结果。因此，合伙协议须经核准登记后才具有实际法律意义，这是合伙协议与其他合同的一个重要区别。

(二)合伙的主体特征

合伙的主体特征即合伙作为一个团体与第三人进行民事活动时具有民事主体资格。合伙一经核准登记，对外便是以一个组织体的面目出现的。合伙的成立既是基于合伙人间的高度信赖，又离不开各合伙人财产的聚合。合伙有自己的财产——合伙人投入到合伙的及合伙经营积累的财产都是相对独立于各合伙人的合伙财产，各合伙人在合伙存续期间不得请求分割；合伙还有自己的名称或字号；合伙有较强的承担民事责任的能力。虽然合伙并不像公司那样能够完全独立地承担民事责任，但它是以一个相对独立的组织体的身份参与经济活动的，因而合伙具有主体性特征。合伙作为团体与自然人有着明显区别自不待言，同时它与同样作为团体的公司也有很大不同：

1.合伙是依合同而设立的，而公司是依章程设立的。某一民事主体只有经全体合伙人协商一致才能成为该合伙的合伙人；而任何一个民事主体只要依公司章程规定向公司投资即可成为公司股东。

2.合伙的债务承担会连带各合伙人。各合伙人是以其各自所有的财产而不是以向合伙出资为限对合伙所负的以合伙财产尚不能完全清偿的债务负无限连带清偿责任；而公司的债务承担只以其所有的或经营管理的财产为限，不连带及于其股东的各自所有财产，其股东只以其投资为限对公司债务承担有限责任。

3.合伙人在合伙成立后即可以合伙的名义共同从事合伙事业并与第三人发生法律关系；而公司股东往往不参与公司事务的直接经营。

4.合伙对合伙人的约束力极强。合伙人须依合伙协议履行出资义务，在合伙存续期间，合伙人对其投资无独立处置权，且不得随意退出合伙；而公司股东可随时转让其股份，成为或不成为某一公司股东完全取决于其自己的意志。

基于对合伙特征的全面认识，我们可以看出：传统的“合伙合同”应属合同法调整范畴，其法律关系的调整原则自然应依合同法原则。我国合同法的出台未将合伙合同单列为一种类型加以调整确是一大缺憾，但这并不等于说这类合同不属于合同法范畴，也并不能由此而像有些学者说的那样随便将“合伙合同”纳入合伙法或任意某一看似相关的法律来进行调整。① “合伙合同”与合伙企业是两个截然不同的概念。“合伙合同”中双方当事人与第三人的关系是以各自独立的名义而非一个合伙整体的名义，且双方间的权利义务主要是对应的而非一致的；相反，合伙企业是将合伙作为一个独立民事主体对待的。“合伙合同”中各方当事人对外不得以合伙对抗第三人，而合伙企业则可。我们在分析合伙的契约性特征时也是针对合伙企业中各合伙人间的合伙协议而非一般的“合伙合同”。既然“合伙合同”是合同法调整范畴，自然在研究合同法时论说，我们这里不去讨论它。这里所说的合伙是合伙企业，也即两个以上的人（民事主体）基于经营共同目的事业的需要，依自愿、公平、互利、诚信原则订立协议，约定共同出资并依法经核准登记后共同经营、共享盈利、共担亏损的组织。也许有人要问：如何区分“合伙合同”和合伙企业？其实这根本就不是个问题，如果是，也是因为“事实合伙”、“隐名合伙”、“有限合伙”等不周密的概念混淆所致。凡不符合合伙成立要件的“合伙”行为皆为“合伙合同”关系。

二、合伙企业的独立民事主体地位

传统民法大都把合伙作为合同列入债编部分，强调合伙的合同性质，而否认合

---

① 江平、曹冬岩：《论有限合伙》，载《中国法学》2000年第4期。

伙的民事主体地位。这是与大陆法系的传统影响分不开的。因为传统民法是以个人为本位的私法，个人意思自治和私有财产不受侵犯是私法的核心内容，反映在民事主体制度上便认为经济活动的基本主体是个人；不允许从事经济活动的个人联合。“个别的，精神健康而自知其行为的人是法律的主体；是唯一的法律主体，也永远是法律主体。”[①]1804 年《法国民法典》中唯一的民事主体是自然人。19 世纪末的《德国民法典》虽然规定了法人制度，突破了自然人为唯一的法律主体的观点，但认为在自然人和法人之外不可能有第三种民事主体，合伙仍然不能算作是独立的民事主体。

近年来，各国立法对合伙的法律地位都作了新规定。1978 年修订的《法国民法典》规定，除隐名合伙外，合伙自登记之日起具有法人资格。美国的《统一合伙法》和各州的制定法规定合伙可以像法人一样以商号的名义拥有动产和不动产、宣告破产，还可作为诉讼当事人起诉和被诉。我国《合伙企业法》规定：“本法所称合伙企业，是指依照本法在中国境内设立的由各合伙人订立合伙协议，共同出资、合伙经营、共享收益、共担风险，并对合伙企业债务承担无限连带责任的营利性组织。”这里的“营利性组织”实际上是对合伙的民事主体资格的默认。

合伙能否成为民事主体，关键要看它是否具备以自己名义参加民事法律关系的条件。自然人作为民事主体的条件是以其个人财产作为经营资本和债务担保；个人决策并承担全部经营风险，独揽全部收益。作为团体的公司成为民事主体的条件主要体现在它依法成立；有必要的财产和经费供自己独立支配；有自己的名称、组织机构和场所；能独立承担民事责任等。合伙也是一种团体，但自罗马法以来，传统立法都不承认合伙企业为主体，其主体资格只能是合伙人个人。其主要理由是合伙企业不具备法人的外部特征，合伙企业一般较松散，是人的结合，它不具有相对独立的财产，故非财产的结合，所以主张合伙企业只是合伙人之间的合同关系，不具有外部的统一性，其对外活动仍然以公民个人资格进行，即以合伙人的名义进行。[②]

事实上，合伙不仅是合伙人相互信赖的产物，更是合伙人财产聚合的结果，依法成立的合伙应当具有独立的民事主体资格。通过对合伙企业成立要件的分析，可以更清晰地看出合伙企业的独立民事主体资格。

(一)依法成立

所谓依法成立，主要指合伙的目的事业要合法、合伙设立的程序要合法。设立合伙的根本目的就是追求共同的利益，以满足各合伙人自身利益。所以，合伙须有

---

① 狄骥：《宪法论》(中译本)，商务印书馆 1962 年版，第 328 页。

② 郑立、王作堂：《民法学》，北京大学出版社 1994 年第 2 版，第 64 页。

目的事业，而且该目的事业须是合法的。“合伙是为非法目的而设立的，那么合伙不成立。因为我们总是说，违背公德设立的合伙无效。”[①]同时，合伙设立须依法定程序进行方为有效。也就是说，合伙须在符合法定条件的情况下依法经法定机关登记注册方为成立，而并不是说只要具备合伙的一般特征就自然而然具备法律上的合伙主体地位。设立合伙的条件即合伙的实质要件，如合伙的主体，合伙协议的内容，合伙的名称、资金、营业场所、负责人等。合伙设立的法定程序即申办合伙须向法定登记机关提交有关文件和资料，如合伙协议、合伙人身份证明、资信情况等，经法定机关审核批准后领取营业执照。在法制尚不健全的时代，我们可以对一些事实合伙加以认可，但随着现代社会文明程度的提高，法制的不断完善，设立合伙的行为必须依法定程序进行。《合伙企业法》第 17 条规定：“合伙企业的营业执照签发日期，为合伙企业成立日期。”“合伙企业领取营业执照前，合伙人不得以合伙企业名义从事经营活动。”也就是说，我国的《合伙企业法》不承认事实合伙。在《合伙企业法》颁布以前，我国《民法通则》也规定合伙须“依法经核准登记，在核准登记的经营范围内从事经营。”最高人民法院《关于贯彻执行〈中华人民共和国民法通则〉若干问题的意见(试行)》对事实合伙予以了认可，但在修订稿中则把“未经工商行政管理机关登记”字样删去。也就是说，凡未经核准登记领取营业执照的合伙即为非法组织。既为非法组织，它不仅不具有民事权利能力和民事行为能力，而且还是被禁止从事经营活动或被取缔的对象。

(二)有自己的名称和活动场所，通常还会有自己的组织机构

合伙不同于法人。法人是按法定程序，依章程设立的；而合伙是按法定程序，依合伙协议设立的。合伙协议对合伙和各合伙人的活动具有制约作用，使合伙成为沿着一定轨道、向着特定目标运行的整体。这个整体在运行过程中，应有区别于其他同类组织体的名称，有相对确定的活动场所。我国《合伙企业法》规定：“合伙协议应载明合伙企业名称和主要经营场所的地点。”一般来说，每个合伙人都有代表合伙执行业务的权利，但是为了有效地开展业务活动，通常还必须在规模较大的合伙企业中设立一定的组织机构。虽然该组织机构具有代理人的性质，但它在合伙经营范围内，是以合伙整体的名义进行活动的。我国《合伙企业法》还规定：“合伙企业可设立分支机构。”如果合伙企业内部本身组织机构就不存在，又如何设立分支机构？由此，我们也可以看出，按照我国《合伙企业法》的规定，合伙企业是可以有自己的组织机构的。

① [意]桑德罗·斯奇巴尼选编：《债·契约之债》，丁玫译，中国政法大学出版社 1994 年版，第 94 页。

（三）有独立的财产和整体利益

各合伙人依合伙协议出资，无论该出资是现金、实物、知识产权还是劳务，都将折算成一定份额的财产权。各合伙人虽然基于其财产权的应有份有一定的享有权利和承担义务的比例，但这些财产权基于合伙人的出资行为而发生转移，成为独立于出资者的合伙财产。在合伙经营过程中积累的财产自然为合伙所有。无论是合伙人出资的，还是合伙经营积累的财产，都应是独立于各合伙人而可供合伙支配的。由于我国《民法通则》第 32 条规定，“合伙人投入的财产，由合伙人统一管理和使用”，“合伙经营积累的财产，归合伙人共有”，对合伙财产的性质不够明确，于是乎一段时间内学者们对合伙财产性质的论述五花八门。有所谓的“统一共有说”、“出资与积累两立说”、“按份与共同两立说”等观点各异的论述。[①]《合伙企业法》第 19 条明确规定：“合伙企业存续期间，合伙人的出资和所有以合伙企业名义取得的收益均为合伙企业的财产。”第 20 条至第 24 条也分别对保护合伙财产的独立性作了具体规定，包括合伙企业存续期间，合伙人不得请求分割；不得擅自转让和出质其财产份额；合伙人的债权人不得以该债权抵销其对合伙的债务；不得代位行使该合伙人在合伙企业中的权利；等等。其实，传统民事立法大都对合伙财产也作了类似的规定。在两个世纪以前，英美合伙法中就确立了一个被称作是“双重优先权”的规则。[②] 这一规则的主要内容是：合伙财产先用于清偿合伙债务，清偿合伙债务后有剩余的，再用于清偿合伙人的个人债务；合伙人个人财产先用于清偿其个人债务，清偿个人债务有剩余的，再用于清偿合伙债务。这实际上已经把合伙企业财产从合伙人个人财产中区分开来，确立了合伙具有自己独立财产的理论。在民法理论上，凡是能够以自己的名义合法地转让商品所有权，同时又能够以自己的名义合法地接受商品所有权的转让的个人或团体都是民事主体，所以财产自主权是作为民事主体必须具备的不可或缺的条件。在合伙中，各合伙人所投资的财产形成全体合伙人的共有财产，它与合伙经营期间经营积累的财产又形成了整个的合伙财产。该财产正是合伙能够独立支配的独立于各合伙人的财产。

（四）有较强的承担民事责任的能力

传统观点常常把合伙不能独立承担民事责任视为合伙与法人（公司）的根本区别之一，认为，法人独立承担民事责任的能力是法人与合伙相比的一个巨大优势。其实，从这两种团体对第三人的关系上看，显然合伙的信誉要高，承担民事责任的能力要强。因为，合伙对外承担民事责任不以其所有和经营管理的财产为限，合伙

---

① 杨立新：《论合伙共有财产》，载《政治与法律》1995 年第 2 期。

② 王利明等：《民法新论》，中国政法大学出版社 1988 年版，第 309 页。

人对合伙债务还要承担连带的清偿责任。这种较强的承担民事责任的能力是法人所不具有的。而且合伙也并非完全不能独立承担民事责任。实际上,合伙有自己的财产是合伙对外有相对独立承担民事责任能力的基础。凡以合伙名义与第三人进行民事活动,所产生的权利应由合伙享有(而非由各合伙人各自享有),然后再按合伙协议分配给各合伙人;所产生的义务也应由合伙承担,只有在合伙财产不足以承担时,才会涉及各合伙人。合伙对其债务承担责任的不完全独立性使得合伙具有比自然人和法人更大的优越性,即因为合伙不以其所有和经营管理的财产为限对外承担民事责任,所以合伙的偿债能力更强,信誉更好。

(五)合伙企业具有较强的稳定性

旧的合伙立法大都认为,合伙是基于全体合伙人的共同意愿设立的,只要有一名合伙人因死亡或其他原因退出合伙,则整个合伙关系消灭。其他合伙人在原合伙基础上继续经营的,应看作是新的合伙关系建立。因此,入伙行为也会导致原合伙的消灭和新合伙的产生。实际上,这样规定,没有什么实质意义。所以,现代合伙立法大都作出相反规定,合伙企业除非仅剩下一个合伙人,并不因合伙人的死亡或退出而解散。这就使合伙企业具有较强的稳定性。这也是合伙企业能够以独立的民事主体身份对第三人为民事法律行为的一个可靠保障。

从以上对合伙基本要素的分析,我们可以看出,从合伙依法成立时起,合伙就有自己独立的财产,有自己的名称和场所,一些规模较大的合伙还有自己的组织机构,有较强的承担责任的能力,合伙企业具有较强的稳定性。所有这些都表明,合伙作为一个团体能够以自己的名义参加民事法律关系,并依法享有权利,承担义务。所以,合伙具有独立的民事主体地位,它和自然人、法人及其他具有民事主体资格的组织一起构成完整的现代民事主体类型。

第三节　合伙企业的分类

一、合伙企业分类概述

古罗马时期,合伙的分类杂而细。一般把合伙分为共产合伙、特业合伙、单业

合伙、所得合伙、田赋合伙、隐名合伙等。[①]《法国民法典》把合伙分为夫妻合伙、民用合伙、商业合伙、简易合伙、隐名合伙等。日本和我国台湾地区民法一般把合伙分为普通合伙和隐名合伙(有限合伙)两种。在我国大陆,近年来对合伙的分类,学术上也是五花八门。有学者认为我国大陆目前存在的合伙主要有家庭合伙、承包合伙经营体、劳动者合作经营组织、私营企业间的合伙和私营合伙企业、联营体。[②]还有人认为除了我国《民法通则》把合伙分为个人合伙与法人合伙外,还有家庭合伙、简易合伙、临时合伙等。[③] 最近又有人将合伙分为个人合伙、法人合伙、混合合伙、中外合伙、外商合伙等。[④] 归纳起来,对合伙的分类主要有以下四个标准:

(一)依参加合伙的主体不同来分

1. 个人合伙

个人合伙即自然人之间组成的合伙。我国《民法通则》第 2 章第 5 节对个人合伙的内涵、合伙协议、合伙财产、合伙事务执行、合伙债务承担等作了原则性规定。最高人民法院在《关于贯彻执行〈中华人民共和国民法通则〉若干问题的意见(试行)》中进一步对个人合伙的诉讼地位、事实合伙、合伙人债务承担、入伙与退伙、合伙终止等具体问题作了简明规定。然而,由于这些规定线条粗、法律和司法解释并用,所以操作不方便,缺乏系统性。1997 年 2 月颁布的《合伙企业法》实际上是一部个人合伙法。

2. 法人合伙

法人合伙即法人之间组成的合伙。法人合伙与具备法人资格的合伙是两码事。《法国民法典》规定除隐名合伙外的合伙具有法人资格。这是对合伙法律地位的界定,而非对合伙的分类。我国《民法通则》在“法人”一章中介绍了合伙型联营,这其实就是法人间的合伙。我国《合伙企业法》第 3 条规定“国有独资公司、国有企业、上市公司以及公益性的事业单位、社会团体不得成为普通合伙人”,但可以成为有限合伙人。

3. 其他组织合伙

其他组织合伙即不具备法人资格的组织作为独立民事主体,相互间组成的合

---

① 周枏:《罗马法原论》,商务印书馆 1994 年版,第 730～732 页。共产合伙是指合伙人将其已有的和未来的一切财产都加入合伙;特业合伙是基于持续经营特定事业所组成的合伙;单业合伙是基于一次性经营特定事业所组成的合伙;所得合伙是指合伙人仅将劳动所得作为合伙财产的合伙;田赋合伙是以征收田赋为目的的合伙;隐名合伙是指投资于某一合伙、不参与合伙经营且只以投资为限对合伙债务承担责任的合伙。

② 江枫:《论合伙的统一形式、法律地位及立法完善》,载《第三届学术讨论会论文选》,人民法院出版社 1992 年版,第 49 页。

③ 余能斌、马俊驹:《现代民法学》,武汉大学出版社 1995 年版,第 156 页。

④ 王全兴等:《企业法学》,武汉测绘科技大学出版社 1996 年版,第 112～113 页。

伙。一般来说，其他组织包括合伙、法人分支机构、自然人或法人单独创设的独资组织，这些组织皆须经核准登记，在核准登记的范围内从事经营活动，但不能完全独立地承担民事责任。它们相互间可以组成合伙。

4.混合合伙

混合合伙即自然人与法人间、法人与其他组织间、自然人与其他组织间组成的合伙。这类合伙在现实经济生活中是非常多的。我国最高人民法院的司法解释已肯认了混合合伙的法律效力。

(二)依合伙的目的事业不同来分

1.民事合伙

依《法国民法典》的规定，凡具有合伙的一般特征，而法律未根据它的形式、性质或标的物赋予其他属性的，均为民事合伙。

2.商事合伙

商事合伙除了具有合伙的一般属性外，还有其他特殊的商业属性，如合伙人是商人，可有自己的商号并以此进行登记；在具备商业文书的条件下，可以以企业、商行、公司的名义开展经营。大陆法系国家多承认商事合伙有法人资格。我国的《合伙企业法》实际上就是商事合伙法。

(三)依合伙的性质不同来分

1.普通合伙

普通合伙即符合合伙一般构成要件的合伙。各合伙人对合伙债务均承担无限连带清偿责任。

2.有限合伙

相对于普通合伙而言，有限合伙即合伙中至少有一名合伙人只以其投资为限对合伙债务承担清偿责任。

(四)以合伙人的国籍不同来分

1.国内合伙

国内合伙即国内的合伙人之间组成的合伙。

2.外商合伙

外商合伙即外国合伙人之间在他国境内依他国法律设立的合伙。在我国，外商合伙问题主要规定在《外资企业法》及其实施细则中。

3.中外合伙

中外合伙即国内的合伙人与外国的合伙人在本国境内依本国法律设立的合伙。我国的《中外合资经营企业法》及其实施细则对中外合伙问题作了具体调整。

（五）依合伙人是否出名来分

1.显名合伙

显名合伙即全体合伙人均出名并载之于合伙协议，对外公示全体合伙人身份的合伙形式。一般而言，普通合伙即为显名合伙。

2.隐名合伙

隐名合伙即在商事合伙关系中，一部分合伙人仅仅作为匿名合伙人存在，对外不出名公示其合伙人身份，一般不参与合伙经营。

很难说以上分类及其分类标准都很周密，至少有些合伙形式的存在价值或其该由什么法律进行调整的问题是值得商榷的。第一种分类将法人、其他组织等都看作是具备合伙人资格的组织，但这两种组织成为合伙人是有悖法理的；第二种分类有力促民商分立之嫌，但民商分立还是合一本身就是个问题，而且现代世界各国立法有民商合一的趋势，在这种大背景下谈民事合伙和商事合伙之分似乎并不明智且无多大意义。合伙本身是企业分类的一种子类型，是作为与独资经营、法人经营并行存在的一种经营形式，是市场经济中一种重要的市场主体。

二、"联营"问题

在我国，有学者把联营作为与个人合伙、法人合伙并列的独立合伙形式，称为"其他合伙形式"。[①] 这显然属于一种误解。那么，什么是联营呢？在美国，联营通常是指两个或两个以上的人所从事的某种特别冒险事业，是合伙的一种特殊形式。这种联营与企业的横向联合是有本质区别的。而且西方国家的横向经济联合也主要是指企业之间通过合同关系进行的控制和被控制，以及参股等经济联系方式，而非指我国的三种联营方式。我国《民法通则》所规定的联营制度无论是从具体含义上还是从种类划分上都是值得推敲的。

我国的联营原指企业的一种经营方式和经济联系形式。在20世纪80年代初的一些文件中，曾形象地称之为"经济联合"、"企业联合"、"横向经济联合"等。《民法通则》规定的三种联营既不是独立的合伙形式，也不是通常所说的横向经济联合，而是几种不同的法律制度的生硬拼合。法人型联营实属典型的有限责任公司的创设行为。这种行为不是以成立法人间债权债务关系为目的，而是以在法人之间形成一种新的权利主体为目的。因此，这种新的法人创设行为应由专门的公司法进行调整。协作型联营实质上是一种合同关系。这种联营无非是联营各方利用

---

① 江枫：《论合伙的统一形式、法律地位及立法完善》，载《第三届学术讨论会论文选》，人民法院出版社1992年版，第49页。

合同所产生的购销、加工、承揽等经常性的经济业务和经济联系。与一般合同相比，这种合同只有量的不同，没有质的差别。因此，应由合同法来具体调整。合伙型联营似乎是有些人所称的法人间的“合伙”，但我们稍加分析就会发现这种联营其实什么都不是。我们暂且不谈法人间是否能组成合伙的问题，单说这种“合伙”的各投资方所负的责任并非典型的、人们所通称的无限责任。《民法通则》只是规定这种联营“由联营各方按照出资比例或者协议的约定，以各自所有或经营管理的财产承担民事责任。依照法律的规定或协议的约定负连带责任的，承担连带责任”。这里所谓“以各自所有或经营管理的财产承担民事责任”，不同于无限责任，因为对于本来负有限责任的各方来说，他们各自的财产本是有限的，无法保证对联营体债务承担全部清偿责任。[①] 所以这种联营也称不上“法人合伙”。

三、“隐名合伙”问题

早在古罗马时期就有隐名合伙这种形式。这种合伙形式产生之初本是当事人用于掩饰借贷的一种避法行为。借合伙之虚，行借贷之实，以规避法律对借贷利息的限制。[②] 最早以立法形式规定隐名合伙的是《德国商法典》，后来的日本及我国近代民商事立法都承袭之，并把隐名合伙（有的也称之为匿名合伙）界定为当事人一方对另一方经营的事业出资而不参与经营，分享盈利并可约定不承担亏损，隐名合伙人对合伙债务仅以其出资为限承担责任的合伙形式。

同为大陆法系且是典型代表的《法国民法典》却对隐名合伙有完全不同的界定。该法典（1978 年修订）第 3 章专门对隐名合伙作了具体规定。其中第 1871 条规定：“合伙人得约定合伙不进行注册登记。在此种情况下，合伙被称为‘隐名合伙’。此种合伙并非法人、亦无须经公告。此种合伙得以一切方式证明。”这种隐名合伙的特征主要体现在：(1)不必经注册登记即可成立；(2)不具有法人资格。这种隐名合伙其实就是事实合伙。该法典第 1873 条规定：“本章的规定，适用于事实上成立的合伙。”所以，《法国民法典》所称的隐名合伙并非其他大陆法系国家通称的隐名合伙，而是一种事实合伙。我国最高人民法院《关于贯彻执行〈中华人民共和国民法通则〉若干问题的意见（试行）》第 50 条规定的：“当事人之间没有书面合伙协议，又未经工商行政管理部门核准登记……可以认定为合伙关系”，应属此类隐名合伙。

现代合伙法理论中的“隐名合伙”如上所述，是指合伙人出资不出名，对合伙经营分享盈利、分担亏损，对合伙债务承担无限连带清偿责任的一种合伙形式。凡合

---

① 漆多俊：《企业转投资债务清偿责任问题》，载全国人大财经委编：《合伙企业法、独资企业法热点问题研究》，人民法院出版社 1996 年版，第 106 页。

② 周枏：《罗马法原论》，商务印书馆 1994 年版，第 733 页。

伙皆须依法核准登记。未经登记而成立的组织为非法组织，不具有民事主体资格。所谓事实合伙即民事主体未经登记而建立的一种“合伙关系”，法律不应承认其合伙效力及主体资格。发生纠纷需处理者，有关部门应以一般合同关系处理。所以，包括《法国民法典》所规定的隐名合伙在内的事实合伙不能作为一种独立的合伙形式，而应作为显名合伙人与隐名合伙人之间的一种特定的投资契约。在我国，合伙均为普通合伙和显名合伙，不存在严格意义上的隐名合伙。

四、有限合伙与特殊的普通合伙企业问题

(一)有限合伙

有限合伙产生于11世纪，最早被称为“康门达”，可能是由一种借贷契约发展而来的，但很快发展成为一种经营形式——通常是指来回航行于中东、非洲和西班牙之间的一种合伙协议。15世纪后，有限合伙得到快速发展，并且逐渐由一种临时性的合同关系演变为一种稳定的融资组织，当时，有限合伙已成为大量的、普遍的、占主导地位的经济组织形式。[①]

英国和美国都有专门的《有限合伙法》，有限合伙在这两个国家的经济生活中占有重要地位。所谓有限合伙即指由至少一名普通合伙人和至少一名有限合伙人组成的合伙。在有限合伙中，普通合伙人负责合伙业务经营，并对合伙债务负无限连带责任；有限合伙人则不参加合伙业务经营，对合伙债务仅负有限责任，即仅以其出资为限对合伙债务承担责任。

我国现行《合伙企业法》明确规定：“有限合伙企业由普通合伙人和有限合伙人组成，普通合伙人对合伙企业债务承担无限连带责任，有限合伙人以其认缴的出资额为限承担责任。”为了保护交易相对人的利益，《合伙企业法》规定有限合伙企业的名称中应当标明“有限合伙”字样；有限合伙企业登记事项中应当载明有限合伙人的姓名或者名称及认缴的出资数额。当然，有限合伙人对合伙企业债务承担有限责任也不是绝对的，当出现法定情形时，有限合伙人也会对合伙企业债务承担无限连带责任。我国《合伙企业法》规定：“第三人有理由相信有限合伙人为普通合伙人并与其交易的，该有限合伙人对该笔交易承担与普通合伙人同样的责任，即对该笔债务承担无限连带责任。”

针对有限合伙企业的特点，《合伙企业法》对有限合伙企业作出了一些不同于普通合伙企业的规定，主要包括：(1)如果合伙协议有约定，有限合伙企业可以将全部利润分配给部分合伙人；(2)除合伙协议另有约定外，有限合伙人可以同本有限

① 王福友：《经济法》，中国人民大学出版社2011年版，第53页。

合伙企业进行交易;(3)除合伙协议另有约定外,有限合伙人可以自营或者同他人合作经营与本有限合伙企业相竞争的业务;(4)除合伙协议另有约定外,有限合伙人可以将在有限合伙企业中的财产份额转让或者出质,而不必经全体合伙人一致同意;(5)作为有限合伙人的自然人在有限合伙企业存续期间丧失民事行为能力的,其他合伙人不得因此要求其退伙;(6)作为有限合伙人的自然人死亡、被依法宣告死亡或者作为有限合伙人的法人及其他组织终止时,其继承人或者权利承受人可以依法取得该有限合伙人在有限合伙人企业中的资格。

(二)特殊的普通合伙企业

特殊的普通合伙企业是指合伙人依照《合伙企业法》第 57 条规定承担责任的普通合伙企业。首先,该条强调特殊的普通合伙企业属于普通合伙企业,是普通合伙企业的一种特殊形式。其次,特殊的普通合伙企业的特殊性体现在合伙人承担责任方面,即合伙人依照《合伙企业法》第 57 条的规定对合伙企业债务承担责任。该条对特殊的普通合伙企业的合伙人承担责任的规定是:一个合伙人或者数个合伙人在执业活动中因故意或者重大过失造成合伙企业债务的,应当承担无限责任或者无限连带责任,其他合伙人以其在合伙企业中的财产份额为限承担责任。合伙人在执业活动中非因故意或者重大过失造成的合伙企业债务以及合伙企业的其他债务,由全体合伙人承担无限连带责任。

关于特殊的普通合伙企业的适用范围,《合伙企业法》第 57 条规定,特殊的普通合伙企业适用于以专业知识和专门技能为客户提供有偿服务的专业服务机构。比如会计师事务所、评估师事务所、建筑师事务所等,即非专业服务机构不能采取特殊的普通合伙企业形式。之所以限定专业服务机构才能采取特殊的普通合伙企业形式,主要是由于其执业的特殊性所决定的。专业服务机构的每项业务之间比较独立,一项业务主要由一个或若干个合伙人完成,其他合伙人不参与,合伙人之间的责任划分得很清楚。

关于特殊的普通合伙企业的法律适用,《合伙企业法》第 57 条第 2 款作了规定。由于特殊的普通合伙企业在本质上是普通合伙企业,其特殊性只是体现在合伙人承担责任方面,因此,特殊的普通合伙企业在设立、企业财产、合伙事务的执行、与第三人的关系、入伙、退伙等方面都与普通合伙企业相同,可以适用该法对普通合伙企业的相关规定,没有必要再对这些内容作出专门规定。

综上所述,合伙是两个或两个以上的民事主体依合伙协议共同出资经营同一目的事业而建立起来的组织。我国不存在严格意义上的“隐名合伙”或“事实合伙”。

第四节　合伙企业的内部关系

一、合伙协议

合伙协议是合伙人就共同经营目的事业所达成的一致意见。它具体载明了合伙的法定主要事项，包括合伙企业的名称和主要经营场所，合伙目的和合伙企业的经营范围，合伙人的姓名及其住所，合伙人出资的方式、数额和缴付出资的期限，利润分配和亏损分担办法，合伙企业事务的执行，入伙与退伙，合伙企业的解散与清算及违约责任等。合伙协议还可以载明合伙企业的经营期限和合伙人争议的解决方式。

合伙协议可以说是合伙企业的“章程”。对于各合伙人来讲，合伙协议是他们的最高法律。合伙协议一经全体合伙人签名、盖章即具法律效力，合伙人依照合伙协议享有权利、承担责任。非经全体合伙人协商一致，合伙协议不得加以变更或解除。一般而言，合伙人的一致意见具有高于合伙协议的效力。也就是说，经全体合伙人协商一致，可以对合伙协议进行修改、补充，但不允许一个或部分合伙人对合伙协议加以变更。

合伙协议与一般的契约有共通之处，但同时也有自己的特点。因一合伙人之给付，系以他合伙人之对待给付为基础，故为双务契约。但合伙契约与通常的双务契约不同。通常的双务契约旨在给付交换，而合伙契约中合伙人对待给付旨在共同事业之经营。[①] 在契约的撤销和解除上，合伙契约也不同于通常的双务契约。如通常的双务契约在履行过程中因可归责于一方不能给付或迟延给付而致契约撤销或解除，还可因意思表示瑕疵而致契约撤销或解除，而这些因素在合伙企业开始经营后不能当然导致合伙契约的撤销或解除。[②]

二、合伙人的出资

合伙是集人合与资合于一体的组织，各合伙人对合伙出资是组成合伙的必然要求。各合伙人都负出资义务，否则不能取得合伙人资格。对于出资的方式、种类则可灵活处理。早在古罗马时期，对于合伙人出资就很灵活，出资的种类不论动产

---

① 梅仲协：《民法要义》，中国政法大学出版社 1998 年版，第 464 页。

② 史尚宽：《债法各论》，中国政法大学出版社 2000 年版，第 690 页。

或不动产、物权或债权、现在的实物或未来的收入、单一物或聚合物，以及劳务、技术都可以用来投资，甚至个人信用亦可作为出资。各合伙人的出资不必相同，也不必相等。出资的份额和对出资的估价，由当事人自由协商并无任何限制。[①]

我国《合伙企业法》规定，合伙人可以用货币、实物、土地使用权、知识产权或者其他财产权利出资；对货币以外的出资需要评估作价的，可以由全体合伙人协商确定，也可以由全体合伙人委托法定评估机构进行评估；经全体合伙人协商一致，合伙人也可以用劳务出资，其评估办法由全体合伙人协商确定。

合伙人应当按照合伙协议约定的出资方式、数额和缴付出资的期限，履行出资义务。各合伙人按照合伙协议实际缴付的出资，为对合伙企业的出资。对于合伙人认缴的出资，在合伙存续期间不得撤出或请求分割。对于这一点似乎不会引起什么争议，但对于合伙期间合伙人能否要求增加出资则看法不一。有学者认为，合伙人出资之义务应以契约为限，如允许合伙人随时增加而不许其半途分割，则必纠纷时起。故纵因损失而致资本短少者，各合伙人既无请求增加出资的权利，亦无增加出资的义务。[②] 这种观点是经不起时代挑战的。现代市场经济的法则是尽量加速资金流转，提高经济效益，同时保障交易安全。现今法律对于公司资本运营也都作了更为宽松的规定，如许多国家对于成立公司所应具备的最低注册资本从原来的法定资本制逐步转向授权资本制。公司注册资本的稳定性应该比合伙财产的稳定性更显重要，尚能灵活处理，合伙人增加或减少出资又有何不可？何况合伙人对合伙债务承担的是无限连带清偿责任，更显得合伙人出资分量要轻。当然合伙人也不能随意增加或减少其出资，须经全体合伙人一致同意方可，这是由合伙本身的性质所决定的。

三、合伙企业的经营

（一）合伙事务的执行

由于合伙企业较强的人合性质，合伙企业经营中的事项原则上应由全体合伙人一致决定，但由于各合伙人之间意见差异往往导致合伙事务难以决断，所以应对合伙事务的决策、执行区别对待。对于那些直接关系到各合伙人利益的重大事项应全体表决授权执行；对于某些事项则可按多数决策原则进行；对于日常事务甚至还可由全体委托个别事务执行人或合伙代表人来执行。这里的事务执行人和合伙代表人实际上是一个概念在不同场合的不同表述，事务执行人是对于合伙人之间

---

① 周枏：《罗马法原论》，商务印书馆 1994 年版，第 729 页。

② 刘清波：《民法概论》，台湾五南图书出版公司 1986 年第 3 版，第 418 页。

的内部关系而言；合伙代表人是合伙人对于第三人的关系而言。但有一点须明确的，那就是不管合伙人内部对于合伙事务执行是如何决定的，如果合伙人以合伙名义同善意第三人交易，其后果自然应归合伙承担。其他合伙人不得以未经授权或全体同意为由对抗善意第三人。也就是说，每一合伙人以合伙名义对外产生的法律关系都视为合伙行为而非合伙人个人行为。至于该合伙人因此给合伙造成的损失怎么处理是合伙内部事务，由合伙契约规范。这就涉及合伙人的权利义务问题。

(二)合伙人的权利义务

这里的合伙人权利义务是指合伙人对于合伙及合伙人相互间的权利义务。

1.合伙人的权利

合伙人的权利主要有：

(1)共同执行权。除合伙契约另有约定外，各合伙人均有执行合伙事务的权利，这一点与公司不一样，公司中的股东一般根据他们所有的资本份额决定其权利。这是因为，所有合伙人都为合伙营业债务负个人责任，合伙人都可能积极参加营业。但在典型的公司中，许多股东不行使经营管理权。再者，无限责任意味着投资相对小得多的合伙人和投资相对多的合伙人负担同样的风险。合伙人的这项权利有的也称之为“等权经营”。我国《合伙企业法》第 26 条至第 30 条规定：各合伙人对执行合伙企业事务享有同等的权利，可以由全体合伙人共同执行。委托一名或者数名合伙人执行合伙企业事务的，其他合伙人不再执行合伙企业事务。不参加执行事务的合伙人有权监督执行事务的合伙人，检查其执行合伙企业事务的情况。由一名或者数名合伙人执行合伙企业事务的，应当依照约定向其他不参加执行事务的合伙人报告事务执行情况以及合伙企业的经营状况和财务状况，合伙人为了解合伙企业的经营状况和财务状况，有权查阅账簿。

(2)利益分配权。合伙企业是各合伙人为经营共同的目的事业而建立起来的组织，赢利通常是每个合伙人的共同追求。盈利的分配方式和比例可以在合伙契约中约定。未加约定的是应按出资比例分配还是应均分，仁者见仁，智者见智。从出资额对合伙企业的贡献上讲，当然是前者；从每个合伙人对合伙债务负同样的无限责任上讲，后者亦有道理。立法上各国大多倾向于前者。除非其本人放弃，任何人不得剥夺合伙人的盈利分配权。盈利分配的时间可由合伙契约约定。一般来讲，合伙企业存续时间较长者，合伙决算和利益分配应于每年度终了进行。暂时性的或短期限的合伙应于合伙解散后进行。

(3)为合伙事务支出费用求偿权。合伙人因合伙事务而支出的费用包括在通常的正当经营中为了维持合伙营业和财产而为的清偿和合理负担的个人债务。但各合伙人共同经营合伙事业既是其权利也是其义务，除另有约定外，合伙人不得因此请求报酬。

2. 合伙人的义务

(1)出资义务。合伙人依约出资是合伙得以建立的前提,也是合伙人的一项首要义务。对于没有按照合伙契约规定的时间、方式和数额出资的,其他合伙人有追缴权,由此给合伙造成损失的,违约者还应承担赔偿责任。

(2)忠实义务。合伙人在涉及其所参加的合伙事业时应本着对合伙负责的态度进行活动。特别是被推举的合伙事务执行人或代表者更应尽心尽责。换句话说,合伙人执行合伙事务之注意应如同执行自己事务之注意。如违背此义务致合伙损害者应负赔偿责任。

(3)竞业禁止。因合伙人个人利益与合伙利益并不常常是完全一致的,如果允许合伙人个人与合伙竞业,就有合伙人损合伙肥个人的可能性。所以各国合伙法大都有竞业禁止的规定。我国《合伙企业法》也有这方面的规定。该法第 32 条规定,合伙人不得自营或者同他人合作经营与本合伙企业相竞争的业务;除合伙协议另有约定或者经全体合伙人同意外,合伙人不得同本合伙企业进行交易;合伙人不得从事损害本合伙企业利益的活动。

四、合伙企业成员的变更

合伙企业是由若干民事主体基于相互信赖而建立起来的组织,具有相对稳定性。但一旦这种信赖关系发生动摇甚至消失,那么合伙企业也就面临着分崩离析。一般来说会产生合伙成员的变更,严重的还会导致合伙终止。当然,合伙成员的变更还会因其他原因而发生。一般来讲,合伙企业成员的变更大致有入伙和退伙两种情况。

(一)入伙

所谓入伙,是指非合伙人加入业已存在的合伙企业,从而取得该合伙企业的合伙人资格的行为。新合伙人入伙须经全体合伙人一致同意,只要有一人不同意则无法加入。这是古今各国立法的一致观点。“因为合伙是基于合意设立的,我的合伙人不能是我不愿意与之合伙的人。”①我国《合伙企业法》第 43 条也作了相同的规定。同时,法律还规定入伙人须与原合伙人订立书面入伙协议。这样,入伙行为方告成立。新合伙人一旦入伙即与原合伙人有着同等的权利和义务,共同享有合伙现存的全部债权,按各自出资的比例获取盈利和负担亏损。入伙协议另有约定的,从其约定。

---

① [意]桑德罗·斯奇巴尼选编:《债·契约之债》,丁玫译,中国政法大学出版社 1994 年版,第 93 页。

关于新合伙人对其入伙前合伙债务的承担问题，各国立法和理论界大都认为新合伙人对合伙原有的债务应承担连带责任。我国《合伙企业法》也如此规定。然而有学者对合伙原有债务承担问题提出了不同的看法：第一，如果入伙前，原合伙人对原合伙进行了清算，对原合伙债务带来的利益进行了分割，重新确定了出资额，原合伙债务即成为原合伙人的个人债务，入伙人则不应承担；第二，入伙后准备在原合伙尚存的债务带来利益的基础上共同经营，尚未来得及出资，共同经营，原合伙人之间就起纠纷导致合伙破裂，入伙人则不应承担。[①] 对于第二种情况，从法理上讲是行得通的，入伙协议成立，入伙行为即为有效，入伙人即应依入伙协议出资并依约享有和承担与其他合伙人同样的权利和义务。也就是说，入伙行为成立是以入伙人对原合伙的债权债务的全部接受为条件的。然而入伙人入伙的目的是与原合伙人共同经营目的事业，在入伙人还未参与合伙目的事业经营，还未分享经营目的事业带来的利益，就凭空招揽了一身债务，显然不符合合伙设立的宗旨，也违背了民法的公平原则。而对于第一种情况则不然。因为虽然入伙前，原合伙人对原合伙进行了清算，对原合伙债务带来的利益进行了分割，重新确立了出资额，但只要在订立入伙协议时，原合伙人如实向入伙人告知了原合伙企业的经营状况和财务状况，入伙人就只有在对原合伙现存的债权债务完全接受的情况下才能加入合伙。在这种情况下，入伙人当然应对原合伙债务承担连带责任。

入伙可分为直接投资入伙、接受转让出资入伙、因继承而入伙三种情况。一般来讲，入伙指的是合伙人以外的其他人直接向合伙投资加入合伙的一种行为。所谓接受转让出资入伙，即合伙人向非合伙人转让其出资，而使该原合伙人丧失合伙人资格，而该非合伙人取得合伙人资格的行为。对于接受转让出资的入伙，并非说只要非合伙人接受了合伙人转让的合伙出资，即获得合伙人资格，还必须符合入伙的法定条件，即入伙须经全体合伙人同意，须签订入伙协议。因合伙人转让其在合伙中的财产份额，其他合伙人有优先受让权，所以合伙人转让其在合伙中的财产份额时常常被其他合伙人所接受。此种行为不能认为是再次入伙行为，而应作为“股份增加”。因继承而入伙在古罗马时期就有规定。彭波尼在《论萨宾》第13篇中写道：“如果某人在成为合伙人的继承人之后，与其他合伙人就遗产问题达成了新的协议，那么，基于这个新协议，该继承人以后所从事的活动，可以享受合伙人之诉的保护。”即合伙人的继承人继承合伙人的遗产后，其本人或其监护人愿意，并与其他合伙人达成一致意见，由该继承人继承被继承人的合伙财产份额及地位，从而使该继承人取得合伙人资格。

---

① 惠安宁：《略论合伙关系中的几个问题》，载《第三届学术讨论会论文选》，人民法院出版社1992年版，第49页。

(二)退伙

所谓退伙是指合伙人脱离合伙企业，丧失合伙人资格的行为。旧的合伙立法及合伙理论大都对合伙人退伙作了严格限制的规定。合伙人不得随意退出合伙，而且规定一旦有一人退伙，则合伙解散。一般不规定退伙的法定事由，而规定有正当理由可提出退伙。而现代合伙立法和理论规定退伙有法定退伙、声明退伙和除名退伙三种。

1.法定退伙

法定退伙是指因法律规定的退伙情形出现而引起退伙的发生的一种退伙方式。我国《合伙企业法》对法定退伙的规定大致沿用大陆法系国家的规定并赋予了新的时代内容，第48条规定："合伙有下列情形之一的，当然退伙：死亡或者被依法宣告死亡；被宣告为无民事行为能力人；个人丧失偿债能力；被法院强制执行在合伙企业中的全部财产份额。"其中，因合伙人死亡或被宣告死亡而引起的退伙常常表现为一种相对退伙的情形，即该合伙人失去合伙人的资格，而其继承人如依合伙协议规定或其余合伙人一致同意却可以继承其合伙人地位和股份而成为该合伙的合伙人。因合伙人被依法宣告为无民事行为能力人也常常不会引起该合伙人的合伙人资格绝对消灭。因为，合伙人之间可约定由其监护人代替行使合伙权利。既然《合伙企业法》规定"(合伙人的)合法继承人为未成年人的(无民事行为能力人或限制民事行为能力人)，经其他合伙人一致同意，可以在其未成年时由监护人代行其权利"，为何就不能规定合伙人被依法宣告为无民事行为能力人后，其在合伙中的权利义务由其监护人代理行使和承担呢？

现代合伙立法规定合伙人不因丧失民事行为能力而丧失其合伙人资格，这具有重要意义：

(1)有利于合伙的稳定。合伙一经成立，即形成一个联系紧密的、相对稳定的组织，如没有特殊情况出现，应尽量维护其整体性和稳定性。其实合伙人丧失民事行为能力，无非就是其本人不能亲自从事合伙事务，但法律规定部分合伙人可不亲自参与合伙事务的执行。而且由其监护人代行其执行的合伙事务并不影响合伙的宗旨及合伙目的事业的实现，何必非要其当然退伙呢？

(2)有利于保护作为弱者的该合伙人的合法权益，合伙人丧失民事行为能力已属不幸，而令其退伙则往往又会使其财产利益受到损失，特别是在合伙事业正兴旺的时候损失更大。

(3)有利于激发民事主体投资的积极性，使资金发挥更大效用。

(4)符合民事代理制度的基本原则。

2.声明退伙

声明退伙即因为合伙人不愿继续执行合伙事务而向其他合伙人提出的退出合伙的意思表示，从而引起该合伙人丧失合伙人资格的退伙方式。如合伙协议未约

定合伙期限，合伙人在不给合伙企业事务执行造成不利影响的情况下，可以随时提出退伙，而无须经其他合伙人同意，但应当提前通知其他合伙人。提前时间的长短由各国立法具体规定。我国《合伙企业法》规定退伙人应提前30日通知其他合伙人。如合伙协议约定了合伙期限，则合伙人不得随意提出退伙。只有合伙人有重大理由才可要求退伙。我国《合伙企业法》规定了四种合伙人可退伙的事由：合伙协议约定的退伙事由出现；经全体合伙人同意退伙；发生合伙人难以继续参加合伙企业的事由；其他合伙人严重违反合伙协议约定的义务。也就是说，发生了以上四种情形之一时，合伙人即可声明退伙，而无须得到他人同意。合伙人一旦退伙，便丧失了该合伙人资格，对于退伙以后合伙的收益无权享有，对于退伙以后合伙的债务也无须承担。引例中李某声明退伙后得到合伙人一致同意，并分割了合伙财产，退伙合法有效。至于合伙企业在其退伙后的收益应当是现合伙人张某、王某共有的，故李某的诉讼请求不能得到法院支持。

3. 除名退伙

除名退伙即合伙人因违反合伙宗旨或协议约定的其他事由，而经其他合伙人一致决定将其开除合伙的一种退伙方式。立法上及学术界有把除名退伙作为法定退伙的一种或把除名作为法定退伙的事由。这是一种误解。因法定退伙事由发生后，会引起依法当然退伙。而除名则是依全体合伙人意志决定的。即便是发生了可以将某一合伙人除名的事由，也并不当然地导致该合伙人被除名。只要其他合伙人不同意将其除名，则其合伙人资格便不会丧失。

无论是法定退伙、声明退伙，还是除名退伙，都将导致合伙人的合伙人资格消灭。如合伙人退伙后，合伙仅剩一名合伙人，还会引起合伙终止。因此退伙需慎重。声明退伙人如违反法律或协议约定，擅自退伙的，应当赔偿由此给其他合伙人造成的损失；被除名人对除名决议有异议的，还可向法院起诉。如除名不当，其他合伙人应赔偿给该被除名人造成的损失。

合伙人退伙，应当与其他合伙人按退伙时的合伙企业财产进行清算，退还退伙人的财产份额。关于退还财产份额的具体办法，有学者主张“不问其出资的种类，应以合伙的现金抵还，不得返还生产资料或其他固定资产”[①]，这显然是一种不切实际的“一刀切”。在确定返还退伙人财产份额时，对于合伙积累的财产，原则上应以现金返还，当然也可以实物返还。凡返还实物或其他财产权份额会给合伙带来不利的，原则上应以现金形式返还。对于退伙人的出资返还，因合伙人出资的方式和种类不同，所以在其退伙时返还出资的方法也就应根据具体情况具体处理：如退伙人原是用劳务出资的，可以参照出资时对该劳务的评估办法以现金返还；如退伙人是以实物出资的，应依合伙协议约定或合伙人商定的办法返还或部分返还实物，

① 戴镦隆、丁岩：《论合伙》，载《法学研究》1986年第5期。

亦可以现金返还；如退伙人原是以土地使用权出资的，如返还该土地使用权会给合伙事业造成重大损失，则退伙人不得要求返还该土地使用权，应依出资时的评估办法以现金返还；如退伙人是以知识产权出资的，则应返还该知识产权，包括合伙不得再使用该知识产权或制造该产品。总的来讲，退还退伙人财产份额的具体办法应在不违反法律的基础上，优先考虑合伙协议，同时尊重当事人之间商定的意见，兼顾公平原则来进行，否则会给合伙或退伙人造成不应有的损害。退伙时，退伙人对其退伙前已发生的合伙债务应承担连带清偿责任，即退伙时，合伙财产不足以清偿合伙债务的，退伙人应依合伙协议约定的比例对不足清偿部分债务承担无限连带清偿责任。

（三）普通合伙人与有限合伙人相互转变

1. 互转程序

有限合伙企业是在全体合伙人协商一致的基础上设立的，拥有有限合伙人身份还是普通合伙人身份，是合伙人自主的选择；在有限合伙企业存续期间，有限合伙人或者普通合伙人出于真实的意思表示，通过全体合伙人的协商，改变自己的合伙人身份，属于合伙人意思自治的范畴，法律上应该是允许的。《合伙企业法》第63条依据这一原则，要求有限合伙企业的合伙协议应当载明有限合伙人和普通合伙人相互转变程序。

有限合伙人和普通合伙人在有限合伙企业中的地位以及权利义务都是不一样的。普通合伙人享有平等执行合伙事务的权利，可以对外代表有限合伙企业，要对有限合伙企业的债务承担无限连带责任。同时，普通合伙人在竞业方面、与本企业交易方面、转让或者出质财产份额等方面都受到较为严格的限制。有限合伙人则不执行合伙事务，不得对外代表有限合伙企业，对有限合伙企业债务仅以其认缴的出资额为限承担有限责任。法律对有限合伙人行为的限制不像普通合伙人那么严格。由于有限合伙人与普通合伙人在法律地位上存在着较大差异，有限合伙企业中合伙人身份的转变必然会对合伙企业以及其他合伙人产生影响。如有限合伙人转变为普通合伙人以后，就可以执行合伙事务，其他合伙人要对其行为负责，必然要重新评估其能力和个人情况；普通合伙人转变为有限合伙人以后，对合伙企业债务只承担有限责任，必然要加重其他普通合伙人的责任。因此，《合伙企业法》对有限合伙企业合伙人身份的转变进行了适当的规范。根据该法第63条的规定，有限合伙企业中普通合伙人转变为有限合伙人，或者有限合伙人转变为普通合伙人，由于会影响全体合伙人的利益，原则上应当经全体合伙人一致同意。同时，合伙人身份的转变毕竟属于有限合伙企业内部的事情，应该允许全体合伙人在平等协商的基础上自主决定。如果合伙协议对合伙人身份的转变另外规定了表决程序，依据该条规定，也是允许的。

2. 互转后的责任承担

《合伙企业法》第83条规定，有限合伙人转变为普通合伙人的，对其作为有限合伙人期间有限合伙企业发生的债务承担无限连带责任。该法第84条同时规定，普通合伙人转变为有限合伙人的，对其作为普通合伙人期间合伙企业发生的债务承担无限连带责任。

(1)有限合伙人转变为普通合伙人后责任承担

在有限合伙企业中，有限合伙人对合伙企业债务仅以其认缴的出资额为限承担有限责任，普通合伙人对合伙企业债务承担无限连带责任，这在法律上是很明确的。当有限合伙人通过身份转变成为普通合伙人时，实际上就产生了同一合伙人在合伙企业存续期间先后具有有限合伙人身份和普通合伙人身份，该合伙人对于有限合伙企业的债务应当如何承担责任，需要法律予以明确。

有限合伙人转变为普通合伙人后，作为有限合伙企业的普通合伙人，应对身份转变后的合伙企业债务承担无限连带责任，这是由普通合伙人的性质决定的。对于身份转变前的合伙企业债务，有限合伙人依据该条规定，也应承担无限连带责任。法律之所以这样规定，是基于以下理由：第一，有限合伙人转变为普通合伙人，实际上相当于新普通合伙人入伙，依照法律规定，新入伙的普通合伙人应该对入伙前的合伙企业债务承担无限连带责任；第二，全体普通合伙人对有限合伙企业债务承担无限连带责任是有限合伙企业法律制度的基本原则，对普通合伙人承担无限连带责任的企业债务范围按时间标准进行区分很难操作，也没有必要；第三，有限合伙人本来就是有限合伙企业的合伙人，对有限合伙企业的经营状况和财务状况是了解的，法律规定其对身份转变前的合伙企业债务承担无限连带责任，并不会增加其风险。

有限合伙人转变为普通合伙人后责任承担的规定属于法律的强制性规定，有限合伙企业的合伙人不能通过合伙协议约定或者以其他方式加以排除。即使有限合伙企业的合伙人约定有限合伙人转变为普通合伙人后对身份转变前的合伙企业债务仅以其出资为限承担有限责任，也不能对抗有限合伙企业的债权人。从现行法律的规定来看，有限合伙人转变为普通合伙人后，实际上就应对合伙企业的所有债务承担无限连带责任。

(2)普通合伙人转变为有限合伙人后责任承担

同有限合伙人转变为普通合伙人的情况类似，普通合伙人转变为有限合伙人，也会产生在有限合伙企业存续期间某一合伙人在不同时间分别具有有限合伙人身份和普通合伙人身份的现象。同样需要法律对该合伙人对有限合伙企业债务的承担问题作出规定。

普通合伙人转变为有限合伙人，按照退伙处理，对基于其退伙前的合伙企业债务承担无限连带责任。这是因为，如果允许普通合伙人转变为有限合伙人后，对身份转变前的合伙企业债务只承担有限责任，可能会产生一定的道德风险，诱使普通合伙人利用身份转变逃避合伙企业债务，减轻自己的责任负担，从而损害债权人利益。因此,《合伙企业法》第83条规定,普通合伙人转变为有限合伙人的,对其作为普通合伙人期间合伙企业发生的债务承担无限连带责任。

普通合伙人转变为有限合伙人后,就具有有限合伙人的身份,对转变后的合伙企业债务只以其出资为限承担有限责任,这是理所当然的,也可能是普通合伙人进行身份转变的目的所在。因此,在有限合伙企业存续期间,发生普通合伙人转变为有限合伙人情况的,该合伙人对合伙企业债务的承担根据债务产生阶段的不同是不一样的:对于身份转变前的合伙企业债务承担无限连带责任;对于身份转变后的合伙企业债务仅以其出资额为限承担有限责任。

第五节　合伙企业的解散与清算

一、合伙企业的解散

合伙企业解散是指由于法律规定的原因或者当事人约定的原因,而使合伙人之间的合伙协议终止,合伙企业的事业终结,全体合伙人的合伙关系归于消灭。合伙企业从宣布解散到最终消灭是一个过程,在合伙企业清算期间,合伙企业的性质、职能发生一定的变化。此时合伙企业的法律地位,我国的《合伙企业法》采用人格存续说,即合伙企业虽已宣布解散,但其独立的民事主体资格至清算结束前依然存在;只是合伙企业的权利能力受到一定的限制,合伙企业的活动范围限于与清算有关的事务,不得从事积极营业活动。

合伙企业得因一定的事由而解散。合伙企业解散的事由,是指致使合伙企业解散的法律事实。合伙企业的解散事由分为两类:一类是任意解散事由,即合伙企业基于合伙人的自愿而解散,《合伙企业法》第85条前三项属于此类;另一类是强制解散事由,即合伙企业基于法律或行政法规的规定而被迫解散。

依照我国《合伙企业法》第85条的规定,合伙企业的解散事由主要包括以下七种:

(一)合伙期限届满,合伙人决定不再经营

合伙人在订立合伙协议时约定了经营期限,且该期限已经届满时,合伙人有权决定是否继续经营。如果合伙人不愿意继续经营,合伙企业存续的基础已不复存在,合伙企业应当按照合伙人的意思表示解散。

(二)合伙协议约定的解散事由出现

合伙协议是全体合伙人意思表示一致的产物,只要不违反法律规定,合伙人有权在合伙协议中自由约定合伙企业的解散事由。当合伙协议约定的解散事由出现

时，合伙企业应当解散。

（三）全体合伙人决定解散

全体合伙人可以基于合意成立合伙企业，自然也就可以基于合意解散它。这是民事权利自治的题中之意。

（四）合伙人人数已不符合法定人数要求满30天

根据《合伙企业法》第14条、第61条的规定，普通合伙企业应当有两个以上合伙人，合伙人为自然人的，应当具有完全民事行为能力；除法律另有规定外，有限合伙企业应当有2个以上50个以下合伙人，且其中至少有一个普通合伙人。合伙企业存续期间，因合伙人退伙等原因导致合伙人的人数不再符合上述要求的，剩余的合伙人应当在30天内寻找新的合伙人入伙或者变更合伙形式，否则，合伙企业应当解散。

（五）合伙协议约定的合伙目的已经实现或者无法实现

合伙企业是合伙人实现某种目的的手段。当合伙的目的已经实现或已经确定无法实现时，合伙企业没有必要继续存在。

（六）依法被吊销营业执照、责令关闭或者被撤销

合伙企业被依法吊销营业执照、责令关闭或者被撤销，都是因为合伙企业存在违法事由被主管机关行政处罚，剥夺了其继续经营的权利。此后，合伙企业作为独立民事主体的资格已经不存在，应当解散。

（七）法律、行政法规规定的其他原因

为了顺应经济社会的发展，其他法律、行政法规可能根据需要对合伙企业解散原因作出规定。设定这个兜底条款，有利于和其他法律、行政法规相协调。

二、合伙企业的清算

合伙企业清算，是指合伙企业解散后，依照法定程序清理合伙企业债权债务，处理合伙企业剩余财产，待了结合伙企业各种法律关系后，向企业登记机关申请注销登记，使合伙企业资格归于消灭的程序。合伙企业清算的目的是保护合伙人和合伙企业债权人的利益，清算是合伙企业终止的必经程序。

（一）清算人及其职责

清算人是指在合伙企业解散过程中依法产生的专门负责合伙企业清算事务的

执行人。需要强调的是，清算人应当作为整体行使职权，而非每个清算人都可以单独行使职权。

1. 清算人的确定

依现行《合伙企业法》的规定，清算人的产生办法如下：

(1)如果合伙人无特别约定，由全体合伙人担任清算人。合伙人是合伙企业的财产所有者，合伙人有权在法律允许的范围内对合伙企业的财产和债权债务关系作出最后的安排。由全体合伙人担任清算人，具有如下优点：一是对合伙人而言，能够使对合伙企业的清算比较客观、公正、全面，从而避免个别合伙人的利益受到损害；二是对合伙企业而言，可以减少清算纠纷，提高清算效率，降低清算成本。

(2)经全体合伙人过半数同意，可以自合伙企业解散事由出现后15日内指定一个或者数个合伙人，或者委托第三人担任清算人。此类清算人的产生必须满足三个条件：一是全体合伙人不担任合伙企业的清算人；二是经全体合伙人过半数同意；三是在合伙企业解散事由出现后15日内指定或者委托。在此种情形下，清算人是基于全体合伙人的信任而执行清算事务的，必须忠实地履行职责。

(3)自合伙企业解散事由出现之日起15日内未确定清算人的，合伙人或者其他利害关系人可以申请人民法院指定清算人。合伙人怠于行使职权，未在法定期间内确定清算人时，法律为其他合伙人和利害关系人提供了一条救济途径，即可以申请法院指定清算人。法院指定清算人时，必须综合考虑合伙企业、全体合伙人和其他利害关系人的合法权益。

上述清算人，无论其产生方式如何，在合伙企业清算期间，都是合伙企业的代表，主持合伙企业的一切清算事务，并对外代表合伙企业参加民事诉讼、仲裁等活动。

2. 清算人的职责

合伙企业的清算，在经济上要公正地处分合伙企业的财产，在法律上要消灭合伙企业的资格，是一项量大且复杂的工作。为保证清算活动的顺利进行，提高清算效率，减少清算损失，维护债权人、合伙人及其他利益相关人的合法权益，有必要明确清算人的职责。合伙企业清算人的职责包括以下六个方面：

(1)清理合伙企业财产，分别编制资产负债表和财产清单。《合伙企业法》第87条所称合伙企业财产是指合伙企业的全部资产，包括固定资产、流动资产、无形资产、递延资产和其他资产。资产负债表是全面反映合伙企业资产、负债和所有者权益的会计报表。财产清单是指合伙企业全部资产的明细表。清理合伙企业财产，就要依照有关财务规则，对合伙企业的财产、债权、债务进行全面清查，分别编制资产负债表和财产清单，提出财产作价的依据，确定财产的清算价值。这是清算人完成其他清算任务的基础。

(2)处理与清算有关的合伙企业未了结事务。与清算有关的合伙企业未了结事务，主要是指合伙企业宣布解散之前已经订立但尚未履行的合同事宜。清算人

可以根据实际情况决定继续履行或者终止履行。终止履行构成违约的，应当承担相应的民事责任，有关违约金、赔偿金应从合伙企业的财产中支付。处理与清算有关的未了结事务，一要有利于尽快了结该事务，二要保护合伙企业债权人的合法利益。

(3)清缴所欠税款。税收是国家财政的重要来源，依法及时足额缴纳税款是合伙企业应尽的义务。合伙企业解散，清算人应当查清合伙企业的纳税事项，发现应当缴纳的税款未缴纳的，应当报请税务机关查实，并依法缴纳所欠的税款。合伙企业在清算过程中产生的税款，清算人也应当依法缴纳。

(4)清理债权、债务。这里所说的债权、债务，既包括约定债权、债务，也包括法定债权、债务。清理债权，主要是受领债务人的清偿，也可以是为收取债权而实行和解、抵销或者转让债权等。清理债务，主要是指以合伙企业的财产清偿债务。

(5)处理合伙企业清偿债务后的剩余财产。剩余财产是指合伙企业的财产在支付清算费用，支付职工的工资、社会保险费用和法定补偿金，缴纳合伙企业所欠税款，清偿合伙企业的债务后所剩余的财产。剩余财产应当依照《合伙企业法》第33条的规定分配，即首先按照合伙协议的约定办理；合伙协议未约定或者约定不明确的，由合伙人协商解决；协商不成的，由合伙人按照实缴的出资比例分配，无法确定出资比例的，由合伙人平均分配。合伙协议不得约定将全部剩余财产分配给部分所有人。

(6)代表合伙企业参加诉讼或者仲裁活动。清算人确定以后，有权就合伙企业的民事权利义务到法院起诉或应诉，到约定的仲裁机构申请仲裁或者参加仲裁活动。清算人在其职权范围内代表合伙企业参加民事诉讼或者仲裁活动受法律保护。

(二)清算期间的债权申报

合伙企业清算的目的和重要内容之一，是清理和了结合伙企业的对外债务，因此，清算人确定后，应当通知合伙企业的债权人尽快申报债权，以便顺利清偿债务。清算人应当自被确定之日起10日内以书面方式通知债权人申报债权，并应当在60日内在报纸上公告合伙企业解散事项和债权申报期限，催促债权人及时申报债权。公告的载体应该是合伙企业债权人可能居住的地域范围内可能见到的媒体或者其他传播方式。

合伙企业的债权人应当自接到通知书之日起30日内，未接到通知书的应当自公告之日起45日内，向合伙企业的清算人申报债权。合伙企业的债权人向清算人申报债权时，应当说明债权的有关事项，特别应当说明债权产生的日期、性质、数额和到期日等事项，并提供诸如合同、借据和其他债权凭证之类的证明材料。清算人应当对申报的债权逐项登记。债权人未提供合法、有效的证明材料的，清算人有权不予登记。

合伙企业的解散并不等于合伙企业立即消灭。合伙企业在清算期间,仍然具有民事主体资格,只是它从事经营活动的权利已经被剥夺,其行为能力限缩为只能在清算目的的范围内活动。在合伙企业解散后,清算人的任务就是尽快结束合伙企业相关的权利义务关系,消灭其民事主体资格,所以,清算人必须依照《合伙企业法》第 87 条的规定履行清算职务,不得从事积极营业活动。否则,如果合伙企业能够在清算人的管理下订立新的合同、发生新的权利义务关系,则与清算的根本目的相违背,不利于社会经济秩序的安定。

(三)清算后剩余财产分配

合伙企业通过清理合伙企业财产、编制资产负债表和财产清单后,确认合伙企业现有的财产大于合伙企业所欠的债务,并能够清偿全部债务的时候,应当按照《合伙企业法》第 89 条规定的清偿顺序进行清偿:

1. 支付清算费用。清算费用包括合伙企业财产的评估、保管、变卖和分配等所需要的费用,发布合伙企业解散公告所需费用,清算人的报酬,委托注册会计师、律师的费用以及诉讼费用、仲裁费用等。

2. 支付职工工资、社会保险费用和法定补偿金。

3. 缴纳税款。合伙企业在解散之前可能存在未及时缴纳的税款,在清算过程中也可能产生新的纳税项目。税收是国家财政的重要来源,依法及时足额缴纳税款是合伙企业应尽的义务。

4. 偿还合伙企业的其他债务。合伙企业的其他债务,包括有担保债务和无担保债务。对于有担保债权,债权人对担保物享有优先受偿权;对于无担保债权,只能在合伙企业的财产清偿了前述所有的债务后,始得清偿。

5. 将合伙企业的剩余财产分配给合伙人。剩余财产是指合伙企业的财产在清偿前述各项后所剩余的财产。对此剩余财产,应按照《合伙企业法》第 33 条的规定进行分配,即首先按照合伙协议的约定办理;合伙协议未约定或者约定不明确的,由合伙人协商解决;协商不成的,由合伙人按照实缴的出资比例分配;无法确定出资比例的,由合伙人平均分配。

需要强调的是,《合伙企业法》第 89 条规范的是合伙企业总资产大于合伙企业所欠的债务时的清偿顺序。在此种情形下,清算费用、职工工资、社会保险费用、法定补偿金、所欠税款、普通债务都能得到完全、有效的清偿,对这些项目的清偿顺序清算人可以自由决定。所以,该条规范的并非上述前四项的清偿顺序,而是前四项债权与合伙人分配合伙企业财产的顺序问题,即合伙企业的一切债权都应当优先于合伙人的分配财产请求权,只有上述所有债权都得到清偿后,才可以分配合伙企业的财产。虽然合伙企业的普通合伙人要对合伙企业的债务承担无限连带责任,即使经过注销登记,甚至经过破产程序之后也不能免责,但是,合伙人在清偿合伙企业债务之前分配合伙企业财产,是严重违背效率原则的。从实际情况来看,如允

许合伙人先分配合伙企业财产，更便利了合伙人分配完合伙企业财产后潜逃，使债权人无从追索。因此，该条规定了“先偿债，后分配”的原则。

司法考试真题链接

1. 张某向陈某借款50万作为出资，与李某、王某成立一家普通合伙企业。两年后借款到期，张某无力还款。对此，下列哪些说法是正确的？（2010年司法考试真题）

A. 经李某和王某同意，张某可将自己的财产份额作价转让给陈某，以抵销部分债务

B. 张某可不经李某和王某同意，将其在合伙中的份额进行出质，用获得的贷款偿还债务

C. 陈某可直接要求法院强制执行张某在合伙企业中的财产以实现自己的债权

D. 陈某可要求李某和王某对张某的债务承担连带责任

2. 甲、乙因离婚诉至法院，要求分割实为共同财产而以甲的名义对丙合伙企业的投资。诉讼中，甲、乙经协商，甲同意将其在丙合伙企业中的财产份额转让给乙，法院对此作出处理。下列哪些选项是正确的？（2010年司法考试真题）

A. 其他三分之二以上合伙人同意转让的，乙取得合伙人地位

B. 其他合伙人不同意转让，在同等条件下行使优先受让权的，可对转让所得的财产进行分割

C. 其他合伙人不同意转让，也不行使优先受让权，但同意甲退伙或退还其财产份额的，可对退伙财产进行分割

D. 其他合伙人对转让、退伙、退还财产均不同意，也不行使优先受让权的，视为全体合伙人同意转让，乙依法取得合伙人地位

3. 甲、乙、丙三人合伙开办电脑修理店，店名为“一通电脑行”，依法登记。甲负责对外执行合伙事务。顾客丁进店送修电脑时，被该店修理人员戊的工具碰伤。丁拟向法院起诉。关于本案被告的确定，下列哪一选项是正确的？（2010年司法考试真题）

A. “一通电脑行”为被告

B. 甲为被告

C. 甲、乙、丙三人为共同被告，并注明“一通电脑行”字号

D. 甲、乙、丙、戊四人为共同被告

4. 关于合伙企业的利润分配，如合伙协议未作约定且合伙人协商不成，下列哪一选项是正确的？（2010年司法考试真题）

A. 应当由全体合伙人平均分配

B. 应当由全体合伙人按实缴出资比例分配

C. 应当由全体合伙人按合伙协议约定的出资比例分配

D. 应当按合伙人的贡献决定如何分配

5. 普通合伙企业合伙人李某因车祸遇难，生前遗嘱指定16岁的儿子李明为其全部财产继承人。下列哪一表述是错误的？（2009年司法考试真题）

A. 李明有权继承其父在合伙企业中的财产份额

B. 如其他合伙人均同意，李明可以取得有限合伙人资格

C. 如合伙协议约定合伙人必须是完全行为能力人，则李明不能成为合伙人

D. 应当待李明成年后由其本人作出其是否愿意成为合伙人的意思表示

6. 甲是某有限合伙企业的有限合伙人，持有该企业15%的份额。在合伙协议无特别约定的情况下，甲在合伙期间未经其他合伙人同意实施了下列行为，其中哪一项违反《合伙企业法》的规定？（2009年司法考试真题）

A. 将自购的机器设备出租给合伙企业使用

B. 以合伙企业的名义购买汽车一辆归合伙企业使用

C. 以自己在合伙企业中的财产份额向银行提供质押担保

D. 提前一个月通知其他合伙人将其部分合伙份额转让给合伙人以外的人

第四编

破产法

LAW

第十二章　破产法概述

【引　例】

浙江天听纸业有限公司主要从事机制纸的制造和销售业务，注册资金为1000 万元。由于对外投资失误及大量举借民间资金，至 2009 年 6 月，公司负债 70390 万元，净资产为 33301 万元，且不能清偿到期债务。2009 年 8 月 18 日，天听纸业以公司资产不足以清偿债务并缺乏对到期债务的清偿能力为由向法院提出破产重整申请。法院经审查认为，天听纸业具有较为深厚的市场基础和纸品生产经验，尽管受宏观经济恶化及债务负担过重的不利影响，2008 年仍实现 2.75 亿元的销售收入，若债权人能减免利息，乃至减免借款本金，预计有一定的利润清偿债权，具有重整的可能性。2009 年 9 月 1 日，法院裁定天听纸业重整。2009 年 12 月 3 日，第一次债权人会议召开，除出资人组外，其他债权人组均通过了以普通债权人根据自己的意愿可以选择债转股或减债清偿，原出资人向选择债转股的债权人无偿转让股权为主要内容的重整计划草案。2010 年 1 月 18 日，法院依法裁定批准重整计划，重整程序终结。[①]

第一节　破产与破产法律制度

一、破产的概念

破产是商品经济发展到一定阶段必然产生的一种经济和社会现象。但在不同的语境下，对破产之含义的解读不同。通常，“破产”指的是一种事实状态，表现为当事人陷入经济上严重亏损、财务上无以为继的境地，其结果是“丧失全部财产”[②]。而法律意义上的破产，指的则是如引例中财务困境下实现债务公平清偿的一种制度。

① 详见浙江浦江县人民法院(2009)金浦商破字第 2 号民事裁定书。

② 《现代汉语词典》，商务印书馆 2012 年第 6 版，第 1007 页。

破产制度发源于古代欧洲，有学者认为可以追溯至《十二铜表法》或《汉穆拉比法典》。[①] 但是完整意义上的破产制度，应当是始于罗马法。一般认为，公元前 118 年罗马法开始推行的“概括继受”或者“财产趸卖”[②]程序是破产清算程序的雏形。根据该程序，罗马执政官应债权人的申请，对不能向人数众多的债权人清偿的债务人（自然人）的财产进行接管，选举财产拍卖人，把债务人的全部财产公开趸卖，以卖价所得清偿债务。中世纪后期，地中海沿岸地区商品贸易发达，当一些商人或手工业者无力清偿债务时，其债权人就按照惯例砸烂其板凳，以宣示其经营失败，称为 broken bench，此即为“破产”（bankruptcy）一词的来源。[③]

早期的破产以清算为基本目的，强制地将债务人的财产加以变卖并在债权人中间进行公平分配，其结果必然是债务人解体。在企业破产的场合，破产清算可以导致企业法律人格的消灭和出资人权益的丧失。自 20 世纪 70 年代以来，现代意义上的“破产”概念不再与“倒闭清算”相等同，而是加入了破产拯救的内容，破产程序也因此负起救助债务人特别是拯救困境企业的任务。破产概念也因此经历了一个由狭义向广义演变的过程。狭义的破产，专指债务人丧失偿债能力时，法院根据当事人的申请将破产财产公平分配给全体债权人的清算程序，即清算型破产；广义的破产还包括预防型破产，即法院应当事人申请，对不能清偿到期债务的债务人实施的、以挽救和再建为目的的债务清理程序（如和解程序、重整程序），它兼具破产清算和破产拯救的目的。前述引例就是一个已经具备破产原因但仍有经营能力的企业，通过破产法规定的重整程序摆脱债务困境，实现重生的典型案例。该案中，债务人是一家拥有员工 1080 名的中型企业，也是当地的一个纳税大户。从申请的情况来看，企业所负债务虽然已经远远超过资产，但主要是因为投资不当及大量借用高息民间资金所致，其本身的生产经营运行还是比较正常的，如若企业能摆脱长期不合理的财务成本负担，尚有获得重生的机会。而如果让其破产清算，最终不仅是债权人无法充分实现债权，债务人也会因清算而注销，员工因此失业，对当地经济的发展及社会的稳定都会造成一定的冲击。正是考虑到这些情况，本着平衡各方利益、保护企业的原则，法院决定受理天听纸业的重整申请，希望通过重整计划的执行来实现清理企业债权债务的目的，随着重整计划的顺利推进，企业从原来生产经营不佳、员工队伍不稳开始步入正常经营轨道，各项财务指标均取得良好业绩。在实现债权人利益最大化、维护社会稳定、促进地方经济健康发展等方面发挥了积极作用。

除非另有说明，本书所使用的破产概念应作广义的理解，是就债务人的全部财产实行概括性清算程序以及对债务人进行挽救再建的债务清理程序的统称。

---

① 柴发邦：《破产法教程》，法律出版社 1990 年版，第 1 页。

② 周枏：《罗马法原论》，商务印书馆 1994 年版，第 869 页。

③ 详见范健、王建文：《破产法》，法律出版社 2009 年版，第 2～3 页。

二、破产法的概念和性质

(一)破产法的概念

破产法是指在债务人出现破产原因时,由法院宣告其破产并对其全部财产进行清理、分配或由债务人与债权人会议达成和解协议、进行企业重整,以避免破产的法律规范的总称。

破产法有形式与实质之分。形式意义上的破产法专指破产法典,例如我国的《破产法》;实质意义上的破产法则还包括其他法律、法规、行政规章、司法解释中调整破产关系的法律规范,如《公司法》《保险法》《合伙企业法》等立法中有关企业破产的规定。从内容来看,破产法律规范主要包括破产程序规范、破产实体规范和破产罚则。

破产法是规范破产程序,公正审理破产案件,保护各方当事人合法权益及维护市场经济秩序的法律。[①] 它的立法意义可以归纳为以下几个方面:首先,对于债权人来说,通过破产程序的规范和保护,可以使他们的债权请求得到公正的待遇,避免了在缺乏公平清偿秩序的情况下可能受到的损害。这也是破产法作用的最集中体现。其次,对于债务人来说,破产制度不仅可以使债务人从烦琐的个别诉讼和执行程序中解脱出来,还可免除其对剩余债务的清偿责任;债务人甚至可以在破产程序中通过和解、重整等措施清偿债务并避免最终破产。最后,对于整个社会经济来说,规范的破产法律制度不仅是妥善处理破产事件、维护正常的债务清偿秩序的保障,也可以最大限度地减少企业破产所带来的消极影响,维护社会安定。破产法以破产清算、重整等程序为基础,构筑了市场竞争的优胜劣汰机制,从而最有效地实现资源的优化配置,促进社会经济发展。

(二)破产法的性质

与其他相关法律比较,破产法具有如下性质:

1. 破产法是债务清偿法与企业法的结合。破产法的主要适用对象为商事企业。就企业破产而论,破产法担负着双重的任务:公平清理债务和治理困境企业。一方面,破产法通过清算程序淘汰落后企业,将其现有财产变价或分配到更能有效地利用资源的企业手中,实现市场竞争中的企业优胜劣汰;另一方面,破产法设有重整、和解等企业拯救制度,为那些一时陷入债务困境的企业提供解困复兴的机制。当然,这两种方案都应当有助于债权人间的公平分配,甚至应为债权的实现提

---

① 王卫国:《破产法精义》,法律出版社 2007 年版,第 1 页。

供更为有利的条件。破产法应当尽可能求得债务清偿法目标与企业法目标之间的统一。

2.破产法是实体法与程序法的结合。从破产法的基本内容来看，既有实体性法律规范，如破产原因、破产财产、破产债权、别除权、抵销权等内容，也有程序性法律规范，如破产申请与受理、管辖、破产宣告、破产财产的清理分配、和解与重整等内容，还包括对破产犯罪等违法行为的处罚、债务人的免责等罚则部分的内容。破产法结合这几个部分的内容，通过一定的法律程序清理债务、挽救企业，确保有关当事人的实体权利义务得以实现。

3.破产法兼具公法与私法的性质。在破产程序中，同时存在着国家干预和当事人自由意志的空间，但它们有各自不同的活动范围。其中，债权人自治原则最能体现当事人的自由意志在破产程序过程中的作用。有关债权人实体权利的问题，主要由债权人自己决定。与此同时，基于企业破产事件对于债权人之外的其他人（如职工）及社会经济秩序的影响，破产法也给司法机关的干预划定了合理的活动范围。例如，在债权人会议无法就破产财产的分配方案作出决议的情况下，法院可以径行裁定是否执行该方案。

总之，破产法所解决的债务清理和企业复兴问题，是一个涉及多种社会关系和多方利益诉求，同时又关系到社会的经济发展和政治安定的问题。因此，作为一个独立的法律部门，破产法天然地负载多重的目标，需要运用多种法律机制进行综合调整，这就决定了它的法律性质的多重性。

第二节 破产法的立法原则

破产法的立法原则，是对各国破产法核心内容的高度概括，反映着一国破产法的立法现状和发展趋势。受本国政治、经济、文化和法律传统的影响，各国的破产立法在适用范围、破产财产的构成、破产宣告的效力等方面实行不同的立法原则，呈现出不同的立法模式。这些主要原则可以归纳为：

一、商人破产主义和一般破产主义

这是依破产法的适用范围不同所作的划分。商人破产主义是指破产法只适用于商人而不适用于非商人的立法原则。这一原则起源于法国商法典，法国法系的大多数国家均继承了商人破产主义的立法传统，将破产制度视为商人特有的制度。一般破产主义是指破产法无论对商人抑或对非商人均得适用。这一原则为近代英

国、德国立法所采纳,成为现代破产立法的趋势。依此原则,所有不能清偿债务的自然人、法人甚至遗产,均可被宣告破产。

二、自力救济主义和公力救济主义

这是依债权人救济权源不同所作的划分。自力救济是指债权人依靠自己的力量占有、变卖债务人的财产而自我受偿的行为。破产法意义上的自力救济主义源于古代罗马法的债务执行制度,后为中世纪许多国家所继受。公力救济是指完全由法院占有、变卖债务人的财产而对债权人进行分配的制度。在这种体制下,破产事务完全由法院或法院选任的破产管理人来处理。由于自力救济易导致债权人权利滥用,而公力救济则使公共权力过分侵犯个人意志,近现代各国破产法往往实行公力救济与自力救济相结合,即在法院监督下的债权人自力救济。

三、职权主义、申请主义和折中主义

这是依破产程序启动方式的不同所作的分类。职权主义是法院可不依当事人申请,一旦查明债务人有不能清偿的事实,即可依职权启动破产程序的立法原则。这主要是因为早期人们立法观念上视破产为犯罪,因此对破产事务进行管辖是法院的职权。近现代的破产法则认为债务人破产仅涉及债务人与债权人间的"私权"利益,并不当然产生危害社会的后果,国家不应过多干涉。因此规定破产程序的开始须由当事人提出申请,否则法院不能主动作出破产宣告,此即为破产申请主义立法原则。但这一原则也有不足之处,当债务人无清偿能力又无人申请其破产时,法院如不依职权干预,就无法充分保障全体债权人的公平受偿。折中主义由此应运而生,它是指破产程序原则上需依当事人的申请开始,但在特殊情况下(比如个别诉讼中的债务人存在破产原因时)法院得依职权作出破产宣告。

四、破产程序受理开始主义和宣告开始主义

这是依破产程序的启动时间不同所作的划分。破产程序受理开始主义是指破产程序以法院受理破产案件为标志,而不论是否对债务人宣告破产。根据这种立法例,破产程序一般包括受理程序、审理程序、宣告程序和分配清算程序等。英美法系国家的破产法普遍遵循这种立法原则。破产程序宣告开始主义,是指破产程序的开始以对债务人的破产宣告为标志。在这种立法原则下,破产程序主要包括破产宣告程序和分配清算程序。大陆法系多数国家采用此种立法原则。

五、和解前置主义与和解分离主义

这是依破产清算程序与作为破产预防之和解程序之间的关系不同所作的划分。和解前置主义是指于申请宣告债务人破产前,应先行和解,只有在和解不成立时才可宣告债务人破产。英国破产法就采此原则。和解分离主义是指破产程序与和解程序相互独立并且分离,并无前后置关系,债权人可以自由选择申请和解或破产。大陆法系多数国家采用和解分离主义的立法原则,甚至有些国家还将二者分别立法。

六、破产宣告溯及主义与破产宣告不溯及主义

这是依破产宣告的时间效力不同所作的分类。破产宣告溯及主义是指破产宣告不仅具有往后效力,而且其效力溯及破产宣告前临界期间内债务人的行为而使之归于无效。这是为了防止或纠正债务人所实施的诈害债权人一般利益的行为,维护破产程序公平受偿宗旨而创设的制度。破产宣告不溯及主义则主张破产宣告的效力仅自破产宣告时发生,破产宣告前债务人有害于债权人的行为,通过设定撤销权或追回权等制度加以调整。

七、破产普及主义与破产属地主义

这是依破产宣告的地域效力不同所作的分类。破产普及主义主张破产宣告的效力不仅及于域内,而且及于域外,即一国法院所作的破产宣告,不仅及于破产人在宣告国的财产,而且及于其在国外的财产。这一原则体现了"一人一破产"的理念,有利于保障破产债权人的利益,为许多发达国家所主张。但它也忽视了各国主权原则及经济利益的差异,内国法院的破产宣告实际上很难得到他国的承认。破产属地主义,则指一国法院所作的破产宣告仅仅及于破产人在宣告国的财产。属地主义将破产宣告的效力限制在一国之内,这就使得破产人存在二次破产的可能。

八、破产财产固定主义与破产财产膨胀主义

这是依破产财产的范围不同所作的分类。固定主义是指破产财产仅以破产宣告时债务人的财产为限,不包括破产人在破产宣告后新取得的财产;膨胀主义则主张破产财产的构成不以破产宣告时破产人的财产为限,凡于破产程序终结前归属于破产人的所有财产均属于破产财产。一般认为,固定主义与膨胀主义的区分,只对自然人破产的情形才有意义。

九、破产免责主义与破产不免责主义

这是依破产人于破产终结后对剩余债务的清偿责任不同所作的分类。破产免责主义是指破产人在破产程序终结后，符合一定条件并经法院许可，对债权人未依破产程序受偿的债权不再负清偿责任。破产不免责主义则与此相反，主张破产程序终结后所残留之债务不因破产程序终结而消灭，债务人对剩余债务仍负有清偿责任。此分类一般只适用于自然人被宣告破产的情形，对法人破产并无实际意义。

十、破产惩戒主义与破产非惩戒主义

这是依破产程序对债务人人身权利的影响不同所作的分类，适用于自然人破产的情形。惩戒主义以限制或剥夺破产人的人身自由和具有人身性质的权利（如出任公职或企业高级职位）为破产事件的必然结果。这种限制只能在具备法定条件时通过复权程序才能予以解除，因此含有惩罚之意。非惩戒主义是指破产程序仅针对债务人的财产进行，对债务人的人身不予以任何公法或私法上的限制。破产惩戒主义古已有之，但随着文明的进步，各国破产法已经逐渐转向非惩戒主义，主张给债务人重新开始的机会。

第三节　我国的破产法

一、我国破产立法的历史概况

我国破产法始自清末大规模的变法过程。1906 年（清光绪三十二年）5 月，由商务部起草并经沈家本、伍廷芳共同审定的《破产律》获准颁行，《破产律》共计 9 节 69 条，采商人破产主义，非商人也可参照办理；破产程序的进行均由地方官主持办理，商会辅之。该法在 1908 年被废止。

民国期间，自 1915 年起，政府曾多次制定、颁布破产法，其中比较重要的是 1935 年 10 月施行的破产法。当时，由于局势动荡，农村经济面临衰落的危机，工商业倒闭事件屡屡发生，为适应社会对破产清算程序的需求，破产法规定了总则、和解、破产、罚则等 4 章，共 10 节 159 条。该法采一般破产主义，将破产清算程序与破产和解程序集于一法，程序的发动采申请主义，并辅以职权主义，对破产人实行非惩戒主义和免责主义。该法经 1937 年和 1980 年的局部修改，即为我国台湾地区现行“破产法”。

新中国成立后长期实行高度集中的计划经济，破产法律制度赖以产生和存在

的土壤被破坏，破产法律长期被束之高阁。20 世纪 80 年代，随着经济体制的转变和企业法人制度的逐步确立，破产法律制度的建立被提上议事日程。1984 年企业破产法起草小组成立，与此同时，企业破产制度的试点在沈阳、武汉、重庆等地进行，一批地方性的破产法规和规定相继制定。全国性统一的破产立法即《中华人民共和国企业破产法(试行)》于 1986 年 12 月 2 日第六届全国人大常委会第十八次会议通过，适用对象为全民所有制企业。为解决其他企业的破产法律调整问题，1991 年 4 月 9 日七届全国人大四次会议通过施行的《中华人民共和国民事诉讼法》专设"企业法人破产还债程序"一章，对非国有企业法人的破产事宜作出规定。《企业破产法(试行)》的颁布，对于促进当时经济体制改革的进一步深入，改善企业经营管理状况，提高劳动生产率以及转变就业观念等都起到了巨大的推动作用。

《企业破产法(试行)》制定于计划经济时期，仅有 6 章 43 个条文，《民事诉讼法》中"企业法人破产还债程序"章共计只有 8 个条文，过于简单且不便实务中的操作。虽然最高人民法院先后于 1991 年 11 月和 1992 年 7 月分别印发了《关于贯彻执行〈中华人民共和国破产法(试行)〉若干问题的意见》和《关于适用〈中华人民共和国民事诉讼法〉若干问题的意见》，就破产实践中可能遇到的问题作了司法解释，但随着我国市场经济体制目标的确立和改革的不断深入，已有的破产法律制度远远不能满足经济发展的需要，制定一部新的破产法成为各界的共识。

1994 年 3 月，全国人大财经委员会根据八届全国人大常委会立法规划的要求，着手组织《企业破产法》的起草工作。1995 年 9 月，《企业破产法(草案)》提交全国人大常委会，但未被正式审议。之后，《企业破产法》又被列为八届、九届全国人大的立法规划，并最终于 2006 年 8 月 27 日在第十届全国人民代表大会常务委员会第二十三次会议中获得通过，并于 2007 年 6 月 1 日生效。此后，最高人民法院分别于 2007 年 4 月 12 日、4 月 25 日通过《最高人民法院关于审理企业破产案件指定管理人的规定》《最高人民法院关于审理企业破产案件确定管理人报酬的规定》以及《最高人民法院关于〈中华人民共和国企业破产法〉施行时尚未审结的企业破产案件适用法律若干问题的规定》等司法解释。2007 年 10 月 28 日，第十届全国人民代表大会常务委员会第三十次会议通过《关于修改〈中华人民共和国民事诉讼法〉的决定》，删除原《民事诉讼法》第 19 章"企业法人破产还债程序"。2011 年 8 月 29 日和 2013 年 7 月 29 日，最高人民法院分别通过《关于适用〈中华人民共和国企业破产法〉若干问题的规定(一)、(二)》[以下分别简称为破产法司法解释(一)和破产法司法解释(二)]，对人民法院受理破产案件适用法律和债务人财产认定问题作出司法解释。由此，以《企业破产法》为主，以相关司法解释为辅的破产规范体系得以确立。

二、《企业破产法》的立法特点

《企业破产法》历经十多年的酝酿和制定过程，全面回顾和检讨《企业破产法(试行)》的实施效果，参考世界上其他国家的破产法改革和发展进程，结合我国改革背景下的经济情势和企业运行机制的特性和需求，通过较为健全和完善的破产法律制度来规范企业破产程序，对于公平清理债权债务，保护债权人和债务人的合法权益，维护社会主义市场经济秩序具有重要意义。《企业破产法》在理念和制度方面有诸多创新和突破，充分反映了其立法特色：

(一)扩大破产法适用范围，赋予非法人组织以破产能力

根据《企业破产法》第 2 条的规定，破产法的适用范围扩大到所有的企业法人，由破产法和民事诉讼法分别处理不同所有制企业法人破产事务的局面不复存在。同时，该法的附则部分还规定“其他法律规定企业法人以外的组织的清算，属于破产清算的，参照适用本法规定的程序”。

(二)统一破产原因，平等对待不同破产主体

我国原有的《企业破产法(试行)》和《民事诉讼法》之“破产程序”章对国有企业和非国有企业适用不同的破产原因，但《企业破产法》第 2 条将“不能清偿到期债务，并且资产不足以清偿全部债务或者明显缺乏清偿能力”作为所有企业法人统一的破产原因，体现了对所有破产主体的平等对待。

(三)增设了重整制度，实行和解程序、重整程序与清算程序的分离

重整是一种再建型的债务清偿程序，目的是给债务人一个自我拯救和复兴的机会。它不同于原破产法中的整顿程序，能够更有效地实现破产法重视企业拯救的功能。同时，《企业破产法》还调整了不同破产程序的适用关系，规定相关当事人在具备法定条件的前提下，可以直接提出破产申请，也可以依法直接提出破产和解或者重整的申请，体现了我国破产法所实行的破产与拯救相结合的原则。

(四)引入破产管理人制度，实行债权人自治

《企业破产法》废除了旧法中的清算组制度，引入了国际通行的破产管理人制度，规定管理人主要由律师事务所、会计师事务所、破产清算事务所等中介结构来担任，按照市场化的方式进行运作。这就基本遏制了政府通过清算组织向破产案件施加不正当影响的情形，使法院对破产案件的处理更加符合专业化的要求；同时，由管理人依照法律规定和市场规则对债务人的财产和破产事务进行保护和管理，更有利于债权人对破产程序的进行展开监督，以充分贯彻债务人自治原则，实

现破产债权的有序清偿。

(五)强化破产责任,制裁破产违法行为

《企业破产法(试行)》规定了破产违法行为的法律责任,包括对债务人的法定代表人和直接责任人员给予行政处分,构成犯罪的追究刑事责任。但由于相关法律制度不健全,其实际执行的效果并不好。针对这种情况,《企业破产法》在删除没有实际效用的行政责任的基础上,强化了企业管理者的责任机制,对企业破产负有责任的高层管理人员,不仅依法承担民事甚至刑事责任,还可能被依法限制其任职资格。同时,《刑法修正案(六)》第 6 条也配合破产法,规定了破产欺诈行为的刑事责任,确立了完整的破产责任体系。

三、《企业破产法》的适用效力

(一)对人效力

破产法的对人效力是指破产法对哪些人适用或有效,它涉及对债务人破产能力的规定。根据现行的《企业破产法》,有关其适用对象的规定分为三种情况:(1)企业法人。《企业破产法》第 2 条规定:"企业法人不能清偿到期债务,并且资产不足以清偿全部债务或者明显缺乏清偿能力的,依照本法规定清理债务。"(2)金融机构等特殊主体。《企业破产法》第 134 条规定:"商业银行、证券公司、保险公司等金融机构有本法第二条规定情形的,国务院金融监督管理机构可以向人民法院提出对该金融机构进行重整或者破产清算的申请。国务院金融监督管理机构依法对出现重大经营风险的金融机构采取接管、托管等措施的,可以向人民法院申请中止以该金融机构为被告或者被执行人的民事诉讼程序或者执行程序。金融机构实施破产的,国务院可以依据本法和其他有关法律的规定制定实施办法。"第 133 条规定:"在本法施行前国务院规定的期限和范围内的国有企业实施破产的特殊事宜,按照国务院有关规定办理。"这是因为金融机构破产和国有企业的政策性破产涉及一些特殊问题,需要有一些具体的规定来办理。(3)其他组织。《企业破产法》第 135 条规定:"其他法律规定企业法人以外的组织的清算,属于破产清算的,参照适用本法规定的程序。"一般认为,这里所指的"其他组织"以企业为主,但不限于企业,可以涵盖合伙企业、农民专业合作社、民办学校等组织。[①]

(二)时间效力

破产法的时间效力是指破产法生效的时间范围以及新法的溯及力问题。《企

---

① 王欣新:《破产法》,中国人民大学出版社 2007 年版,第 34 页。

业破产法》第136条规定:“本法自2007年6月1日起施行,《中华人民共和国企业破产法(试行)》同时废止。”2012年新修改的《民事诉讼法》也删除了原第19章规定的“企业法人破产还债程序”,最高人民法院《关于适用〈中华人民共和国民事诉讼法〉若干问题的意见》的相关条款因此也已废止。

另外,为了解决破产法的新旧适用衔接问题,最高人民法院出台了《关于〈中华人民共和国企业破产法〉施行时尚未审结的企业破产案件适用法律若干问题的规定》。根据这一规定可以认为,《企业破产法》中的一些程序性规范在特定情况下可以具有溯及力,而实体性规范则不可溯及适用。[①]

(三)空间效力

破产法的空间效力是指破产法生效的地域范围。《企业破产法》第5条规定:“依照本法开始的破产程序,对债务人在中华人民共和国领域外的财产发生效力。对外国法院作出的发生法律效力的破产案件的判决、裁定,涉及债务人在中华人民共和国领域内的财产,申请或者请求人民法院承认和执行的,人民法院依照中华人民共和国缔结或者参加的国际条约,或者按照互惠原则进行审查,认为不违反中华人民共和国法律的基本原则,不损害国家主权、安全和社会公共利益,不损害中华人民共和国领域内债权人的合法权益的,裁定承认和执行。”换言之,新法采取的是有限制的普及主义原则,破产债务人在我国境内外的财产都要依破产法的规定处理;同时在符合法律规定的情况下,我国也承认和执行外国法院作出的具有法律效力的破产裁决或裁定。

① 汤玉枢:《商法学》,厦门大学出版社2009年版,第198页。

第十三章 破产实体规范

【引 例】

原道公司因长期经营不善，拖欠债务，于 2008 年被债权人申请破产，同年 3 月 1 日人民法院依法裁定受理破产申请，并指定东朝破产清算事务所为管理人。在法院确定的期限内，共有多名债权人前来申报债权，其中包括：(1)某银行曾向原道公司提供为期三年的贷款，本金 200 万，年利率 10%，尚有 1 年到期，该债权由企业所有的一幢价值 300 万元的厂房抵押担保；(2)天企公司对原道公司主张享有 500 万的债权。另外，经管理人清理，发现原道公司对天企公司享有债权 150 万元，同时还租用了天企公司的一辆丰田轿车；公司在 2007 年 8 月主动放弃了对民安公司的到期债权 100 万元。

第一节 破产财产

一、破产财产概述

破产财产制度是破产程序中的一个关键问题，也是破产程序进行的前提和基础。对破产财产的界定，关系到破产人能否受到公平清算，也关系到破产债权的实现程度。因此，破产法上的许多制度均是围绕着破产财产的界定和分配而展开的。

英美法系国家破产法上的破产财产，区别于“破产人的财产”，仅指用于破产分配的、属于破产人所有的财产，不包括那些由破产人支配但不能强制扣押和执行的“自由财产”；而大陆法系国家则多使用“破产财团”的概念，例如《日本破产法》第 34 条第 1 款规定“破产人在破产程序开始时具有的一切财产，作为破产财团”。

在我国，为了区别和解、重整和清算等不同的破产程序，在不同的程序阶段分别使用“债务人财产”和“破产财产”的概念。依《企业破产法》第 30 条的规定，债务人财产是指破产案件受理时属于债务人的全部财产，以及破产申请受理后至破产程序终结前债务人取得的财产。该法第 107 条第 2 款又规定：“债务人被宣告破产后，债务人财产称为破产财产。”由此可见，我国破产法上的“破产财产”是“债权人

财产”的下位概念，仅限于在破产清算程序中使用。但也有学者认为，由于我国破产法采取的是广义的破产概念，将不同破产程序中债务人的财产统称为破产财产并无问题，在广义范围上使用破产财产概念并不会导致概念混淆。[①]

二、破产财产的范围

我国破产法实行破产财产膨胀主义立法原则，依据《企业破产法》第 30 条规定，破产财产包括：

1. 债务人在破产申请受理时所有的或者经营管理的全部财产及财产性权利。除债务人所有的货币、实物外，还包括债务人依法享有的可以用货币估价并可以依法转让的债权、股权、知识产权、用益物权等财产和财产权益。

2. 债务人在破产宣告后至破产程序终结前取得的财产。包括债务人因履行合同而取得的财产、企业投资所产生的收益、企业财产所生的孳息、清算期间继续营业的收入，以及基于其他合法原因而取得的财产。

三、破产财产的除外规定

根据《企业破产法》和其他有关破产的法律、行政法规和司法解释的规定，以下财产不属于破产财产：

（一）债务人占有但所有权由他人享有的财产

此类财产主要指债务人基于仓储、保管、加工承揽、代销、借用、寄存、租赁等合同或其他法律关系占有、使用的他人财产。其真正所有权人在债务人破产时，可以行使取回权而不受破产程序的约束。因此，前述引例中的债务人原道公司所租用的丰田轿车就不属于破产财产的范围，天企公司可以向管理人主张取回。

（二）担保物及担保物的代位物

债务人的财产如果被设立了担保物权，就不再属于破产财产，但担保权人放弃优先受偿权或者优先偿付被担保债权后的剩余部分，仍然属于破产财产。此外，担保物权具有代位性，担保物灭失后产生的保险金、补偿金、赔偿金等代位物，担保权人也享有优先受偿权，因此也不属于破产财产。

（三）存在法定优先权的财产

法定优先权人依法享有的优先受偿权与担保物权相似，所以参照破产法关于

---

① 范健、王建文：《破产法》，法律出版社 2009 年版，第 123 页。

担保物不属于破产财产的规定，存在法定优先权的财产也不应列入破产财产的范围。但权利人放弃优先受偿权或者优先偿付特定债权剩余的部分除外。

（四）所有权已发生转移或者应当向他人转移所有权的财产

在特定物买卖合同中，物之所有权通常在合同订立后就发生转移，相对人取得所有权从而享有取回权，该财产也不列入破产财产的范围，但前提是相对人已经全部支付对价。此外，一些须经过产权登记才发生所有权转移的财产，虽然尚未办理产权证或者产权过户手续，但已向买方交付，这类财产也不属于破产财产。

（五）债务人因所有权保留约定而未取得所有权的财产

由于合同相对方保留所有权，依破产程序有偿取回财产，因此这一类财产不属于破产财产。

（六）其他不属于债务人的财产

属于国家且不得转让的财产和企业工会所有的财产不得作为破产财产处理；破产企业的学校、托儿所、幼儿园、医院等福利性设施，原则上不计入破产财产，但没有必要续办并能整体出让的，可以作为破产财产。

第二节　破产债权和抵销权

一、破产债权概述

破产债权，是指破产程序开始前成立的、经依法申请并确认，可以从破产财产中获得清偿的财产请求权。《企业破产法》第 107 条第 2 款明确规定："人民法院受理破产申请时对债务人享有的债权称为破产债权。"从这一规定可以看出，我国破产法上的破产债权具有以下特征：

（一）破产债权必须基于破产程序开始前的原因成立债权

破产程序开始前成立的债权，无论是否附有条件、是否附有期限以及是否到期，均属于破产债权。而破产程序开始后，债务人即丧失对财产的管理处分权，管理人在管理、变价和分配破产财产过程中形成的债权，则属于破产费用和共益债务。

（二）破产债权必须是具有财产给付内容的请求权

由于破产财产的清算分配以金钱分配为主，实物分配为辅，因此破产债权的清

偿通常表现为直接或间接地以金钱为给付标的。凡是不能以金钱折价计算的债权,则不能成为债权,典型的如赔礼道歉等具有人身性质的权利。

(三)破产债权必须是能够强制执行的债权

破产程序是一种概括强制执行程序。在破产程序中,对破产人全部财产的接管、清算、变卖、分配等,都具有强制执行的特征。对于一些不能强制执行的债权,因其已丧失了受国家强制力保护的可能性,就应将其排除在破产债权之外,如失去胜诉权的自然债权。

(四)破产债权必须依法申报和确认,并有权通过破产清算程序受偿

破产债权必须在法定期限内申报,并经债权人会议审查,确认其债权的存在与数额。

二、破产债权的范围

我国破产法并没有对破产债权的具体范围进行明确的列举。根据《企业破产法》以及其他相关的法律法规、司法解释的规定,破产债权一般包括以下几种:

(一)破产程序开始成立的无财产担保的债权

这是破产债权的基本组成部分,不论该债权成立的原因如何、是否已到期、是否附有条件或期限、是否有第三人作为保证人等等。

(二)有财产担保但未受优先清偿的债权

有财产担保的债权,因债权人可就特定的担保财产优先受偿,因此不属于破产债权,在债务人破产的情况下,该种债权转化为别除权。但在下列几种情况下,有财产担保的债权也属于破产债权:(1)债权人放弃优先受偿权的;(2)因担保标的物毁损灭失,债权人无法行使优先受偿权的;(3)担保债权在行使了优先受偿权后,未得到完全清偿的那部分债权。

(三)附条件、附期限的债权

因破产债权只以债权在进入破产程序之前成立为必要,并不考虑债权人是否能够有效行使债权,因此附条件、附期限的债权也可以成为破产债权。

(四)债权人对破产的连带债务人的债权

根据连带债务产生的法律基础关系的不同,当一个或多个连带债务人破产时,债权人对破产的连带债务人的债权为破产债权:(1)在合伙企业中,合伙人破产时,

合伙企业的债权人可就其债权，向该破产的合伙人主张其破产债权；(2)法人的无限责任股东破产时，法人的债权人可作为破产债权人参加破产程序；(3)保证人破产时，主债权人可就保证人所保证的债权额请求清偿；(4)其他因合同、侵权行为、不当得利等法律原因形成的连带债务中，债权人对破产的连带债务人享有的债权。

(五)连带债务人的求偿权

债务人的保证人或者其他连带债务人已经代替债务人清偿债务的，其对债务人的求偿权为破产债权。债务人的保证人或者其他连带债务人尚未代替债务人清偿债务的，其对债务人的将来求偿权为破产债权。但是，债权人已经向管理人申报全部债权的除外。

(六)票据关系所生的债权

票据出票人或背书人被宣告破产，而付款人或承兑人不知其事实而付款或承兑的，因此所产生的债权为破产债权，付款人或承兑人为债权人。

(七)因委托关系所生的债权

委托合同的委托人被裁定进入破产程序，受托人不知情而继续为委托事务的，受托人因此支出的必要费用以及根据委托合同的约定应得到的报酬(如果为有偿委托的话)应纳入破产债权的范围。

(八)管理人解除双务合同所发生的债权

管理人解除双务合同给对方当事人造成损失，对方当事人请求损害赔偿的权利应属于破产债权。

除上述八种不同类型的破产债权外，最高人民法院《关于审理企业破产案件若干问题的规定》还规定以下债权不属于破产债权：行政、司法机关对破产企业的罚款、罚金以及其他有关费用；人民法院受理破产案件后债务人未支付应付款项的滞纳金，包括债务人未执行生效法律文书应当加倍支付的迟延利息和劳动保险金的滞纳金；破产宣告后的债务利息；债权人参加破产程序所支出的费用；破产企业的股权、股票持有人在股权、股票上的权利；破产财产分配开始后向清算组申报的债权；超过诉讼时效的债权；债务人开办单位对债务人未收取的管理费、承包费；职工向企业的投资。这些权利虽然不属于破产债权，但人民法院或者清算组也应当对当事人的申报进行登记。

三、破产债权的申报

(一)债权申报概述

债权申报是债权人本人或其代理人在破产案件受理后依照法定程序主张并证明其债权,以便参加破产程序的法律行为。债权申报是债权人参加破产程序并行使权利的前提。债权申报给每一个债权人参加破产程序提供了平等的机会,债权人会议也得以通过债权申报而迅速组成,对整个破产程序的顺利进行具有重要的意义。

依照破产法的规定,债权申报是债权人的权利,债权人享有申报和不申报的自由。但同时,债权申报也是债权人参加破产程序的必要条件。债权人只有申报债权并经确认后,才具有参加债权人会议的资格,并依法享有相应的程序权利。未申报的债权人,不得参加破产程序。

(二)债权申报的程序规则

1.债权申报期限

《企业破产法》第 45 条规定:“人民法院受理破产申请后,应当确定债权人申报债权的期限。债权申报期限自人民法院发布受理破产申请公告之日起计算,最短不得少于三十日,最长不得超过三个月。”

2.债权申报的方式与内容

债权人申报债权通常有口头和书面两种方式,但我国《企业破产法》第 49 条明确规定,债权人应当书面申报债权。债权人申报债权应当提交债权证明和合法有效的身份证明;代理申报人应当提交委托人的有效身份证明、授权委托书和债权证明。申报的债权有财产担保的,应当提交证明财产担保的证据。

3.接受债权申报的机关

债权人申报债权,应向法律规定的机关为之,否则不生债权申报的效力。各国立法对债权申报机关有不同的规定。有的国家规定债权申报机关为法院,如日本、美国等;有的国家规定向债权人代表申报债权,如法国;有的国家规定向破产管理人申报债权,如德国。而《企业破产法》规定,接受债权申报的机关为管理人,“管理人收到债权申报材料后,应当登记造册,对申报的债权进行审查,并编制债权表。债权表和债权申报材料由管理人保存,供利害关系人查阅”。

4.逾期未申报债权的后果

《企业破产法》第 56 条第 1 款规定,在人民法院确定的债权申报期限内,债权人未申报债权的,可以在破产财产最后分配前补充申报,但是,此前已进行的分配,不再对其补充分配。为审查和确认补充申报债权的费用,由补充申报人承担。

（三）债权申报的范围

破产申请受理前成立的对债务人享有的债权，均为可申报的债权。对于某些特殊破产债权的申报问题，破产法及相关司法解释也作出了具体的规定：(1)未到期的债权，在破产申请受理时视为到期。但申报债权时，付利息的，自破产案件受理时起停止计息；不付利息的，应当减去自破产案件受理时起至债权到期时止的法定利息，不付利息的借贷债权除外。(2)连带债权，可以由其中一个债权人代表全体连带债权人申报债权，也可以共同申报债权。(3)连带债务人之一或者数人破产的，债权人可就全部债权向该债务人主张权利，申报债权。债权人未申报债权的，其他连带债务人可就将来可能承担的债务申报债权。(4)债务人的保证人或者其他连带债务人，以其承担连带清偿义务而享有的追偿权，申报债权。(5)诉讼、仲裁未决的债权，债权人可依其向人民法院或仲裁机关主张保护的债权额申报。(6)债务人所欠职工的工资和医疗、伤残补助、抚恤费用，所欠的应当划入职工个人账户的基本养老保险、基本医疗保险费用，以及法律、行政法规规定应当支付给职工的补偿金，不必申报，由管理人调查后列出清单并予以公示。职工对清单记载有异议的，可以要求管理人更正；管理人不予更正的，职工可以向人民法院提起诉讼。

（四）债权的审查确定

债权申报期限届满后，管理人对债权人申报的债权进行审查，编制债权表，并提交第一次债权人会议核查。《企业破产法》第 61 条规定“核查债权”为债权人会议的职权之一，充分体现了破产法中的债权人自治原则。

债务人、债权人对债权表记载的债权无异议的，由人民法院裁定确认。债务人、债权人对债权表记载的债权有异议的，可以向受理破产申请的人民法院提起诉讼。

四、破产抵销权

（一）破产抵销权的概念和特征

破产抵销权，是指在破产申请受理前对债务人负有债务的，不论是否已到清偿期限、种类是否相同，均可向管理人主张相互抵销的权利。

破产法上的抵销制度，打破了破产债权只能依照破产清算程序按比例受偿的限制。在破产法中承认抵销权不仅节时省事、减少费用，有利于破产程序迅速、顺利地进行，而且保护了对破产人负有债务的债权人的利益。如不赋予破产债权人抵销权，则破产债权人对破产人所负的债务需要全额清偿，但其对破产人所享有的债权却只能通过破产程序按比例获得部分清偿，实际上使双方债权处于不平等的

清偿地位，有违公平原则。

破产抵销权是民法中的抵销权在债务人破产情形下的扩张适用，但与民法中的抵销权相比，破产抵销权具有如下特征：

1. 破产抵销权的主体只能是破产债权人。进入破产程序后，债务人丧失了管理和处分破产财产的权利，自然也不能处分自己的债权债务。如果允许管理人行使抵销权，主动放弃破产人的权利，就会造成破产财产的减少，损害破产债权人的共同利益，也与管理人的职责不相符。

2. 破产抵销权不受债务种类和履行期限的限制。根据破产法的规定，破产人所负的债务均视为到期，因此，破产债权人可不受债务履行期限的限制，主张抵销权。另外，在破产程序中，无论破产债权的种类如何，以破产财产清偿都以金钱给付为原则，这使得债务之间给付种类的区别得以消除。

3. 破产债权人主张抵销的债务只能成立于破产申请受理前。如果允许破产债权人以其破产债权，抵销其在破产宣告后对破产财产所负的债务，不仅会造成破产财产的减损，损害其他债权人的受偿利益，而且可能诱使破产债权人为行使抵销权而故意对破产人负债，导致抵销权制度在破产程序中的不当应用。

（二）破产抵销权的行使

破产债权人主张行使抵销权的，应当在破产财产最终分配前向管理人提出。这是《企业破产法》对抵销权行使期间的规定。破产财产分配之后，如破产债权人未主张抵销权，其对破产人所负的债务应作为破产财产收回，其债权只能依照破产清算程序参加破产分配。

破产抵销权一经行使，债权人对破产人所负债务与破产债权在相同数额内归于消灭；债权人超出抵销债权额范围之外的债权，仍为破产债权，依照破产程序按比例清偿；破产人超出抵销债权额范围之外的债权，仍为破产财产，由管理人负责收回。据此来看，在前述引例中，债务人原道公司对债权人天企公司负债 500 万元，同时也享有对天企公司的债权 150 万元。天企公司可以主张抵销，超出抵销债权额之外的 350 万元债权，则仍为破产债权。

（三）破产抵销的禁止

破产抵销制度违背了破产债权按比例公平清偿的原则，使得债权人在允许抵销的范围内实现了债权的充分偿付，但却损害了其他债权人的利益。因此，各国对破产抵销权的适用范围进行了严格限定。《企业破产法》第 40 条也规定了不得抵销的几种具体情形：(1)债务人的债务人在破产申请受理后取得他人对债务人的债权的；(2)债权人已知债务人有不能清偿到期债务或者破产申请的事实，对债务人负担债务的，但债权人因为法律规定或者有破产申请一年前所发生的原因而负担债务的除外；(3)债务人的债务人已知债务人有不能清偿到期债务或者破产申请的事实，对债务人取得债权的，但债务人的债务人因为法律规定或者有破产申请一年前所发生的原因而取得债权的除外。

第三节　破产别除权、取回权和撤销权

一、别除权

（一）别除权的概念和特征

别除权，是指债权人因对破产人的特定财产享有物权担保，而可以不依破产程序就该担保标的物优先受偿的权利。

别除权是民法中担保物权制度在破产法中的反映。依据"物权优于债权"的原则，当有担保的债权不能得到清偿时，债权人对特定的担保物享有优先受偿的权利。这种权利在债务人破产时，仍为破产法所承认，即为别除权。别除权是大陆法系的概念，英美法系国家的破产法称之为有财产担保的债权。《企业破产法》没有直接使用别除权的概念，但该法第 109 条规定："对破产人的特定财产享有担保权的权利人，对该特定财产享有优先受偿的权利。"此种权利，即为破产法理论上的别除权，其法律特征表现为：

1. 别除权的基础是在破产申请受理以前成立的有财产担保的债权。作为别除权的基础的担保债权必须在破产申请受理之前的特定期间内存在，这是构成别除权的时间要件。根据《企业破产法》第 31 条规定，人民法院受理破产申请前一年内，债务人对没有财产担保的债务提供财产担保的，管理人有权请求人民法院予以撤销。

2. 别除权的标的物是不属于破产财产的特定财产。《企业破产法》规定，债务人已设立担保之财产不属于破产财产。只有当担保财产的价款超出别除权的数额时，超过的部分才列入破产财产的范围。

3. 别除权在性质上是不依破产清算程序的优先受偿权。在别除权人不放弃优先权的情况下，别除权优先于破产费用、共益债务和破产债权。别除权人不参加破产清算程序，其优先受偿的权利也不受破产宣告和和解程序的限制。

（二）别除权的行使及其效力

破产别除权存在的基础是债权人享有的有财产担保的债权，虽然我国破产法并未规定其为破产债权，但根据《企业破产法》第 49 条的规定，有破产别除权担保的债权同样需要经过申报和确认，债权人才能主张行使特定财产的优先受偿权。当然，与一般破产债权相比，此种优先受偿的权利原则上不受破产清算程序和和解

程序的限制。《企业破产法》第 109 条和第 96 条第 2 款对此作出了具体规定。但必须注意的是，在破产重整程序中，为保证债务人对企业财产的使用不受别除权行使的影响，促使其生产经营能力得以恢复，《企业破产法》第 75 条规定："在重整期间，对债务人的特定财产享有的担保权暂停行使。但是，担保物有损坏或者价值明显减少的可能，足以危害担保权人权利的，担保权人可以向人民法院请求恢复行使担保权。"

别除权人行使别除权后，如果别除权标的物的价款超过所担保的债权数额，超过的部分应纳入破产财产，用于破产费用、共益债务和一般破产债权的清偿；如果有担保的债权数额超过了别除权标的物的价款，未受清偿的部分只能作为破产债权，依破产清算程序从破产财产中按比例受偿；别除权人放弃别除权的，别除权转化为破产债权，依破产清算程序参加破产分配，别除权的标的物则转化为破产财产，用以清偿破产债权。依此，在前述引例中，某银行的 240 万元债权（其中本金 200 万元，利息 40 万元）可以通过主张别除权的方式优先实现。作为担保物的厂房价值 300 万元，因此在全部清偿了银行的债权后，仍有剩余的 60 万元可以计入破产财产，以供破产分配。

二、取回权

（一）取回权的概念和特征

取回权（recall right），是指对不属于破产人而由其占有或支配的财产，所有权人或其他物权人可以不按照破产程序，依法通过管理人取回该财产的权利。取回权是民法上的财产返还制度在破产法中的变通运用，目的是消除或纠正管理人占有管理的现实财产，同可供分配的破产财产之间不一致的现象。[①] 取回权具有以下特点：

1. 取回权的标的物不属于破产人所有，但为破产人所占有或支配。破产人取回权的标的物，可以是基于一定的法律关系而发生的合法占有，也可以是不法占有。在被取回之前，该标的物视同债务人财产，由管理人管理和支配。

2. 取回权是以物权为基础的请求权。取回权据以产生的依据是一定的物权关系，取回权人因此以物权人的身份主张物的返还，原则上仅限于该物的所有权人或其他物权人。

3. 取回权不依破产程序而在程序之外行使。取回权人行使取回权，与债权人接受债权清偿不同，无须申请和确认，可径行向管理人主张权利，直接取回财产，不

① 范健、王建文：《破产法》，法律出版社 2009 年版，第 159 页。

受破产程序进行的限制。只有在取回权不能行使而转化成债权时，权利人才应按破产程序申报债权，并依破产财产分配方案接受比例分配。

（二）取回权的种类

取回权按照成立根据的不同，可分为一般取回权和特别取回权两类。

1. 一般取回权

一般取回权也称典型取回权，是指依据民法中物的返还请求权，当破产人实际占有取回权人的财产时，取回权人可从管理人处取回该财产的权利。根据破产人占有财产的基础法律关系，一般取回权主要包括：租赁物的取回权，借用物的取回权，寄存物的取回权，定作物的取回权，出售、寄售物的取回权和失散物的取回权等。

2. 特别取回权

特别取回权也称特殊取回权或者特种取回权，是指依据破产法的规定，取回权人对破产人曾经占有或者即将占有的财产，依法取回的权利。特别取回权具体包括出卖人取回权、代偿取回权和行纪人取回权三种。

(1)出卖人取回权。在异地动产买卖合同中，当出卖人已将出卖物交付运送，买受人还未实际占有该物，且未支付或者全额支付价金即被宣告破产时，出卖人有权解除买卖合同，并取回出卖物。出卖人取回权是破产法根据公平的原则，为保护出卖人的利益而设立的。但依照《企业破产法》，管理人可以支付全部价款，请求出卖人交付标的物。

(2)代偿取回权。当取回权的标的物被破产人非法转让给他人时，取回权人有权取回受让人的对待给付财产。

(3)行纪人取回权。当行纪人受委托人的委托购入委托物并在异地发送货物后，委托人还未实际占有该物，且未支付或者全额支付价金即被宣告破产时，行纪人有权解除行纪合同，并取回委托物。

（三）取回权的行使

根据最高人民法院对《企业破产法》第38条的解释规定，人民法院受理破产申请后，破产程序终结前，取回权人得随时向管理人请求取回财产；但在破产财产变价方案或者和解协议、重整计划草案提交债权人会议表决后才提出主张的，应当承担延迟行使取回权增加的相关费用。管理人收到取回权人的请求后，经证明属实，即应予以返还。取回权标的物应当原物返还；已经处分或者毁损灭失的，应当折价返还。管理人在处理取回权人的取回请求时，如果认为请求人缺乏权利根据，可以拒绝给付；由此发生争议的，请求人可以向受理破产案件的人民法院提起诉讼。

此外，为避免企业重整因财产所有权人提前取回财产而受阻碍，取回权的行使还应遵守《企业破产法》第76条的规定："债务人合法占有的他人财产，该财产的权

利人在重整期间要求取回的，应当符合事先约定的条件。”

三、撤销权

(一)撤销权的概念和特征

撤销权又称否认权，是指管理人请求法院对破产债务人在受理破产案件前法定期限内实施的损害破产债权人利益的行为予以撤销的权利。破产法上撤销权是民法上债权人权利在破产程序中的延伸，目的在于最大限度地追回破产程序开始前流失的财产，维护破产财产的完整，同时防止破产欺诈和偏袒性清偿，以确保所有债权人得到公平清偿。撤销权具有以下特征：

1. 撤销权是一种独立的权利。民法上的撤销权以债权人与债务人间的债的关系为前提，因此只有债权人才能向债务人的相对人提出撤销。但破产法中的撤销权则可以独立存在，只要发现债务人有损害破产财产利益的行为，管理人即可行使撤销权。

2. 撤销权兼具权利和义务的属性。债权人的撤销权是一种单纯的权利，既可主张也可放弃。但破产法上的撤销权是管理人的法定职责。管理人在发现债务人有法律禁止的处分行为时，不仅有权而且必须主动行使撤销权。否则将依法承担法律责任。

3. 撤销权的行使主体具有专门性。根据《企业破产法》的规定，撤销权只能由管理人向法院申请撤销。债权人在知悉危害债权的行为时只能向管理人提出异议，由管理人就异议的调查情况向债权人会议作出通报。

(二)撤销权的适用范围

根据《企业破产法》第 31 条、第 32 条、第 33 条的规定，撤销权主要适用于以下行为：

1. 可撤销的欺诈破产行为。包括人民法院受理破产案件前一年内，有关债务人的财产的下列行为：无偿转让财产；以明显不合理的价格进行交易；对没有财产担保的债务提供财产担保；对未到期的债务提前清偿；放弃债权。前述引例中破产人原道公司放弃债权的行为即属此种可撤销的行为。

2. 可撤销的个别清偿行为。指人民法院受理破产案件前 6 个月内，债务人已知其不能清偿到期债务，仍对个别债权人进行清偿，损害其他债权人利益的行为。债务人经诉讼、仲裁、执行程序对债权人进行的个别清偿，不在此限。

3. 绝对无效欺诈破产行为。包括为逃避债务而隐匿、转移财产的行为，以及虚构债务或者承认不真实的债务行为。

(三)撤销权的行使及其法律效力

《企业破产法》并没有对管理人破产撤销权的行使方式作出明确规定,参照多数国家破产法的规定及与之类似的《企业破产法》第 31 条、第 32 条规定,应当认为,破产撤销权应由管理人以诉讼的方式请求人民法院予以撤销,最高人民法院《关于适用〈企业破产法〉若干问题的规定(二)》第 9 条对此予以了明确。在诉讼中,管理人作为原告负举证责任。此外,撤销权的行使期间与破产程序同步,而没有固定的除斥期间。

撤销权的行使将产生两个法律后果:一是使损害债权人利益的行为归于无效,二是使因该行为取得的财产或财产权利回归债务人,管理人因此取得追回债务人相关财产的权利。

第四节 破产费用与共益债务

一、破产费用

(一)破产费用的概念

破产费用,是指在破产程序进行过程中,为破产程序的顺利进行以及为破产财产的管理、处分而从债务人财产中优先支付的各项费用的总称。破产费用是为了全体破产债权人的共同利益所支出的费用。按照"谁受益,谁付费"的原则,应当由债务人财产负担优先清偿和随时清偿的给付义务。

(二)破产费用的范围

依据《企业破产法》第 41 条的规定,破产费用包括以下三种:

1.破产案件的诉讼费用。这是指人民法院在受理破产案件过程中所收取的费用,包括破产案件的受理费和其他诉讼费。

2.管理、变价和分配债务人财产的费用。这是指管理人对债务人财产进行管理、变价和分配过程中支出的必要费用,包括管理人为接管、清理和保护债务人财产以及继承营业所支出的费用;管理人为了将非货币形态的债务人财产变现所支出的费用;以及管理人为将债务人财产分配给债权人而支出的费用。

3.管理人的报酬和执行职务的费用及其聘用工作人员的费用。管理人及其聘用的工作人员依法执行职务,有取得报酬的权利,他们为债权人的共同利益工作,故其报酬应列为破产费用。此外,他们为执行职务而支出的必要费用也为破产费用。

二、共益债务

(一)共益债务的概念

共益债务,又称财团债务,是指在破产程序开始后,为全体债权人的共同利益及破产程序的顺利进行而负担的债务。与破产费用一样,共益债务也是由债务人财产负担的优先清偿和随时清偿的给付义务,由管理人负责履行。

(二)共益债务的范围

根据《企业破产法》第 42 条的规定,共益债务的范围具体包括:

1. 因管理人或者债务人请求对方当事人履行双方均未履行完毕的合同所产生的债务。对于双方均未履行完毕的双务契约,如果有利于债务人财产,管理人选择履行的,所负担的合同义务应当作为共益债务,这对破产程序的顺利进行具有实际意义。

2. 债务人的财产受无因管理所产生的债务。破产程序开始后,无法定或约定义务的第三人对债务人进行无因管理而支出的必要费用或所受的损失,也属共益债务。

3. 因债务人不当得利而产生的债务。破产程序开始后,债务人无法定或约定的原因获得利益而致他人受损时,应将该不当得利返还受损人。

4. 为债务人继续营业而应支付的劳动报酬和社会保险费用以及由此产生的其他债务。根据我国的法律规定,在破产程序进行过程中,破产企业留守人员的工资和劳动保险费应从破产财产中随时支付。

5. 管理人或者相关人员执行职务致人损害所产生的债务。管理人及其雇员在执行职务时,因故意或过失造成第三人人身或财产损害的,应负赔偿责任。该赔偿责任属共益债务。但是,如果侵害行为与执行职务无关,则应由侵权的个人负责。

6. 债务人财产致人损害所产生的债务。破产程序开始后,因债务人所有或管理的产品、建筑物、高度危险来源等致人损害的,列入共益债务,由债务人财产承担赔偿责任。

三、破产费用和共益债务的拨付与清偿

破产费用和共益债务都是为了全体债权人的利益而发生的,各国法律一般都规定,破产费用和共益债务可以从破产财产中随时清偿、优先清偿,不受破产程序的限制。也就是说,破产财产分配前,应当先行清偿所有的破产费用和共益债务或者作必要的预先提留;拨付破产费用和共益债务后尚有剩余财产的,才可依据破产

财产分配方案予以分配。

由于管理人负责破产财产的管理、变价和分配，故破产费用和共益债务的清偿须由管理人为之。各国破产立法一般规定，破产管理人承认和拨付破产费用和共益债务，应当事先征得债权人会议或者监督人的同意。

在破产财产不足以清偿全部破产费用和共益债务时，《企业破产法》第 43 条第 2 款和第 3 款明确规定：债务人的财产不足以清偿所有破产费用和共益债务的，先行清偿破产费用；债务人的财产不足以清偿所有破产费用或者共益债务的，按比例清偿。破产费用之所以优于共益债务清偿，主要是因为二者在立法目的上的差异。破产费用的意义在于保证破产程序的进行，即为了实现全体债权人的公平清偿或企业拯救；共益债务则是为了保护债务人财产的民事相对人的利益，因此，相对而言，破产费用在重要性上优越于共益债务，其受偿也就相对优先。

《企业破产法》第 43 条第 4 款还规定："债务人财产不足以清偿破产费用的，管理人应当提请人民法院终结破产程序。人民法院应当自收到请求之日起十五日内裁定终结破产程序，并予以公告。"也就是说，如果破产财产的数额不足以支付破产费用，一般破产债权人也不可能从破产财产中得到任何分配。此时，破产程序继续进行既不可能，也无实益。从维护债权人利益、维护社会公益和节省法院财力、人力的角度考虑，法院理当裁定终结破产程序。

司法考试真题链接

1. 辽沈公司因不能清偿到期债务而申请破产清算。法院受理后，管理人开始受理债权人的债权申报。对此，下列哪一债权人申报的债权属于应当受偿的破产债权？（2010 年司法考试真题）

A. 债权人甲的保证人，以其对辽沈公司的将来求偿权进行的债权申报

B. 债权人乙，以其已超过诉讼时效的债权进行的债权申报

C. 债权人丙，要求辽沈公司作为承揽人继续履行承揽合同进行的债权申报

D. 某海关，以其对辽沈公司进行处罚尚未收取的罚款进行的债权申报

2. 汪、钱、潘、刘共同投资设立了一个有限合伙企业，其中汪、钱为普通合伙人，潘、刘为有限合伙人。后因该合伙企业长期拖欠供货商货款，企业资产不足以清偿到期债务。依照我国相关法律的规定，下列哪些选项是正确的？（2007 年司法考试真题）

A. 债权人可以根据企业破产法申请该合伙企业破产

B. 债权人可以要求任一合伙人清偿全部债务

C. 债权人只能要求汪、钱清偿全部债务

D. 如果该合伙企业被宣告破产，则汪、钱仍需承担无限连带责任

3. 2010 年 8 月 1 日，某公司申请破产。8 月 10 日，法院受理并指定了管理人。该公司出现的下列哪一行为属于《破产法》中的欺诈破产行为，管理人有权请求法院予以撤销？（2011 年司法考试真题）

A. 2009 年 7 月 5 日，将市场价格 100 万元的仓库以 30 万元出售给母公司

B. 2009 年 10 月 15 日，将公司一辆价值 30 万元的汽车赠与甲

C. 2010 年 5 月 5 日，向乙银行偿还欠款 50 万元及利息 4 万元

D. 2010 年 6 月 10 日，以协议方式与债务人丙相互抵销 20 万元债务

4. 甲公司依据买卖合同，在买受人乙公司尚未付清全部货款的情况下，将货物发运给乙公司。乙公司尚未收到该批货物时，向法院提出破产申请，且法院已裁定受理。对此，下列哪些选项是正确的？（2012 年司法考试真题）

A. 乙公司已经取得该批货物的所有权

B. 甲公司可以取回在运货物

C. 乙公司破产管理人在支付全部价款情况下，可以请求甲公司交付货物

D. 货物运到后，甲公司对乙公司的价款债权构成破产债权

5. 2014 年 6 月经法院受理，甲公司进入破产程序。现查明，甲公司所占有的一台精密仪器，实为乙公司委托甲公司承运而交付给甲公司的。关于乙公司的取回权，下列哪一表述是错误的？（2014 年司法考试真题）

A. 取回权的行使，应在破产财产变价方案或和解协议、重整计划草案提交债权人会议表决之前

B. 乙公司未在规定期限内行使取回权，则其取回权即归于消灭

C. 管理人否认乙公司的取回权时，乙公司可以诉讼方式主张其权利

D. 乙公司未支付相关运输、保管等费用时，保管人可拒绝其取回该仪器

6. 甲公司因不能清偿到期债务且明显缺乏清偿能力，遂于 2014 年 3 月申请破产，且法院已受理。经查，在此前半年内，甲公司针对若干债务进行了个别清偿。关于管理人的撤销权，下列哪些表述是正确的？（2014 年司法考试真题）

A. 甲公司清偿对乙银行所负的且以自有房产设定抵押担保的贷款债务的，管理人可以主张撤销

B. 甲公司清偿对丙公司所负的且经法院判决所确定的货款债务的，管理人可以主张撤销

C. 甲公司清偿对丁公司所负的为维系基本生产所需的水电费债务的，管理人不得主张撤销

D. 甲公司清偿对戊所负的劳动报酬债务的，管理人不得主张撤销

第十四章 破产程序规范

【引 例】

2009 年 3 月 10 日，美国通用电气商业航空公司等 6 家公司以东星航空拒不偿还到期债务 1084 万美元，且明显缺乏清偿能力为由，向武汉中院提出对东星航空的破产清算申请。法院依法查明东星航空拖欠到期债务的事实成立，于 3 月底裁定受理此案，并指定东星航空公司清算组担任破产管理人。审理期间，武汉中院敦促东星航空债务人向破产管理人履行债务、交付财产；妥善解决通用公司的飞机取回问题；对中航油、东星集团等债权人、债务人提出的重整申请依法进行审查，并分别作出不予受理或驳回的裁定。经查，截至破产申请受理日，东星航空的资产总额为人民币 3.99 亿元，负债总额为人民币 10.76 亿元，已严重资不抵债，无力清偿到期债务。2009 年 8 月 26 日，武汉中院依法裁定东星航空破产。2010 年 4 月 29 日，第三次债权人会议上通过了破产管理人提交的《东星航空公司破产财产分配方案》。同年 12 月 23 日，鉴于破产财产全部分配完毕，武汉中院作出裁定，终结东星航空破产清算程序。

第一节 破产程序的开始

一、破产原因

破产原因，是指认定债务人丧失债务清偿能力，当事人得以提出破产申请、法院据以启动破产程序的法律标准，即引起破产程序发生的原因。因为它是衡量债务人是否陷入破产的界限，故又称为破产界限。

破产原因存在与否，关系到当事人能否提出破产申请、法院应否受理破产案件以及是否作出破产宣告。因此，立法上对破产原因规定之宽严，不仅影响债权人与债务人利益保护的平衡，也影响企业破产率的高低，并可能最终影响社会经济秩序的稳定。因此各国立法上对破产原因的界定都相当慎重，目前主要有两种立法例：一种是列举主义，即在法律中列举规定若干种表明债务人丧失清偿能力或影响其

清偿能力的具体行为，凡实施行为之一者便认定发生破产原因，这些行为称为破产行为或无力清偿行为。采用此种方式的主要是英美法系国家，如英国、加拿大、印度等国。[①] 另一种方式是概括主义，即从法学理论上对破产原因作抽象性的规定，着眼于破产发生的一般原因，而不是具体行为。通常在立法上有三种概括规定破产原因的方式：(1)不能清偿或支付不能；(2)债务超过，在我国通称为资不抵债；(3)停止支付。此种立法方式主要为大陆法系国家所采用，如法国、德国、日本等国。

我国对破产原因采取概括主义的立法方式。《企业破产法》第 2 条规定："企业法人不能清偿到期债务，并且资产不足以清偿全部债务或者明显缺乏清偿能力的，依照本法规定清理债务。企业法人有前款规定情形，或者有明显丧失清偿能力可能的，可以依照本法规定进行重整。"此外，《公司法》第 188 条规定："清算组在清理公司财产、编制资产负债表和财产清单后，发现公司财产不足清偿债务的，应当依法向人民法院申请宣告破产。"《合伙企业法》第 92 条规定："合伙企业不能清偿到期债务的，债权人可以依法向人民法院提出破产清算申请，也可以要求普通合伙人清偿。"由此可见，我国企业破产原因的认定存在双重标准，即"不能清偿到期债务且资产不足以清偿全部债务"或"不能清偿到期债务且明显缺乏清偿能力"。

(一)不能清偿到期债务

不能清偿到期债务(简称"不能清偿")又称为无力清偿或支付不能，是指债务人因缺乏清偿能力，对于已届清偿期而受请求的债务全部或大部分不能清偿的客观经济状态。必须强调的是，债务人的清偿能力一般由其全部财产、信用、技能等因素综合构成的，只有在债务人穷尽所有这些偿债手段都不能对债务实施清偿的，才构成"不能清偿"。根据最高人民法院《关于适用〈企业破产法〉若干问题的规定(一)》第 2 条的规定，不能清偿的构成要件包括：

1. 债权债务关系依法成立。这是指债务由已经生效的法律确定，或者债务人不否认或无正当理由否认债权债务关系的存在。立法上作此规定的主要目的是防止债务人借故拖延破产程序的启动。[②]

2. 债务履行期限已经届满。如果债务尚未到期，债务人不负有立即履行的义务，不存在不能清偿的事由。

3. 债务人未完全清偿债务。这是要求债务未能清偿的状态客观存在，包括部分未能清偿。但是，债务人主张抗辩权的除外。

---

① 典型立法如英国 1914 年破产法第 1 条规定的八种破产行为。参见陈计男：《破产法论》，台湾三民书局 1980 年版，第 28～29 页。

② 袁定波：《最高法民二庭负责人权威解读企业破产法司法解释》，http://www.law－liB.com，下载日期：2011 年 9 月 25 日。

司法实践中，不能清偿固然是一种客观标准，但也需要通过债务人一定的行为才能表现出来并为人们所识别和确认。尤其对于债权人而言，在提出破产申请时很难证明债务人的客观财产状况，特别是在涉及信用、支付能力等清偿因素之时。因此，各国破产法一般都将债务人停止支付到期债务推定为不能清偿，以合理解决债权人的举证责任问题，使债权人尽早启动破产程序，从而保护债权人的合法权益。

（二）资产不足以清偿全部债务

资产不足以清偿全部债务（简称"资不抵债"或"债务超过"），是指债务人的实有资产不足以清偿全部债务。前述引例中，被申请人东星航空资产总额为人民币3.99亿元，负债总额为人民币10.76亿元，即属严重资不抵债的情形。与不能清偿相比，资不抵债的着眼点是资债比例关系，考察债务人的偿还能力仅以实有财产为限，不考虑信用、能力等可能影响债务人清偿能力的因素，计算债务数额时，不考虑是否到期，均纳入债务总额之内。根据最高人民法院《关于适用〈企业破产法〉若干问题的规定（一）》第3条的规定，债务人的资产负债表，或者审计报告、资产评估报告等资料可以用来作为判断债务是否资不抵债的依据；但当事人能够证明这些材料记载的资产状况与实际状况不符的除外。

以资不抵债或债务超过作为破产原因，一般是适用于资合法人、解散后处于清算中的法人以及遗产的破产，即仅以有限财产为清偿范围、无人负无限责任的民事主体，其设置目的是防止资合法人的债务不当膨胀，损害债权人的利益，影响经济秩序。

（三）明显缺乏清偿能力

债务人不能清偿到期债务时通常都已资不抵债，但有的情况下，在债务人账面资产尚超过负债时，也可能因资产结构不合理，发生对到期债务缺乏现实支付能力，如现金严重不足、资产长期无法变现等而无法支付的情况。明显缺乏清偿能力的着眼点在于债务关系能否正常了结。将"债务人不能清偿到期债务并且明显缺乏清偿能力"作为破产原因之一，目的在于适当扩大债务人破产原因的认定，以适度缓和破产程序适用标准中关于资债关系的要求。

根据最高人民法院《关于适用〈企业破产法〉若干问题的规定（一）》第4条的规定，明显缺乏清偿能力的主要情形包括：资金严重不足或者财产不能变现等原因，无法清偿债务；法定代表人下落不明且无其他人员负责管理财产，无法清偿债务；经人民法院强制执行，无法清偿债务；长期亏损且经营扭亏困难，无法清偿债务；导致债务人丧失清偿能力的其他情形。从法律适用效果来看，这些具体而明确的规定有助于减轻破产原因认定上的困难，推进破产程序的有效运行。

我国破产法及其司法解释不仅规定了上述双重的破产原因，还强调了对债务

人清偿能力的独立界定标准。由于民事主体具有独立的资格和地位，不同民事主体之间不存在清偿能力或破产原因认定上的连带关系，其他主体对债务人所负债务负有的连带责任是对债权人的责任，而不能视为债务人本人清偿能力的延伸或再生。有鉴于此，破产法司法解释(一)的第1条就规定"相关当事人以对债务人的债务负有连带责任的人未丧失清偿能力为由，主张债务人不具备破产原因的，人民法院应不予支持"。

二、破产申请

破产申请是当事人或利害关系人向法院提出的要求宣告债务人破产以清偿债务的请求。依现行破产法，如果没有破产申请，人民法院不得启动破产程序。

(一)破产申请主体

有权提出破产申请的人称为破产申请权人。从各国破产立法看，破产申请人通常包括债权人、债务人、准债务人(如清算人、遗产管理人)。有的国家还赋予特定国家机关提出破产申请的权利。例如，英国破产法规定，涉及破产犯罪的案件，政府可以向法院提出破产申请；意大利1942年破产法也规定，检察官享有破产申请权等。[①]

《企业破产法》第7条规定："债务人有本法第二条规定的情形，可以向人民法院提出重整、和解或者破产清算申请。债务人不能清偿到期债务，债权人可以向人民法院提出对债务人进行重整或者破产清算的申请。企业法人已解散但未清算或者未清算完毕，资产不足以清偿债务的，依法负有清算责任的人应当向人民法院申请破产清算。"此外，《公司法》第188条、《合伙企业法》第92条也对破产清算申请人作出规定。根据上述法律，在我国，债权人、债务人和企业清算人均享有提出破产申请的权利。

1.债权人。债权人提出破产申请，也称为非自愿破产，是在债务人丧失清偿能力的情况下主张自己民事权利的一种合法方式。前述引例中，美国通用公司等作为东星公司的债权人，在债务人拒不清偿到期债务且明显缺乏清偿能力的情况下，显然有权向法院提出对东星公司的破产清算申请。当然，各国破产法对不同性质的债权人在破产申请权方面的具体规定有一定的区别。(1)无财产担保的一般债权人。因其债权以债务人的全部财产为清偿保证并且必须依赖债务人的清偿行为方能实现，在债务人丧失清偿能力时只能通过破产程序受偿，因此是最典型的破产申请权人。对这类债权人的破产申请权，有些国家破产法未予任何限制，但有些国

① 王欣新:《破产法》，中国人民大学出版社2007年版，第45页。

家则有债权人人数及债权额方面的限制。[①] 但我国破产法尚未有类似规定。(2)对债务人财产有担保权的债权人(也称别除权人)。对于别除权人是否享有破产申请权,存在着两种不同的主张。否定说认为别除权人的债权已有特定财产的担保,其受偿不受债务人是否破产的影响,如果赋予其破产申请权,可能导致其权利的滥用;而肯定说则认为别除权人也是债权人,其基本的受偿权利不应受担保物的限制,更何况还存在担保物不足清偿全部债权的可能,因此也应当赋予别除权人破产申请权。应当说,目前各国的立法中肯定说已经成为通说,但也有国家对别除权人的破产申请权作出了一些严格的限制,例如英国。[②] 我国破产法对此问题并未有明文规定,但也未禁止别除权人行使破产申请权。根据《企业破产法》第 8 条的规定,应当认为立法上是承认别除权人有破产申请权的。(3)其他特定债权人。在债务人丧失清偿能力的情况下,还可能存在诸如税收债权、行政罚款等公法上的债权,以及职工债权等特殊类型的债权。对于债权的权利人是否享有破产申请权,学说上有不同的理解。有观点认为公法上债权之债权人无破产申请权,职工债权人申请破产也应有最低债权额的限制;[③]也有观点认为在上述特殊类型的债权未获清偿的情况下,同样可以通过破产程序获得清偿,因此债权人也应享有同样的破产申请权。[④] 本书认为,债权人可以借由破产程序实现债权,并不意味着其当然享有破产请求权。对于公法上的债权而言,相关的法律已经对其实现手段作出一些不同于普通债权的强制性规定,再赋予此类债权的权利人破产申请权,可能造成债权人间利益的极度不均衡,并形成政府机关对企业的过度干预。而对于职工债权,在立法上肯定债权人的破产申请权的同时,限制其提出申请的合理最低债权额,则是一种较为中肯和可取的意见。

2. 债务人。债务人提出破产申请的情况称为自愿破产。赋予债务人以破产申请权,不仅有利于债务人尽早从沉重的债务包袱中解脱出来,而且有利于充分发挥破产制度对于企业资源配置的作用。根据《企业破产法》第 7 条的规定,债务人享有破产申请权。但也有国家的破产立法规定,破产申请既是破产债务人的权利,也是其义务。从权利角度看,申请破产可为债务人带来破产清偿后的免责利益;从义务角度看,强制债务人在法定情况下提出破产申请,可以有效地防止债务人隐瞒破产情况,恶意膨胀债务,避免加重损害债权人的利益。因此,例如,法国 1967 年破产法就规定,债务人停止支付时,有义务申请破产,否则可能导致违法处罚。

3. 准债务人。许多国家或地区的破产法规定,除债务人外,具有类似债务人地

---

① 例如,美国破产法规定,债权人总数在 12 人以上的,必须有 3 名以上债权人,其无担保的债权总额在 1 万美元以上时,才能提出破产申请。参见范健、王建文:《破产法》,法律出版社 2009 年版,第 61 页。

② 齐树洁:《破产法》,厦门大学出版社 2007 年版,第 50 页。

③ 王欣新:《破产法》,中国人民大学出版社 2007 年版,第 64 页。

④ 范健、王建文:《破产法》,法律出版社 2009 年版,第 64 页。

位的准债务人也享有破产申请权；在法定情况下，准债务人也负有提出破产申请的义务。通常准债务人包括：股份有限公司及有限责任公司的董事；无限公司、两合公司或合伙企业的无限责任股东或合伙人；前述企业的清算人；受遗赠人、继承人、遗嘱执行人及遗产管理人等。我国《公司法》第 188 条规定："清算组在清理公司财产、编制资产负债表和财产清单后，发现公司财产不足清偿债务的，应当依法向人民法院申请宣告破产。公司经人民法院裁定宣告破产后，清算组应当将清算事务移交给人民法院。"据此可以认为，公司清算组在法定情况下，作为准债务人，享有破产申请权，并负有破产申请义务。

(二)破产申请的程序

1. 破产申请时应提交的文件

当事人提出破产申请应当采用书面形式。《企业破产法》第 8 条规定："向人民法院提出破产申请，应当提交破产申请书和有关证据。破产申请书应当载明下列事项：(一)申请人、被申请人的基本情况；(二)申请目的；(三)申请的事实和理由；(四)人民法院认为应当载明的其他事项。债务人提出申请的，还应当向人民法院提交财产状况说明、债务清册、债权清册、有关财务会计报告、职工安置预案以及职工工资的支付和社会保险费用的缴纳情况。"

2. 破产申请费用

根据国务院 2007 年《诉讼费用交纳办法》第 10 条的规定，当事人依法向人民法院申请破产，应当交纳申请费；但该办法第 20 条又规定，破产申请费不由申请人预交，在清算后从破产财产中交纳。破产申请费依破产财产总额计算，按照财产案件受理费标准减半交纳。《企业破产法》第 43 条也规定，破产案件的诉讼费用，从债务人财产中拨付。因此，相关当事人不得以未预先交纳诉讼费用为由，对破产申请提出异议。

3. 破产申请的撤回

破产申请的撤回属于民事主体对其诉权的一种自由处分。因此各国破产法大多允许申请人撤回破产申请，但对撤回时间的规定却有所不同。在实行破产程序宣告开始主义的国家，在法院作出破产宣告之前，申请人通常可以撤回破产申请，但须承担相应的费用；而在实行破产程序受理开始主义的国家，通常允许债权人撤回破产申请。但债务人提出的破产申请能否撤回，则要视该申请是否为债务人的义务而定。如果破产申请是债务人的义务，当然不允许其不履行或者撤回。《企业破产法》第 9 条规定："人民法院受理破产申请前，申请人可以请求撤回申请。"此外，在破产申请撤回以后，申请人仍然有权再就同一案件以同一理由提出破产申请。

三、破产案件的管辖

破产申请应当向对案件有管辖权的法院提出。各国立法确定对破产案件管辖法院的方式有以下几种：(1)由专门设置的破产法院管辖，如美国；(2)在实行一般破产主义的国家，破产案件通常是由普通法院管辖，如英国、意大利、德国等国；(3)在实行商人破产主义的国家，往往根据破产人身份的不同确定管辖法院，商人的破产案件由商事法院管辖，非商人的破产案件由民事法院管辖，如法国。[①] 在我国，破产案件属民事案件的一种类型，由普通法院管辖。

(一)地域管辖

《企业破产法》第3条规定："破产案件由债务人所在地人民法院管辖。"此处"债务人所在地"指企业主要办事机构所在地。与普通民事案件不同，破产申请不论是债权人还是债务人提出，案件审理的都是债务人的破产事务，故破产案件无所谓原告、被告之分，不能适用《民事诉讼法》地域管辖中"原告就被告"的原则。此外，破产案件债权人人数众多，当然就无法确定由某一个债权人所在地法院管辖。为了便于对债务人财产的清理、变价和分配，故法律规定以债务人所在地确定法院管辖。

(二)级别管辖

关于破产案件的级别管辖，我国现行的破产法并未规定。虽然最高人民法院的司法解释已经明确将诉讼标的额的大小作为第一审民商事案件级别管辖的首要确定标准，但由于破产案件难以确定标的额，很难参照执行该司法解释的规定。在破产法的制定过程中，曾有学者主张按债权额确定级别管辖，也有学者主张按财产额，还有的主张按工商登记级别来确定。但破产法最终还是就此问题给出一个确切的安排。目前的司法实践，主要是根据2002年最高人民法院《关于审理企业破产案件若干问题的规定》第2条的规定，按如下原则确定破产案件的级别管辖：(1)基层人民法院一般管辖县、县级市或者区的工商行政管理机关核准登记企业的破产案件；(2)中级人民法院一般管辖地区、地级市(含本级)以上的工商行政管理机关核准登记企业的破产案件；(3)纳入国家计划调整的企业破产案件，由中级人民法院管辖。换言之，我国破产案件的级别管辖主要以企业核准登记的工商行政管理机关的等级高低来划定，但最高人民法院和各省、市、自治区高级人民法院对破产案件一般不享有管辖权。

---

① 王欣新：《破产法》，中国人民大学出版社2007年版，第70页。

四、破产案件的受理及其法律效力

(一)破产案件的审查与异议

1.审查

人民法院收到当事人提出的破产申请后,应当依照破产法的有关规定进行审查。破产申请的审查包括形式审查和实质审查两个方面。

破产申请的形式审查,是指法院对破产申请的程序合法性所作的审查,具体内容包括:接受申请的法院是否有管辖权,申请人是否有破产申请权,破产申请书及相关材料是否齐备。

破产申请的实质审查,是指法院对债务人是否具备破产能力及其是否已达破产界限的审查。由于在破产案件受理阶段人民法院无法对债务人的情况进行深入的调查,因此所谓的实质审查仍以初步审查为限,即人民法院只需对债权人或债务人提供的不能清偿到期债务的证据进行初步审查,如果证据不够充分且又不能补足的,法院应当驳回破产申请。人民法院也可以依职权主动收集相关证据,以确定债务人是否达到破产界限。

2.异议

在债权人提出破产申请的情况下,为避免不当受理破产案件对债务人产生危害,破产法对被申请破产的债务人的异议权作出了明确规定。根据《企业破产法》第 10 条的规定,债权人提出破产申请的,人民法院应当自收到申请之日起 5 日内通知债务人。债务人对申请有异议的,应当自收到人民法院的通知之日起 7 日内向人民法院提出。同时,2002 年最高人民法院《关于审理企业破产案件若干问题的规定》第 8 条也规定,债权人申请债务人破产的,人民法院可以通知债务人核对以下情况:(1)债权的真实性;(2)债权在债务人不能偿还的到期债务中所占的比例;(3)债务人是否存在不能清偿到期债务的情况。这一规定实际上是为债务人异议权的行使提供了更具体的制度保障。

(二)破产申请的受理与驳回

破产申请提出后,人民法院应当根据审查的不同情况作出处理。可能的情况包括以下 5 种:

1.经审查认为破产申请符合有关规定的,法院应当作出受理破产申请的裁定,并制作案件受理通知书,送达申请人和债务人。《企业破产法》第 10 条对破产申请的受理期限作了具体规定:(1)债权人提出破产申请的,人民法院应当自异议期满之日起 10 日内裁定是否受理。(2)债务人未对破产申请提出异议的,人民法院应当自收到破产申请之日起 15 日内裁定是否受理。(3)有特殊情况需要延长裁定受理期限的，经上一级人民法院批准，可以延长 15 日。

2. 经审查认为破产申请人提交的材料需要更正、补充的，可以责令申请人限期更正、补充。按期更正、补充材料的，破产审查与受理的程序继续进行；逾期未予更正、补充的，视为撤回申请。

3. 经审查发现不符合法律规定的受理条件的，裁定不予受理，自裁定作出之日起 5 日内送达申请人并说明理由。破产申请人对不予受理的裁定不服的，可以在裁定送达之日起 10 日内向上一级人民法院提起上诉。

4. 人民法院受理破产申请后至破产宣告前，经审查发现债务人不符合《企业破产法》第 2 条规定的申请破产的条件的，可以裁定驳回申请。申请人对裁定不服的，可以自裁定送达之日起10 日内向上一级法院提起上诉。

5. 人民法院未接收申请人的破产申请或未能依法进行审查的，申请人可以向上一级人民法院提出破产申请。上一级人民法院接到破产申请后，应当责令下级法院依法审查并及时作出是否受理的裁定；下级法院仍不作出是否受理裁定的，上一级人民法院可以径行作出裁定。[①]

根据《企业破产法》第 11 条的规定，人民法院受理破产申请的，应当自裁定作出之日起5 日内送达申请人。债权人提出申请的，人民法院应当自裁定作出之日起 5 日内送达债务人。债务人应当自裁定送达之日起 15 日内，向人民法院提交财产状况说明、债务清册、债权清册、有关财务会计报告以及职工工资的支付和社会保险费用的缴纳情况。第 14 条规定，人民法院应当自裁定受理破产申请之日起 25 日内通知已知债权人，并予以公告。通知和公告应当载明下列事项：(1)申请人、被申请人的名称或者姓名；(2)法院受理破产申请的时间；(3)申报债权的期限、地点和注意事项；(4)管理人的名称或者姓名及其处理事务的地址；(5)债务人的债务人或者财产持有人应当向管理人清偿债务或者交付财产的要求；(6)第一次债权人会议召开的时间和地点；(7)法院认为应当通知和公告的其他事项。

(三)破产受理的法律效力

我国遵循破产程序受理开始主义的立法原则，破产申请的受理意味着破产程序的开始，因而破产申请受理对相关的债务人、债权人及利害关系人等将产生一系列的法律效力。

1. 对债务人的法律效力

(1)债务人及其有关人员的财产保全、说明、提交义务。自人民法院受理破产申请的裁定送达债务人之日起至破产程序终结之日，债务人及其有关人员要承担一系列的法定义务，包括：妥善保管其占有和管理的财产、印章和账簿、文书等资

① 最高人民法院 2011 年《关于适用〈企业破产法〉若干问题的规定(一)》第 9 条。

料；根据法院、管理人的要求进行工作，并如实回答询问；列席债权人会议并如实回答债权人的询问；未经法院许可，不得离开住所地；不得新任其他企业的董事、监事、高级管理人员。这里所谓的有关人员，主要指的是企业的法定代表人；经人民法院决定，也可以包括企业的财务管理人员和其他经营管理人员。

(2)债务人对个别债权人的清偿无效。启动破产程序的目的之一是通过对债务人财产的概括执行，使得全体债权人受到公平保护。如果允许债务人对个别债权人进行清偿，将使上述目的无法实现。因此，破产申请一经受理，债务人即丧失对其财产的处分权。未经人民法院允许，债务人不得对个别债权人清偿债务。违法清偿的，人民法院应当裁定清偿无效，追回所给付的财产。

2.对债权人的法律效力

(1)债权人的未到期债权视为到期。破产程序通过概括地执行债务人的财产，对所有的债权进行公平清偿，因此使得未到期债权加速到期。程序开始后，尚未到期的债权的债权人也有权申报债权，只是在计算债权额时，应适当扣除期限利益。(2)债权人不得接受债务人的个别清偿。人民法院受理破产申请后，债权人不得接受债务人的个别清偿，也不得再向人民法院对破产程序中的债务人提起满足其债权的民事诉讼。所有债权人应服从破产程序，通过破产程序行使和实现债权。

3.对债务人涉讼案件的影响

(1)中止有关债务人的民事诉讼或仲裁案件。人民法院受理破产申请后，已经开始而尚未终结的有关债务人的民事诉讼或者仲裁应当中止；在管理人接管债务人的财产后，该诉讼或者仲裁继续进行，以避免债务人恶意放弃财产或权利而损害债权人利益。(2)中止对债务人财产的民事执行程序。人民法院受理破产申请后，有关债务人财产的保全措施应当解除，执行程序应当中止。申请执行人可将需执行的清偿数额作为破产债权进行申报；解除保全措施的债务人财产则被纳入破产财产。但有物权担保的债权人就担保物提起的执行程序，不受此中止效力的约束。

4.对其他利害关系人的法律效力

(1)债务人的债务人和财产持有人应当而且只能向管理人清偿债务或者交付财产。因为自人民法院受理破产申请后，债务人就丧失了对其财产的经营权和管理权，当然也无权接受债务人的债务清偿和财产持有人的财产交付。(2)债务人的合同相对人有权催告管理人决定合同是否继承履行。人民法院受理破产申请后，管理人对破产申请受理前成立而债务人和对方当事人均未履行完毕的合同有权决定解除或者继续履行，并通知对方当事人。管理人自破产申请受理之日起两个月内未通知对方当事人，或者自收到对方当事人催告之日起 30 日内未答复的，视为解除合同。如果管理人决定继续履行合同，对方当事人应当履行；但对方当事人也有权要求管理人提供担保。管理人不提供担保的，视为解除合同。

第二节 破产法上的机构

一、管理人

(一)管理人概述

管理人是指破产程序开始后依法成立的,全面接管破产债务人,以自己的名义独立执行破产债务人的财产的保管、清理、估价、变卖和分配等事务的专门机关,随破产清算程序的终结而解散。管理人是破产程序中最重要的一个机关,各国都无一例外地在破产程序中设置了这样的机关,只是称谓各有不同。英美法一般称为"破产受托人"(bankruptcy trustee),大陆法一般称为"破产管理人"(bankruptcy curator),《企业破产法》称为"管理人",取代了旧法中的"清算组"。这也是我国破产法走向规范化、市场化、国际化的一项重大制度改革与创新。①

破产案件由人民法院审理,但它并不同于普通的民商事案件。在破产案件中,不仅有大量的涉及债权人、债务人的法律事务,同时还有专业性和技术性极强的破产财产管理、处置、变价和分配等非法律事务。对于作为国家审判机关的人民法院来说,由其担任破产管理人,不仅与其裁判机关的法律地位和职责不符,而且破产案件工作的繁杂程度之重也远非法院可以胜任。如果这些工作由债权人或债务人负责,则可能造成债权人与债务人之间的利益冲突,影响债务清偿的公平性。因此,在现代破产立法中,一般都规定由律师、注册会计师等具有较高社会诚信度的专业人士来担任管理人,他们不仅具备管理破产财产和事务的专业知识和能力,而且有着独立的法律地位,从而保证其在破产程序中中立而公正地执行法律规定的职责。

(二)管理人的任职资格和选任方式

1.管理人的选任范围

根据《企业破产法》第24条的规定,管理人可以由以下机构或人员担任:(1)社会中介机构。一般情况下,管理人应当由依法设立的律师事务所、会计师事务所、破产清算事务所等机构担任。(2)自然人。对于事实清楚、债权债务关系简单、债务人财产相对集中的企业破产案件,人民法院可以根据债务人的实际情况,在征询有关社会中介机构的意见后,指定该机构具备相关专业知识并取得执业资格的人

① 王欣新:《破产法》,中国人民大学出版社2007年版,第85页。

员担任管理人。个人担任破产管理人的，应当参加执业责任保险。(3)清算组。对于那些在破产申请受理前已经依法成立清算组的破产案件、纳入国家计划的国有企业政策性破产案件，或者依照有关法律规定或取得人民法院的同意，可以由清算组担任破产案件的管理人。

2.管理人的任职资格

对破产管理人资格作出明确的法律规定，是保证其具有良好的业务素质和品行状况，保障破产清算程序有效进行的必要措施。《企业破产法》第24条第2款规定，人民法院有下列情形之一的，不得担任管理人：(1)因故意犯罪受过刑事处罚；(2)曾被吊销相关专业执业证书；(3)与本案有利害关系；(4)人民法院认为不宜担任管理人的其他情形。

《最高人民法院关于审理企业破产案件指定管理人的规定》第23条规定，社会中介机构、清算组成员有下列情形之一，可能影响其忠实履行管理人职责的，人民法院可以认定其与本案有利害关系：(1)与债务人、债权人有未了结的债权债务关系；(2)在人民法院受理破产申请前三年内，曾为债务人提供相对固定的中介服务；(3)现在是或者在人民法院受理破产申请前三年内曾经是债务人、债权人的控股股东或者实际控制人；(4)现在担任或者在人民法院受理破产申请前三年内曾经担任债务人、债权人的财务顾问、法律顾问；(5)人民法院认为可能影响其忠实履行管理人职责的其他情形。同法第24条规定，清算组成员的派出人员、社会中介机构的派出人员、个人管理人有下列情形之一，可能影响其忠实履行管理人职责的，人民法院可以认定其与本案有利害关系：(1)具有本规定第23条规定情形；(2)现在担任或者在人民法院受理破产申请前三年内曾经担任债务人、债权人的董事、监事、高级管理人员；(3)与债权人或者债务人的控股股东、董事、监事、高级管理人员存在夫妻、直系血亲、三代以内旁系血亲或者近姻亲关系；(4)人民法院认为可能影响其公正履行管理人职责的其他情形。至于人民法院认为社会中介机构及个人不宜担任管理人的其他情形，同法第9条也作了具体解释，包括：(1)因执业、经营中故意或者重大过失行为，受到行政机关、监管机构或者行业自律组织行政处罚或者纪律处分之日起未逾三年；(2)因涉嫌违法行为正被相关部门调查；(3)因不适当履行职务或者拒绝接受人民法院指定等原因，被人民法院从管理人名册除名之日起未逾三年；(4)缺乏担任管理人所应具备的专业能力；(5)缺乏承担民事责任的能力；(6)人民法院认为可能影响履行管理人职责的其他情形。

3.管理人的选任方式

各国关于破产管理人的选任主要有三种立法模式：一是由债权人会议选任，如美国、加拿大等国家；二是由法院指定管理人，如日本、法国、比利时等国家；三是以法院指定为原则，但允许债权人会议另行选定，如德国。[①]

根据我国破产法的规定，管理人由人民法院指定。人民法院应当按照管理人名册所列名单采取轮候、抽签、摇号等随机方式公开指定管理人。此外，为保障全体债权人的合法权益，在债权人会议认为管理人不能依法、公正执行职务或者有其他不能胜任职务情形时，可以申请人民法院予以更换。据此，我国破产法对管理人的选任采取了与上述三种模式不同的做法，以人民法院的指定为原则，同时也赋予债权人会议对破产管理人的更换申请权。它既考虑了法院在破产程序和破产事务中的主导地位，同时也体现了债权人自治原则在破产程序中的适用，值得肯定。当然，由于债权人会议的更换申请权的提出需要符合法定的条件，同时是否更换管理人，最终仍取决于法院的裁决，因此可以说，我国破产程序中的管理人选任始终是由法院决定的，债权人会议只是具有监督权和异议权。

（三）管理人的职责

管理人履行其职责是破产清算的核心。我国破产法以列举的方式规定破产管理人的职责，主要包括以下几方面：(1)接管债务人的财产、印章和账簿、文书等资料；(2)调查债务人财产状况，制作财产状况报告；(3)决定债务人的内部管理事务；(4)决定债务人的日常开支和其他必要开支；(5)在第一次债权人会议召开之前，决定继续或者停止债务人的营业；(6)管理和处分债务人的财产；(7)代表债务人参加诉讼、仲裁或者其他法律程序；(8)提议召开债权人会议；(9)人民法院认为管理人应当履行的其他职责。

（四）管理人的辞任和更换

破产法规定管理人及其报酬由人民法院决定。管理人无正当理由，不得拒绝人民法院的指定，也不得以任何形式将应当履行的职责全部或者部分转给其他社会中介机构或者个人。管理人应当勤勉尽责，忠实执行职务，向人民法院报告工作，并接受债权人会议和债权人委员会的监督。管理人辞去职务应当经人民法院许可。管理人没有正当理由辞去职务的，法院不予许可，但管理人仍坚持辞去职务并不再履行管理人职责的，人民法院应当决定更换管理人。

根据《最高人民法院关于审理企业破产案件指定管理人的规定》第 33 条，社会中介机构管理人或清算组成员有下列情形之一的，人民法院可以根据债权人会议的申请或者依职权径行决定更换管理人：(1)执业许可证或者营业执照被吊销或者注销；(2)出现解散、破产事由或者丧失承担执业责任风险的能力；(3)与本案有利害关系；(4)履行职务时，因故意或者重大过失导致债权人利益受到损害；(5)有重

---

① 齐树洁：《破产法》，厦门大学出版社 2007 年版，第 104 页。

大债务纠纷或者因涉嫌违法行为正被相关部门调查的。同法第 34 条规定，个人管理人、清算组成员的派出人员、社会中介机构的派出人员有下列情形之一的，人民法院可以根据债权人会议的申请或者依职权径行决定更换管理人：(1)执业资格被取消、吊销；(2)与本案有利害关系；(3)履行职务时，因故意或者重大过失导致债权人利益受到损害；(4)失踪、死亡或者丧失民事行为能力；(5)因健康原因无法履行职务；(6)执业责任保险失效；(7)有重大债务纠纷或者因涉嫌违法行为正被相关部门调查的。

债权人会议认为管理人不能依法、公正执行职务或者有其他不能胜任职务的情形，申请更换管理人的，应由债权人会议作出决议并向人民法院提出书面申请。人民法院在收到债权人会议的申请后，应当通知管理人在 2 日内作出书面说明。人民法院认为申请理由不成立的，应当自收到管理人书面说明之日起 10 日内作出驳回申请的决定。人民法院认为申请更换管理人的理由成立的，应当自收到管理人书面说明之日起 10 日内作出更换管理人的决定。决定书应当送达原管理人、新任管理人、破产申请人、债务人以及债务人的企业登记机关，并予以公告。

人民法院决定更换管理人的，原管理人应当自收到决定书之次日起，在人民法院监督下向新任管理人移交全部资料、财产、营业事务及管理人印章，并及时向新任管理人书面说明工作进展情况。原管理人不能履行上述职责的，新任管理人可以直接接管相关事务。在破产程序终结前，原管理人应当随时接受新任管理人、债权人会议、人民法院关于其履行管理人职责情况的询问。

二、债权人会议

(一)债权人会议概述

债权人会议是指在破产程序进行中为便于全体债权人参与破产程序以实现其破产程序参与权，维护全体债权人的共同利益，由全体登记在册的债权人组成的表达债权人意志和统一债权人行动的议事机构。换言之，债权人会议是全体债权人参加破产程序的意思表示机关，通过对破产程序中重大事项的决定和对破产程序的监督，公平地保护全体债权人的利益。

在破产程序中，债权人人数众多，各债权人之间的意志和利益存在差异甚至冲突。债权人会议的设立，可以有效地统一债权人的意志和行动，保证破产程序有序化，以避免债权人从自身利益出发单独行使权利，损害其他债权人利益的现象发生；同时也有助于借由此种组织形式形成债权人间的利益集合，以协调和解决债权人整体利益与破产程序中的其他主体(如企业职工、税务机关、债务人)利益的冲突，使债权人利益最大化。

由于各国破产立法模式和立法原则的差异，有关债权人会议职权的规定也不尽相同，对于债权人会议这一组织的性质，理论界尚无统一的认识，主要学说有以下几种：(1)债权人团体的机关说。该说基于破产债权人对破产程序进行中的诸多事项具有共同利益，如破产财产的增加与减少、破产费用的增加或拨付、破产财产的变价或分配等，主张全体债权人构成破产债权人团体，债权人会议则是该团体的机关。(2)事实上的集合体说。该说主张债权人会议是由法院召集的临时性集合组织，并非权利主体也不具有诉讼能力，因而在破产程序中不具有独立的地位。(3)自治团体说。依照该说，债权人会议并非法人组织，而是非法人性质的特殊社团组织，是表达债权人共同意志的一种自治性团体。(4)意思表示机关说。该说认为债权人会议是债权人团体在破产程序中取得独立地位的意思表示机关。债权人会议是债权人参加破产程序表达其意思、行使权力的基本形式。虽然债权人会议不具备民诉法上的诉讼能力，但在破产程序中也有独立的意思表示能力。①

上述几种学说从不同的侧面描述了债权人会议的多样性特征。实际上，无视各国破产法对债权人职权及其与其他机构关系的具体规定，抽象地讨论其法律性质并无实质意义。就我国破产法的规定来看，债权人会议应当具有一定的自治团体性质；但是，债权人的自治能力又受到一定的限制，其部分决议须经法院认可才能生效。因此，有学者总结，债权人会议的性质应是对内协调和形成全体债权人的共同意思，对外通过对破产程序的参与和监督，来实现全体债权人的破产参与权的机构。②

(二)债权人会议的组成

债权人会议由出席人员和列席人员组成。

根据《企业破产法》的规定，债权人依法申报债权后，成为债权人会议的成员，享有出席债权人会议、对债权人会议讨论的议题发表意见、表决以及请求召开债权人会议等权利。此外，债权人会议还应当有债务人的职工和工会的代表参加，对有关事项发表意见。债权人出席债权人会议，可以本人亲自出席，也可以委托代理人出席。代理人出席债权人会议的，应当向人民法院或者债权人会议主席提交债权人的授权委托书。

债权人会议成员主要分为有表决权的债权人和无表决权的债权人两类。有表决权的债权人，主要包括以下几种：(1)依法申报债权的无财产担保的债权人；(2)放弃优先受偿权利的有财产担保的债权人；(3)虽享有财产担保但未能就担保物足额受偿的债权人；(4)已代替债务人清偿债务的保证人或者其他连带债务人。上述债权人在行使表决权时，其债权额必须确定，债权额不确定或者有异议的，由人民

---

① 韩长印：《破产法学》，中国政法大学出版社 2007 年版，第 109 页。

② 王欣新：《破产法》，中国人民大学出版社 2007 年版，第 283 页。

法院裁定后行使表决权。

债权人会议的列席人员是指出席债权人会议但不属于会议成员，且对债权人会议的决议事项不享有表决权，仅为协助会议的召开而参加的会议人员。根据破产法，债务人的上级主管部门可以派员列席债权人会议；债务人的法定代表人以及经人民法院决定的企业财务管理人员和其他经营管理人员必须列席债权人会议并有义务回答债权人的询问；管理人应当列席债权人会议，接受债权人会议的询问。

债权人会议设会议主席一人，由人民法院从有表决权的债权人中指定。债权人会议主席的职权主要是主持和召集债权人会议。债权人会议主席行使职权，不得委托他人代理。如果本人不能主持会议，可以由人民法院临时指定会议主席，必要时也可以由人民法院另行指定债权人会议主席。

(三)债权人会议的职权

根据《企业破产法》第 61 条的规定，债权人会议行使如下职权：(1)核查债权；(2)申请人民法院更换管理人，审查管理人的费用和报酬；(3)监督管理人；(4)选任和更换债权人委员会成员；(5)决定继续或者停止债务人的营业；(6)通过重整计划；(7)通过和解协议；(8)通过债务人财产的管理方案；(9)通过破产财产的变价方案；(10)通过破产财产的分配方案；(11)人民法院认为应当由债权人会议行使的其他职权。

(四)债权人会议的召开和决议程序

债权人会议的召开，分为两种情况：(1)第一次债权人会议。又称为法定债权人会议，是破产程序开始后在法定期间内必须召开的债权人会议，在破产程序中占有十分重要的地位。《企业破产法》第 62 条规定："第一次债权人会议由人民法院召集，应当在债权申报期限届满后十五日内召开。"(2)必要的债权人会议。除第一次债权人会议应当由人民法院在法定期间内召集外，其他的债权人会议在破产程序进行中必要时召开，即在人民法院认为必要时，或者管理人、债权人委员会、占债权总额四分之一以上的债权人向债权人会议主席提议时召开。必要的债权人会议由会议主席召集并主持，不得无故拒绝。召开债权人会议，由管理人提前 15 日通知已知的债权人。

债权人会议的决议可分为一般决议和特殊决议。一般决议是指对破产程序中的一般事项所作出的决议。对于一般决议的通过，有两种不同的立法例，即所谓单一标准和双重标准。单一标准是指债权人会议的决议的形成仅以债权人的人数或债权额作为标准。双重标准是指通过一般决议时，既有债权人人数的要求，又有债权额的限制。我国立法也采人数和债权额双重标准，《企业破产法》第 64 条规定："债权人会议的决议，由出席会议的有表决权的债权人的过半数通过，并且其所代表的债权额占无财产担保债权总额的二分之一以上。"特殊决议主要是指关于和解协议或者重整计划的决议，一般各国均采取双重标准。例如，我国《企业破产法》第97条规定："通过和解协议草案的决议，必须由出席会议的有表决权的债权人的过半数通过，并且其所代表的债权额，必须占无财产担保债权总额的三分之二以上。"

（五）债权人会议的决议

债权人会议的决议是债权人团体为共同意思表示的结果，一旦决议经法定程序获得通过，即对全体债权人具有约束力。各债权人不论是否出席会议，也不论是否参加表决，更不论债权人是赞成还是反对决议，都当然地受其约束。此外，债权人会议的决议属于债权人集体的内部意思，其效力也仅止于债权人内部，对于债务人、法院和管理人没有法律约束力。

为保证债权人会议决议能够真正符合全体债权人的共同利益，破产法还规定了会议决议的救济制度。如债权人认为债权人会议的决议违反法律规定，损害其利益的，可以自债权人会议作出决议之日起15日内，请求人民法院裁定撤销该决议，责令债权人会议依法重新作出决议。债权人会议的决议违反法律，包括决议的内容、表决程序，会议的召开程序违法，或者决议超出了债权人会议的职权范围，以及决议有其他违反法律之处。对于债权人提出的异议，人民法院应采用书面或开庭的方式，对异议进行审查。异议成立的，应裁定撤销该项债权人会议决议，并禁止决议的执行；异议不成立的，则裁定驳回异议申请。

（六）债权人委员会

债权人委员会是债权人会议的代表机构，也是执行其监督职责的常设机构。债权人委员会由会议选任的代表专门组成，代表债权人会议在其闭会期间，对破产程序各个阶段实施日常监督，以维护债权人团体利益。许多国家和地区的破产法对此都有规定，只是称谓有所差别。[①] 我国破产法也规定，债权人会议可以决定设立债权人委员会。债权人委员会由债权人会议选任的债权人代表和一名债务人的职工代表或者工会代表组成，人数不得超过9人，且应当经人民法院书面决定认可。债权人委员会以全体成员过半数通过形成决议，但决议内容与债权人会议决议不一致的，应当服从债权人会议的决议。

债权人委员会应行使如下职权：(1)监督债务人财产的管理和处分；(2)监督破产财产分配；(3)提议召开债权人会议；(4)债权人会议委托的其他职权。债权人委员会执行职务时，有权要求管理人、债务人的有关人员对其职权范围内的事务作出说明或者提供有关文件。管理人、债务人的有关人员违反破产法规定拒绝接受监

① 例如，日本破产法称为监查委员；法国破产法称为债权人代表；我国台湾地区"破产法"称为监查人。

督的，债权人委员会有权就监督事项请求人民法院作出决定；人民法院应当在5日内作出决定。

此外，债权人委员会还应该对管理人的重大财产处分行为进行监督，这些特定行为包括：(1)涉及土地、房屋等不动产权益的转让；(2)探矿权、采矿权、知识产权等财产权的转让；(3)全部库存或者营业的转让；(4)借款；(5)设定财产担保；(6)债权和有价证券的转让；(7)履行债务人和对方当事人均未履行完毕的合同；(8)放弃权利；(9)担保物的取回；(10)对债权人利益有重大影响的其他财产处分行为。

债权人委员会应当以善良管理人的注意为全体债权人的利益执行职务。债权人委员会因为故意或者过失造成债务人或者债权人损失的，应当承担赔偿责任。债权人委员会执行职务所需的费用和报酬，列入破产费用，从破产财产中优先拨付。

第三节　破产预防制度

一、重整制度

(一)重整制度的概念和特征

重整是指经利害关系人申请，依照法律规定的程序，对具有重整原因的债务人进行债务调整和企业整理，使之摆脱困境，重获经营能力的破产预防制度。

重整制度在各国破产法中称谓不同。法国称为"司法康复"，日本称为"更生"，英国称为"公司管理"。它们的共同目的是通过法院，由特定的利害关系人参加达成重整计划，在清偿债务的同时使债务人的经营状况回复到破产前的状态。因此，破产法上的重整制度是一种再建型债务清理制度，是采用各种手段恢复债务人企业的良好财务状况和活力并使之继续经营的过程，其中包括免除债务、重订债期、债转股以及将企业整体(或部分)作为营运资产出售等。

我国1986年《企业破产法(试行)》并无规定重整制度，但新的破产法在总结我国以往经验和研究我国国情的基础上，参考了美、法、日等国重整制度的立法成果，专设了重整一章。与破产清算制度、破产和解制度相比，重整制度有着不同的法律特征：

1.重整与破产清算

债务清理和企业拯救是现代破产法的两大目标，分别由重整和清算两个程序来实现。与破产清算制度相比，重整制度可以使债务人的营业得以不间断地继续，从而避免了破产带来的严重财产损失、经济连锁反应和其他消极后果；并使债权人获得不低于(一般是高于)破产分配的清偿额。此外，重整程序比较简易，完成时间较短，费用也较低；重整制度与企业兼并、股份制改造等制度并用，还能够在债务重组的同时实现企业再建。

2.重整与和解

和解是破产法上较早出现的再建型债务清理制度，随着重整制度的出现，有些国家破产法中曾放弃和解程序（如德国和法国），但实际上它们各自适用的对象不同，能够各自独立地存在。与和解制度相比，重整制度的主要特点包括：重整的原因不限于破产原因，企业将要出现破产原因也可以成为申请重整的理由；有权申请重整的不仅有债务人和债权人，而且有股东或业主；重整期间，债务人可以继续营业，而且允许由原来的经营者负责营业和重整事务；重整制度有一系列为保障企业在重整期间继续营业的保护措施；重整计划是一个包括债务重组、企业改组、人员裁减、产权变动等在内的综合性的企业复兴方案，而不仅限于债权让步；重整计划可能使债权人获得高于和解协议的清偿额。

（二）重整程序的启动

1.重整原因

重整原因是引起重整程序的开始的事由，也是法院得以裁定债务人进行重整的法定原因。基于重整程序拯救企业的制度目标，其原因范围比一般的破产原因广泛。按照《企业破产法》的规定，申请债务人重整的原因有两种：(1)债务人具备破产原因，即企业法人已经处于不能清偿到期债务，并且资产不足以清偿全部债务或者明显缺乏清偿能力的状态。(2)债务人将要出现破产原因，即企业法人因为经营或者财务发生困难等有明显丧失清偿能力可能的状态出现。

2.重整申请人

重整程序的启动依赖利害关系人的申请，法院不得依职权开始重整程序。对于申请人的范围，各国法律规定不一。[①] 按照《企业破产法》第70条的规定，有资格的重整申请人为以下几类：(1)债权人。债权人在债务人出现重整原因时，可以依法直接向人民法院申请对债务人进行重整。(2)债务人。重整制度仅适用于企业法人。企业法人在出现重整原因时可以直接向人民法院申请进行重整；也可以在法院受理债权人提出的破产申请后、宣告债务人破产前向人民法院申请进行重整。(3)债务人的出资人，且其出资额占债务人注册资本十分之一以上，但此类申请主体应在债务人非自愿破产程序开始后、被宣告破产前向人民法院申请进行重整。(4)国务院金融监督管理机构可以依法申请对金融机构进行重整。

3.重整申请的审查与裁定

按照《企业破产法》的规定，重整程序在人民法院主持下进行，所以人民法院在

---

① 范健、王建文：《破产法》，法律出版社2009年版，第206～207页。

收到重整申请后应当进行审查，决定是否裁定债务人重整。人民法院经审查认为重整申请符合法律规定的，应当作出重整裁定，并予以公告。前述所引东星航空破产案件中，作为债务人的东星集团，以及作为债权人的中航油都曾向法院提出重整的申请，但法院审查后认为企业无力继续经营，不具备重整的条件，因此分别作出了不予受理及驳回的裁定。

（三）重整程序开始的效力

《企业破产法》规定：自人民法院裁定债务人重整之日起至重整程序终止，为重整期间[①]，也称重整保护期间。在重整期间，债权人、债务人和其他利害关系人均受有关法院受理重整申请裁定所产生的一系列法律效力的约束，以保护债务人的营业和制订重整计划，增加重整成功的可能性。

1. 重整管理人的确立。重整期间，债务人财产和营业事务的管理，可以由原管理人继续负责，并由其决定是否聘任债务人的经营管理人员帮助履行管理职责；也可以由债务人向人民法院提出申请，在管理人的监督下自行管理财产和营业事务。在两种方法中，以管理人的管理为原则，以债务人的自行管理为例外。

2. 对担保权行使的限制。在重整期间，对债务人的特定财产享有的担保权暂停行使。但是，担保物有损坏或者价值明显减少的可能，足以危害担保权人权利的，担保权人可以向人民法院请求恢复行使担保权。同时，破产法还允许在重整程序启动后为继续营业所需借款设定担保，从而成立新的别除权。

3. 对财产取回权行使的限制。重整期间，取回权的行使应当符合当事人事先约定的条件，如租赁期满返还、质权担保的债权获得清偿后返还财产等约定。

4. 对投资收益分配权和股权转让的限制。重整期间，债务人的出资人不得请求投资收益分配。除经过人民法院同意的以外，债务人的董事、监事、高级管理人员不得向第三人转让其持有的债务人的股权。

（四）重整程序的终止

1. 在重整程序期间，具备以下事由之一的，经管理人或者利害关系人请求，人民法院应当裁定终止重整程序：(1)债务人的经营状况和财产状况继续恶化，缺乏挽救的可能性；(2)债务人有诈欺、恶意减少债务人财产或者其他显著不利于债权人的行为；(3)由于债务人的行为致使管理人无法执行职务。

2. 债务人和管理人未能在法定期限内提出重整计划草案的，人民法院应当依职权裁定终止重整程序。

---

① 重整期间，在美国被称为冻结期间(period of freeze)，在澳大利亚被称为“延缓偿付期”(moratorium)，在法国被称作“观察期间”。

3. 重整计划草案未获债权人会议通过或已通过的重整计划未获得法院批准的，应当裁定终止重整程序。

4. 在重整计划执行阶段，债务人不能执行或者不执行重整计划的，经管理人或者利害关系人请求，人民法院应当裁定终止重整计划的执行。

依《企业破产法》的规定，人民法院裁定终止重整程序的，应当宣告债务人破产，进入破产清算程序。

（五）重整计划

重整计划是由重整人或其他利害关系人拟订的，以清理债务、复兴企业为内容并经债权人会议表决通过和法院裁定认可的综合性协议。重整计划是重整程序中的核心要素，是重整程序中最重要的法定文件。

1. 重整计划的制订

重整计划涉及各方主体的利益，因此计划的制订过程实际上是一个协商的过程。通常情况下，在未经债权人会议讨论之前，重整计划往往是一个由债务人或管理人提出的协议草案，其中可能包括债权人、出资人和职工代表的意见。根据《企业破产法》第 81 条的规定，重整计划应当包括以下内容：(1)债务人的经营方案；(2)债权分类；(3)债权调整方案；(4)债权受偿方案；(5)重整计划的执行期限；(6)重整计划执行的监督期限；(7)有利于债务人重整的其他方案。同法第 79 条还对重整计划的制订期限作了明确规定：债务人或者破产管理人应当自人民法院裁定债务人重整之日起 6 个月内，向人民法院和债权人会议提交重整计划草案。该期限届满，经债务人或者破产管理人请求，有正当理由的，人民法院可以裁定延期 3 个月。

2. 重整计划的表决和通过

《企业破产法》对重整计划草案的表决、通过和批准设立了一系列的程序规则。重整计划草案提交人民法院后，人民法院应当在 30 日内召开债权人会议进行表决。由于重整计划对于不同类型的债权人、股东、职工等利害关系人的影响不同，一般情况下，债权人会议对重整计划草案实行分组表决。《企业破产法》第 82 条规定，债权人会议对于重整计划的表决，依照债权的分类，分有别除权债权组、劳动债权组、税收债权组和普通债权组进行表决。对于重整计划涉及债务人的出资人权益调整事项的，则设立出资人组，对该事项进行表决。对于表决通过的条件，《企业破产法》采用了双重标准，即出席会议的同一表决组的债权人过半数同意重整计划草案，并且其所代表的债权额占该组已确定债权总额的三分之二以上的，方为该组通过重整计划草案；各表决组均通过重整计划草案时，重整计划即为通过。如果重整计划草案未获通过，债务人或管理人可以同未通过重整计划草案的表决组协商，该表决组可以在协商以后再行表决一次。

3. 重整计划的批准

重整计划草案的批准，是指法院依法审查，赋予重整计划强制执行力的过程。根据《企业破产法》的规定，债务人或者管理人应当自重整计划通过之日起 10 日内，向人民法院提出批准重整计划的申请，人民法院经审查认为符合破产法规定的，应当自收到申请之日起 30 日内裁定批准，同时裁定终止重整程序，并予以公告。重整计划草案未获通过，且表决组拒绝再次表决或者再行表决仍未通过的，债务人或者管理人可以申请由法院强制批准重整计划草案。经法院审查认为重整计划草案不符合破产法的规定，则应裁定驳回申请，裁定终止重整程序，宣告债务人破产。

4. 重整计划的效力和执行

《企业破产法》规定，经法院裁定批准的重整计划，对破产案件受理以前成立的所有债权均产生效力，并对债务人和全体债权人均有约束力。此时尚未申报的债权，在重整计划执行期间不得行使权利；在重整计划执行完毕以后，可以按照重整计划规定的同类债权的清偿条件行使权利。债权人对债务人的保证人和其他连带债务人享有的权利，不受重整计划的影响。

重整计划由债务人负责执行，管理人行使监督职责。人民法院裁定批准重整计划后，已经接管财产和营业事务的管理人应当向债务人移交财产和营业事务。监督期内，债务人应当向管理人报告重整计划执行情况和债务人财务状况。

5. 重整计划的终止

《企业破产法》规定，重整计划的终止有两种原因：(1)重整计划因执行障碍而终止。债务人不能执行或者不执行重整计划的，人民法院经管理人或者利害关系人申请，应当裁定终止重整计划的执行。人民法院裁定终止重整计划执行的，应当同时宣告债务人破产清算。在这种情况下，债权人在重整计划中作出的让步失去效力，但为重整计划执行提供的担保继续有效。债权人因重整计划实施所受的清偿仍然有效，未受偿的部分作为破产债权行使权利，但只有在其他同顺位债权人同自己所受的清偿达到同一比例时，才能继续接受分配。(2)重整计划因执行完毕而终止。重整计划执行完毕，是执行人按照计划的规定完成重整任务，实现企业复兴的情形。《企业破产法》规定了重整计划执行完毕后的债务人的免责效力，即按照重整计划减免的债务，自重整计划执行完毕时起，债务人不再承担清偿责任。

二、和解制度

(一)和解制度的概念和特征

破产法上的和解，是指已具备破产原因或已进入破产程序的债务人，主动提出和解申请及和解协议草案，经债权人会议讨论通过并经人民法院许可，解决债权债务纠纷以避免启动破产程序或进行破产分配的一种破产预防制度。和解制度的目的在于克服企业破产清算所带来的财力巨大消耗、企业人格消灭、劳动者失业等波及债权人、债务人及社会经济秩序的消极效应，通过债权人与债务人的和解，挽救有复苏希望的债务人，以避免破产宣告或破产分配。

和解制度是为了预防破产而设立的再建型债务清理制度，与其他破产程序相比，具有以下几个方面的特征：

1. 和解制度适用于已具备破产原因的债务人，因此和解申请均由债务人提出。传统的破产清算制度强调债权人的公平受偿，立法上侧重于债权人利益的保护。而和解制度则以债务人的利益为出发点，只要债务人能够按照和解协议的约定履行清偿义务，即可避免破产宣告，已经启动的破产程序同时宣告终结，体现了对债务人的保护。

2. 破产和解须由债务人与债权人会议达成和解协议，并在法院主导下进行。

和解协议主要是通过债权人的谅解、减少债权额、展期付款等方式实现债权债务的清理，从而使债务人免受破产宣告。

3. 破产和解只能在破产宣告前提出。和解分为破产程序开始前的和解和破产程序开始后的和解，我国破产法对此均有规定。但破产程序开始后，债务人申请和解的时间虽然没有具体限制，但应当在破产宣告前提出。这一点与一些国家规定的破产宣告后的和解不同。

4. 和解协议须经法院裁定认可才能生效，对债权人和债务人均产生强制约束力。为防止和解协议违反法律法规，或牺牲少数或者小额债权人的利益，和解协议须经法院裁定认可才能生效。债务人必须切实履行和解协议的内容，按照协议规定的期限、数额清偿债务，不得有破产欺诈的行为。

（二）和解的程序规则

1. 和解申请

破产和解的目的是保护债务人的利益，因此和解申请人也仅限于债务人，法院也不得依职权开始和解程序。[①]《企业破产法》第 95 条规定："债务人可以依照本法规定，直接向人民法院申请和解；也可以在人民法院受理破产申请后、宣告债务人破产前，向人民法院申请和解。"

债务人向法院提出和解申请必须具备法定的要件：(1)在和解原因方面，由于和解制度的设立只是为债权人与债务人达成协议清理债权债务，并不希望对债务人的全部财产进行公平分配，因此在适用的原因条件上放宽了限制，不仅规定债务人可以在破产程序启动后提出和解，也允许其在有破产之虞时即可向法院申请与

---

① 在这一方面，英美法上的做法不同。出于鼓励和解程序适用的目的，英美法上一般在债务人之外还赋予债权人和解申请权。

债权人达成和解，以使其尽早摆脱债务纠纷。(2)在和解时间方面，《企业破产法》实行和解分离主义立法原则，在和解程序开始之前，或和解程序开始之后、破产宣告之前，债务人都可以提出和解申请。(3)在形式方面，依破产法规定，和解申请应以书面形式向有管辖权的法院提出，申请和解的同时还应提交和解协议的草案及法律要求提交的文件。

2.和解协议草案及其议决

和解协议草案是债务人提出的就债务纠纷进行清理所采取措施的初步方案。一般情况下，和解协议草案应包括以下几方面内容：(1)债务人的财产状况说明；(2)债务情况；(3)债务清偿的方式与期限；(4)确保执行和解协议的措施。[①]

和解协议草案可以被视为债务人向债权人团体发出的解决双方之间债权债务问题的要约，因此还需要债权人团体的承诺才能具备法律上的约束力。根据《企业破产法》第 96 条的规定："人民法院经审查认为和解申请符合本法规定的，应当裁定和解，予以公告，并召集债权人会议讨论和解协议草案。"第 97 条规定：债权人会议通过和解协议的决议，应当"由出席会议有表决权的债权人的过半数通过，并且其所代表的债权额，必须占无财产担保债权总额的三分之二以上"。由这一规定可以看出，对和解协议草案的表决与破产程序中的一般决议表决不同，破产法排除了具有财产担保的债权的表决权。《企业破产法》第 99 条规定，和解协议草案经债权人会议表决未获得通过，或者已经债权人会议通过的和解协议未获得人民法院认可的，人民法院应当裁定终止和解程序，并宣告债务人破产。

(三)和解协议的法律效力

债务人与债权人会议达成的和解协议，经法院认可并公告后，对破产程序、债务人、债权人及其他利害关系人会产生一系列的法律效力。具体表现为以下几个方面：

1.和解协议对破产程序的优先效力

许多国家的破产法均承认和解具有优先于破产程序的效力，主要表现在：有破产申请与和解申请同时提出的，法院应当首先审查和解申请；在破产程序的进行过程中有和解许可的，应当终结或者中止破产程序。根据我国破产法的规定，和解协议经人民法院裁定认可的，和解程序应当终止。但就和解协议是否具有终结或中止破产程序的效力，法律并无明文规定。但从逻辑上讲，破产案件必然存续于一定程序之中，既然和解程序已经终止，又没有转入另外的程序，则破产程序或破产案件也就当然地随之终结。[②]

---

① 安建：《企业破产法释义》，法律出版社 2006 年版，第 135～136 页。

② 详见王卫国：《破产法精义》，法律出版社 2007 年版，第 287 页。

2. 和解协议对债务人的法律约束力

和解协议的生效具有终结破产程序的效力，因此管理人应当结束其职务履行，向债务人移交财产和营业事务，并向人民法院提交执行职务的报告。债务人重新取得对其财产的支配权，并且不受个别债权人的追偿，请求债务人给付财产的民事诉讼、民事执行程序以及相关的诉讼保全措施均不得进行。同时，债务人必须严格履行和解协议的偿债条款，不得拒绝履行或迟延履行，不得实施任何有损债权人清偿利益的欺诈性财产处分行为，不得超出和解协议规定的范围对个别债权人实施有损其他债权人利益的额外清偿。

3. 和解协议对债权人的法律约束力

生效的和解协议，其效力及于全体和解债权人，无论其是否申报债权，也无论其是否参加和解程序及是否在表决中同意协议内容。所谓和解债权人是指人民法院受理破产申请时对债务人享有无财产担保债权的人。和解协议对和解债权人的约束力主要表现为：债权人不得超出和解协议规定的数额、时间和方式对债务人进行追索；不得接受债务人给付的有损其他债权人利益的额外清偿。未申报债权的和解债权人，在和解协议执行期间不得行使权利；在和解协议执行完毕后，可以按照和解协议规定的清偿条件行使权利。

根据破产法的规定，和解协议对于在和解协议生效后新发生债权的债权人不生效力。新债权人可以在和解协议外请求法院个别执行，债务人不能清偿债务的，甚至可以向法院申请债务人破产。对债务人的特定财产享有担保权的权利人，也可以从法院裁定和解之日起行使权利。和解债权人对债务人的保证人和其他连带债务人所享有的权利，不受和解协议的影响。

（四）和解协议的终止

1. 和解协议的无效

和解协议的无效，是指法院对因债务人的欺诈或者其他不法行为而成立的和解协议裁定其无效的制度。不论是债权人事后发现，还是法院依职权发现，因欺诈或其他不法行为而成立的和解协议，都应当被裁定无效，由法院宣告债务人破产。

和解协议无效的事由包括债务人的欺诈及其他违法行为，对此，破产法虽然没有给出具体的说明，但原则上应当依照民法的一般原理和规定理解。例如，如果债务人行为违反法律的强制性规定或者构成合同法规定的合同无效的情形，则和解协议应因债务人的违法行为而被裁定无效。同时，债务人如果具有《企业破产法》所规定的破产撤销权的事由，或实施无效破产行为，也应被认定属于“欺诈及其他违法行为”。

如果和解协议被裁定无效时已经执行，和解债权人因执行和解协议所受的清偿，依合同无效的法理本应返还，但和解协议无效就会转入破产清算程序，届时将对债权人进行清算分配，和解债权人所返还的受偿利益，可能仍会经清算分配而再

次取得,并不会导致债权清偿的结果,却徒增程序成本。因此,破产法规定,在同等受偿的原则下,允许各个和解债权人依和解协议所得清偿,在其他债权人所受清偿同等比例的范围内,不予返还。

2.和解协议不被履行

和解协议经法院认可并公告后,债务人应当严格按照协议内容履行义务,债务人不能执行或者不执行和解协议的,人民法院经和解债权人请求,应当裁定终止和解协议的执行,并宣告债务人破产。

债务人不能执行和解协议,是指因为债务人本身缺乏执行和解协议的能力而导致的执行不能,主要表现为债务人财务状况在协议执行期间继续恶化。债务人不执行和解协议则是由于债务人主观上的原因拒不履行或延迟履行,主要表现为不按协议规定的方式和时间使债权人得到相应的清偿,或是对个别债权人进行偏袒性清偿。

根据《企业破产法》第104条的规定,和解协议被法院裁定终止执行后,债权人在和解中所作的让步归于无效。但和解债权人因执行和解协议所受的清偿仍然有效,和解债权未受清偿的部分作为破产债权。不过,和解期间获得清偿的债权人,只有在其他债权人同自己所受的清偿达到同一比例时,才能继续接受分配。和解协议被法院裁定终止后,为和解协议的执行提供的担保继续有效,有关财产应当作为破产财产进行清算。

第四节　破产清算制度

一、破产清算制度概述

(一)破产清算制度的概念

破产清算制度,是指债务人不能清偿债务时,由法院宣告其破产并集体清理和分配破产财产以清偿债权的程序性制度。破产清算制度的主要功能和目的在于公平地清偿破产人所欠债务,最大限度地保护债权人的利益。与重整制度、和解制度相比,我国破产法上的破产清算制度具有以下特征:

1.破产清算以债务人不能清偿债务为前提。我国破产法对债务人破产原因的规定采取双重标准,即债务人不能清偿到期债务,并且资产不足以清偿全部债务或者明显缺乏清偿能力,只有在具备上述条件的情况下,才能对债务人适用破产清算程序。如果债务人仅有不能清偿到期债务之虞的,不能启动清算程序。

2.破产清算以变价和分配破产财产为目的。债务人在清算期间不仅丧失对其财产的管理和处分权，而且也将因破产财产的分配而丧失继续存在和交易的物质基础。这也是破产清算制度与和解、重整等破产预防制度的根本性区别。

3.破产清算的启动以人民法院的破产宣告为标志。基于申请主义的立法原则，破产程序非经当事人申请不得启动。但启动清算程序的破产宣告却是由法院依职权进行，换言之，破产清算程序是否开始取决于法院是否宣告债务人破产。

（二）破产宣告

破产宣告，是指法院依据当事人的申请或者法定职权，对债务人具备破产原因的事实作出具有法律效力的裁定。破产宣告是破产人进入破产清算的起点，在破产法中具有十分重要的地位。

1.破产宣告的原因

根据破产法的规定，人民法院宣告债务人破产的原因主要有以下三种：(1)债务人不能清偿到期债务，并且资产不足清偿全部债务或明显缺乏清偿能力。但在破产宣告前，如果第三人为债务人提供足额担保或为债务人清偿全部到期债务的，或者债务人已清偿全部到期债务的，则人民法院应当裁定终结破产程序。(2)和解协议草案未获债权人会议通过或未经人民法院认可，或者已经通过并认可的和解协议被裁定无效。(3)重整程序被人民法院裁定终止。

2.破产宣告的裁定

根据《企业破产法》第107条的规定，人民法院宣告债务人破产，应当以裁定的方式作出。裁定书正本应及时送达破产人和已知的债权人，并予以公告。裁定书的副本，可以连同清偿债务或者交付财产的通知送达破产人的债务人或财产持有人等其他利害关系人。破产宣告的裁定，自宣告之日起生效。

对于破产宣告的裁定，大多数国家和地区的破产法均允许当事人上诉。我国破产法对此未作明确规定，但根据最高人民法院《关于审理企业破产案件若干问题的规定》第38条，债权人或债务人对破产宣告有异议的，可以在人民法院宣告企业破产之日起10日内，向上一级人民法院申报。上一级人民法院应当组成合议庭进行审理，并在30日内作出裁定。虽然有学者认为这一规定在程序上保障了破产案件的债权人或债务人享有与民事诉讼当事人相同的权利，[①]但我们认为此处所指申诉与一般民事诉讼中的申诉并无不同，由于申诉期间不影响破产宣告裁定的效力和清算程序的进行，对债权人与债务人并无特别的保障意义。

3.破产宣告的法律效力

(1)破产宣告对破产人的法律效力：法院作出破产宣告的裁定后，企业由债务人变成了破产人，应当向原登记机关进行破产登记，其法律人格仅在清算意义上继

---

① 李永祥、丁文联：《破产程序运作实务》，法律出版社2007年版，第321页。

续存在；职工与企业订立的劳动合同即可依法宣告解除。

(2)破产宣告对债权人的法律效力：破产宣告前成立的有财产担保的债权，债权人享有就该担保物优先受偿的权利；无财产担保的债权人，有权依法定的清偿顺序，按照破产财产分配方案从破产财产获得清偿；债权人对债务人负有债务的，可以在破产清算前行使抵销权。

二、破产财产的变价与分配

(一)破产财产的变价

破产财产的变价，又称破产财产的变现，是指管理人将破产财产中的非金钱财产，以变卖或拍卖的方式，转变为金钱财产的行为或过程。

破产财产的变价方案，由管理人准备和拟订，并提交债权人会议讨论通过。管理人在进行变价工作时，应尽到善良管理人的注意义务。为保证管理人公平、公正、公开地变价破产财产，各国一般赋予债权人会议或监督人以监督权。根据《企业破产法》的规定，债权人会议讨论表决破产财产变价方案，应当由出席会议的有表决权的债权人过半数通过，并且其所代表的债权额占无财产担保债权总额的二分之一以上。如果债权人会议未能通过破产财产变价方案，则由人民法院作出裁定。

经债权人会议通过或法院裁定的变价方案，由管理人执行。破产财产的变价，一般采用拍卖、变卖或其他法定的方式处理；原则上应当采用拍卖的方式，债权人会议另有决议的除外，以保证破产财产变价过程的公开与公平，并有助于实现破产财产价值的最大化。

(二)破产财产的分配

破产财产的分配，是指管理人依照法定的清偿顺序和程序，将变价后的破产财产分配给债权人的过程。

1.破产财产分配方案

根据破产法的规定，破产财产的分配方案由管理人制订，由债权人会议讨论通过。破产财产分配方案应当包括以下内容：可供分配的财产数额、来源和基本状况；债权清偿顺序以及各顺序的种类和数额；破产债权总额和清偿比例；破产分配的方式和时间；对将来能够追回的财产拟进行追加分配的说明；其他特别说明事项。

债权人会议讨论通过破产财产分配方案，应当由出席会议的有表决权的债权人的过半数通过，并且其所代表的债权额，必须占无财产担保债权总额的半数以上。经债权人会议讨论通过的破产财产分配方案，对全体债权人均有约束力；对已通过的分配方案有异议的债权人,如果认为该决议违反法律规定,损害其利益的,可以在决议后 15 日内提请人民法院裁定。

经债权人会议通过的破产财产分配方案,管理人应报请人民法院裁定。如经债权人会议二次表决,破产财产分配方案仍未通过的,管理人应提交人民法院直接裁定。经人民法院裁定的破产财产分配方案具有强制执行的效力,管理人应当立即执行。

2. 破产财产的清偿顺序

《企业破产法》第 113 条规定,破产财产在优先清偿破产费用和共益债务后,应按以下顺序清偿:第一顺序为劳动债权,包括破产人所欠职工的工资和医疗、伤残补助、抚恤费用,所欠的应当划入职工个人账户的基本养老保险、基本医疗保险费用,以及法律、行政法规规定应当支付给职工的补偿金。第二顺序为破产人欠缴的除前项规定以外的社会保险费用和破产人所欠税款。可参与分配的破产企业所欠税款,以发生在破产申请受理前的税款为限。第三顺序为其他普通破产债权。破产财产不足以满足同一顺序的清偿要求的,按照比例分配。

3. 破产财产的分配方式

破产财产的分配,按照分配时间阶段的不同,可分为中间分配、最后分配和追加分配。最后分配是指全部破产财产变价后一次性地对债权人进行的分配,分配完毕,破产程序终结。在最后分配之前,即在全部破产财产变价之前,在对债权进行一般调查之后,对部分破产财产所作的分配为中间分配。追加分配,是指在破产程序终结后的两年内,又发现了可供分配的破产财产,经法院许可而进行的分配。

三、破产程序的终结

破产程序的终结,又称为破产程序的终止,是指在破产程序进行过程中发生法律规定的应当终止破产程序的原因时,由法院裁定结束破产程序。

(一)破产程序终结的原因

1. 因破产财产分配完毕而终结

破产程序进行的主要目的是以破产财产清偿全体债权人的债权。如果破产财产已通过破产分配处理完毕,清算程序即应当终结。《企业破产法》规定,破产财产分配完毕后,管理人应当向人民法院提交破产财产分配报告,并提请人民法院裁定终结破产案件。除非人民法院认为管理人的申请不当,否则应当在 15 日内裁定终结破产程序,并予以公告。

2. 因破产财产不足以支付破产费用而终结

《企业破产法》第 43 条第 4 款规定:“债务人财产不足以清偿破产费用的,管理人应当提请人民法院终结破产程序。人民法院应当自收到请求之日起十五日内裁

定终结破产程序，并予以公告。”管理人应当办理债务人注销登记等相关法律手续，债务人的法律人格也因此消灭。

3. 因破产人无财产可供分配而终结

《企业破产法》第120条规定：“破产人无财产可供分配的，管理人应当请求人民法院裁定终结破产程序。人民法院应当自收到请求之日起十五日内作出是否终结破产程序的裁定。裁定终结的，应当予以公告。”

4. 因出现破产宣告障碍而终结

这是指《企业破产法》第108条规定的两种情形，即破产宣告前，第三人为债务人提供足额担保或者为债务人清偿全部到期债务，或者债务人已清偿全部到期债务，人民法院应当裁定终结破产程序，并予以公告。

5. 因全体债权人同意废止而终结

破产程序开始后，破产人经全体债权人同意，可以申请法院终结破产程序。法院许可申请的，破产程序因此而终结。对于破产程序终结的这一原因，在破产立法例上被称为“破产废止”，德国和日本的破产法均有相应的规定。《企业破产法》第105条也有类似于此的“自行和解”制度，规定人民法院受理破产申请后，债务人与全体债权人就债权债务的处理自行达成协议的，可以请求人民法院裁定认可，并终结破产程序。

（二）破产程序终结的法律效力

破产程序被裁定终结后，管理人应当在10日内向破产人原登记机关办理破产人注销登记，至此债务人企业的法律人格彻底消灭。但依清算程序尚未清偿的债务并未因此而失效。自破产程序终结之日起2年内，如发现可供分配的破产财产，债权人仍可要求人民法院追加分配。同时，《企业破产法》也规定，破产人的保证人和其他连带债务人，在破产程序终结后，对债权人依照破产清算程序未受清偿的债权，依法继续承担清偿责任。

破产程序的终结同样也是管理人终止执行职务的理由。管理人办理破产企业的注销登记后，在不存在未决诉讼或仲裁的情况下，可以依法终止执行职务。

司法考试真题链接

1. 中南公司不能清偿到期债务，债权人天一公司向法院提出对其进行破产清算的申请，但中南公司以其账面资产大于负债为由表示异议。天一公司遂提出各种事由，以证明中南公司属于明显缺乏清偿能力的情形。下列哪些选项符合法律规定的关于债务人明显缺乏清偿能力、无法清偿债务的情形？（2012年司法考试真题）

A. 因房地产市场萎缩，构成中南公司核心资产的房地产无法变现

B. 中南公司陷入管理混乱，法定代表人已潜至海外

C. 天一公司已申请法院强制执行中南公司财产，仍无法获得清偿

D. 中南公司已出售房屋质量纠纷多，市场信誉差

2. 关于破产案件受理后、破产宣告前的程序转换，下列哪一表述是正确的？(2009 年司法考试真题)

A. 如为债务人申请破产清算的案件，债权人可以申请和解

B. 如为债权人申请债务人破产清算的案件，债务人可以申请重整

C. 如为债权人申请债务人重整的案件，债务人可以申请破产清算

D. 如为债权人申请债务人破产清算的案件，债务人的出资人可以申请和解

3. 某破产案件中，债权人向法院提出更换管理人的申请。申请书中指出了如下事实，其中哪些属于主张更换管理人的正当事由？(2009 年司法考试真题)

A. 管理人列席债权人会议时，未如实报告债务人财产接管情况，并拒绝回答部分债权人询问

B. 管理人将债务人的一处房产转让给第三人，未报告债权人委员会

C. 债权人对债务人在破产申请前曾以还债为名向关联企业划转大笔资金的情况多次要求调查，但管理人一再拖延

D. 管理人将对外追收债款的诉讼业务交给其所在律师事务所办理，并单独计收代理费

4. 在某公司破产案件中，债权人会议经出席会议的有表决权的债权人过半数通过，并且其所代表的债权额占无财产担保债权总额的 60%，就若干事项形成决议。该决议所涉下列哪一事项不符合《破产法》的规定？(2012 年司法考试真题)

A. 选举 8 名债权人代表与 1 名职工代表组成债权人委员会

B. 通过债务人财产的管理方案

C. 申请法院更换管理人

D. 通过和解协议

5. 甲、乙、丙、丁成立一普通合伙企业，一年后甲转为有限合伙人。此前，合伙企业欠银行债务 30 万元，该债务直至合伙企业因严重资不抵债被宣告破产仍未偿还。对该 30 万元银行债务的偿还，下列哪一选项是正确的？(2008 年司法考试真题)

A. 乙、丙、丁应按合伙份额对该笔债务承担清偿责任，甲无须承担责任

B. 各合伙人均应对该笔债务承担无限连带责任

C. 乙、丙、丁应对该笔债务承担无限连带责任，甲无须承担责任

D. 合伙企业已宣告破产，债务归于消灭，各合伙人无须偿还该笔债务

6. 关于破产重整的申请与重整期间，下列哪一表述是正确的？(2015 年司法考试真题)

A. 只有在破产清算申请受理后，债务人才能向法院提出重整申请

B. 重整期间为法院裁定债务人重整之日起至重整计划执行完毕时

C. 在重整期间，经债务人申请并经法院批准，债务人可在管理人监督下自行管理财产和营业事务

D. 在重整期间，就债务人所承租的房屋，即使租期已届至，出租人也不得请求返还

第五编

票据法

LAW

第十五章　票据法概述

【引　例】

1. 杨某曾借给某厂40万元,借款到期后,该厂向杨某出具3张票面金额分别为20万元、10万元、10万元的银行转账支票,但其以账上没钱为由要求杨某暂时不要向银行请求付款。后来由于该3张支票均已超过票据权利时效,故杨某被银行拒绝付款,而该厂也未向杨某支付上述支票的票面金额。

2. 甲公司为支付乙公司的货款,于2010年6月给乙公司开出一张20万元的银行承兑汇票。乙公司获此汇票后,因向丙公司购买一批钢材而将该汇票背书转让给丙公司。但事后不久,乙公司发现丙公司根本无货可供,完全是一场骗局,便马上通知付款人停止向丙公司支付票款。丙公司获此票据后,并未向付款人请求支付票款,而是将该汇票又背书转让给了丁公司,以支付其所欠的工程款。丁公司获此汇票时,不知道丙公司以欺诈方式从乙公司获得该汇票,以及乙公司已通知付款人停止付款的情况,即于2010年7月向付款人请求付款。付款人在对该汇票进行审查之后拒绝付款,理由是丙公司以欺诈方式从乙公司处获取票据,丙不享有票据权利,因而作为后手的丁公司也不享有票据权利。据此,付款人便做成退票理由书,交付予丁公司。

第一节　票据与票据法概述

一、票据概述

(一)票据的概念

票据有广义和狭义两种含义。广义的票据,泛指商业上的一切权利凭证,如本票、汇票、支票、提单、保险单、仓单、信用证、股票、债券等。狭义的票据,是指出票人依据票据法签发的,约定由自己或委托他人在见票时或者在确定的日期,向持票人或收款人无条件支付一定金额的有价证券,也就是《票据法》规定的汇票、本票和支票。本编所讨论的票据,如无特别说明,则仅指狭义上的票据。

（二）票据的法律特征

1.票据是文义证券。所谓文义证券,是指票据所创设的一切权利义务,完全以票据上所记载的文义为准,而不得进行任意解释或者根据票据以外的任何其他文件确定。即使票据上记载的文义有错,也不得用票据之外的其他证明方法加以变更或补充。票据的这个特征主要是为了保护善意持票人的利益,以维护交易安全。

2.票据是设权证券。所谓设权证券,是指票据权利的发生必须首先作成证券。票据权利是在票据做成的同时产生的,没有票据,也就没有票据上的权利。与设权证券相对应的是证权证券,这种证券的作用是证明已经存在的权利,如公司的股票、债券等。

3.票据是要式证券。所谓要式证券,是指票据的制作必须依据票据法规定的格式进行,而且票据上所记载的事项也必须严格遵守票据法的规定。如果不按票据法的规定制作票据或记载事项,就会影响票据的效力,甚至会造成票据无效。票据的要式性有利于加速票据流转,确保票据交易安全。

4.票据是无因证券。所谓无因证券,是指票据只要具备票据法上的条件,票据权利就成立,而不需要考虑票据权利发生的原因或基础。也就是权利人向票据债务人主张票据上的权利时,无须说明其如何取得该票据,即对权利人持有票据或取得票据的原因以及票据权利发生的原因在所不问,即使这些原因关系有瑕疵或无效,对票据关系也不发生影响。

5.票据是完全有价证券。所谓完全有价证券,是指票据权利与票据的占有不可分离,票据权利的产生、转移与行使都必须以票据的存在为必要。这使得票据有别于股票、债券等不完全有价证券,因为后者所彰显的权利不必以占有证券为要件,其可以脱离证券来行使。

6.票据是提示证券。所谓提示证券,是指票据权利人在向票据债务人行使权利时,必须向其提示票据。例如,持票人向付款人请求承兑或付款时必须出示票据,否则承兑人或付款人可以拒绝履行其义务。当然,若持票人丧失票据,经人民法院作出除权判决的,可以判决书代替票据来行使权利。

7.票据是缴回证券。所谓缴回证券,是指票据权利人在受领了票据金额后,应当将票据交还给向其付款的人,以使票据关系消灭或使后手得以向前手行使再追索权。如果持票人不交还票据,票据债务人有权拒绝支付票据金额。这主要是防止持票人再度恶意转让而导致票据债务人重复付款。

二、票据法概述

(一)票据法的概念

票据法有广狭义之分。广义的票据法,是指所有法律部门中有关票据规定的总和,即除了以“票据”命名的专门立法外,还包括民法、刑法、诉讼法、破产法等法律法规中关于票据的一切规范。如刑法中关于伪造、变造票据罪的规定,民事诉讼中关于票据公示催告、除权判决的规定等。狭义的票据法,则是指专门以“票据”命名的法律法规,如《票据法》《票据管理实施办法》等。

(二)票据法的特征

1.票据法内容具有强制性。在票据法中,票据的种类、票据的格式、票据行为的方式以及有关当事人权利义务的享有和承担等规定,大多属于强制性规范,当事人不能随意加以变更,其自由选择余地比较少。例如《票据法》规定的票据仅包括汇票、本票和支票三种,任何银行、单位以及个人不能创设新的票据种类。又如使用票据的人若不按照规定的形式进行票据行为,则其行为是无效的,因为票据行为是严格的要式行为。

2.票据法规范具有技术性。票据法的制定更多的是基于方便交易、繁荣市场的技术性考虑,其内容较少受到道德伦理的影响,其中很多规范需要借助丰富的法律知识才能理解。

3.票据立法具有国际统一性趋势。票据具有极大的流动性,跨国间的票据流通经常发生。为了促进票据国际交流的顺畅,从 19 世纪后半叶起,各国相继开展了票据法的统一运动,取得了显著的成效。尤其是 20 世纪 30 年代以来,大陆法系国家票据法在基本内容和主要规则上日趋一致,与英美法系的票据法并存于世。为了促进两大法系的融合,1988 年 12 月联合国第四十三次大会通过了《国际汇票本票公约》。尽管该公约尚未生效,但各国票据法的国际统一将是大势所趋。

三、票据法上的法律关系

票据法上的法律关系可以分为票据关系和票据法上的非票据关系。

(一)票据关系

票据关系,是指当事人之间基于各种票据行为而发生的权利义务关系。对于票据关系而言,首先其是基于票据行为而产生的,若行为人不实施相应的票据行为,也就不会发生票据关系。其次,票据关系具有独立性,即票据关系中每一个票据行为的效力都是根据该行为自身的效力决定的，不受其他相关联的行为效力的影响，因而基于各个票据行为而发生的各个票据关系具有独立性。最后，票据关系的主体具有不确定性，即在所有票据关系中，尽管票据权利主体都是确定的，但义务主体却是动态的，具有相对不确定性。

（二）票据法上的非票据关系

票据法上的非票据关系，是指根据票据法规定产生的，而不是基于票据行为直接发生的法律关系。票据法上的非票据关系主要包括以下三种：

1. 利益返还关系

《票据法》第 18 条规定，持票人因超过票据权利时效或者因票据记载事项欠缺而丧失票据权利的，仍享有民事权利，可以请求出票人或承兑人返还其与未支付的票据金额相当的利益。这就体现持票人与出票人或承兑人之间的利益返还关系。因此，引例 1 中杨某虽因支票超过票据权利时效而丧失票据权利，但其有权要求该厂返还其与未支付的票据金额相当的利益。

2. 票据返还关系

《票据法》第 12 条规定，对非法手段、出于恶意或重大过失等取得票据的，不得享有票据权利。为此，丧失票据或已经履行义务的人就享有票据返还的请求权，即要求不当占有票据者返还票据。《最高人民法院关于审理票据纠纷案件若干问题的规定》（以下简称《票据纠纷若干规定》）第 37 条明确规定："失票人为行使票据所有权，向非法持有票据人请求返还票据的，人民法院应当依法受理。"

3. 损害赔偿关系

当票据关系主体没有遵守法定规则时，就要承担因此而造成的损害赔偿责任。例如《票据法》规定，当承兑人或付款人在拒绝承兑或拒绝付款时，没有出具拒绝证明，该承兑人或付款人就要承担由此产生的损害赔偿责任。

四、票据的基础关系

票据的基础关系，是指票据关系所赖以产生的民事基础法律关系。由于这些关系存在于票据形成之前，因而不受票据法调整，而由民法调整，故又称为民法上的非票据关系。票据的基础关系包括三种：票据原因关系、票据资金关系和票据预约关系。

（一）票据原因关系

票据原因关系，是指授受票据的直接当事人之间基于授受票据的理由而产生的法律关系。票据原因关系与票据关系原则上是分离的，即使票据原因不存在或无效、被撤销，又或者票据中记载的内容与票据原因关系的内容不一致或不完全一

致，都不影响持票人的票据权利。这正是票据无因性的体现。但基于公平和诚信原则，票据原因关系和票据关系在直接关系当事人之间也存在着牵连关系。例如《票据法》规定，票据债务人可以以原因关系不存在为由对抗直接当事人；无对价而取得票据的持票人不能享有优于其前手的权利，要受其前手原因关系的牵连等。

（二）票据资金关系

票据资金关系，是指存在于汇票出票人与付款人之间、支票出票人与银行之间的基础关系。汇票和支票的出票人之所以可以委托付款，付款人之所以愿意承兑或付款，就是因为他们之间有一定的约定。票据资金关系与票据关系原则上也是分离的。如汇票一经付款人承兑，即使付款人与出票人之间不存在资金关系或者出票人未如期提供资金，也不影响付款人的付款责任。当然，在一些特殊情形中，票据资金关系与票据关系也存在牵连。例如在支票关系中，若出票人与银行之间欠缺资金关系，持票人的付款请求权可能会遭到银行拒绝。

（三）票据预约关系

票据预约关系，是指授受票据的当事人之间有了原因关系之后，就签发、使用票据以及对票据所记载的内容进行预先约定而产生的基础关系。票据预约关系不仅存在于出票人与收款人之间，也存在于背书人与被背书人之间。票据预约关系与票据关系也是分离的。当事人不履行票据预约属于民法中的不履行合同的行为，与票据的效力无关。即使票据预约无效、被撤销，也不影响已发行的票据和已进行的票据行为。当然，直接授受票据的当事人之间可以用预约来抗辩。

五、票据当事人

票据当事人，是指享有票据权利、承担票据义务以及与票据权利义务有密切关系的法律主体。一般而言，票据当事人可以分为基本当事人和非基本当事人。

基本当事人是指在票据发行时就已经存在的当事人。基本当事人构成票据上的法律关系的必要主体，这种主体不存在或不完全，票据上的法律关系就不成立，票据也就无效。在汇票和支票关系中，基本当事人包括三类：出票人、收款人和付款人；而在本票关系中，基本当事人仅包括出票人和收款人两类。

非基本当事人是指在票据发出后通过各种票据行为而加入票据关系中成为票据当事人的人。非基本当事人涉及的主体比较多，如背书人、被背书人、保证人、被保证人、承兑人、追索权人等。由于非基本当事人在各种票据行为中都有自己特定的名称，因而同一当事人可能具有双重身份，如第一次背书中的被背书人就是第二次背书中的背书人等。

第二节 票据行为

一、票据行为的概念和特征

(一)票据行为的概念

票据行为即票据法律行为,有广义和狭义之分。广义的票据行为,是指一切能够引起票据关系产生、变更或终止的法律行为,包括出票、背书、承兑、参加承兑、划线、保付、改写、涂销、付款、保证等。狭义的票据行为,则仅指以发生票据上的债务为目的的法律行为。一般认为,狭义的票据行为包括六种行为,即出票、背书、保证、承兑、参加承兑、保付。其中出票、背书和保证行为为汇票、本票和支票所共有,承兑和参加承兑行为仅限于汇票,保付仅限于支票。由于《票据法》没有规定参加承兑和保付行为,因而我国狭义的票据行为仅为出票、背书、承兑以及保证四种行为。这一节主要介绍上述四种行为。

(二)票据行为的特征

票据行为作为民事法律行为的一种,其自然具有民事法律行为的一般特征。但是,票据行为毕竟是一种特殊的民事法律行为,与其他法律行为相比,具有自己的特殊性。

1.要式性。票据行为是典型的要式行为,必须严格遵守票据法规定的形式和要求,否则不能产生票据法上的效力。票据行为的要式性主要体现在:首先,任何一种票据行为都必须由行为人签名或盖章;其次,任何一种票据行为都必须以书面形式作成,而且每一种行为在票据上记载的位置也都是特定的;最后,各种票据行为都有一定的款式,即必须以一定的方式记载一定的内容。例如,出票时必须按照法律规定在票面上记载全部必要记载事项,否则票据无效;承兑时须在正面签章;背书时必须在票据背面或粘单上进行,违反了这些法定形式和要求,就会影响票据行为的效力。

2.独立性。票据行为的独立性,是指在同一票据上若有数个票据行为,则每一行为各依其在票据上所载的文义分别独立发生效力,一行为无效,不影响其他行为的效力。换言之,票据行为之间互不依赖而独立发生效力。例如,无民事行为能力人或限制民事行为能力人在票据上签章的,该签章无效,但不影响其他签章的效力;代理人超越代理权的,应当就其超越权限的部分承担票据责任;票据中有伪造、变造的签章的,不影响票据上其他真实有效的签章的效力。

3.无因性。票据是无因证券,票据行为只要具备法律规定的形式,即为有效的

票据行为，而不问票据原因关系的存在与否或是否合法有效。换言之，票据行为与票据的基础关系是相分离的，票据行为的效力取决于自身的要件。

二、票据行为的有效要件

作为民事法律行为的票据行为必须具备一般民事法律行为应具备的要件，即票据行为的实质要件。同时，票据行为又是一种特殊的民事法律行为，因而必须具备票据法规定的特别要件，即票据行为的形式要件。

（一）票据行为的实质要件

票据行为的实质要件包括行为人的票据能力、行为人的意思表示以及行为的合法性三个方面。

1. 票据能力。票据能力包括票据权利能力和票据行为能力。票据权利能力，是指可以享有票据权利和承担票据义务的资格或能力。由于《票据法》没有对票据权利能力加以任何限制性规定，因而只要具备民事主体资格，无论是自然人、法人还是非法人组织，都具有票据权利能力。票据行为能力，是指能够独立以法律行为取得票据权利或承担票据义务的资格或能力。根据《票据法》的规定，只有完全民事行为能力人才具有票据行为能力，无民事行为能力人或限制民事行为能力人不具有票据行为能力。法人或其他组织的票据行为能力，《票据法》没有规定，但依据民法原理，法人或其他组织可以在票据权利能力范围内享有相应的票据行为能力。

2. 意思表示。票据行为是一种民事法律行为，因而民法中关于意思表示真实、合法的规定也适用于票据行为。但是，票据是文义证券、无因证券，立法对行为人的意思表示采用外观主义，即以行为的外观来确定行为人的意思表示。这意味着，票据行为只要在形式上符合票据法的规定，就属于有效的票据行为，行为人就要承担票据义务，而不论该意思表示是否是行为人的真实意思表示。

3. 行为的合法性。票据行为的合法性包括形式合法和内容合法两个部分。其中形式不合法，必然导致票据行为无效。对于票据行为的形式要件将在下文中阐述。内容不合法主要涉及基于违反社会公共利益的合同而为的票据行为，如还赌债签发的支票等；还有涉及违反法律、法规强制性规定的票据行为，如银行超越权限承兑商业汇票等。如果因为票据行为内容违法而导致其无效，则可能会损害到善意持票人的利益，而从中受益的恰恰是违法之人。因此，国际上通行的票据法都明确规定，行为人为票据行为的原因以及目的如何，不影响票据行为的效力。[①]

---

① 王小能：《票据法》，北京大学出版社 2001 年第 2 版，第 41～42 页。

(二)票据行为的形式要件

由于票据具有“文义性”、“要式性”和“无因性”,票据法对票据行为的形式要件作了很严格的规定。根据现有规定,票据行为的形式要件可以归纳为书面、签章、记载事项以及交付四项。

1.书面。票据行为必须以书面方式为之,否则无效。《票据法》第108条规定:“汇票、本票、支票的格式应当统一。票据凭证的格式和印制管理办法,由中国人民银行规定。”中国人民银行颁布的《票据管理实施办法》和《支付结算办法》进一步具体规定了票据行为的书面要求,即包括票据的格式、联次、颜色、规格以及防伪技术要求以及印制等均由中国人民银行规定,甚至明确指出支票签发必须使用碳素墨水或墨汁填写。

2.签章。各种票据行为的内容虽然不一致,但签章是所有票据行为共同的强制性要求。在票据上签章的意义在于识别行为人,辨别行为人的真伪,并确定行为人的票据责任。《票据法》第4条明确规定,在票据上签章的人,必须按照票据上记载的事项承担票据责任。对于票据签章的形式,根据《票据法》第7条的规定,自然人在票据上的签章,可以签名、可以盖章,也可以签名加盖章;法人和其他使用票据的单位在票据上的签章,必须加盖该法人和该单位的公章以及法定代表人或其授权的代理人的签章,二者缺一不可。同时,在票据上的签名,应当是该当事人的本名,不能只签姓不签名或者只签名不签姓,也不能使用别名、乳名、笔名或自行设计的代号等来签名。

3.记载事项。票据行为的有效成立,还必须根据票据法的具体规定,在票据上记载有关事项。根据这些事项的效力不同,可以分为以下几类:

(1)必要记载事项。此类事项是指根据票据法规定必须记载的事项。根据这类事项的效力的不同,可以将其进一步分成绝对必要记载事项和相对必要记载事项。前者是指必须在票据中记载的事项,若不记载,则票据无效。《票据法》第22条、第75条以及第84条分别规定了汇票、本票和支票上的绝对必要记载事项,具体包括表明票据种类的文字、票据金额、无条件支付的文字、出票日期、汇票和本票的收款人、汇票和本票的付款人。后者则是指某些事项虽然票据法规定应该记载,若不记载,则法律另有补充规定,票据不因此而无效。《票据法》第23条、第76条以及第86条对相对必要记载事项作出规定,主要包括票据的付款日期、付款地、出票地等。

(2)任意记载事项。此类事项是指当事人可以自由选择是否记载,一经记载,即发生票据法上的效力。关于此类事项并没有概括性的或集中性的规定,而是散见于各类票据中的各种行为里。例如,汇票出票人可以记载预备付款人、免除担保承兑等。《票据法》第27条和第34条规定,出票人和背书人可以在汇票上记载“不得转让”,即属于任意记载事项。

(3)记载后不发生票据法上效力的事项。此类事项是指记载此类事项并非完全无效,只是不发生票据法上的效力,但会产生民法上的效力。《票据法》第24条概括规定,票据上记载的法律规定之外的出票事项,不具有票据法上的效力。例如,汇票出票人在记载一定金额外,又记载了给付若干债券,对于给付债券的记载,则不具有票据法上的效力,即付款人只支付票据金额即可,对于债券给付的记载则应受民法上的约束。

(4)记载本身无效的事项。此类事项是指既不发生票据法上的效力,也不发生其他法上的效力,其记载本身无效,但票据行为依然有效。例如,《票据法》第90条规定:"支票限于见票即付,不得另行记载付款日期。另行记载付款日期的,该记载无效。"

(5)记载后使票据无效的事项。此类事项是指其一经记载,不仅记载本身无效,而且使整个票据无效。例如,《票据法》第22条规定,汇票必须记载无条件支付的委托和确定的金额,如果出票人在汇票上记载的是附条件的支付委托或不确定的金额,那么该记载就会使整个票据无效。

4.交付。票据的交付,是指票据行为人将票据实际交给相对人持有。有效的票据行为,除了行为人以书面方式在票据上记载法定事项并签章外,还需要将票据交付给相对人。不同的票据行为,其相对人也不一样,如出票人必须将票据交给收款人,背书人必须将票据交给被背书人。《票据法》虽然没有明文规定票据行为必须以交付为要件,但在第10条中使用的是"票据的签发",并在对汇票、本票和支票下定义时也都使用了"签发"。这里的"签发"应该理解为"签章"和"发出",而发出就是交付。

三、票据行为的代理

票据行为的代理,是指票据关系的当事人在不能或不愿亲自实施票据行为时,由他人以被代理人的名义去实施票据行为,由此所产生的法律后果由被代理人承担。《票据法》第5条第1款规定:"票据当事人可以委托其代理人在票据上签章,并应当在票据上表明其代理关系。"据此,票据行为的代理必须具备以下几个要件:

(一)明示被代理人的名义

由于票据是文义证券,票据上的权利义务关系只能依据票据所载的文义而定,因而代理人必须将被代理人的姓名或名称明确记载在票据上,否则不产生票据代理的效果。

(二)记明为被代理人代理的意思

《票据法》明确要求代理人应当在票据上表明其代理关系。虽然《票据法》没有进一步具体规定表示的方式，但代理人往往直接通过记载“代理人”字样表明其代理意思。值得一提的是，即使没有记载“代理人”字样，倘若根据交易习惯足以认定构成代理情形的，被代理人仍应负票据上的责任。

（三）代理人必须在票据上签章

票据行为是要式行为，以在票据上签名或盖章为必要，因而代理人必须在票据上签署自己的姓名。如果票据上仅记载本人的姓名或名称，没有代理人的签章，构成票据的代行。在有权代行的情况下，与票据行为代理发生相同的法律效果；若为无权代行的话，则构成票据伪造。[①]

（四）代理人必须具有票据代理权限

代理人和被代理人之间有授权关系，这是票据行为有效代理的关键，因而被视为票据行为代理的实质要件。《票据法》第 5 条第 2 款规定：“没有代理权而以代理人名义在票据上签章的，应当由签章人承担票据责任；代理人超越代理权限的，应当就其超越权限的部分承担票据责任。”据此，若行为人没有代理权而以被代理人的名义在票据上签章，则该行为属于无权代理，由行为人自己承担票据法上的责任。若行为人超越代理权限，超越部分也是由行为人自己承担票据法上的责任。此外，我国票据行为的代理只能是委托代理，不能基于法律规定或法院指定。

第三节　票据权利

一、票据权利的概念和特征

票据权利，是指持票人向票据债务人请求支付票据金额的权利，包括付款请求权和追索权。《票据法》第 4 条第 4 款对此作出了明确规定。票据权利主要具有以下两个特征：

（一）票据权利是一种金钱债权，即以取得票据金额为目的的权利

但是，票据权利又不同于普通金钱债权。普通金钱债权通常仅为一次性权利，而票据权利则可能成为两次性权利，即权利人可能对两个以上的不同债务人行使两次请求权。首先，权利人应向主债务人行使请求权，即付款请求权；其次，当权利人的付款请求权得不到满足时，其可以向从债务人行使追索权。

---

① 范健：《商法》，高等教育出版社 2007 年第 3 版，第 388 页。

（二）票据权利是一种证券性权利

由于票据行为具有无因性、要式性和独立性，因此而产生的票据权利，其效力比一般的民事权利效力强，此权利一经产生，就同作为证券的票据本身合二为一。只有取得票据，才能取得票据权利；只有持有票据，才能行使票据权利。

二、票据权利的种类

（一）付款请求权

付款请求权，是指持票人依法要求票据的主债务人按票据上所记载的金额付款的权利。这是票据法规定的最基本权利，又称为票据的第一次权利。这里的持票人可能是收款人，也可能是最后被背书人，还可能是汇票、本票中付款后的参加付款人。主债务人主要包括汇票的承兑人、本票的出票人、保付支票的付款人等。

（二）追索权

追索权，是指持票人行使付款请求权遭到拒绝或有其他法定原因时，向其前手请求支付票据金额以及其他必要款项的权利，也称第二次请求权。这里的持票人可能是最后持票人，也可能是被追索人或某一被追索人的背书人。负担偿还义务的人主要包括出票人、背书人、保证人、承兑人和参加承兑人，这些人在票据中的地位是连带债务人，持票人可以向其中任何一人、数人或全体行使追索权。

三、票据权利的取得

票据权利的取得必须以占有票据为必要，并取得票据上的所有权。票据权利的取得主要包括取得条件和取得方式两方面内容。

（一）票据权利的取得条件

根据票据权利取得的一般理论以及《票据法》的规定，持票人取得票据权利需具备三个必备条件：

1. 持票人取得票据必须给付对价。根据《票据法》第 10 条和第 11 条的规定，票据权利的取得必须给付对价，即应当给付票据双方当事人认可的相对应的代价。但因税收、继承、赠与可以依法无偿取得票据的，则不受给付对价的限制，但该持票人所享有的票据权利不得优于其前手。

2. 持票人取得票据的手段必须合法。《票据法》第 12 条明确规定，以欺诈、偷盗或者胁迫等手段取得票据的，不得享有票据权利。当然不合法取得票据的手段不限于上述三种，还包括通过抢夺、拾得等手段取得票据的情形。另外，因从事非法活动如走私、贩毒、赌博、卖淫等取得的票据，也都属于用不合法手段取得的票据，均不应享有票据权利。因此，引例 2 中丙公司以欺诈方式从乙公司获得汇票，丙公司自然不享有票据权利。

3. 持票人取得票据时主观上应当具备善意。持票人取得票据时对从票据外观无法查知的瑕疵，事实上不知道也不应该知道的，即可认定为持票人主观上是善意的，从而享有票据权利。倘若持票人明知票据存有瑕疵或者未能尽到普通人的谨慎义务而导致未能辨识出票据瑕疵，则构成恶意或重大过失，均不得享有票据权利。《票据法》也明确规定，出于恶意取得票据的，不得享有票据权利；持票人因重大过失取得不符合法律规定的票据的，也不得享有票据权利。

（二）票据权利的取得方式

票据权利的取得方式分为原始取得和继受取得两类。

1. 原始取得。原始取得，是指持票人不是从其前手处受让票据权利，而是最初取得票据权利。原始取得又可以分为出票取得和善意取得。

出票取得是指票据的出票人在作成票据，并将票据交付给持票人时，持票人取得票据权利。出票是创设票据权利的票据行为，当出票人签发票据并交给持票人时，持票人就原始地实现了对票据的占有，取得了票据权利。

善意取得是指票据的受让人善意或无重大过失，从无权利人手中受让票据，从而取得票据权利。善意取得的实质在于确保票据的流通和交易的安全，但由于其结果是导致真实权利人丧失权利，因而立法必须严格规定善意取得的构成要件。票据权利的善意取得必须具备以下几个构成要件：(1)取得人必须从无处分权人处取得票据；(2)取得人必须依据票据法规定的权利转让方法取得票据；(3)取得人在取得票据时必须是没有恶意或重大过失；(4)取得人必须给付了相应的对价。据此，引例 2 中付款人认为丁公司不享有票据权利是错误的。因为尽管丙公司没有票据权利，属于无处分权人，但丁公司不知道丙公司无票据权利，其受让该汇票是基于丙公司偿付其工程款，且是通过背书方式获得该汇票，这意味着丁公司取得该汇票时主观上是善意的，同时是以票据法规定的权利转让方法取得该汇票，而且给付了相应的对价，所以丁公司受让该汇票符合票据善意取得的构成要件，理应享有票据权利。

2. 继受取得。继受取得，是指持票人从有权处分票据权利的前手那里，依背书交付或单纯交付的方式，受让票据权利。票据权利的继受取得可以分成票据法上的继受取得和非票据法上的继受取得。前者主要以背书转让、贴现、质押、保证、付款等方式继受取得票据权利，这些是票据法所明确规定的；后者主要以继承、赠与、公司合并或分立、清算等继受取得票据权利，这些是由民法或其他相关法律加以调整的，票据法上的特别规定并不适用。

四、票据权利的行使和保全

(一)票据权利行使和保全的概念

所谓票据权利的行使,是指票据权利人向票据债务人提示票据,请求履行票据债务的行为,如提示承兑、提示付款、行使追索权等。所谓票据权利的保全,是指票据权利人为防止票据权利丧失而进行的一切行为,如向汇票承兑人主张权利以中断时效,向汇票承兑人提示付款以保全追索权等。由于票据权利的保全行为大都又是票据权利的行使行为,所以票据法常常将二者并称。

(二)票据权利行使和保全的方式

票据权利行使和保全的方式包括按期提示票据和作成拒绝证书两种。按期提示票据是指票据权利人向票据债务人出示票据,主张权利。它一方面是票据权利人主张付款权利,即票据权利的行使;另一方面又是行使追索权所必须具备的要件之一,即票据权利的保全,持票人如未在票据法规定的期间内提示付款,则发生丧失追索权的效果。因此,提示票据有行使和保全票据权利的双重作用。作成拒绝证书是指持票人向承兑人或付款人请求承兑或付款而遭到拒绝时,请拒绝之人出具拒绝承兑或拒绝付款的书面证明。依照法定期限取得拒绝证书是持票人行使追索权的前提,因而其是票据权利保全的一种有效形式。

(三)票据权利行使和保全的地点与时间

《票据法》第16条规定:“持票人对票据债务人行使票据权利,或者保全票据权利,应当在票据当事人的营业场所和营业时间内进行,票据当事人无营业场所的,应当在其住所进行。”据此,票据权利行使和保全的地点是票据当事人的营业场所;若无营业场所,则以当事人住所作为票据权利行使和保全的场所。

票据权利行使和保全的时间应当在票据当事人的营业时间内进行,如果期限的最后一日为非营业日 ,则以非营业日之后的第一个营业日为最后期限日。

五、票据权利的消灭

票据权利的消灭,是指票据权利因一定原因或法定事由的出现而不再存在。票据权利消灭的情形主要有以下几种:

(一)票据时效期间届满

各国票据法都对票据权利的行使规定了时效期间,当事人在法律规定的时效期间内不行使权利，则丧失付款请求权或追索权。汇票、本票和支票的时效有长短之分，前两者一般较长，支票的时效较短。根据《票据法》第 17 条的规定，票据权利在下列期限内不行使而消灭：(1)持票人对票据的出票人和承兑人的权利，自票据到期日起 2 年。见票即付的汇票、本票自出票日起 2 年。(2)持票人对支票出票人的权利，自出票日起 6 个月。(3)持票人对前手的追索权，自被拒绝承兑或者被拒绝付款之日起 6 个月。(4)持票人对前手的再追索权，自清偿日或被提起诉讼之日起 3 个月。其中(1)、(2)项规定的持票人对票据的出票人和承兑人的权利包括付款请求权和追索权；(3)、(4)项规定的持票人对前手的追索权不包括对票据出票人的追索权。

(二)履行付款义务

在正常情况下，票据债务人经持票人在到期时的提示而向持票人付款，从而票据关系终止，票据权利绝对消灭。《票据法》第 60 条规定，付款人依法足额付款后，全体票据债务人的责任解除。

(三)票据保全手续欠缺

持票人为了保全票据权利，应完成保全手续，若手续欠缺，则不产生保全效力，票据权利仍会消灭。当然，这里消灭的是追索权。《票据法》第 65 条明确规定，持票人不能出示拒绝证书、退票理由书或未按照规定期限提供其他合法证明的，丧失对其前手的追索权。

(四)被追索人清偿票据债务以及追索费用

根据《票据法》第 72 条的规定，被追索人依法清偿债务后，其责任解除，即追索人对被追索人以及其后手的票据权利归于消灭。但是，若被追索人不是出票人，而是尚有前手的背书人或保证人的，被追索人在履行完追索义务后，还可以行使再追索权。因此，这种情形下票据权利消灭是相对消灭，有别于因付款而使票据权利绝对消灭。

(五)票据记载事项欠缺

根据《票据法》第 18 条的规定，持票人可以因记载事项的欠缺而丧失票据权利，此时持票人只享有利益偿还请求权。

此外，持票人的票据权利还可以因票据毁灭、提存、抵销、混同、免除等事由而消灭。

六、票据丧失的补救

票据丧失，是指持票人并非出于自己的本意而丧失对票据的实际占有。由于票据是完全有价证券，票据的占有和票据权利的行使是密不可分的，因而票据丧失使得票据权利的行使遭到一定障碍，从而损害票据权利人的利益。为了保护失票人的利益，《票据法》主要规定了挂失止付、公示催告、提起诉讼三种补救措施。

(一)挂失止付

挂失止付，是指持票人丢失票据后，依照票据法规定的程序通知票据上记载的付款人暂时停止支付票款的行为。根据《票据法》第 15 条的规定，票据丧失时，失票人可以及时通知票据的付款人挂失止付，但未记载付款人或无法确定付款人及其代理付款人的票据除外。付款人收到挂失止付通知时，如果票款尚未支付，付款人有义务暂时停止付款，否则应承担赔偿责任。若在付款人收到挂失止付通知前，票款已经支付，则付款人不负责任，损失由票据权利人承担。

根据《支付结算办法》的规定，失票人在办理挂失止付时，首先应填写挂失止付通知书并签章，通知书上应记载：票据丧失的时间、地点、原因；票据种类、号码、金额、出票日期、付款日期、付款人名称、收款人名称；挂失止付人的姓名、营业场所或者住所以及联系方法。其次，失票人应在通知挂失止付的次日起 3 日内向人民法院申请公示催告或提起诉讼，并向付款人或代理付款人提供已经申请公示催告或提起诉讼的证明。最后，若付款人或代理付款人自收到挂失止付通知书之日起 12 日内还未收到人民法院的止付通知书，则自第 13 日起，失票人的挂失止付通知书失效。

根据《票据法》第 15 条第 3 款的规定，挂失止付仅仅是一种临时性急救措施，并非是申请公示催告或提起诉讼的必经程序，失票人可以不挂失止付，而直接向人民法院申请公示催告或提起诉讼。

(二)公示催告

公示催告，是指人民法院根据失票人的申请，以公示的方式，告知并催促利害关系人在法定期限内向人民法院主张权利，如无人主张权利，依法作出除权判决的一种特别诉讼程序。《民事诉讼法》第 195 条规定，按照规定可以背书转让的票据持有人，因票据被盗、遗失或者灭失，可以向票据支付地的基层人民法院申请公示催告。《票据纠纷若干规定》进一步具体补充公示催告程序所能适用的票据范围，即丧失出票人已经签章的授权补记的支票、出票人已经签章但未记载代理付款人的银行汇票、超过付款提示期限的票据等，失票人依法向人民法院申请公示催告的，人民法院应当依法受理。

失票人向人民法院申请公示催告的，应当向人民法院递交公示催告申请书。公示催告申请书应当写明票面金额；出票人、持票人、背书人；申请的理由、事实；通知票据付款人或者代理付款人挂失止付的时间；付款人或者代理付款人的名称、通信地址、电话号码等。人民法院决定受理公示催告申请的，应当同时通知支付人停止支付，并在3日内发出公告，催促利害关系人申报权利。公示催告的期间，国内票据自公告发布之日起60日，涉外票据则由人民法院根据实际情况决定，但最长不得超过90日。在公示催告期间内，转让票据权利的行为无效。

利害关系人应当在公示催告期间内向人民法院申报权利。人民法院收到利害关系人的申报后，应当裁定终结公示催告程序，并通知申请人和支付人。申请人或者申报人可以向人民法院起诉。若公示催告期间届满后，无人申报权利，人民法院应当根据申请人的申请，作出除权判决，宣告该票据无效。公示催告程序实行一审终审，除权判决作出后，当事人不能上诉。除权判决作出后，该票据的任何持票人不得再行使票据上的权利。同时，失票人虽不占有票据，但可以根据人民法院的除权判决行使票据权利，有权请求付款人支付票据金额。付款人向失票人支付了票据金额后，其票据责任即告免除。

（三）提起诉讼

失票人在丧失票据后，可以直接向人民法院提起民事诉讼，请求法院判令票据债务人向其支付票据金额。根据《票据纠纷若干规定》的规定，失票人向人民法院提起诉讼的，除向人民法院说明曾经持有票据及丧失票据的情形外，还应当提供担保，担保的数额相当于票据载明的金额。在票据权利时效届满以前，失票人在提供相应担保的情况下，可以请求出票人补发票据或者请求债务人付款。如果出票人拒绝补发票据或者债务人拒绝付款，失票人应向被告住所地或者票据支付地的人民法院提起诉讼，此时被告为与失票人具有票据债权债务关系的出票人、拒绝付款的票据付款人或者承兑人。此外，失票人为行使票据所有权，有权向非法持票人提起诉讼，请求返还票据。

第四节 票据瑕疵和票据抗辩

一、票据瑕疵

票据瑕疵，是指由于票据当事人或其他人进行的某些行为，致使持票人在实现票据权利的过程中受到妨碍或影响。票据瑕疵主要包括票据的伪造、票据的变造和票据的涂销三种。

（一）票据的伪造

票据的伪造，是指以行使票据权利为目的，假借他人或者虚构他人的名义在票据上签章的行为。票据伪造与伪造票据不能等同，前者是在真实票据上进行签章的造假，后者则是票据本身或款式的造假，即假票据。

1. 票据伪造的构成要件

票据伪造的构成，必须具备以下三个要件：

(1)伪造者所为的行为在形式上符合票据行为的要件。伪造行为本身并非票据行为，但从该行为的外观看就是票据行为。为此，行为人只有伪造了《票据法》所规定的出票、背书、承兑、保证四种行为中的任何一种，才构成票据的伪造。若行为人只是伪造持票人在票据上签收或伪造票据格式，则不构成票据的伪造。

(2)伪造者假冒他人名义在票据上签章。也就是行为人在没有得到他人授权的情况下，采取模仿他人的签名或伪刻他人的印章或盗用他人的印章等方式在票据上签章，这是票据伪造的根本所在。

(3)伪造者主观上是故意的，且有非法牟利的目的。伪造者通过伪造他人签章，目的在于行使票据权利，从而使他人蒙受损失，让自己从中渔利。若为了教学或研究而假冒他人在票据样本上签章，则不构成伪造。

2. 票据伪造的法律后果

票据伪造的法律后果主要包括以下几个方面：

(1)被伪造者的责任。票据伪造对于被伪造者而言，由于票据行为成立的有效要件是当事人必须在票据上签章，而被伪造者自己并没有真正在票据上签章，因而被伪造者不负票据法上的责任。这一抗辩事由是绝对的，可以对抗一切持票人。当然，被伪造者应当负举证责任，证明该签章是伪造的，而非自己所为。

(2)伪造者的责任。票据伪造对伪造者而言，由于伪造者在票据上是以他人的名义伪造签章，并没有签自己的姓名或名称，从外观上看不出伪造者与票据上的权利义务有任何关系，因而不负票据法上的责任。但伪造票据行为不仅构成民事侵权，还构成行政违法或犯罪，因而伪造者应该承担民事赔偿责任、行政责任或刑事责任 。

(3)其他真正签章人的责任。票据伪造对于其他真正签章人而言，由于票据行为的独立性和文义性，票据伪造行为不影响真正签章人所为的票据行为的效力。《票据法》第 14 条第 2 款也明确规定，票据上有伪造的签章的，不影响票据上其他真实签章的效力。

(4)持票人的责任。票据伪造对于持票人而言，若所持票据上有真实签章人，则只能向真实签章人行使票据权利，若无，则只能依据民法规定向伪造人主张民事赔偿。

(5)付款人的责任。票据伪造对于付款人而言，若其没能辨认出票据的真伪而向合法持票人付款的，该付款行为有效，付款人由此遭受的损失也只能寻求民法上解决。

(二)票据的变造

票据的变造，是指对票据记载内容无变更权的人，对票据签章以外的其他记载事项进行变更的行为。

1.票据变造的构成条件

构成票据变造必须具备以下几个条件：

(1)必须是没有变更权限的人所为的变更行为。《票据法》第 9 条规定："票据金额、日期、收款人名称不得更改，更改的票据无效。对票据上的其他记载事项，原记载人可以更改，更改时应当由原记载人签章证明。"据此，任何人都无权变更票据金额、日期和收款人名称，其他事项则原记载人可以加以变更；若非原记载人加以变更的，则构成票据变造。

(2)必须是变更票据签章以外的其他事项。如改变付款地、付款人名称等事项，才属于票据变造。无权变更人若变更的是票据上的签章，则属于票据的伪造。从严格意义上讲，变更票据事项的行为应足以使票据权利义务的内容发生变化，才能称之为票据的变造。对票据上无关紧要的事项加以变更或变更后不会使票据权利义务的内容发生变化，则不构成票据的变造。

(3)必须是以行使票据权利或履行票据义务为目的的变更。如果变更记载事项并非为了行使票据权利或者减少自己的票据义务，而是出于其他考虑，如将变更后票据仅留作纪念或供他人借鉴之用，则不发生票据变造的问题。

2.票据变造的法律后果

《票据法》第 14 条规定："票据上其他记载事项被变造的，在变造之前签章的人，对原记载事项负责；在变造之后签章的人，对变造之后的记载事项负责；不能辨别是在票据被变造之前或者之后签章的，视同在变造之前签章。"据此，票据变造的法律后果主要包括：

(1)对于变造人而言，由于变造行为是一种违法行为，因而变造人必须承担民事赔偿责任、行政责任或刑事责任。如果变造人属于票据行为人，则变造人还必须承担票据上的责任。

(2)对于变造之前已经在票据上签章的所有票据行为人而言，由于他们在票据上的签章是在变造之前，变造后的内容并非出于他们的本意，因而他们只对变造前的记载事项承担票据责任。

(3)对于变造后在票据上真实签章的人而言，其应该对变更后的记载内容承担票据责任。

(4)对于其他签章的人而言，由于不能辨别是在变造之前还是在变造之后进行签章的，法律推定其在变造之前签章，从而依照原记载事项承担票据责任。

(5)对于持票人而言,若其向变造之前的签章人主张票据权利,则只能依照原记载事项为之;若其向变造人或变造之后的签章人主张权利,则有可能实现票载的全部权利。

(6)对于付款人而言,票据变造的法律后果与票据伪造的法律后果相同,在此不再赘述。

(三)票据的涂销

票据的涂销,是指将票据上的签名或其他记载事项加以涂抹或消除的行为。如汇票的付款人将其在汇票上记载的"承兑"字样涂去,持票人将其前手签章涂去等,都属于票据的涂销行为。《票据法》没有关于票据涂销的规定,实践中常适用关于票据变造、票据伪造等规定。

票据涂销的法律后果主要包括以下几个方面:

(1)权利人故意所为的票据涂销的效力。如果票据权利人故意涂销票据上记载的事项,那么该权利人便丧失其在该涂销部分的票据上的权利。

(2)在权利人过失情况下所为的票据涂销的效力。如果票据权利人涂销票据并非出于故意,则该涂销行为不影响票据的权利,从而确保票据制度的严肃性和保障票据权利人的利益。

(3)非权利人所为的票据涂销的效力。由非权利人所为的票据涂销行为,无论行为人在主观上有无故意,都不影响票据的权利。但如果非权利人故意涂销票据上的签名或其他应记载事项,而记载上他人的签名或变更其他记载事项,则构成票据的伪造或变造行为。

二、票据抗辩

(一)票据抗辩的概念

票据抗辩,是指票据债务人对于票据权利人提出的请求,提出相应的事实或理由加以拒绝的行为,是票据债务人的一种自我保护方法。由于票据抗辩无须以请求权的存在为前提,所以票据抗辩属于民法中广义抗辩的范畴。票据抗辩所依据的事实和理由,称为抗辩原因;票据债务人享有的对票据债权人拒绝履行义务的权利,称为抗辩权。

(二)票据抗辩的种类

根据不同的抗辩原因,可以将票据抗辩分为对物抗辩和对人抗辩两大类。

1.对物抗辩。对物抗辩,是指因票据本身所存在的事由而发生的抗辩。由于这类抗辩可以对一切持票人提出,因而又叫绝对抗辩。又由于对物抗辩的抗辩事由与票据当事人之间的基础法律关系无关，具有客观性特点，因而又称为客观抗辩。

对物抗辩以抗辩人的范围不同，又可分为两类：

(1)任何票据债务人可以对一切票据债权人行使的抗辩。这类抗辩具体包括：①票据无效的抗辩，如欠缺票据上应记载的绝对事项或记载了票据法上规定的不得记载事项；②以票据上的记载不能提出请求的抗辩，如票据上记载的付款日期尚未届至；③票据权利已经消灭的抗辩，如票据已依法付款；④票据失效的抗辩，如法院已对该票据作出除权判决。

(2)特定票据债务人对抗一切票据债权人的抗辩。这类抗辩具体包括：①欠缺票据行为能力的抗辩，如无民事行为能力人可以自己欠缺票据行为能力为由对抗票据债权人；②无权代理的抗辩；③票据是伪造或变造的抗辩；④欠缺票据保全手续的抗辩；⑤票据权利因时效已过而消灭的抗辩。

2.对人抗辩。对人抗辩，是指基于持票人自身或票据债务人与特定持票人之间的关系而产生的抗辩。由于这类抗辩只能向特定的持票人主张，因而又叫相对抗辩。又由于这类抗辩与特定当事人之间的个人因素密切相连，因而又称为主观抗辩。

根据行使抗辩权的债务人的不同，对人抗辩也可分为两类：

(1)一切票据债务人可以对特定的票据债权人行使的抗辩。这类抗辩具体包括：①票据债权人欠缺实质上受领票据金额资格的抗辩，如持票人已被法院宣告破产、被依法清算；②票据债权人欠缺形式上受领票据金额资格的抗辩；③票据债权人因恶意或重大过失取得票据而不享有票据权利的抗辩。

(2)特定票据债务人可以向特定票据债权人行使的抗辩。这里的特定债权人和特定债务人是指双方具有直接的当事人之间的关系。这类抗辩具体包括：①以欠缺原因关系而主张的抗辩，如原因关系无效或不成立；②欠缺对价的抗辩，如票据债权人没有给付对价或给付对价不相当；③欠缺交付行为的抗辩，如出票人在交付票据之前，将票据丢失或票据被盗，则出票人就可以对抗盗窃票据的人和拾得票据的人；④基于当事人之间特别约定的抗辩，如《票据法》第 13 条第 2 款规定："票据债务人可以对不履行约定义务的与自己有直接债权债务关系的持票人，进行抗辩。"

(三)票据抗辩的限制

由于票据法重在保护票据权利人实现票据利益，以维护票据的流通性，因此，各国票据法对票据债务人行使票据抗辩权有严格的限制。通说认为，对物抗辩是基于票据本身，对人抗辩主要是基于特定持票人，因而对物抗辩不应当进行限制，而对人抗辩则应给予一定的限制。《票据法》第 13 条第 1 款规定："票据债务人不得以自己与出票人或者与持票人的前手之间的抗辩事由，对抗持票人。但是，持票

人明知存在抗辩事由而取得票据的除外。”这一条款明确了我国票据抗辩限制的主要内容和例外。

1. 票据抗辩限制的内容。票据抗辩限制的内容具体包括两个方面：

(1)票据债务人不得以自己与出票人之间的抗辩事由对抗持票人。比如，票据债务人不得以自己与出票人之间存在资金关系或交易关系所产生的抗辩事由，对抗持票人。

(2)票据债务人不得以自己与持票人的前手之间的抗辩事由对抗持票人。这表明即使票据债务人与持票人的前手之间存在抗辩事由，其也只能对抗持票人的前手，而不得对抗持票人。

2. 票据抗辩限制的例外。票据抗辩限制的例外，是指票据债务人仍可以自己与出票人或持票人前手之间的抗辩事由对抗持票人的情形，即不适用票据抗辩限制的情形。根据现有规范，票据抗辩限制的例外主要包括三种情形：

(1)间接恶意抗辩。《票据法》第 12 条规定，持票人明知有以欺诈、偷盗或胁迫等手段取得票据的情形，仍出于恶意取得票据的，不得享有票据权利。这是将直接恶意的抗辩延续到间接恶意取得票据的持票人。

(2)无对价抗辩。《票据法》第 11 条规定，无对价取得票据的持票人不得享有优于其前手的权利。这是将对无对价持票人的前手的抗辩延续到无对价取得票据的持票人。

(3)知情抗辩。这是指如果持票人明知票据债务人与出票人或自己的前手之间存在抗辩事由而仍取得票据时，票据债务人即可基于与出票人或持票人前手之间存在的抗辩事由对抗持票人。

司法考试真题链接

1. 甲公司购买乙公司电脑 20 台，向乙公司签发金额为 10 万元的商业承兑汇票一张，丁公司在汇票上签章承诺：“本汇票已经本单位承兑，到期日无条件付款。”当该汇票的持票人行使付款请求权时，下列哪一说法是正确的？(2009 年司法考试真题)

A. 如该汇票已背书转让给丙公司，丙公司恰好欠汇票付款人某银行 10 万元到期贷款，则银行可以提出抗辩而拒绝付款

B. 如该汇票已背书转让给丙公司，则甲公司可以乙公司交付的电脑质量存在瑕疵为抗辩理由拒绝向丙公司付款

C. 因该汇票已经丁公司无条件承兑，故丁公司不可能再以任何理由对持票人提出抗辩

D. 甲公司在签发汇票时可以签注“以收到货物为付款条件”

2. 甲公司因遗失汇票，向A市B区法院申请公示催告。在公示催告期间，乙公司向B区法院申报权利。关于本案，下列哪些说法是正确的？（2009年司法考试真题）

A. 对乙公司的申报，法院只就申报的汇票与甲公司申请公示催告的汇票是否一致进行形式审查，不进行权利归属的实质审查

B. 乙公司申报权利时，法院应当组织双方当事人进行法庭调查与辩论

C. 乙公司申报权利时，法院应当组成合议庭审理

D. 乙公司申报权利成立时，法院应当裁定终结公示催告程序

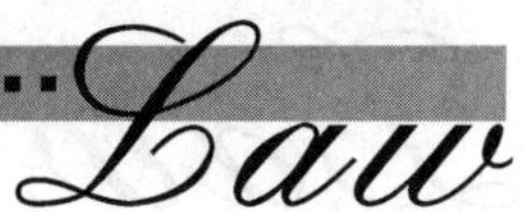

第十六章　汇　票

【引　例】

1. A公司为支付所欠B公司货款，于2010年5月5日开出一张50万元的商业承兑汇票给B公司。B公司用此汇票进行背书转让给C公司，以购买一批原材料，背书时注明了"货到后此汇票方生效"。C公司将该汇票30万金额背书给D公司，以支付D公司的货款，并将剩余20万元背书给E公司，支付其欠E公司的广告费用。

2. 甲于2010年4月1日签发一张出票后3个月付款的银行承兑汇票给乙，汇票金额100万元，承兑人为A银行。乙在A银行承兑后背书转让给丙，丙又背书转让给丁。该汇票于7月1日到期后，持票人丁于7月5日向A银行提示付款，A银行以出票人甲的资金账户上只有80万元和持票人未在法定期限内提示付款为由拒绝付款。

第一节　汇票概述

一、汇票的概念和特征

汇票，是指出票人签发的，委托付款人在见票时或者在指定日期无条件支付确定的金额给收款人或者持票人的票据。据此，可以推出汇票具有以下特征：

(1)汇票是票据的一种。正因如此，汇票具有一切票据的共有性质，即汇票是文义证券、设权证券、要式证券、无因证券、完全有价证券、提示证券、缴回证券。

(2)汇票是委付票据。汇票的出票人仅为签发票据的人，而不是票据的付款人，出票人必须另行委托他人来支付票据金额。从这个意义上讲，汇票属于委托付款证券，有别于自付证券(如本票)。

(3)汇票是无条件支付的票据。汇票的支付不能受到限制，也不能附带任何条件，这是确保汇票具有较高信用、方便流通的前提。

(4)汇票的到期日具有多样性。汇票的到期日即汇票的付款日。考虑到汇票的信用功能,《票据法》规定了四种确定汇票到期日的方式,即见票即付、定日付款、见票后定期付款、出票后定期付款。

二、汇票的种类

汇票的种类较多,分类方法也较多,通常分成以下几个对比性的类别:

(一)银行汇票和商业汇票

根据出票人的不同,可以将汇票分为银行汇票和商业汇票两种。银行汇票是出票银行签发的,由其在见票时按照实际结算金额无条件支付给收款人或持票人的票据。银行汇票根据其用途又可以分成现金银行汇票和转账银行汇票。前者必须填写"现金"字样,既可以提现,又可以转账;后者则只能转账。商业汇票是由银行以外的其他主体签发的汇票。商业汇票根据承兑人不同,可以分成银行承兑汇票和商业承兑汇票。银行承兑汇票是由银行作为承兑人,商业承兑汇票是由银行以外的付款人作为承兑人。我国对商业汇票的使用限制比较严格,只有在银行开立存款账户的法人以及其他组织之间,才能使用商业汇票。

(二)即期汇票和远期汇票

根据汇票指定的到期日的不同,可以将汇票分为即期汇票和远期汇票。即期汇票是由出票人开出的,要求付款人在见票的当天或提示的当时,向收款人或持票人无条件支付一定金额的汇票。远期汇票是由出票人开出的,要求付款人在一定期限内或指定日期,向收款人或持票人无条件支付一定金额的汇票。远期汇票又可以分为定期汇票、计期汇票、注期汇票三种。定期汇票是票面上明确记载一个固定日期为付款日的汇票;计期汇票是票面上明确记载在出票日后一定期间付款的汇票,又称出票后定期付款的汇票;注期汇票是在见票后一定期间付款的汇票,又称见票后定期付款的汇票。

(三)记名汇票、指示汇票和无记名汇票

根据汇票记载权利人的方式不同,可以将汇票分成记名汇票、指示汇票和无记名汇票。记名汇票是指出票人在票面上明确记载收款人姓名或名称的汇票。指示汇票是指出票人不仅明确记载收款人的姓名或名称,而且附加"或其指定的人"的字样的汇票。无记名汇票是指出票人没有记载收款人的姓名或名称,或只记载"付来人"字样的汇票。根据《票据法》的规定,我国只承认记名汇票,无记名汇票和指示汇票都不发生法律效力。

（四）一般汇票和变式汇票

根据当事人的资格是否可以兼任，可以将汇票分为一般汇票和变式汇票。一般汇票是指分别由不同的人担任汇票的出票人、付款人和收款人，互不兼任。变式汇票是指汇票当事人中的一方当事人同时充任两个以上汇票当事人资格。根据兼任的资格不同，变式汇票又可以分成：(1)指己汇票，是指出票人以自己为收款人的汇票，又称己受汇票；(2)对己汇票，是指出票人以自己为付款人的汇票，又称己付汇票；(3)付受汇票，是指以付款人为收款人的汇票；(4)己受己付汇票，是指出票人以自己为收款人和付款人的汇票，如同一银行的各分行之间签发的汇票。

（五）光票汇票和跟单汇票

根据付款时是否要求附单据，可以将汇票分成光票汇票和跟单汇票。光票汇票是指无须附其他单据，付款人或承兑人即可付款或承兑的汇票。跟单汇票是指必须附与交易有关的单据才能获得付款或承兑的汇票，又称押汇汇票。

第二节　汇票的出票

一、汇票出票的概念

汇票的出票，又称汇票的签发，是指出票人依照法定形式作成汇票并将其交付给收款人的票据行为。出票是最基本、最主要的票据行为，没有出票也就没有背书、承兑、保证等附属票据行为。

汇票的出票包括两个内容：一是作成汇票并在汇票上签章，二是将汇票交付给收款人。出票人作成汇票后在未交付前，并未完成出票行为，只有把汇票交付给收款人，出票行为才完成。因此，欠缺作成或交付行为中的任何一项，出票行为都不成立。

《票据法》第 10 条和第 21 条对汇票的出票行为规定了一般性要求，即汇票的签发应当遵循诚实信用原则，具有真实的交易关系和债权债务关系；同时汇票出票人必须与付款人具有真实的委托付款关系，并具有支付汇票金额的可靠资金来源，不得签发无对价的汇票用于骗取银行或者其他票据当事人的资金。

二、汇票出票的记载事项

汇票是要式证券，因而汇票的出票必须记载一定的事项，即必须符合法定的格式或款式要求。根据《票据法》的规定，可以将汇票出票的记载事项分为以下四类：

(一)绝对必要记载事项

根据《票据法》第 22 条的规定,汇票的绝对必要记载事项包括:

1. 表明"汇票"的字样。根据汇票的种类,出票时应当在其正面分别记载"银行汇票"或"商业汇票"的字样。由于我国使用的是统一印制的票据格式,这些字样已经印制在票据的正面上方,因而无须出票人自己记载,只要其选择合同确定的汇票种类即可。

2. 无条件支付的委托。汇票是委付证券,即出票人委托或指示付款人支付确定的金额。这种委托或指示必须是无条件的,若附有条件,则会导致汇票无效。在我国实践中,无条件支付委托的文句已经统一印制在汇票上,如"本汇票请你行承兑,到期无条件付款",因而无须出票人填写。

3. 确定的金额。这要求汇票上必须载明确定的金钱数量和货币种类,不得采用最高额或最低额的记载方式,也不得采用选择性或浮动性的记载方式。《票据法》第 8 条规定,票据金额以中文大写和数码同时记载,二者必须一致,若不一致,则票据无效。

4. 付款人名称。付款人是受汇票出票人委托而支付票据金额的人。付款人一经对汇票承兑后,其就成为汇票的主债务人,到期必须无条件付款。因此,汇票上必须载明付款人的名称。

5. 收款人名称。收款人是汇票上的最初权利人。由于我国只承认记名汇票,因而必须载明收款人的名称,而且必须使用全称,不得使用简称或企业代号。

6. 出票日期。这是指票面上必须记载签发汇票的日期。由于出票日期决定了到期日的计算、到期利息的计算、保证是否成立以及提示承兑日的计算等重要问题,因而汇票上必须载明出票日期。

7. 出票人签章。签章是出票人负担票据责任的表示,所以出票人签章是绝对必要记载事项。

(二)相对必要记载事项

汇票的相对必要记载事项包括以下三种:

1. 付款日期。付款日期是汇票权利人行使权利和汇票债务人履行义务的日期,是确定汇票种类的根据,也是确定票据权利最终消灭时间的根据,因而一般应在票面上加以明确记载。但是,欠缺付款日期并不影响票据的效力,因为《票据法》第 23 条第 2 款明确规定:"汇票上未记载付款日期的,为见票即付。"

2. 付款地。付款地是指汇票债务人履行汇票义务的地点。记载付款地可以确定持票人行使请求权的地域、确定票据诉讼的管辖法院等,因而一般要在票面上明确记载。如果没有记载,根据《票据法》第 23 条第 3 款的规定,应以付款人的营业场所、住所或者经常居住地为付款地。

3. 出票地。出票地是指汇票记载的签发汇票的地点。汇票具有文义性，出票地不以实际出票地为准，而是以记载的为准。在涉外票据中，出票地对于确定准据法具有重要意义，因而一般要加以明确记载。若汇票没有记载出票地，则根据《票据法》第 23 条第 4 款的规定，应以出票人的营业场所、住所地或经常居住地为出票地。

(三)任意记载事项

任意记载事项主要包括以下两项：

1. 不得转让。《票据法》第 27 条第 2 款规定："出票人在汇票上记载'不得转让'字样的，汇票不得转让。"据此，若不作记载，不影响汇票的效力；若加以记载，即发生票据法上的效力，该汇票不得转让。

2. 货币种类的约定。《票据法》第 59 条第 2 款规定："汇票当事人对汇票支付的货币种类另有约定的，从其约定。"据此，当事人可以在汇票上记载支付的币种，付款人应该按照记载的币种进行支付。

(四)记载本身无效的事项

记载本身无效的事项是指出票人在出票时不得记载的事项，即使加以记载也不发生票据法上和其他法上的效力。如《票据法》第 26 条规定，出票人签发汇票时，若在票面上记载"免除担保承兑和免除担保付款"，则该项记载即属于无效，但汇票的效力并不因此受到影响。

三、汇票出票的效力

汇票的出票行为一经完成，就会对出票人、收款人和付款人产生票据法上的效力。

(一)对出票人的效力

汇票的出票行为使出票人成为票据债务人，出票人必须承担保证该汇票承兑和付款的责任。这意味着若持票人在请求承兑时遭到拒绝或到期不获付款，则出票人必须向持票人承担偿还责任。

(二)对收款人的效力

出票人作成票据并将汇票交给收款人后，收款人便取得汇票上的一切权利，包括付款请求权和追索权。

（三）对付款人的效力

由于出票行为是出票人的单方法律行为，所以出票行为并不必然对付款人发生约束力。只有当付款人承兑汇票后，才成为汇票的主债务人，才向持票人承担绝对的付款义务。

第三节 汇票的背书

一、汇票背书的概念和特征

所谓背书，是指持票人以转让汇票权利或者将一定汇票权利授予他人行使为目的，在汇票背面或粘单上记载有关事项并签章的票据行为。汇票背书具有以下特征：

1. 背书是一种附属的票据行为。背书只能在已经作成并交付的汇票上进行，即必须以出票行为为前提。因此，出票行为的效力会影响背书的效力，若出票行为因欠缺某一绝对必要记载事项而无效，即使背书行为完全符合法律规定，也是无效的。但是，背书行为的无效并不会影响到出票行为的效力。

2. 背书是持票人单方所为的票据行为。背书是持票人独立进行的，其在背书时无须通知票据债务人或获得票据债务人的同意。当然，并不是所有持票人都可以进行背书。《票据法》第 36 条规定："汇票被拒绝承兑、被拒绝付款或者超过付款提示期限的，不得背书转让；背书转让的，背书人应当承担汇票责任。"此外，《支付结算办法》也规定，银行现金汇票不得背书转让。

3. 背书是以转让票据权利或者将一定的票据权利授予他人行使为目的。根据《票据法》的规定，汇票权利的转让必须采用背书的方式，因而背书是我国转让汇票权利的唯一方式。此外，《票据法》还规定了委托收款背书和质押背书，表明通过背书可以授予他人行使一定的票据权利。

4. 背书是要式行为。背书必须在汇票背面或粘单上记载有关事项，并加以签章。其中粘单上的第一记载人应当在汇票和粘单的粘接处签章。

二、转让背书

转让背书，是指持票人以转让汇票权利为目的的背书。通常意义上的背书就是指转让背书。转让背书可以进一步分为完全背书和空白背书。

(一)完全背书

完全背书,是指背书人在汇票背面或粘单上记载背书意思、被背书人的名称并签章的背书,又称记名背书。背书作为要式行为,必须记载一定的事项。具体阐述如下:

1.必要记载事项。根据《票据法》的规定,完全背书的必要记载事项包括三项:背书人的签章、被背书人的名称和背书的日期。其中背书日期则属于相对记载事项,因为《票据法》第 29 条第 2 款规定:"背书未记载日期的,视为在汇票到期日前背书。"而背书人的签章和被背书人的名称则属于绝对必要记载事项,欠缺其中任何一项,背书行为都为无效。但为了促进汇票流通,《票据纠纷若干规定》第 49 条规定:"背书人未记载被背书人名称即将票据交付给他人的,持票人在票据被背书人栏内记载自己的名称与背书记载具有同等法律效力。"这表明背书人在没有记载被背书人名称就将票据交付给被背书人,在理论上可以解释为背书人授权被背书人补充记载,因而具有与背书记载同等的法律效力。

2.任意记载事项。根据《票据法》第 34 条的规定,背书人在汇票上记载"不得转让"字样,其后手再背书转让的,原背书人对后手的被背书人不承担保证责任。这里"不得转让"的记载,即属于任意记载事项。如果背书人记载了"不得转让"字样后,其直接后手又将汇票背书转让的,则后来的持票人在没有得到承兑或付款时,就不得向记载"不得转让"字样的背书人行使追索权。同样,若后手将该汇票进行贴现或质押,原背书人对后手的被背书人也不承担票据责任。

3.不得记载事项。根据《票据法》第 33 条的规定,背书不得附条件,否则所附条件不具有汇票上的效力;同时,将汇票金额的一部分转让的背书或者将汇票金额分别转让给两人以上的背书无效。据此,背书行为具有无条件性和不可分性。上述内容均属于背书不得记载的事项。引例 1 中 B 公司在将汇票背书转让给 C 公司时注明了"货到后此汇票方生效",这是对背书附加了条件,因而所附的条件不具有汇票上的效力,但背书行为仍然有效。而 C 公司将该汇票 30 万金额背书给 D 公司,将剩余 20 万元背书给 E 公司,属于将汇票金额分别转让给两人以上的背书,违背了汇票背书行为的不可分性,这种背书行为是无效的。

(二)空白背书

空白背书,是指背书人在背书中未指定被背书人,而在被背书人记载处留有空白。根据《票据法》第 30 条的规定,被背书人的名称属于绝对必要记载事项,如有欠缺,背书行为应属无效,因而《票据法》并不承认空白背书。但如前文所述,我国司法实践承认了空白背书的存在和效力。

（三）转让背书的效力

转让背书包括以下三个方面的效力：

1. 权利转移的效力。转让背书本来就是以转让票据权利为目的的票据行为，因而背书成立后，汇票上的一切权利就由背书人转移给被背书人，被背书人就成为汇票权利人，享有付款请求权和追索权。

2. 权利担保效力。权利担保效力是指背书人对于被背书人及其后手承担担保承兑和担保付款的责任。《票据法》第 37 条规定："背书人以背书转让汇票后，即承担保证其所持汇票和付款的责任。背书人在汇票得不到承兑或付款时，应当向持票人清偿本法第七十条、第七十一条规定的金额和费用。"据此，背书权利担保效力是法定的，背书人不得加以免除。

3. 权利证明效力。权利证明效力是指持票人所持汇票上的背书只要具有形式上的连续性，即可证明持票人享有汇票上的一切权利。所谓背书的连续是指在票据的转让中，转让汇票的背书人与受让汇票的被背书人在汇票上的签章依前后次序衔接，即连续背书的第一背书人应当是票据上记载的收款人，自第二次背书起，每一次背书的背书人必须是上一次背书的被背书人，最后的持票人必须是最后一次背书的被背书人。持票人以背书的连续性证明其汇票权利。

三、非转让背书

非转让背书，是指持票人将一定的票据权利授予他人行使为目的的背书，其属于特殊意义上的背书。非转让背书包括委托收款背书和质押背书。

（一）委托收款背书

委托收款背书，是指以委托他人代替自己行使票据权利，收取票据金额为目的而为的背书。《票据法》第 35 条第 1 款规定，委托收款背书不仅要有背书人的签章，而且还要有"委托收款"的字样。由于委托收款背书不发生权利转移效力，所以背书人仍然享有票据权利，被背书人仅仅取得代理权，代理背书人行使汇票上除了转让之外的一切权利。

（二）质押背书

质押背书，是指以设定质权、提供债权担保为目的的背书。《票据法》第 35 条第 2 款规定，汇票可以设定质押。设定质押时，背书人不仅应当在汇票上签章，而且必须记载"质押"或"设质"等字样。被背书人依法实现其质权时，可以行使汇票权利。如果出质人只在汇票上记载"出质"字样但并未签章，或者出质人另行签订质押合同或条款而未在汇票上记载"质押"字样，都不构成汇票质押。

第四节　汇票的承兑和保证

一、汇票的承兑

(一)汇票承兑的概念和特征

汇票承兑,是指远期汇票的付款人在汇票的正面记载有关事项并签章,尔后将汇票交付请求承兑人,承诺在汇票到期日无条件支付汇票金额的票据行为。汇票承兑的意义在于确定汇票上的权利义务关系。由于出票行为是出票人的单方法律行为,对于出票人的委托,付款人可以接受,也可以拒绝,因而在承兑前付款人的付款义务是不确定的。就收款人而言,其虽然取得了汇票,但出票人的出票行为不能约束付款人,因而收款人的汇票权利仅仅是一种期待权。票据法创设承兑制度,正是为了使付款人的汇票义务和收款人的汇票权利得以确定。汇票的承兑具有以下几点特征:

1. 承兑是一种附属的票据行为,必须以存在有效的出票行为为前提。

2. 承兑是远期汇票付款人所为的票据行为,见票即付汇票、本票以及支票都不需要承兑制度。

3. 承兑是汇票付款人表示愿意支付汇票金额的票据行为,并由此承担付款责任。

4. 承兑是汇票付款人在汇票上所为的要式票据行为。《票据法》规定,付款人承兑汇票的,应当在汇票正面记载“承兑”字样和承兑日期并签章。

(二)汇票承兑的程序

1. 提示承兑。提示承兑,是指持票人向付款人出示汇票,并要求付款人承诺付款的行为。提示承兑包括两个方面的内容:首先是持票人现实地出示汇票给付款人,其次是持票人作出向付款人请求承兑的意思表示。付款人在持票人提示承兑后,应当向持票人签发收到汇票的回单。

提示承兑必须在法定的场所和期间内进行。根据《票据法》的规定,持票人应在汇票载明的付款人的营业场所和营业时间内提示承兑,若付款人无营业场所,则应在其住所进行。同时,对于定日付款和出票后定期付款的汇票,持票人应在汇票到期日前向付款人提示承兑;对于见票后定期付款的汇票,持票人应在出票日后1个月内向付款人提示承兑。如果持票人不按规定期限向付款人提示承兑,则丧失对其前手的追索权,但这里的前手不包括汇票的出票人。当然,见票即付的汇票是无须提示承兑的。

2.承兑或拒绝承兑。持票人在承兑期限内向付款人提示汇票请求承兑时，付款人应当在一定时间内作出承兑或拒绝承兑的决定。《票据法》第41条第1款规定，付款人对向其提示承兑的汇票，应当自收到提示承兑的汇票之日起3日内承兑或拒绝承兑；若付款人在3日期限届满后，未作出表示的，则视为拒绝承兑。

如果付款人对汇票加以承兑，则其必须在汇票正面记载“承兑”字样和承兑日期并签章。其中“承兑”字样和签章是承兑的绝对必要记载事项，承兑日期则是承兑的相对必要记载事项，因为汇票上未记载承兑日期的，则以付款人收到提示承兑汇票之日起的第3日为承兑日期。值得注意的是，承兑不得附有条件，因为若承兑附有条件的，则视为拒绝承兑。

3.交还。付款人依法在汇票上完成承兑记载后，必须将汇票交还给持票人，承兑行为才能发生法律效力。若付款人拒绝承兑的，也必须将汇票交还给持票人，因为汇票是完全有价证券，持票人只有占有汇票，才能行使票据权利。

（三）汇票承兑的效力

付款人承兑汇票并将汇票交给持票人后，承兑即发生法律效力。《票据法》第44条规定：“付款人承兑汇票后，应当承担到期付款的责任。”这意味着付款人成为承兑人后，就成为汇票上的第一债务人，即使承兑人和出票人之间并不存在事实上的资金关系，承兑人也不能以此为由对抗持票人。而且，即使持票人未按期提示付款，持票人仍有权对承兑人主张权利。因此，引例2中A银行不得以出票人甲的资金账户上只有80万元和持票人未在法定期限内提示付款为由拒绝付款。

汇票经过付款人承兑后，持票人的付款请求权就成为现实的权利，以承兑人的责任为保障。若承兑人在汇票到期时拒绝付款，持票人还可以提起追索。

对于出票人和背书人而言，汇票一经承兑，则免除了汇票的期前追索，即免于遭受由于汇票被拒绝承兑而引发的追索权的影响。

二、汇票的保证

（一）汇票保证的概念

汇票保证，是指票据债务人以外的第三人为担保特定汇票债务人履行债务，以负担同一内容的汇票债务为目的，在汇票上记载有关事项并签章，然后将票据交还给请求保证之人的一种附属票据行为。汇票保证进一步增强了汇票的信用，便于汇票的流通。

《票据法》第45条规定：“汇票的债务可以由保证人承担保证责任。保证人由汇票债务人以外的他人担当。”同时第51条规定：“保证人为二人以上的，保证人之间承担连带责任。”据此，我国既承认汇票的单独保证，也承认汇票的共同保证。同

时,《票据法》也明确了保证人的资格,即不能由汇票债务人担当。但是,这并不意味着所有汇票债务人以外的第三人都可以担任汇票的保证人。因为《票据纠纷若干规定》第60条明确规定:"国家机关、以公益为目的的事业单位、社会团体、企业法人的分支机构和职能部门作为票据保证人的,票据保证无效,但经国务院批准为使用外国政府或者国际经济组织贷款进行转贷,国家机关提供票据保证的,以及企业法人的分支机构在法人书面授权范围内提供票据保证的除外。"

(二)保证的记载事项

根据《票据法》第46条、第47条的规定,保证人必须在汇票或粘单上记载如下事项:表明"保证"的字样、保证人签章、保证人的名称和住所、被保证人的名称、保证日期。其中前两项属于绝对必要记载事项,后三项属于相对必要记载事项。因为如果缺少保证人的名称和住所,则保证人的名称可由其签章认定,保证人住所可以推定为保证人的营业场所或住所;如果缺少被保证人的名称,则已承兑的汇票,承兑人为被保证人,若未承兑的,则以出票人为被保证人;如果缺少保证日期,则以出票日为保证日期。

此外,《票据法》第48条规定:"保证不得附有条件;附有条件的,不影响对汇票的保证责任。"这属于记载无益的事项。

(三)保证的效力

保证行为一经成立,即对票据当事人发生效力。

1.对保证人的效力。首先,对于保证人而言,其承担与被保证人相同的票据责任,因为《票据法》第50条规定:"被保证的汇票,保证人应当与被保证人对持票人承担连带责任。汇票到期后得不到付款的,持票人有权向保证人请求付款,保证人应当足额付款。"

其次,基于票据行为的独立性,保证人的保证责任还独立于被保证的票据债务,即使被保证的票据债务无效,也不影响保证责任的成立,但若被保证的票据债务因形式上欠缺生效要件而无效时,保证人可以不承担保证责任。

最后,保证人在一定条件下也享有一定的票据权利,即《票据法》第52条规定,保证人清偿汇票债务后,可以行使持票人对被保证人以及前手的追索权。

2.对持票人的效力。对于持票人而言,由于多了一层担保关系,因而其权利实现的可能性得到加强。

3.对于被保证人以及后手的效力。对于被保证人以及后手而言,保证行为本身并没有免除任何票据债务人的责任,但如果汇票保证人履行了保证责任,清偿了持票人的债务,对于被保证人以及后手来讲,则可以免除被追索的责任。

第五节 汇票的付款和追索

一、汇票的付款

(一)汇票付款的概念

汇票付款,是指汇票的付款人向持票人支付汇票金额,以消灭票据权利义务的行为。请求付款是持票人享有的汇票权利,也是其拥有汇票的目的;而付款则是汇票债务人的责任。由于付款不以付款人在汇票上为意思表示以及签章,因而付款仅仅是一种准法律行为,而不是票据行为。

(二)付款的程序

1. 付款提示。付款提示,是指持票人向付款人或代理付款人现实地出示汇票,以请求其付款的行为。付款提示的当事人包括提示人和被提示人。《票据法》第53条第3款规定:"通过委托收款银行或者通过票据交换系统向付款人提示付款的,视为持票人提示付款。"据此,提示人除了通常情况下为持票人外,还包括受持票人委托的收款银行和票据交换系统。被提示人则包括付款人、代理付款人以及票据交换系统。

付款提示是对票据权利的保全和行使,如果持票人不按照法定期限提示付款的,则丧失对其前手的追索权,但只要持票人对其行为作出说明,承兑人或者付款人仍应对持票人承担付款责任。值得一提的是,持票人应当按照下列期限提示付款:见票即付的汇票,自出票日起的1个月内向付款人提示付款;定日付款、出票后定期付款或者见票后定期付款的汇票自到期日起10日内向承兑人提示付款。

2. 实际付款。《票据法》第54条规定,付款人或代理付款人必须在持票人请求付款的当日足额付款,不允许其延期付款、部分付款。同时付款人或代理付款人在付款时应当审查背书是否连续等票据形式上的要件,并且应当审查提示人的合法身份证明。如果付款人或者代理付款人付款时有恶意或重大过失造成当事人损失的,应自行承担责任。

3. 交回票据。付款人付款后,持票人应当在汇票上记载"收讫"字样并签章,而后将汇票交给付款人,以此证明付款人已经依法履行完付款义务。持票人委托银行收款的,托收银行将代收的汇票金额转入持票人的账户,则视同签收。

(三)付款的效力

《票据法》第60条规定:"付款人依法足额付款后,全体汇票债务人的责任解

除。”据此，付款人按照汇票记载的文义，即时足额支付汇票金额后，持票人的票据权利得以实现，全体汇票债务人免除票据责任，汇票法律关系因之全部归于消灭。

二、汇票的追索

汇票的追索是票据权利的逆向行使，也就是持票人向其前手行使追索权。

（一）汇票追索权的概念和特征

1. 汇票追索权的概念。汇票追索权，是指汇票到期前不获承兑或到期不获付款或有其他法定原因时，持票人在依法履行了保全手续以后，向其前手请求偿还汇票金额以及其他必要金额的权利。汇票追索权是补充汇票上的第一次权利即付款请求权而设立的，是汇票上的第二次权利。持票人只有在第一次权利未获得实现时才能行使第二次权利。

汇票追索权的当事人包括追索权人和被追索人。前者包括最后持票人和已为清偿的汇票债务人；后者则不以持票人的直接前手为限，而是包括了出票人、背书人、承兑人、保证人等一切票据债务人。

2. 汇票追索权的特征。根据《票据法》第 68 条的规定，汇票追索权具有以下特征：

（1）选择性。即持票人可以自由选择汇票追索权的对象，可以不按照汇票债务人的先后顺序，对其中任何一人、数人或者全体行使追索权。

（2）连续性。即持票人行使追索权获得清偿后，票据关系并没有消灭，而是被追索人成为汇票的新持票人，可以继续向其前手行使再追索的权利。

（3）追加性。即持票人对于汇票债务人中的一人或数人已经进行了追索的，对于其他尚未被追索的汇票债务人仍可以行使追索权。

（二）汇票追索权行使的要件

汇票追索权行使的要件可以分为实质要件和形式要件两方面。

1. 实质要件。汇票追索权行使的实质要件，是指行使汇票追索权的法定原因。具体可以分为以下两种：

（1）到期追索。合法持票人在汇票到期后行使追索权的唯一原因是汇票被拒绝付款，至于汇票到期为何不获付款，对持票人行使追索权并无影响。

（2）期前追索。通常情况下，汇票到期日前，持票人一般不得行使追索权。但根据《票据法》第 61 条的规定，持票人在汇票被拒绝承兑、承兑人或付款人死亡或逃匿、承兑人或付款人被依法宣告破产或因违法被责令终止业务活动这三种情形下，可以进行期前追索。

2. 形式要件。汇票追索权行使的形式要件，是指行使追索权必须遵守一定的程序、履行法定的保全追索权的手续。具体包括以下三项：

(1)提示承兑或提示付款。如果持票人未按照票据法规定提示承兑或提示付款的，原则上丧失对前手的追索权。

(2)作成拒绝证明。拒绝证明是由法律规定的，对持票人依法提示承兑或提示付款而被拒绝的事实具有证明效力的文书。由于被追索的前手必须知道持票人已经依法提示承兑或提示付款而遭到拒绝，以确定持票人对自己享有追索权，而拒绝证明就是证明持票人已为提示而未获承兑或未获付款的文书，从而为持票人行使追索权铺平了道路。因此，作成拒绝证明是保全追索权手续的一项重要程序。根据《票据管理实施办法》第 27 条第 1 款的规定，拒绝证明应当包括以下事项：被拒绝承兑、付款的票据种类及其主要记载事项；拒绝承兑、付款的事实依据和法律依据；拒绝承兑、付款的时间；拒绝承兑人、付款人的签章。

同时，根据《票据法》的规定，退票理由书或其他合法证明可以代替拒绝证明。退票理由书是承兑人或付款人或付款人委托的付款银行出具的，记载不承兑或不付款理由的书面证明。退票理由书主要载明所退票据的种类、退票的事实依据和法律依据、退票时间、退票人签章等内容。其他合法证明主要包括：①承兑人或付款人被人民法院依法宣告破产，人民法院出具的有关司法文书；②承兑人或付款人因违法被责令终止业务活动，有关行政主管部门出具的处罚决定书；③人民法院出具的宣告承兑人、付款人失踪或者死亡的证明、法律文书；④公安机关出具的承兑人、付款人逃匿或者下落不明的证明；⑤医院或者有关单位出具的承兑人、付款人死亡的证明；⑥公证机构出具的具有拒绝证明效力的文书等。退票理由书和其他合法证明都具有拒绝证明的效力。

(3)追索通知。根据《票据法》第 66 条的规定，持票人应当自收到被拒绝承兑或者被拒绝付款的有关证明之日起 3 日内，将被拒绝事由书面通知其前手；其前手应当自收到通知之日起的 3 日内书面通知其再前手。持票人也可以同时向各票据债务人发出书面通知。持票人或前手在规定的期限内，将通知按照法定地址或者约定的地址邮寄的，视为已经发出通知。持票人或前手未按照规定期限通知的，持票人仍可以行使追索权；但因延期通知给其前手或者出票人造成损失的，由没有按照规定期限通知的汇票当事人，承担对该损失的赔偿责任，但所赔偿的金额以汇票金额为限。

(三)汇票追索权行使的效力

追索权人依法行使追索权时，对于汇票有关当事人以及追索金额会产生相应的法律后果。具体如下：

1. 对追索权人的效力。追索权人因行使追索权而受清偿后，其票据权利归于消灭，但应及时向被追索人交付汇票以及拒绝证明等，以便被追索人行使再追索权。

2. 对被追索人的效力。汇票发生追索时，所有被追索人对持票人承担连带责任。同时，被追索人清偿票据债务后，其责任解除，并取得与持票人同一权利，对其前手行使再追索权。

3. 对物的效力。这是对追索金额所产生的效力。追索金额是指持票人或者其他追索权人向偿还义务人行使追索权，请求其支付的金额，包括最初追索金额和再追索金额。最初追索金额一般包括三个部分：被拒绝付款的汇票金额；汇票金额从到期日或者提示付款日起至清偿日止，按照中国人民银行规定的利率计算的利息；取得有关拒绝证明和发出通知书的费用。再追索金额则包括：已清偿的全部金额；票据金额自清偿日起至再追索清偿日止，按照中国人民银行规定的利率计算的利息；发出通知书的费用。

司法考试真题链接

1. 甲公司开具一张金额 50 万元的汇票，收款人为乙公司，付款人为丙银行。乙公司收到后将该汇票背书转让给丁公司。下列哪一说法是正确的？（2011 年司法考试真题）

A. 乙公司将票据背书转让给丁公司后即退出票据关系

B. 丁公司的票据债务人包括乙公司和丙银行，但不包括甲公司

C. 乙公司背书转让时不得附加任何条件

D. 如甲公司在出票时于汇票上记载有“不得转让”字样，则乙公司的背书转让行为依然有效，但持票人不得向甲行使追索权

2. 潇湘公司为支付货款向楚天公司开具一张金额为 20 万元的银行承兑汇票，付款银行为甲银行。潇湘公司收到楚天公司货物后发现有质量问题，立即通知甲银行停止付款。另外，楚天公司尚欠甲银行贷款 30 万元未清偿。下列哪些说法是错误的？（2011 年司法考试真题）

A. 该汇票须经甲银行承兑后才发生付款效力

B. 根据票据的无因性原理，甲银行不得以楚天公司尚欠其贷款未还为由拒绝付款

C. 如甲银行在接到潇湘公司通知后仍向楚天公司付款，由此造成的损失甲银行应承担责任

D. 潇湘公司有权以货物质量瑕疵为由请求甲银行停止付款

3. 甲公司向乙公司签发了一张付款人为丙银行的承兑汇票。丁向乙公司出具了一份担保函，承诺甲公司不履行债务时其承担连带保证责任。乙公司持票向丙银行请求付款，银行以出票人甲公司严重丧失商业信誉为由拒绝付款。对此，下列哪一表述是正确的？（2010 年司法考试真题）

A. 乙公司只能要求丁承担保证责任

B. 丙银行拒绝付款不符合法律规定

C. 乙公司应先向甲公司行使追索权,不能得到清偿时方能向丁追偿

D. 丁属于票据法律关系的非基本当事人

4. 甲公司在与乙公司交易中获得由乙公司签发的面额50万元的汇票一张,付款人为丙银行。甲公司向丁某购买了一批货物,将汇票背书转让给丁某以支付货款,并记载“不得转让”字样。后丁某又将此汇票背书给戊某。如戊某在向丙银行提示承兑时遭拒绝,戊某可向谁行使追索权?(2009年司法考试真题)

A. 丁某

B. 乙公司

C. 甲公司

D. 丙银行

第十七章 本票与支票

【引 例】

1.2012 年 3 月 7 日,甲商店同乙公司签订一份自行车购销合同。该合同规定:由乙公司在 10 日内向甲商店提供自行车 100 辆,共计货款 8 万元。双方约定以本票进行支付。3 月 15 日,乙公司将 100 辆自行车交付甲商店,甲遂向其开户银行 A 申请签发银行本票。3 月 20 日,A 银行遂发出了出票人、付款人为 A 银行,收款人为乙公司,票面金额 8 万元,付款期限为 6 个月的本票。但由于疏忽,银行工作人员未记载出票日期。甲商店将该本票交付乙公司。后来,乙公司又将该本票背书转让给丙公司。2012 年 9 月 4 日,丙公司持该本票向 A 银行提示见票,要求付款。A 银行以甲商店存款不足支付为由拒绝付款。丙公司遂向乙公司进行追索。

2.甲公司向乙公司订购一批家具,授权本公司员工李某携带一张记载有本单位签章、出票日期为 2005 年 2 月 6 日、票面金额为 10 万元的转账支票前往乙公司采购。同年 2 月 7 日,李某代表甲公司与乙公司签订家具买卖合同后,将该支票交付给了乙公司,交付时声明该支票未记载收款人名称,由乙公司自己填写。乙公司收到支票后在收款人一栏填写了自己的名称。

第一节 本 票

一、本票的概念和特征

本票,是指由出票人签发的,承诺自己在见票时无条件支付确定的金额给收款人或者持票人的票据。本票具有以下特征:

1.本票是票据的一种,因而本票具有一切票据的共有性质,即本票也是文义证券、设权证券、要式证券、无因证券、完全有价证券、提示证券、缴回证券。

2.本票的基本当事人只有两方,即出票人和收款人,而汇票和支票则有三方当事人,即出票人、收款人和付款人。

3. 本票是自付证券，即出票人就是付款人；而汇票和支票一般都是委托他人付款，属于委付证券。

4. 本票无须承兑，因为本票是由出票人自己付款，该付款承诺对出票人本人具有法律约束力。

二、本票的种类

本票根据不同标准，可以作如下主要划分：

（一）记名本票、指示本票和无记名本票

根据本票上记载权利人的方式不同，可以将其分成记名本票、指示本票和无记名本票。记名本票是出票人在票面上载明收款人姓名或名称的本票。指示本票是出票人不仅在票面上记载了收款人，而且附有“或其指定人”字样的本票。无记名本票是出票人在票面上没有记载收款人姓名或名称的本票。根据《票据法》第57条的规定，本票必须记载收款人名称。因而我国只承认记名本票，而不承认指示本票和无记名本票。

（二）银行本票和商业本票

根据本票的出票人不同，可以将其分成银行本票和商业本票。银行本票是指银行作为出票人签发的本票。商业本票是指由银行以外的企事业单位和个人签发的本票。根据《票据法》第73条第2款的规定，我国本票仅仅是银行本票，而不承认商业本票。

（三）即期本票和远期本票

根据本票上指定日期方式的不同，可以将其分成即期本票和远期本票。即期本票是见票即付的本票，持票人从出票日起可以随时请求出票人付款。远期本票是出票人承诺在将来某一规定日期支付款项的本票，其又可分为定期本票、计期本票和注期本票三种。《票据法》所规定的本票为即期本票，《支付结算办法》更明确地规定了“银行本票见票即付”。

三、本票的出票

（一）本票出票的概念和款式

从形式上看，本票的出票与汇票的出票是一样的，即出票人作成票据，并将票据交付给收款人的基本票据行为。但从内容上看，二者则不能等同，即汇票的出票

是出票人委托付款人向收款人支付一定金额的票据行为；而本票的出票则是指出票人表示自己承担支付本票金额债务的票据行为。

对于本票出票的款式，根据《票据法》第75条的规定，本票必须记载的事项包括：表明“本票”字样、无条件支付的承诺、确定的金额、收款人的名称、出票日期、出票人签章。本票上未记载上述规定事项之一的，本票无效。据此，引例1中的本票为无效票据。因为本票欠缺出票日期，就无法确定提示付款期限，也无法确定票据权利消灭时效期间，所以本票的出票日期为绝对必要记载事项，未记载时，本票无效。

此外，根据《票据法》第76条的规定，本票上记载付款地、出票地等事项的，应当清楚、明确，但付款地和出票地是本票的相对必要记载事项。若本票上未记载付款地的，则出票人的营业场所为付款地；若本票上未记载出票地的，则出票人的营业场所为出票地。

（二）本票出票的效力

本票出票后，对于出票人而言，其必须承担对本票持票人的付款责任。出票人是本票上的主债务人，其在持票人提示见票时，必须承担付款的责任，对此不得附加任何条件。同时出票人的付款义务不因持票人对其权利的行使或保全手续的欠缺而免除，而且一经出票人付款，全部本票关系都归于消灭。因此，本票出票人的付款责任是第一次、无条件、绝对、最终的责任。

对于收款人而言，本票出票后，其就取得本票上的权利。其中付款请求权是一种实现的权利，因为本票的主债务人在出票后就确定了，这有别于汇票。而追索权则与汇票一样，都只有在付款请求权不能实现时，并在法定期限内作成拒绝证明后才能行使。

四、本票的付款

尽管本票的付款与汇票的付款有很多相似之处，但由于《票据法》规定的本票限于见票即付的银行本票，因而本票的付款也有其特殊之处。在本票付款人方面，本票作为自付证券，出票人即为付款人，不存在另外的付款人，而且出票人自出票之日起即承担无条件支付票款的义务。在本票付款期限方面，根据《票据法》的规定，本票自出票日起，付款期限最长不得超过2个月。本票的持票人未按照规定期限提示见票的，丧失对出票人以外的前手的追索权。据此，引例1中本票上记载的付款期限为6个月，超过了法定的2个月，因而该约定无效。同时该本票是3月20日出票，丙公司在9月4日提示付款，尽管是在约定的6个月付款期内提示付款，但由于该约定的付款期限不符合法律规定，因而丙公司的提示付款超过了法定的期限，丙公司就丧失了对出票人以外的前手的追索权，即丧失了对乙公司的追索权。

五、汇票规则的准用

本票与汇票相比，除了不具有承兑、拒绝承兑证明等特征外，其他各项制度与汇票基本相同。因此，各国票据法一般都以汇票规范为中心，对本票除了另有规定外，其他有关制度都适用或准用汇票的规定。《票据法》第 80 条也规定："本票的背书、保证、付款行为和追索权的行使，除本章规定外，适用本法第二章有关汇票的规定。本票的出票行为，除本章规定外，适用本法第二十四条关于汇票的规定。"

第二节 支 票

一、支票的概念和特征

支票，是指出票人签发的，委托办理支票存款业务的银行或其他金融机构在见票时无条件支付确定的金额给收款人或持票人的票据。支票具有以下法律特征：

1. 支票是票据的一种，因而具有一切票据的共有性质，即支票也是文义证券、设权证券、要式证券、无因证券、完全有价证券、提示证券、缴回证券。

2. 支票付款人的资格有所限制，仅限于银行或其他金融机构，而除此之外，所有的公司、企事业单位和个人都不能担当支票的付款人。

3. 支票是见票即付的票据，不像汇票、本票有远期和即期之分。《票据法》第 90 条明确规定，支票限于见票即付，不得另行记载付款日期。另行记载付款日期的，该记载无效。

二、支票的种类

支票根据不同标准，可以分成以下几类：

(一)记名支票、无记名支票和指示支票

根据支票上记载权利人方式的不同，可以将其分成记名支票、无记名支票和指示支票。根据《票据法》第 84 条和第 86 条的规定，支票上的绝对必要记载事项并不包括收款人名称，而且若未记载收款人名称的，可以经出票人授权加以补记。因此，我国实际上是承认无记名支票。

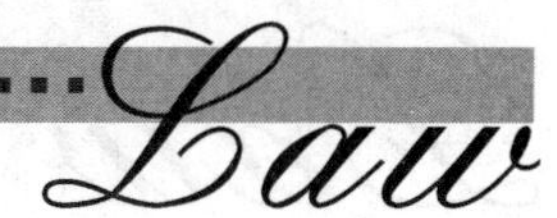

(二)普通支票、现金支票和转账支票

根据支票付款方式的不同,可以将其分为普通支票、现金支票和转账支票。普通支票既可以转账,也可以支取现金。用于转账的,可在普通支票左上角加划两条平行线,亦称划线支票;未划线的普通支票,可用于支取现金。现金支票专门用于支取现金,其在印制时,已在支票的上端印明了“现金”字样。转账支票专门用于转账,不得用于支取现金,其在印制时,已在支票的上端印明了“转账”字样。

(三)一般支票和变式支票

根据支票当事人是否兼任为标准,可以将其分为一般支票和变式支票。其中变式支票又可以分为对己支票(即出票人自己为付款人)、指己支票(出票人自己为收款人)、付受支票(付款人也是收款人)三种。根据《票据法》第 86 条第 4 款的规定,出票人可以在支票上记载自己为收款人,因而我国是承认变式支票的。

三、支票的出票

(一)支票出票的概念和款式

从形式上看,支票的出票与汇票、本票是一样的,即出票人作成票据,并将票据交付给收款人的基本票据行为。但从内容上看,三者则不能等同。即汇票的出票是出票人委托付款人向收款人支付一定金额的票据行为,本票的出票是指出票人表示自己承担支付本票金额债务的票据行为,支票的出票则是指出票人委托银行或其他金融机构无条件向持票人支付一定金额的票据行为。

对于支票出票的款式,《票据法》第 84 条规定,支票必须记载的事项有:表明“支票”的字样、无条件支付的委托、确定的金额、付款人名称、出票日期、出票人签章。支票上未记载上述规定事项之一的,则支票无效。据此,支票的绝对必要记载事项不包括收款人名称,未记载收款人名称不会导致支票无效;而且我国《支付结算办法》也明确规定,收款人名称可以由出票人授权补记,因而引例 2 中甲公司支付给乙公司的支票上未记载收款人名称,并不会导致该支票无效。

此外,根据《票据法》第 86 条的规定,付款地和出票地则是属于支票上的相对必要记载事项。若未记载付款地的,则以付款人营业场所为付款地;若未记载出票地的,则以出票人的营业场所、住所或者经常居住地为出票地。

(二)支票出票的效力

支票出票的效力体现在出票人签发支票后,出票人、付款人和收款人所承担的责任和所享有的权利上。对于出票人而言,其一签发支票,就必须依照支票金额承担保证向该持票人付款的责任，即使支票因超期提示付款等原因而不获付款，出票人仍应对持票人承担票据责任。

对于付款人而言，出票人签发支票的行为对其没有强制性效力，但出票人在付款人处的存款足以支付支票金额时，付款人必须在当日足额付款。

对于收款人而言，由于出票行为是单方法律行为，持票人无法确定付款人是否会付款，所以收款人因出票所享有的权利是一种期待权。当然，收款人在一定条件下也可以行使追索权。

四、支票的资金关系和空头支票

一般而言，支票的出票人与付款人之间必须存在资金关系。在银行开立支票存款账户，是出票人签发支票的前提。《票据法》第 82 条也明确规定，申请人申请开立支票存款账户，必须使用其本名，并提交证明其身份的合法证件。开立支票存款账户和领用支票，应当有可靠的资信，并存入一定的资金。开立支票存款账户，申请人应当预留其本名的签名式样和印鉴。

同时，《票据法》第 87 条规定："支票的出票人所签发的支票金额不得超过其付款时在付款人处实有的存款金额。出票人签发的支票金额超过其付款时在付款人处实有的存款金额的，为空头支票。禁止签发空头支票。"由于空头支票影响支票信用，扰乱金融秩序，因而各国都对空头支票持否定态度。我国《支付结算办法》还规定，若签发空头支票的，银行可以按票面金额处以 5%但不低于 1000 元的罚款；对屡次签发空头支票的，银行应停止其签发支票。同时，持票人有权要求出票人赔偿支票金额 2%的赔偿金。

此外，出票人不得签发与其预留本名的签名式样或印鉴不符的支票，否则应当承担相应的民事责任和刑事责任。

五、支票的付款

支票的付款，是指付款人根据持票人的请求向其交付支票金额，以消灭支票关系的行为。根据《票据法》的规定，支票的持票人应当自出票日起 10 日内提示付款；异地使用的支票，其提示付款的期限由中国人民银行另行规定。如果持票人超过提示付款期限的，付款人可以不予付款。付款人依法支付支票金额的，对出票人不再承担受委托付款的责任，对持票人不再承担付款的责任，但付款人以恶意或者有重大过失付款的除外。

六、汇票规则的准用

支票虽然在出票行为上与汇票存在着比较大的差异，但其在背书、付款行为和追索权的行使等方面与汇票差异较少。为此，《票据法》第 93 条规定："支票的背书、付款行为和追索权的行使，除本章规定外，适用本法第二章有关汇票的规定。支票的出票行为，除本章规定外，适用本法第二十四条、第二十六条关于汇票的规定。"其中根据《票据法》第 24 条和第 26 条的规定，支票上可以记载《票据法》规定事项以外的其他出票事项，但是该记载事项不具有支票上的效力。而且，出票人签发支票后，即承担保证该支票付款的责任。出票人在支票得不到付款时，应当向持票人清偿支票的金额、超过付款期限的支票金额的利息以及行使追索权所支出的必要费用。

司法考试真题链接

1. 2005 年 10 月 5 日，甲、乙签订房屋买卖合同，约定年底前办理房屋过户登记。乙签发一张面额 80 万元的转账支票给甲以支付房款。一星期后，甲提示银行付款。2006 年 1 月中旬，甲到银行要求支付支票金额，但此时甲尚未将房屋登记过户给乙。对此，下列哪些说法是正确的？（2010 年司法考试真题）

A. 尽管甲尚未履行房屋过户登记义务，但银行无权拒绝支付票据金额

B. 如甲向乙主张票据权利，因甲尚未办理房屋的过户登记，乙可拒付票据金额

C. 如被银行拒付，甲可根据房屋买卖合同要求乙支付房款

D. 如该支票遗失，甲即丧失票据权利

2. 关于支票的表述，下列哪些选项是正确的？（2015 年司法考试真题）

A. 现金支票在其正面注明后，可用于转账

B. 支票出票人所签发的支票金额不得超过其付款时在付款人处实有的存款金额

C. 支票上不得另行记载付款日期，否则该记载无效

D. 支票上未记载收款人名称的，该支票无效

第六编

证券法

LAW

第十八章　证券市场与证券法概述

【引　例】

安顺证券有限公司在某市是一家业绩良好的公司。随着当地经济水平的提高，民间金融非常活跃，为抢占这个市场，安顺公司决定吸收一部分公众存款，并发行理财产品。正当公司推出营销计划时，当地监管部门对其拟扩展的业务叫停。

第一节　证券市场概述

一、证券的概念与分类

（一）证券的概念

证券是经济发展到一定程度的产物，诞生于市场经济先发之西方国家——荷兰。[①] 在现代，市场经济有两大基石——公司制度与证券制度，两者密切相关，完善的公司制度需要有强大而完善的证券市场作为基础，以公司为主体的投融资体系才能够有效地建构起来。

法律意义上的证券有广狭两义。广义的证券是指以证明或设定权利为目的而做成的书面凭证，分别由民法、商法和行政法所调整；狭义的证券则是指资本证券，或证券法上的证券，主要由证券法调整。本书所论述的证券为狭义证券。

证券法上的证券，是指发行人为筹集资本而发行的，表示持有人对发行人享有股权或债权的书面凭证，包括股票、债券、投资基金和金融衍生工具等。

在实践中，证券的定义受到市场发展程度的影响，并反映在立法中。西方国家

① 黄仁宇：《资本主义与二十一世纪》，生活·读书·新知三联书店 1997 年版，第 120～121 页。

立法有关证券的定义较为宽泛，与其金融创新程度较为发达相关。普通法系国家如美国，成文法的定义往往辅以判例法的解释，极大地拓宽了证券范围美国证券法的定义，涵盖的证券品种多达20余种，[①]。日本、韩国证券法规定的证券种类亦较为宽泛。我国《证券法》第2条对证券有一个立法定义，该条规定："在中华人民共和国境内，股票、公司债券和国务院依法认定的其他债券的发行和交易，适用本法。"该定义符合中国证券市场处于发展阶段的特点。

(二)证券的种类

1.债券

债券是指资金筹集者按照法定程序发行的、承诺到期还本付息的有价证券。债券体现的是债权债务关系，债券持有人对发行人享有债权，而发行人对持有人负有义务。根据发行主体的不同，债券可以分为：(1)政府债券。政府债券是政府为了筹集财经资金或建设资金，以其信誉作为担保，按一定程序向社会公众投资者募集资金而发行的债券。政府债券分为中央政府债券和地方政府债券。在我国，地方政府尚不具备发行债券的条件。中央政府债券又称国家债券，简称国债，包括国库券、国家重点建设债券、财经债券、基本建设债券等。依照我国《证券法》第2条第2款的规定，政府债券的上市交易，适用证券法，其他法律、行政法规有特别规定的，适用其规定。由此可知，目前，除上市交易外，我国政府债券的发行方面，并不适用证券法。美国《1933年证券法》则将政府债券作为"豁免证券"，免于发行过程中的登记注册。(2)金融债券。金融债券是由金融机构为了筹集资金，向投资者发行的，承诺到期还本付息的证券。(3)公司债券是指公司依照法定程序发行、约定在一定期限还本付息的有价证券。按照我国《公司法》第154条的规定，在我国，公司发行债券应当符合《证券法》规定的发行条件。

2.股票

股票是股份有限公司依法发行的用于证明股东按其所持股份享受权利和承担义务的书面凭证。《公司法》第126条规定，股份有限公司的资本划分为股份，每一股的金额相等。同时规定，公司的股份采取股票的形式，股票是公司签发的证明股东所持股份的凭证。由此可以看出，股票与股份的关系为形式与内容的关系，即股票是股份的形式，股份是股票的内容。

3.基金

基金是一种利益共享、风险共担的集合投资方式。在成熟市场，基金的种类、结构形式多样；在目前我国的证券市场上，它们是按照《证券投资基金法》及基金章

---

① 参见美国《1933年证券法》第2节(1)。See also, David L. Ratner, Securities Regulation, West Group 1998, pp. 21～31.

程的规定，通过公开发行受益凭证，募集社会公众投资者的资金，交由专门管理机构营运，用于证券投资并营利的一种组织形式。

4. 证券衍生品种

证券衍生品种是一个集合概念，是在证券基础上衍生出来的各种证券交易品种的总称。常见的衍生品种有股票指数、股票权证、股指期货等。证券衍生品种可以为投资者提供规避风险的工具，但同时也可能带来投机性风险。一个市场证券衍生品种的多寡可以反映出该市场的深度和广度，是新兴市场进行金融创新的必要工具。

二、证券市场的概念与特征

（一）证券市场的概念

证券市场是证券发行与流通以及与此相适应的组织与管理方式的总称，包括发行市场与流通市场。现代证券市场是完整的市场体系的重要组成部分，它可以调节货币资金的运动，优化资源配置，从而对实体经济的运行具有重要的作用。

（二）证券市场的特征

与一般商品市场相比，证券市场有如下特征：

1. 证券市场交易的对象是股票、债券等有价证券，而一般商品市场的交易对象是各种具有使用价值的商品。作为证券市场交易的资本证券，具有多重职能，既可以为企业用来筹资，又可以为投资者用来投资；还存在所谓的价值发现功能，即投资者（包括投机者）通过各种技术性操作，获得买入卖出之间的价差收入。

2. 证券市场的风险较大，影响因素复杂，投资者相对居于弱势地位，而一般商品市场风险较小，实行的是等价交换，市场前景具有较好的可预测性，交易双方处于平等地位。这样的市场特点决定了证券市场与一般商品市场所适用的法律是不一样的：证券市场的重心放在保护普通投资者的投资利益，立法的主要内容是防止信息欺诈，需要有专门的证券法进行规制，证券法的基本原则是平衡公平与效率的关系[①]。而一般商品市场往往通过货物买卖法、合同法或一般民商法规则进行调整，遵循的是交易自由与公平的原则。

（三）证券市场的风险防范

证券市场的风险主要为投资风险（investment risk），而非普通商业风险

---

① 钟付和：《证券法的公平与效率及其均衡与整合》，载《法律科学》2000年第6期，转载于张文显：《中国商法学精萃（2001年卷）》，机械工业出版社2002年版。

(commercial risk)。其风险来源于两个方面:一是系统性风险,二是个别风险。系统风险是来源于整个市场的风险,其风险的性质和大小受到经济金融政策、市场制度、市场结构等整体因素的影响;个别性风险是由于投资到具体的证券品种,由于该投资品种价格波动而引起的资产价值的不确定性。对投资者而言,投资于证券市场,必须首先有风险意识,熟悉证券市场的运作规律,了解证券市场的法律法规等各项制度,自觉防范风险,以免投资受损;对于国家及其监管者而言,防范证券市场风险的措施,首先是健全证券市场各项制度,尤其是法律,按照公开、公平、公正的原则依法治市,同时,做好投资者教育工作,防范风险。

三、证券市场的结构

证券市场的结构是由证券市场的各方参与者按照其功能并通过法律制度而形成的市场体系构成。证券市场的结构可从市场类型及其市场参与者两方面去考察。

(一)证券市场类型

1. 按照证券种类分类,证券市场可以分为股票市场、债券市场、基金市场和衍生证券市场。股票市场是以股票为发行和交易对象的市场,它是证券市场的原初形态;债券市场发行和交易的对象则包括国债、企业债、公司债及金融债,我国目前的债券市场以国债和公司债券为主;基金市场是基金凭证发行和交易的证券市场,基金市场可分为投资基金市场和产业基金市场,在我国产业基金市场尚不发达,投资基金市场则是以证券投资基金为主;衍生证券市场,是以衍生证券为发行和交易对象的市场,衍生证券(derivatives)是由基本证券派生出来的证券,衍生证券的发行,必须有基本证券作为后盾,没有基本证券,则没有衍生证券,但从法律地位上讲,衍生证券是一种独立的证券。衍生证券市场主要包括期货市场、期权市场与其他衍生市场。一国衍生证券市场的发达程度,折射出该国金融创新的程度。我国的衍生证券市场尚处于起步阶段。

2. 按照市场功能划分,证券市场可以分为一级市场与二级市场。证券一级市场是证券的发行市场,发行市场是公司或企业发行股票或债券以筹集资金的市场,是以证券形式吸收闲散资金,使之转化为生产资本的场所,简言之,一级市场使资金转化为资本。由于证券是在发行市场首次作为商品进入证券市场的,故发行市场被称为一级市场。一级市场的参与者由发行人、投资人和中介人组成。其中,发行人在一级市场上处于核心地位,发行人通过创设证券,借助中介人的参与,向投资者募集所需资金。证券二级市场是证券的流通市场,是投资者进行证券交易的场所。二级市场主要参与者是证券投资者。二级市场主要采取有形市场形式,证券交易所是典型的有形市场,具有固定的场所、设施、设备和专业人员,证券交易所

交易是一种集中的交易方式;另外,二级市场也有可能是场外交易市场,或称柜台交易市场,其交易特点是证券经纪商不通过证券交易所,将未上市或已上市的证券直接同顾客进行买卖,往往采用分散交易的方式。

证券二级市场与一级市场存在相互依赖的关系。二级市场所交易的对象,通常是已经通过一级市场发行在外的证券,因此,一级市场是二级市场的前提。二级市场的交易情况,反过来又会影响到一级市场的发行,包括发行证券的种类、价格、数量和规模等。在我国早期的证券市场上,由于股权分置问题没有得到很好的解决,两个市场的关系没有起到应有的相互促进作用,甚至经常出现两个市场的定价机制严重割裂,爆炒新股的现象。① 随着近年来股权分置问题的逐步解决,以及我国多层次资本市场的建立,一级市场与二级市场的良性互动关系将会体现出来。

(二)证券市场主体

1.证券发行人

证券市场的发行人主要有以下几类:(1)政府。政府为弥补财政赤字或筹集建设资金所需资金,可在证券市场上发行政府债券。政府包括中央政府和地方政府,在我国,目前只有中央政府发行政府债券。(2)金融机构。金融机构可以在证券市场上发行金融债券,增加信贷资金来源。这里的金融机构,主要是指商业银行、政策性银行和其他非银行金融机构。金融机构所发行的金融债券及其交易,目前通过执行特别法规,未明确纳入现行证券法调整范围。经过改制,具有股份有限公司法人形态的金融机构也可以依据证券法的规定,发行公司债券和股票,其发行和交易活动,必须受到证券法的调整。我国的金融机构,包括商业银行、保险公司、证券公司,已经越来越多地通过证券市场进行融资。(3)有限责任公司。有限责任公司如果符合《证券法》第 16 条的规定,可以发行公司债券。(4)股份有限公司。股份有限公司属于开放性公司,其开放性表现在股份的发行与转让方面。最能代表股份有限公司公开性的公司形态就是上市公司。股份有限公司发行股票,是筹措资本金的主要形式,其发行的股票,可以通过转让或上市进行流通,这样极大地扩大了其股东基础,也为资本市场的形成和发展提供了基石。除发行股份外,股份有限公司也可以通过发行公司债券融资。

2.证券投资人

证券市场的证券投资者是资金的供给者,也是金融工具的购买者。投资者根据证券发行人的招募邀约认购或购买证券,或者在二级市场上通过证券公司买卖证券,以期获得投资收益。证券投资者可分为多种类型:(1)按照投资者身份,可以分为个人投资者和机构投资者。个人投资者由社会公众构成,具有分散性和流动

---

① 钟付和:《爆炒新股似曾相识制度惰性仍待消除》,载《证券时报》2006 年 7 月 31 日。

性，单个投资额有限，由于个人投资者在信息的获得以及对金融、市场的分析判断能力方面存在不足，个人投资者抵抗风险的能力有限，同时，个人投资者的利益容易受到市场不法行为的侵害，对个人投资者利益的保护，成为我国证券市场立法的重心。机构投资者由各类投资机构组成，又可分为证券公司、证券投资基金公司、各类金融机构（如银行、保险公司）设立的基金、企业组织或其他机构，如社会保障资金等。机构投资者往往具有较强的研究能力，能够集中动用大规模的资金投资，一般具有较强的抗风险能力，发展机构投资者是我国证券市场的一个中长期任务。(2)按照投资者的国籍和注册地，可以分为境内投资者和境外投资者。境内投资者是指具备中华人民共和国国籍或依照中国法律在我国登记注册的企业法人。不具备中国国籍或不在我国登记注册的外国法人，在我国证券市场上投资，是境外投资者。由于我国在资本项目方面，没有完全对外开放，还存在外汇管制，境外投资者在我国证券市场上的投资，还受到一定的限制，但近年以来，我国在发展合格的境外机构投资者（QFII），以及在允许外资参股国内证券公司、成立中外合资证券投资基金等方面，已经显示出较大的开放度。

3.证券交易所

证券交易所是依照法定条件设立，为集中交易提供场所、设施，并依法履行相应职责，实行自律性管理的法人。证券交易所的组织形式通常分为会员制与公司制两种。会员制证券交易所是由证券公司会员或其他会员依法自愿设立的非营利性法人。公司制证券交易所是由股东出资设立，并以出资额对外承担有限责任的营利性法人。目前，我国有上海证券交易所和深圳证券交易所，采用会员制。

4.证券登记结算机构

证券登记结算机构是为证券交易提供集中登记、存管与结算服务的不以营利为目的的法人。按照我国证券法的规定，中国证券登记结算有限责任公司是由中国证监会批准的证券登记结算机构。目前，上海、深圳证券交易所内的证券公开买卖、登记、存管和结算业务，均由其上海、深圳分公司进行。

5.证券公司

在国外，证券公司又称证券商。根据其业务性质，可以分为证券承销商、证券自营商、证券经纪商和证券综合商等。在我国，证券公司的设立和经营均由证券法规定，证券公司是由中国证监会批准设立、从事证券业务的有限责任公司或股份有限公司。证券法规定，我国证券公司经批准可以经营下列部分或者全部业务：(1)证券经纪业务；(2)证券投资咨询；(3)与证券交易、证券投资活动有关的财务顾问；(4)证券承销与保荐；(5)证券自营；(6)证券资产管理；(7)其他证券业务。

6.证券服务机构

证券服务机构是为证券发行、交易和相关投资活动提供专业服务的中介机构，主要包括：(1)证券投资咨询公司；(2)律师事务所；(3)会计师事务所或审计师事务所；(4)资信评级机构；(5)资产评估机构。

7. 证券业协会

证券业协会是证券业的自律性组织，它是依法设立的对证券行业进行自律性管理的具有法人资格的社会团体组织。按照我国《证券法》的规定，证券公司应当加入证券业协会。《证券法》第 176 条规定了证券业协会的职责。

第二节　证券法概述

一、证券法的概念与特征

(一)证券法的概念

证券法是调整证券市场参与者在证券的募集、发行、交易、服务、监督管理过程中所发生的社会经济关系的法律规范的总称。

证券法有广义和狭义之分。广义上的证券法，即实质意义上的证券法，是指与证券有关的一切法律规范的总称。它不仅包括专门的证券法内容，还包括其他法律部门中关于证券方面的规定，如公司法、票据法、刑法、民法等以及其他法律、法规关于证券方面的规定。狭义的证券法，即形式意义上的证券法，是指一国制定的调整证券关系的专门法律。从证券法的表现形式上看，各国和地区做法不尽一致。有的将证券法与证券交易法分别订立，如美国制定的有《1933 年证券法》和 1934 年《证券交易法》；有的是将证券法与证券交易法合并订立，如日本统称为证券交易法；有的则无专门的证券法，而是在公司法等相关法律中对证券的发行和交易等加以规定，如英国、我国的香港地区等。在我国，狭义的证券法仅指《证券法》，它是调整证券发行、交易、监督管理及其他相关活动的基本法，是证券市场主体必须遵守的基本规范。

(二)证券法的特征

证券法作为调整证券法律关系的规范，具有以下特征：

1. 证券法兼具任意性与强制性

首先，证券法的根本目的在于规范平等主体之间的财产关系，即证券的发行人与投资者之间，或者投资者相互之间基于认购或买卖证券而产生的社会关系。因此，证券法必然包含大量关于证券的发行和交易的任意性规范。例如发行人有权自主选择承销商，投资者有权自主选择代理买卖的证券经纪人等。其次，由于证券市场上存在着信息不对称、资金实力相差很大等诸多因素，投资者天然地处于劣势地位。证券法为了实现保护投资者合法权益的宗旨，在证券法律制度中作出了一些强制性的规定，如强制发行人公开披露信息，禁止从事内幕交易、操纵市场、欺诈客户、虚假陈述等欺诈行为。

2.证券法兼具实体性与程序性

证券法不仅对证券关系主体的权利义务内容进行规范，而且对主体实现该种权利和履行相关义务的过程进行规范，因此是实体法与程序法的结合。证券法的实体规范包括证券发行人、证券投资者、证券经营机构、监督管理机构及其他主体的权利义务范围。程序性规则包括在证券发行、上市、交易、收购等各个环节中必须遵守的条件、方式和程序。

3.证券法具有较强的技术性

证券的发行和交易必须遵守一定的规则，才能保证证券发行和交易的公平、安全、快捷、有效。证券法中包含了大量的技术性操作规则，如证券交易的集合竞价规则、清算交割及过户登记规则、上市公司要约收购规则、技术性停牌措施等，均具有较强的技术性。

4.证券法具有一定的国际性

金融国际化促进了国际证券业的相互合作，证券法的诸多基本概念和基本模式在世界各国大体相同，各国的证券法亦开始兼顾国际上的通行做法，如各国证券法规定的证券交易规则趋向一致，公开原则为大多数国家的证券立法所采纳。我国的证券立法也在逐步与国际惯例接轨。

二、证券法的调整对象与范围

一般认为，证券法的调整对象包括证券发行关系、证券交易关系、证券服务关系和证券监管关系。从证券法所调整的证券关系的性质来看，它既包括证券发行人、证券投资者和证券商等平等主体之间因证券发行和交易而产生的社会经济关系，也包括证券监管机构与证券市场参与者之间因证券监督管理行为而产生的证券监管关系。

值得注意的是，在实践中，各国和各地区的证券法所调整的证券的范围不尽相同。因各国和各地区的证券市场成熟程度、金融创新程度、立法者认知程度、金融监管体制以及运用法律手段的灵活程度等因素的不同，有的规定得比较宽泛，有的则规定得比较狭窄。总体而言，发达国家和地区的证券法所调整的证券范围比较宽泛，发展中国家和地区尤其是证券市场尚不发达的国家和地区的证券法所调整的证券范围则比较狭窄。

关于我国证券法的调整对象与范围，《证券法》第 2 条规定："在中华人民共和国境内，股票、公司债券和国务院依法认定的其他证券的发行和交易，适用本法；本法未规定的，适用《中华人民共和国公司法》和其他法律、行政法规的规定。政府债券、证券投资基金份额的上市交易，适用本法；其他法律、行政法规另有规定的，适用其规定。证券衍生品种发行、交易管理办法，由国务院依照本法的原则规定。"这

一规定表明了我国证券法的调整对象和范围既包括证券交易关系，也包括证券发行关系。就证券法调整的证券种类而言，包含了在我国境内发行的股票、公司债券、国务院依法认定的其他证券；上市交易的政府债券和证券投资基金份额。

三、证券法的基本原则

证券法的基本原则，是指证券法所特有的，集中体现证券法的性质和宗旨，反映证券市场客观发展规律，对各种证券法律关系具有普遍适用意义与司法指导意义，对证券法律规范体系具有统领作用的基本法律原则。它贯穿证券立法、证券法律适用、证券法律解释的始终。

（一）公开、公平、公正原则

这一原则被称为证券法的“三公原则”。我国《证券法》第3条规定：“证券的发行、交易活动，必须实行公开、公平、公正的原则。”“三公原则”是证券法最典型且最基本的原则。

公开原则也称信息公开原则，是指证券发行者在证券发行前或发行后根据法定的要求和程序向证券监督管理机构和证券投资者提供符合规定的、有可能影响证券价格走势的资料和信息。确立公开原则，旨在为投资者创造一个信息通畅的投资环境，努力创设一个透明的市场，便于市场主体作出正确的判断，从而保护投资者的利益，完善投资环境。

证券法的公开原则所包含的内容是多方面的，凡是与证券和证券市场有关的一切活动与信息都应当公开。既包括与证券发行、交易行为有关的各种信息公开，也包括与证券发行、交易有关的规则公开；既包括证券发行人及其有关活动的公开，也包括市场其他参与者的信息的公开。根据证券法的公开原则，要求公司和有关单位等信息披露义务人所公开的信息必须达到真实、准确、完整、充分、及时和可利用，不得有任何虚假记载、误导性陈述和重大遗漏。

公平原则是指在证券发行和证券交易中双方当事人的法律地位平等、法律待遇平等、法律保护平等、所有市场参与者的机会平等。其具体含义包括：证券市场应建立起公平竞争的市场秩序和价格形成机制，建立起透明、公开和合理的交易规则，使证券法律关系主体参加证券市场活动的机会均等。参与证券活动的主体在权利、义务的享有和承担上的对等。不论是投资者还是证券商，不论是个人投资者还是机构投资者，不论投资数额的多少和交易量的大小，一律在平等、自愿的基础上按照等价有偿的原则进行交易。证券法律关系主体还要平等地受到法律的保护，不论谁的权利受到伤害，都要采取相应的法律救济措施。

公正原则是指证券的发行和交易适用统一规范。在执法与监管上，对证券市场参与者一视同仁，对其合法权益同等保护，对违法者同样制裁。监管者依法监管、严肃执法，不搞差别待遇，不搞差别歧视，更不搞权钱交易。公正原则旨在保护正当的市场运作，禁止人为操纵市场，禁止通过各种欺诈的手段影响市场，从中渔利。为了保障证券交易的公正性，证券市场的监管人员、证券公司的管理人员和从业人员以及其他有关人员必须依法实施监管行为和从事经营活动，严格遵守交易规则和操作程序。

（二）自愿、有偿、诚实信用的原则

《证券法》第 4 条规定："证券发行、交易活动的当事人具有平等的法律地位，应当遵守自愿、有偿、诚实信用的原则。"

自愿，是指当事人有权依照自己的真实意思参与证券活动。当事人有权决定是否参与证券交易，有权选择交易时机、交易价格等。当事人相互之间不得将自己的意愿强加于别人，任何单位和个人都不得非法干预。

有偿，是指当事人应当本着权利与义务的对等，按照价值规律下的等价交换原则参与证券的发行与交易，除法律或合同另有规定之外，当事人取得证券权利都应当向他方当事人支付对应的价金或酬金，不得利用自己的特殊地位或身份无偿占有或剥夺他人财产或利益。

诚实信用，是指当事人在证券活动中应诚实守信，履行诺言，应本着诚实不欺、信守承诺的道德理念参与证券的发行与交易，善意地取得证券权利和履行证券义务，不得挪用客户的资金和证券，不得违法隐瞒重要信息，不得伪造、篡改、损毁账目或相关资料，不得混同自营业务与经纪业务，不得制造和传播虚假信息等。

（三）证券活动依法进行的原则

《证券法》第 5 条规定："证券的发行、交易活动，必须遵守法律、行政法规；禁止欺诈、内幕交易和操纵证券交易市场的行为。"该规定既可以概括为证券活动依法进行原则，因其内容上的丰富性，又被称为守法原则、遵守法律和禁止欺诈的原则。该规定从正反两方面对证券市场行为准则作出规定，其主要内容是指证券活动必须依照法律、行政法规规定的条件、程序、场所、范围进行，才能发生法律效力，否则就是无效的，并要受到法律的制裁。证券市场当事人的权利义务关系，是法律确定或允许的，也只有符合法律规范，才具有有效性。证券法的强制性特征明显，凡为法律所强制规范的，当事人必须遵守，并不得以约定的方式来排除适用。

（四）分业经营、分业管理的原则

《证券法》第 6 条规定："证券业和银行业、信托业、保险业实行分业经营、分业管理。证券公司与银行、保险业务机构分别设立。国家另有规定的除外。"这一规定确定了我国证券业与其他金融业分业经营、分业管理的原则。证券业、银行业、信托业和保险业等都是经营货币或信用的，彼此之间的业务有着一种天然的联系，

极易发生资金的渗透使用和业务的交叉。这种情形虽然有利于提高资金的使用效率和增加经济效益，但是一旦其中某个行业发生了经营风险，其他行业的经营就极易受到波及，各自的业务宗旨和业务功能就会受到影响，就可能引发金融业全领域的信用危机，进而诱发整个社会的经济危机。因此，为确保经济的健康发展和维护社会的安定，就有必要以立法的形式，在不同的金融领域之间建立一道“防火墙”，对证券业、银行业、信托业和保险业实行分业经营、分业管理，对其相互投资参股、业务交叉和资金渗透使用等情形实行严格的限制。引例中的安顺公司是一家证券公司，按照分业经营的原则，只能经营证券类业务，其业务范围亦必须符合证券法。吸收公众存款和理财类业务，属于商业银行的经营范围，因此安顺公司的业务拓展计划被监管部门叫停是符合证券法规定的。

（五）集中统一监管和自律管理相结合的原则

《证券法》第 7 条规定：“国务院证券监督管理机构依法对全国证券市场实行集中统一监督管理。国务院证券监督管理机构根据需要可以设立派出机构，按照授权履行监督管理职责。”采取集中统一监管，有利于形成全国统一的证券立法，独立集中的管理权力能够充分发挥监管作用的及时性、有效性。这种监管权的性质属于行政管理范畴，对监管不服者可以依法提起行政诉讼。《证券法》第 8 条规定：“在国家对证券发行、交易活动实行集中统一监督管理的前提下，依法设立证券业协会，实行自律性管理。”所谓行业自律性管理是指行业内各组织成员通过制定规范性文件成立自律性组织，以自我管理、自我教育等方式督促组织成员依法经营。它是与集中统一监管相对应的，具有较强的灵活性和专业性，根据证券市场的需要调整管理方式，有利于证券市场的创新。

集中统一监管与行业自律性管理各有优缺点，这就要求将两者进行有效的结合。证券市场实行集中统一监管，有利于贯彻落实有关证券发行、交易及相关活动的法律法规，提高法律实施的统一性和实效性。坚持集中统一监管原则的主导地位，有利于维护市场秩序，保障市场公平、合法地运行，从而弥补行业自律管理权威性的不足。行业自律管理是在集中统一监管原则下的自律监管，居于辅助性地位。证券业自律组织通过较好地运用专业知识依法对证券市场进行管理，规范证券经营机构及其从业人员的行为，最终实现自我约束、自我控制的目标，形成证券市场的监管者集中统一监管与行业自律管理分工协作，既满足证券市场监管得力灵活性的需要，又实现证券市场的统一高效管理。

第三节 证券市场的信息披露

一、证券市场信息披露制度的概念

证券市场的“信息”是指对上市公司证券价格或投资决策有实质性影响的事实,或依据这些事实所产生的观点。按照西方成熟市场的理论,信息与证券价格的关系密切,证券价格通常反映了公司的经营信息。“信息披露”是指借助一定的媒介发表或公布他人尚未得知的信息的行为,信息的披露形式必须是法定的,通常指将披露文件或相关材料在指定的报刊上公布、在指定的地方公开摆放、给投资者和证券商寄送、通过新闻发布会公布等披露形式。信息披露制度是各国证券市场的核心制度,证券法因此也被称为“诚实法”[①]。

二、证券市场信息披露制度的基本原则

证券市场信息披露应该遵守“真实性、完整性、准确性、及时性”的基本原则,证券市场信息披露制度的基本原则正是证券市场公开原则的进一步体现。

(一)信息披露“真实性”原则

真实性原则是指披露信息应以客观事实或在事实基础上的分析判断为基础,以没有扭曲和不加粉饰的方式,再现和反映真实状态,对发布的信息不存在虚假陈述、不合理评价、夸张性描述或恭维性的评价。证券市场上法律所追求的是,资产证券投资者在没有虚假信息干扰的情况下作出投资决策,信息披露的语言所表达的内容与客观现实情况一致,信息披露的预测结果应与现实条件有着明确的逻辑因果关系,应有事实基础,而不是证券发行人不遗余力地向投资者虚构的一个在蓝天上的美丽宫殿。信息披露的义务人有保障其披露信息的真实性的法定义务,有保障可能影响投资者作出投资判断的各种促销广告、新闻报道等的真实性的法定义务。信息披露的义务人若违反真实信息披露的法定义务,必须承担相应的法律责任。

① 该称谓最初来源于对美国《1933 年证券法》的评价。参见洪伟力:《证券监管:理论与实践》,上海财经大学出版社 2000 年版,第 106 页。

（二）信息披露“完整性”原则

完整性原则是指所有可能影响投资者决策的信息均应得到披露，在披露某一具体信息时，必须对该信息的所有方面作周密、全面、充分的揭示。如果信息披露中存在影响一般理性投资者的投资决定和证券价格的重大信息遗漏，则信息披露的义务人违反了信息披露完整性的法定义务。在证券市场上，一切可能影响一个理性投资者作出投资判断的信息、一切涉及证券发行和交易的重要信息都应该公开披露。否则，信息披露义务人就违反了信息披露完整性的法律义务，应当承担法律责任。

（三）信息披露“准确性”原则

准确性原则是指披露信息时必须用精确不含糊的语言表达其含义，在内容和表达方式上不得使人误解。披露的信息描述的语言文字易使投资人误解，则是违反了信息披露准确性的法律标准。信息披露义务人不得为达到证券发行和证券交易的目的，故意或过失地使用易使正常理性投资人产生投资误解的语言，涉及各类证券信息资料披露中的测算和描述不得含有含糊其辞、模棱两可的语言。当然，法律不可能要求信息披露义务人作出符合所有人语言习惯和理解能力的准确描述，法律认为信息披露的准确性应以是否会给“一般理性的资产证券投资者”造成投资误解为衡量尺度来认定。

（四）信息披露“及时性”原则

及时性原则要求以最快的速度公开信息，保证所公开的信息是处于最新状态，不能给公众以过时的陈旧信息。信息披露及时性标准主要体现在及时披露与交易有关的信息变化，不应延迟披露而延误证券投资人及时变更投资决策和作出及时交易决定的时机。

三、信息披露义务人及其法定义务

（一）信息披露义务主体

证券市场信息披露义务主体是指在证券发行、上市和交易的整个动态过程中负有信息披露的法定义务，违反义务将依法承担相应法律责任的主体。主要分为两类：一是公开发布信息披露文件的证券发行人；二是在公开发布的信息披露文件上签章表示对其负责的那部分文件内容的真实性和准确性承担保证责任的当事人，包括证券发行公司内部的发起人、董事、监事、经理和中介服务机构（会计师事务所、律师事务所、评估事务所等）及相关专业人员（相关会计师、律师、评估师、技术工程师)。法律规定这些当事人必须承担信息披露的法定义务,他们若违反其法定义务,必须对受害人承担侵权赔偿的法律责任。

(二)信息披露义务的性质及其分类

信息披露义务,又称信息公开义务,是指证券发行公司在证券发行、上市和交易过程中,依照《证券法》等相关法律法规应当承担的披露信息的义务。证券发行和交易市场的信息披露不仅是针对具体特定证券买卖人的,而且是对整个社会公众发布的,证券投资人既可能在证券发行期间从信息发布人委托的证券承销商那里直接购买该证券,也可能在证券交易期间从社会公众持有证券人手上通过交易购买该公司证券。虽然在证券市场上发行和认购证券是一个合同成立过程,向社会募集资金发行证券的行为具有要约性质,证券投资人认购证券具有承诺的性质,但是信息披露的各类义务人并不都是证券买卖交易合同的一方当事人。如果信息披露义务主体仅从证券买卖合同当事人中产生,信息披露义务条款为履行依据,则远不能满足证券投资人对证券信息的需要。

证券市场信息披露法定义务表现为公开事项法定、公开范围法定、公开时间法定、公开责任法定。这种义务基于国家法律直接规定而产生,是法律直接向信息公开义务人施加的一种法定义务,具有公法之性质,而不是信息披露义务人出于私法意义上的契约意思自治向投资者承担的约定性合同义务。

按照承担信息披露法定义务的民事主体身份的不同,信息披露法定义务可以分为:证券发行人的信息披露法定义务,即负责发布证券信息披露文件的证券发行人应履行的相关法定义务;信息披露文件签章人的连带担保义务,即在证券信息披露文件上或在具有证明效力的相关材料上签章的人应履行的具有连带保证性质的法定担保义务。按照信息披露的期间或市场阶段的不同,信息披露法定义务可以分为初始信息披露(证券发行市场信息披露)法定义务和持续性信息披露(证券交易市场信息披露)法定义务。

四、信息披露的主要内容

(一)发行信息披露

证券市场发行信息披露又称一级市场信息披露,是指证券发行人在首次发行证券时对证券发行公司以及与所发行证券相关的所有信息予以完全公开,依法披露与证券发行有关的各种信息。

证券发行的主要形式是公司股票发行和公司债券发行,证券发行信息披露的主要文件包括招股说明书或债券募集说明书、招股说明书概要或债券募集说明书概要、股票上市报告书、股票发行报告等信息披露的文件。

信息披露的核心文件是证券招募说明书，即股票招股说明书、债券募集说明书和基金招募说明书等。招募说明书是证券发行人向特定人或非特定人发出的邀请认购公司债券的书面意思表示，同时是证券发行人向证券监督机关递交的请求对其证券发行公司整个财务状况、经营业绩、证券发行资格条件等进行实质审核以确定其是否符合证券发行条件的重要申报文件。招募说明书主要适用于股票、债券及其他证券发行。招募说明书的内容应当依据相关法律规定的必要记载事项和格式真实而准确地确定，不得有虚假、不实陈述，重大遗漏或严重误导性陈述。

（二）持续信息披露

证券交易市场信息披露又称持续性信息披露或二级市场信息披露，是指证券在证券交易所或场外交易市场依法交易时所应该公开披露的信息，即证券进入交易市场依法进行上市交易期间，证券发行人或上市公司应定期或不定期地公开披露与其发行证券相关的影响证券交易的所有重要信息。

为便于证券投资者准确、及时地了解证券市场信息而作出正确的投资判断和决策，并防止证券欺诈、内幕交易或操纵市场等不法侵害，上市公司有义务定期向社会公众披露公司的财务状况和经营状况，同时有义务及时地或不定期地披露对上市证券交易活动产生影响的各种信息。证券交易市场持续性信息披露的主要文件有上市有关文件、定期报告、临时报告等。

1.上市有关文件

根据我国《证券法》的规定，证券上市交易申请被审核同意后，上市公司应公开披露上市报告书、申请股票上市的股东决议或申请公司债券上市的董事会决议、公司章程、依法经会计师事务所审计的公司最近三年的财务会计报告、法律意见书和上市保荐书、最近一次的招股说明书或公司债券募集办法等。签订上市协议的公司除公告前条规定的文件外，还应当公告股票获准在证券交易所交易的日期、持有公司股份最多的前十名股东的名单和持股数额以及公司的实际控制人、董事、监事、高级管理人员的姓名及其持有本公司股票和债券的情况。

2.定期报告

(1)中期报告。中期报告是上市公司和债券上市交易的公司在每一会计年度上半年结束之日起2个月内向证券监督机构提交的，并向社会公众公告的定期报告。根据我国《证券法》第65条的规定，股票或者债券上市交易的公司，应当在每一会计年度的上半年结束之日起2个月内，向国务院证券监督机构和证券交易所提交中期报告，并予以公告。

(2)年度报告。年度报告是上市公司和公司债券上市交易的公司在每个会计年度结束后，向证券监督机构提交的并向社会公众公告的定期报告。根据我国《证券法》第66条的规定，股票或者债券上市交易的公司，应当在每一会计年度结束之日起4个月内，向国务院证券监督机构和证券交易所提交年度报告，并予以公告。

3.临时报告

(1)重大事件公告。上市公司在发生可能对公司上市股票交易价格产生较大影响,而投资人尚未得知的重大事件时,上市公司应当立即将有关该重大事件的情况向国务院证券监督机构和证券交易所提交临时报告,并向社会公布,说明事件的起因、目前的状态和可能产生的法律后果。重大事件的范围由法律法规确定。

(2)收购报告。收购报告是投资者通过证券交易场所的证券交易持有一个上市公司的股份达到一定数额或公开收购一个上市公司时,按照证券法和证券监督机构的要求,就有关事宜向社会公众公布的文件。

(三)其他信息披露

在任何公共传媒媒介中出现的消息可能对上市公司股票的市场价格产生误导性影响时,该公司知悉后应立即在至少相同范围内对消息作出澄清,并立即将事情全部情况通知证券监督机构和证券交易所。

上市公司的董事、监事和高级管理人员持有公司普通股的,应当向证券监督机构、证券交易所和该公司报告;持股情况发生变化的,应自变化之日起 10 个工作日内报告;在辞职或离职后 6 个月内持有公司普通股或其持股情况发生变化的,仍负有报告义务。证券监督机构应当将上市公司的董事、监事、高级管理人员所提交的报告及时向社会公开,供公众、投资者查阅。

证券监督机构和证券交易所在维护证券市场稳定的工作中,认为有必要时可以要求上市公司提供法律、法规和业务规则明确规定以外的信息资料,并酌情公布。

《证券法》第 72 条还规定,证券交易所决定暂停或者终止证券上市交易的,应当及时公告,并报国务院证券监督管理机构备案。

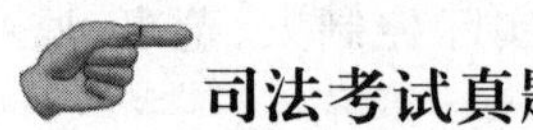

司法考试真题链接

1.股票和债券是我国《证券法》规定的主要证券类型。关于股票与债券的比较,下列哪一表述是正确的?(2011 年司法考试真题)

A.有限责任公司和股份有限公司都可以成为股票和债券的发行主体

B.股票和债券具有相同的风险性

C.债券的流通性强于股票的流通性

D.股票代表股权,债券代表债权

2.关于证券交易所,下列哪一表述是正确的?(2009 年司法考试真题)

A.会员制证券交易所从事业务的盈余和积累的财产可按比例分配给会员

B.证券交易所总经理由理事会选举产生并报国务院证券监督管理机构

批准

C. 证券交易所制定和修改章程应报国务院证券监督管理机构备案

D. 证券交易所的设立和解散必须由国务院决定

3. 下列哪些机构属于证券发行中介机构?(2008 年四川司法考试真题)

A. 信托投资公司　　B. 资产评估事务所

C. 律师事务所　　D. 会计师事务所

4. 根据《证券法》规定和证券法原理,下列哪些选项是正确的?(2007 年司法考试真题)

A. 证券法上的证券均具有流通性

B. 证券代表的权利可以是债权

C. 所有证券投资均具有风险性

D. 所有证券发行均应公开进行

5. 根据《证券法》关于上市公司及时向社会披露信息的规定,下列哪些表述是正确的?(2006 年司法考试真题)

A. 公司应在当年 8 月底以前向证监会和交易所报送中期报告,并予以公告

B. 公司应在 4 月底以前向证监会和交易所报送上一年的年度报告,并予以公告

C. 公司的中期报告和年度报告都必须记载公司财务会计报告和经营状况

D. 公司的中期报告和年度报告都必须记载持有公司股份最多的前 10 名股东的名单和持股数额

6. 对于下列有关证券交易的问题,哪一个应该给予否定的回答?(2005 年司法考试真题)

A. 股票交易是不是只能在证券交易所进行

B. 证券交易能不能以期货方式进行

C. 证券公司向客户融资进行证券交易是否为法律所禁止

D. 证券交易所自主调整的交易收费标准是否违法

7. 申和股份公司是一家上市公司,现该公司董事会秘书依法律规定,准备向证监会与证券交易所报送公司年度报告。关于年度报告所应记载的内容,下列哪一选项是错误的?(2015 年司法资格考试真题)

A. 公司财务会计报告和经营情况

B. 董事、监事、高级管理人员简介及其持股情况

C. 已发行股票情况,含持有股份最多的前二十名股东的名单和持股数额

D. 公司的实际控制人

第十九章 证券发行制度

【引 例】

为筹集生产经营所需资金，神风股份有限公司拟公开发行股票进行融资，发行总额为2亿元，为减少发行成本，公司决定选任广华证券有限责任公司担任其独家承销商，并与其签订了包销协议。神风公司的律师指出，公司的做法不符合《证券法》。

第一节 证券发行

一、证券发行概述

证券发行是指证券发行人为募集资金或调整股权结构，依法向投资者以同一条件招募和出售证券的一系列行为。包括证券募集、证券分派、缴纳资金及交付证券等一系列相互关联的完整过程，在这一过程中，证券募集是证券发行的起点，是证券发行的重要组成部分。

证券发行具有以下特征：

(一)证券发行必须符合发行条件

由于证券发行涉及众多社会投资者，法律对证券的发行规定了严格的条件限制，包括对发行主体资格的限制和发行条件的限制。我国《证券法》第10条规定：“公开发行的证券，必须符合法律、行政法规规定的条件，并依法报经国务院证券监督管理机构或者国务院授权部门核准；未经依法核准，任何单位和个人不得向社会公众发行股票。”此外，《公司法》规定，只有股份有限公司才能发行股票，其他组织形式则不具备股票发行的资格。

(二)证券发行具有严格的程序性

证券发行隐含了较大的投资风险，为了有效克服信息不对称等问题，最大限度

地保护投资者利益，各国证券法均要求证券发行必须在法定的程序下进行。证券发行人应当遵守与证券发行有关的程序，确保发行的公开、公平和公正。例如，我国《证券法》第28条规定："发行人向不特定公众对象发行的证券，法律、行政法规规定应当由证券公司承销的，发行人应当同证券公司签订承销协议。证券承销业务采取代销或者包销方式。"我国证监会2006年颁布的《证券发行与承销管理办法》，专门针对如何申请证券发行、如何选择销售方式、如何披露信息以及相应的法律后果等问题作出了明确的规定。

(三)证券发行以筹集资金为目的

任何一个经济体系中都有资金的盈余单位和资金的短缺单位，为了加速资金周转和提高利用效率，需要使资金从盈余单位流向短缺单位。在实际经济生活中，资金的流动和分配有两种形式，一种是直接融资，另一种是间接融资。在大多数情况下，证券发行人以筹集资金为目的而发行证券。但不可否认，证券发行还可以达到其他目的，比如提高自有资本比例、改善财务结构、调整股权结构、满足上市要求、巩固公司经营权等。

二、证券发行方式

(一)依照发行对象范围分为公募发行与私募发行

公募发行又称"公开发行"，是指发行人通过中介机构向不特定的社会公众广泛地发售证券。《证券法》第10条规定："……有下列情形之一的，为公开发行：(一)向不特定对象发行证券的；(二)向特定对象发行证券累计超过二百人的；(三)法律、行政法规规定的其他发行行为……"在公募发行情况下，所有合法的社会投资者都可以参加认购。为了保障广大投资者的利益，各国对公募发行都有严格的要求，如发行人要有较高的信用，并符合证券主管部门规定的各项发行条件，经批准后方可发行。采用公募方式发行证券的有利之处在于：一是以众多投资者为发行对象，筹集资金量大；二是投资范围广，可避免囤积证券或被少数人操纵；三是公募发行的证券可以申请上市，增强证券的流动性，有利于提高发行人的社会信誉。公募发行是证券发行最常见、最基本的发行方式，适合于证券发行数量多、筹资额大、准备申请证券上市的发行人。但公募发行的发行条件比较严格，发行程序比较复杂，登记核准的时间较长，发行费用较高。私募发行又称"不公开发行"或"内部发行"，是指以特定投资者为对象的发行。私募发行的对象有两类，一是公司的老股东或发行人的员工，另一类是投资基金、社会保险基金、保险公司、商业银行等金融机构以及与发行人有密切往来关系的企业等机构投资者。私募发行有确定的投资者，发行手续简单，可以节省发行时间和发行费用，但投资者数量有限，证券流通性较差,不利于提高发行人的社会信誉。

(二)依照是否借用证券发行中介机构分为直接发行和间接发行

直接发行即直接向投资者推销、出售证券的发行。这种发行方式可以节省向中介机构缴纳的手续费,降低发行成本。但如果发行额较大,由于缺乏专业人才和发行网点,发行者自身要负担较大的发行风险。这种方式只适用于既定发行对象或发行人知名度较高、发行数量少、风险低的证券。间接发行是由发行公司委托证券公司等证券中介机构代理出售证券的发行。对发行人来说,采用证券发行可在较短时期内筹集到所需资金,发行风险小,但需要支付一定的手续费,发行成本较高。一般情况下,间接发行是最基本、最常见的方式,公募发行大多采用间接发行;而私募发行则以直接发行为主。

(三)依照发行目的分为设立发行和增资发行

设立发行即原始发行,是指股份有限公司在设立时同时发行股票,目的是募足公司得以成立的资本。根据《公司法》第 74 条的规定,公司设立可以采取发起设立和募集设立两种方式,设立发行人又可分为发起设立的发行和募集设立的发行。前者因发行对象为特定的发行人,所以又被划分在非公开发行之中,后者属于公开发行。增资发行,是指股份有限公司成立后,依照法律规定和股东大会决议,为增加资本而再次和继续发行股份的行为。包括向原股东配售股票、派送股票以及向社会公众发售新股等。

(四)依照发行价格和票面金额的关系,分为平价发行、溢价发行和折价发行

平价发行也称为等额发行或面额发行,是指发行人以票面金额作为发行价格。平价发行方式较为简单易行,但其主要缺陷是发行人筹集的资金量较少。目前,面额发行在发达证券市场上用得很少。溢价发行,是指发行人按高于面额的价格发行股票,因此可使公司用较少的股份筹集到较多的资金,同时还可以降低筹资成本。溢价发行又可以分为时价发行和中间价发行两种方式。时价发行也称市价发行,是指以同种或相关股票的流通价格为基础来确定股票发行价格,股票公开发行通常采用这种方式。中间价发行是指以介于面额和时价之间的价格来发行股票。我国股份公司对老股东配股时,基本上都采用中间价发行。折价发行是指以低于面额的价格出售新股,即按面额打一定折扣后发行股票。目前,发达国家证券市场很少采用折价发行的方式发行股票,我国《公司法》第 128 条也明文规定不允许折价发行。

除此之外,还有一些证券发行方式的种类。如根据证券发行条件确定方式的不同,可以分为议价发行和招标发行;根据发行地点的不同,可以分为国内发行和

国外发行；根据发行保证的不同，可以分为信用担保发行、实物担保发行、证券担保发行和产品担保发行等等。

三、证券发行审核制度

证券发行审核是建立正常的市场秩序、维护证券市场稳定的重要措施之一，是指证券主管机关通过审核发行申请人提供的资料，依法作出是否准予发行决定的行为。由于各国经济、法律、文化等方面存在较大的差异，加之证券发行及上市所在的证券市场乃至金融市场的特殊性，各国在证券发行审核制度方面存在较大的差别，因此发行审核制度区分为两种体制。一是以美国1933年证券法和日本证券交易法为代表的公开主义为基础形成的证券发行注册制度；一是以美国部分州"蓝天法"(Blue Sky Laws)[①]和欧洲大陆国家公司法为代表的准则主义，实行证券发行核准制。

注册制，又称申报制、登记制。证券发行注册制实行公开管理原则，实质上是一种发行公司的财务公开制度。它要求发行人提供关于证券发行本身以及和证券发行有关的所有信息。发行人不仅要完全公开有关信息，不得有重大遗漏，而且要对所提供的信息的真实性、完整性和可靠性承担法律责任，证券主管机关不对证券发行行为及证券本身作出价值判断，对公开资料的审查只涉及形式，不涉及任何发行实质条件。发行人只要按规定将有关资料完全公开，主管机关就不得以发行人的财务状况未达到一定标准而拒绝其发行。证券发行相关材料报证券主管机关后，一般会有一个生效等待期，在这段时间内，由主管机关对相关文件进行形式审查。注册生效等待期满后，如果证券主管机构未对相关申报书提出任何异议，证券发行注册生效，发行人即可发行证券。但如果证券主管机关认为报送的文件存在缺陷，应指明文件缺陷，并要求补正或正式拒绝，或阻止发行生效。

核准制是指发行人申请发行证券，不仅要公开披露与发行证券有关的信息，符合公司法和证券法所规定的条件，而且要求发行人将发行申请报请证券监管机构决定的审核制度。证券发行核准制实行实质管理原则，即证券发行人不仅要以真实状况的充分公开为条件，而且必须符合证券监管机构的批准方可在证券市场上

---

① 所谓的"蓝天法"，来源于1911年美国堪萨斯州的立法。其时美国尚无联邦证券法，各州的证券发行混乱无序，一些筹资人商业道德低下，鲜廉寡耻到愿意出售"蓝天上的阁楼"。该州一位银行家出身的戴利先生深感世风不古，于是向州务卿申请了特许状，成立一间办公室，审核证券发行中登记文件的真实性，由此先后推动了美国23个州的证券立法。该批法律被称为"蓝天法"。参阅：Philip Wood, *Law and Practice of International Finance*, London: Sweet & Maxwell, 1980, p. 177, p. 181. 另参见沈达明、冯大同：《国际资金融通的法律与实务》，对外贸易教育出版社1985年版，第131页。美国联邦1933年证券法制定后，按照美国宪法的分权，涉及州际商业(interstate commerce)的证券发行都适用联邦法。

发行证券。实行核准制的目的在于证券监管机构能尽法律赋予的职能，使发行的证券符合公众利益和证券市场未来发展的需要。

相对而言，注册制比较符合效率原则，核准制比较符合安全原则，但各有利弊。注册制提高了新股发行的市场化，核准制加强了监管部门的监管。一般来说，坚持政府较少干预经济的国家往往实行注册制；坚持政府应维护市场秩序、干预经济运行的国家往往实行核准制。目前，多数国家和地区都采用注册制，如美国、英国、日本、德国、法国、意大利、澳大利亚、加拿大、荷兰、巴西、新加坡等国均采用注册制，其中美国是典型代表。新西兰、瑞典、瑞士等国则带有相当程度的核准制特点。但作为一种发展趋势，不仅越来越多的国家已改采用注册制，而且许多国家和地区在证券发行审核制度改革方案中都拟采用注册制。我国台湾地区1988年修订"证券交易法"时确立了兼采核准制与注册制的制度，2006年修订该法时进一步修订为注册制。

随着我国市场经济的发展尤其是证券市场的发展，我国证券发行审核制度经历了从计划模式的审批制到市场化的核准制的演变。1998年《证券法》改变了我国实施了多年的审批制，转而根据发行证券的种类分别采核准制与审批制的双轨制。具体来说，股票发行采用核准制；公司(含金融机构)债券发行采用审批制。但此后新股发行的发行审核制度仍以计划审批制为主，实行的是审批制和核准制相结合的综合制度。2000年3月16日，《中国证监会股票发行核准程序》(现已废止)的颁布实施，标志着"核准制"的正式确立。2006年1月1日，2005年《证券法》生效后，尤其是2006年5月8日《上市公司证券发行管理办法》施行后，我国证券发行审核制度转变为较为市场化的核准制，并且使核准制同样适用于公司股票与公司债券。

四、证券发行条件

(一)股票发行的条件

1.首次公开发行股票的条件。首次公开发行股票，是指特定的股份有限公司初次向社会公众投资者公开发行股票，并在较短时间内申请股票上市交易的行为。《证券法》规定，设立股份有限公司公开发行股票，应当符合《公司法》规定的条件和经国务院批准的国务院证券监督管理机构规定的其他条件。《公司法》规定，股票发行实行公平、公正的原则，同种类的每一股份应当具有同等权利。同次发行的同种类股票，每股的发行条件和价格应当相同；任何单位或者个人所认购的股份，每股应当支付相同价额。

中国证监会于2006年5月17日颁布的《首次公开发行股票并上市管理办法》，较为系统地规定了首次公开发行股票应当符合的条件：首次公开发行的发行

人应当是依法设立并合法存续的股份有限公司；持续经营时间应当在3年以上；注册资本已足额缴纳；生产经营合法；最近3年内主营业务、高级管理人员、实际控制人没有重大变化；股权清新。发行人应资产完整、人员独立、财务独立、机构独立、业务独立，规范运行。

2.上市公司公开发行新股的条件。发行新股，是指已上市的公司再次发行股票，包括向社会公众公开发售股票（增发）和向原股东配售股票（配股）。《证券法》第13条规定，公开发行新股，应当符合下列条件：具备健全且运行良好的组织机构；具有持续盈利能力，财务状况良好；最近3年财务会计文件无虚假记载，无其他重大违法行为；经国务院批准的国务院证券监督管理机构规定的其他条件。公司对公开发行股票所募集的资金，必须按照招股说明书所列资金用途使用。改变招股说明书所列资金用途，必须经股东大会作出决议。擅自改变用途而未作纠正的，或者未经股东大会认可的，不得公开发行新股。

关于增发的特别规定。向社会公众增发股份，除符合《证券法》规定的一般条件外，还应当符合下列规定：最近3个会计年度加权平均净资产收益率平均不低于6%；扣除经常损益后的净利润与扣除前的净利润相比，以低者作为加权平均净资产收益率的计算依据；除金融类企业外，最近一期末不存在持有金额较大的交易金融资产和可供出售的金融资产、借予他人款项、委托理财等财务性投资的情形；发行价格应不低于公告招股意向书前20个交易日公司股票均价或前一个交易日的均价。

关于配股的特别规定。向原股东配售股份，除符合《证券法》规定的一般条件之外，还应当符合下列条件：拟配售股份数量不超过本次配售股份前股本总额的30%；控股股东应当在股东大会召开前公开承诺认配股份的数量；采用证券法规定的代销方式发行。控股股东不履行认配股份的承诺，或者代销期限届满，原股东认购股票的数量未达到拟配售数量70%的，发行人应当按照发行价并加算银行同期存款利息返还已经认购的股东。

（二）公司债券的发行条件

根据《证券法》第16条的规定，公司发行公司债券，应当符合以下条件：(1)股份有限公司的净资产额不低于人民币3000万元，有限责任公司的净资产额不低于人民币6000万元；(2)累计债券余额不超过公司净资产的40%；(3)最近3年平均可分配利润足以支付公司债券1年的利息；(4)筹集的资金投向符合国家产业政策；(5)债券的利率不得超过国务院限定的利率水平；(6)国务院规定的其他条件。公开发行公司债券筹集的资金，必须用于核准的用途，不得用于弥补亏损和非生产性支出。

此外，根据《证券法》第18条的规定，有下列情形之一的，不得再次公开发行公司债券：(1)前一次发行的公司债券尚未募足的；(2)对已经发行的公司债券或者其他债券有违约或者延迟支付本息的事实，且仍处于继续状态的；(3)违反证券法的规定，改变公开发行公司债券所募集资金的用途。

五、证券发行的程序

(一)股票发行的程序

1.聘请辅导机构辅导。股票发行人聘请的辅导机构应是具有保荐人资格的证券经营机构。保荐人应履行辅导义务。

2.股东大会批准本次股票发行。股东大会应当就本次发行的数量、定价方式或价格(包括价格区间)、发行对象、募集资金的用途及数额、决议的有效期、对董事会办理本次发行具体事宜的授权等事项进行逐项表决，最后形成有关决议。

3.保荐人的内核和保荐人出具发行保荐书。在我国，保荐制度是指有资格的保荐人对申请公开发行股票、可转换为股票的公司债券或者公开发行法律、行政法规规定实行保荐制度的其他证券的公司提供持续性训示、督促、辅导、指导和信用担保的制度。《证券法》第 11 条规定：发行人申请公开发行股票、可转化为股票的公司债券，依法采取承销方式的，或者公开发行法律、行政法规规定实行保荐制度的其他证券的，应当聘请具有保荐资格的机构担任保荐人。保荐人应当遵守业务规则和行业规范，诚实守信，勤勉尽责，对发行人的申请文件和信息披露资料进行审慎核查，督导发行人规范运作。保荐人的资格及其管理办法由国务院证券监督管理机构规定。

4.中国证监会受理申请文件。中国证监会收到申请、推荐文件后，在 5 个工作日内作出是否受理的决定。

5.预披露。根据《证券法》第 21 条的规定，发行申请人首次公开发行股票的，在提交申请文件后，应当按照国务院证券监督管理机构的规定预先披露有关申请文件。因此，发行人的申请被中国证监会受理后、发行审核委员会审核申请文件前，发行人应当将招股说明书在中国证监会网站上预先披露。

6.初审并由发行审核委员会审核。中国证监会受理申请后，由相关职能部门对发行人的申请文件进行初审，并由发行审核委员会审核。发审委以投票方式对发行人申请进行表决，提出审核意见。中国证监会在初审过程中，将征求发行人注册地省级人民政府是否同意发行人发行股票的意见，并就发行人的募集资金投资项目是否符合国家产业政策和投资管理的规定征求国家发展与改革委员会的意见。

7.决定。中国证监会依照法定条件和法定程序对发行人的发行申请作出予以核准或不予核准的决定，不予核准的，应当说明理由。核准程序应当公开，依法接受监督。自受理申请文件之日起到作出决定的期限为 3 个月。但是，发行人根据

要求补充、修改发行申请文件的时间不计算在内。

（二）公司债券发行的程序

具备了发行条件的公司，需要发行公司债券的，必须严格依照《公司法》规定的程序进行：

1.决议或决定。根据《公司法》第163条的规定，需要发行公司债券的公司首先需要由董事会拟订发行方案，再交由股东大会或股东会作出公司债券发行的决议。国有独资公司因不设股东会，故应由履行出资人职责的国有资产监督管理机构作出公司债券发行的决定。

2.发行准备。在准备阶段，发行公司应当制定公司债券发行章程或者募集办法；委托证券资信评级机构进行信用评级；委托法定验资机构验资并出具验资报告；确定承销商并与之签订承销协议；确定代收存款银行等。

3.申请和审批。发行公司应当根据中国证监会的要求报送相关申请材料，申请公开发行公司债券。如果上市公司发行可转换公司债券的，还必须向原设立审批机关提出增资申请。中国证监会受理公司的发行申请后，应当按照《公司法》的规定进行审查，认为符合发行条件的，应当作出批准的决定。

4.公开发行。在获准发行公司债券后，发行公司应当按照中国证监会的要求公告公司债券的募集办法；制作公司债券认购书，并在募集完毕后置备公司债券存根簿，以记载无记名公司债券的总额、面额、利率、还本付息的期限和方式，记名债券持有人的姓名或名称及住所、取得债券的日期及债券的编号、记名债券的总额，以及债券的发行日期等事项。

5.登记备案。公司债券发行工作完结，发行公司应按要求在一定期限内将公司债券的发行情况向有关主管机关申请登记备案。

第二节　证券承销

一、证券承销概述

证券承销，是指证券公司接受发行人委托向证券市场上不特定的投资人公开销售股票、债券及其他投资证券的活动。在我国，凡向社会公开发行的证券一般均需委托证券公司承销。《证券法》第28条规定：“发行人向不特定对象发行的证券，法律、行政法规规定应当由证券公司承销的，发行人应当与证券公司签订承销协议。”发行证券数量较大者，即向不特定对象发行的证券票面总值超过人民币5000万元的，还需承销团承销，承销团应当由主承销和参与承销的证券公司组成。

二、证券承销方式

(一)证券代销

证券代销,是指承销商接受证券发行人委托代理发售证券,并于发售期结束后,将未销售部分证券退还发行人的承销方式。发行人与承销商之间建立的是一种委托代理关系,在代销过程中,未售出证券的所有权属于发行人,承销商仅是受委托办理证券销售事务。承销商作为发行人的推销者,不垫资金,对不能售完的证券不负任何责任,证券发行的风险基本上是由发行人自己承担。正是由于承销商不承担主要风险,相对包销而言,所得收入也少。由于承销商不能保证使发行人及时全部获得所需款项,代销方式只有那些知名度或信用等级高、市场信息充分并相信证券能在短期内顺利销售的发行人才会选择。

证券代销是国外证券私募发行中广泛采用的承销方式,但在整个证券承销制度中居于次要地位。在我国,证券代销主要用于公司债券的发行,股票公开发行则很少采用代销方式。

(二)证券包销

证券包销,是指承销商将发行人的证券按照协议全部购入或者在承销期结束时将售后剩余证券全部自行购入的承销方式。在证券包销中,承销商与发行人商定发行底价并签订包销协议书,然后组织力量在证券市场上以某种方式进行承销。采用这种方式,当实际招募额达不到预定发行额时,剩余部分由承销商全部承购下来,并由承销商承担证券发行风险。由于证券包销能够将证券发行失败的主要风险转移给承销商,从而最大限度地降低发行人的发行风险,因而该承销方式已成为各国证券市场上公开发行证券时适用最广泛的证券承销方式。证券包销可以分为三种方式:全额包销、余额包销与定额包销,我国《证券法》仅规定了前两种。

全额包销,是指承销商以自有资金一次性全额购买发行人所发行的全部证券,然后再以自己的名义向投资者出售其所购证券的承销方式。发行人与承销商之间属于买卖关系。全额包销的承销商承担全部发行风险,可以保证发行人及时得到所需资金,且不必承担市场风险。但承销商承担了较大风险,因而要求发行人支付较高的承销费用。承销商之所以愿意采取全额包销方式,主要原因在于其对成功发行证券有良好预期,且自身拥有较好的支付能力和风险承担能力。此外,在竞争激烈的证券承销市场上,受高额承销收益驱使,承销商有时也不得不冒一定的市场风险。

余额包销,是指发行人委托承销机构在约定期限内发行证券,到销售截止日期,未出售的余额由承销商按协议价格认购的一种包销方式。发行人与承销商之

间先是建立一种委托代理关系，在承销期满后，才可能转换为证券的买卖关系。承销商承担一定的风险，即当承销期内不能全部售出证券时，所剩证券由承销商购买。在余额包销的情况下，发行人的风险相对于代销方式要小。余额包销实际上是先代理发行，后全额包销，是代销和全额包销的结合。目前，我国证券承销商多是采用该种承销形式。

定额包销，是指承销商承购发行人的部分证券。承销商没有包销的部分可通过协议由承销商代销。定额包销方式，市场的风险由发行人和承销商分担。

（三）承销团承销

承销团承销，又称联合承销，是指两个以上的证券承销商共同接受发行人的委托，向投资者发售某一证券的承销方式。承销团至少由两个承销商组成，至于究竟需要几家承销商组成承销团，取决于证券发行的规模和发行地区。承销团适用于数量特别巨大的证券发行，例如国债或者大宗股票的发行，我国《证券法》第 32 条规定："向不特定对象公开发行的证券票面总值超过人民币五千万元的，应当由承销团承销。承销团应当由主承销和参与承销的证券公司组成。"此时，一个承销商往往不愿意或不能单独承担发行风险，就组织数个承销商为主承销商，联合多个金融机构共同完成发行任务，共同分担发行风险，并分摊发行费用。引例中神风公司发行股票采用了公开发行的方式，且发行额超过 5000 万元，应当采用承销团方式，仅聘请一家证券商担任独家承销商，是不合法的。

承销团承销既可适用于证券代销，也可适用于证券包销。在承销团中起主要作用的承销商是主承销商。主承销商是代表承销团与发行人签订承销协议的实力雄厚的大承销商，一般由竞标或协商的方式确定，其任务主要是负责组建承销团，代表承销团与发行者签订承销协议等文件，决定承销团成员的承销份额等。在一般项目中，主承销商多由单一承销商担任，但在大型项目中则由数个承销商组成联合主承销商。

司法考试真题链接

1. 为扩大生产规模，筹集公司发展所需资金，鄂神股份有限公司拟发行总值为 1 亿元的股票。下列哪一说法符合《证券法》的规定？（2012 年司法考试真题）

A. 根据需要可向特定对象公开发行股票

B. 董事会决定后即可径自发行

C. 可采取溢价发行方式

D. 不必将股票发行情况上报证券监管机构备案

2. 某公司两年前申请发行 5000 万元债券，因承销人原因剩余 500 万元尚未发行完。该公司现将已发行债券的本息付清，且公司净资产已增加一倍，欲申请再发行5000万元债券。该公司的申请可否批准？（2005年司法考试真题）

A. 可以批准

B. 若本次5000万元中包括上次余额500万元即可批准

C. 不应批准

D. 若该公司变更债券承销人，可以批准

3. 中国证监会2004年3月1日接到多家上市公司申请发行新股的报告，下列哪些公司的申请依法不应被批准？（2004年司法考试真题）

A. 甲公司上次发行股票时因故未能募足

B. 乙公司2002年度亏损

C. 丙公司预期利润率略低于同期银行存款利率

D. 丁公司上年度未按时公布报表被交易所通报

4. 某上市公司招股说明书中列明的募集资金用途是环保新技术研发。现公司董事会决议将募集资金用于购置办公大楼。对此，下列哪些选项是正确的？（2008年司法考试真题）

A. 未经股东大会决议批准，公司董事会不得实施此项购置计划

B. 如果股东大会决议不批准，公司董事会坚持此项购置计划，证券监督管理机构有权责令该公司改正

C. 证券监督管理机构有权对擅自改变募集资金用途的该公司责任人员处以罚款

D. 在未经股东大会批准而实施了此项购置计划的情况下，该公司可以通过发行新股来解决环保新技术研发的资金需求

5. 某上市公司自2003年以来年年赢利，财务状况良好。2004年，该公司曾出现过财务会计文件虚假记载的情况，此后再无其他重大违法行为。2008年10月该公司拟发行新股。对此，下列哪些选项是错误的？（2008年四川司法考试真题）

A. 该公司曾有虚假财务记载，所以不能发行新股

B. 该公司具备发行新股的条件，但仅限于向原股东配售股份

C. 该公司具备发行新股的条件，但仅限于向特定对象募集股份

D. 该公司虽曾有虚假财务记载，但目前不影响发行新股

6. 依据我国《证券法》的相关规定，关于证券发行的表述，下列哪一选项是正确的？（2013司法考试真题）

A. 所有证券必须公开发行，而不得采用非公开发行的方式

B. 发行人可通过证券承销方式发行，也可由发行人直接向投资者发行

C. 只有依法正式成立的股份公司才可发行股票

D. 国有独资公司均可申请发行公司债券

第二十章　证券上市与交易

【引　例】

李某是一家上市公司——盛浩股份有限公司的董事，2006 年 5 月间股市行情看涨，李某于 5 月 10 日以每股 15 元的价格买入了盛浩股票 1 万股，后该股一路上涨。在 9 月 25 日国庆节前夕，李某需用钱，于是将 1 万股盛浩股票以每股 25 元卖出，获利 10 万元。刘某是李某的邻居，也持有盛浩公司的股票，尚未卖出，刘、李两人关系素不和睦，得知李某卖出股票获利，刘颇为不平，于是要求盛浩公司董事会收回李某的获利，董事会碍于情面没有执行，30 天后，刘某以自己的名义向法院起诉，要求李某将获利的 10 万元归入盛浩公司。

第一节　证券上市

一、证券上市概述

（一）证券上市的概念

证券上市是指发行人已发行的有价证券经交易所审核或政府决定，在证券交易所的市场上自由、公开地买卖。凡在证券交易所内买卖的有价证券，称为上市证券；相应的证券发行人称为上市公司。证券上市主要包括债券上市或股票上市。在广义上，证券上市还指证券在场外取得交易资格的过程。在我国，由于场外交易市场极不发达，所说的证券上市通常是指在场内市场挂牌交易，即狭义之证券上市。

证券上市是确立证券交易所与发行公司之间自律监督的基础。非上市证券及其发行人，主要由国家法律、法规和发行人内部章程等文件来约束。政府监管表现在借助政府行为推动公司依法设立和从事营业活动，自律监管则主要表现为公司通过公司章程自我约束。证券上市是通过公司与证券交易所之间签订上市协议来完成的，签订上市协议意味着公司自愿接受证券交易所监督。这种监管是政府监管以外的行业自律监管，公司必须遵守证券交易所颁布、执行的证券交易及信息披露规则。若公司违反证券交易所规则，证券交易所有权终止其上市。

证券上市是已发行证券进入证券交易所进行交易的前提。就证券发行人来说，证券发行成功后，其筹资目的已实现，但上市会大大增强已发行证券的流通性，从而激发投资者的投资热情，进而亦会提高证券发行的成功率。证券上市后，由于对上市公司的信息披露及其他公开性要求能够对发行人、大股东及内部控制人等构成有效的制约，因而广大投资者利益能够获得保障。证券的上市使证券在发行市场具有吸引力。因此，证券发行人往往在证券发行时即筹划此后的上市方案。

（二）证券上市的意义

1. 扩大上市公司影响，提高其声誉。证券上市，必须由证券交易所进行核准。通常只有经营业绩较好且有一定规模的公司才能成功上市，证券上市对上市公司来说无疑是其声誉的无声证明。获准上市就证明上市公司具备良好的资质，能使投资者对其产生信任感。

2. 筹措聚集资金。证券上市后，由于证券的流通性加强，上市公司可以通过证券市场吸收大量的社会闲散资金，满足其生产发展对资金的需求。证券公司可以扩大上市公司筹资的来源，降低其筹资成本。

3. 完善、健全公司治理结构。一家企业要想上市，成为上市公司，必须改制为股份有限公司，按股份有限公司的机制来运作，使公司内部组织走上科学化、民主化、制度化和规范化的轨道，形成“产权清晰、责权明确、政企分开、管理科学”的公司治理结构。股权分散是上市公司的一个重要特点，这为广大投资者对公司经营权进行监督提供了客观条件，能够有效防止公司最高决策权因股权集中而为少数人控制，有利于形成良好的风险控制机制和建立合理的财务结构，从而保障公司和投资者的权益。

4. 分散投资风险。证券上市后，上市公司依法必须持续公开公司的财务和经营状况，从而使投资者能及时了解上市公司的状况和证券价格的变动趋势，这有利于投资者作出正确的投资决策，减少其投资风险。

（三）证券上市的类型

按照不同的标准，证券上市可以分为不同的类型：

1. 依据上市证券种类的不同，可以分为股票上市和公司债券上市。

2. 依上市地域的不同，可分为股票境内上市和股票境外上市。而股票境内上市又可分为A股股票上市和B股股票上市。股票境外上市因上市地不同，可分为H股股票上市和N股股票上市。所谓H股股票和N股股票，业内是以Hong Kong和Newyork的首字母来称呼的，对其他地点上市的股票称谓与此相类。

3. 依据上市顺序的不同，可以分为第一上市和第二上市。第一上市是指发行

人将其发行的证券在某一证券交易所上市交易。第二上市是相对于第一上市而言的，是指发行人将已在某一证券交易所上市的证券继续在另一证券交易所上市交易。如果一家已上市公司准备在另一个证券交易所挂牌上市，那么它可以有两种选择：一是在境外发行不同类型的股票，并将此种股票在境外市场上市。我国有些公司既在境内发行A股，又在香港发行上市H股，就属于此种类型。二是在两地都上市相同类型的股票，并通过国际托管银行(depository bank)和证券经纪商，实现股份的跨市场流通，此种方式一般又被称为第二上市，以存托凭证(DR)在境外市场上市交易就属于这一类型。

二、股票的上市

(一)股票上市交易的条件

《证券法》第50条规定，股份有限公司申请股票上市，应当符合下列条件：(1)股票经国务院证券监督管理结构核准已公开发行。(2)公司股本总额不少于人民币3000万元。(3)公开发行的股份达到公司股份总数的25%以上；公司股本总额超过人民币4亿元的，公开发行股份的比例为10%以上。(4)公司最近3年无重大违法行为，财务会计报告无虚假记载。

(二)申请股票上市交易需提交的文件

《证券法》第52条规定，申请股票上市交易，应当向证券交易所报送下列文件：(1)上市报告书；(2)申请股票上市的股东大会决议；(3)公司章程；(4)公司营业执照；(5)依法经会计师事务所审计的公司最近三年的财务会计报告；(6)法律意见书和上市保荐书；(7)最近一次的招股说明书；(8)证券交易所上市规则规定的其他文件。

首次公开发行的股票上市时还应当提交下列文件：具有执业证券、期货交易业务资格的会计师事务所出具的验资报告；发行人全部股票已经由中国证券登记结算有限责任公司上海或者深圳分公司托管的证明文件；发行后至上市前按规定新增的财务资料和有关重大事项的说明文件；董事、监事和高级管理人员持股情况报告，持股加锁申请和《董事(监事、高级管理人员)声明及承诺书》；发行人拟聘任或者已聘任的董事会秘书的有关资料；大股东承诺函。

上市公司申请其新股的可流通部分上市时，还应提交下列文件：新股发行完成后经具有执行证券、期货相关业务资格的会计师事务所出具的验资报告；董事、监事和高级管理人员持股情况变动的报告；股份变动报告；登记公司对新增股份登记托管的书面确认文件。

上市公司申请其内部职工股上市时，还应提交下列文件：有关内部职工股持股情况的说明及其托管证明；董事、监事和高级管理人员持有内部职工股有关情况的说明；内部职工股上市提示报告。

上市公司原董事、监事和高级管理人员向证券交易所申请其持有的本公司股份在离职半年后上市流通时，应当提交持股解锁申请和公司出具的离职证明。

上市公司申请向证券投资基金、法人、战略投资者配售的股份上市，还应提交下列文件：配售结果的公示；配售股份的托管证明；关于向证券投资基金、法人、战略投资者配售股份的说明；上市提示公告。

（三）股票上市交易的程序

股份有限公司公开发行股票后，申请到证券交易所进行股票上市交易应经过下列程序和步骤：

1. 股票上市申请的准备

（1）聘请会计师和会计师事务所出具公司近三年来或成立以来的财务会计报告，以及两名以上的注册会计师及其所在的事务所签字盖章的审计报告。上述人员及中介组织在履行职责时，应按照本行业公认的业务标准和道德规范，对其出具文件内容的真实性、准确性、完整性进行核查和验证。（2）寻找一个是拟上市地证券交易所会员的证券公司作为上市推荐商，并由该推荐商出具上市推荐书。（3）编制上市申报材料。

2. 股票上市申请的提出

符合法定条件的公司依法向证券交易所提出上市申请，并报送《证券法》和证券交易所规定的相关文件。发行人及其董事应当保证向证券交易所提交的上市申请文件内容真实、准确、完整，不存在虚假记载、误导性陈述或者重大遗漏。

3. 证券交易所依法核准

上市需经证券交易所依法核准。

4. 上市协议书的签订

上市协议书又叫上市合同，是由证券交易所依据法律规定预先制作，具有固定格式，报经主管机关核准，明确证券交易所和上市公司权利义务关系的协议。

股票上市交易申请经证券交易所审核同意后，发行人应与证券交易所签订上市协议书。

上市协议书应当包括以下内容：（1）证券上市费用及其缴纳方式；（2）证券交易所为公司证券发行和上市应提供的技术服务；（3）要求公司指定专人负责证券事务；（4）上市公司定期、临时报告的程序以及对证券交易所质询的回复等的具体规定；（5）证券停牌事宜；（6）协议双方违反上市协议的处理；（7）仲裁条款。

5. 上市公告书披露

《证券法》第53条规定，股票上市交易申请经证券交易所审核同意后，签订上市协议的公司应当在规定的期限内公告股票上市的有关文件，并将该文件置备于

指定场所供公众查询。

根据沪、深两市证券交易所《股票上市规则》,首次公开发行的股票上市申请获得批准后,发行人应当于其股票上市前五个交易日内,在指定媒体上披露上市公告书及相关文件;上市公司新股的可流通部分、内部职工股和配股的股份上市申请获得批准后,应当在股份上市前三个交易日内披露股份变动报告、上市公告书及相关文件。

《证券法》第54条规定,签订上市协议的公司除公告前条规定的文件外,还应当公告下列事项:(1)股票获准在证券交易所交易的日期;(2)持有公司股份最多的前十名股东的名单和持股数额;(3)公司的实际控制人;(4)董事、监事、高级管理人员的姓名以及持有本公司股票和债券的情况。

三、公司债券的上市

公司债券上市,是指公司债券在证券交易所登记注册并挂牌买卖的过程。公司债券上市不仅有利于提高债券的流动性并促进新债券的发行,而且有利于提高发行债券的公司的市场地位和信誉,促进证券市场的健康发展。

(一)公司债券上市交易的条件

关于债券上市的条件,不同国家有不同的规定。在实行授权上市的国家,必须经过金融或债券监管部门的批准后,公司才能向证券交易所提出债券上市的申请。在实行认可上市的国家中,债券的上市通常只需经过证券交易所审核通过即可。

为了保护投资者的权益,世界各国,不论是实行授权上市的国家,还是实行认可上市的国家,对债券的上市都规定了一系列规则和约束条件,如上市公司要有较强的盈利能力,发行人资产中的净资产的比例要达到或超过规定的要求,公司债券的信用级别应达到规定的要求等。

根据《证券法》的规定,公司债券可以上市。公司申请其债券上市交易,应当向证券交易所提出申请,由证券交易所依法审核同意。

公司申请公司债券上市交易,应当符合下列条件:(1)公司债券的期限为一年以上;(2)公司债券实际发行额不少于人民币5000万元;(3)公司申请债券上市时仍符合法定的公司债券发行条件。

(二)公司债券的上市程序

1.上市申请的准备。根据《深圳证券交易所企业债券上市规则》,发行人在向证券交易所提出企业债券上市申请前,应完成下列准备工作:(1)聘请具有证券从业资格的会计师事务所对公司最近3个完整会计年度财务报表进行审计,且最近财务报表日期距公司债券上市日不超过9个月;如属于财政部规定不实行注册会计师审计制度的，应具有财政主管机关对发行人最近3年会计决算的批复。(2)聘请具有证券从业资格的会计师事务所对发行企业债券所募集资金进行验证，并出具验资报告。(3)证监会或本所要求的其他工作。

2.申请的提出。符合法定条件的公司依法向证券交易所提出上市申请，并报送《证券法》第58条规定的相关文件。

根据《深圳证券交易所企业债券上市规则》和《上海证券交易所企业债券上市规则》的规定，发行人向证券交易所提出企业债券上市申请时，还应提交下列文件：(1)该所会员署名的上市推荐书；(2)债券募集办法、发行公告、发行总结报告及承销协议；(3)债券资信评级报告；(4)债券募集资金的验资报告；(5)上市公告书；(6)具有证券从业资格的会计师事务所出具的审计报告或财政主管机关的有关批复；(7)担保人近三年的财务报表等资信情况与担保协议；(8)债券持有人名册及债券托管情况说明；(9)具有证券期货相关业务许可证的律师事务所出具的、关于债券本次发行与上市的法律意见书；(10)各中介机构及签字人员的证券业从业资格证书；(11)证监会或本所要求的其他文件。

3.证券交易所依法核准。发行人申请其发行的公司债券上市交易，由证券交易所依照法定条件和程序进行审核、批准。

4.上市协议书的签订。公司债券上市交易申请经证券交易所审核同意后，申请证券上市的公司应与证券交易所签订上市协议书。

5.公告披露相关信息。我国《证券法》第59条规定，公司债券上市交易申请经证券交易所审核同意后，签订上市协议的公司应当在规定的期限内公告公司债券上市文件及有关文件，并将其申请文件置备于指定场所供公众查询。

6.挂牌交易。挂牌交易是指公司债券在证券交易所指定的日期上市交易，是公司债券上市的最后一道程序。

(三)公司债券上市交易的暂停与终止

1.公司债券上市交易的暂停

公司债券上市交易后，公司有下列情形之一的，由证券交易所决定暂停其公司债券上市交易：(1)公司有重大违法行为；(2)公司情况发生重大变化，不再符合公司债券上市条件；(3)发行公司债券所募集的资金不按照核准的用途使用；(4)未按照公司债券募集办法履行义务；(5)公司最近两年连续亏损。

2.公司债券上市交易的终止

依照《证券法》的有关规定：(1)公司有重大违法行为或未按照公司债券募集办法履行义务，经查实后果严重的，由证券交易所决定终止其公司债券上市交易；出现下列情形之一，在限期内未能消除的，由证券交易所决定终止其公司债券上市交易：公司情况发生重大变化，不再符合公司债券上市条件；发行公司债券所募集的资金不按照核准的用途使用；公司最近两年连续亏损。(2)公司解散或者被宣告破

产的，由证券交易所终止其公司债券上市交易。(3)企业债券到期前一周终止上市交易。

第二节　证券交易

一、证券交易概述

证券交易是证券发行的延续。证券发行的主要功能是筹集资金，证券交易的主要功能是实现证券的流通性。就证券市场而言，其内部必须有发行与交易两层结构，即必须建立证券的发行市场和交易市场才可称为完整的证券市场。仅仅注重融资，关注发行市场，而忽视交易市场，必将使证券的流通性大打折扣，最终会挫伤投资人的投资热情，亦会影响证券发行市场融资功能的实现。因此，证券交易市场是证券市场不可或缺的组成部分，是证券市场的核心，而证券交易制度则是证券法律制度中极其重要的部分。

(一)证券交易的概念、特征和性质

证券交易即证券买卖，是指已发行的证券在证券交易市场上买卖或转让的活动。证券交易是证券转让的一种，除证券交易外，证券转让还包括赠与、继承、抵押、质押以及因企业合并而发生的证券所有权的转移。证券交易有广义和狭义之分。广义的证券交易泛指一切以证券为交易对象的行为，包括一级市场上证券发行人与证券认购人之间的认购行为和证券投资者在二级市场上的所有买卖行为。狭义的证券交易仅指在二级市场上的买卖行为。我们所说的证券交易通常是狭义上的。

证券交易具有如下特征：

1.证券交易的标的是依法发行上市的证券。

2.证券交易的主体是证券投资者，包括现实的和可能的投资者。

3.证券交易的地点是证券交易所和其他法定的证券交易所。

4.证券交易是一种特定的买卖。证券交易既是一种特定权利的买卖，又是一种标准化合约的买卖。

5.证券交易具有较高的风险性和投机性。证券交易市场是各种利益汇集之地，在证券交易过程中投资行为和投机行为交织在一起，使得证券价格产生不确定性和波动性。投资者为了获取最大利益，减少投资风险，便大兴投资之风，这加剧了市场的不确定性。因此，证券的风险性和投机性要高于其他商品的交易。

6.证券交易须遵守相关规则。为确保交易的迅捷和安全，证券交易必须遵守《公司法》、《证券法》及证券交易所颁布的有关规则。

(二)证券交易方式

证券交易方式,是指在证券市场上证券买卖的方法和形式。随着资本市场的迅速发展,证券交易方式不断创新,呈现出多样化的趋势。从不同的角度和依据不同标准,证券交易方式有不同的分类。现货交易、期货交易、期权交易和信用交易是最常见的交易方式。

1.现货交易。现货交易是指证券交易双方进行买卖行为时,以证券经纪商作为中介,相互交换标的物,并依法办理清算交割手续的交易方式。其主要特点表现为现金与实物的等价交换,可以真实反映市场供求状况和规范交易行为,有利于证券主管机关进行监督管理和制定宏观调控政策。现货交易在证券交易中是最古老、最常用的一种交易方式。相对于其他交易方式,现货交易由于成交日期和交割日期较短,因而投机性和风险性也较小。在现代社会,世界各国现货交易的交割主要有以下四种类型:(1)"T+0"交割,即当日交割,是指成交的当天进行交割,用于满足投资者急需债券现款、认购股权、支付股利或公司结账等场合;(2)"T+1"交割,即次日交割,是指在成交日的下一个营业日进行交割;(3)普通交割,即例行交割,一般是在成交日后的第五个工作日进行交割;(4)特约交割,即约定交割,指成交后各方按照约定的日期进行交割。

2.期货交易。期货交易是指证券交易双方在签订的证券期货合约中商定,在该期货合约规定的日期以约定的价格进行清算交割的交易方式。期货交易的主要特点是买卖双方成交后不立即进行钱券的清算交割,而是以期货交易合约中确定的日期作为交割日。其优点在于可以刺激市场交易行为,增加证券交易量,可与现货交易相匹配,进行对冲交易,以达套期保值目的。但若监管不力,期货交易则会加大投机效应,增加市场不稳定因素,我国曾在上海证券交易所试行过国债期货交易,时间不长即被叫停。《证券法》第42条规定,证券交易以现货和国务院规定的其他方式进行交易,这就在立法上认可了证券期货交易。

3.期权交易。期权交易又被称为选择权交易,指在一定期限内证券买卖权的交易。期权交易中的买受人可在与出卖人约定的期限内以协议约定的价格行使证券买卖的权利。上述期权也可以在合同期限内转让或放弃;若合同期满后买受人不行使证券买卖的权利,则期权作废。可见,期权交易的对象是期权,也即选择权。证券期权交易具有限定、降低风险和套期保值的功能。在期权交易中,依照交易行为的方向不同,可将期权分为看涨期权、看跌期权和双向期权。看涨期权又称为买入期权,是指在合同约定的有效期内,权利人有权依照合同约定的价格和数量买入相关证券。看跌期权又称为卖出期权,是指在合同约定的有效期内,权利人有权依照合同约定的价格和数量卖出相关证券。双向期权,是指购买者同时买进某种证券的看涨权和看跌权的期权交易方式。

4.信用交易。证券信用交易有广义和狭义之分。广义的证券信用交易主要包

括保证金交易、证券期货交易、证券期权交易和客户以有价证券为担保标的向银行贷款用于买卖或持有证券。狭义的证券信用交易又称为保证金交易或垫头交易，指证券交易双方通过证券经纪人融资或融券的交易行为。

所谓融资，是指证券经营机构为投资者垫付部分交易资金，由投资者向其支付借款利息的交易方式。而融券则是指证券经营机构向投资者借贷一定数量的证券先行卖出，由投资者在约定的期限内偿还同等数量证券并支付一定费用的交易形式。

证券信用交易在性质上仍属于现货交易的范畴，成交后要及时对证券和价款进行清算交割。但它与一般现货交易不同的是，在买卖行为过程中它利用信用借贷了一定资金或证券，从而扩大了证券交易量。

证券信用交易由于突破了投资者自有资金和证券的限制，所以可以利用较少的资金或证券实现较大的交易额，增加了市场供需，刺激了投资，活跃了证券交易市场。但证券信用交易并非完美无缺，它存在着投机性强、易加剧证券市场动荡的缺陷。因此，我国对信用交易解禁、引进证券信用交易的同时，应加强对信用交易的法律监督。

（三）证券交易的规则

为了保护广大投资者利益，促进证券市场的健康发展，证券交易应遵守以下规则：

1. 非依法发行的证券不得买卖。证券交易当事人依法买卖的证券，必须是依法发行并交付的证券。

2. 依法发行的股票、公司债券及其他证券，法律对其转让期限有限制性规定的，在限定的期限内不得买卖。

3. 依法公开发行的股票、公司债券及其他证券，应当在依法设立的证券交易所上市交易或者在国务院批准的其他证券交易场所转让。

4. 证券在证券交易所上市交易，应当采用公开的集中交易方式或者国务院证券监督管理机构批准的其他方式。

5. 证券交易当事人买卖的证券可以采用纸面形式或者国务院证券监督管理机构规定的其他形式。

6. 证券交易以现货和国务院规定的其他方式进行交易。

7. 上市公司董事、监事、高级管理人员、持有上市公司股份5%以上的股东，将其持有的该公司的股票在买入后6个月内卖出，或者在卖出后6个月内又买入，由此所得收益归该公司所有，公司董事会应当收回其所得收益。但是，证券公司因包销购入售后剩余股票而持有5%以上股份的，卖出该股票不受6个月的时间限制。公司董事会不按照前款规定执行的，股东有权要求董事会在30日内执行。公司董事会未在上述期限内执行的，股东有权为了公司的利益以自己的名义直接向人民法院提起诉讼。公司董事会不按照上述规定执行的,负有责任的董事依法承担连带责任。引例中的李某作为上市公司的董事,买入上市公司股票后又在6个月的时间内卖出,属于证券法中的董事短线交易获利,收益应该收回归公司所有,公司的归入权可由股东提起派生诉讼来行使,在本案中,刘某提起的是派生诉讼,代公司行使了归入权,其做法能够得到证券法的支持。

二、上市股票的交易程序

上市股票的交易是在证券交易所集中市场进行的,依照规定只有证券交易所会员方可入场交易。因此,投资者要买卖在上海或深圳证券交易所上市的股票,必须由取得上述证券交易所会员资格的证券公司代为进行。我国上市股票交易一般包括下列几个步骤:

(一)开设账户

投资者委托证券公司买卖上市股票以前,必须到所在地证券主管机关指定的证券登记中心办理上海和深圳两地证券交易所股票账户卡。在股票账户卡办理的同时,证券登记机构亦为投资者办理了名册登记。名册登记分为个人名册登记和法人名册登记。个人名册登记要求出示个人的有效身份证明,法人名册登记则须出具证明法人基本情况的文件。通过名册登记,市场禁入者被排除在外。投资者凭股票账户办理证券的认购、交易、分红、派息和交割等事宜。办妥证券账户后,投资者还须选择一家证券公司营业部办理资金账户。资金账户是投资者购买股票等上市证券的保证金专用存款账户。在无纸化交易情况下,投资者的证券买卖实际上就是在证券账户和资金账户之间的证券和资金的划转。

1. 开立股票账户。客户欲进入股市必须先开立股票账户,股票账户是投资者进入市场的通行证。在我国,股票账户分为上海证券交易所股票账户和深圳证券交易所股票账户两种,股票账户在深圳又叫股东代码卡。投资者可根据需要决定办理一种或两种。股票账户在分设在各地的证券登记公司办理。股票账户又可分为个人账户与法人账户两种。个人投资者必须持有本人有效身份证件,应提供本人和委托人的详细资料,包括本人和委托人的姓名、性别、身份证号码、家庭地址、职业、联系电话等,并缴纳一定的开户费用,领取股票账户卡。一个身份证在两个市场各只能开立一个账户,即一个深圳证券账户和一个上海证券账户。法人开户需提供的资料有:有效的法人证明文件及其复印件;法人代表证明书及其本人身份证;法人委托书及受托人身份证;法人地址、电话;法定代表人和授权证券交易执行人的姓名、性别、书面授权书、开户银行账户和账号、邮编、机构性质等。

2. 开立资金账户。资金账户在投资者准备委托的证券商处开立,因为投资者只有通过他们才可以从事股票买卖。办理时,投资者须携带资金、身份证及上述股

票账户卡。开户资金及保证金的多少,因证券公司的要求不同而各异。投资者要填写“证券买卖代理协议”和“开立委托买卖资金账户开户书”表格,如果要开上海证券资金账户就必须填写“指定交易协议书”,如果要求有代理人,则必须代理人与本人带身份证、股东卡一同前往证券营业部办理。资金账户里的资金按人民银行规定的活期存款利率计息。

3.证券账户查询。根据查询人的不同,证券账户查询可分为个人股东查询、法人股东查询和其他查询。(1)个人股东查询。申请人必须是投资人本人,除非申请人出具证券持有人委托查询的有效授权书;投资者亡故的,其亲属可持投资者证券账户及死亡证明书、被注销户口的户口本和本人身份证件申请查询;投资人应在其指定的证券营业部进行查询。(2)法人股东查询。查询法人股须提交以下文件和证件:法人股东营业执照原件、法人代表授权委托书、股票账户卡、受托经办人身份证、单位介绍信。如果是异地法人股查询,则由当地登记公司负责审核上述文件和证件,并填写“法人股查询申请表”传真至登记结算公司。登记结算公司在接到传真后两个工作日内,将查询记录传真至当地登记公司。(3)其他查询。除投资人外,证券营业部还接受以下部门的查询:中国证监会及其授权的省、自治区、直辖市的证券监督部门;人民法院、人民检察院、公安局、反贪局、纪律检查委员会、公证处等。

4.修改开户资料和办理销户手续。由于个人资料的变更,投资者有时需要修改开户资料,甚至还会办理销户手续。投资者在证券营业部修改开户资料的流程如下:(1)投资者提供股东身份证、股东代码卡、开户申请书投资者联。(2)投资者亲临柜台修改密码,如系代理,代理人还需出具自己的身份证件及授权委托书。(3)投资者填写“交易账户更改密码申请书”和“投资者开户资料变动表”。(4)营业员审核无误后,输入股东代码修改。如果投资者要销户,其业务流程如下:(1)投资者提供股东身份证、股东代码卡、开户申请书投资者联。(2)营业员审核资料、查验密码后送主管签批。(3)结清股东的资金和股份,办理销户手续。(4)交回投资者身份证和股东代码卡。(5)投资者销户后,其资料在营业部保留两年。

5.账户挂失。一旦发生股票账户卡遗失,投资者必须凭本人身份证到证券公司的营业部,通过他们向证券交易所申请办理股票账户挂失,或让其冻结资金账户,然后持身份证到所在地证券登记机构办理补发手续。

(二)委托买卖

委托买卖是指证券经纪商接受投资者委托,代理投资者买卖证券,从中收取佣金的交易行为。委托买卖是证券经纪商的主要业务。开户完毕后,投资者即可向证券公司在其营业时间内办理股票交易委托。由于新科技快速地被证券业所利用,各证券公司的服务质量和水平亦不断改进和提高,传统的手工填单委托方式已被磁卡交易系统和电话委托交易系统等自助方式替代,当日委托已成为证券交易委托的主要形式。办理股票交易委托时,投资者将委托买卖股票的代码、委托价格、委托数量等信息输入交易系统,经审慎核实确定后,即可确认委托完成。

一般投资者由于不可以进入股票交易所直接参与买卖,只能由证券商以接收委托的形式代其进行股票交易,所以必须将自己买卖股票的意图、种类、条件等告知经纪人,以达到自己的目的。常用的委托方式分为柜台委托、电脑自助委托、电话委托、网上证券交易等。

第三节 上市公司收购

一、上市公司收购的概念与特征

(一)上市公司收购的概念

上市公司收购,是指收购人通过在证券交易所的股份转让活动,持有一个上市公司的股份达到一定比例,或者通过证券交易所股份转让活动以外的其他合法途径,控制一个上市公司的股份达到一定程度,导致其获得或者可能获得对该公司的实际控制权的行为。它是公司并购或者公司控制权交易的一种形式,对于提高公司经营效率、减少代理成本、促进资本的自由流转和产权交易具有重要的意义。上市公司收购的主要法律依据是《证券法》以及中国证监会发布的《上市公司收购管理办法》(经修改后 2014 年 11 月 23 日起施行)。

(二)上市公司收购的特征

第一,上市公司收购是以获取被收购公司的控制权为目的的收购。这种控制权在法律上体现为收购人对被收购公司(目标公司)的控股或兼并,各国和地区对获得目标公司控制权的标准规定各不相同,香港是 35%,美国是 5%。依我国《证券法》第 88 条的规定,我国确定对目标公司控制权的标准是 30%。

第二,上市公司收购的对象是股份依法公开发行并上市交易的上市公司。对非上市公司的收购,包括对股份有限公司或者有限责任公司的收购,不属于上市公司收购范围,也不纳入《证券法》的调整范围。这里要注意上市公司收购的对象不同于上市公司收购的标的,后者是指目标公司已发行的有表决权证券,不包括上市公司发行的无表决权股票、不可转换债券以及这些证券的派生形式。

第三,上市公司的收购主体是证券投资者,包括自然人和法人。一般而言,上市公司及其发起人不得成为自己的收购人,我国《公司法》第 143 条规定,一般情况下,公司不得收购本公司股票。即使是在法定情况下上市公司对本公司股份的收购也属于上市公司证券回购,而不是上市公司收购。

第四，上市公司收购的方式。上市公司收购方式有要约收购、协议收购，还可以是在公开市场如证券交易所收购股票。《证券法》第 85 条规定："投资者可以采取要约收购、协议收购及其他合法方式收购上市公司。"由于上市公司收购直接关系到广大投资者的利益，关系到整个证券市场的稳定，因而，无论是通过场内交易或场外交易，也无论收购的是上市股票还是非上市股票，都必须按照证券法律、行政法规和规章所确定的规则进行，都必须接受中国证监会以及证券交易所等机构的依法监管。

二、上市公司收购的分类

上市公司收购，根据不同的标准可作如下分类：

（一）要约收购、协议收购与集中竞价收购

要约收购，又称公开要约收购或公开收购，是指在公开市场外，收购人公开向目标公司股东发出要约，以收购目标公司一定数量的股权，从而控制该公司的行为。

协议收购，是指收购人在场外与目标公司的管理部门或持股量较大的股东依照意思自治原则，以订立收购协议的方式收购目标公司发行在外的股份的行为。协议收购的对象为目标公司管理部门或少数特定股东，这点使得协议收购与要约收购明显区别开来。《证券法》不仅明确规定了上市公司收购可以采取协议收购的方式，而且还对协议收购的程序作了进一步的规定。

集中竞价收购，是指收购人通过证券交易所的集中竞价交易系统，以正常的竞买价格收购目标公司的上市股票，以实现控制目标公司目的的一种收购行为。

（二）部分收购与全面收购

部分收购，是指投资者收购一家上市公司少于 100%的股份而获得该公司控制权的行为。

全面收购，是指投资者收购上市公司 100%的股份或投票权的行为。它可由收购人自愿进行，但当收购人持有目标公司股份达一定比例时，法律则强制要求其履行法定全面收购义务。

部分收购与全面收购的根本区别在于收购人所获得的目标公司股份数额的不同。

（三）自愿收购与强制收购

自愿收购，是指由收购人依据其自己的意愿，选定时间并且按照自己确定收购的计划依法进行收购。

强制收购，是指在特定的情况下，由法律强制要求收购人必须采取必要手段收购目标公司股份的一种收购行为。

（四）善意收购与敌意收购

善意收购，是指收购人在得到目标公司管理部门同意的情况下实施的收购。协议收购多为善意收购。

敌意收购，是指在目标公司管理部门抵制的情况下的公司收购。要约收购一般是敌意收购。

（五）现金收购与换股收购

现金收购，是指收购人完全以现金的支付达到收购目标的一种收购行为。

换股收购，是指以本公司的股份为对价来交换目标公司的股份。在许多收购中，收购对价既包括现金，又包括股票及其他有价证券。

（六）单独收购与共同收购

单独收购，是指一个收购人仅凭自己的财力而实施的收购。

共同收购，是指两个或者两个以上的收购人出于共同的利益，以正式或非正式协议的方式相互协调，联手收购目标公司股份的一种收购行为。我国《证券法》第86条、第88条明确规定了共同收购。

（七）横向收购、纵向收购和混合收购

横向收购，是指收购公司与目标公司处于同一行业，产品属同一市场的收购。

纵向收购，是指收购公司与目标公司在生产过程或经营环节中相互衔接，或者具有纵向协作关系。

混合收购，是指横向收购和纵向收购相结合的收购。

三、上市公司收购的基本原则

上市公司收购的基本原则由其自身的特性以及对上市公司收购进行规制的目标所决定。上市公司收购必须基于公开、公平和公正而展开，各国均制定了有关法律对收购行为加以调整，并确立了上市公司收购的基本原则：股东平等待遇原则、保护中小股东利益原则和信息披露原则。

（一）股东平等待遇原则

股东平等待遇原则是上市公司收购的根本原则，其他原则是对它的阐释和具体化。它具体是指在上市公司要约收购中目标公司的所有股东均应获得平等待

遇，即所有股东在公开要约收购过程中，在信息获取、收购条件等方面均应享受同等的机会，收购人不得有所偏颇。其最重要的作用在于防止上市公司收购中大股东操作行情和私下交易。

股东平等待遇应包括以下两层含义：第一，股份平等，即"同股同权"和"一股一权"。"同股同权"要求股份公司发行的同类股票的权利内容相同；"一股一权"要求同类股东在公司事务表决过程中按照持有的股票比例进行投票表决。其中，前者是股份平等的基础，后者是股份平等的关键。第二，实质平等，即实现股东间相对实质性的公平待遇。股东平等待遇并不是一种形式上的平等，而是一种实质性平等，原则上禁止那些客观上缺乏合理性的不平等待遇，这正是公平正义法律理念的体现。

《证券法》规定，收购要约提出的各项收购条件，适用于被收购公司的所有股东。被收购公司股东承诺出售的股份数额超过预定收购的股份数额的，收购人应当按比例进行收购。采取要约收购方式，收购人在收购期限内，不得卖出被收购公司的股票，也不得采取要约规定以外的形式和超出要约的条件买入被收购公司的股票。

（二）保护中小股东利益原则

保护中小股东利益原则是上市公司收购中最为核心的原则。在上市公司收购中涉及收购人、目标公司股东和目标公司管理层三方主体。其中，收购人有雄厚的资金和专业的人才，目标公司管理层则拥有目标公司的实际控制权和潜在利益，他们都有能力保护自己的利益，而目标公司的股东尤其是中小股东在收购的过程中往往处于弱势地位，因为目标公司的大股东经济实力强，对市场信息的获取能力强，在追求自身利益最大化时难免造成对公司中小股东利益的损害。同时，收购人可能与大股东达成某种妥协而给予大股东更多的优惠，而中小股东却无法得到这一切。因而，各国证券或公司立法都注重保护中小股东的利益。

强制收购制度是专门为保护中小股东利益而设计的。当收购人收购目标公司股份达到法定比例时，必须履行向目标公司的剩余股份持有者发出全面收购要约的义务。强制收购制度的目的是赋予目标公司中小股东持有股份的选择权，以防止收购人成为目标公司新的大股东后对他们进行压迫。我国《证券法》规定，通过证券交易所的证券交易，投资者持有或者通过协议、其他安排与他人共同持有一个上市公司已发行的股份达到30％时，继续进行收购的，应当依法向该上市公司所有股东发出收购上市公司全部或者部分股份的要约。收购期限届满，被收购公司股权分布不符合上市条件的，该上市公司的股票应当由证券交易所依法终止上市交易，其余仍持有被收购公司股票的股东，有权向收购人以收购要约的同等条件出售其股票，收购人应当收购。

对中小股东利益的保护还体现为，对目标公司控股股东与高管的规制以及对反收购措施的限制。如我国《上市公司收购管理办法》第 8 条规定:“被收购公司的董事、监事、高级管理人员对公司负有忠实义务和勤勉义务,应当公平对待收购本公司的所有收购人。被收购公司董事会针对收购所作出的决策及采取的措施,应当有利于维护公司及其股东的利益,不得滥用职权对收购设置不适当的障碍,不得利用公司资源向收购人提供任何形式的财务资助,不得损害公司及其股东的合法权益。”

除此以外,《证券法》第 98 条规定:“在上市公司收购中,收购人持有的被收购的上市公司的股票,在收购行为完成后的十二个月内不得转让。”这条规定主要是为了防止收购人欺诈目标公司中小股东。如果收购人收购的股票的转让不受时间限制,那么收购人完全可以利用其持股优势、信息优势操纵市场、炒作股票获得不当利益。

(三)信息披露原则

信息披露原则是上市公司收购的基本原则之一,信息披露是保护中小股东利益的有效措施。根据此原则,凡是与收购有关的重要信息均应充分披露,使面临收购要约的目标公司股东能够据此作出审慎的决定。信息披露义务人报告、公告的信息必须真实、准确、完整,不得有虚假记载、误导性陈述或重大遗漏,且在作出相关信息披露前,信息披露义务人负有保密义务,从而真正保护所有投资者的合法权益。信息披露原则在上市公司收购中体现得最为充分,主要有以下几点:

1. 要约公告规则。要约收购报告书是广大投资者作出投资判断的重要依据,尤其是中小股东作出接受或拒绝收购要约的决定性信息。因此,法律对收购报告书信息公开的及时、准确、完全的要求应更为严格。由于各国的实际情况不一样,收购要约具体包括的内容也就有所差别。《证券法》第 89 条规定,收购人必须事先向国务院证券监督管理机构报送上市公司收购报告书,并载明下列事项:(1)收购人的名称、住所;(2)收购人关于收购的决定;(3)被收购的上市公司名称;(4)收购目的;(5)收购股份的详细名称和预定收购的股份数额;(6)收购期限、收购价格;(7)收购所需资金额及资金保证;(8)报送上市公司收购报告书时持有被收购公司股份数占该公司已发行的股份总数的比例。收购人还应该将上市公司收购报告书同时提交证券交易所。

2. 持股披露规则。也称“预先警示制度”,是指投资者持有一上市公司已发行股份达到一定比例以及达到此比例后每增加或减少一定比例,依法必须披露。设立持股披露规则,一方面是使投资者注意到公司股权结构的变化情况,以便作出正确决策,从而保护投资者和公司股东的利益;另一方面是防止投资者暗中吸纳上市公司的大量股份达到公司控制权的临界点,然后采取收购行为,从而对市场造成巨大的冲击和对股东的不公平待遇。从严格意义上讲,持股预警披露并非属于上市公司收购要约的正式信息披露文件,但是由于它在一定程度上暗示着大股东的收

购意图及收购的可能性，因此各国都将其作为收购要约的“序曲”，要求大股东披露持股信息。

《证券法》第86条规定：“通过证券交易所的证券交易，投资者持有或者通过协议、其他安排与他人共同持有一个上市公司已发行的股份达到百分之五时，应当在该事实发生之日起三日内，向国务院证券监督管理机构、证券交易所作出书面报告，通知该上市公司，并予公告；在上述期限内，不得再行买卖该上市公司的股票。投资者持有或者通过协议、其他安排与他人共同持有一个上市公司已发行的股份达到百分之五后，其所持该上市公司已发行的股份比例每增加或者减少百分之五，应当依照前款规定进行报告和公告。在报告期限内和作出报告、公告后二日内，不得再行买卖该上市公司的股票。”可见，我国“预先警示制度”的法定持股比例临界点为5%，强调对持股比例达到5%和达到5%后每增减5%的公开。

3.目标公司董事会意见披露。具体来说，目标公司董事会意见披露是指在收购人发出收购要约后的一段时间内，目标公司董事会有义务就收购要约向全体股东提供意见并公开其他有关可能影响股东作出决定的信息披露文件。目标公司董事会必须以全体股东最大化利益为其披露意见的出发点，同时必须恪守忠实、诚信义务。《上市公司收购管理办法》第32条第1款规定，在收购人公告要约收购报告书后20日内，被收购公司董事会应当公告被收购公司董事会报告书与独立财务顾问的专业意见。

四、要约收购

（一）要约收购的概念与特征

要约收购，是指收购人通过向目标公司全体股东发出收购要约的方式就同类股票以相同价格购买部分或全部发行在外股票的收购。

要约收购的核心是收购要约，法律也以收购要约作为规制的重点。收购要约是一种要式行为，是以上市公司全体股东为相对人的单方意思表示，收购人支付的对价，可以是现金，也可以是现金以外的其他对价。

要约收购具有如下特征：

1.收购要约应向目标公司所有股东发出，并且要约收购是公开收购行为。这是股东平等原则以及对中小股东保护的要求。

2.要约具体条件明确。要约收购的条件必须在初始要约中就已经列明，并且这些条件适用于目标公司的所有股东。要约收购的收购价格是固定的，收购期限、收购数量是明确的。

3.要约收购的要约是收购人单方面的意思表示行为。

4.除收购失败外，收购要约已经发出即不得撤回，也不得附条件。

(二)要约收购的程序

根据《证券法》和《上市公司收购管理办法》的规定,要约收购必须遵循一定的程序:

1.收购人置备并报送收购报告书。上市公司收购报告书应当载明法律法规规定的事项和中国证监会要求载明的其他事项。收购人发出收购要约,必须事先向证券监督管理机构、证券交易所提交要约收购报告书,通知被收购公司,同时对要约收购报告书摘要作出提示性公告。对于要约收购报告书内容的真实性、准确性和完整性,收购人应聘请律师进行审核,并出具法律意见书。

2.公告收购要约。所谓的收购要约是指收购人向被收购公司股东公开发出的、愿意依照要约条件购买其所持有的被收购公司股份的意思表示。收购人在报送要约收购报告书之日起 15 日后,公告其收购要约。在上述期限内,证券监督管理部门发现上市公司要约收购报告书不符合法律、行政法规规定的,应及时通知收购人,收购人不得公告其收购要约。收购要约的期限不得少于 30 日,并不得超过 60 日,但是出现竞争要约的除外。一旦出现竞争要约,初始要约的收购人可以修改其原定的要约条件。竞争要约的收购人,最迟不得晚于初始要约期满前的 5 日内履行其报告、通知和公告的义务。如果距原定的要约期限期满不足 15 日的,该期限应当予以延长,延长后的有效期不应少于 15 日,但不得超过最后一个竞争要约的期满日。

3.预受和收购。预受是指受要约人同意接受要约的初步意思表示,预受在不可撤回之前不构成承诺。在要约收购期限届满前 3 个交易日内,预受股东不得撤回其对要约的接受。为了便于受要约人及时了解其他股东的情况,以便于更好地作出投资的安排,在要约收购期限内,收购人应当每天在证券交易所网站上公告已经预受收购要约的股份数量。

同意接受收购要约的股东,应当委托证券公司办理预受要约的相关手续。收购人应当委托证券公司向证券登记结算机构申请办理预受要约股票的临时保管。证券登记结算机构临时保管的预受要约的股票,在要约收购期间不得转让。

收购期限届满,发出部分收购要约的收购人应按照收购要约约定的条件购买被收购公司股东预受的股份,预受要约股份的数量超过预定收购数量时,收购人应按照同等比例收购预受要约的股份;以终止被收购上市公司为目的的,收购人应当按照收购要约约定的条件购买被收购公司股东预受的全部股份;未取得中国证监会豁免而发出全面要约的收购人应当购买被收购公司股东预受的全部股份。收购价格不得低于要约收购提示性公告日前 6 个月内收购人取得该种股票所支付的最高价格。

收购期限届满后 3 个交易日内,接受委托的证券公司应当向证券登记结算机构申请办理股份转让结算、过户登记手续,解除对超过预定收购比例的股票的临时

保管。

4.强制收购。强制收购是指在收购人已经持有目标公司绝大多数股份(通常为90%)时,其余股东有权以同等条件将其股份强制出售给收购人,收购人也有权强制要求收购其余股东股份。这样做的立法目的是在收购成功后,保护未出售其股份的目标公司少数股东的利益。

5.收购结束报告与公告。收购上市公司行为结束后,在收购期限届满15日内,收购人应向证券监督管理机构报送关于本次收购情况的书面报告,同时抄报派出机构,抄送证券交易所,通知被收购公司,并予以公告。

(三)强制要约收购

强制要约收购,是指持有一个上市公司的股份达到法定比例后,由法律强制其在规定的时间内向该公司其他所有股东发出收购要约的制度。目前,强制要约收购制度还算不上是一项国际通行的制度,采用的国家有英国、法国等,而美国、德国等国则没有采用。我国《证券法》规定,当某股东持有上市公司股份达到30%时,则启动强制要约制度,该股东可以选择向公司其他股东发出全部收购要约或部分收购要约。

符合下列条件之一的,收购人应当履行强制要约收购的义务:

1.通过证券交易所的证券交易,投资者持有或者通过协议、其他安排与他人共同持有一个上市公司已发行的股份达到30%时,继续进行收购的,应当依法向该上市公司所有股东发出收购上市公司全部或部分股份的要约。

2.采取协议收购方式的,收购人收购或者通过协议、其他安排与他人共同收购一个上市公司已发行的股份达到30%时,继续进行收购的,应当向该上市公司所有股东发出收购上市公司全部或部分股份的要约。但是,经国务院证券监督管理机构免除其发出要约义务的除外。

强制要约收购义务可以依法得以豁免。要约收购的豁免是指投资者持有某一上市公司已发行的股票30%以上,但经过证券监管部门的批准,免于要约收购并可继续增持股份或增加控制的制度。

根据《证券法》第88条第1款的规定,通过证券交易所的证券交易,投资者持有或者通过协议、其他安排与他人共同持有一个上市公司已发行的股份达到30%时,继续进行收购的,应当依法向该上市公司所有股东发出收购上市公司全部或者部分股份的要约。由此可见,我国《证券法》不仅改变了原来的强制性全面要约制度,而且明确了上市公司可以采用部分要约收购制度,并且对部分要约收购规定了"按比例接纳规则",收购人可以根据自己的愿望按照应当的比例发出收购部分股份的部分要约,也可以发出收购全部股份的全面要约。收购人按比例进行收购的比例是指收购人预定收购的股份数额和被收购的上市公司的股东承诺出售的股份数额的比例。部分要约收购为收购人提供了一个更为灵活且成本相对较低的选择，收购人可以根据其需要和市场情况，在收购数量上自行设定收购目标，而不必被迫接受被收购公司的所有股份，这就在一定程度上避免了全面要约收购可能导致的公司终止上市的情形。部分要约收购制度也有利于推进上市公司收购的市场化行为，减少全面要约豁免方面的行政介入，有利于收购业务的开展。

《上市公司收购管理办法》把强制要约收购豁免的申请分为两类，即以一般程序申请和以简易程序申请。

1. 以一般程序申请

《上市公司收购管理办法》第 62 条规定，有下列情形之一的，收购人可以向中国证监会提出免于以要约方式增持股份的申请：(1)收购人与出让人能够证明本次股份转让是在同一实际控制人控制的不同主体之间进行，未导致上市公司的实际控制人发生变化；(2)上市公司面临严重财务困难，收购人提出的挽救公司的重组方案取得该公司股东大会批准，且收购人承诺 3 年内不转让其在该公司中所拥有的权益；(3)中国证监会为适应证券市场发展变化和保护投资者合法权益的需要而认定的其他情形。

收购人报送的豁免申请文件符合规定，并且已经按照本办法的规定履行报告、公告义务的，中国证监会予以受理；不符合规定或者未履行报告、公告义务的，中国证监会不予受理。中国证监会在受理豁免申请后 20 个工作日内，就收购人所申请的具体事项作出是否予以豁免的决定；取得豁免的，收购人可以完成本次增持行为。

2. 以简易程序申请

《上市公司收购管理办法》第 63 条规定了当事人可以向中国证监会提出免于发出要约的申请的三种情形，中国证监会自收到符合规定的申请文件之日起 10 个工作日内未提出异议的，相关投资者可以向证券交易所和证券登记结算机构申请办理股份转让和过户登记手续；中国证监会不同意其申请的，相关投资者应当按照本办法第 61 条的规定办理。

3. 免于提出豁免申请

《上市公司收购管理办法》第 63 条同时规定了免于提交豁免申请的七种情形，相关投资者可以直接向证券交易所和证券登记结算机构申请办理股份转让和过户登记手续。

五、协议收购

(一)协议收购的概念与特征

协议收购，是指收购人通过与被收购的上市公司股东达成书面协议，并按照协议所规定的收购价格、收购数量、收购期限等收购条件购买该种股票的收购方式。

协议收购的对象一般为目标公司的特定股东，实际上是“一对一”的特定当事人之间的股权转让。协议收购与要约收购相比，具有如下特征：

1. 立法注重对信息披露的规制。在协议收购中，双方处于完全平等的地位，但由于协议是私下“一对一”进行的，而协议收购的结果很可能使其他股东丧失了退出选择权，因而法律非常注重对信息披露的规制。在要约收购中，目标公司的股东尤其是中小股东处于相对被动的地位，因此，立法的侧重点在于保护目标公司的中小股东，规范证券市场秩序。

2. 交易场所在场外。协议收购是在场外不公开进行的，通常不会引起二级市场大波动；要约收购是在证券交易所内公开进行的，对二级市场可能产生较大的影响。

3. 交易对手为大股东。协议收购针对的是目标公司的少数股东尤其是大股东，收购人可以根据目标公司股权结构的不同而自行选择交易对象；要约收购必须面对目标公司的所有股东。

4. 定价是由双方合意达成的。协议收购价格是双方合意的结果，与股市价格存在较大偏离，可能低于或高于每股净资产；要约收购的定价规则是以市场为导向的，在出现反收购或者竞争要约时，收购成本可能会上涨。

（二）协议收购的程序

协议收购的程序相较于要约收购的程序要简单很多。根据《证券法》与《上市公司收购管理办法》的规定，协议收购一般经过如下程序：

1. 聘请财务顾问、协商并签订收购协议。收购人进行协议收购，首先应该聘请财务顾问，由财务顾问对收购人的资格进行把关，并对收购人最近 3 年的诚信记录、收购资金来源的合法性、收购人具备履行相关承诺的能力以及相关信息披露内容的真实性、准确性和完整性进行核查。收购人应当与所选定的目标公司的股东订立收购协议，对拟收购的股份数、收购价格、支付方式、期限等事项达成一致。若协议出售方为两个或两个以上的目标公司的大股东，收购人应当与其分别订立收购协议。

收购上市公司中由国家授权投资的机构持有的股份，还应该按照国务院的规定，经过有关主管部门批准，批准后才可以正式签订收购协议。

2. 报告、通知与公告。在收购协议达成的次日，由收购人向中国证监会递交收购报告书，同时抄报中国证监会在上市公司所在地的派出机构、抄送相应的证券交易所，并将收购报告书摘要进行提示性公告。在未作出公告之前，不得履行收购协议。

3. 审议与公告。中国证监会受理收购人的上市公司收购报告书后 15 日内对其报告进行审议；如有异议，应该在此期限内向收购人提出。在规定的期限内，中国证监会没有对收购人提出任何异议的，收购人即可公告其上市公司收购报告书。

4. 委托中介机构保存股票与存放资金。协议双方可以临时委托证券登记结算机构保管协议转让的股票，并将资金存放在指定的银行。保存股票与存放资金只是一种选择性权利，不是强制性规定。

5. 履行收购协议。收购人在公告其上市公司收购报告书的同时，协议双方当事人即可按照《公司法》的规定、证券交易所以及证券登记结算机构的业务规则和要求，申请办理股份转让和过户登记手续。没有按照规定履行报告、公告义务或者没有按照规定提出申请的，证券交易所和证券登记结算机构不予办理股份转让和过户登记手续。

收购人在收购报告书公告后 30 日内仍未完成相关股份过户手续的，应当立即作出公告，说明理由；在未完成相关股份过户期间，应当每隔 30 日公告相关股份过户办理进展情况。

6. 收购结束报告与公告。依据《证券法》第 100 条的规定，收购上市公司的行为结束后，收购人应当在 15 日内将收购情况报告国务院证券监督管理机构和证券交易所，并予以公告。

（三）收购国家股的特别规定

根据我国《证券法》第 101 条的规定，收购上市公司中由国家授权投资的机构持有的股份，应当按照国务院的规定，经主管部门批准。

司法考试真题链接

1. 碧海公司减持新奇公司法人股后，将所获资金用于购买 600 万股新奇公司的社会公众股，3 个月后，碧海公司将该 600 万股社会公众股卖出，获利 1800 万元。对碧海公司的这一买卖行为应如何处理？（2003 年司法考试真题）

A. 碧海公司违法操作，1800 万元收益应收缴国库

B. 碧海公司违规操作，应处以违法所得 1 倍以上 5 倍以下的罚款

C. 碧海公司有权自由买卖新奇公司股票，故 1800 万元收益应归碧海公司所有

D. 碧海公司可以买卖新奇公司股票，但所获 1800 万元收益应归新奇公司所有

2. 甲公司持有乙上市公司 30% 的股份，现欲继续收购乙公司的股份，遂发出收购要约。甲公司发出的下列收购要约，哪些内容是合法的？（2005 年司法考试真题）

A. 甲公司收购乙公司的股份至 51% 时即不再收购

B. 甲公司将在 45 日内完成对乙公司股份的收购

C. 本收购要约所公布的收购条件适用于乙公司的所有股东

D. 在收购要约的有效期限内,甲公司视具体情况可以撤回收购要约

3. 根据公司法(现在应该按照《证券法》)有关规定,上市公司发生下列哪些情形,国务院证券管理部门有权决定终止其股票上市?(2002年司法考试真题)

A. 某公司在其2000年度的财务报告中虚列各项开支共计900多万元

B. 某公司参与走私香烟等货品,违法金额达13多万元

C. 某公司经营状况严重恶化,最近3年连续亏损

D. 某公司更换法定代表人但未经证券管理部门的同意

4. 根据《证券法》的规定,关于上市公司收购的说法,下列哪些选项是正确的?(2008年四川司法考试真题)

A. 收购期限届满,被收购公司股权分布不符合上市条件的,依法终止上市交易

B. 收购人持有的被收购的上市公司的股票,在收购行为完成满12个月以后可以转让

C. 收购期限届满,其余仍持有被收购公司股票的股东,有权向收购人以收购要约的同等条件出售其股票,收购人应当收购

D. 收购行为完成后,收购人与被收购公司合并,并将该公司解散的,被解散公司的原有股票由收购人依法更换

5. 甲股份有限公司债券上市交易后因出现法定情形被暂停上市。下列哪些表述符合暂停上市的规定?(2003年司法考试真题)

A. 甲公司最近2年连续亏损

B. 甲公司的法定代表人发生变更

C. 甲公司发生重大违法行为

D. 甲公司未按照公司债券募集办法的规定履行义务

6. 根据《证券法》和《公司法》的规定,下列关于证券交易限制情形的表述哪些是正确的?(2003年司法考试真题)

A. 发行人所持股票,在公司成立之日起3年内不得转让

B. 公司董事、经理、监事在任职期间不得转让本公司股票

C. 持有一个公司已发行股份5%的股东,其股票在买入后6个月内不得卖出

D. 公司绝对控股的股东,其股票于购入之日起1年内不得转让

7. 因突发性事件而影响证券交易正常进行时,证券交易所可以采取下列哪一措施?(2004年司法考试真题)

A. 政策性停牌　　　　B. 技术性停牌

C. 临时停市　　　　D. 休市

第二十一章　证券市场监管与证券违法行为的法律责任

【引　例】

甲证券公司是一家经批准可以从事融资融券业务的公司，近期，该公司接受乙客户的委托买卖股票，进行了如下几单业务：(1)客户乙要求买入某种股票1万股时，每股17.8元人民币，但客户乙的开户账户上只有10万元人民币。为了保证客户乙能及时买到股票，甲公司决定暂时借给客户乙8万元人民币。(2)客户乙要求甲公司为其在该公司开立的账户保密，甲公司认为乙要求过分，其有权公开账户号码。(3)某交易日，客户乙所持有的A股价格猛烈上涨，虽然乙只有1000股，但甲公司为了更好地吸引客户，决定再借给乙该种股票1000股供其抛售。(4)甲证券公司在接受乙的委托之后，根据委托协议向乙收取一定的费用。

第一节　证券市场监管制度

一、证券监管的概念与基本原则

证券监管也称证券市场的监管，是金融监管的重要组成部分，具体是指监管机构根据证券法规，对证券发行、交易和服务活动实施的监督与管理。证券监管制度就是关于证券监管机构对证券发行、交易与服务活动实施监督管理的一系列规范的总称。

证券监管的基本原则既是证券监管机构进行证券监管的出发点和基本指导思想，也是开展监管工作所应遵循的最高行为准则。概括而言，证券监管的基本原则包括依法监管原则、效率原则和公平原则。

(一)依法监管原则

证券市场是一个法制市场，证券监管机构开展监管工作必须严格限定于法律

规定的范围之内。首先，证券监管机构的监管行为必须有法律的授权，受法律的保障，监管行为才能具有实效性和权威性。我国《证券法》确立了监管者的法律地位，赋予其法定的权力，这是证券监管的重要保障。其次，监管机构及其监管行为必须受法律的约束，监管者自身也应受到法律监管。我国《证券法》关于证券监管机构公开义务的规定，对监管机构工作人员忠诚义务、保密义务的规定，将证券监管逐步纳入法治的轨道。

（二）效率原则

效率原则要求证券价格对信息的反映程度是全面而充分的，具体有两方面的含义：一是监管工作要以证券市场的高效率运转为目标，二是证券监管工作本身要高效率地进行。没有高效的监管措施，就不会及时而有力地打击各种证券欺诈行为；没有高效的组织、管理，就会人为地提高证券交易和证券交易参与者的入市门槛，就会提高交易成本。因而，证券监管的实施必须进行成本效益分析，以成本最小化获取收益最大化，从而提高监管的有效性。那么，合理地设计证券市场监管组织体系的结构，制定行之有效的监管制度，建立一支精通证券市场专业技术知识和具有高度敬业精神及职业道德的高级监管队伍，就是充分发挥和提高证券市场监管机制的功能和效率、降低证券市场监管机制的运行成本的必要条件。

（三）公平原则

在证券市场上，公平是指市场交易主体的法律地位平等、市场机会均等、交易等价有偿，要平等地享有权利，平等地履行义务。同时，还要以市场信息的公开、对监管对象的公正对待为其实现的手段。依据该原则，证券发行人有公平的筹资机会，证券商和其他中介机构有相同的权利和义务，投资者有平等的交易机会；进入证券市场后，所有参与者不因其身份的差异、经济实力的强弱而受到不公平的对待，而应遵守共同的市场规则。可见，公平原则的目的是创造一个让所有市场主体进行公平竞争的环境。

二、证券监督管理机构的监管

（一）证券监督管理机构的概念和特点

证券监督管理机构，是指代表国家对证券的发行和交易行为以及与证券的发行和交易有关的个人、组织进行管理的执法机关。

证券监督管理机构的性质，世界各国大多规定其属于政府主管部门。我国《证券法》第 7 条规定，“国务院证券监管机构依法对全国证券市场实行集中统一监督管理”，第 178 条进一步明确规定，“国务院证券监管机构依法对全国证券市场实行集中监督管理,维护证券市场秩序,保障其合法运行”,第 235 条规定,“当事人对证券监督管理机构或者国务院授权的部门的处罚决定不服的,可以依法申请行政复议,或者依法直接向人民法院提起诉讼”。这些规定表明,国务院证券监督管理机构应当是国务院所属的部委,具有属于国务院所属的行政主管部门的性质。但是,根据我国目前的证券监管体制的运行状况,中国证券监督管理委员会作为国务院证券监督管理机构仍属于国务院所属的事业单位。

证券监督管理机构具有如下特点:

1.证券监督管理机构是法定的机关。它的存在与否、权限划分、职权的行使都是由法律来规定的,任何其他单位和个人都不能自称为证券监督管理机构,否则就要承担相应的法律责任。

2.证券监督管理机构是代表国家行使职权的机关。所谓代表国家行使职权,是指证券监督管理机构依法行使职权时,其行为是国家的行为,该机关的人员必须以维护国家的利益为目的行使职权,同时应履行法定义务。在证券监督管理机构行使职权不当而侵犯他人利益时,他人可以依据法律的规定来保护自己,如进行行政诉讼,请求国家的司法机关来保护自己等。

3.证券监督管理机构是执法机关。它依据法律规定的职权对证券市场进行监督管理、纠正违法行为、处罚违法行为,只有它本身依法行使职权,并依法履行各项义务,才能保证严格执法。

4.证券监督管理机构是管理证券市场的机关。所谓管理证券市场,是指证券监督管理机构的管理对象是证券市场,包括对证券的发行行为、交易行为以及与证券的发行和交易行为有关的证券的机构的行为,比如对证券公司、证券交易所、证券登记结算机构、证券业协会等机构的行为进行监督管理。

5.证券监督管理机构是一个集合体。证券监督管理机构依法行使职权时,必须以整个机构的名义进行,不能以某一个人的名义对外行使职权,否则,他人可以不接受。

(二)证券监督管理机构的监管职责

由于各国和地区的证券监管体制不同,证券监管机构的职责范围也有所差异。我国证券监督管理机构的职责范围比较广泛,根据《证券法》第 179 条的规定,主要有以下几方面内容:

1.依法制定有关证券市场监督管理的规章、规则,并依法行使审批或者核准权。

2.依法对证券的发行、上市、交易、登记、存管、结算进行监督管理。

3.依法对证券发行人、上市公司、证券公司、证券投资基金管理公司、证券服务机构、证券交易所、证券登记结算机构的证券业务活动,进行监督管理。

4.依法制定从事证券业务人员的资格标准和行为准则,并监督实施。

5. 依法监督检查证券发行、上市和交易的信息公开情况。

6. 依法对证券业协会的活动进行指导和监督。

7. 依法对违反证券市场监督管理法律、行政法规的行为进行查处。

8. 法律、行政法规规定的其他职责。国务院证券监督管理机构可以和其他国家或者地区的证券监督管理机构建立监督管理合作机制,实施跨境监督管理。

此外,根据我国《证券法》第 180 条的规定,国务院证券监督管理机构依法履行职责,并享有下列相应的执法权或采取相应措施的权力:现场检查权,调查取证权,询问权,查阅、复制和封存权,账户查询权与冻结权。

三、证券业协会的自律监管

(一)证券业协会的概念与特征

证券业协会,是指由证券经营机构组成的,全国证券业行业自律性监管组织,具有法人资格。根据职责的不同,证券业协会可分两种:一是具有自律监管职责的行业协会即证券行业自律组织,如美国证券业协会(NASD)、加拿大证券业协会(IDA);二是没有自律监管职责的行业协会,其主要职能是负责行业内的沟通和交流,并代表行业向政府提供建议等,如英国、法国以及我国香港特别行政区的证券业协会。

各国证券业协会通常都具有以下特征:

1. 证券业协会是行业性和自律性组织。为了促进证券业的自我约束,各国证券法律一般要求证券经营机构都必须加入证券业协会。所谓自律,是指由协会会员通过订立章程对协会进行自我管理、自我约束。协会的会员成立一个团体,一方面可以共同对抗外界甚至是政府的不当干预;另一方面,可以协调彼此的关系,从而避免成员之间的相互排挤,参与公平竞争。

2. 证券业协会是社会团体法人。证券业协会作为社团法人,其目标在于促进证券市场的发展,推行证券交易法规,协调会员之间的关系,保护会员合法权益。所谓的社会团体法人,是指由市场主体自愿组织成立的从事社会公益、学术研究、文学艺术等活动的法人组织,一般具有如下特点:(1)市场主体自愿成立;(2)其成员自愿出资成立自己的团体财产或基金,并为团体所有;(3)成员共同制定团体的章程;(4)以自己的财产承担民事责任;(5)不以营利为目的。

3. 证券业协会自觉接受政府部门的指导与监督。具有自律监管职责的协会和纯粹的行业性组织,在强调行业自律特点的同时,都自觉接受政府部门的指导与监督,忠实履行法律赋予的职能,起到监管的重要补充作用。

(二)证券业协会的性质

按照国际通例,证券业协会是由证券商或者证券业从业人员自愿组成的同业公会，因此证券业协会也称证券业同业公会。具体来说，证券业协会是证券业的自律性组织，它是依法设立的对证券行业进行自律性管理的具有法人资格的社会团体组织。其性质属于自律性社会团体法人。我国证券业协会组织为中国证券业协会，成立于1991年8月28日，是全国证券行业自律性管理的组织，具有社团法人资格。

（三）证券业协会的职责

根据《证券法》第176条和《中国证券业协会章程》的有关规定，协会行使下列职责：(1)教育和组织会员遵守证券法律、行政法规；(2)依法维护会员的合法权益，向证券监督管理机构反映会员的建议和要求；(3)收集整理证券信息，为会员提供服务；(4)制定会员应遵守的规则，组织会员单位的从业人员的业务培训，开展会员间的业务交流；(5)对会员之间、会员与客户之间发生的证券业务纠纷进行调解；(6)组织会员就证券业的发展、运作及有关内容进行研究；(7)监督、检查会员行为，对违反法律、行政法规或者协会章程的，按照规定给予纪律处分；(8)证券业协会章程规定的其他职责。

中国证券业协会的主要职责在于充分发挥自律组织的协助、权益维护、服务、传导、沟通和和解功能，并对证券一级市场以及场外交易进行监督管理和提供服务。这就与证券交易所对证券市场的场内交易进行监管区别开来，避免了两者在证券监管功能上的重叠，也为今后证券业协会监管职能的发展奠定了基础。但是，值得注意的是，在我国证券市场的活动中，中国证券业协会并没有独立地与政府监管机构在市场管理中形成互补，而是表现为政府职能退出后的补充，更多时候扮演的是证券业主管机构助手的角色，与政府监管机构在很大程度上是一种替代关系，而不是互补关系。这种情况会导致协会对政府过度依赖，与会员的利益产生一定的冲突对立，不利于证券业的自律以及协会的自身发展，因而，有必要从制度上进一步完善协会的建设。

第二节　证券违法行为的法律责任

一、证券违法行为的行政责任

《证券法》所规定的证券违法行为行政责任的制裁措施包括罚款、警告、责令改正、撤销任职资格或证券从业资格、撤销证券业务许可、没收业务收入、没收违法所得，以及施行证券市场禁入等。这些具体的责任形式由中国证监会根据违法行为的性质和情节裁量使用。当事人对证券监督管理机构或者国务院授权的部门的处罚决定不服的，可以依据《行政复议法》的相关规定申请行政复议，或者依法直接向

人民法院提起诉讼。根据《证券法》的相关规定，证券违法行为的行政责任主要有以下几类：

(一)与证券发行有关的行政责任

1. 发行人。未经法定机关核准，擅自公开或者变相公开发行证券的，应责令停止发行、退还所募资金，并处罚款。发行人不符合发行条件，以欺骗手段骗取发行核准，应处罚款。

2. 证券公司。证券公司承销或者代理买卖未经核准擅自公开发行的证券的，应没收违法所得、罚款，对直接负责人警告、撤销任职资格或证券从业资格。证券公司承销证券，有下列行为之一的，责令改正、给予警告、没收违法所得、罚款，情节严重的，可以暂停或撤销相关业务许可：进行虚假的或者误导投资者的广告或者其他宣传推介活动；以不正当竞争手段招揽承销业务；其他违反证券承销业务规定的行为。

3. 保荐人。保荐人出具有虚假记载、误导性陈述或者重大遗漏的保荐书，或者不履行其他法定职责的，责令改正、给予警告、没收业务收入，并处罚款，情节严重的，可以暂停或撤销相关业务许可。对直接负责的主管人员和其他直接责任人员给予警告，并处罚款；情节严重的，撤销任职资格或者证券从业资格。

此外，发行人、上市公司擅自改变募集资金用途的，也应承担相关行政责任。

(二)发行人、上市公司或者其他信息披露义务人违反信息真实义务的行政责任

1. 发行人、上市公司。如果发行人、上市公司或者其他信息披露义务人未按照规定披露信息，或者所披露的信息有虚假记载、误导性陈述或者重大遗漏的，应当责令改正、罚款，对直接责任人警告、罚款。发行人、上市公司或者其他信息披露义务人未按照规定报送有关报告，或者报送的报告有虚假记载、误导性陈述或者重大遗漏的，要承担相应责任。发行人、上市公司或者其他信息披露义务人的控股股东、实际控制人指使他人从事前两项违法行为的，应受到处罚。

2. 其他信息披露义务人，主要包括国家工作人员、传播媒介从业人员和有关人员；证券交易所、证券公司、证券登记结算机构、证券服务机构及其从业人员，证券业协会、证券监督管理机构及其工作人员，分别就其违反信息真实义务承担法定的行政责任。

(三)违反股票禁售规定的行政责任

1. 上市公司董事。上市公司的董事、监事、高级管理人员、持有上市公司股份5%以上的股东，违反在禁止转让期内转让股票的规定而买卖本公司股票的，给予警告，可并处罚款。

2.其他主体。其他主体在限制转让期限内买卖证券的，责令改正，给予警告，并处以买卖证券等值以下的罚款。对直接负责的主管人员和其他直接责任人员给予警告和罚款。

3.证券服务机构。为股票的发行、上市、交易出具审计报告、资产评估报告或者法律意见书等文件的证券服务机构和人员，违反证券法在限定期间内禁止买卖股票规定的，责令依法处理非法持有的股票，没收违法所得，并处以买卖股票等值以下的罚款。

（四）违反有关证券从业人员规定和禁止参与股票交易人员规定的行政责任

违反证券法的规定，聘任不具有任职资格、证券从业资格的人员的，由证券监督管理机构责令改正，给予警告，可以并处罚款；对直接负责的主管人员给予警告，可以并处罚款。

法律、行政法规规定禁止参与股票交易的人员，直接或者以化名、借他人名义持有、买卖股票的，责令依法处理非法持有的股票，没收违法所得，并处以买卖股票等值以下的罚款；属于国家工作人员的，还应当依法给予行政处分。

（五）市场主体违反公平交易的行政责任

1.内幕交易

内幕交易是指内幕信息的知情人利用内幕信息进行的证券买卖行为。《证券法》第73条规定："禁止证券交易内幕信息的知情人和非法获取内幕信息的人利用内幕信息从事证券交易活动。"

违反关于内幕证券交易禁止的规定，在涉及证券的发行、交易或者其他对证券价格有重大影响的信息公开前，买卖该证券，或者泄漏该信息，或者建议他人买卖该证券的，责令依法处理非法持有的证券，没收违法所得，并处以违法所得1倍以上5倍以下的罚款；没有违法所得或者违法所得不足3万元的，处以3万元以上60万元以下的罚款。单位从事内幕交易的，还应当对直接负责的主管人员和其他直接责任人员给予警告，并处3万元以上30万元以下的罚款。证券监督管理机构工作人员进行内幕交易的，从重处罚。

2.操纵市场

操纵市场是指意图造成不真实或足以令人误解其买卖处于活跃状态，或者抬高或压低证券价格，以诱使他人购买或出售该证券，损害投资者利益，扰乱证券市场秩序的行为。

违法操纵证券市场者，责令依法处理非法持有的证券，没收违法所得，并处以违法所得1倍以上5倍以下的罚款；没有违法所得或者违法所得不足30万元的，处以30万元以上300万元以下的罚款。单位操纵证券市场的，还应对直接负责的

主管人员和其他直接责任人员给予警告,并处以10万元以上60万元以下的罚款。

(六)证券公司违法进行证券交易以及证券公司其他违反法律规定的行政责任

1. 证券公司违法进行证券交易的行政责任

按照《证券法》的规定,证券公司违法进行证券交易的情形包括:证券公司违法为客户买卖证券提供融资融券;法人违法以他人名义设立账户或者利用他人账户买卖证券,证券公司为该法人违法行为提供自己或者他人的证券交易账户;证券公司违法假借他人名义或者以个人名义从事证券自营业务;证券公司违背客户的委托买卖证券、办理交易事项,或者违背客户真实意思表示,办理交易以外的其他事项等。对上述违法行为,应当由证券公司承担责令改正、没收违法所得、罚款等行政责任。引例中的甲证券公司所从事的各项业务中,第2项业务是违法的,违背了客户的真实意思表示;第1项业务为融资业务、第3项业务为融券业务,属于信用交易,现行证券法已经允许,在获得融资融券资格后,甲公司可以正常开展此类业务;第4项业务属双方真实意思表示,合法。

2. 证券公司其他违反法律规定的行政责任

证券公司擅自设立、收购、撤销分支机构,或者合并、分立、停业、解散、破产,或者在境外设立、收购、参股证券经营机构的;证券公司擅自变更有关事项的;超出业务许可范围经营证券业务的;证券公司对其证券经纪业务、证券承销业务、证券自营业务、证券资产管理业务,不依法分开办理,混合操作的;提交虚假证明文件或者采取其他欺诈手段隐瞒重要事实骗取证券业务许可的;证券公司或者其股东、实际控制人违反规定,拒不向证券监督管理机构报送或者提供经营管理信息和资料,或者报送、提供的经营管理信息和资料有虚假记载、误导性陈述或者重大遗漏的;证券公司为其股东的关联人提供融资或者担保等,应当承担相应的行政责任。

二、证券违法行为的刑事责任

《证券法》第231条规定:“违法证券法规定,构成犯罪的,依法追究刑事责任。”证券违法行为的刑事责任问题依据刑法来判断。根据1997年修正的《刑法》以及相关司法解释,构成犯罪并应当承担刑事责任的情况具体包括:

(一)违反信息公开义务方面的犯罪

1. 欺诈发行股票、债券罪。在招股说明书,认股书,公司、企业债券募集办法中隐藏重要事实或者编造重大虚假内容,发行股票或者公司、企业债券,数额巨大、后果严重或者有其他严重情节的,构成欺诈发行股票、债券罪。

2. 违规披露、不披露重要信息罪。依法负有信息披露义务的公司、企业向股东和社会公众提供虚假的或者隐瞒重要事实的财务会计报告,或者对依法应当披露的其他重要信息不按照规定披露,严重损害股东或者其他人利益,或者有其他严重情节的,构成违规披露、不披露重要信息罪。

3.提供虚假证明文件罪。承担资产评估、验资、验证、会计、审计、法律服务等职责的中介组织的人员故意提供虚假证明文件,情节严重的,构成提供虚假证明文件罪。

（二）董事、监事、高级管理人员违背对公司的忠实义务的犯罪,即“背信损害上市公司利益罪”

上市公司的董事、监事、高级管理人员违背对公司的忠实义务,利用职务便利,操纵上市公司从事非法行为,致使上市公司利益遭受重大损失的,构成犯罪。

（三）伪造、变造股票、公司企业债券罪

伪造、变造国库券或者国家发行的其他有价证券,数额较大的,构成本罪。

（四）擅自发行股票、公司企业债券罪

即未经国家有关主管部门批准,擅自发行股票或者公司、企业债券,数额巨大、后果严重或者有其他严重情节的,构成本罪。

（五）内幕交易方面的犯罪

证券、期货交易内幕信息的知情人员或者非法获取证券、期货交易内幕信息的人员,在涉及证券的发行,证券、期货交易或者其他对证券、期货交易价格有重大影响的信息未公开前,买入或者卖出该证券,或者从事与该内幕信息有关的期货交易,或者泄漏该信息,或者明示、暗示他人从事上述交易活动,情节严重的;证券交易所、期货交易所、证券公司、期货经纪公司、基金管理公司、商业银行、保险公司等金融机构从业人员以及有关监管部门或者行业协会的工作人员,利用因职务便利获取的内幕信息以外的其他未公开的信息,违反规定,从事与该信息相关的证券、期货交易活动,或者明示、暗示他人从事相关交易活动,情节严重的,构成犯罪。

内幕交易方面的犯罪目前具体包括三个罪名:“内幕交易罪”“泄露内幕信息罪”以及“利用未公开信息交易罪”。

（六）操纵证券、期货市场罪

有下列情形之一,情节严重的,构成犯罪:

1.单独或者合谋,持有或者实际控制证券的流通股份数达到该证券的实际流通股份总量30%以上,且在该证券连续20个交易日内联合或者连续买卖股份数累计达到该证券同期总成交量30%以上;

2. 单独或者合谋，持有或者实际控制期货合约的数量超过期货交易所业务规则限定的持仓量50%以上，且在该期货合约连续20个交易日内联合或者连续买卖期货合约数量累计达到该期货合约同期总成交量30%以上；

3. 与他人串通，以事先约定的时间、价格和方式相互进行证券或者期货合约交易，且在该证券或者期货合约连续20个交易日内成交量累计达到该证券或者期货合约同期总成交量20%以上；

4. 在自己实际控制的账户之间进行证券交易，或者以自己为交易对象，自买自卖期货合约，且在该证券或者期货合约连续20个交易日内完成交易量累计达到该证券或者期货合约同期总成交量20%以上；

5. 单独或者合谋，当日连续申报买入或者卖出同一证券、期货合约并在成交前撤回申报，撤回申报量占该种股票总申报量或者该种期货合约总申报量50%以上的；

6. 上市公司及其董事、监事、高级管理人员、实际控制人、控股股东或者其他关联人单独或者合谋，利用信息优势，操纵该公司证券交易价格或者证券交易量的。

（七）证券欺诈方面的犯罪

包括：编造并传播证券、期货交易虚假信息罪；诱骗投资者买卖证券、合约罪等。

三、证券违法行为的民事责任

（一）欺诈客户行为及其民事责任

在证券法律关系中，客户与证券公司等市场主体之间往往存在委托关系。按照这种关系的要求，证券公司等市场主体应当诚实信用地履行自己的义务。如果存在以下情形，则构成对客户的欺诈而应当承担民事赔偿责任。这种情况构成证券公司等的违约责任与侵权责任的竞合。

1. 违背客户的委托为其买卖证券。证券公司在办理经纪业务时，应当根据客户委托代理买卖证券，如果违背这种委托的意思表示，就构成欺诈行为。

2. 不在规定时间内向客户提供交易的书面确认文件。证券法要求证券公司接受委托的证券买卖成交后，应当按照规定制作买卖成交报告单交付客户；客户只有看到这类交易的书面确认文件，才能确知自己的交易行为，防止证券公司再有其他损害客户利益的行为。

3. 挪用客户所委托买卖的证券或者客户账户上的资金。投资者的证券和账户上的资金都归投资者所有，证券公司应保管客户的证券和资金，而无权挪用。

4. 私自买卖客户账户上的证券，或者假借客户的名义买卖证券。这种行为仍然是违背客户委托的行为，与证券公司作为代理人的身份和所承担的诚实信用义务相悖。

5. 为牟取佣金收入，诱使客户进行不必要的证券买卖。证券公司往往通过取得佣金获取利润，合法的佣金收入受到法律保护。但是，如果单纯为了牟取佣金而诱使客户进行不必要的证券买卖，就违背了证券公司应当承担的诚实信用义务，构成对客户的欺诈。

6. 其他违背客户真实意思表示、损害客户利益的行为。

（二）虚假陈述行为及其民事责任

1. 虚假陈述的含义和相关立法

虚假陈述是指信息披露义务人违反证券法律规定，在证券发行或者交易过程中，对重大事件作出违背事实真相的虚假记载、误导性陈述，或者在披露信息时发生重大遗漏，不正当披露信息的行为。

虚假陈述属于民法中典型的欺诈侵权，是以虚构的信息对投资者进行诱骗、误导，并造成其投资损失，是典型的违背信息披露义务的违法行为。公众据以预期证券价格的只能是证券发行人和上市公司提供的信息。证券市场作为证券上市交易的公开市场，公众在其中投资时，有理由相信这个市场提供的是真实信息。如果这些信息中掺杂了不真实的内容，就构成对投资者的欺诈；投资者因相信这些信息而进行投资并遭受经济损失，就有权追究虚假陈述人的民事赔偿责任。

《证券法》第 69 条规定："发行人、上市公司公告的招股说明书、公司债券募集办法、财务会计报告、上市报告文件、年度报告、中期报告、临时报告以及其他信息披露资料，有虚假记载、误导性陈述或者重大遗漏，致使投资者在证券交易中遭受损失的，发行人、上市公司应当承担赔偿责任；发行人、上市公司的董事、监事、高级管理人员和其他直接责任人员以及保荐人、承销的证券公司，应当与发行人、上市公司承担连带赔偿责任，但是能够证明自己没有过错的除外；发行人、上市公司的控股股东、实际控制人有过错的，应当与发行人、上市公司承担连带赔偿责任。"最高人民法院于 2002 年 1 月 15 日施行的《关于受理证券市场因虚假陈述引发的民事侵权纠纷案件有关问题的通知》、2003 年 2 月 1 日起施行的《关于审理证券市场虚假陈述引发的民事赔偿案件的若干规定》规定："虚假陈述民事赔偿案件，是指证券市场上证券信息披露义务人违反规定的信息披露义务，在提交或公布的信息披露文件中作出违背事实真相的陈述或记载，侵犯了投资者合法权益而发生的民事侵权索赔案件。"

2. 虚假陈述民事责任的构成

（1）责任主体。证券市场虚假陈述民事赔偿责任案件的被告，应当是虚假陈述行为人，包括：①发起人、控股股东等实际控制人；②发行人或者上市公司；③证券承销商；④证券上市推荐人（保荐人）；⑤会计师事务所、律师事务所、资产评估机构

等专业中介服务机构;⑥上述②、③、④项所涉单位中负有责任的董事、监事和经理等高级管理人员以及⑤项中的直接责任人。

(2)虚假陈述行为。虚假陈述是虚假陈述行为人对重大事件作出违背事实真相的虚假记载、误导性陈述,或者在披露信息时发生重大遗漏、不正当披露信息的行为。因此,认定虚假陈述应当从以下几个方面进行:①虚假陈述的内容。虚假陈述的内容应当是重大事件,重大事件应当是会影响投资者投资判断的事件。重大事件应当结合《证券法》第59条、第60条、第61条、第62条、第72条及相关规定的内容认定。②虚假陈述的表现。包括以下四种,只要在对重大事件的表述上存在其中任何一种,就构成虚假陈述:虚假记载,是指信息披露义务人在披露信息时,将不存在的事实在信息披露文件中予以记载的行为;误导性陈述,是指虚假陈述行为人在信息披露文件中或者通过媒体,作出使投资者对其投资行为发生错误判断并产生重大影响的陈述;重大遗漏,是指信息披露义务人在信息披露文件中,未将应当记载的事项完全或者部分予以记载;不正当披露,是指信息披露义务人未在适当期限内或者未以法定方式公开披露应当披露的信息。

(3)虚假陈述与损害存在因果关系。在虚假陈述引起的民事责任中,因果关系的认定与其他民事责任相差较大。按照相关司法解释,对虚假陈述民事责任的因果关系认定方法,采用了世界上公认的“市场欺诈”理论和“信赖推定”原则。这一理论和原则的含义是指:虚假陈述行为的发生,欺诈的是整个证券市场;投资人因相信证券市场是真实的以及证券价格是公正的而投资,所以他无须证明自己信赖了虚假陈述行为才进行投资;只要证明其所投资的证券价格受到了虚假陈述行为的影响而不公正,即可认为投资人的损失与虚假陈述之间存在因果关系。按照这一理论,投资人无须提供自己的损失与虚假陈述之间存在因果关系的证据,极大方便了投资人诉讼,也有利于投资人胜诉。按照我国立法规定,投资人具有以下情形的,人民法院应当认定虚假陈述与损害结果之间存在因果关系:投资人所投资的是与虚假陈述直接关联的证券;投资人在虚假陈述实施日及以后,至揭露日或者更正日之前购买该证券;投资人在虚假陈述揭露日或者更正日及以后,因卖出该证券发生亏损,或者持续持有该证券而产生亏损。被告举证证明原告具有以下情形的,人民法院应当认定虚假陈述与损害结果之间不存在因果关系:在虚假陈述揭露日或更正日之前已经卖出证券;在虚假陈述揭露日或者更正日及以后进行的投资;明知虚假陈述存在而进行的投资;损失或者部分损失是由证券市场系统风险等其他因素所导致;属于恶意投资、操纵证券价格的。

(4)虚假陈述造成了投资者的损失。投资者的损失按以下方式认定:如果因虚假陈述导致证券被停止发行的,投资人有权要求返还和赔偿所交股款及按照银行同期活期存款利率计付的利息;在其他情形下,以投资人因虚假陈述而实际发生的损失为限。投资人实际损失包括:投资差额损失;投资差额损失部分的佣金和印花税。在基准日及以前卖出证券的,其投资差额损失,以买入证券平均价格与实际卖出证券平均价格之差,乘以投资人所持证券数量计算。投资人在基准日之后卖出证券或者仍持有证券的,其投资差额损失以买入证券平均价格与虚假陈述揭露日或者更正日起至基准日期间,每个交易日收盘价的平均价格之差,乘以投资人所持证券数量计算。按照相关司法解释,投资差额损失计算的基准日,是指虚假陈述揭露或者更正后,为将投资人应获赔偿限定在虚假陈述所造成的损失范围内,确定损失计算的合理期间而规定的截止日期。基准日分别按下列情况确定:自揭露日或者更正日起,至被虚假陈述影响的证券累计成交量达到其可流通部分100%之日。但通过大宗交易协议转让的证券成交量不予计算。按前项规定在开庭审理前尚不能确定的,则以揭露日或者更正日后第30个交易日为基准日。已经退出证券交易市场的,以摘牌日前一交易日为基准日。已经停止证券交易的,可以停牌日前一交易日为基准日。

投资人持股期间基于股东身份取得的收益,包括红利、红股、公积金转增所得的股份以及投资人持股期间出资购买的配股、增发股和转配股,不得冲抵虚假陈述行为人的赔偿金额,已经除权的证券,计算投资差额损失时,证券价格和证券数量应复权计算。

3.归责原则及免责事由

目前按照虚假陈述行为主体的不同存在三种不同的归责原则,并且有不同的免责事由:(1)发行人或者上市公司承担无过错责任。除非他们能证明不具有因果关系的情形或者超过诉讼时效,否则应对与其虚假陈述行为有因果关系的投资损失承担赔偿责任。(2)发行人、上市公司负有责任的董事、监事和经理等高级管理人员,证券承销商、上市推荐人及其负有责任的董事、监事和经理等高级管理人员,专业服务机构及其直接责任人员承担的是过错推定责任。他们如果能够证明自己没有过错、已经尽到了勤勉和恪尽职守或者相当注意的义务,以及证明投资人不具有因果关系情形或者已经超过诉讼时效就可以免责。(3)其他作出虚假陈述的机构或自然人承担过错责任,须由投资人证明他们有过错才承担赔偿责任。

(三)内幕交易的民事责任

内幕交易侵犯了广大投资者的利益,是一种典型的侵权行为。内幕交易也损害了上市公司的利益。因为一部分人利用内幕信息进行证券买卖,使上市公司的信息披露有失公正,损害了广大投资者对上市公司的信心,不利于上市公司的正常发展。内幕交易还可能人为地造成股价波动,扰乱证券市场的正常秩序。

《证券法》第76条规定,内幕交易行为给投资者造成损失的,行为人应当依法承担赔偿责任。内幕交易民事责任的构成,有以下四个要件:

1. 行为主体属于内幕信息的知情人。根据《证券法》第74条的规定,内幕交易的行为主体即“证券交易内幕信息的知情人员”,包括下列人员:发行股票或者公司债券的公司董事、监事、经理、副经理及有关的高级管理人员;持有公司5%以上

股份的股东；发行股票公司的控股公司的高级管理人员，主要是指控股公司的董事、经理、财务总监等；由于所任公司职务可以获取公司有关证券交易信息的人员，主要是公司的秘书、打字员等在履行职责的过程中可以接触或获得内幕信息的人员；证券监督管理机构工作人员以及由于法定的职责对证券交易进行管理的其他人员；由于法定职责而参与证券交易的社会中介机构或者证券登记结算机构、证券交易服务机构的有关人员以及国务院证券监督管理机构规定的其他人员，主要是指国家核准登记的为股票和公司债券的发行、上市或者证券交易活动出具审计报告、资产评估报告或者法律意见书等文件的会计师事务所、律师事务所等机构的工作人员；以及国务院证券监督管理机构规定的其他人员。

2. 利用了内幕信息。在证券交易活动中，涉及公司的经营、财务或者对该公司证券的市场价格有重大影响的尚未公开的信息，为内幕信息。内幕信息应当具有以下构成要件：第一，相关性。构成内幕信息的信息应当与证券的发行、交易存在客观上的联系，或者对证券的发行、交易产生影响。第二，重要性或价格敏感性。即这些信息一旦公开，就可能会对证券市场产生较大的影响，引起证券价格的重大波动。第三，秘密性。即这些信息尚未公开，不为社会公众知悉，仅仅被那些与证券的发行、交易有关的人员接触、知悉或掌握。第四，真实、准确性。按照立法，内幕信息包括：公司的经营方针和经营范围的重大变化；公司的重大投资行为和重大的购置财产的决定；公司订立重要合同，而该合同可能对公司的资产、负债、权益和经营成果产生重要影响；公司发生重大债务和未能清偿到期重大债务的违约情况；公司发生重大亏损或遭受超过净资产 10%以上的重大损失；公司生产经营的外部条件发生重大变化；公司的董事长、1/3 以上的董事或者经理发生变动；持有公司 5%以上股份的股东，其持有股份情况发生较大变化；公司合并、分立、解散及申请破产的决定；涉及公司的重大诉讼，法院依法撤销股东大会、董事会决议等；公司分配股利或者增资的计划；公司股权结构的重大变化；公司债务担保的重大变更；公司营业用主要资产的抵押、出售或者报废一次超过该资产的 30%；公司的董事、监事、高级管理人员的行为可能应依法承担重大损害赔偿责任；上市公司收购的有关方案；中国证监会认定的对证券交易价格有显著影响的其他重要信息。

3. 行为方式属于内幕交易的行为类型。依据《证券法》第 76 条的规定，“证券交易内幕信息的知情人和非法获取内幕信息的人，在内幕信息公开前，不得买卖该公司的证券，或者泄露该信息，或者建议他人买卖该证券”。因此，属于内幕交易的行为包括：内幕信息的知情人员买入或卖出该内幕信息所涉及的公司证券；内幕信息的知情人员根据内幕信息建议他人买卖该种证券；内幕信息的知情人员本人向他人泄露内幕信息，使他人利用该信息进行证券买卖。

4. 从事内幕信息交易者主观上明知自己利用内幕信息而交易。

（四）操纵市场行为的民事责任

《证券法》第77条规定，禁止任何人以下列手段操纵证券市场：单独或者通过合谋，集中资金优势、持股优势或者利用信息优势联合或者连续买卖，操纵证券交易价格或者证券交易量；与他人串通，以事先约定的时间、价格和方式相互进行证券交易，影响证券交易价格或者证券交易量；在自己实际控制的账户之间进行证券交易，影响证券交易价格或者证券交易量；以其他手段操纵证券市场。操纵证券市场行为给投资者造成损失的，行为人应当依法承担赔偿责任。只要存在操纵证券市场的行为，造成投资者的损失，行为人就应当依法进行赔偿。

司法考试真题链接

1. 某上市公司因披露虚假年度财务报告，导致投资者在证券交易中蒙受重大损失。关于对此承担民事赔偿责任的主体，下列哪一选项是错误的？（2010年司法考试真题）

A. 该上市公司的监事

B. 该上市公司的实际控制人

C. 该上市公司财务报告的刊登媒体

D. 该上市公司的证券承销商

2. 某证券公司在业务活动中实施了下列行为，其中哪些违反《证券法》规定？（2009年司法考试真题）

A. 经股东会决议为公司股东提供担保

B. 为其客户买卖证券提供融资服务

C. 对其客户证券买卖的收益作出不低于一定比例的承诺

D. 接受客户的全权委托，代理客户决定证券买卖的种类与数量

3. 证券公司的下列行为，哪些是《证券法》所禁止的？（2008年司法考试真题）

A. 为客户买卖证券提供融资融券服务

B. 有偿使用客户的交易结算资金

C. 将自营账户借给他人使用

D. 接受客户的全权委托

4. 某证券公司制定证券经纪业务管理规章，下列哪些不符合法律规定？（2008年四川司法考试真题）

A. 允许全权代理客户从事证券交易

B. 可以向客户承诺由公司按比例承担投资风险

C. 允许客户通过互联网络办理委托证券交易

D. 对客户交易资料的保管期限为10年

5. 证券发行中因虚假陈述致使投资者在证券投资中遭受损失的，发行人、承销商应承担赔偿责任，下列哪些人应负连带赔偿责任？（2003年司法考试真题）

A. 发行人的董事、监事、经理

B. 承销商的董事、监事、经理

C. 出具证券投资咨询意见的咨询机构

D. 出具法律意见书的律师事务所

6. 某上市公司董事吴某，持有该公司6%的股份。吴某将其持有的该公司股票在买入后的第5个月卖出，获利600万元。关于此收益，下列哪些选项是正确的？（2008年司法考试真题）

A. 该收益应当全部归公司所有

B. 该收益应由公司董事会负责收回

C. 董事会不收回该收益的，股东有权要求董事会限期收回

D. 董事会未在规定期限内执行股东关于收回吴某收益的要求的，股东有权代替董事会以公司名义直接向法院提起收回该收益的诉讼

7. 甲公司是一家上市公司。关于该公司的独立董事制度，下列哪一表述是正确的？（2015年司法考试真题）

A. 甲公司董事会成员中应当至少包括1/3的独立董事

B. 任职独立董事的，至少包括一名会计专业人士和一名法律专业人士

C. 除在甲公司外，各独立董事在其他上市公司同时兼任独立董事的，不得超过5家

D. 各独立董事不得直接或间接持有甲公司已发行的股份

第七编

保险法

LAW

第二十二章　保险法的一般理论

【引　例】

1.2007年6月,李丽经丈夫张海同意,在某保险公司为张海投保了人寿保险,期限为5年,李丽为受益人。2009年4月,张海和李丽离婚。2010年10月,张海因病去世。李丽向保险公司请求偿付保险金。保险公司认为,李丽和张海已经离婚,不再具有夫妻关系,故拒绝向其支付保险金。问:保险公司拒付是否有法律依据?

2.2009年12月7日,某单位职工徐某为其母亲投保人身保险。在保险公司业务人员询问被保险人身体状况时,徐某称其母亲身体健康,能正常上班工作。保险公司于是同意承保。时隔半年之后的2010年7月8日,保险公司从该市第一医院了解到,被保险人投保前患有严重心脏病,曾住院治疗多年,并在体内埋藏心脏起搏器,病情缓解出院后仍不能正常工作。正在讨论对此案如何处理之时,2010年9月12日,投保人徐某携带被保险人死亡证明(死亡时间为2010年8月25日)到保险公司报案登记,要求死亡给付。保险公司表示投保人徐某投保时违反了如实告知义务,被保险人属于带病投保。因此,保险公司不予赔偿。问:保险公司的看法是否成立?

第一节　保险法概述

一、危险与保险

(一)危险的概念与特征

无论从财产保险还是从人身保险的角度而言,保险都是与危险联系在一起的。没有危险就无保险可言。因此,有必要首先弄清楚危险的概念。

在英文中,危险一词有两种表述,即“risk”和“peril”。其中,“peril”一词通常用来表示“不幸事故”,指的是一种灾害事实;“risk”一词指的是某种损害发生的不确定性。我国学者将“risk”译为“风险”或“危险”,此种风险或危险正是保险法中所说的危险。一般认为,危险是指损害事件发生的不确定性。

危险具有以下几个方面的特征:

1. 危险具有客观性

危险是普遍的客观存在,而不是人们的主观臆断或心理作用。人们可以借助科学技术及各种宣传手段,在一定的条件下防止或改变危险发生的频度与进程,从而最大限度地降低危险造成的损害后果,但是人们无法从根源上彻底消除各种危险。例如,人类使用油灯照明时,面临着打翻油灯而引发火灾的危险。随着科学的发展,人类照明由电灯代替了油灯,油灯致火的危险几乎不存在了,但是紧接着又产生了用电给人类带来的新危险,触电身亡、因电引发火灾的事故时有发生。可以说,危险的存在与人类社会的发展是相生相伴、如影随形的。

2. 危险具有偶然性

危险虽然是一种客观存在,但危险的发生却具有偶然性。危险的偶然性表现为以下三个方面:(1)危险是否发生不能确定。也就是说,危险的发生必须具有或然性。不可能发生的或必然发生的危险,都不构成保险法意义上的危险。(2)危险发生的时间无法确定。某些特定的事故或危险肯定会发生,但究竟在何时发生却是无法确定的。如人的生、老、病、死,虽是自然规律,肯定会发生,但一个人将来何时生病、何时死亡,谁也无法预料。因此,人的死亡、伤残和疾病均可构成保险法意义上的危险。(3)危险发生的地点、作用对象及造成的损害后果无法确定。某种危险在何地发生、将对何人或何物造成危害,以及造成的损失究竟多大等,都是人们无法事先预料的。

3. 危险具有损害性

危险发生的直接后果是造成人们的某种损失。这种损失可以是财产方面的,也可以是人身方面的。危险的发生将不可避免地影响到人们正常的生活或生产秩序。损害性是危险的重要特性。一种自然现象、一项人类行为,如果不会产生损害后果或只会产生轻微的损害后果,人们就不会称之为危险。正是由于危险具有产生较为严重损害后果的特性,人们才有投保的强烈要求与愿望。实际上,这也是保险制度得以建立并持续发展的一个前提条件。

(二)保险的概念

1. 关于保险性质的不同学说流派

保险作为一个专门的术语,最初见诸14世纪意大利沿海商业城市在商业活动和商业文件中的用语,后经日本传入我国。时至今日,保险一词的基本含义已为人们所熟知,但关于保险的确切性质,各国学者历来各执一词,争论不休,由此形成不同的学派。归纳起来,主要有以下三类。

(1)损失说

该学说以损失补偿观点作为保险理论的核心，认为所谓保险，就是多数人分担少数人经济损失的一种方法。英国学者马歇尔(S. Marshal)和德国学者马修斯(E. A. Masius)是这一学说的代表人物。损失说又可分为损失赔偿说、损失分担说和危险转嫁说等不同观点。我国大多数学者认为，损失说虽然正确地揭示了保险的互利互助、分担损失的性质，但未能涵盖保险的全部含义。无论是损失赔偿说、损失分担说还是危险转嫁说，都只能针对财产保险而言。对人身保险来说，上述学说都不能作出适当的解释。

(2)非损失说

由于损失说的上述缺陷，学者们提出了非损失说的观点，对保险的性质作了有益的探讨。非损失说包括众多流派，其中最主要的是"技术说"和"满足欲望说"。"技术说"强调必须针对财产保险和人身保险的共同特性来确定保险赔偿的科学计算方法。这一流派的代表人物是意大利的商法学家费芳德(C. Viante)。"满足欲望说"则强调保险的经济保障作用，认为保险的目的是当意外事故发生时，以最少的费用获取充分可靠的最大经济保障。这一流派的代表人物是意大利的戈比(U—Bobbi)。非损失说对保险性质的探讨虽然有独特的角度，但它或者过分强调保险的计算基础而忽视保险的目的及作用；或者由于过分侧重从经济学意义上来讨论保险的定义，因此，学者们认为这一学说对保险概念的界定也仍然是不完善的。

(3)二元说

基于上述原因，学者们又提出了"二元说"。此说认为财产保险与人身保险是两种完全不同的险种，两者不可能作统一的解释，应分别给予不同的定义。现代意义上的保险，既有分担损失的性质，也有经济保障的功能。美国学者格林(Mark. R. Green)和特里许曼(James. S. Trieshmen)认为，保险可以从两个主要含义上来阐述：一是作为解决补偿职能的社会经济制度；二是作为当事人双方之间所拟订的合法补偿合同。定义不能只强调上述两个含义中的一个方面。

2. 我国保险法对保险概念的界定

2009年2月28日由第十一届全国人民代表大会常务委员会第七次会议修订通过，自2009年10月1日起施行的《保险法》第2条规定："本法所称保险，是指投保人根据合同约定，向保险人支付保险费，保险人对于合同约定的可能发生的事故因其发生所造成的财产损失承担赔偿保证金责任，或者当被保险人死亡、伤残、疾病或者达到合同约定的年龄、期限等条件时承担给付保险金责任的商业保险行为。"由此可见，我国《保险法》对保险的界定是采用二元说观点的。本定义兼顾到财产保险和人身保险的不同特点，分别用"损失补偿"和"金额给付"为要领界定了财产保险与人身保险，并在一个综合性的概念中对保险作出了较为严谨恰当的表述。

(三)保险的特征

1.保险是一种合同法律关系

保险关系的实质是双方当事人基于各自的目的而产生的一种合同关系。它以法律为基础,以合同双方的约定为依据,享受权利和承担义务。投保人依保险合同及时缴纳保险费用,保险人则依法承担相应的赔偿或给付保险金的义务。

2.保险行为以自愿为原则

保险行为是一种商业行为,是否通过订立合同形成保险合同关系,必须建立在当事人意思自治的基础之上。因此,自愿原则是订立保险合同应遵循的基本原则。《保险法》第 11 条第 2 款规定,除法律、行政法规规定必须保险的以外,保险合同自愿订立。

3.保险行为是一种有偿行为

保险与以救济贫穷对象为目的的慈善事业不同,它是一种以营利为目的有偿行为。无论是财产保险还是人身保险,对投保人来说,都是付出一笔金钱买进一个"安全";对保险人来说,是收受一笔金钱而承担一个"危险"。

4.保险具有损益性

保险是一种典型的损益并存的商业行为。对投保人来说,其投保的目的是以较少的支出换取较大的经济上的保障。但实际上,大多数投保人或被保险人并不会遭遇保险合同中约定的保险事故,此时,投保人支付的保险费将不能收回;对保险人来说,若因天灾人祸造成保险事故不断,其所收取的保险费可能就不足以赔偿损失。因此,在每一项具体的保险业务中,保险双方当事人都存在着获利与亏损的问题。

5.保险金支付的附条件和附期限性

附条件是指保险金的支付以合同约定的不确定但却可能发生的保险事故现实发生为条件;附期限是指保险金的支付以合同约定的期限到来为前提。在各类不同的保险合同中,保险金的支付条件与期限都有不同的设定,而且也是其中最重要的内容之一。我国《保险法》第 13 条第 3 款规定,依法成立的保险合同,自成立时生效。投保人和保险人可以对合同的效力约定附条件或者附期限。

二、保险法概述

(一)保险法的概念

保险法是指以保险关系为调整对象的法律规范的总称。保险法一词有广义和狭义两种理解。广义的保险法包括保险公法和保险私法。保险公法指具有公法性质的保险法律规范,保险业法与社会保险法即属于保险公法的范畴。保险私法是

指调整平等主体之间以保险合同形式建立的保险关系的法律规范。狭义的保险法仅指保险私法，也即商事保险法。

（二）保险法的历史沿革

1. 保险法的发展概况

保险制度肇始于海上保险，是和海上贸易发展联系在一起的。与此相对应，保险法最初是在海上保险惯例的基础上逐步形成的。从西方国家保险法制的发展史来看，保险法在内容上经过了一个从私法到公法的发展过程。传统的保险法名为保险法，实则是保险合同法，属于典型的私法范畴，英国1906年的《海上保险法》即属此例。20世纪30年代后，随着国家干预主义在私法领域中的不断增强，越来越多与国家经济生活有关的公法规范渗入作为私法的保险法规范中。保险法规范公私法融合的最典型表现就是在立法内容上，除了继续保留传统保险法的核心内容——保险合同法外，还增加了对保险业经营活动进行监督、管理的保险业法，使保险法在内容上具有了二元性特点。也就是说，现代意义上的保险法包括两方面的内容：一是保险合同法，主要调整保险关系中双方当事人之间的权利义务关系；二是保险业法，主要规定政府对保险经营活动的监督、管理关系。

2. 两种不同的立法模式

对于保险法的上述两项内容应如何在立法体例上加以协调，是将两者分别用两个法律加以立法，还是将两者合并规定在一部统一的保险法中，各国的做法是不同的。以英国、日本为代表的国家，由于保险业发展较早，受自由主义原则的影响较大，传统保险法内容根深蒂固，基础扎实。因此，在国家干预主义原则渗入保险法领域后，这些国家通常采用在已有的保险合同法典以外单独制定保险业法。此为"分别立法模式"。而以美国纽约州及菲律宾等为代表的国家或地区，由于保险业及保险法文化形成较迟，因此国家对保险业的干预与监管，几乎是与保险业本身的发展同步进行的。在此背景下，鉴于保险公法关系与保险私法关系已经实际上存在，这些国家在编纂保险法典时，便顺其自然地采取了"合并立法模式"。有学者认为，合并立法模式是一种符合保险业发展趋势的理性选择与必然要求。从实际情况来看，自美国纽约州立《保险法》首开合并立法模式后，不仅保险业晚近发展的国家纷纷仿效采用，而且许多原先采用分别立法模式的国家或地区在修订本国或本地区保险法时亦抛弃了成例，而选择"合并立法模式"。

3. 我国保险立法概况

（1）旧中国的保险立法。我国的保险立法始于清末。1908年，清政府聘请日本人志田钾太郎起草大清商律，其中商行为编中有"损害保险""生命保险"两章。这是我国最早的保险立法草案，但因清政府的垮台而未及正式实施。1917年北洋政府制定了《保险业法案》和《保险契约法草案》两部法案，亦未公布实施。民国时期，国民党政府早期采用分别立法模式，制定了一系列的保险法律。

(2)新中国的保险立法。新中国成立后,中央政府先后颁布了一批保险法规。如1951年颁布了《财产强制保险条例》《船舶强制保险条例》和《铁路车辆强制保险条例》,1957年财政部发布了《公民财产自愿保险办法》等。这些法规的公布与实行,使国家保险公司迅速占领了新中国的保险市场,完成了保险业的社会主义改造,促进了新中国保险事业的发展,开创了新中国保险法制的先河。

改革开放之后,伴随着保险业发展的迫切需要,我国保险立法有了很大的发展,先后制定了一批保险法律法规。如1983年、1985年国务院先后颁布了《财产保险合同条例》和《保险企业管理暂行条例》,内容涉及保险合同关系的调整与保险业的监督管理。1987年全国人大颁布的《经济合同法》中,对财产保险合同作了原则性的规定。1992年颁布的《海商法》对海上保险合同作了规定。在上述各项立法实践的基础上,1995年6月30日,第八届全国人民代表大会常务委员会第十四次会议通过了《中华人民共和国保险法》。这是新中国成立以来的第一部保险基本法。除此而外,许多相关的法律和法规如《保险管理暂行条例》《保险公司管理规定》和《保险经纪公司管理规定》等也对保险关系作了特别规定。

(3)我国保险法的修改历程。2002年10月,针对我国加入世贸组织承诺对保险业的要求,全国人大常委会对保险法进行了修正,修正内容重在保险业法部分。2009年2月28日,十一届全国人大常委会第七次会议审议通过了《中华人民共和国保险法(修订案)》。修订后的保险法于2009年10月1日起施行。新修订的保险法相比原法共有132处改动,改动率接近84%。在这次保险法修改中,对原条款直接修改的有76条,增加新条款46条,删除原条款10条。2015年4月,第十二届全国人民代表大会常务委员会第十四次会议通过并公布了《保险法》的第三次修订案。本次修订主要针对有关行政审批、工商登记前置审批等保险监管制度方面。

第二节 保险法的基本原则

保险法的基本原则是指贯穿于保险法律、法规及其法律活动中的指导思想或指导方针,它不仅是保险活动当事人应该遵循的基本准则,而且对保险立法、保险司法也有指导意义。作为私法范畴的保险法,其基本原则自然包括平等原则、自愿原则等民商法律共有的原则,但除此之外,保险法还有基于保险法律关系的特性而特有的如下四个基本原则。

一、保险利益原则

保险利益,又称可保利益,是指投保人或者被保险人对保险标的具有的法律上承认的利益,即在保险事故发生时,可能遭受的损失或失去的利益。各国保险法都

将保险利益作为保险合同生效和有效的重要条件。《保险法》第12条明确规定，人身保险的投保人在保险合同订立时，对被保险人应当具有保险利益。财产保险的被保险人在保险事故发生时，对保险标的应当具有保险利益。

(一)保险利益原则的立法意义

保险利益原则要求投保人或被保险人对保险标的必须具有保险利益，其立法意义体现在以下两个方面。

1. 防止道德风险的发生。如果没有保险利益原则，就有可能产生投保人、被保险人或受益人为诈取保险赔偿而恶意串通，人为制造财产损失，甚至谋害他人生命的后果。

2. 防止赌博行为的发生。保险的目的在于对损失进行补偿，而赌博则是为了获得高额赔款。如果没有保险利益原则，保险就有可能变成纯粹的赌博，沦为不法者的牟利工具。

(二)保险利益的认定与效果

关于保险利益的立法方式，世界各国的做法不尽相同。归纳起来，主要有概括主义和列举主义两种模式。概括主义是在法律上对保险利益作一适当定义，凡与定义相符者均视为具有保险利益；列举主义是指由法律明确列举各种可作保险利益的情况，凡不在其列者，即认为不具有保险利益。无论采取何种模式，可以肯定的是，保险利益在财产保险合同与人身保险合同中的认定与效果是有所区别的。

1. 财产保险合同中的保险利益。财产保险合同中的保险利益，指被保险人对保险标的所具有的某种合法的经济利益。一般认为，基于财产的现有利益和期待利益而进行投保之人，都对该财产具有保险利益。按照这一思路，财产保险中享有保险利益的人员主要有：财产所有权人、财产保管人、财产合法占有人。至于公司股东对公司财产是否具有保险利益，各国保险法理论与实践均有争议。最高人民法院的司法解释明确规定，财产保险中，不同投保人就同一保险标的分别投保，保险事故发生后，被保险人在其保险利益范围内有权依据保险合同要求保险人承担赔偿责任。

在财产保险合同中，保险利益的存续时间决定着保险合同的有效延续。投保人在投保时，固然有保险利益的严格要求，否则，该保险合同就不能有效成立。但是，当保险标的发生毁损、灭失等意外事故时，若保险利益已不存在，则投保人或被保险人的实际损失就无从谈起，自然也就无损失补偿可言。这一规则，世界各国的保险法都是一致认可的。我国《保险法》第48条规定，财产保险事故发生时，被保险人对保险标的不具有保险利益的，不得向保险人请求赔偿保险金。第49条规定，财产保险标的转让的，保险标的的受让人承继被保险人的权利和义务。这一规定有效防止了以往实践中因财产保险标的转让而可能引起的索赔权利无形丧失的后果。

2. 人身保险合同中的保险利益。人身保险合同中的保险利益，是指投保人对于被保险人的寿命和身体所具有的利害关系。我国保险法对人身保险利益是采用列举方式加以明确规定的。《保险法》第 31 条规定，投保人对下列人员具有保险利益：(1)本人；(2)配偶、子女、父母；(3)前项以外与投保人有抚养、赡养或扶养关系的家庭其他成员、近亲属；(4)与投保人有劳动关系的劳动者。除前款规定外，被保险人同意投保人为其订立合同的，视为投保人对被保险人具有保险利益。有些国家的保险法还确认债权人对债务人、合伙人之间及有合同与商务关系的人之间具有合法的保险利益。

人身保险合同中，保险利益的存续时间对合同效力的延续并不发生影响。投保人在投保时，必须对被保险人具有保险利益；不具有保险利益的，合同无效。但保险合同一旦有效成立之后，其效力便立即与保险利益分离。也就是说，当保险事故发生时，即使投保人对保险标的已不具有保险利益，该合同仍有效成立，保险人仍需按合同约定进行赔偿或给付。在这一点上，人身保险利益与财产保险利益截然不同。引例 1 中，李丽在与张海夫妻关系存续期间，为张海投保人寿保险，具有保险利益，该保险合同有效成立。此后，保险事故发生时，尽管李丽与张海已经解除婚姻关系，但其作为受益人的身份并不受此影响，李丽仍具有合法的保险金受益权。保险公司的拒付行为是没有法律根据的。

二、最大诚信原则

诚实信用原则起源于罗马法，是民商法律中最基本的原则。所谓诚实信用，是指民商法律关系中的各方当事人，应当基于善意与守信，全面、严格地履行自己的义务，意思表示不得存有欺诈与隐瞒。

(一)最大诚信原则的立法意义

最大诚信原则在保险领域中的运用，起源于海上保险。在中世纪的海上贸易中，因通信工具与科技水平相对落后，在订立保险合同时，投保的船舶和货物往往远在千里之外，及至事故发生，保险人也无法确切认定事故的发生原因及损害后果。如果投保人以欺诈手段订立合同或虚报损害后果，都将使保险人因判断失误、上当受骗而深受其害。所以要求保险合同的当事人必须有超出一般合同的诚实信用，故为最大诚信。

现代商业保险行为中，最大诚信仍然是必须遵循的基本原则。因为在每一个具体的保险合同中，保险人对其所承保险的标的并不占有，更无法控制；保险人对保险标的实际情况的获知往往是根据投保人或被保险人提供的相关资料。反过来说，现代商业保险行为日趋复杂，含有较强的技术性特点，社会公众对保险条款的

理解往往依赖保险人的说明与解释。此种情形下，任何一方当事人如果不本着最大诚信的原则履行自己的义务，显而易见，都将使对方当事人蒙受巨大损失。

（二）最大诚信原则的具体要求

保险法中的最大诚信原则体现在保险合同双方当事人的行为上。

1. 对投保人、被保险人和受益人一方来说，遵守最大诚信原则，主要应承担以下两项义务：(1)如实告知。投保时应如实告知保险标的的真实情况，保险存续过程中应及时告知标的危险程度增加或事故发生的情形，索赔时应如实告知保险标的的损害后果。(2)信守保证。如果投保人在订立合同时，与保险人之间存在着对某一事项作为或不作为或真实性等的承诺，那么，保险合同成立生效后，投保人应当按约履行这一义务。《保险法》第 16 条第 2 款规定："投保人故意或者因重大过失未履行前款规定的如实告知义务，足以影响保险人决定是否同意承保或者提高保险费率的，保险人有权解除合同。"

2. 对保险人来说，最大诚信原则要求其承担以下两项义务：(1)明确说明。明确说明是指保险人在与投保人签订保险合同时，对于保险合同中所约定的保险术语、重要条款或关键性条款（如有关保险人责任免除条款），应当在保险单上或者其他保险凭证上对其作出明确的提示与正确的解释。《保险法》第 17 条规定："订立保险合同，采用保险人提供的格式条款的，保险人向投保人提供的投保单应当附格式条款，保险人应当向投保人说明合同的内容。对保险合同中免除保险人责任的条款，保险人在订立合同时应当在投保单、保险单或者其他保险凭证上作出足以引起投保人注意的提示，并对该条款的内容以书面或者口头形式向投保人作出明确说明；未作提示或者明确说明的，该条款不产生效力。"(2)弃权和禁止反言。弃权是指在投保人或者被保险人违反告知义务或保证义务的前提下，保险人放弃其应有的合同解除权与抗辩权。禁止反言是指保险人既然已放弃其依法或依约应享有的上述权利，则将来不得反悔再向对方主张已放弃的权利。我国《保险法》第 16 条第 3 款规定："前款规定的合同解除权，自保险人知道有解除事由之日起，超过三十日不行使而消灭。自合同成立之日起超过二年的，保险人不得解除合同；发生保险事故的，保险人应当承担赔偿或者给付保险金的责任。"该条规定即为保险基本原则中的弃权和禁止反言原则，与国际通行做法基本一致。引例 2 中，投保人徐某为其母投保时，刻意隐瞒被保险人的健康状况，违反了如实告知的义务，属于带病投保。保险公司事后进行调查并发现真相时，距该保险合同成立之日起，尚未超过二年，保险公司本应享有解除权且不承担赔偿责任。但由于保险公司没有在 30 日内（即 2010 年 8 月 7 日之前）及时行使解除权，它的这一权利便依法消灭。因此，投保人徐某于 2010 年 9 月 12 日前来索赔时，保险公司没有理由不承担赔付责任。

三、损失补偿原则

(一)损失补偿原则的概念

损失补偿原则是指当保险合同约定的保险事故发生使被保险人遭受损失时,保险人应当在其责任范围内对被保险人所受到的损失进行赔偿。由于保险赔偿的数额均以实际损失为依据且以保险金额为限,因此,保险赔偿的性质更直观地表现为损失补偿的特点。损失补偿是适用于财产保险的一项重要原则。人身保险由于保险标的是不能用金钱加以衡量的人的生命和健康,因此,是否适用损失补偿原则,理论上存在不同看法。

(二)损失补偿原则的主要内容

1. 被保险人只有遭遇约定危险所造成的损失才能获得赔偿。如果导致损害结果发生的危险事故并非保险合同中约定的事故,则即使被保险人遭受损失,保险人也不承担赔偿责任。反过来说,只要发生保险责任范围内的损失,被保险人均有权按照法律规定与合同约定明获得赔偿。

2. 保险赔偿以损害结果为依据。被保险人必须在遭受实际损失的情况下,才能要求保险人承担相应的赔偿责任。也就是说,在保险期限内,即使发生了保险事故,但如果被保险人实际上并未遭受损失,就无权要求保险人赔偿。

3. 赔偿数额应以保险金额或实际损失为限。被保险人在保险事故发生后从保险人处获得的赔偿以保险金额为限;如果被保险人所遭受的实际损失小于保险金额时,则以实际损失为赔偿标准。通过保险赔偿,使被保险人的保险标的恢复到保险事故发生前的状况。

(三)损失补偿的范围

1. 实际损失。实际损失是指保险事故发生时,保险标的因毁损、灭失导致实际价值的损失。实际损失的确定,是保险理赔的基本依据。实践中,保险标的实际损失的具体数额,通常以损害发生时受损财产的实际现金价值来确定。在财产保险中,最高赔偿额以保险标的的保险金额为限。

2. 合理费用。合理费用是指保险人为防止或者减少保险标的的损失所支付的必要的、合理的费用。合理费用可以分为两种情形:一种是保险事故发生后的施救费用及后续的诉讼费支出等。我国《保险法》第 57 条第 2 款明确规定,保险事故发生后,被保险人为防止或者减少保险标的的损失所支付的必要的、合理的费用,由保险人承担;保险人所承担的费用数额在保险标的的损失赔偿金额以外另行计算,最高不超过保险金额的数额。第 66 条规定,责任保险的被保险人因给第三者造成损

害的保险事故而被提起仲裁或者诉讼的，被保险人支付的仲裁或者诉讼费用以及其他必要的、合理的费用，除合同另有约定外，由保险人承担。另一种是保险事故发生后，为了确定保险责任范围内的损失所支付的受损标的的检验、估价、出售等费用。我国《保险法》第 64 条规定，保险人、被保险人为查明和确定保险事故的性质、原因和保险标的的损失程度所支付的必要的、合理的费用，由保险人承担。

四、近因原则

(一)近因原则的概念

近因，是英美法系中的一个专门术语，我国学者通常将此称为因果关系。在保险法中，造成保险标的损害的主要的、起决定性作用的因素，就是近因。近因原则是指在保险合同关系中，只有当损害结果的形成与危险事故的发生之间存在必然的因果关系时，保险人才承担保险赔偿的责任。从概念来看，近因与近因原则的含义并不复杂，各国保险法也都将近因原则作为一项重要原则加以确立。但实际上，学者对近因的理解却存在极大分歧，司法实践中的运用也各不相同。故此，美国学者普鲁斯(Prosser)指出："近因仍然是一团乱麻和一堆荆棘，一个令人眼花缭乱、扑朔迷离的领域。"[①]

(二)近因的认定与应用

近因原则强调在保险合同中，保险人仅赔偿由保险人承保的保险责任范围内的保险标的的损失，其目的是为了保障保险人的利益。尽管理论上对相关概念的理解有一定分歧，但从各国实践来看，近因的认定与应用有以下几个有效规则。

1. 单一原因造成的损失。如果导致保险标的损害的原因只有一个，而这一原因又属于保险人承担的风险范围，那么这一原因就是该损失的近因，保险人应当承担保险责任。这种情形在认定与适用上较为简单，在实践中也较为常见。例如，投保人为被保险人投保了意外伤害保险，而被保险人在街道旁行走时被公交车碰撞造成了伤害。

2. 多种原因造成的损失。在有多种原因造成保险标的损害的情况下，近因的认定与适用相对来说就较为复杂。可分为以下几种情形：

(1)多种原因同时发生

如果同时发生的多种原因都是保险事故，保险人应赔偿所有原因造成的损失；

---

① [英]约翰·T. 斯蒂尔：《保险的原则与实务》，孟国兴等译，中国金融出版社 1992 年版，第 40 页。

如果多种原因中既有保险事故，又有非保险事故，保险人只负责赔偿保险事故所造成的损失，对非保险事故造成的损失则不承担。至于如何确定承担的数额，则由保险人与投保人或被保险人根据不同原因的加害比例协商确定。

(2)多种原因连续发生

两个以上的保险事故连续发生造成保险标的损害时，一般以最近的、最直接的有效原因(后因)为近因。但是，如果有下列情形时，则必须将前因作为近因加以认定：①后因是前因直接、必然的结果；②后因是前因的合理的连续；③属于前因自然延长的结果。

与此相对应，多种原因连续发生时，保险人是否承担赔偿责任也分为三种情况：①连续发生的原因都是保险事故时，保险人应当承担保险责任；②非保险事故发生在前，保险事故发生在后，如果保险事故是非保险事故的结果，保险人则不承担赔偿责任；③保险事故发生在前，非保险事故发生在后，如果非保险事故仅为因果关系中的一环，则保险人仍应承担赔偿责任。

(3)多种原因间断发生

即前因与后因之间不相关联，后因不是前因直接的、必然的结果。保险事故的发生是由一个新的独立原因而引起的。保险法学者将此种情形界定为多种原因的间断发生。例如，投保人投保了家庭财产的火灾保险而没有投保盗窃保险，当火灾发生时，一部分被抢救出来的财产因放在露天下又被他人盗走。在多种原因时，保险事故可以是前因，也可以是后因。但必须强调的是，无论保险事故属于前因还是后因，保险人都应当对保险事故造成的损害结果承担相应的赔偿责任。

司法考试真题链接

根据《保险法》规定，人身保险投保人对下列哪一类人员具有保险利益？(2010年司法考试真题)

A. 与投保人关系密切的邻居

B. 与投保人已经离婚但仍一起生活的前妻

C. 与投保人有劳动关系的劳动者

D. 与投保人合伙经营的合伙人

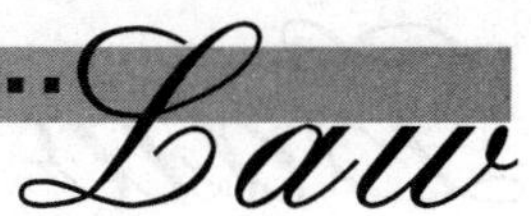

第二十三章　保险合同总论

【引　例】

1. 投保人张某以一块玉雕为保险标的，向某保险公司投保内陆货物运输保险，投保时以发票金额150万美元为保险金额，保险公司未提出异议。到达目的地后，张某发现玉雕破损，遂向保险人索赔。保险人经过市场调查，发现此玉雕同类产品的市场价格仅为20万元人民币，因此，决定向被保险人张某赔偿20万元人民币。张某不服，遂起纠纷。

2. 2010年2月25日，王某同保险公司签订了机动车辆保险合同，保险期限为一年，保险标的为王某的一辆中型面包车，在标的用途栏填写为"自用代步工具"。保险公司按照该用途收取了保险费。自2010年7月王某开始经营个体营运业，将这辆中型面包车用来运载货物，但未通知保险公司。2010年10月8日，王某在运货途中发生车祸，面包车全部毁损。王某向保险公司索赔时，遭到保险公司的拒绝。

第一节　保险合同概述

一、保险合同的概念

保险合同是保险法律关系得以确立的基本形式。依据我国《保险法》第10条的规定，保险合同是投保人与保险人约定保险权利义务关系的协议。这一概念表明：第一，保险合同与其他形式的合同一样，本质上都是平等主体之间的自然人、法人和其他组织之间设立、变更和终止民事权利义务关系的协议。第二，保险合同是由投保人与保险人协商订立的。与大多数合同相比，保险合同的主体较为复杂，通常涉及投保人、保险人、被保险人和受益人等诸多主体，但投保人与保险人是保险合同不可或缺的最基本的当事人。两者互为保险权利义务关系发生和存续的主体。第三，保险合同是双方当事人协商一致的产物，是双方当事人的共同约定，而非任何一方单方面的意思表示。作为合同的一种，保险合同除了具有大多数合同所具有的双务、有偿等共同法律属性外，还具有自己的特点，从而使得保险合同从订立、履行到当事人权利义务的设定等都有相对独特的规定。

二、保险合同的特征

（一）保险合同是诺成合同

诺成合同指只需双方当事人意思表示一致，而无须交付标的物的合同。在法理上，它与实践合同相对应。保险合同是属于诺成合同还是属于实践合同，理论上有一定的争议。争议的焦点在于，保险合同是否以保险费的交付作为合同成立的必备要件。多数学者认为，保险合同的成立以双方当事人的合意为要件，并不以投保人实际交付保险费为成立要件。保险合同成立后，投保人不按约定交付保险费，只是保险合同的解除条件，而不是保险合同的成立条件。[①] 我国《保险法》第 13 条规定，投保人提出保险要求，经保险人同意承保，保险合同成立。……依法成立的保险合同，自成立时生效。从这一规定可以看出，保险合同应为诺成合同而非实践合同。至于保险费的交付，应作为保险合同成立后，投保人必须承担的基本义务。

（二）保险合同是格式合同

格式合同是指合同条款由一方当事人提出，相对方当事人只能对此内容表示接受或拒绝的合同。格式合同又称为附合合同。从《保险法》的相关规定来看，保险合同的格式性或附合性是显而易见的。如我国《保险法》第 13 条规定："保险人应当及时向投保人签发保险单或者其他保险凭证。保险单或者其他保险凭证应当载明当事人双方约定的合同内容。当事人也可以约定采用其他书面形式载明合同内容。"这说明，作为保险合同正式文本文件的保险单或其他保险凭证，是由保险人单方先行拟定的，投保人一般只能根据保险人单方事先制定的合同条款决定是否订立保险合同，而没有对合同条款进行任意协商的自由。

（三）保险合同是非要式合同

要式合同与非要式合同的区别就在于合同的成立是否以履行特定方式为标志。凡以履行特定方式作为合同成立条件的是要式合同；凡无须具备特定方式，只要当事人意思表示一致即可成立的合同是非要式合同。保险合同属于要式合同还是非要式合同，学者们的看法颇不一致。争议的焦点在于保险合同的成立是否以保险单或其他保险凭证的交付作为判断依据。我国《保险法》第 13 条规定，投保人

---

① 范健、王建文：《商法学》，法律出版社 2012 年第 3 版，第 518 页。

提出保险要求,经保险人同意承保,保险合同成立。保险人应当及时向投保人签发保险单或者其他保险凭证。多数学者认为,从保险法的这一规定可以看出,保险合同的成立并不以保险合同书面形式为要件,只要双方当事人意思表示一致,保险合同即告成立。保险单或其他保险凭证的签发与交付仅仅是保险合同成立后保险人应当及时承担的义务。从这个意义上来理解,保险合同是一种非要式合同。

(四)保险合同是最大诚信合同

诚信原则是民商事活动的基本要求,任何合同的签订和履行都必须建立在诚实信用的基础之上,保险合同也不例外。但由于保险活动的特殊性,使得保险合同的诚信程度比一般的合同要求更高。保险合同的诚信要求之所谓"最大",主要体现在保险法对合同双方当事人的"告知""通知""保证"等义务都作出较为明确的规定。这在其他法律法规中是不多见的。

(五)保险合同是射幸合同

射幸合同是与交换合同相对应的一个概念。交换合同是指合同双方当事人具有等价交换关系的合同形式。射幸合同则是指合同当事人权利的享有或义务的履行有赖于偶然事件发生的合同形式。保险合同的射幸性体现在:投保人向保险人支付保险费后所获得的仅仅是一种可能得到的补偿机会。一旦在保险期间发生了保险事故,则保险人应当按合同约定进行赔偿,其赔偿的金额远远高于投保人所支付的保险费。反之,如果在保险期间内没有发生保险事故,那么保险人将不能获得任何赔偿。与之相对应,保险人有可能只收取保险费而不必支付赔偿金,也可能因保险事故的发生而支付远高于保险费的赔偿金。总之,保险合同双方当事人的权利义务与偶然因素有极强的关联,但也并非完全取决于偶然因素[①]。

二、保险合同的分类

根据不同的标准,保险合同可以分为不同类型。

(一)财产保险合同与人身保险合同

这是以保险标的的不同属性为标准所作的划分,也是保险法体例构建的基本依据。财产保险合同是指以财产及其有关利益为保险标的的保险合同。人身保险合同是指以人的寿命和身体为保险标的的保险合同。

① 郑玉波:《保险法论》,台湾三民书局1998年版,第50页。

(二)定值保险合同与不定值保险合同

这是以保险价值在保险合同中是否预先确定为标准所作的划分。

定值保险合同是指双方当事人在订立保险合同时,将已经确定的保险价值在合同中予以载明的保险合同。在定值保险合同中,不论事故发生时保险标的的价值多少,保险人均以合同中已经确定的保险价值为依据进行赔偿。一般来说,定值保险合同主要适用于海上保险合同、内陆货物运输合同以及艺术品、矿石标本等不易确定价值的财产为标的的财产保险。定值保险合同的优点在于:便于确定赔偿金额,减少理赔环节。引例1即属于定值保险的情形。投保时,双方当事人就标的物的价值事先加以确定并明确载入保单中,那么,事故发生后的理赔阶段,保险公司就必须按约定承担相应的赔偿责任。

不定值保险合同是指双方当事人在订立保险合同时仅载明保险金额,对保险价值不予事先确定的保险合同。当保险事故发生造成保险标的损害时,须对该标的的实际损失进行评估,并据此确定保险人的赔偿责任。通常,家庭财产保险合同都采用不定值保险的做法。

(三)给付性保险合同与补偿性保险合同

这是以保险金额的确定方式为标准所作的划分。

给付性保险合同是指双方当事人预先约定保险金额,一旦保险事故发生,保险人按照约定数额进行给付的保险合同。给付性保险合同是专门针对人身保险而言的。因为人身保险合同的标的——人的身体和生命是无价的,保险金额是由双方当事人尤其是投保人根据实际需要和保费支付能力来加以确定。保险金额与保险标的之间没有价值上的必然关系。如果约定的保险事故发生,保险人必须依照保险合同中确定的金额予以支付。

补偿性保险合同是指以保险价值来确定保险金额的保险合同。在此种合同中,保险金额以保险标的的真实价值与实际损失为依据来确定的。保险人的赔偿限定在保险标的的实际损失或保险金额的范围内。保险赔偿起着一个补偿的作用,通过这种补偿,使投保人或被保险人的生产或生活秩序得以尽快恢复。各类财产保险合同无论是定值保险还是不定值保险,都属于补偿性保险合同。

(四)足额保险合同、不足额保险合同和超额保险合同

这是以保险价值与保险金额的关系为标准进行的划分。

足额保险合同又称全额保险合同,是指保险金额等于或大体相当于保险标的的实际价值的合同。足额保险的情形下,当保险事故发生导致保险标的全部损失时,保险人按保险金额进行赔偿;如果部分损失,保险人按照实际损失赔偿。有学者认为,足额保险是财产保险合同中投保人或被保险人的最佳选择。因为在这种

保险合同中，投保人或被保险人既可以获得充分的保险保障，也不会过多支付不必要的保险费。[①]

不足额保险合同又称低额保险合同，是指保险金额低于保险价值的合同。不足额保险合同在发生保险事故导致损害时，若保险标的全损，保险人须按保险金额赔偿；若保险标的只是部分损失，则保险人只按保险金额与保险价值的比例进行赔偿。

超额保险合同是指保险金额大于财产实际价值的保险合同。实践中，超额保险通常由于善意、恶意或情势变更等因素造成。对超额保险合同，各国的处理原则与方法是不同的。一般来说，对于因善意或情势变更而导致的超额保险，其超过部分无效，保险人不予赔偿；对于恶意进行的超额保险，有的国家规定该保险合同全部无效，有的国家则规定超过的部分无效。我国《保险法》采取后一种做法。但同时规定，若投保人故意虚构保险标的，骗取保险金，尚不构成犯罪的，依法给予行政处罚；构成犯罪的，依法追究刑事责任。

（五）单保险合同与复保险合同

这是以保险人的人数为标准来划分的。

单保险合同是指投保人对于同一保险利益、同一保险事故，在同一保险期限内与一个保险人订立的保险合同。

复保险合同是指投保人对于同一保险利益、同一保险事故，在同一保险期限内与数个保险人分别订立的，且其保险金额总和超过保险价值的保险合同。复保险合同是共同保险的一种变形。在保险法理论上，复保险有善意与恶意之分。对复保险的理赔，各国都采取比例责任、限额责任和顺序责任等方式。其中，比例责任是指各家保险公司按照自己承保的保险金额占各家保险公司承保的保险金额总和的比例来确定自己应当承担的责任份额。由于其计算方法较简便，且对各个保险人也较公平，因而为大多数国家所采用。我国的做法则较有特色。我国《保险法》第 56 条规定，重复保险的投保人应当将重复保险的有关情况通知各保险人。各保险人按照其保险金额与保险金额总和的比例承担赔偿保险金的责任。同时，重复保险的投保人可以就保险金额总和超过保险价值的部分，请求各保险人按比例返还保险费。

（六）原保险合同与再保险合同

这是以保险责任的次序为标准而进行的划分。

原保险合同是指由投保人与保险人订立的各种保险合同。原保险合同规定了

---

① 范健：《商法》，高等教育出版社、北京大学出版社 2007 年第 3 版，第 452 页。

保险人与被保险人之间的权利义务,当保险标的发生该保险合同责任范围内的损失时,由保险人对被保险人负责赔偿。

再保险合同又称分保合同,是指原保险人为了分摊已承保保险的风险而与再保险人订立的保险合同。我国《保险法》第103条规定:“保险公司对每一危险单位,即对一次保险事故可能造成的最大损失范围所承担的责任,不得超过其实有资本金加公积金总和的百分之十;超过的部分应当办理再保险。”再保险通常以原保险人所承担的全部或一部分责任作为保险标的,再保险人负责承担按规定分摊的保险责任。

(七)个别保险合同与集合保险合同

这是以保险标的数量为标准加以区分的。

个别保险合同是指以一人或一物为保险标的的保险合同。多数保险合同属于个别保险合同。

集合保险合同是指以多数人或多数物为保险标的的保险合同。我国台湾地区的保险法学者将集合保险合同细分为两种:以多数物为保险标的的保险合同称为集团保险合同,以多数人为保险标的的保险合同则称为团体保险合同[①]。

(八)单一危险保险合同与综合危险保险合同

这是以保险责任的种类与范围为标准进行的划分。

单一危险保险合同指只承保一种危险责任的保险合同。单一危险保险合同内容简单,费率相对较低,但保险责任范围狭窄,保险标的所遭受的损失往往不是合同约定的风险。

综合危险保险合同指承保两种以上特定危险责任的保险合同。综合危险保险合同中的危险种类与范围,可以是经过投保人选择确定的危险,也可以是不加选择的全部危险。保险合同应将保险人所承保的风险逐一列出。若损失的发生是由所承保的危险造成的,保险人就要承担相应的赔偿责任。目前,我国大多数保险合同都属于综合危险保险合同。

第二节 保险合同的主体

保险合同的主体,是指参加保险合同法律关系,在保险合同中享有权利和承担义务的人。保险合同的主体可分为两种类型:一是作为保险合同当事人的投保人和保险人;二是作为保险合同关系人的被保险人和受益人。

---

① 郑玉波:《保险法论》,台湾三民书局1998年版,第53页。

一、保险人

保险人又称承保人，指与投保人订立保险合同，收取保险费，并按照合同约定承担赔偿或者给付保险金责任的人。

保险人具有以下法律特征：(1)保险人是依法成立的经营保险业务的公司以及法律、行政法规规定的其他保险组织。由于保险业涉及社会公众的利益，因此，各国保险法对保险人的资格以及组织形式均有严格的规定。我国《保险法》第6条规定，在我国，经营保险业务，必须是依照本法设立的保险公司以及法律、行政法规规定的其他保险组织。除此以外，其他单位和个人不得经营保险业务。(2)保险人必须依法进行经营管理。保险人必须依法组织、管理和使用保费，其经营活动应当严格遵循保险法及相关法规的规定，并接受保险监管部门的监管。

二、投保人

投保人又称要保人，指与保险人签订保险合同，负有缴纳保险费义务的人。投保人既可以是法人，也可以是自然人。投保人在保险合同中最主要的作用，就是在保险合同成立后，依法向保险人缴纳保险费。

投保人必须具备以下条件：(1)投保人必须具有完全民事行为能力。无民事行为能力人和未经法定代理人同意或追认的限制民事行为能力人所订立的保险合同无效。(2)人身保险的投保人在保险合同订立时，对被保险人应当具有保险利益。财产保险的被保险人在保险事故发生时，对保险标的应当具有保险利益。(3)投保人必须具有支付保险费的经济能力。在保险合同中，投保人是支付保险费的当然主体。任何情况下，保险人都不得向被保险人或受益人请求支付保险费。

三、被保险人

被保险人是指其财产或者人身受保险合同保障，享有保险金请求权的人。在保险合同中，被保险人是不可缺少的主体。被保险人与投保人可以是同一人，也可以是不同的人。

被保险人具有以下法律特征：(1)被保险人是保险事故发生时遭受损失的人。基于这一特点，在财产保险合同中，被保险人必须是保险标的的所有人或其他权利人；在人身保险合同中，被保险人是保险标的的承载者，保险合同的标的是其身体或寿命。(2)被保险人在保险事故发生后对保险人享有赔偿请求权。在财产保险合同中，由于只是财产上的毁损灭失，通常由被保险人自己行使保险赔偿请求权。而在人身保险合同中，如果被保险人由于保险事故而死亡，则可由受益人享有赔偿请求权。

四、受益人

受益人又称保险金受领人，是指人身保险合同中，由被保险人或者投保人指定的享有保险金请求权的人。受益人是保险合同的关系人。因此，并非所有的保险合同均须具有受益人。受益人既可以是投保人或者被保险人，也可以是其他人，但有一定的限制。如我国《保险法》第39条规定，投保人为与其有劳动关系的劳动者投保人身保险，不得指定被保险人及其近亲属以外的人为受益人。

受益人具有以下法律特征：(1)受益人享有赔偿请求权。此项权利由保险法明确规定而产生，非因法定原因不得剥夺。(2)受益人在保险合同中只享受权利而不承担相应义务。受益人无须承担缴纳保险费的义务，但却享有受领保险金的权利。(3)受益人由被保险人或者投保人指定，投保人指定受益人时须经被保险人同意。

受益人的指定有两种方式：一是在保险合同中明确指定一人或数人为受益人。此种情形下，自然人和法人均可成为受益人。同时，有无民事行为能力及是否具有保险利益亦在所不问。二是不具体指定受益人，只规定受益人的确定方法。此种情形下，除投保人、被保险人在保险合同之外另有约定外，受益人的确定按以下规则判定：(1)受益人约定为“法定”或者“法定继承人”的，以继承法规定的法定继承人为受益人。(2)受益人仅约定为身份关系，投保人与被保险人为同一主体的，根据保险事故发生时与被保险人的身份关系确定受益人；投保人与被保险人为不同主体的，根据保险合同成立时与被保险人的身份关系确定受益人。(3)受益人的约定包括姓名和身份关系，保险事故发生时身份关系发生变化的，认定为未指定受益人。

在保险合同存续期间，投保人或被保险人可以撤销或者变更受益人。撤销或者变更受益人时无须事先征得保险人的同意，但须通知保险人。根据最高人民法院的司法解释，投保人变更受益人未经被保险人同意的，该变更行为无效。投保人或者被保险人变更受益人未通知保险人，保险人可以主张变更对其不发生效力。

需特别指出的是，根据我国《保险法》第42条规定，以下三种情况，保险金将作为被保险人的遗产按继承法的相关原则进行处理：(1)没有指定受益人，或者受益人指定不明无法确定的；(2)受益人先于被保险人死亡，没有其他受益人的；(3)受益人依法丧失受益权或者放弃受益权，没有其他受益人的。(4)受益人与被保险人在同一事件中死亡，且不能确定死亡先后顺序的，推定受益人死亡在先。

如果投保人或者被保险人指定数人为受益人，部分受益人在保险事故发生前死亡、放弃受益权或者依法丧失受益权的，该受益人应得的受益份额按照保险合同的约定处理；保险合同没有约定或者约定不明的，该受益人应得的受益份额按照以下情形分别处理：(1)未约定受益顺序和受益份额的，由其他受益人平均享有。(2)

未约定受益顺序但约定受益份额的，由其他受益人按照相应比例享有。(3)约定受益顺序但未约定受益份额的，由同顺序的其他受益人平均享有；同一顺序没有其他受益人的，由后一顺序的受益人平均享有。(4)约定受益顺序和受益份额的，由同顺序的其他受益人按照相应比例享有；同一顺序没有其他受益人的，由后一顺序的受益人按照相应比例享有。

第三节　保险合同的主要内容

保险合同的内容，指保险合同双方当事人在合同中约定的权利和义务。这些权利和义务在保险合同中体现为具体的合同条款。保险合同的条款可分为基本条款和特约条款。

一、保险合同的基本条款

(一)保险合同双方当事人的基本情况

保险合同应如实标明投保人、保险人、被保险人和受益人的基本情况。通常保险人的基本情况均事先印制在保险单上，投保人、被保险人及受益人等的情况则需在合同中记明姓名、身份、年龄、住址等。保险合同中记载上述当事人基本信息的意义在于，一方面可以据此判断合同主体是否符合法律规定，另一方面也便于合同义务的履行及合同纠纷的解决。

(二)保险标的

保险标的指保险合同所要保障的对象，是保险合同双方当事人权利义务的载体。在保险合同中明确保险标的，有助于判断投保人与保险标的之间是否存在着保险利益，也是双方当事人协商确定保险价值、保险金额和责任范围的基本依据。不同的保险合同，其保险标的也是不同的。在财产保险合同中，保险标的体现为有形财产和相关利益(如法律责任)，人身保险合同的保险标的则是被保险人的寿命和身体。

(三)保险责任和责任免除

保险责任指保险合同所约定的危险发生并造成保险标的损失，或人身保险事故发生或期限届满时，保险人依合同应对被保险人或受益人承担赔偿或给付保险金责任的范围。保险种类不同，保险责任也大相径庭。

责任免除也叫除外责任,指保险合同所规定的保险人不承担赔偿或给付责任的范围。除外责任一般在保险合同中明确列明。最常见的除外责任有战争、核辐射、道德危险等。

(四)保险期间和保险责任开始时间

保险期间指保险人根据保险合同约定承担保险责任的时间范围。保险责任的开始时间则是指保险合同约定保险人开始承担保险责任的时间。我国《保险法》第14条规定,保险合同成立后,投保保按照约定交付保险费,保险人按照约定的时间开始承担保险责任。可见,保险责任开始的时间未必与保险期间的起始时间完全一致,当事人可以就保险责任开始的时间作出特别约定,但保险责任开始的时间必须在保险期限之内。

(五)保险金额

保险金额简称保额,是指保险合同当事人约定的保险事故发生时或者保险期限届满时保险人所支付的最高金额。保险金额是保险人收取保费的依据和进行损失补偿的最高限额。在财产保险合同中,保险金额既可以根据保险价值加以确定,也可以由双方当事人协商确定;既可以与保险标的价值相同进行足额保险,也可以小于标的价值进行不足额保险。人身保险合同中的保险金额则是依据被保险人的年龄、健康等因素加以确定的。

(六)保险费及其支付办法

保险费是指投保人为取得保险保障而支付给保险人的费用。对保险人来说,保险费是保险基金的来源;对被保险人来说,保险费是获得保险保障而支付的对价。缴纳保险费是投保人应尽的基本义务,保险合同应对保险费的数额及其支付方式作出明确规定。一般来说,保险合同的保险费是根据保险金额的一定比率加以确定的。

(七)保险金赔偿或者给付办法

保险金的赔偿或给付办法是指保险人承担保险责任的方法。原则上保险赔偿或给付应当以现金支付作为基本方式。但是,对于财产保险,也可以采取修复、重置等办法补偿损失。同时,根据具体情况,当事人还可在保险合同中约定赔偿或给付时的免赔额(或免赔率),以便减少小额赔付手续及控制保险人的责任。明确保险金的赔偿给付办法,有利于保险人履行保险责任。

(八)违约责任和争议处理

违约责任是指保险合同当事人违反合同义务时,基于法律规定或合同约定必

须承担的法律后果。保险合同一经成立，就对双方当事人具有法律效力，违约者应当承担法律责任。保险合同争议处理是指当事人双方发生纠纷后的解决方式，主要有协商、仲裁和诉讼。保险合同的双方当事人因履行保险合同发生争议的，由当事人协商解决；协商不成的，可提交保险合同中载明或事后协商确定的仲裁机构仲裁；保险合同未载明仲裁机构或者争议发生后未达成仲裁协议的，可以向人民法院提起诉讼。

（九）订立合同的时间

保险合同必须具体而准确地写明订约的时间。订立合同的时间看似简单，但在保险合同中却具有重要意义。这种重要性表现在以下四个方面：一是据以判断保险合同订立时，投保人与保险标的之间的保险利益关系是否存在；二是据以确定投保人投保时，保险标的是否已经发生危险或是否已存缺陷但投保人并未如实告知；三是据以确定保险合同中相关期限的起算时间。如人身保险合同中的自杀条款、宽限期条款等涉及的期限均与合同的订立时间有密切关联；四是当保险合同没有明确规定保险责任的开始时间时，则保险合同订立之日就是该合同保险责任的开始之时。

二、保险合同的特别条款

特别条款，是指保险合同的当事人在保险合同基本条款之外，另行约定的条款。我国《保险法》第 18 条第 2 款规定："投保人和保险人可以约定与保险有关的其他事项。"此种约定内容即所谓"特别条款"。由于法律上并未对特别条款作出明确界定与例举，因此，理论上对特别条款的理解与解释各不相同。通说认为，只要是在保险合同基本条款之外经由双方当事人协商而增加的条款，均为特别条款。在我国的保险实务中，常见的特别条款有如下几种：(1)防灾防损条款；(2)危险增加条款；(3)保证条款；(4)退保条款；(5)无赔款优惠条款；(6)保险事故通知条款；(7)索赔期限条款；(8)代位求偿条款；(9)保险标的的过户和保险单的转让条款；(10)人身险中的自杀条款、误报年龄条款、年龄限制条款等。

三、保险合同中记载内容不一致时的认定规则

根据最高人民法院司法解释的相关规定，保险合同中记载内容不一致时，按以下规则进行认定：

(1)投保单与保险单或者其他保险凭证不一致的，以投保单为准；(2)非格式条款与格式条款不一致的，以非格式条款为准；(3)保险凭证记载的时间不同的，以形成时间在后的为准；(4)保险凭证存在手写和打印两种方式的，以双方签字、盖章的

手写部分的内容为准。

第四节 保险合同的成立与生效

一、保险合同的订立程序

保险合同的订立程序与其他合同一样,都要经过要约与承诺两个阶段。订立保险合同的过程,就是保险合同的双方当事人之间就保险事项进行磋商,达到意思表示一致的过程。在保险合同中,要约表现为投保,承诺就是承保。

(一)投保

投保是指投保人向保险人提出订立保险合同的意思表示。由于保险合同均表现为书面合同,因此,投保通常由投保人在保险人所提供的格式化投保单上如实填写即告完成,并产生合同要约的法律约束力。投保可采取书面形式,也可采取口头形式。有些险种如家庭财产保险、货运保险等,为方便投保人投保,只要投保人口头提出投保要求,不需要填投保单,也能起到保险要约的作用。

(二)承保

承保是指保险人同意投保人所提出的保险要约的意思表示。承保的实务表现形式就是保险人在投保人填写的投保单上签字盖章。投保人填写的投保书一经保险人审核同意承保,保险合同关系即正式成立。双方当事人应按照合同的约定享受权利和承担义务。

《保险法》第 13 条明确规定,投保人提出保险要求,经保险人同意承保,保险合同成立。

在保险实务中,由于保险合同的订立问题相当复杂,最高人民法院的司法解释专门为此明确规定:(1)投保人没有在保单中亲自签字或者盖章,而由保险人或者保险人的代理人代为签字或者盖章时,该合同对投保人不生效。但投保人已经交纳保险费的,视为其对代签字或者盖章行为的追认。(2)保险人接受了投保人提交的投保单并收取了保险费,尚未作出是否承保的意思表示时,若发生保险事故,被保险人或者受益人有权要求保险人依约承担保险责任。

二、保险合同的形式

根据我国《保险法》的规定,保险合同可以采用保险单或者其他保险凭证的形式,也可以采取其他书面形式。从立法意图来看,我国《保险法》并不认可保险合同

采取口头形式。这是因为保险合同比一般合同更具复杂性，且履行期限相对较长。世界上大多数国家都不承认口头保险合同的效力。从书面形式来说，保险合同的形式主要有投保单、保险单、暂保单和保险凭证等四种。

(一)投保单

投保单是指投保人向保险人申请订立保险合同的书面要约。投保单一般采用统一格式印制，不记载保险条款。投保人按投保单的要求对有关事项据实陈述，履行告知义务。投保单本身并非正式的保险合同文本，但它却是保险合同的有机组成部分。投保单上所填写的内容将影响到保险合同的效力。投保单的内容主要包括：投保人和被保险人的名称和住所；保险标的的名称及存放地点；保险险别；保险责任的起讫；保险价值和保险金额等。投保单一经保险人签字承保，保险合同即宣告成立。在保险单出具之前如发生保险事故，保险人亦应依保险合同的约定承担相应的保险赔偿责任。

(二)暂保单

暂保单又称临时保单，指保险人或者其代理人在正式保单出具给投保人之前签发给投保人的保险凭证。一般只适用于财产保险，人身保险不使用暂保单。暂保单的签发表明保险人已经接受了投保人的投保。暂保单的内容比较简单，只载明被保险人的姓名、险种和保险标的等重要事项，未列明的事项，均以正式保单上的内容为准。暂保单具有与正式保单相同的法律效力，但有效期限相对较短，一般为 30 天。正式保单签发后，暂保单自动失效。在此之前，保险人可以终止暂保单的效力而无须说明理由。一般说来，在下列情形下才使用暂保单：(1)保险分支机构在接受保险后等待总公司批准；(2)保险代理人与投保人达成保险协议，尚未向保险人办理正式保单；(3)保险人原则上同意承保，但未就具体的保险合同协商一致。

(三)保险单

保险单又称保单，指保险人与投保人之间订立的保险合同的正式书面文件。保险单载明了保险合同的全部内容。保险合同成立后，保险单是双方当事人享受权利和承担义务的基本依据，也是保险事故发生后，被保险人、受益人据以索赔最主要的凭证。

保险单的签发与交付对保险合同的正式成立具有怎样的作用与意义？各国保险法对此规定不同。有些国家规定，保险单的签发是保险合同成立的基本要件。在保险单未经签发并交付之前，保险合同就没有成立。我国采取的做法与之不同。《保险法》第 13 条规定，保险合同成立后，保险人应当及时向投保人签发保险单或者其他保险凭证。由此可见，在我国，签发保险单不作为保险合同成立的要件，而是保险合同成立后保险人应当承担的基本义务。

(四)保险凭证

保险凭证又称为小保单,指保险人向投保人签发的证明保险合同已有效成立的一种书面凭证。保险凭证是一种简化了的保险单,与保险单具有相同的效力。

在保险实务中,某些特定的保险合同通常会使用保险凭证。例如,在团体保险中,保险人对团体中的每一个成员签发保险凭证,作为参加保险的证明;又如,在货物运输保险中,在总的保险合同之外,对每一笔运输货物单独出具保险凭证。

三、保险合同的有效条件

保险合同的有效成立与生效必须具备一定的要件。除了必须具备订立合同的一般要件,如当事人须具有完全行为能力,当事人意思表示真实、一致,合同内容不得违反法律和行政法规,不得损害国家利益和社会公共利益外,保险法还针对保险合同的特性规定了保险合同有效成立必须具备的下列条件:

(一)具备相应的保险利益

其中,人身保险的投保人在保险合同订立时对被保险人应当具有保险利益;财产保险的被保险人在保险事故发生时,对保险标的应当具有保险利益。

(二)保险合同中约定的保险金额不得大于保险标的的实际价值

这是保险法为防止引发社会道德风险而作出的一个基本规则。当保险合同中约定的保险金额大于保险标的的实际价值时,超过部分无效,保险人将不予赔偿。

(三)投保人不得为无民事行为能力人投保以死亡为给付保险金条件的保险,但父母为未成年子女投保的人身保险不受此限

未成年人父母之外的其他履行监护职责的人为未成年人订立以死亡为给付保险金条件的合同,未经未成年人父母同意的,该合同无效。

(四)以死亡为给付保险金条件的合同,必须经被保险人同意并认可保险金额,但父母为未成年子女投保的人身保险不受此限

关于"以死亡为给付保险金条件的合同,必须经被保险人同意并认可保险金额"的问题,最高人民法院司法解释明确规定:(1)"被保险人同意并认可保险金额"可以采取书面形式、口头形式或者其他形式;可以在合同订立时作出,也可以在合同订立后追认。(2)有下列情形之一的,应认定为被保险人同意投保人为其订立保险合同并认可保险金额:①被保险人明知他人代其签名同意而未表示异议的;②被

保险人同意投保人指定的受益人的；③有证据足以认定被保险人同意投保人为其投保的其他情形。

被保险人以书面形式通知保险人和投保人撤销上述同意意思表示的，可认定为保险合同解除。

第五节　保险合同的履行

保险合同的履行是指保险合同订立并生效后，双方当事人按照合同的约定全面完成各自承担的义务以满足对方权利实现的行为。由于保险合同的特性所致，保险合同的履行与一般合同的履行略有不同之处。一般合同的履行，通常都需双方当事人的积极作为方可实现。而保险合同的履行，则常常带有“无为而治”的色彩。但这并不意味着合同双方当事人可以怠于履行各自的义务。实际上，保险法对双方当事人的权利义务都作出了非常明确、完整的规定。

一、投保人的义务

投保人的义务包括法定义务和约定义务。投保人的法定义务主要有如下几项：

（一）如实告知的义务

投保人的如实告知义务，是指在订立保险合同时，投保人应本着诚实信用的原则，将与保险合同有关的各项事实如实告知保险人，使保险人在完全了解事实真相的基础上签订保险合同。如实告知义务是投保人的一项基本义务。因为投保人故意隐瞒事实，不履行如实告知义务，或者因过失未履行告知义务时，都将对保险人决定是否同意承保或是否提高保险费率产生重要影响。故各国保险法都非常强调保险合同当事人的如实告知义务，但对投保人如实告知义务的具体要求则有两种不同的立法模式。一种是无限告知主义。此种立法要求投保人将所有与保险事项有关的事实全盘告知，无论保险人有无问及。另一种为询问回答主义。即要求投保人如实回答保险人提出的与保险合同有关各项事实与细节。由于前一种立法模式在实践中不易掌握，难以对投保人是否尽到了全盘告知义务作出确切的界定，因此，世界上大多数国家采用后一种立法模式。我国《保险法》亦然，投保人的告知义务仅限于回答保险人“就保险标的或者被保险人的有关情况”而提出的询问。

（二）缴纳保险费的义务

保险合同是一种有偿合同，投保人获取保险人承担保险赔偿和给付责任，必须以自己支付对价为前提。因此，保险合同订立并生效后，向保险人缴纳保险费就成了投保人应尽的基本义务。投保人应当按照合同约定的数额、期限和方式缴纳保险费。投保人未按约缴纳保险费时,保险人可以根据具体情况决定解除保险合同或以诉讼方式强制缴纳。此处必须强调的是:以诉讼方式强制缴纳保险费的措施,不适用于人身保险合同。

(三)防止或避免保险事故的义务

防止或避免保险事故的义务,又称防灾防损义务,是指保险合同成立后,投保人或被保险人应尽最大努力防止保险事故发生,不得因已经投保而放任事故发生。根据我国《保险法》的规定,在财产保险中,投保人或被保险人应当遵守有关生产、消防、安全、劳动保护等方面的法律法规,维护保险标的的安全;对于保险人依法提出的消除保险标的不安全因素和隐患的要求,投保人和被保险人应当采取措施予以满足。投保人和被保险人未按合同约定对保险标的尽到防灾防损责任的,保险人有权要求增加保险费或解除保险合同。若投保人、被保险人或受益人故意制造保险事故,保险人不承担保险责任。在人身保险中,投保人、被保险人或受益人应当尽力保障被保险人的生命安全和健康状况,投保人、受益人不得为获取保险赔偿而不择手段,故意造成被保险人死亡、伤残或者疾病;被保险人不得因为已有保险合同而故意犯罪或自杀。

(四)危险程度增加的通知义务

危险程度增加是指保险合同成立后,发生了当事人订约时未曾预料和估计到的危险因素,导致发生危险事故的可能性随之增大的情形。无论财产保险还是人身保险,保险标的的危险程度都是处在不断的变化之中的。例如,财产保险合同中,作为保险标的的建筑物,由原先的办公用房改为危险品仓库,财产损害的危险将显著增加;人身保险合同中,被保险人在合同订立后,若更换工作,从事高度危险的作业,伤亡机会就将显著增加,等等。按照保险法的基本规定,此种情形下,投保人或被保险人应当及时地将危险程度增加的情况通知保险人。投保人未履行危险程度增加的通知义务时,保险人对于所增加的危险造成的保险事故而导致的保险标的的损失或损失扩大部分,不承担赔偿责任;投保人依法履行危险程度增加的通知义务后,保险人有权解除保险合同,或者根据保险标的危险程度增加的具体情形,要求增加保险费。保险人在知晓保险标的危险程度增加的事项后,既未解除合同,又未要求增加保险费的,则一切保险责任仍由保险人承担。

引例2中,投保人填写的标的用途为"自用代步工具",但一段时间后,却将其用来从事个体营运。显然,后者的风险远远大于前者。投保人有义务将此情况告知保险公司,并依法变更相应的保险条款。但投保人并未履行危险程度增加的通知义务。因此,保险公司可以拒绝承担王某在运货途中发生车祸而造成的损失。

需要强调指出的是,这里所说的"危险",必须是订立保险合同时,双方当事人

未曾预料或无法预料的。已经预料到的危险和危险事故发生过程中危险程度及危险因素的不断升级，不属于此处的“危险”范围。

危险程度增加的通知义务在以下几种情况下可以免除：(1)危险的增加不影响保险人的负担；(2)为保护保险人的利益而致的危险增加；(3)履行道德上的义务而致的危险增加；(4)危险增加与保险人无关。

(五)保险事故及时通知的义务

保险事故及时通知的义务，是指投保人、被保险人或者受益人知道保险事故发生后，应当及时通知保险人。及时通知的意义在于，使保险人能够在保险事故发生后尽早了解事故的发生原因，调查事故真相，核实损害后果，搜集相关证据，并在此基础上确定各方责任，使保险理赔工作得以顺利进行；也有利于保险人及时采取相应措施，避免危险蔓延和扩大，减轻事故损害。我国《保险法》第 21 条规定，投保人、被保险人或者受益人知道保险事故发生后，应当及时通知保险人。故意或者因重大过失未及时通知，致使保险事故的性质、原因、损失程度等难以确定的，保险人对无法确定的部分，不承担赔偿或者给付保险金的责任，但保险人通过其他途径已经及时知道或者应当及时知道保险事故发生的除外。例如，家庭财产保险合同条款规定，被保险人在保险财产遭到盗窃后，应当妥善保护现场、及时向公安机关报案，并在 24 小时内通知保险人。否则，保险人有权不予赔偿。

(六)积极施救义务

积极施救义务，是指保险事故发生后，投保人、被保险人或受益人应当积极施救，防止保险事故蔓延和损失扩大，并遵照保险人的相关指令，采取必要的、合理的措施，尽量减轻损害后果。如果投保人、被保险人或受益人不履行此项义务，保险人对由此造成的扩大的损失，不负赔偿责任。当然，保险法同时也规定，在保险事故发生后，投保人、被保险人为了防止和减轻保险标的的损失所支付的必要的、合理的费用，应由保险人承担；此项费用在保险标的的损失赔偿金额之外另行计算，但最高不得超过保险金额。

二、保险人的义务

(一)条款说明义务

保险人的条款说明义务，是指在订立保险合同时，保险人应将保险合同中的重要条款及相关保险规则向投保人作出书面阐述或口头解释，使投保人在明白、自愿的基础上签订保险合同。条款说明义务是保险人的重要义务。我国《保险法》第 17 条规定，订立保险合同，采用保险人提供的格式条款的，保险人向投保人提供的投保单应当附格式条款，保险人应当向投保人说明合同的内容。对保险合同中免除保险人责任的条款，保险人在订立合同时应当在投保单、保险单或者其他保险凭证上作出足以引起投保人注意的提示，并对该条款的内容以书面或者口头形式向投保人作出明确说明；未作提示或者明确说明的，该条款不产生效力。

(二)危险承担义务

危险承担义务，是指保险合同成立并生效后，若保险标的物遭受保险责任范围内的危险，发生财产损失或者人身伤亡，或者约定的条件成就、期限到来时，保险人应向被保险人或者受益人及时、有效地赔偿或给付保险金。危险承担义务是保险人的一项主要义务，这种义务是保险人按约收取投保人保险费所必须付出的对价。如果由于保险人的原因拖延、不及时支付保险金而给投保人、被保险人或受益人造成损失，保险人应当承担违约责任。保险人履行赔付的方式原则上是直接支付现金，一般不采用实物补偿或者恢复原状的方式，但合同双方当事人另有约定用非现金赔付方式的除外。

(三)保密义务

保密义务，是指保险人对其在办理业务过程中所知道的投保人、被保险人或者受益人的财产情况、业务情况或个人隐私等负有保守秘密的责任。由于保险业务的特殊性，作为保险合同一方当事人的保险人客观上有更多的机会合法地、详细地了解与知晓被保险人不愿为外人所知晓或不愿公开的财产、业务情况或个人信息等。这些内容或资料一旦外泄，势必对被保险人的生产经营活动或个人生活造成不必要的影响。因此，保险法从防止不正当竞争，维护投保人和被保险人正当权利的角度出发，明确规定保险人违反保密义务而给投保人和被保险人造成损失的应当承担赔偿责任。

第六节　保险合同的变更、解除与终止

一、保险合同的变更

(一)保险合同变更的概念

保险合同的变更，是指保险合同成立后，在没有履行或没有完全履行前，因合同所依据的主客观情况发生变化，当事人依照法定的条件和程序对原有的合同条款进行修改和补充的情形。

(二)保险合同变更的形式

保险合同的变更可分为主体变更与内容变更两种情形。

1.保险合同主体的变更。保险合同主体的变更,是指作为保险合同当事人及关系人的投保人、被保险人及受益人的变更,不包括保险人的变更。保险合同主体的变更在财产保险合同与人身保险合同中有不同的法律规定。

在财产保险合同中,保险主体的变更通常是由于保险标的权益发生了变更。如由于买卖、赠与、继承等法律行为导致标的所有权发生变动,新的权利人要求受让保险合同。此种情形下的主体变更,实质上是保险合同的转让。我国《保险法》第 49 条规定,保险标的转让的,保险标的的受让人承继被保险人的权利和义务。

在人身保险合同中,保险主体的变更通常为投保人或受益人的变更,其中尤以受益人变更为典型。人身保险合同主体的变更不必征得保险人的同意,但应书面通知保险人。我国《保险法》第 41 条规定,被保险人或者投保人可以变更受益人并书面通知保险人。最高人民法院的司法解释亦明确规定,投保人变更受益人未经被保险人同意的,该变更行为无效。投保人或者被保险人变更受益人未通知保险人,保险人可以主张变更对其不发生效力。

2.保险合同内容的变更。保险合同内容的变更,是指保险合同双方当事人权利义务的变更。财产保险合同中,通常表现为保险标的数量、价值、存放地点、运输线路、保险期限、保险金额等的变更;人身保险合同中,通常表现为保险期限与保险金额的变更。各国保险法均规定,保险合同订立后,经与保险人协商一致,投保人可以变更合同的内容。

我国《保险法》第 20 条规定,投保人和保险人可以协商变更合同内容。变更保险合同的,应当由保险人在保险单或者其他保险凭证上批注或者附贴批单,或者由投保人和保险人订立变更的书面协议。

二、保险合同的解除

(一)保险合同解除的概念

保险合同的解除,是指在保险合同生效后,在有效期尚未届满之前,当事人依法提出终止保险合同效力的法律行为。

(二)保险合同解除的形式

保险合同解除可以分为任意解除和法定解除两种形式。

1.任意解除。保险合同的任意解除,指作为保险合同当事人一方的投保人根据自己的意愿解除合同的情形。各国保险法均规定,保险合同成立后,投保人可以

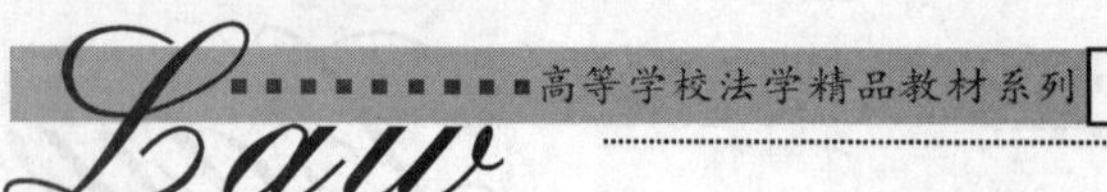

随时解除保险合同。我国《保险法》第 15 条规定:“除本法另有规定或保险合同另有约定外,保险合同成立后,投保人可以解除保险合同。保险人不得解除合同。”由此可以认为,任意解除保险合同,是保险法赋予投保人的一项正当权利。人身保险合同中,投保人停止缴纳保险费的行为,也可视为投保人意欲解除保险合同的意思表示。任意解除虽然名为“任意”,但实际上要受法律的一定约束,某些情形下,当事人无权随意解除合同。如我国《保险法》第 50 条规定:“货物运输保险合同和运输工具航程保险合同,保险责任开始后,合同当事人不得解除合同。”

2. 法定解除。法定解除,指当法定原因出现时,作为保险合同当事人一方的保险人有权依法解除保险合同。依照《保险法》的规定,当投保人或者被保险人有下列行为之一时,保险人有权解除合同:(1)投保人故意或者因重大过失未履行如实告知义务,足以影响保险人决定是否同意承保或者提高保险费率的;但合同成立已逾 2 年及保险人在合同订立时已经知道投保人未如实告知情况的除外。(2)被保险人或者受益人在未发生保险事故的情况下谎称发生了保险事故,向保险人提出赔偿或者给付保险金请求的。(3)投保人、被保险人故意制造保险事故的。(4)投保人或被保险人未履行其对保险标的安全义务的。(5)在保险合同的有效期限内,保险标的危险增加,但被保险人未尽及时通知义务的。(6)效力中止的人身保险合同逾期未复效的。

三、保险合同的终止

保险合同的终止,是指保险合同的效力因某种法定或约定事由的发生而归于消灭。保险合同终止的法律后果与一般合同相同,即合同终止只对将来失去效力,并不溯及既往,当事人不承担恢复原状的责任。

保险合同终止的原因主要有:(1)保险主体资格丧失;(2)保险合同期限届满;(3)保险合同的标的因非保险事故而完全灭失;(4)保险事故发生后,保险人已全部履行了赔偿责任;(5)保险合同被合法解除;(6)法律、法规规定或合同约定的其他事由。

司法考试真题链接

1. 2007 年 7 月,陈某为其母投保人身保险时,为不超过保险公司规定的承保年龄,在申报被保险人年龄时故意少报了二岁。2009 年 9 月保险公司发现了此情形。对此,下列哪些选项是正确的?(2010 年司法考试真题)

A. 保险公司有权解除保险合同,但需退还投保人已交的保险费

B. 保险公司无权解除保险合同

C. 如此时发生保险事故，保险公司不承担给付保险金的责任

D. 保险人有权要求投保人补交少交的保险费，但不能免除其保险责任

2. 甲为其妻乙投保意外伤害保险，指定其子丙为受益人。对此，下列哪些选项是正确的？（2010 年司法考试真题）

A. 甲指定受益人时须经乙同意

B. 如因第三人导致乙死亡，保险公司承担保险金赔付责任后有权向该第三人代位求偿

C. 如乙变更受益人无须甲同意

D. 如丙先于乙死亡，则出现保险事故时保险金作为乙的遗产由甲继承

3. 依据《保险法》规定，保险合同成立后，保险人原则上不得解除合同。下列哪些情形下保险人可以解除合同？（2011 年司法考试真题）

A. 人身保险中投保人在交纳首期保险费后未按期交纳后续保费

B. 投保人虚报被保险人年龄，保险合同成立已 1 年 6 个月

C. 投保人在投保时故意未告知投保汽车曾遇严重交通事故致发动机受损的事实

D. 投保人未履行对保险标的安全维护之责任

4. 甲向某保险公司投保人寿保险，指定其秘书乙为受益人。保险期间内，甲、乙因交通事故意外身亡，且不能确定死亡时间的先后。该起交通事故由事故责任人丙承担全部责任。现甲的继承人和乙的继承人均要求保险公司支付保险金。下列哪一选项是正确的？（2012 年司法考试真题）

A. 保险金应全部交给甲的继承人

B. 保险金应全部交给乙的继承人

C. 保险金应由甲和乙的继承人平均分配

D. 某保险公司承担保险责任后有权向丙追偿

5. 甲公司将其财产向乙保险公司投保。因甲公司要向银行申请贷款，乙公司依甲公司指示将保险单直接交给银行。下列哪一表述是正确的？（2013 年司法考试真题）

A. 因保险单未送达甲公司，保险合同不成立

B. 如保险单与投保单内容不一致，则应以投保单为准

C. 乙公司同意承保时，保险合同成立

D. 如甲公司未缴纳保险费，则保险合同不成立

6. 甲公司交纳保险费为其员工张某投保人身保险，投保单由保险公司业务员代为填写和签字。保险期间内，张某找到租用甲公司槽罐车的李某催要租金。李某与张某发生争执，张某打碎车窗玻璃，并挡在槽罐车前。李某怒将张某撞死。关于保险受益人针对保险公司的索赔理由的表述，下列哪些选项是正确的？（2013 年司法考试真题）

A. 投保单虽是保险公司业务员代为填写和签字,但甲公司交纳了保险费,因此保险合同成立

B. 张某的行为不构成犯罪,保险公司不得以此为由主张免责

C. 张某的行为属于合法的自助行为,保险公司应予理赔

D. 张某的死亡与张某的行为并无直接因果关系,保险公司应予理赔

7. 甲公司代理人谢某代投保人何某签字,签订了保险合同,何某也依约交纳了保险费。在保险期间内发生保险事故,何某要求甲公司承担保险责任。下列哪一表述是正确的?(2014 年司法考试真题)

A. 谢某代签字,应由谢某承担保险责任

B. 甲公司承保错误,无须承担保险责任

C. 何某已经交纳了保险费,应由甲公司承担保险责任

D. 何某默认谢某代签字有过错,应由何某和甲公司按过错比例承担责任

8. 关于投保人在订立保险合同时的告知义务,下列哪些表述是正确的?(2014 年司法考试真题)

A. 投保人的告知义务,限于保险人询问的范围和内容

B. 当事人对询问范围及内容有争议的,投保人负举证责任

C. 投保人未如实告知投保单询问表中概括性条款时,则保险人可以此为由解除合同

D. 在保险合同成立后,保险人获悉投保人未履行如实告知义务,但仍然收取保险费,则保险人不得解除合同

9. 甲以自己为被保险人向某保险公司投保健康险,指定其子乙为受益人,保险公司承保并出具保单。两个月后,甲突发心脏病死亡。保险公司经调查发现,甲两年前曾做过心脏搭桥手术,但在填写投保单以及回答保险公司相关询问时,甲均未如实告知。对此,下列哪一表述是正确的?(2015 年司法考试真题)

A. 因甲违反如实告知义务,故保险公司对甲可主张违约责任

B. 保险公司有权解除保险合同

C. 保险公司即使不解除保险合同,仍有权拒绝乙的保险金请求

D. 保险公司虽可不必支付保险金,但须退还保险费

第二十四章　人身保险

【引　例】

1.2009年10月，张先生已年满61岁，按规定不符合某保险合同约定的年龄限制。同年11月，其子为张先生投保了人寿保险，且将被保险人的年龄申报为58岁，受益人为其子。2012年3月，张先生因突发心脏病而死亡。其子向保险公司请求给付保险金。保险公司认为，因投保人所填报的被保险人年龄不真实，并且其真实年龄不符合同约定的年龄限制，因此，保险公司可解除合同，并拒绝向受益人给付保险金。问：保险公司的这一观点是否成立？

2.2005年8月，李某为妻子赵某在某保险公司投保并签订《重大疾病终身保险合同》，保险金额为8万元，交费期20年，从2005年开始交费，受益人为李某。李某在前3年均按期交费。2008年由于客观原因未按期交纳保险费，造成保险合同失效。2010年5月，经李某申请，该保险公司同意李某补交所欠保费及逾期利息，保险合同当月复效。2012年1月，被保险人赵某不堪疾病折磨而自杀身亡，陈某要求保险公司理赔。保险公司拒绝给付。问：保险公司的拒付行为是否有法律根据？

第一节　人身保险概论

一、人身保险的概念和特征

（一）人身保险的概念

人身保险，是指以人的寿命和身体为保险标的的保险。依照人身保险合同，投保人向保险人支付保险费，保险人对被保险人在保险期限内因遭受保险事故而死亡、伤残时，或者在保险合同期限届满时向，依约向被保险人或受益人给付保险金的保险形式。

传统的人身保险，仅以人寿保险为限。随着保险业的逐步发展，现今世界各国的人身保险,几乎涵盖了人的生、老、病、死等各种风险,由此导致人身保险的种类也从单一的人寿险,发展为人寿险、意外伤害险和健康险三者并存的多元局面。

(二)人身保险的特征

由于保险标的的特殊性,人身保险具有与财产保险大为不同的特征:

1.保险标的的不可估价性。人身保险以人的寿命或身体为保险标的,由于此二者并非商品,无法用货币或金额来加以计量、评估与表达,因此,人身保险的保险标的不存在保险价值。保险金额的约定也无法以保险价值为基础,而是根据“生命价值”确定方法和“人身保险设计”方法来加以确定的。

2.保险金额的定额给付性。人身保险中的保险金额通常由投保人根据自身需要和支付能力提出并经由保险人审核确认而最终确定的。人身保险合同一经成立,保险人即应按约承担相应的保险责任,即应当向被保险人或受益人支付合同约定的保险金额。此所谓人身保险的定额给付性。人身保险不允许在事故发生后由双方根据具体情况协商确定保险金额。人身保险事故发生时,被保险人既可以有经济上的损失,也可以没有经济上的损失,即使有经济上的损失,也不一定能用货币来衡量。因此,人身保险不适用补偿原则。

3.保险期限的长期性。相对于财产保险而言,人身保险的期限较长。财产保险的期限大都为 1 年或 1 年以下,人身保险的期限则除了短期的期限外,更有为期 10 年、20 年或 30 年的期限,甚至还有终身保险。由于人身保险本身带有储蓄性的特点,因此其期限的长期性符合该险种的社会需求,有利于被保险人或受益人能够得到长期稳定的保障。

4.保险费给付的非讼性。人身保险合同一经成立,投保人有义务按照合同的约定向保险人支付保险费。投保人未履行此项义务时,保险人可依法采取中止合同或解除合同等救济方式,但不能采取通过诉讼途径强制投保人交付保险费。《保险法》第 38 条对此有明确的规定。

5.人身保险中不存在代位求偿权。代位求偿权是财产保险中的特有规则。人身保险不适用代位求偿规则。因为在人身保险中,人身伤害不仅有财产上的损失,更有精神上的打击,保险金的给付并非补偿性质而是抚慰性质。因此,当被保险人因第三人的行为而发生死亡、伤残或疾病等保险事故时,保险人向被保险人或受益人给付保险金额后,不得代位行使被保险人或受益人享有的对第三人的损害赔偿请求权。

6.保险人不承担防止和减少损失的费用。理由主要有二:一是无法确定这些费用的必要性与合理性;二是正常状态下被保险人不会放任自身的生命和健康受到损害。实际上保险人在设计保险合同时便将此种风险排除在外而未收取相应的保险费。

二、人身保险的种类

从不同的角度,可对人身保险作不同的分类。

(一)依保险内容不同,可分为人寿保险、健康保险和人身意外保险

人寿保险,是指以被保险人的生命为保险标的,以生存或死亡为给付保险金条件的人身保险。人寿保险是最主要、最基本的人身保险,其主要险种有生存保险、死亡保险和生死两全保险等。

人身意外伤害保险,是指以被保险人在合同期限内因遭受意外伤害事故导致死亡或伤残为给付保险金条件的人身保险。人身意外伤害保险的保险费较低,保险性大,投保简便,无须体检,是一种较实用的人身保险,又可分为普通意外伤害保险、特种意外伤害保险等。

健康保险,是指以被保险人因患病、分娩生育所造成的医疗费用支出和工作能力丧失、收入减少为保险事故的人身保险。通常将不属于人寿保险和人身意外伤害保险的人身保险都归为健康保险。

(二)依投保主体不同,可分为个人人身保险、团体人身保险和联合保险

个人人身保险,是指以单个自然人个人的生命、健康和意外伤害为保险责任范围,以单张保险单承保的人身保险。

团体人身保险,是指以企业、事业单位、机关、社会团体等法人单位或其他组织等团体为投保人,以集体名义投保,以其职工的死亡、伤残、意外伤害等为保险责任范围的人身保险。

联合保险,是指将存在一定利害关系的两个或两个以上的人如父母、夫妻、子女等视为联合被保险人,以单张保单同时投保的人身保险。

(三)依是否分红的不同,可分为分红保险和不分红保险

分红保险,是指被保险人参加保险后,在正常的保险保障之外,可以按约分期参与保险人利益分配的人身保险。

不分红保险,是指被保险人只享有正常的保险保障而没有其他权利要求的普通人身保险。

第二节 人身保险中的常见条款

人身保险合同的条款可以分为基本条款和特约条款。基本条款中，除了必须包括作为保险合同应当具备的基本内容外，还包括人身保险特有的如下条款：

一、不可抗辩条款

不可抗辩条款，又称不可争抗条款，是指在人身保险合同期满一定期限后，保险人不得以投保人在投保时未作如实告知为由解除保险合同或拒绝承担保险责任。也就是说，如果保险公司发现投保人没有如实告知重要事实，只能在一定时间内以此为由拒绝给付保险金或解除合同，否则这项权利即告丧失。

不可抗辩条款是为了维护投保人、被保险人和受益人的利益，防止保险人滥用合同解除权而专门设定的条款。我国《保险法》第 16 条规定，投保人故意或者因重大过失未履行如实告知义务时，保险人应当从知道该事由之日起，在 30 日予以解除，逾期则丧失解除权。同时，自保险合同成立之日起超过 2 年的，保险人不得解除合同。引例 1 反映的正是这种情形。投保人故意少报被保险人年龄而投保成功，保险人事后享有解除权。但这一权利受上述两个时间的限制。至 2012 年 3 月保险事故发生时，保险合同成立时间已超过 2 年。此时，保险公司不得以“投保人所填报的被保险人年龄不真实，并且其真实年龄不符合同约定的年龄限制”为由解除合同。因此，保险公司必须向受益人给付保险金。

二、不丧失价值条款

不丧失价值条款，是指人身保险合同的投保人在交付保险费达到一定期限后，便可享有保单的现金价值。无论投保人或保险人解除合同，还是因其他原因导致保单失效，投保人、被保险人或受益人都有权获得保单的现金价值。同时，法律还赋予投保人在无力交纳保费或不愿意继续交纳保费时，拥有选择如何处理保单的现金价值的三种权利：(1)直接领取退保金；(2)调整保险期限；(3)减额交清保费。

不丧失价值条款是人身保险合同中的特有条款，是由人身保险合同具有的储蓄性质所决定的。

三、交纳保费的宽限期条款

交纳保费的宽限期条款，是指根据法律规定或合同的约定，当投保人未按期交

付人身保险的保险费时，保险人在一定期间内暂不行使合同解除权，并给予投保人补交其保险费机会的条款。

人身保险合同规定宽限期条款，一方面是为了方便投保人，防止在人身保险漫长的交费年份中，因投保人一时疏忽或经济困难未按时交费，而使已经存续较长期限的保险合同归于无效；另一方面，也有利于保险人巩固、稳定已有的保险业务与成果。宽限期的期限各国规定不同，大多数国家规定 30 天。我国《保险法》第 36 条则采取"自保险人催告之日起 30 日"或者"超过约定的期限 60 日"两个宽限期，对保险人来说多了一个选择。保险合同当事人双方也可在保险合同中自行约定宽限期。

必须强调指出的是，在人身保险的交费宽限期内，保险合同仍然有效。若在此期间发生保险事故，保险人仍应承担保险责任，但可以扣减欠交的保险费。宽限期限届满后，投保人仍未缴费的，保险合同效力中止。保险人也可以按照合同的约定减少合同的保险金额。

根据《保险法》第 36 条的规定，适用宽限期条款必须符合以下三个条件：(1)该保险合同是分期交纳保险费的长期合同；(2)投保人已经支付了首期保险费；(3)保险合同中没有相反的规定。

四、复效条款

复效条款，是指当投保人未如期支付保险费而使人身保险合同效力中止后，在法律规定的期限内，保险人与投保人达成协议，并经投保人补交保险费后，保险合同效力得以重新恢复的条款。根据《保险法》第 37 条的规定，适用人身保险合同的复效条款必须符合以下三个条件：(1)投保人的复效申请应当在保险合同效力中止后 2 年内提出；(2)投保人的复效申请得到保险人的同意；(3)投保人补交了中止期间欠交的保险费及利息。保险合同一旦复效，其效力自保险合同成立之日起算。

对投保人来说，恢复原保险合同效力要比重新投保更为有利。特别是效力中止或失效后，如果被保险人已经超过保险年龄时，恢复原保险合同的效力便是其继续参保的唯一选择。从这个意义上来说，人身保险合同中的复效条款，是为投保人设定的保持保险合同效力的又一次机会，也是最后一次机会。如果投保人在 2 年时间内仍未对合同进行复效的，则保险人有权解除合同，并根据合同约定，退还保险单的现金价值。

五、年龄误报条款

年龄误报条款，是指投保人投保时所申报的被保险人年龄不真实，并且其真实年龄不符合合同约定的年龄限制时，保险人享有依法解除合同的权利。

投保人在投保时所误报的被保险人实际年龄可分为两种情形：一种是该年龄仍在该保险合同允许的范围内；一种是已超过了该合同约定的年龄限制。相应地，法律上对此的处理也有区别：(1)在第一种情形下，因投保人申报的被保险人年龄不真实，致使投保人支付的保险费多于或少于应付保险费的，保险公司有权更正，并进行保险费的“多退少补”；(2)在第二种情形下，保险人可以解除合同。但必须强调的是，保险人的这项权利，只限于保险人知道该事由之日起 30 日内或合同成立 2 年内行使。依照我国《保险法》第 32 条及第 16 条的规定，上述期限过后，年龄问题就成了不可抗辩条款，保险人不能据此行使合同解除权。

六、自杀条款

自杀条款，是指被保险人在投保后的一定期间内自杀的，保险人不承担给付保险金的责任。

人身保险合同将自杀条款列入保险人的免责条款，可以防止被保险人发生故意自杀图谋巨额保险金的道德风险。但保险合同的保险金受领人并非被保险人而是受益人，如果将自杀身亡的情形完全排除在保险人的责任范围之外，对受益人未免不公。同时，被保险人是否在投保时即存有以自杀图谋保险金的主观意图，在实践中往往难以判断与确定。故此，我国《保险法》第 44 条规定，以被保险人死亡为给付保险金条件的合同，自合同成立或者合同效力恢复之日起 2 年内，被保险人自杀的，保险人不承担给付保险金的责任，但被保险人自杀时为无民事行为能力人的除外。保险人依照前款规定不承担给付保险金责任的，应当按照合同约定退还保险单的现金价值。

引例 2 中，保险合同的复效时间是 2010 年 5 月，而被保险人赵某自杀的时间为 2012 年 4 月，按保险法的规定，属于在 2 年内自杀的情形，故保险公司可以不承担保险责任，但应当向受益人李某退还保险单的现金价值。

第三节 几种主要的人身保险

一、人寿保险

(一)人寿保险的概念

人寿保险，又称生命保险，简称寿险，是指以被保险人的生命为保险标的，以被保险人在保险期限内的生存、死亡或生死两全作为给付保险金条件的人身保险。

人寿保险是人身保险业务中最典型、最主要的种类。依给付保险金条件的不同,又可分为死亡保险、生存保险和生存死亡两全保险等险种。

1.死亡保险,是指以被保险人死亡为保险事故,当保险事故发生时,由保险人给付保险金的人寿保险,可分为定期死亡保险和终身死亡保险两种。

2.生存保险,是指以被保险人在保险期满时仍然生存为给付条件的人寿保险。如果被保险人在保险期限内死亡,保险公司的保险责任就此终止,并且保险人不给付保险金,也不退回投保人所交的保险费。生存保险有强烈的储蓄性质,亦被称为储蓄保险。

3.生死两全保险。生死两全保险,是指投保人与保险人约定,当被保险人在保险合同约定的保险期限内死亡或保险期限届满仍然生存时,保险人均须按照合同约定承担给付保险金责任的人寿保险。生死两全保险由于具有保障性和储蓄性的双重功能,是人身保险中最受欢迎的一个品种。它既可作为化解风险的一种手段,也可作为一种储蓄为养老提供保障。

二、意外伤害保险

(一)意外伤害保险的概念

意外伤害保险,是指投保人缴纳一定数额的保险费,保险人承诺于被保险人在遭遇特定范围内的灾害事故,致身体受到伤害而造成残疾或死亡时,依照合同约定向被保险人或受益人给付保险金的人身保险。在意外伤害保险中,保险标的是人的自然躯体,不包括假肢、假牙、假眼等人工安置的非天然部分。

(二)意外伤害的特征

意外伤害保险中,保险人承保的是特定的危险,即"特定范围内的灾害事故"所造成的损害。这里所说的造成被保险人意外伤害的"灾害事故"应具备外来的、突发的、非本意的和非疾病的四大特征。

1.所谓"外来的",是指伤害的原因为被保险人自身之外的因素作用所致。比如机械性的碰撞、摔砸、打压以及咬伤、烫伤、烧伤、冻伤、电击、光辐射等因素所致的物理性损伤,及酸、碱、煤气毒剂等因素所引致的化学性损伤。这些外来的因素,需致使人体外表或内在留有损害迹象。

2.所谓"突发的",是指人体受到的侵袭是猛烈而突然的。伤害的原因与结果之间具有直接、瞬间的关系。如交通事故中的撞车、天空坠落物体的砸压等引起的伤害、死亡则是突发的,瞬间完成的。长期在某种环境条件下工作造成身体的伤害,不属于意外伤害,如长期在恶劣环境下工作造成的职业病,与突发偶然形成身体的伤害是有区别的,前者不属于伤害保险的范围。

3. 所谓“非本意的”，是指非当事人所能预见，非本人意愿的不可抗力事件所致的伤害，对于伤害的结果是意外，而原因非意外的伤害不能认定为意外伤害，如在高速公路上以超过限速标准的速度驾驶导致的身体伤害。对于这种完全可以预料的，也完全可以防止的伤害，不属于意外伤害。

4. 所谓“非疾病的”，是指损害的造成不是由被保人身体本身的因素或疾病引起的。如骨质疏松导致的病理性骨折，或肝炎病毒引起的爆发性肝炎均为疾病所致的伤害。

(三) 意外伤害保险的保险责任和责任范围

1. 意外伤害保险的保险责任。意外伤害保险的保险责任范围包括：(1)被保险人因意外伤害而导致死亡或伤残；(2)被保险人因意外伤害而支付的治疗费用；(3)被保险人因意外伤害而暂时丧失劳动能力的停工损失等。

2. 意外伤害保险的除外责任。意外伤害保险的除外责任范围包括：(1)战争、内乱、核事故等所致的伤害；(2)被保险人从事违法犯罪活动受到的意外伤害；(3)被保险人在寻衅斗殴中受到的意外伤害；(4)被保险人在酗酒、吸注毒品时发生的意外伤害；(5)因疾病造成被保险人的伤害；(6)投保人、受益人、被保险人故意造成的伤害；(7)被保险人从事不必要的冒险行为受到的伤害。

三、健康保险

(一) 健康保险的概念

健康保险，又称疾病保险，是指投保人与被保险人约定，以被保险人的身体为保险标的，对被保险人因遭受疾病或意外伤害事故所发生的医疗费用损失或导致工作能力丧失所引起的收入损失，以及因为年老、疾病或意外伤害事故导致需要长期护理的损失提供经济补偿的保险。健康保险依保险责任及给付条件的不同，分为疾病保险、医疗保险、收入保障保险和护理保险。

(二) 健康保险和意外伤害保险的区别

健康保险与意外伤害保险一样，属于短期性保险，两者在保险期限、保险事故、保险费的计算等方面，具有一些共同特点。但是，健康保险和意外伤害保险在以下两个方面存在着较大的区别：

1. 保险责任不同。意外伤害保险强调事故的外来性，而健康保险则把身体内部疾病引起的治疗作为保险事故。在遭受意外伤害而住院治疗时，健康保险将直接给付医疗保险金，而意外伤害保险则待医疗终结，确定为残疾时，才给付伤残保险金。由疾病造成的伤残和死亡，是健康保险的保险责任，而意外伤害保险的保险

责任是意外伤害造成的伤残和死亡。

2.给付的性质不同。意外伤害保险大都是定额给付,具有给付性即经济帮助的性质。健康保险的保险金除定额给付性质外,还有具有补偿性质的给付,如按实际所发生的医疗费用给付的实际补偿和由保险人直接支付医疗费用的预付服务等。

由于保险金给付的补偿性,健康保险与财产保险一样,存在着重复保险和代位追偿的问题。如果被保险人投保了多家保险公司的健康保险,一旦发生保险事故,就可能出现医疗给付保险金高于实际医疗费用的情况,这是不允许的。

(三)健康保险的除外责任

健康保险承保被保险人由于自身的疾病、分娩或意外伤害事故所发生的医疗费用等支付。但并非所有上述费用均由保险人承担。依照健康保险相关法规的规定,下列情形不属于健康保险的责任范围:(1)被保险人在签订保险合同时已经患病或怀孕;(2)被保险人故意自杀或企图自杀而造成的疾病及因此致残、致死的,法律另有规定的除外;(3)被保险人因故意堕胎导致的疾病、残疾、流产、死亡的。

司法考试真题链接

1.丁某于2005年5月为其九周岁的儿子丁海购买一份人身保险。至2008年9月,丁某已支付了三年多的保险费。当年10月,丁海患病住院,因医院误诊误治致残。关于本案,下列哪一表述是正确的?(2009年司法考试真题)

A.丁某可以在向保险公司索赔的同时要求医院承担赔偿责任

B.应当先由保险公司支付保险金,再由保险公司向医院追偿

C.丁某应先向医院索赔,若医院拒绝赔偿或无法足额赔偿,再要求保险公司支付保险金

D.丁某不能用诉讼方式要求保险公司支付保险金

2.2007年7月,陈某为其母投保人身保险时,为不超过保险公司规定的承保年龄,在申报被保险人年龄时故意少报了二岁。2009年9月保险公司发现了此情形。对此,下列哪些选项是正确的?(2010年司法考试真题)

A.保险公司有权解除保险合同,但需退还投保人已交的保险费

B.保险公司无权解除保险合同

C.如此时发生保险事故,保险公司不承担给付保险金的责任

D.保险人有权要求投保人补交少交的保险费,但不能免除其保险责任

3.甲参加乙旅行社组织的沙漠一日游,乙旅行社为此向红星保险公司购买了旅行社责任保险。丙客运公司受乙旅行社之托,将甲运送至沙漠,丙公司为此向白云保险公司购买了承运人责任保险。丙公司在运送过程中发生交通事故,致甲死

亡，丙公司负事故全责。甲的继承人为丁。在通常情形下，下列哪些表述是正确的？（2012年司法考试真题）

A. 乙旅行社有权要求红星保险公司直接对丁支付保险金

B. 丙公司有权要求白云保险公司直接对丁支付保险金

C. 丁有权直接要求红星保险公司支付保险金

D. 丁有权直接要求白云保险公司支付保险金

第二十五章　财产保险

【引　例】

1.2010 年 5 月，甲公司与某市汽车公司签订了货物运输合同，由汽车公司将甲公司的货物运到 H 市。甲公司随即向 A 保险公司办理了货物运输保险手续，投保金额为 8 万元。后汽车公司在运输过程中因意外事故致甲公司的 13 万元货物全部毁损。A 保险公司按约向甲公司赔偿经济损失 8 万元。甲公司取得赔偿金后，又向汽车公司提出赔偿，要求其承担另外 5 万元的损失，汽车公司未予答复。甲公司于是向人民法院提起诉讼。问：甲公司在保险公司未向汽车公司主张权利的情况下，能否直接向汽车公司求偿？

2.2011 年 2 月，市民张先生乘出租车前往某地。途中，出租车为避让突然蹿出的摩托车而紧急制动，致使坐在副驾驶座位上的张先生头部和胸部遭受猛烈撞击而死亡。理赔过程中，保险公司提出：王先生系出租车乘客，非"第三者"的范围，故保险公司不对其承担"第三者责任险"的赔偿责任。问：保险公司的这一说法有法律依据吗？

第一节　财产保险概述

一、财产保险的概念和特征

（一）财产保险的概念

财产保险，指由投保人与保险人签订的，对财产及其相关利益因保险事故造成的损失承担赔偿责任的协议。财产保险有广义和狭义之分。早期的财产保险只承保有形财产的直接损失，如火灾保险、盗窃保险等。此为狭义角度的理解。随着财产保险的不断发展与完善，现今世界各国的财产保险都从广义上来界定财产保险的概念和范围。广义的财产保险是指以财产及其有关利益为保险标的的保险合同，其保险标的不仅包括有形财产，而且还包括无形财产。

（二）财产保险的特征

1. 财产保险的标的是财产及其有关利益

这是财产保险与人身保险的根本区别。这里所说的“财产及其有关利益”，可以分为三个方面：一是有形的物质财产，包括动产和不动产。二是无形财产，主要是指由财产所产生的各种财产权利，如商标权、专利权、财产使用权等。三是损害赔偿责任，这是指被保险人因疏忽、过失等行为对他人造成损害，使他人财产遭受损失时，依法应当承担的民事赔偿责任。

2. 财产保险具有补偿性质

财产保险是以补偿被保险人因保险事故遭受的经济损失为目的的保险种类。保险财产或者与财产有关的利益都有确定的价值。通常在保险事故发生后，由保险人对被保险人的实际损失进行评估，并以支付保险赔偿金的形式给予补偿。在财产保险合同中，严格贯彻无损失即无赔偿的规则。保险人只对被保险人因危险所造成的损失给予经济补偿，补偿的数额不得超过受损财产的实际损失。如果作为保险标的的财产未受损失，保险人无须进行保险赔偿。

3. 财产保险的保险金额不得超过保险价值

在财产保险中，投保人与保险人约定的保险金额必须以保险标的的实际价值为基础。保险金额不得超过保险价值，否则，超过的部分无效。投保人与保险人约定的保险金额低于保险价值时，除保险当事人另有约定外，保险人按照保险金额与保险价值的比例承担保险责任。

4. 财产保险适用代位求偿原则

如果第三人对被保险人发生的损失负有赔偿责任，保险人在赔付被保险人的损失后，在其赔付金额范围内，享有要求被保险人转让其对第三人追究赔偿损失的权利。

二、财产保险的分类

根据不同的划分标准，财产保险可以分为不同的类型。

（一）依保险标的的不同，可分为有形财产保险与无形财产保险

有形财产保险的标的，是指以物质形式存在、可以用货币价值衡量的财产。此类保险主要包括火灾及其他自然灾害事故保险、盗窃保险、运输工具保险、货物运输保险等。无形财产保险的标的则是相关利益或法律责任。此类保险包括信用保险、保证保险、责任保险等。

(二)依投保主体的不同,可分为家庭财产保险与企业财产保险

家庭财产保险,是指以居民家庭或个人所有或占有的财产为保险标的的保险。企业财产保险,是指以国家、集体、企事业单位、人民团体等所有或经营的财产为保险标的的保险。

(三)以当事人订立保险合同的意愿为标准,可分为自愿财产保险和强制财产保险

自愿财产保险是指合同当事人双方在自愿原则的基础上订立的财产保险合同。大部分财产保险都属于自愿财产保险。强制财产保险,又称法定财产保险,是指根据国家法律和行政法规的规定必须参加的保险,如机动车第三者责任保险、法定雇主责任保险等。

三、财产保险合同中的代位求偿权

(一)代位求偿权的概念

代位求偿权,是指在财产保险中,因第三人对保险标的的损害而负有赔偿责任时,保险人自向被保险人赔偿保险金之日起,在赔偿金范围内代位行使被保险人对第三人请求赔偿损失的权利。

保险代位求偿是财产保险中一项特有的法律制度。设立代位求偿权制度的目的,是为了防止被保险人因保险事故的发生而从保险人和第三人处获取双倍于其损失的补偿,以避免可能发生的恶意串通等社会道德风险。

(二)代位求偿权的成立要件

1.代位求偿权只适用于财产保险

财产保险合同是补偿性合同,财产保险的保险价值是可以确定的。按照损失补偿原则,财产保险的保险标的发生保险事故时,被保险人只能得到补偿,而不能获得双重赔偿。而人身保险的保险金额是保险当事人双方约定的,其保险价值无法衡量,只存在保险金的给付。

2.被保险人对第三人享有赔偿请求权

代位求偿权以被保险人对第三人享有赔偿请求为基础。这就要求被保险人保持对第三人的追究权。如果在保险人向被保险人进行保险赔付前,被保险人已经放弃了对第三人的追究权,那么,保险人有权不予赔偿;如果在保险人向被保险人进行保险赔付后,被保险人放弃对第三人的追究权的,则放弃行为无效,保险人仍然享有代位求偿权。我国保险法明确规定,由于被保险人的过错致使保险人不能

行使代位请求赔偿的权利的，保险人可以扣减相应的保险赔偿金。

3.保险人已经履行了保险赔偿义务

代位求偿权是一种转移债权。代位求偿权的行使以保险人履行赔偿义务为前提。在保险法律关系中，保险人与造成保险标的损害的第三人之间并无任何直接的权利义务关系，自然不存在向第三人请求赔偿的权利。保险人只有在向被保险人支付保险赔偿金后，才能依法取得被保险人对第三人的损害赔偿请求权。

（三）代位求偿权的对象和范围

1.代位求偿权的对象。代位求偿权的对象，是指对保险标的的损失负有赔偿义务的第三人。世界各国立法对代位求偿权行使对象的范围是有所限制的，一般都规定不得对被保险人本人及其一定范围的亲属或雇员行使代位求偿权，除非保险事故是由上述人员故意造成的。我国《保险法》第 62 条规定，除被保险人的家庭成员或者其组成人员故意造成的保险事故以外，保险人不得对被保险人的家庭成员或者其组成人员行使代位请求赔偿的权利。

2.代位求偿权的范围。保险人通过行使代位求偿权向第三人请求损失赔偿的权利范围应以保险人向被保险人支付的保险赔偿金额为限。对于保险人未作赔偿的部分，保险人不具有代位求偿的权利。被保险人在获得保险人的赔偿金后，仍有权对保险人未作赔偿的部分向第三人请求赔偿。保险人因行使代位求偿权而从第三人处获得的赔偿金额超出其向被保险人实际支出的保险赔款时，应将该超出的部分归还给被保险人。

引例 1 中，保险公司在对甲公司作出积极赔偿后，有权在 8 万元的范围内行使代位求偿权。而被保险人甲公司在获得保险公司的 8 万元赔偿后，仍有 5 万元的损失，甲公司有权就这一部分损失单独向第三人（即运输公司）求偿。甲公司的这一权利与保险公司无关。

第二节　企业财产保险和家庭财产保险

一、企业财产保险

（一）企业财产保险的概念

企业财产保险，是指以投保人存放在固定地点的财产和物质作为保险标的的一种保险合同。主要以火灾及其他自然灾害和意外事故为保险危险。企业财产保险是我国财产保险业务中的主要险种之一，其适用范围很广，一切实行独立核算的

法人单位，包括各类工商企业、国家机关、事业单位和社会团体等均可参加企业财产保险。但个体工商户及城乡居民不属于企业财产保险的范围。

（二）企业财产保险的标的

1.可保财产。可保财产，是指保险人在保险条款中规定的可以接受保险的财产。作为企业财产保险标的的财产或物质，必须是被保险人享有所有权、占有权或者经营管理权的财产。即凡是属于被保险人所有或与他人共有而由被保险人负责的财产，由被保险人经营管理或者替他人保管的财产，以及其他与被保险人有经济利益关系的财产等，都可作为企业财产保险的标的。

2.特约可保财产。特约可保财产，是指经保险合同双方当事人特别约定后在保险合同中载明的保险财产。特约可保财产可分为两种情形：一种是因该物品无固定价格，市场价格变化极大，投保时无法确定保险金额。如金银、珠宝、首饰、古董、邮票、艺术品等珍稀物品；另一种是因该物品价值重大，风险特别，投保时需加以特别约定。如堤堰、水闸、铁路、道路、桥梁、码头、矿井等。

3.不保财产。不保财产，是指不能作为企业财产保险标的的财产。依相关法律规定，土地、矿藏、矿井、森林、水产资源以及未经收割或收割后尚未入库的农作物、货币、票证、文件、账册、图表、技术资料、运输过程中的物资、违章建筑、危险建筑和非法占有的财产等，均为不保财产。

（三）企业财产保险的保险责任与除外责任

企业财产保险的主要险种是基本险和综合险。两者的区别主要在于保险责任范围的不同。综合险在基本险承保的范围基础上增加了一系列的自然灾害风险保险。企业财产保险的保险责任可分为基本责任、除外责任和特约责任。

1.基本责任。企业财产保险基本险的责任范围为：(1)火灾；(2)雷击；(3)爆炸；(4)飞行物体及其他空中运行物体坠落；(5)被保险人拥有财产所有权的自用的供电、供水、供气设备因保险事故遭受损坏，引起停电、停水、停气以致造成保险标的的直接损失；(6)保险事故发生后，被保险人为防止或者减少保险标的的损失所支付的必要的、合理的费用。

企业财产保险综合险的责任范围，除上述基本险所列保险责任外，还包括：暴雨、洪水、台风、暴风、龙卷风、雪灾、雹灾、冰凌、泥石流、崖崩、突发性滑坡、地面突然塌陷等。

2.除外责任。企业财产保险的除外责任包括：(1)战争军事行动或暴乱；(2)核辐射或污染；(3)被保险人的故意行为；(4)保险财产遭受保险责任范围内的灾害或事故引起停工、停业的损失以及其他间接损失；(5)因保险财产本身缺陷、保管不善导致的损坏，如变质、霉烂、受潮、虫咬、自然磨损以及消耗；(6)堆放在露天或罩棚下的保险财产以及罩棚，由于暴风、暴雨造成的损失；(7)其他不属于保险责任范围内的损失和费用。

3. 特约责任。特约责任，是指就除外责任中的某项责任，经双方当事人特别协商后确定由保险人承担的保险责任。如前述的所谓“露堆物品”，若符合仓储及有关部门的规定，采取相应的防护安全措施，经投保人与保险人双方特别约定，就可在投保企业财产保险的基础上附加投保露堆财产保险。

(四)企业财产保险金额的确定

1. 固定资产保险金额的确定。企业固定资产的保险金额，通常采用以下几种方式确定：(1)按照财产的账面原值确定；(2)按账面原值加一定成数确定；(3)按重置价值确定；(4)按公估后的市价确定。

2. 流动资产保险金额的确定。企业流动资产的保险金额，通常采取以下两种方式确定：(1)按该企业最近 1 年任意月份的账面余额确定；(2)按该企业最近 1 年的月平均余额确定。

无论是企业固定资产还是企业流动资产，在确定保险金额时，采取的方式不同，其保险费的数额也相应不同，保险财产出险后的可获得的保险赔偿自然也就不同。

二、家庭财产保险

(一)家庭财产保险的概念

家庭财产保险，是指以城镇居民家庭财产为保险标的的保险。凡属于城镇居民家庭或个人所有的财产，都可以作为保险标的，参加家庭财产保险。家庭财产保险可分为基本险与综合险两大类。其中，基本险包括灾害损失险和盗窃险；综合险则承保法定范围内的所有风险。

(二)家庭财产保险的可保范围

1. 家庭财产保险的可保财产。家庭财产保险的可保财产主要有：(1)各种家庭生活资料；(2)自有房屋及其附属设备；(3)农村家庭的农具、工具和已经收获的农产品；(4)个体劳动者的营业用具、工具、原材料和商品等。

代管财产或与他人共有的财产经特约后可予以承保。

2. 家庭财产保险的不保财产。家庭财产保险的不保财产，是指在家庭财产综合保险中不能作为保险标的的财产与物品。但经双方当事人协商，可投保其他家庭财产险种。这类财产包括：(1)财产价值高，保险金额不易确定的物品。如金银、珠宝首饰、古玩字画、邮票、艺术品等。(2)不能用货币衡量其价值的物品。如电脑资料、文件、技术资料、账册、图表等。(3)其他不属于家庭财产保险范围的物品。

如：烟酒、化妆品等日用消耗品；货币、票证等有价证券；手机、手表等能随身携带的物品；临时性建筑、违章建筑或其他正处于紧急危险状态的财产等。(4)应当投保其他专项保险的财产。如机动车应当投保机动车辆险。

（三）家庭财产保险的保险责任与除外责任

1.保险责任。家庭财产保险的责任范围为：(1)火灾、雷击、爆炸、暴雨、洪水、台风、暴风、龙卷风、雪灾、雹灾、冰凌、泥石流、崖崩、突发性滑坡、地面突然塌陷等自然灾害事故；(2)飞行物体及其他空中运行物体坠落；(3)保险事故发生后，被保险人为防止或者减少保险标的的损失所支付的必要的、合理的费用。

2.除外责任。家庭财产保险的除外责任为：(1)战争、军事行动或暴力行动；(2)核子辐射和污染；(3)电机、电器、电器设备因使用过度、超电压、碰线、弧花、漏电、自身发热等原因造成的本身损毁；(4)被保险人及其家庭成员、服务人员、寄居人员的故意行为所致的损失；(5)堆放在露天的被保险财产因暴风、暴雨等造成的损失；(6)被保险财产因虫蛀、鼠咬、霉烂、变质而造成的损失；(7)其他不属于家庭财产保险责任内的损失和费用。

被保险人为预防灾害事故而事先支出的预防费用，保险公司原则上不予赔偿。

第三节　货物运输保险

一、货物运输保险的概念

货物运输保险，是以运输过程中的货物为保险标的，承担货物因自然灾害或意外事故造成的损失的一种财产保险。

货物运输保险所承保的货物主要是具有商品性质的贸易货物，一般不包括个人行李或船上使用的库存品及供应物资。货物运输保险可分为水路运输保险、陆上运输保险、航空运输保险和联运保险。

货物运输保险的险种可分为基本险、综合险、一切险、单独附加险和特别附加险等。其中，一切险包括偷窃险、提货不着险、淡水雨淋险、短量险、玷污险、渗漏险、碰撞破碎险、串味险、受潮受热险、钩损险、包装破裂险和锈损险等具体险种。

二、货物运输保险的保险责任和除外责任

(一)货物运输保险合同的责任范围

1.货物运输保险的基本险的责任范围包括:(1)因火灾、爆炸、雷电、冰雹、暴风、暴雨、洪水、海啸、地陷、崖崩、突发性滑坡、泥石流,运输工具发生碰撞、损毁而造成的损失;(2)因装货、卸货或转载时发生非因包装质量不善和违章操作的意外事故而造成保险财产的损失;(3)发生上述灾害、事故时为救护、保护货物所支付的直接、合理的费用。

2.货物运输保险的基本险的责任范围除包括基本险责任外,还包括:(1)因受震动、碰撞、挤压而造成货物的破损;(2)因包装破裂致使货物散失的损失,遭受盗窃的损失;(3)外来原因致使提货不着的损失;(4)符合安全运输规定而遭受雨淋所致的损失;(5)液体货物因受碰撞或挤压致使所用容器(包括封口)损坏而渗漏的损失;(6)用液体保藏的货物因液体渗漏而造成该货物腐烂变质的损失。

(二)货物运输保险的除外责任

货物运输保险的除外责任包括下列各项:(1)战争、军事行动或暴力行动;(2)核辐射和污染;(3)被保险货物本身的缺陷或自然损耗,以及由于货物包装不善所造成的损失;(4)被保险人的故意行为或重大过失行为;(5)其他不属于保险责任范围内的损失。

三、货物运输保险的保险金额和保险费率

国内水路、陆路货物运输保险的保险金额通常采取定值保险的方式,即先由被保险人提出保险金额并填入投保单,经保险人同意即可成为正式的保险金额。确定保险金额通常有两种方法:一是目的地成本价。目的地成本价是指货物的购进价加上运抵目的地发生的一切运杂费、包装费、保险费及税款等费用。一般国内水路、陆路货物运输保险的保险金额按这种方法确定。二是目的地市场价。目的地市价是指货物到达目的地的销售价格,也就是到达目的地的实际成本价再加上合理的利润。

货物运输保险中,保险费率的确定比较复杂。不仅要考虑在保险期间受损财产占全部投保财产的比率,同时,还应考虑运输工具、运输方式、货物性质、运输途程等诸多因素加以确定。

四、保险期限

货物运输保险的保险期限与一般的财产保险不同，通常采用“仓至仓”的航程来确定保险期限。所谓“仓至仓”，是指保险人的保险责任自保险货物运离起运地仓库时开始至运抵目的地收货人的仓库为止。由于“仓至仓”的距离有远有近，为了预防出现道德风险，我国《保险法》第50条规定：“货物运输保险合同和运输工具航程保险合同，保险责任开始后，合同当事人不得解除合同。”

第四节 运输工具保险

一、机动车辆保险

（一）机动车辆保险的概念

机动车辆保险，是指保险人对于投保人、被保险人所有或经营管理的机动车辆因保险事故遭受的损失和致第三者人身伤亡或财产损失承担赔偿责任的保险。机动车辆是我国目前财产保险业务中最大的险种。这里的“机动车辆”，泛指各种汽车、电车、电瓶车、摩托车、拖拉机、各种专用机械车和特种车等。

（二）机动车辆保险的种类

机动车辆保险的基本险包括车辆损失险和第三者责任险。

1. 车辆损失险。车辆损失险，是指以行驶和停放中的车辆作为保险标的的机动车辆保险。

车辆损失险的保险责任包括：(1)碰撞、倾覆；(2)火灾、爆炸；(3)外界物体倒塌、坠落；(4)雷击、暴风、龙卷风、暴雨、洪水、海啸、地陷、冰陷、崖崩、雪崩、雹灾、泥石流、滑坡；(5)载运保险车辆的渡船遭受自然灾害（只限于有驾驶员随车照料者）；(6)发生保险事故时，被保险人对保险车辆采取施救、保护措施所支出的合理费用。

车辆损失险的除外责任包括：(1)因地震、战争、军事冲突、恐怖活动、暴乱、扣押、罚没、政府征用造成的损害；(2)在竞赛、测试，在营业性维修场所修理、养护期间造成的损害；(3)利用保险车辆从事违法活动造成的损害；(4)驾驶人员饮酒、吸食或注射毒品、被药物麻醉后使用保险车辆造成的损害；(5)保险车辆肇事逃逸；(6)驾驶人员无证驾驶或持无效驾驶证件造成的损害；(7)非被保险人允许的驾驶人员使用保险车辆造成的损害；(8)保险车辆不具备有效行驶证件；(9)相关法律、法规规定不予赔偿的损失和费用。

2.第三者责任险。第三者责任险，是指由保险人承保合法驾驶人员在使用保险车辆时发生意外事故而致使第三者遭受人身伤亡或财产损害而产生的赔偿责任的保险。

第三者责任保险中的所谓“第三人”，除了投保时明确的保险人之外，还包括被保险人允许的驾驶人员，如单位或个人的驾驶员、雇佣或借来的驾驶员以及保险车辆借给他人使用时的驾驶员等。这些人使用保险车辆对第三者造成人身伤亡或直接财产损失，均由保险公司负责赔偿。但是被人私自开车或盗车，或未经单位主管同意，驾驶员私自许诺的人开车，则不能视为“被保险人允许的驾驶员”，这种保险车辆对第三者造成的人身伤亡或财产损毁，保险公司不负赔偿责任。

第三者责任险的除外责任主要包括：(1)被保险人或驾驶人员故意造成的人身伤亡或财产损失；(2)被保险人及其家庭成员所有或代为保管的财产；(3)本车驾驶人所遭受的损害；(4)本车的一切人员和财产所遭受的损害；(5)拖拉的未保险车辆或其他拖带物造成的损失；(6)保险车辆发生意外事故，引起停电、停水、停气、停产、停业或停驶造成的损失以及各种其他间接损失。

从上述第三者责任险的除外责任范围可以看出，机动车辆保险中的“第三者”有其特定含义。其身份认定中的典型标志是，受害人必须处于机动车的外部。否则，即属于“车内人员”而不适用第三者责任险。引例2描述的正是这一情形。保险公司认为，死者王先生是车上乘客，系“本车人员”，属于第三者责任险的除外责任范围，故对其适用“车上座位险”而不适用“第三者责任险”，这是符合保险法原理和相关法律规定的。

二、船舶保险

(一)船舶保险的概念

船舶保险，是指以各种船舶、水上装置及其碰撞责任为保险标的的保险合同。主要承保船舶在水上航行或在港内停泊时遭遇自然灾害和意外事故所造成的全部或部分损失以及由此而引起的责任赔偿。一般分为内河船舶保险和远洋船舶保险两大类。

(二)船舶保险的保险责任及除外责任

1.船舶保险的保险责任。船舶保险的保险责任包括：(1)海上灾害，即在海洋运输中所遭遇的恶劣天气、海啸、地震、洪水等不可抗力，以及船舶搁浅、触礁、沉没、碰撞、火灾、爆炸等意外事故；(2)船舶失踪，指船舶在海上航行，因遇大风或其他海难而失踪；(3)碰撞与碰撞责任，指船与船相碰，船与码头或其他固定建筑物碰撞等造成被保险船舶的损失，及由此产生的民事损害赔偿责任。

2. 船舶保险的除外责任。在船舶保险中，保险人一般不承担下列责任：(1)战争、军事行动和政府征用而引起的损害；(2)不具备适航条件；(3)被保险人及其代表人的故意行为；(4)超载、浪损引起的事故损害；(5)保险船舶的正常维修、油漆费用、磨损、锈蚀、本身故障；(6)停航、停业及第三者间接损失；(7)木船、水泥船的锚链、子船的单独损失；(8)清理航道、清除污染的费用；(9)保险船舶上的人员伤亡和货物损失，零星工具、备用材料、燃料及水、盐等给养品和船员的衣物、行李的损失等。

(三)船舶保险的保险金额

船舶保险的保险金额，一般按船壳、机品、锅炉或特种设备等保险标的在投保时的市价总和进行确定。

三、航空保险

(一)航空保险的概念

航空保险又称飞机保险，是指以飞机及其相关责任和利益为保险标的的财产保险。我国目前经营的飞机保险主要有三种基本险和两种附加险，三种基本险是飞机机身险、第三者责任险和旅客责任险；两种附加险是承运货物责任险和战争险与劫持险。

(二)航空保险各险种简介

1. 飞机机身险。飞机机身险，是指对飞机本身在飞行、滑行及在地面时因意外事故而造成飞机及其附件损害承担赔偿责任的保险。机身险以各种飞机本身作为保险标的，适用于任何航空公司、飞机拥有者等。

飞机机身险通常采用一切险的形式进行承保。其保险金额最初采用不定值方式确定，但当前各保险公司大都采用定值保险方式。

2. 飞机第三者责任险。飞机第三者责任险，又称飞机公众险，是指对飞机坠落，或从飞机上坠人、坠物而造成第三者的人身伤亡或财产损失进行赔偿的保险。

飞机第三者责任险的除外责任主要包括：飞机不适航、被保险人的故意行为，战争、劫持及善后工作所支出的费用等。特别应当指出的是，被保险人及其雇用的机上或机场工作人员的人身伤亡和财产损失不属于飞机第三者责任险的责任范围。

3. 旅客责任险。旅客责任险，是指以航空旅客及行李为保险标的的一种飞机保险。承保飞机上所载旅客在乘坐或上下飞机时，因意外事故所造成的人身伤亡或行李丢失、损坏、延迟送达等损失的经济赔偿责任。旅客责任险的保险对象，只限于购买了机票的旅客和经被保险人同意免费搭载的旅客，不包括为被保险人服务而免费搭载的人员。

旅客责任险的保险责任一般从乘客在飞机场验票后开始到终点离开机场止。旅客责任险的除外责任包括被保险人的故意行为、飞机不适航、战争和劫持等造成的损失。

4.附加险。包括承运货物责任险与战争劫机险。承运货物责任险承保办理了托运手续的货物在飞机运输过程中发生损失的经济赔偿责任；战争劫机险承保因战争、军事行动或武装冲突、被劫持，或被第三者破坏等原因造成的损失和费用的经济赔偿责任。

第五节 责任保险合同

责任保险是指以被保险人对第三者依法应负的赔偿责任为保险标的的保险。

责任保险与其他财产保险的最大不同，就在于责任保险中只有最高赔偿限额的约定而无保险金额的约定。责任保险也不存在超额保险的问题。

《保险法》第65条对责任保险作了以下特别规定：(1)保险人应当根据被保险人的请求直接向受损害的第三者赔偿保险金；(2)被保险人怠于请求的，第三者有权就其应获赔偿部分直接向保险人请求赔偿保险金；(3)被保险人给第三者造成损害但未向该第三者赔偿的，保险人不得向被保险人赔偿保险金。

责任保险按其所承担的责任不同，可分为公众责任保险、产品责任保险、雇主责任保险和职业责任保险等四种。

一、公众责任保险

(一)公众责任保险的概念

公众责任保险，是指承保被保险人在公共场所进行生产、经营或其他活动时，因发生意外事故造成他人人身伤亡或财产损害而产生的损害赔偿责任的保险。

公众责任保险是责任保险中适用范围最广泛的保险类别。任何依法成立的企事业单位、社会团体、个体工商户、其他经济组织及自然人均可为其经营的工厂、办公楼、旅馆、住宅、商店、医院、学校、影剧院、展览馆等各种公众活动的场所投保该险种。按其承保的内容不同，可分为场所责任保险、综合公共责任保险、承包人责任保险和承运人责任保险等。

(二)公众责任保险的保险责任和除外责任

1.公众责任保险的保险责任。根据中国人民财产保险股份有限公司《公众责

任保险条款》(1999年版)规定,公众责任保险的责任范围包括:(1)被保险人在保险地点从事生产、经营等活动以及意外事故造成第三者的人身伤亡或财产损失;(2)事先经保险人书面同意的诉讼费用;(3)发生保险事故后,被保险人为减少对第三者的损害后果而支付的必要的、合理的费用。

2.公众责任保险的除外责任。依上述规定,对于由下列原因造成的损害赔偿责任,不在公众责任险的责任范围内:(1)被保险人及其代表的故意或重大过失行为;(2)战争、敌对行为、军事行为、武装冲突、罢工、骚乱、暴动、盗窃、抢劫;(3)政府有关当局的没收、征用;(4)核反应、核辐射和放射性污染;(5)地震、雷击、暴雨、洪水、火山爆发、地下火、龙卷风、台风暴风等自然灾害;(6)烟熏、大气、土地、水污染及其他污染;(7)锅炉爆炸、空中运行物体坠落;(8)直接或间接由于计算机病毒问题引起的损失。

同时,还应当特别指出的是,按上述《公众责任条款》的规定,下列原因造成的损失、费用和责任,保险人也不负责赔偿:(1)在被保险人拥有、使用或经营的游泳池内发生的;(2)因被保险人布置的广告、霓虹灯和灯饰物发生的;(3)在被保险人拥有、使用或经营的停车场发生的;(4)因被保险人出租的房屋或建筑物发生火灾而造成的。

二、产品责任保险

(一)产品责任保险的概念

产品责任保险,是指保险人对被保险人因所生产、出售的产品存在缺陷,造成他人人身伤亡或财产损害而依法应当承担的民事赔偿责任的保险。凡是产品的生产商、出口商、进口商、批发商、零售商、修理商以及产品的运输者、仓储者、原材料和零部件供应者等都可以成为产品责任保险的投保人。

产品责任保险的期限通常为1年,到期可以续保。对于使用年限较长的产品或商品,也可以投保3年或5年期的产品责任保险。

(二)产品责任保险的保险责任和除外责任

1.产品责任保险的保险责任。产品责任保险的责任范围主要包括:(1)被保险人生产、销售或修理的产品发生事故,造成他人人身伤害或财产损失,依法应由被保险人承担的损害赔偿责任;(2)被保险人为产品责任事故进行诉讼所支出的费用;(3)经保险人事先同意支付的合理费用。

2.产品责任保险的除外责任。产品责任保险的除外责任主要包括:(1)根据协议应由被保险人承担的违约责任;(2)根据劳动法等相关法律的规定应由被保险人承担的劳动损害赔偿责任;(3)被保险人所有或照管或控制的财产损失;(4)产品所有权尚未转移至用户或消费者之前的事故损失;(5)被保险人故意违法生产、销售的产品发生的事故责任损失;(6)被保险产品或商品本身的损失及被保险人因收回有缺陷产品造成的费用及损失;(7)违法操作造成的责任事故损失。

三、雇主责任保险

(一)雇主责任保险的概念

雇主责任保险,是指保险人承保对雇主所雇用的人员在受雇期间的工作过程中,因遭受意外事故或因职业性疾病引起人身伤亡而产生的赔偿责任的保险。

国有企业、集体企业、三资企业、私营企业、股份制公司、事业单位等,均可为其所聘用的员工投保雇主责任保险。

(二)雇主责任保险的保险责任和除外责任

1. 雇主责任保险的保险责任。保险人承担在保险期间内被保险人的工作人员因下列情形导致伤残或死亡而产生的赔偿责任:(1)在工作时间和工作场所内,因工作原因受到事故伤害;(2)工作时间前后在工作场所内,从事与工作有关的预备性或者收尾性工作受到事故伤害;(3)在工作时间和工作场所内,因履行工作职责受到暴力等意外伤害;(4)被诊断、鉴定为职业病;(5)因工外出期间,由于工作原因受到伤害或者发生事故下落不明;(6)在上下班途中,受到交通及意外事故伤害;(7)在工作时间和工作岗位,突发疾病死亡或者在48小时之内经抢救无效死亡;(8)在抢险救灾等维护国家利益、公共利益活动中受到伤害;(9)原在军队服役,因战、因公负伤致残,已取得革命伤残军人证,到用人单位后旧伤复发;(10)法律、行政法规规定应当认定为工伤的其他情形。

2. 雇主责任保险的除外责任。雇主责任保险的除外责任主要为以下原因造成的损害:(1)投保人、被保险人的故意或重大过失行为;(2)战争、敌对行动、军事行为、武装冲突、罢工、暴动、民众骚乱、恐怖活动;(3)核辐射、核爆炸、核污染及其他放射性污染;(4)行政行为或司法行为;(5)犯罪或者违反法律、法规的;(6)醉酒导致伤亡的;(7)自残或者自杀的;(8)因投保时已患有的疾病发作;(9)因分娩、流产导致死亡或者在48小时之内经抢救无效死亡。

四、职业责任保险

(一)职业责任保险的概念

职业责任保险,是指承保各类专业技术人员在工作过程中,因疏忽或过失造成

他人人身伤害或财产损失而引起的赔偿责任的保险。

职业责任保险没有统一的险种及保险条款。保险费因职业种类、工作场所、业务数量、投保人的专业技术水平、个人品质、以往赔付情况等各种因素的不同而具体确定。保险责任和除外责任也因不同类型的职业责任而有所不同。

常见职业责任保险可分为律师职业责任保险、医疗职业责任保险、会计师责任保险、建筑及工程技术人员责任保险等。通常,由提供专业技术服务的单位如医院、会计师事务所、律师事务所等作为投保人,也可由从事自由职业的专业技术人员自己作为投保人。

(二)职业责任保险的保险责任和除外责任

1.职业责任保险的保险责任。在职业责任保险中,保险人主要承担被保险人因以下原因而产生的赔偿责任:(1)因工作疏忽、错误或失职而给他人造成的损害;(2)因处理职业事故而产生的诉讼费用;(3)经保险人同意的其他费用。

2.职业责任保险的除外责任。职业责任保险的除外责任因险种不同而有很大区别。概括而言,职业责任保险的除外责任包括以下几项:(1)由于被保险人的故意行为引起的索赔;(2)由于被保险人的非职业行为或不道德行为引起的索赔;(3)有关间接损失或费用的索赔等。

司法考试真题链接

1.张三向保险公司投保了汽车损失险。某日,张三的汽车被李四撞坏,花去修理费5000元。张三向李四索赔,双方达成如下书面协议:张三免除李四修理费1000元,李四将为张三提供3次免费咨询服务,剩余的4000元由张三向保险公司索赔。后张三请求保险公司按保险合同支付保险金5000元。下列哪一说法是正确的?(2011年司法考试真题)

A.保险公司应当按保险合同全额支付保险金5000元,且不得向李四求偿

B.保险公司仅应当承担4000元保险金的赔付责任,且有权向李四求偿

C.因张三免除了李四1000元的债务,保险公司不再承担保险金给付责任

D.保险公司应当全额支付5000元保险金,再向李四求偿

2.潘某请好友刘某观赏自己收藏的一件古玩,不料刘某一时大意致其落地摔毁。后得知,潘某已在甲保险公司就该古玩投保了不足额财产险。关于本案,下列哪些表述是正确的?(2015年司法考试真题)

A.潘某可请求甲公司赔偿全部损失

B.若刘某已对潘某进行全部赔偿,则甲公司可拒绝向潘某支付保险赔偿金

C. 甲公司对潘某赔偿保险金后，在向刘某行使保险代位求偿权时，既可以自己的名义，也可以潘某的名义

D. 若甲公司支付的保险金不足以弥补潘某的全部损失，则就未取得赔偿的部分，潘某对刘某仍有赔偿请求权

第二十六章 保险业的管理与监督

第一节 保险业组织

一、保险公司

(一)保险公司的概念

保险公司,是指以营利为目的,依照法律规定设立的,经营保险业务的公司法人。它通过收取保险费,建立保险基金,向社会提供经济保障。在保险法律关系中,保险公司是最主要的保险主体。

由于经济管理体制和经营传统的不同,各国对保险公司组织形式的要求也有所不同。如美国规定保险公司应以股份有限公司和相互保险公司两种形式设立;日本规定保险公司的组织形式应为股份有限公司、相互保险公司和保险互济合作社等三种形式。我国《保险法》第 6 条规定:"保险业务由依照本法设立的保险公司以及法律、行政法规规定的其他保险组织经营,其他单位和个人不得经营保险业务。"这表明,我国保险公司的组织形式只有股份有限公司和有限责任公司两种。至于其他性质的保险组织,则由法律、法规另行规定。

(二)保险公司的设立条件

根据我国《保险法》第 67 条、第 68 条的规定,设立保险公司应当具备下列条件并经国务院保险监督管理机构批准:

(1)主要股东具有持续盈利能力,信誉良好,最近 3 年内无重大违法违规记录,净资产不低于人民币 2 亿元;

(2)有符合《保险法》和《公司法》规定的章程;

(3)有符合保险法规定的最低限额的注册资本;

(4)有具备任职专业知识和业务工作经验的董事、监事和高级管理人员;

(5)有健全的组织机构和管理制度；

(6)有符合要求的营业场所和与业务有关的其他设施；

(7)法律、行政法规和国务院保险监督管理机构规定的其他条件。

(三)保险公司的变更、解散、撤销及破产

保险公司作为以营利为目的的法人，其设立、变更、解散和终止等各项事宜，按照我国相关法律的具体规定执行。在保险公司的业务开展过程中，如果出于经营的需要而对相关事项进行变更或解散公司时，需经保险监管机构的批准；对于违法经营的保险公司，保险监管机构也可强制吊销其营业许可证；保险公司因经营管理不善，不能支付到期债务，需要宣告破产的，必须经保险监管机构的同意。

必须特别强调指出的是，基于人寿保险的特殊性，我国《保险法》第89条和第92条作了如下特别规定：(1)经营有人寿保险业务的保险公司，除分立、合并或者被依法撤销外，不得解散；(2)经营有人寿保险业务的保险公司被依法撤销或者被依法宣告破产的，其持有的人寿保险合同及责任准备金，必须转让给其他经营有人寿保险业务的保险公司；不能同其他保险公司达成转让协议的，由国务院保险监督管理机构指定经营有人寿保险业务的保险公司接受转让。

(四)保险公司的经营规则

1.分业经营规则

(1)禁止兼营。所谓禁止兼营，是指同一保险人不得同时经营财产保险业务和人身保险业务。即同一保险人只能经营一种保险业务，要么经营财产保险业务，要么经营人身保险业务。禁止兼营是世界各国包括英国、美国、德国、日本等保险立法的通例，有利于保险业务活动的稳健发展及监管机构的分业管理。我国《保险法》第95条规定："保险人不得兼营人身保险业务和财产保险业务。但是，经营财产保险业务的保险公司经国务院保险监督管理机构批准，可以经营短期健康保险业务和意外伤害保险业务。"

(2)禁止兼业。所谓禁止兼业，是指保险公司不得经营保险业以外的其他业务，非保险业者也不得经营任何保险业务，但国家另有规定的除外。禁止兼业的目的，是为了避免保险公司分散经营，便于保险监管机构的监管。

2.保持最低偿付能力规则

保持最低偿付能力，是指依照法律规定，保险公司在其存续期间，必须具备与其所经营业务规模相适应的履行赔偿或给付责任的最低偿付能力。

为使保险公司能够适时保持最低的偿付能力，我国《保险法》第101条规定："保险公司应当具有与其业务规模和风险程度相适应的最低偿付能力。保险公司的认可资产减去认可负债的差额不得低于国务院保险监督管理机构规定的数额；低于规定数额的，应当按照国务院保险监督管理机构的要求采取相应措施达到规

定的数额。”保险公司的最低偿付能力，因保险公司的种类、业务不同而不同。2004年，中国保监会在其发布的《保险公司管理规定》中，对此有较为具体的要求与规定。

3. 经营风险防范规则

保险公司防范经营风险的防范与控制，既是保险公司作为一个以营利为目的的法人组织内在的要求，更是保险公司作为“风险分散器”的功能体现。由于行业特性所致，保险公司的经营过程中充满着各式各样的经营风险。因此，各国保险法均对保险公司经营风险的防范与控制制定了完善的规则，我国也不例外。

(1)提取保险准备金

保险准备金，是指保险公司承担未到期责任和处理未决赔款而从保险费收入中提取的一种资金准备。法律规定保险公司必须依法提取保险准备金的目的是为了确保保险公司具有充足的偿付能力。

(2)提取保险保证金

保险保证金，是指保险公司设立后依法从其注册资本中提取并向保险监督管理部门指定的金融机构缴存的，用于担保保险公司偿付能力的资金。按照《保险法》第 97 条的规定，保险保证金的数额为该保险公司注册资本总额的 20%。

(3)建立保险保障基金

保险保障基金，是指保险公司为应付可能发生的巨大危险而逐年提存、累积的资金。保险公司建立保险保障基金的目的，是为了支持保险公司稳健经营，确保保险公司拥有足够的财力以应付偶然的、突发的巨额赔款，保障被保险人的利益。

(4)进行再保险

再保险，又称分保险，是指保险公司通过同其他保险公司签订再保险合同并向其支付分保费的方式，把自己所承保风险的一部分转移给其他保险公司承担的保险。再保险是分散保险危险、保障保险公司稳健经营的重要措施。

此外，保险公司还应当依法提取公积金。

二、保险中介人

保险中介人是指活动于保险人和投保人之间，通过保险服务，把保险人和投保人联系起来并建立保险合同关系的人，包括保险代理人、保险经纪人、保险公估人。

保险是一项技术性极强的商业活动，难以被一般人所掌握。在保险商品交易中，作为保险人的保险公司为了唤起人们购买保险的意识，除了做必要的宣传以外，还需要有专门的组织从事保险商品的销售。保险公司的销售体系往往分为内部组织和外部组织两部分。所谓的内部组织为保险公司自身的销售部门；而外部组织指的就是保险中介人。保险中介人对于保险人和投保人之间顺利构建保险合同关系具有不可或缺的作用。

(一)保险代理人

1.保险代理人的概念与特征

保险代理人,是指根据保险人的委托,向保险人收取佣金,并在保险人授权的范围内代为办理保险业务的机构或者个人。保险代理人具有以下法律特征。

(1)在保险代理中,保险代理人只能代理保险人,而不能作为投保人或被保险人的代理人代为投保。

(2)保险代理人在业务范围内的行为视同保险人的行为。保险人应对保险代理人的代理行为承担法律责任。

2.保险代理人的种类

保险代理人可分为专业代理人、兼业代理人和个人代理人等三种类型。

(1)专业代理人。专业代理人是指专门从事保险代理业务的保险代理人。在我国,保险代理人只能采取有限责任公司的形式设立。专业代理人的业务范围为:代理销售保险产品;代理收取保险费;根据保险公司的委托,代理相关业务的损失的勘查和理赔。

(2)兼业代理人。兼业代理人是指在从事自身业务的同时,指定专人为保险人代理保险业务的单位。兼业代理人的业务范围是:代理销售保险单;代理收取保险费。常见的兼业代理人是银行。

(3)个人代理人

个人代理人,指根据保险人委托,向保险人收取手续费,并在保险人授权范围内代为办理保险业务的个人。通常称之为"保险营销员"。个人代理人的业务范围与兼业代理人相同。但根据相关法律规定,个人代理人在从事保险代理业务时,有两项限制性规定:一是不得办理企业财产保险业务和团体人身保险业务;二是代理人寿保险业务时,不得同时代理两家保险公司。

(二)保险经纪人

1.保险经纪人的概念与特征

保险经纪人,是指基于投保人的利益,为投保人与保险人订立保险合同提供中介服务,并依法收取佣金的单位。保险经纪人具有以下特征:(1)在保险关系中,保险经纪人是基于投保人的利益而进行保险经纪活动的。(2)在保险经纪活动中,保险经纪人是以自己的名义进行的。(3)保险经纪人向保险人收取佣金,而非向投保人收取。

2.保险经纪人的业务范围

(1)为投保人拟定投保方案,办理投保手续;

(2)为委托人提供防灾、防损或风险评估、风险管理咨询服务;

(3)为被保险人或受益人代办检验、索赔手续;

(4)再保险经纪业务；

(5)中国保监会批准的其他业务。

3.保险经纪人的设立条件

根据《保险经纪人管理规定(暂行)》第16条规定，设立保险经纪公司必须具备以下条件：

(1)最低实收货币资本金为人民币1000万元；

(2)具有符合法律规定的公司章程；

(3)公司员工人数不得少于30名，其中持有《保险经纪人资格证书》的公司员工人数不得低于公司员工总数的1/2；

(4)具有符合中国人民银行任职资格规定的高级管理人员；

(5)具有符合规定的固定的营业场所。

(三)保险公估人

保险公估人，又称保险公证人，是指依照保险法等有关法律规定，经中国保监会批准设立的，受保险当事人委托，专门从事保险标的的评估、勘验、鉴定、估损、理算等业务的单位。

与保险代理人和保险经纪人不同，保险公估人在保险关系中，具有独立性和中立性的特点。保险公估人既可受保险人委托，也可受投保人或被保险人的委托，对保险事务作出客观的评估与鉴定。

第二节　我国保险业的监管

一、保险业监管的概念与意义

保险业监管，是指国家相关机关通过法律、行政和经济手段对保险业的组织及其经营活动等进行监督与管理。

对保险业设立专业机构进行监管，是世界各国的普遍做法。其目的就在于保证保险人有足够的偿付能力，维护被保险人及受益人的合法权益，稳定社会经济秩序。同时，通过对保险人的业务行为进行监管，能有效防止保险人之间的不正当竞争，促进我国保险业健康、稳定地向前发展。

二、我国保险业监管机构及其职责

我国保险业的监管经历过四个阶段的变迁。新中国成立初期，保险公司由中国人民银行进行监管；20世纪50年代后至“文革”结束，此期间由财政部管理；20

世纪80年代开始，又重新由中国人民银行进行管理；1998年11月，根据我国保险业的发展需要，经国务院批准，成立中国保险监督管理委员会，负责对全国保险业进行监督管理。

中国保险监督管理委员会的职责是：

(1)依法制定和执行国家保险事业发展的方针、政策；

(2)依法拟定保险管理规章和实施办法；

(3)审查、批准保险公司的设立，并颁发经营保险业务许可证；

(4)审查保险公司分支机构、代表机构的设立，并颁发许可证；

(5)审查、批准保险代理人和保险经纪人的设立、并颁发许可证；

(6)制定商业保险主要险种的基本条款和保险费率；

(7)监督管理保险人、保险代理人和保险经纪人的保险业务活动，包括组织变更、财务管理、人员资格等，纠正保险业务活动中的违法行为；

(8)纠正、制裁非保险公司经营商业保险业务的行为。

三、我国保险业监管的主要内容

(一)保险条款和保险费率的监管

保险条款和保险费率制定得是否科学合理，直接关系到投保人、被保险人和受益人的利益，也关系到保险业的健康发展。因此，国家对保险条款和保险费率的制定，采取了非常严格的监管措施。根据我国《保险法》第136条的规定，关系社会公众利益的保险险种、依法实行强制保险的险种和新开发的人寿保险险种等的保险条款和保险费率，应当报国务院保险监督管理机构批准。国务院保险监督管理机构审批时，应当遵循保护社会公众利益和防止不正当竞争的原则。其他保险险种的保险条款和保险费率，应当报保险监督管理机构备案。

(二)保险公司经营活动的监管

对保险公司经营活动的监管，重点在于对公司财务管理和资金运用的监管。此项工作由金融监督管理部门进行。根据我国保险法的规定，金融监管部门有权从资本金、准备金、资金运用、偿付能力和财务核算等各个环节对保险公司的业务状况、财务状况及资金运用状况等各个方面进行检查；有权要求保险公司在规定的期限内提供有关的书面报告和相关资料；对检查中发现有违法、违规行为的，依照法律的相关规定，分别不同情况采取不同的处理措施。

此外，《保险法》第139条强调了监管机构应当建立健全保险公司偿付能力监管体系，对保险公司的偿付能力实施监控。当保险公司偿付能力不足时，监管机构将通过责令拍卖不良资产、转让保险业务等措施，最大限度地保障投保人的利益。

第八编

海商法

LAW

第二十七章　海商法概述

【引　例】

甲船务公司与乙公司于2000年1月20日签订《"风帆"轮转让协议书》。约定如下：由甲方将其所属的"风帆"轮以人民币1500万转让给乙方；乙方应于2000年9月25日至29日对该轮进行外观勘验并接受该船；该轮应严格依乙方验船时之现状交船；属于该船的所有技术证书、设备、备件、物料和技术资料等，无论在船上还是在岸上，均应随船交给乙方。签约后，甲、乙公司于2001年1月25日13时在黄埔港交船完毕。事后乙公司得知，甲公司曾在交船前通过其原经营人丁公司代购"风帆"轮的辅机备件及主机备件，并分别于2000年4月4日由丁公司将辅机备件以及于10月22日将主机备件先后在香港交付运输，运抵广州后就一直存放于广州一物资供应站仓库内。乙公司遂向甲公司主张这两批备件的权利，未果，便诉至法院，要求甲公司应将存放于仓库中的主机备件与辅机备件一并交付。

第一节　海商法的概念和调整对象

一、海商法的概念

海商法(Maritime Law，The Law of Admiralty)是众多法律部门中的一个，是与"海"和"商"密切相关的一个部门法。但何谓海商法，各国法律规定和各国学者的观点不尽相同，要给它下个准确的定义并不容易。《英国大百科全书》宣称，海商法是法学的一个分支，它所调整的对象是船舶与航运(Ships and Shipping)。苏联海商法典规定，海商法是调整商业性航海活动中发生的各种关系的法律。日本学者认为，海商法是关于海上企业、特别是海上运输企业的法律；它作为关于商业企业的商法的特别法，是以海上企业为对象的。波兰海商法规定，海商法调整有关海上运输的法律关系。根据我国《海商法》的规定，比较权威的定义是：海商法是调整海上运输关系、船舶关系的法律规范的总称。海商法有实质意义上的海商法与形式意义上的海商法之分。实质意义上的海商法是指调整海上运输关系和船舶关系的所有法律规范;形式意义上的海商法专指以法典形式表现的海商法,如 1992 年 11 月 7 日由第七届全国人民代表大会常务委员会第 28 次会议通过并公布、自 1993 年 7 月 1 日起施行的《海商法》。

二、海商法的特征

与其他法律部门相比,海商法具有以下几个显著的特征:

(一)综合性

虽然海商法属于商法范畴,但由于其调整对象的复杂性,使其内容错综复杂,甚至远远超出了商法的范畴,而成为具有多个法律部门内容的综合法。如海商法主要是民商事规范,但也包括一些行政法、经济法的内容;海商法主要是实体性规范,但也包括一些程序性规范;海商法主要是任意性规范,但也不乏强制性规范。

(二)国际性

各国制定的海商法属于各自的国内法,这早已为各国所公认,但是由于海商法调整的是海上商业活动,而这种活动往往是跨国进行的,本质上具有国际性,因此,海商法本身也必然具有国际性。

(三)习惯性

从海商法的产生、发展来讲,海商法不但具有国际性,而且具有习惯性。首先,从历史来看,海商法上的很多制度、规则往往来源于早年航海贸易中的习惯做法。其次,近代各国的海商法很大程度上是中世纪时期海事习惯法发展的产物。例如,著名的奥列隆海法、康苏拉度海法、维斯比海法等海事习惯法,对欧洲各国的海商法产生了深远的影响。最后,在一定条件下,某些习惯(国际惯例)可以作为海商法规范予以适用。例如,我国《民法通则》和《海商法》都规定,中华人民共和国法律和中华人民共和国缔结或参加的国际条约没有规定的,可以适用国际惯例。

三、海商法的调整对象

我国《海商法》第 1 条规定,海商法的目的是"调整海上运输关系、船舶关系,维护当事人各方的合法权益,促进海上运输和经济贸易的发展"。可见,海商法的调整对象为海上运输关系和船舶关系。

(一)海上运输关系

海上运输关系各种各样,如各种合同关系、侵权关系及因海上特殊风险而导致的其他关系。具体来说,海上运输中发生的法律关系主要是指承运人、实际承运人同托运人、收货人或者旅客之间,承拖方同被拖方之间,保险人同被保险人之间的关系。例如:提单反映了承运人与托运人、收货人之间的关系;船舶碰撞反映了侵权方与受害方之间的关系;海事赔偿责任限制反映了海上特殊风险下船舶所有人与债权人之间分摊这种风险的关系。

上述关系具有一个共同的特点,即都是平等民事主体之间的权利义务关系。就海上运输而言,除了民事法律关系外,《海商法》还包括国家对海上运输进行行业管理的行政法律关系,表现为国家与被管理者之间的纵向关系。

(二)船舶关系

海上运输离不开船舶,在海上运输过程中,围绕船舶会发生各种关系,而这些关系反过来又会对海上运输关系产生直接或间接的影响。海商法要调整好海上运输关系,就不能不调整这些与船舶有关的法律关系。与船舶有关的法律关系,主要是指船舶所有人、经营人、出租人、承租人之间,抵押权人与抵押人之间,救助人与被救助人之间的关系。这种关系也是平等民事主体之间的权利义务关系。船舶所有权、船舶抵押权和船舶优先权等物权关系,在与船舶有关的法律关系中具有重要意义。此外,船舶登记、沿海航行权等,与海运管理一样,反映的也是国家与被管理者之间的纵向关系。

第二节 船 舶

船舶既是海上运输所不可或缺的工具,同时也是海事法律关系中的一个十分特殊、十分重要的客体。我国《海商法》第1条明确规定:“为了调整海上运输关系、船舶关系,维护当事人各方的合法权益,促进海上运输和经济贸易的发展,制定本法。”可见,有关船舶的法律关系是海商法调整的主要内容之一。因此,明确海商法中的船舶关系、适用范围以及海上运输关系具有十分重要的意义。

一、船舶的概念和法律性质

(一)船舶的概念

船舶是从事海上营运活动必需的工具。法学上对于“船舶”一词,尚无一致公认的定义。如1978年《英国领水管辖法》规定:“船舶指一切型态的船,或其他浮动工具。”而《1936 年海上货物运输法》第 1 条认为：“船舶是用于海上货物运输的任何船艇。”《日本商法典》第 684 条规定：“本法所称船舶，是以商业行为为目的，供航海使用的船舶。”苏联《1968 年海商法典》把船舶的范围界定得很宽，该法第 9 条规定“本法所称船舶，是指机动或非机动的浮动装置”，包括了除军事舰艇及悬挂海军军旗的船舶以外的各种船舶。《布莱克法律大辞典》将船舶定义为用作航行的任何工具。依据 1972 年《国际海上避碰规则》(1981 年修正)第 3 条第 1 款的规定：“船舶”一词，指用作或可用作为水面运输工具的所有船艇，包括无排水量船艇及水上飞机。《中华人民共和国海商法》第 3 条将船舶规定为“海船和其他海上移动式装置，但是用于军事的、政府公务的船舶和 20 总吨以下的小型船艇除外”。

从上述法律或条约的规定可以看出，通过在法律中作出限制性规定，海商法意义上之船舶只是日常生活中船舶的一部分。有的是从航行的水域上作出限制，如限于海上航行，或与海相通的水面或水中航行的船舶；有的对船舶的吨位予以限制，如把小于一定吨位的船舶排除在海商法调整的范围之外；还有的在用途上对船舶作出排除规定，如把用于军事目的、政府公务的船舶排除在外。

(二)船舶的法律性质

船舶的法律性质可从三个方面予以说明：

1. 船舶为合成物。船舶由船体、桅樯、船机、甲板、船舱等部分构成，每一部分不能脱离船舶之整体而独立存在，否则即失去其存在之意义，对于这些部件，当所有权转移时，必须一并移转给受让人。也就是说，除非另有约定，船舶所有权移转及于船舶各部分。此外，船舶在航行时还必须装备罗经、海图、探测仪、船舶锚链、消防救生设备等船舶属具，对于船舶属具的性质，各国的法律规定不尽一致。我国海商法认为船舶和属具不可分。

2. 船舶是按不动产处理的动产。船舶的功能就是在海上移动，并且不会因为移动而损害其经济价值，这就决定了它属于动产的范围。古罗马法将船舶视为动产，但是从中世纪日耳曼法即开始将之看作不动产。至近代，船越造越大，不但外形大，经济价值亦大。因此关于船舶所有权、抵押权、甚至租赁权的取得、设定、变更和消灭，皆如同不动产一般实行登记制度。

3. 船舶的人格化。在法律上往往将船舶人格化，船舶有国籍、船龄、吨位，好比自然人的姓名、国籍、户籍、年龄。船舶的生存期，从下水开始，至失去其法定功用或效能时终止。如船舶拆毁、沉没、失踪、烧毁，亦须登记，如同自然人死亡时须注销一般。船舶人格化，表现于英美法的“对物诉讼”(action in rem)制度上，在这种制度下，船舶可以被视为当事人一方(被告)参加诉讼，如果船舶所有人或其他人不就被扣押的船舶提供担保或出庭抗辩，原告可以申请法院判决船舶承担责任，拍卖该船舶以清偿相应的债务。我国《民事诉讼法》和《海事诉讼特别程序法》不承认船舶的诉讼主体地位，船舶不能作为当事人一方参加诉讼。

二、船舶的国籍

基于国际法上公海自由原则，各国得自由使用公海，公海应开放给全体人类使用。个人、团体或国家皆得利用船舶使用公海而不应受任何国家干扰及阻碍。此种情况高度发展，公海将近似于"无管辖的真空地带"。在此背景下，作为人类海上航行运输工具的船舶进入公海之后，船舶内部秩序的维持以及公海秩序的维持，颇成问题。为达到维持船舶内部秩序及公海秩序目的，船舶显然必须在一个特定国家管辖之下，至此，船舶国籍概念应运而生。船舶的国籍是船舶依法在船舶登记机关登记后，取得的与船舶登记国在法律上的隶属关系。船舶在取得一国国籍后，可以悬挂该国的国旗在海上航行，船舶国籍存在的理由是为了确定船舶管辖归属，进而维持在公海中船舶内部秩序及公海秩序。

为维持船舶内部秩序及公海上之秩序，船舶应有国籍。船舶如何取得国籍，目前国际法上规定的方式是：由各国自行决定授籍条件及授籍的方式，船舶可依据此种条件及方式取得国籍。目前各国海商法规定的给予船舶国籍的标准是不一样的，主要有以下几种：(1)船舶所有人国籍主义，即船舶的国籍随船舶所有人的国籍而定；(2)资本归属主义，即船舶的国籍取决于船舶资产份额归属者的国籍；(3)船长国籍主义，船长的国籍即为船舶的国籍；(4)海员国籍归属主义，海员的国籍即为船舶的国籍；(5)造船地主义，即船舶的制造地国就为船舶的船籍国。

依1995年施行的《中华人民共和国船舶登记条例》，船舶取得我国国籍，应具备以下条件：(1)船舶应当归属于中华人民共和国所有，或为集体经济组织或公民个人所有，包括在华注册登记的中外合资经营企业、中外合作经营企业和外资企业。(2)船员应由中国公民担任。不过，"三资"企业的船舶应有60%以上的中国籍船舶，且船长、大副、轮机长、大管轮和服务员必须为中国公民。如有特殊情况需要外国公民担任时，应当经交通部批准。我国的这种规定兼采了船舶所有人国籍主义和船员国籍主义，有利于保护我国船舶和船员的利益。

三、船舶所有权

(一)船舶所有权的含义

作为财产权的一种，船舶所有权是船舶所有人对船舶的法定、全面与整体的支配权。船舶所有权制度是海商法制度的基础，海商法之船舶关系和运输关系是建立在船舶所有权的基础上的。根据我国《海商法》的规定，船舶所有权，是指船舶所有人依法对其船舶享有占有、使用、收益和处分的权利。我国船舶所有人除了国家以外，还包括集体、个人及中外合资经营企业等。

(二)船舶所有权的范围

船舶所有权的范围是船舶所有人所能支配的船舶所有权客体的范围,由于英美和大陆法系国家对船舶的规定不同,而使得两种法系下船舶所有权的范围也存在些许差异。英美法系国家认为船舶船体和属具不可分离、合为一体,构成海商法意义之船舶,船舶所有权理所当然及于船舶的船体、设施和属具;大陆法系则认为船舶的船体和属具是主物和从物的关系,虽然所有权及于船舶的船体和属具,在所有权转移时,两者一并转移,但是法律允许当事人对此有特别约定。例如,引例中甲乙双方所签之船舶转让协议是在双方协商一致的基础上达成的,内容合法,当为有效合同,根据双方的约定,乙方应于 2000 年 9 月 25 日至 29 日对该轮进行外观勘验并接受该船,据此应认定双方对船舶及其备件的交付范围是明确的,即双方交易的范围是以 2000 年 9 月 29 日乙方最后勘验船舶的时间确定的。因此,本案焦点在于主、辅机备件究应归属何方所有。其关键就在于甲公司取得这两批备件所有权的时间是否在 2000 年 9 月 29 日之前,因为双方曾明确约定:该轮应严格依乙方 2000 年 9 月 29 日验船时之现状交船,属于该船的所有技术证书、设备、备件等,无论在船上还是在岸上,均应随船交给乙方。由本案观之,辅机备件应当判归乙公司所有,因为该批备件是于 2000 年 4 月 4 日就已在香港被交付运输,属于合同约定的 2000 年 9 月 29 日验船时或这之前在岸上的备件。而主机备件就不应判归乙公司,因为这批备件是于同年 10 月 22 日才在香港交付运输。

(三)船舶所有权的取得

按取得原因的不同 ,船舶所有权可分为原始取得和继受取得两种。原始取得是根据法律的规定直接取得所有权。船舶的原始取得主要是建造。当新船建造完毕 ,即可按有关规定进行所有权登记。另外 ,国家还可以通过没收、捕获、征用等形式 ,原始取得船舶所有权。购买新船也是原始取得船舶所有权的主要形式。继受取得是指通过某种法律事实从原所有人处取得所有权。主要形式有购买旧船、继承、赠与、保险委付等。根据《海商法》第 9 条规定,无论通过哪种方式取得船舶的所有权,均需签订书面合同,并经登记机关进行所有权登记,才能产生法律效力,否则不得对抗第三人。船舶所有权自登记完毕时起转移。

(四)船舶所有权的丧失

船舶所有权的丧失从表现形态上可分为船舶所有权的绝对丧失和相对丧失两类。船舶所有权的相对灭失是指因一定法律事实的发生,使船舶的原所有人丧失所有权,新所有人取得船舶所有权,船舶依然为海商法意义之船舶,包括船舶买卖、委付等。船舶所有权的绝对丧失是指因一定法律事实的发生,在不变更所有权主体的情况下丧失船舶所有权,即船舶失去原有的形体或效用或者不再为海商法意

义之船舶,包括船舶灭失、船舶报废拆解、船舶失踪或船舶丧失海商法之功能等。

四、船舶担保物权

船舶担保物权是指债权人对于债务人或第三人的船舶,在债务人不履行债务时,依据海商法的规定,从船舶的变价中优先受偿的权利。船舶担保物权包括船舶优先权、船舶抵押权、船舶留置权。

(一)船舶优先权

1.船舶优先权的概念

目前,对船舶优先权国际上并无公认的定义,1993 年《船舶优先权和船舶抵押权国际公约》对此也无明确规定。不仅如此,各国关于船舶优先权的名称也不一。如德国称之为法定质权,日本称之为先取特权,我国台湾地区"海商法"则称为海事优先权。无论名称为何,海上优先权最本质的特征和目的在于使受担保的债权优先受偿。我国《海商法》第 21 条规定:"船舶优先权,是指海事请求人依照本法第二十二条的规定,向船舶所有人、光船承租人、船舶经营人提出海事请求,对产生该海事请求的船舶具有优先受偿的权利。"

2.船舶优先权的法律性质

关于船舶优先权的法律性质,不同的国家或地区对其有不同的规定,学者们也看法各异。有的认为船舶优先权系债权;有的认为船舶优先权在本质上为债权,但已被物权化;大多数大陆法系国家海商法和有关国际公约均将船舶优先权视为物权,我国法律受大陆法系影响较深,《海商法》采取大陆法系和国际条约通行的做法,将船舶优先权视为担保物权,并将船舶优先权与船舶所有权和船舶抵押权并列,规定在"船舶"一章之中。这可以反映出立法者通过立法技巧把船舶优先权视为担保物权的立法本意。

3.船舶优先权的特点

(1)法定性。船舶优先权是法律赋予某些海事请求人的一种特权,其产生要基于法律规定,当事人不能通过约定创设船舶优先权,同时船舶优先权的行使也必须经过法定的程序。

(2)随附性。船舶优先权一经产生就附着在船舶上,随船舶的转移而转移,只有法定原因发生才消灭。船舶的合法受让人不能以对受让船舶以前的债务无责任为由抗辩船舶优先权。当然,船舶优先权的追及性也有一定的局限性,主要表现为它可能因时效或权利主体的"懈怠"而消灭。如海商法规定,船舶转让时,船舶优先权自法院应受让人申请予以公告之日起满 60 日不行使而消灭。这项规定是对传统海商法的突破,非常有利于对船舶买受人的保护。

(3)秘密性。虽然船舶优先权是一种物权,但不受物权公示性的约束。船舶优先权的产生和存续既无须当事人作任何意思表示，也无须在船舶登记机关进行登记，从而也无从查知。

(4)优先性。船舶优先权是一种优先受偿的权利，在清偿各类债权时，它所担保的债权不仅优先于一般的债权受偿，而且优先于船舶抵押权、留置权所有担保的债权受偿，是一种最优先受偿的权利。

4.船舶优先权的项目

并非一切海事请求都具有船舶优先权，只有法律设定之项目才具有这种权利。依照我国《海商法》第 22 条规定，下列各项海事请求具有船舶优先权：(1)船长、船员和在船上工作的其他在编人员根据劳动法律、行政法规或者劳动合同所产生的工资、其他劳动报酬、船员遣返费用和社会保险费用的给付请求；(2)船舶营运中发生的人身伤亡的赔偿请求；(3)船舶吨税、引航费、港务费和其他港口规费的缴付请求；(4)海难救助的救助款项的给付请求；(5)船舶在营运中因侵权行为产生的财产赔偿请求。但载运 2000 吨以上的散装货油的船舶，持有有效证书，证明已经进行油污损害民事责任保险或者具有相应的财务保证的，对其造成的油污损害的赔偿请求除外。

因行使上述优先权而产生的诉讼费用，保存、拍卖船舶和分配船舶价款产生的费用，以及为海事请求人的共同利益而支付的其他费用，应当从船舶拍卖价款中优先拨付。

5.船舶优先权的受偿顺序

船舶优先权的受偿顺序，又叫船舶优先权的位次，是指两个或两个以上的优先权竞合时，如何决定其效力的优劣次序问题。我国《海商法》第 23 条对此作了如下安排：前述 5 项海事请求，依照顺序受偿，但是，第 4 项海事请求，如果后于第 1、2、3 项发生的，应当先于第 1、2、3 项受偿；第 1、2、3、5 项中有两个以上海事请求的，不分先后，同时受偿；不足受偿的，按照比例受偿。第 4 项中有两个以上海事请求的，后发生的先受偿。

6.船舶优先权的转移、行使和消灭

根据我国《海商法》的有关规定，船舶优先权的行使，只能通过法院扣押产生优先权的船舶来实现。而且我国保护的 5 项海事请求权转移时，其船舶优先权也随之转移。

船舶优先权不因船舶所有权的转让而消灭，但是，船舶转让时，船舶优先权自法院应受让人申请予以公告之日起满 60 日不行使的船舶所有权转让而转移，这在实际上是一种对物诉讼的特征，尽管我国司法制度不承认对物诉讼，但在《海商法》司法实践中作为一种现象还是存在的。

关于船舶优先权的消灭，根据我国《海商法》，主要基于下列三点原因：(1)具有船舶优先权的海事请求，自优先权产生之日起满一年不行使，其间不得中止或中断。(2)船舶经法院强制出售。(3)船舶灭失。

需要注意的是，船舶优先权的消灭，并不等于其保护的债权也随之消灭，按照我国民法基本原理，已经丧失了优先权的债权，在时效规定期间内，仍可以同无优先权的债权一起行使其权利。

(二)船舶抵押权

船舶抵押权，是指抵押权人对于抵押人提供的作为债务担保的船舶，在抵押人不履行债务时，可以依法拍卖，从卖得的价款中优先受偿的权利。船舶抵押权的当事人有抵押人和抵押权人两种：船舶抵押人是船舶所有人；抵押权人是抵押人的相对人，是抵押权中享有权利的人，通常是主债务的债权人。船舶抵押权的标的物是抵押人所有的船舶和属具。船舶损毁应得到的损害赔偿权，共同海损分担请求权和救助费请求权，也可以成为抵押权行使的对象。此外，保险赔偿请求权也可以成为抵押权行使的标的。

有权设定船舶抵押权的包括船舶所有人、船舶所有人授权的人或船舶共有人。船舶所有人授权的人通常是船舶所有人的代理人，他可以以船舶所有人的名义设定船舶抵押权。船舶共有人是指对同一船舶共同享有所有权的数人。我国《海商法》第 16 条仅涉及按份共有的情况，依该条规定，船舶共有人就共有船舶设定抵押权，应当取得持有 2/3 以上份额的共有人的同意，共有人之间另有约定的除外。船舶共有人设定的抵押权，不因船舶共有权的分割而受影响。有关船舶的共同共有依《物权法》第 97 条的规定，如对共同共有的船舶设定船舶抵押权，应当经全体共有人同意，除非共有人之间另有约定。船舶抵押权由当事人自愿设定。当事人设定船舶抵押权，应当签订书面合同。合同订立后，由抵押权人和抵押人共同向船舶登记机关办理抵押权登记。未经登记的，不得对抗第三人。

船舶抵押权人行使其抵押权，一般是通过申请法院强制执行或进行诉讼来实现，即通过法院对船舶的扣押、拍卖而从所得价款中优先受偿。船舶抵押权的受偿顺序，必须依法律规定来确定。首先，按照我国《海商法》第 25 条第 1 款的规定，如果就同一船舶，同时存在船舶优先权、船舶留置权和船舶抵押权，船舶抵押权的受偿顺序，排在前两种权利之后。其次，在同一船舶上设定了两个以上抵押权的，各个抵押权人接受清偿的顺序按照抵押权登记的先后顺序来排列，以此为根据从船舶拍卖所得价款中依次受偿。对于在同一日登记的各个船舶抵押权，则按照同一顺序受偿。再次，船舶抵押权人基于该抵押权，较之无抵押的普通债权，处于优先受偿的地位。

(三)船舶留置权

船舶留置权是特指船舶建造人、修船人在合同另一方未履行合同时，可以留置所占有的船舶，以保证造船费用或者修船费用得以偿还的权利。海事请求人针对船东所采取的扣留其船舶以获海事债权实现的一种自救措施，是法律赋予的权利，在航运实践中被广泛运用。我国《海商法》对留置权的规定非常有限，只规定在第25条第2款，即船舶留置权，是指造船人、修船人在合同另一方未履行合同时，可以留置所占有的船舶，以保证造船费用或者修船费用得以偿还的权利。

从这一定义中可以看出，船舶留置权不同于船舶优先权和船舶抵押权。首先，担保的债权不同。船舶优先权担保的是特殊的海事请求，如船员工资、救助报酬、人身伤亡等，船舶抵押权担保的债权是借贷之债，而船舶留置权担保的是造船人、修船人的权益。其次，受偿顺序不同。按照我国《海商法》第25条第1款的规定，船舶优先权先于船舶留置权受偿，而船舶抵押权后于船舶留置权受偿。再次，构成要件不同。船舶抵押权是约定的担保物权，其效力取决于登记，而船舶留置权和优先权是法定的担保物权，留置权以占有为标志，船舶优先权的效力既不需要登记，也不需要占有。

第三节 船 员

船舶的航行离不开船员的驾驶，船员在航运中起着举足轻重的作用，因此各国海商法或国际公约无不对船员的法律地位、任职资格、职责范围、权利义务和责任作出明确规定，这些规定共同构成了船员法律制度。

一、船员的概念

从各国立法和相关国际公约对船员的规定来看，船员的概念有广义和狭义两种。所谓广义的船员，是指服务于船舶之上的任何人员，包括船长在内。在立法中采取这一定义的国家有日本、苏联和美国。1965年国际海事协商组织制定的《国际便利海上运输公约》和1949年《海员休假公约》也对船员的概念采取广义的定义。而狭义的船员概念是指除船长之外的服务于船舶之上的人员，如英国、德国以及希腊等国的法律就对船员的概念作狭义的定义。除此之外，1926年《海员遣返公约》和《海员协议条款》也采用了这一定义。

根据我国海商法的规定，船员是指包括船长在内的船上一切任职人员。船员一般由高级船员和普通船员组成。所谓高级船员，是指船长、驾驶员（即大副、二副、三副），轮机长、轮机员（即大管轮、二管轮、三管轮）、电机员，报务员、话务员，客船上的客运主任、事务长、船医等。在我国的船舶上，还设有政治委员（即政委），他与船长分工合作，负责全体船员的思想政治工作。普通船员包括正副水手长、水手、木匠、机匠、加油员、生火工、炊事员、服务员等。总之，基于与船舶所有人订立雇佣合同而在船舶上服务并领取工资的人员都是船员。

二、船员的资格和配备

配备合格和数量充足的船员是船舶安全航行的保证。各国主要通过船员考试发证制度对船员进行管理,并以法律的方式确定下来。

我国《海商法》第32条规定:“船长、驾驶员、轮机长、轮机员、电机员、报务员,必须由持有相应适任证书的人担任。”《海商法》第33条规定:“从事国际航行的船舶的中国籍船员,必须持有中华人民共和国港务监督机构颁发的海员证和有关证书。”所谓从事国际航行的船舶的船员,也就是通常所说的远洋船船员,须经严格考试并取得相应的船员证书后,方能上船出海。

为了提高船员的专业技能,保障航海中的生命和财产安全,1978年《海员培训、发证和值班标准国际公约》规定了高级船员必须具备的基本知识和技能,以及考试发证的最低标准。1991年国际海事组织又通过了公约的修正案,对200总吨和200总吨以上的船舶的船长和大副的发证提出最低知识要求,以及负责航行值班的驾驶员的发证提出最低知识要求。要求凡在200总吨以上的船舶工作的海员,必须经过海上求生、救生艇筏操纵、船舶消防、海上急救四项训练,只有考试合格,领取上述4个证书,才能上船工作。对于无限航区的船长、驾驶员,还应通过无线电通信、雷达观测与模拟、自动雷达标绘等专业训练,并经考试合格,领取证书,才能登船任职。对于在槽管轮上工作的甲板部和轮机部船员,还须经过油轮、液化气体船、化学品船的特殊培训。对于装有原油洗舱设施的船舶的船长、大副等船员,还须经原油洗舱的训练。为了适应因船舶技术和航运管理的发展对现行的船员培训和发证的新要求,国际海事组织在1995年7月通过了新的《海员培训、发证和值班标准国际公约》。该公约采用功能发证方法,强调对海员的适任性评估。

船员配备,是指国家法律对船上工作人员数额的要求。为保证船舶安全航行,船东应为每艘船舶配足一定数量合格的船员。但关于船员的定额,国际上并无统一标准,由各国自行决定。我国各类船舶配备船员的最低定额标准由港务监督机关规定,以能保证三班制工作为原则,昼夜工作,每次4小时。只有在特殊情况下,经国家安全监督部门批准,才能在仅配足两班制船员的情况下获准开航。

三、船员的权利和义务

为保证航运安全和维护正常的航运秩序,现代以来各主要航运国家纷纷加强保护船员的利益,主要体现为各国在其海商法(或商法)、船员法、劳动法、社会保险法等带有公法性质的法律中详细列明船员享有的各种权利,而且一般禁止船东通过雇佣合同予以修改或废除。

船员享有的基本权利,从各国的法律和相关国际公约的规定看,主要包括如下几个方面：(1)工资报酬请求权。其中包括不得克扣工资、船员工资优先受偿、加班加薪、缩短航程不减薪、伤病不扣薪、被辞退时加发3个月工资的安家费等。(2)病残补助金请求权。其中包括伤病上陆休养必要费用请求权，治疗费用请求权和残疾补助金请求权。(3)被辞退时请求送回原港的权利。(4)保险费请求权。(5)退休金请求权。(6)丧葬费和抚恤金请求权。

我国没有制定船员法，因此没有专门规定船员的权利与义务。但是，依据我国《海商法》第34条，"船员的任用和劳动方面的权利、义务，本法没有规定的，适用有关法律、行政法规的规定。"据此，船员应享有劳动法规定的取得劳动报酬、休息休假、获得劳动安全卫生保护、接受职业技能培训、享受社会保险和福利以及提请劳动争议处理等权利。

在各国船员法中，一般把船员的义务概括为两项：(1)忠于职守，服从命令听指挥；(2)禁止私载，严禁夹带违禁品。但是，如果船舶不适航，船员有权拒绝开航，并可以自行离船；如果有关事项超出船员的职责范围，船员有权拒绝执行命令。

根据前述《海商法》第34条的规定，我国船员的义务也应当适用劳动法关于劳动者义务的规定。因此，船员应按照劳动法的要求，遵守劳动纪律和职业道德，执行劳动安全卫生规程，并不断提高职业技能，完成劳动任务。

四、船长的职责

船长，是受船舶所有人雇佣或者聘用，主管船上一切事物的人。船长兼具指挥、司法、公证、代理等多重身份，在海商法中，地位非同小可。由于船长在船舶航行中具有特殊的身份和地位，各国均据此专门规定了船长的职责和权限，以保证船长能驾驶和管理船舶，保障船舶的正常秩序和航行安全。按照我国海商法的规定，船长的职责与权限，概括起来，主要有以下几个方面：

(一)负责船舶的管理和驾驶

船舶的管理和驾驶是船长最根本的职责职权。船长由船东任命或雇用，代表船东直接占有船舶进行航海通商，船舶由船长负责管理和驾驶也就是理所当然的了。航运公司确定航次任务后，货物的装卸、航线的设计、航行命令的发布等，均由船长决定。船上发生的事件，船长有权及时、正确地处理，总的目的是领导全体船员尽职尽责地完成海运任务，维护国家、船东和货主的合法利益。船长应当采取必要的措施，保护船舶和在船人员、文件、邮件、货物及其他财产的安全。当船舶发生事故危及在船人员和财产安全时，船长应组织船员和其他在船人员尽力施救。在船舶遇难不得不弃船时，船长必须采取一切措施，首先组织旅客安全离船，然后安排船员离船，船长自己应当最后离船。在离船之前，船长应当指挥船员尽力抢救航海日志、机舱日志、油类记录簿、无线电台日志、本航次使用过的海图和文件，以及

其他贵重物品、邮件和现金等。

在平时，船长应当恪尽职守，监督全船的日常工作，经常检查船舶，使其达到适航的标准；完善、置备所需的各类船舶文书证件；按时申请船舶检验；按预定的航线和港口及时开航或停靠；在航海中得知他船遇难时，有义务给予救助；在船舶发生碰撞时应当相互救助并相互通报船名及船籍港；发生海上事故应当及时向主管机关提交海事报告，同时报告船东；等等。

（二）对船方和货方的代理权

船方，包括船舶所有人、光船承租人和船舶经营人。在没有船方和货方代表的航行中，船长可以作为船方和货方的代表，处理有关船舶和货物的事宜：(1)船长可以代船方签发提单，向收货人交付货物；(2)船长可以代船方签订引水、拖带、救助和必需的修船合同；(3)在航海途中，为航海的需要，船长可以决定将货方的货物作借贷或出卖的处理，甚至可以将货物作为船上的燃料和食品使用；(4)在特殊情况下，还允许船长代船方雇用或解雇船员；(5)为了支付修船和救助等为继续航海所必需的费用，还允许船长将船舶代为抵押；(6)在船舶遇难，其沉没或毁灭不可避免的情况下，船长可以作出弃船的决定。

（三）代表国家行使行政、司法权

船长代表国家行使的行政、司法权主要包括：(1)船长在其职权范围内发布的命令，船员、旅客和其他在船人员都必须执行，不得违抗或者自行修改；凡由船长作出的决定，其责任由船长承担。(2)为保障在船人员和船舶的安全，船长有权对在船上进行违法或犯罪活动的人采取禁闭或其他必要措施，并防止其隐匿、毁灭、伪造证据；采取措施时，应当制作案情报告书，并由船长本人及两个以上在船人员签字；待船靠岸时，移交有关当局处理。(3)船长应当将在船上发生的出生事件或死亡事件记入航海日志，并制作出生证明书或死亡证明书，该证明书须有2名在船人员作为证人签字。(4)在船人员发生死亡，死者有遗嘱的，船长应当对该遗嘱的内容和形式予以证明，遗嘱应由船长亲自负责保管，待船舶靠岸之后，送交死者家属或者其他有关部门。

第二十八章 海事合同

【引 例】

1994 年 1 月,中国某进出口公司在加拿大购买了一批玉米,交由加拿大某航运公司的 Q 轮承运。同年 3 月,中国公司收到这些货物的两份提单,其上面的首要条款均载明提单的有效性依据《海牙规则》,并受其约束。Q 轮是一艘利比里亚籍散装货轮,船级为挪威船级社+A。该轮 2 月 12 日在加拿大温哥华港装载中国公司的玉米,分别装于第一、三舱,14 日驶往美国洛杉矶港加载其他货物于第四舱,17 日自航开往中国。开航前船长收到一份远航建议书,提及在 Q 轮预定航线上可能遭遇恶劣天气。Q 轮在驶往中国途中果然遭遇大风浪。驶抵中国海口港后,经有关船检、商检部门对 Q 轮的货舱及货物进行检验,证实:该轮货舱盖严重锈蚀并有裂缝,舱盖板水密橡胶衬垫老化、损坏、脱开、变质,通风箱损坏。开舱时,发现在裂缝、舱盖边缘、舱盖板接缝下以及通风筒下的货物水湿、发霉、发热、结团、变质。中国公司因此对加拿大航运公司提起诉讼,认为被告未能确保船舶适航,要求其赔偿货损。加拿大公司辩称:Q 轮船长富有经验,船舶的各种技术证书都在有效期内,整个航次处于挪威船级社+A 级。装货前,大副等船员还对货舱舱盖进行过水密试验,货舱及舱盖板橡胶衬垫处于水密、柔软状态。船舶在开航前和开航当时处于适航状态。货损是由于船舶在航行中遭遇大风暴所致,根据《海牙规则》,被告对此不承担责任。

第一节 海上运输合同

海上运输合同,是指承运人有偿地将货物或旅客经海路由一港运至另一港的合同。海上运输合同可以分为海上货物运输合同和海上旅客运输合同。根据我国海商法的规定,该法关于海上货物运输合同的规定,不适用于我国港口之间的海上货物运输。

一、海上货物运输合同

(一)海上货物运输合同的概念和性质

海上货物运输合同,是指一方支付运费,他方以自有或租赁第三人船舶由特定处所(装载港)装载货物运送至另一特定处所卸除的合同。一方有支付运费的义务,他方有完成一定工作(将货物场所变更)的义务。海上货物运输合同具有以下性质:

1. 双务合同。海上货物运输合同双方当事人均负有义务、享有权利。例如,承运人负有安全运送货物的义务,享有收取运费的权利;货方(托运人或收货人)负有支付运费的义务,享有如数完好地收取货物的权利,当船方违反上述义务时,对因此造成的货物损害,有向船方索赔的权利。

2. 有偿合同。海上货物运输合同的当事人均负有义务、享有权利,即托运人应支付运费,而承运人或船舶所有人应履行其约定的运输义务。

3. 要式合同。在航次租船运输时,海上货物运输合同为要式合同。在班轮运输或件杂货运输的情况下,当事人一般不需要签订特定形式的运输合同,但承运人应签发提单作为合同的证明。

4. 利他合同。托运人通常不是收货人。运送人应向第三者收货人交付货物。收货人虽不参加签订合同,但可直接取得合同规定的某些利益,并受合同之一定约束。

5. 承揽合同。依据国际海上货物运输合同,承运人负有将货物从一国特定港口运至另一国特定港口的义务,在运输业务完成后,有收受报酬的权利。就货物的托运人而言,其订立合同的目的是要求承运人完成运输为目的,而非要求其提供劳务,因而具有承揽合同的特征。

(二)海上货物运输合同的种类

依船舶所载货物的特点,可将海上货物运输合同分为散货运输合同、件杂货运输合同和集装箱货运输合同。所谓散货是指货物在装运以前没有进行包装,而是直接装载在船上的通舱或货舱隔成的小舱中的货物,如谷物、糖、油等。所谓件杂货是指包装成件或本身是可计数的货物,如一箱衣物、一辆汽车等。所谓集装箱货是指装载在集装箱这种新型的包装运输工具中的货物。

依船舶营运的方式,又可分为定期定航线的班轮运输合同和不定期不定航线的租船运输合同以及多式联运合同。按照固定的船期表、固定的港口停靠顺序有规律进行的运输是班轮运输。此类合同一般以承运人签发的提单或与提单类似的文件作为证明,当事人无须单独制定海上运输合同。但是,承运人和托运人希望有单独运输合同的，运输合同可于提单外单独签订。不是按照固定的时间和航线，而是按出租人与承租人专门商定的条件进行的运输是租船运输。租船运输中双方缔结的是租船运输合同。常见的租船合同包括航次租船、定期租船和光船租船三种形式。但中国海商法第四章“海上货物运输合同”中只包括了航次租船合同，而将定期租船合同和光船租船合同一起规定在第六章“船舶租用合同”中。多式联运合同，是多式联运经营人以两种以上的不同运输方式，其中一种是海上运输方式，负责将货物从接收地运至目的地交付收货人，而由托运人(收货人)支付运费的合同。这种合同一般以多式联运单证为表现形式。

(三)海上货物运输合同的订立与解除

1.海上货物运输合同的订立

海上货物运输合同可以是书面的，也可以是口头的，但航次租船合同应当采用书面形式。提单运输以口头订立的，承运人或托运人可以要求书面确认合同的成立。电报、电传和传真均具有书面的效力。海上货物运输合同的内容必须合法，尽管法律对合同关系的规定多为任意性的，以当事人的约定为主，但实践中由于班轮运输中承运人实力的强大，往往在提单中加入许多免责条款。为了保护货方的合法利益，法律规定了一些有关承运人最低限度义务的条款，这类条款是强制性的，当事人不得以协议变更，违反强制性条款的约定无效。《海商法》第 41 条至第 49 条规定即为强制性规定，承运人不能以合同条款减轻其责任，但依第 45 条的规定，可以在合同中增加承运人的责任。与调整提单运输的法律不同，各国一般不对航次租船合同的内容作强制性的法律规定，国际上也没有制定有关航次租船合同的国际公约。因此航次租船业务充分体现了“合同自由”原则，出租人和承租人可以在不违背法律和公共利益的情况下订立任何合同条款。

2.海上货物运输合同的解除

合同解除应具备一定的条件，如当事人协商同意、不可抗力或法律规定等。《海商法》第 4 章第 6 节对海上货物运输合同的解除作了具体规定。

(1)当事人协商一致而解除。从性质上看，协议解除是合同自由原则的体现，协议解除是意思自治原则的应有之义，当事人有权订立合同，亦有权解除合同。海上货物运输合同的效力仅发生于当事人之间，因而当事人不仅有订立合同的自由，也有变更或解除合同的自由，只要当事人对变更或解除合同达成一致，合同的变更或解除即可成立。但合同的变更或解除不应损害国家利益或社会公共利益，否则变更或解除协议无效。

(2)任意解除。所谓任意解除，是在海上货物运输合同发生效力后，在既非法定解除亦非协议解除的情形下，依一方当事人的解除意思而使海上货物运输合同的效力终止。根据我国海商法的规定，船舶在装货港开航前，托运人可以要求解除合同。但是，除合同另有约定外，托运人应当向承运人支付约定运费的一半，如果

货物已装船，托运人还应额外负担装货、卸货和与此有关的费用。在船舶开航后，如果托运人要求解除合同，除需支付运费及其他费用之外，托运人还应承担共同海损、海上救助费用，以及应由其负责的损害，或提供足够的担保，满足上述条件之后，托运人才可解除合同。

(3)法定解除。海上货物运输合同的法定解除，是指船舶在开航前和开航后因不可抗力或者其他不能归责于承运人或托运人的原因致使合同不能履行。我国《海商法》第 90 条和第 91 条规定，船舶在装货港开航前，因不可抗力或其他不能归责于承运人或托运人的原因，致使合同不能履行时，双方均可以解除合同，并相互不负赔偿责任。除合同另有约定外，运费已经支付的，承运人应当将运费退还给托运人；货物已经装船的，托运人应当承担装卸费用；已签发提单的，托运人应将提单退还承运人。船舶开航后，因不可抗力或其他不能归责于承运人或托运人的原因致使船舶不能在合同约定的目的港卸货的，除合同另有约定外，船长有权将货物在目的港邻近的安全港口或者地点卸货，视为已履行合同。但是，船长决定卸货时，应及时通知托运人或收货人，并应考虑他们的利益。

(四)海上货物运输合同当事人的主要权利和义务

1. 承运人的义务

在海上货物运输中，承运人的义务主要包括以下几个方面：

(1)提供适航船舶的义务。海上货物运输是以船舶为运输工具的，承运人应承担按合同约定提供适航船舶的义务。根据我国《海商法》第 47 条的规定，承运人在船舶开航前和开航当时，应当谨慎处理，使船舶处于适航状态、妥善配备船员、装备船舶和配备供应品；并使货舱、冷藏舱、冷气舱和该船其他载货处所适于并能安全收受、载运和保管货物。

船舶的适航包括以下方面的内容：首先指船舶必须在设计、结构、条件和设备方面经受得起航程中的一般风险；其次还要配备合格、健康的船长和合格的船员，船舶航行所用的各种设备必须齐全，燃料、淡水、食品等供应品必须充足，使船舶能安全地把货物运到目的地；船舶的适航性还包括适宜载货，即适宜于接收、保管和运输货物。如果承运人没有尽到以上应尽之义务，船舶在开航前和开航当时即处于不适航状态，因此而引起的货物损失，承运人应负责赔偿。

引例中 Q 轮在开航前和开航时具有各种有效证书为据只能作为船舶适航的初步证据，但要最终确定船舶是否真正适航，还要考虑船舶、船员、货舱等设备的技术状况是否与特定的航线和航区的实际情况相适应。Q 轮在开航前收到的一份远航建议书已明确指出 Q 轮航行中将会遭遇大风暴，而船舶装运的又是易受潮的玉米，船长仅以有关证书为据轻率判断船舶将适应未来的航行是错误的。Q 轮抵海口港后的检验证实：货舱盖严重锈蚀并有裂缝，舱盖板水密胶条老化、脱开、变质、通风箱不水密。船舶设备方面的这种缺陷显然需要较长的物理、化学变化方可形成，并非在本航次中骤然出现的。因此可以推断：Q轮在加拿大温哥华港开航前和开航当时上述缺陷既已存在，船舶不适宜接收、保管和运输货物，即处于不适航状态。

(2)妥善、谨慎地管理货物的义务。根据我国《海商法》第48条的规定，承运人应当妥善地、谨慎地装载、搬移、积载、运输、保管、照料和卸载所运货物。因此，承运人在接收货物后，应当妥善地、谨慎地管理所运货物。

(3)不得进行不合理绕航的义务。绕航是指船舶有意脱离约定的或者习惯的或者地理上的航线。航线的选择事关运输安全，因此不绕航是承运人的基本义务。但船舶在海上为救助或者企图救助人命或者财产而发生的绕航，或者其他合理绕航，不属于违反承运人义务的行为。为此我国《海商法》第49条规定："承运人应当按照约定的或者习惯的或者地理上的航线将货物运往卸货港。"该条第2款还规定："船舶在海上为救助或者企图救助人命或财产而发生的绕航或者其他合理绕航，不属于违反前款规定的行为。"

(4)按时交付货物的义务。货物运抵目的港后，承运人知道收货人的应及时通知收货人提取货物。承运人应该按照合同的约定或航运单上记载的时间，在约定的卸货港向收货人提交货物。

2.承运人的主要权利

(1)收取相关费用的权利。承运人有收取运费、亏舱费、滞期费的请求权。运费有预付运费和到付运费两种。预付运费是在货物装船后，承运人、船长或承运人的代理人签发提单之前支付。到付运费是收货人在卸货港提取货物之前支付，承运人只有将货物安全运抵目的港时才有权收取运费。

亏舱费又称空舱运费，托运人未按运输合同交运约定货量，或交运的货量不足，造成所订舱位部分空舱而向承运人支付的空舱费。亏舱费中应扣除因船舶亏舱，出租人所节省的费用，以及另装货物所取得的运费。

滞期费常发生在航次租船情况下，承租人因未能在合同规定的装卸货时间内完成货物的装卸，而由承租人支付的费用。

(2)留置权。如果托运人(收货人)不支付运费、亏舱费、滞期费、共同海损分摊费用和其他应付的费用，承运人有权按照合同的约定或法律的有关规定，对处于其占有之下并属于托运人的货物进行留置，以保证其请求权的实现。

(3)损害赔偿责任的免除或赔偿责任限制的权利。承运人对货物在运输途中发生的灭失、损害或延迟交付，或者因其他原因使收货人遭受的其他损害，按照合同或法律的规定，在一定情况下，可免除赔偿责任；在不能免责的情况下享受责任限制的权利，即将承运人的赔偿责任限制在一定的数额之内，以保护承运人的利益。

3.托运人的主要义务

(1)支付约定的运费。托运人应当按照约定的时间、金额和方式等向承运人支

付运费，这是海上货物运输合同下托运人最基本的义务。托运人与承运人也可以约定运费由收货人支付。但应当在运输单证中载明。

(2)提供约定的、合格的、合法的货物。根据我国《海商法》的规定，托运人托运的货物应当妥善包装，并向承运人保证，货物装船时所提供的货物的品名、标志、包数或件数、重量或体积的正确性，由于包装不良或者上述资料不正确，给承运人造成损失的，托运人应当负赔偿责任。

(3)托运人对危险货物的责任。托运人托运危险货物，应当依照有关危险货物运输的规定，妥善包装，作出危险品标志和标签，并将正式名称和性质以及应当采取的预防危害措施书面通知承运人。没有通知会导致承运人不对任何灭失或损坏负责；承运人遭受损失的，托运人还应负责赔偿。这样的后果不要求托运人有过失，因此是过失责任原则的一个例外。

即使托运人尽到了通知义务，而且承运人明确同意装运危险品，但承运人在承运的危险货物对于船舶、人员或者其他货物构成实际危险时，仍然可以将货物卸下、销毁或者使之不能为害，而不负赔偿责任。但危险货物仍负有分摊共同海损的义务。

(4)办理货物运输手续。托运人应当及时向港口、海关、检疫、检验和其他主管机关办理货物运输所需要的各项手续，并将已办理各项手续的单证送交承运人；因办理各项手续的有关单证送交不及时、不完备或者不正确，使承运人的利益受到损害的，托运人应当负赔偿责任。

(五)提单

1.提单的概念及其法律特征

提单(bill of loading)，是指用以证明海上货物运输合同和货物已经由承运人接收或者装船，以及承运人保证据以交付货物的单证。提单中载明的向记名人交付货物，或者按照指示人的指示交付货物，或者向提单持有人交付货物的条款，构成承运人据以交付货物的保证。

从上述定义可见，提单具有以下三方面的法律特征：

(1)提单是海上货物运输合同的证明。作为合同证明的提单，在不同的提单持有人手中也有不同的证据效力。在托运人手中，提单是初步证据，承运人可以举证证明实际运输合同与提单记载不一致。但当提单转让到托运人以外的第三方手中，承运人与第三方的权利、义务就只能依据提单的记载确定。

(2)提单是承运人接收货物的收据。提单具有收据作用，是货物已经由承运人接收或者装船的证据。作为收据的提单在不同的提单持有人手中有不同的证据效力。在托运人手中，提单是初步证据，承运人可以以其他更有力的证据证明提单记载与实际情况不符。但在托运人以外的第三方手中，提单是最终证据，承运人不能再以其他证据推翻提单的记载。

(3)提单是承运人据以向收货人交付货物的物权凭证。于合法取得提单的持有人,提单具有物权凭证的功能。提单的合法持有人有权在目的港以提单相交换来提取货物,而承运人只要出于善意,凭提单发货,即使持有人不是真正货主,承运人也无责任。而且,除非在提单中证明,提单可以不经承运人的同意而转让给第三者,提单的转移就意味着物权的转移,连续背书可以连续转让。提单的合法受让人或提单持有人就是提单上所记载货物的合法持有人。提单所代表的物权可以随提单的转移而转移,提单中所规定的权利和义务也随提单的转移而转移。即使货物在运输过程中遭受损坏或灭失,也因货物的风险已随提单的转移而由卖方转移给买方,只能由买方向承运人提出赔偿要求。

2.提单的种类

(1)已装船提单和收货待运提单。依据提单签发时货物是否已装船,可以分为已装船提单和收货待运提单。已装船提单是在货物已经由承运人接收并装上船后签发的提单。收货待运提单则是承运人已经接收货物但尚未将货物装上船时签发的提单。收货待运提单在货物实际装上船后可以换成已装船提单。已装船提单和收货待运提单具有不同的法律效力。已装船提单能够保障收货人按时收取货物,故而在国际贸易中深受买方欢迎,以至于某些国际贸易惯例将向买方提供已装船提单作为卖方的义务。

(2)记名提单、不记名提单和指示提单。依提单上收货人抬头的记载不同,可将提单分为记名提单、指示提单和不记名提单。记名提单是记载了收货人名称的提单。根据记名提单的规定,只有提单上载明的收货人才能提货,承运人也只能向该收货人交付货物。大多数国家规定,记名提单不能转让。

不记名提单是在收货人一栏未作任何记载的提单,又称为空白提单。依大多数国家的法律规定和国际贸易惯例,不记名提单无须背书即可转让,仅以交付提单为要件。谁合法持有不记名提单,谁就有权提货,承运人也见单放货,因此不记名提单流通性虽强,但颇不安全,易引起纠纷,在国际贸易和海运实务中亦较少使用。

指示提单是记载凭指示交货的提单,其中,记载了指示人的名称的是记名指示提单,没有记载指示人的名称的是不记名指示提单。不记名指示提单一般理解为凭托运人指示交货。依多数国家的规定,指示提单必须经过背书才能转让。指示提单克服了记名提单和不记名提单的不足,兼顾了提单的流通性和安全性,所以在国际贸易和海运中使用最为普遍。

(3)清洁提单和不清洁提单。依提单有无批注,可将提单分为清洁提单和不清洁提单。在装船时,货物外表状况良好,承运人在签发提单时,未在提单上加注任何有关货物残损、包装不良、件数、重量和体积,或其他妨碍结汇的批注的提单称为清洁提单。使用清洁提单在国际贸易实践中非常重要,买方要想收到完好无损的货物,首先必须要求卖方在装船时保持货物外观良好,并要求卖方提供清洁提单。在以跟单信用证为付款方式的贸易中,通常卖方只有向银行提交清洁提单才能取

得货款。清洁提单是收货人转让提单时必须具备的条件，同时也是履行货物买卖合同规定的交货义务的必要条件。承运人一旦签发了清洁提单，货物在卸货港卸下后，如发现有残损，除非是由于承运人可以免责的原因所致，承运人必须负责赔偿。

在货物装船时，承运人若发现货物包装不牢、破残、渗漏、玷污、标志不清等现象时，大副将在收货单上对此加以批注，并将此批注转移到提单上，这种提单称为不清洁提单。

实践中承运人接收货物时，如果货物外表状况不良，一般先在大副收据上作出记载，在正式签发提单时，再把这种记载转移到提单上。在国际贸易的实践中，银行是拒绝出口商以不清洁提单办理结汇的。为此，托运人应把损坏或外表状况有缺陷的货物进行修补或更换。习惯上的变通办法是由托运人出具保函，要求承运人不要将大副收据上所作的有关货物外表状况不良的批注转批到提单上，而根据保函签发清洁提单，以使出口商能顺利完成结汇。但是，承运人因未将大副收据上的批注转移到提单上，承运人可能承担对收货人的赔偿责任，承运人因此遭受损失，应由托运人赔偿。那么，托运人是否能够赔偿，在向托运人追偿时，往往难以得到法律的保护而承担很大的风险。承运人与收货人之间的权利义务是提单条款的规定，而不是保函的保证。承运人不能凭保函拒赔，保函对收货人是无效的。

(4)直达提单、转船提单和多式联运提单。根据运输方式的不同，可以将提单分为直达提单、转船提单和多式联运提单。直达提单，又称直运提单，是指货物从装货港装船后，中途不经转船，直接运至目的港卸船交与收货人的提单。直达提单上不得有“转船”或“在某港转船”的批注。使用直达提单，货物由同一船舶直运目的港，对买方来说比中途转船有利得多，它既可以节省费用、减少风险，又可以节省时间，及早到货。因此，通常买方只有在无直达船时才同意转船。

转船提单是指货物从起运港装载的船舶不直接驶往目的港，需要在中途港口换装其他船舶转运至目的港卸货，承运人签发这种提单称为转船提单。在提单上注明“转运”或在“某某港转船”字样，转船提单往往由第一程船的承运人签发。由于货物中途转船，增加了转船费用和风险，并影响到货时间，故一般信用证内均规定不允许转船，但直达船少或没有直达船的港口，买方也只好同意可以转船。

多式联运提单，是多式联运经营人以两种以上的运输方式(其中一种为海运)负责将货物从接收地运至目的地而签发的提单。这种提单主要用于国际集装箱运输，多式联运经营人一般对货物的全程运输负责。

(5)预借提单和倒签提单。预借提单，是指在货物尚未全部装船，或者货物虽已由承运人接管但尚未装船的情况下签发的已装船提单。预借提单通常在信用证规定的装船日期和交单结汇日期即将届满时，托运人为了使提单上的装船日期与信用证规定的日期相符而要求承运人在货物装船前签发的。

倒签提单，是指承运人在货物装船后签发的，但提单中注明的装船日期早于实际装船日期的提单。倒签提单通常在货物的实际装船日期晚于信用证规定的装船日期时，托运人为了能顺利结汇而要求承运人签发的。预借提单和倒签提单一样，掩盖了货物的实际装船日期，并使信用证对装货这一环节的制衡力丧失，无法保证货物准时到达，从而避开了迟延交货的责任，对提单受让人中的收货人构成欺诈。

3. 提单的内容

提单是一张正反两面都有记载的单据。提单正面通常记载本航次运输的基本情况，如承运人、托运人的名称、地址，货物基本情况，装卸港口等。提单背面通常是预先印制好的承运人的格式合同条款，包括承运人责任、运费及其他费用、管辖权等。

我国和其他国家一样，对提单内容一般无强制性规定，提单所规定的内容也不构成提单有效性的条件，但是，提单应当符合《海商法》第 71 条有关提单定义的规定。提单的主要内容包括：船名、承运人、托运人、收货人、装货港、货物品名、标志、包装或件数、重量或体积、运费支付方式、提单签发日期、地点和份数、承运人或其代表的签字。海商法虽然规定提单上必须记载以上内容，但同时又规定，缺少其中一项或几项并不影响提单的效力，只要提单上的记载能满足法律对提单定义的要求，即能具有提单所应具有的基本功能就可以。

4. 提单的主要条款

提单背面的条款，只要不违背适用于提单的强制性国际公约，并与承运人和托运人事先达成的协议不相抵触，便是承运人和托运人之间海上货物运输合同内容的证明。当提单转移至第三者收货人或者提单受让人时，这些条款是确定承运人与收货人或者提单受让人之间权利义务关系的依据。虽然各种提单背面条款多少不一，内容不尽相同，但最主要的是下列条款：

(1)首要条款(paramount clause)。首要条款是承运人按照自己的意志，印刷于提单条款的上方，通常列为提单条款第一条用以明确本提单受某一国际公约制约或适用某国法律的条款。根据我国《海商法》第 269 条的规定，国际海上货物运输合同的当事人可以选择合同适用的法律。这就是说，选择何种法律作为合同的准据法，可由当事人自行决定。

(2)管辖权条款(jurisdiction clause)。在诉讼法上，管辖权是指法院受理案件的范围和处理案件的权限。在这里是指该条款规定双方发生争议时由何国行使管辖权，即由何国法院审理，有时还规定法院解决争议适用的法律。提单一般都有此种条款，并且通常规定对提单产生的争议由船东所在国法院行使管辖权。但是许多收货人则坚持向提单管辖权条款所规定之外的法院提起诉讼，这就涉及提单管辖权条款的效力问题。有的国家尊重这一条款，如德国、荷兰；较多国家以本国管辖权或诉讼不方便为由，拒绝接受管辖权条款。我国目前对此条款倾向于采取对等原则。

(3)承运人责任条款(carrier's liability)。承运人责任条款规定承运人在货物

运送中应负的责任和免责事项。一般概括地规定为按什么法律或什么公约为依据,如果提单已订有首要条款,就无须另订承运人的责任条款。

5.有关提单的国际公约

由于提单的利害关系人常分属于不同国籍,提单的签发地或起运港和目的港又分处于不同的国家,而提单又是由各船公司根据本国有关法规自行制定的,其格式、内容和词句并不完全相同,一旦发生争议或涉及诉讼,就会产生提单的法律效力和适用法规的问题,因此,统一有关提单的法规,一直是各国追求的目标。当前已经生效,在统一各国有关提单的法规方面起着重要作用或有关国际货物运输的国际公约有三个:

(1) 海牙规则(*Hague Rules*)。海牙规则的全称是《统一提单若干法律规定的国际公约》(*International Convention for the Unification of Certain Rules of Law Relating to Bill of Lading*),1924 年 8 月 25 日由 26 个国家在布鲁塞尔签订,1931 年 6 月 2 日生效。公约草案是 1921 年在海牙通过的,因此定名为海牙规则。包括欧美许多国家在内的 50 多个国家先后加入了这个公约。1936 年,美国政府以这一公约作为国内立法的基础制定了 1936 年美国海上货物运输法。海牙规则使得海上货物运输中有关提单的法律得以统一,在促进海运事业发展,推动国际贸易发展方面发挥了积极作用,是目前仍被普遍使用的最重要的国际公约,我国于 1981 年承认该公约。海牙规则的特点是风险分担不均衡,较多地维护了承运人的利益,因而引起了作为主要货主国的第三世界国家的不满,纷纷要求修改海牙规则,建立航运新秩序。

(2) 维斯比规则(*Visby Rules*)。在第三世界国家的强烈要求下,修改海牙规则的意见已为北欧国家和英国等航运发达国家所接受,但他们认为不能急于求成,以免引起混乱,主张折中各方意见,只对海牙规则中明显不合理或不明确的条款作局部的修订和补充,维斯比规则就是在此基础上产生的。所以维斯比规则也称为海牙—维斯比规则(*Hague- Visby Rules*),它的全称是《关于修订统一提单若干法律规定的国际公约的议定书》(*Protocol to Amend the International Convention for the Unification of Certain Rules of Law Relating to Bill of Lading*),或简称为"1968 年布鲁塞尔议定书"(*The 1968 Brussels Protocol*),1968 年 2 月 23 日在布鲁塞尔通过,于 1977 年 6 月生效。目前已有英、法、丹麦、挪威、新加坡、瑞典等 20 多个国家和地区参加了这一公约。

(3) 汉堡规则(*Hamburg Rules*)。汉堡规则是《1978 年联合国海上货物运输公约》(*United Nations Convention of the Carriage of Goods by Sea*),1976 年由联合国贸易法律委员会草拟,1978 年经联合国在汉堡主持召开有 71 个国家参加的全权代表会议上审议通过。汉堡规则可以说是在第三世界国家的反复斗争下,经过各国代表多次磋商,并在某些方面作出妥协后通过的。汉堡规则全面修改了海牙规则,其内容在较大程度上加重了承运人的责任,保护了货方的利益,代表了第三世界发展中国家的意愿，这个公约已于1992年生效。但因签字国为埃及、尼日利亚等非主要航运货运国，因此目前汉堡规则对国际海运业影响不是很大。

二、海上旅客运输合同

海上运输包括海上货物运输和海上旅客运输。相对于海上货物运输而言，海上旅客运输发展较晚。二战以后，随着航空事业的发展，海上旅客运输业务日趋减少，在国际旅客运输中的重要性大大降低。

（一）海上旅客运输合同的概念

海上旅客运输合同，是指承运人以适合运送旅客的船舶，经海路将旅客及其行李从一港运至另一港，而由旅客支付票款的合同。除具有与海上货物运输相同的特点外，海上旅客运输合同还具有以下特点：(1)旅客既是合同的主体，又是承运人履行运送义务的对象；(2)旅客运输合同以客票为订立合同的证明，国际海运客票同航空机票一样，也是记名客票，不能任意转让，只供旅客本人使用，沿海客运使用不记名客票，在乘船前为有价证券，可以转让。

（二）海上旅客运输合同中当事人的权利和义务

1.承运人的权利和义务。承运人的权利包括：(1)运费请求权和留置权，作为运送旅客及其行李的代价，承运人有权请求旅客交付客票上规定的票款，并对未付行李费的行李有留置权；(2)处置权，承运人有权对无票乘船或越级乘船的旅客按规定加收票款，如遭拒绝，船长可以在适当的地点令其离船；(3)免责权和责任限制权，因军事行动、暴动或不可抗力，或者旅客本身的原因或过失，引起的旅客人身伤亡或者行李的灭失损坏，承运人不负赔偿责任，但承运人须负举证责任。对旅客的货币、金银、珠宝、有价证券或其他贵重物品所发生的灭失、损坏，如果此类物品由旅客自行保管，承运人不负赔偿责任。海上旅客运输承运人的赔偿责任限额，依我国法律规定适用两种标准：国际海上旅客运输中的承运人适用《海商法》规定的限额；而国内海上旅客运输中的承运人则按交通部《中华人民共和国港口间海上旅客运输赔偿责任限额的规定》所规定的标准承担赔偿责任。海上旅客运输合同中含有免除承运人对旅客应当承担的法定责任及降低法律规定的承运人责任限额内容的条款无效。

承运人对旅客负有以下义务：(1)提供适航船舶的义务，承运人必须提供适合旅客运输的船舶，并使其在开航前、开航时及整个航行过程中处于适航状态。客船的适航，除具备货船的适航条件外，还须适合客运特殊要求，即有保证旅客人身安全和生活的一切必要措施和条件，如通风、采光、休息、医疗卫生等设施和旅客饮食娱乐设施或条件。舱室内的设备应符合与客票等级相应的规定，并且应按客票等

级或合同的要求提供相应的服务。(2)不得不合理绕航的义务,船舶应当按约定日期开航。船舶在航行过程中,不应有不合理的延误,并且,除为救助或企图救助海上人命或财产,或其他合理情况外,承运人或船长不得变更航线。所谓其他合理情况指为保证船舶和旅客安全而避台风或其他海上风险,政府或有关当局命令船舶变更航线,旅客在船上患重病必须立即上岸治疗等情况。(3)将旅客及行李安全运至目的港的义务,将旅客及行李安全运至目的港是承运人的根本义务,只有在开航后因发生不可抗力而不可驶抵目的港的情况下,才免除此项义务,但承运人应在就近的港口停靠或将旅客遣回始发港或派回等船舶续航。承运人对旅客及其自带行李的运送责任期间为自旅客登船时起至旅客离船时止,客票票价含接送费用的,运送期间并包括承运人经水路将旅客从岸上接到船上和从船上送到岸上的时间;旅客自带行李以外的其他行李,运送期间自旅客将行李交付承运人或者其受雇人、代理人时起至承运人及其雇佣人、代理人交还旅客时止。(4)对旅客的人身伤亡或行李的灭失或损坏承担赔偿责任,旅客人身伤亡和行李的灭失损坏是因船舶的沉没、碰撞、搁浅、爆炸、火灾引起的,或由于船舶缺陷引起的,承运人或承运人的受雇人、代理人除非提出反证,视为其有过失。旅客自带行李以外的其他行李的灭失损坏不论由于何种事故引起的,承运人或其代理人、受雇人除非提出反证,视为其有过失。

2.旅客的权利和义务。旅客的权利就是承运人的义务。旅客的主要权利包括在支付票款后有权要求承运人将其安全运送到目的港,免费携带一定数量的行李,以及对其遭受的伤害或其行李的灭失或损坏,向承运人索赔等。

旅客的义务与责任包括:(1)支付票款,旅客必须购票乘船。旅客无票乘船、越级乘船或超程乘船的,应当按照规定补足票款,承运人还可以按照规定加收票款,如对超程乘坐者双倍收取超程部分的票价。旅客拒不交付的,船长有权在适当地点令其离船,承运人有权向其追偿。(2)不得携带危险品,为保障安全航行,旅客不得随身携带或者在行李中夹带违禁品或者易燃、易爆、有毒、有腐蚀性、有放射性或者有可能危及船上人身安全和财产安全的其他危险品。如果旅客携带或夹带了违禁品或危险品,承运人可以在任何时间、任何地点将其卸下、销毁或者使之不能为害,或者送交有关部门,而不负赔偿责任。如果这类物品造成他人的损害,旅客还应当负赔偿责任。(3)提交书面索赔通知的义务,旅客行李发生损坏的,如果损坏明显,旅客对其自带行李的损坏,应当在旅客离船前或者离船时提交书面通知;其他行李,应当在行李交还前或者交还时提交书面通知。行李的损坏不明显或行李灭失的,旅客应当在离船或者行李交还或者应当交还之日起 15 日内,向承运人或者承运人的受雇人、代理人提交书面通知。旅客未及时提交书面通知的,就构成其已经完整无损地收到行李的初步证据。旅客要主张货物受损,必须提出反证。但行李交还时,旅客已经会同承运人对行李进行联合检查或者检验的,无须提交书面通知。

(三)有关海上旅客运输的国际公约

目前生效的,对于调整国际海上旅客及其行李运输起着核心作用的,是国际海事组织制定于1974年12月在雅典召开的国际会议上通过的《海上旅客及其行李运输雅典公约》(*International Convention for Carriage of Passengers and their Luggages by Sea*)。该公约于1987年4月28日生效。2002年10月21日至11月1日国际海事组织第13次外交大会在伦敦国际海事组织总部举行,会议讨论、通过并签署了对《1974年雅典公约》及《修正1974年国际海上旅客及其行李运输雅典公约的1990年议定书》进行重大修改后的新议定书,该议定书的名称为《1974年海上旅客及其行李运输雅典公约的2002年议定书》,经该议定书修改的公约文本被定名为《2002年国际海上旅客及其行李运输雅典公约》,简称《2002年雅典公约》。其主要内容包括:

1.严格责任原则和过错责任原则并用

承运人对旅客的人身伤亡和行李损失,实行严格责任原则和过错责任原则。承运人对因船舶航行事故造成的旅客人身伤亡,对每一旅客在每一事故中的赔偿责任在25万特别提款权的限额内实行严格责任,除非承运人证明事故是由于战争、敌对、内战、起义或特殊的、不可避免、不可抗拒性质的自然现象导致的,或完全由于第三方旨在造成该事故的故意的作为与不作为导致的事故引起的,承运人应承担赔偿责任;承运人对因船舶事故造成的超过上述限额的旅客人身伤亡赔偿责任,实行过错责任,即如果承运人证明,其本人或其在受雇或受委托范围内行事的受雇人或代理人,以及履约承运人及其在受雇或受委托范围内行事的受雇人或代理人,对事故的发生没有过错,则不承担赔偿责任。承运人对非因船舶航行事故造成的旅客人身伤亡的赔偿责任也实行过错责任,并且由索赔方承担举证责任。

2.提高赔偿责任限额

《2002年雅典公约》将承运人对每名旅客在每一事故中人身伤亡所承担的严格责任的限额提高到25万特别提款权,是1990年议定书规定的限额的1.42倍,并对旅客自带行李、其他行李和车辆的赔偿限额分别提高到2250特别提款权、3375特别提款权和12700特别提款权。

3.采取强制责任保险制度

《2002年雅典公约》借鉴《1969年国际油污损害民事责任公约》及其1992年议定书,以及《1996年国际海上运输有毒有害物质损害责任和赔偿公约》的做法,规定对承运人对旅客人身伤亡的赔偿责任实行强制责任保险或财务担保和对责任保险人或担保人的直接诉讼。

4.公约的适用范围

《2002年雅典公约》适用于国际海上旅客运输,并且,船舶悬挂参加国的国旗或在参加国登记,或者运输合同在参加国国内订立,或者运输合同的起运地或到达

地位于参加国。

第二节　船舶租用合同

船舶租用合同，是指船舶出租人和承租人之间就出租人向承租人提供约定的船舶，由承租人在租期内按约定使用船舶，并由承租人支付租金的一种协议。它包括航次租船合同、定期租船合同和光船租船合同三种形式。

一、航次租船合同

（一）航次租船合同的概念及特征

航次租船合同，亦称航程租船合同，是指出租人就约定港口之间的航程提供船舶或部分舱位，承运约定的货物，而由承租人支付约定运费的合同。航次租船合同既可以是单航次合同，也可以是连续航次合同。航次租船合同属于运输合同，但有别于班轮运输合同。航次租船合同的主要特征有：

1. 航次租船合同的当事人称为出租人和承租人。班轮运输合同的当事人称为承运人和托运人。班轮运输中的班轮是定船期、定航线，向所有托运人开放的，称为公共承运人；航次租船合同中的出租人只承运与其签订了租船合同的承租人所提供的货物，有关船期和航线的安排均由双方当事人约定，故称为私人承运人或专门承运人。

2. 航次租船合同必须采用书面形式，一般都有完整的合同格式，比较系统地规定出租人和承租人的权利和义务。有关航次租船合同的法律规定都属于任意性规范，仅在合同没有约定的情况下适用，故合同当事人的订约自由度较大。

3. 航次租船合同一般都有装卸时间、滞期费、速遣费的约定。班轮运输一般由承运人负责安排泊位进行装卸，以适应定期班轮的要求，因此提单上大多没有装卸时间及滞期费、速遣费条款，一般只规定托运人或收货人要按船舶所能够收受或交付的速度尽快提供或接收货物。

4. 提单在航次租船合同下的作用与班轮运输不同，航次租船合同下签发的提单，在承租人手里仅仅作为货物的收据和物权凭证。承租人和出租人的权利义务依据租船合同约定。

（二）航次租船合同的标准格式

航次租船合同是由各大航运组织或各大宗货物贸易商会制订的适用于不同货物种类、运输航线以及租船方式的租船合同的标准格式，供船舶所有人和承租人洽谈租船业务时选择适用。

航次租船合同范本很多,根据船舶航行的航线、承运货物种类等不同而有所区别,国际航运界通用的有以下几种:(1)统一杂货租船合同(Uniform General Charter),简称"金康格式",租船合同代号"金康"(GENCON),适用于不分航线的杂货运输。此格式由国际船东组织波罗的海国际航运公会制订,先后经过 1922 年、1976 年和 1994 年三次修订,目前国际上普遍适用的仍然是 1976 年格式。此格式在很多条款上,比较明显地维护出租人的利益。(2)波尔的摩 C 式(Baltime Berth Charter Party Steamer, Form C),此格式由美国船舶经纪人和代理人协会制定,广泛适用于北美地区整船谷物运输。(3)澳大利亚谷物租船合同(Australian Grain Charter Party),适用于从澳大利亚到世界各地的谷物运输,租船合同代号为"AUSTRAL"。(4)油船航次租船合同(Tanker Voyage Charter Party),此格式由美国船舶经纪人和代理人协会于 1977 年制订,专门适用于油轮航次租船,租船合同代号"ASBATANKVOY"。

(三)航次租船合同的主要内容

航次租船合同一般包括如下内容:出租人和承租人的名称、船名、船舶国籍、载货重量、容积、货物名称、装货港和卸货港、受载期限、装卸期限、运费、滞期费和速遣费、合同的解除、留置权条款、承租人的责任终止条款、互有责任碰撞条款、新杰森条款、共同海损条款、提单条款、罢工条款、战争条款、冰冻条款、仲裁条款、佣金条款。

1. 出租人和承租人。出租人一般是船舶所有人,或者是船舶的光船租赁人或定期租船承租人,合同中必须写明出租人的全称。承租人一般为货主,但也有不是货主的情况,有时可能是货运代理人,货运代理人从货主处揽取货物,再以自己的名义与出租人签订航次租船合同。

2. 船舶说明条款。出租人必须对船舶的情况(主要包括船舶名称、船舶国籍、载重量与容积)作如实的陈述,从而使船舶特定化,因为它是承租人是否租用船舶的重要依据,也是合同的主要条款,出租人必须保证陈述内容的准确性。在整个租赁期内,船东不得随意更换船名或擅自变更船舶国籍或变换船旗,否则以违约论处。

3. 货物条款。货物条款的内容包括货物的品名、种类、数量以及包装形态等方面。运送不同种类和性质的货物,对船舶的结构、设备以及管理上有不同的要求,而且与船舶的经营管理和经济利益密切相关。因此,货物条款是航次租船合同中关乎船东及承租人双方切身利益的重要内容。如系危险货物则必须说明其货物的性能。承租人所提供的货物与合同约定不符,出租人有权拒装,如因载货不足,承租人应支付亏舱费。承租人负有提供约定货物的义务。经出租人同意,可以更换货物,但更换货物对出租人不利的,出租人有权拒绝或者解除合同。

4. 受载期限。合同中规定的所租船舶到达装货港准备受载的预订日期叫受载

期限。由于船舶在营运中可能出现各种影响船期的意外事故，故而要确定一个具体的受载日期是不合理的。在实践中，通常是规定一段期限。

5.装货港和卸货港。在航次租船合同中，有关装货港和卸货港的规定也是合同的重要规定。这个条款的订法一般有两种：一是具体列明装货港和卸货港名称，二是不具体列明港口名称，只规定一个大致的范围，由承租人选择，在第二种情况下，承租人选定港口后，应及时通知船东。如果承租人未做到这一点，以致引起船舶因等待承租人的"宣港"造成时间上的延误与损失，承租人应对其后果承担责任。

6.装卸时间。在航次租船合同下，船舶的时间损失是由船东承担的，因此船东总是期望能尽量缩短每个航次的时间，以便提高船舶的营运效率。装卸时间是整个航次时间的重要组成部分，因涉及当事人双方的利益，需要在合同中订明。所谓装卸时间，是指合同双方当事人协议的，船东应使船舶并保证船舶适于装卸，承租人在运费之外不支付任何费用的一段时间。在合同规定的装卸时间内，船东具有使船舶等待并适于装卸货物的义务。在装卸时间内，承租人若提前完成装卸作业，可以从出租人那里得到若干金额的报酬，此报酬称为速遣费。若在装卸时间内，承租人未能完成装卸作业，则应向出租人支付延误违约金，此违约金称为滞期费

装卸时间的计算，一般自船舶到达装卸港口，做好装货或卸货的准备并发出装卸货通知后，按合同规定的时间计算。在实践中，也用工作日、连续工作日、晴天工作日、24小时连续工作日来计算装卸时间。

7.提单。航次租船合同下提单的签发，通常是货物在装货港由出租人接管货物或装船后，承租人要求船长或其代理人签发提单。当航次租船合同下所签发的提单转到承租人手中时，提单只是作为收据或物权凭证，双方之间的运输合同是租约。出租人为了避免一起租船运输下产生两份运输合同，而二者之间的权利义务往往有所不同而使自己承担额外风险，出租人希望二者的责任义务一致，即出租人不论对承租人还是非承租人的提单持有人都适用同一责任、义务、权利的规定。一般的做法是船长在签发提单时在提单上加注"租船合同并入提单条款"，使提单持有人（收货人）也受租船合同条款的约束。

8.运费条款。收取运费对船东来说是整个租船合同中最重要的内容。运费条款主要是关于运费如何计算、如何支付、支付的时间、使用的外币和汇率等内容。运费的支付有预付运费和到付运费。预付运费通常规定在签发提单或装货结束后若干银行工作日内支付，到付运费支付的时间可以是卸货前支付或交货时支付。

9.船舶转租条款。我国《海商法》第99条规定，承租人有权将租用的船舶转租；转租后，原合同约定的权利和义务不受影响。船舶在转租情况下可能受到至少两份合同的约束，出租人与原承租人之间的原合同，以及原承租人与转租承租人之间的转租合同。但出租人与转租承租人之间并无合同关系，出租人仍与原承租人发生合同关系。

10.绕航条款。英美普通法对船舶绕航的要求极为严格，船东如果不合理绕

航，其后果是非常严重的。“金康”条款企图改变普通法的规定，免除船东不合理绕航的责任在内的任何绕航责任。根据“金康”条款的规定，船长有权为任何目的以任何顺序停靠任何港口，有无引航员在船均可航行，在任何情况下拖带或救助他船，亦可为拯救人命或财产而绕航。但在司法实践中，各国法院通常对此作限制性解释，认为船舶只能停靠合同规定的或通常习惯上停靠的港口，按地理顺序停靠。但船舶根据此条款所作的绕航，不得与合同的目的相抵触。

11. 货物的损害赔偿条款。由于航次租船合同不受《海牙规则》的约束，因此合同双方当事人可以自行协商货物损害赔偿的责任。根据“金康”条款的规定，如果货物灭失、残损或延误交货，是由于积载不当或疏忽所造成的，或由于船舶所有人或其代理人本身未恪尽职责使船舶在各方面具有适航性并能保持适当的船员、设备和供应所造成的，船舶所有人应负损害赔偿责任，除此之外，即使货物的灭失、损害或延迟交付是由于船长、船员在管理货物中的过失所致，出租人仍可免责。

12. 解约条款。根据“金康”条款的规定，如果船舶未能在规定的日期或之前备妥装货（无论停靠泊位与否），承租人有解除本合同的选择权，如果船东要求，承租人至少应在本船预计抵达装货港前 48 小时宣布是否行使此项选择权；如果本船因海损或其他事故而延期，应尽快通知承租人，如果本船延期超过预计准备就绪装货日期（受载期）10 天以上时，承租人有权解除合同。

13. 责任终止条款。航次租船合同往往订有承租人责任终止条款。该条款规定，货物一经装船并预付了运费、空舱费和装货港船舶滞期费以后，承租人责任便终止。责任终止条款仅能免除承租人由于他违背合同而产生的责任，但不能免除他应履行而未履行的义务。

14. 留置权条款。留置权条款是保证船东利益的条款。“金康”条款规定，船东因运费、空舱费、滞期费、延滞损失等事项对货物享有留置权。承租人应对空舱费和在装货港发生的滞期费（包括延滞损失）负责，承租人亦应对运费和在卸货港发生的滞期费（包括延滞损失）负责，但仅以船东对货物行使留置权后仍不能得到偿付为限。

15. 罢工条款。罢工条款主要是关于罢工期间装卸时间和滞期费的计算及解除合同的选择权等问题，根据“金康”条款的规定，对由于罢工或停工而阻碍或延误履行本合同规定的义务所引起的后果，承租人和船东概不负责。当船舶从装货港的前一港准备起航时，或在驶往装货港的途中，或在抵港后，如因罢工或停工而影响全部或部分货物装船，船长或船东可以要求承租人声明同意按没有发生罢工或停工的情况计算装卸时间。如果承租人未在 24 小时之内以书面（必要时以电报）作出声明，船东有解除合同的选择权。如果部分货物已经装船，则船东应运送该货物（运费仅按装船的数量支付），但有权为自己的利益在中途揽运其他货物。当船舶抵达卸货港或其港外之时或之后，如由于罢工或停工而影响货物的卸载，并且在 48 小时之内未能解决时，承租人可选择使船舶等待至罢工或停工结束，并在规定

的装卸时间届满后，支付半数滞期费，或者指令船舶驶往一个没有因罢工或停工而延误的风险的安全港口卸货。这种指令应在船长或船东将影响卸货的罢工或停工的情况通知承租人后48小时内作出。在这种港口交付货物时，租船合同和提单中的所有条款都将适用，并且，应同船舶在原目的港卸货一样，收取相同的运费，但当到替代港口的距离超过100海里时，在替代港所交付的货物的运费应比例增加。

16. 战争风险条款。战争风险条款也是航次租船合同的重要组成部分，其作用是在一旦遭遇战争风险时，明确船东与承租人之间的权利义务关系。

17. 共同海损条款。在航次租船合同中一般都有共同海损条款，其主要内容是关于在发生共同海损时采用哪种理算规则，在何地理算等。“金康”条款规定，共同海损需按《约克·安特卫普规则》理算，货物所有人须偿付货物所应分摊的共同海损费用，即使此项费用系由船东的雇员的疏忽或过失所造成的。

除上述主要条款之外，航次租船合同还通常订有普通冰冻条款、双方互有过失碰撞条款、新杰森条款、仲裁条款等。

二、定期租船合同

(一)定期租船合同的概念及特征

定期租船合同，是指船舶出租人向承租人提供约定的由出租人配备船员的船舶，由承租人在约定的期间内按约定的用途使用，并支付租金的合同。定期租船合同具有以下四个方面的特征：

1. 出租人不仅负责配备船员，还负责船员工资、伙食以及船舶的维修保养、物料和供应品等，享有船舶所有权和管理权。这一点是定期租船合同与光船租赁合同相区别的主要之处。

2. 承租人在约定的租期内取得约定的船舶舱位的使用权，并由其安排船舶的营运，负责燃油费、港口使用费、货物装卸费等营运费用。而在约定的最后航次的日期将所租船舶归还给出租人。

3. 船舶租金按船舶租用时间的长短来计算，承租人按约定租期支付租金。准时、全额地支付每一期租金是租船合同下承租的首要义务，承租人违反该义务，出租人有权撤船并要求赔偿损失。

4. 承租人按约定用途使用船舶。承租人应当按照合同约定的承运货物的范围及航行区域限制来使用船舶。否则，出租人有权撤船并对造成的损害要求赔偿。

(二)定期租船合同的格式

定期租船合同，通常要求以书面形式订立。目前，国际上常用的定期租船合同范本主要有以下几种：

1. 波罗的海航运公会制定的《统一定期租船合同》(Uniform Time Charter)，租约代号"波尔的摩"(BALTIME)，此格式经过1909年、1911年、1912年、1920年、1939年、1950年和1974年的修订。目前适用的是1974年7月的格式。BALTIME由于是船东组织制定的，所以在很多条款上比较维护船东的利益。

2. 纽约土产交易所制定的《定期租船合同》(Time Charter)，租约代号"土产格式"(Produce Form)，此格式制订于1913年，航运界常称此格式为"NYPE"和"纽约格式"。到目前为止，该格式经历了1921年、1931年、1946年、1981年和1993年五次修订。现在普遍使用的是经1946年10月3日修订后的格式，即NYPE46，据业内人士估计，大约有90%的定期租船合同是以NYPE46为蓝本的。有人认为NYPE是承租人格式，但大多数人认为NYPE对承租人和船东双方的权利和义务是订得较为合理的，并没有偏袒任何一方。

3. 英国伦敦壳牌石油公司制订的液体货物定期租船合同(Shell Time)，代号为"SHELL FORM4"，现使用的是1984年版本。

4. 中国租船公司于1980年制订的《定期租船合同》(Time Charter Party)，租约代号"中租1980"(SINOTIME 1980)，此格式较多地维护承租人的利益。

(三)定期租船合同的主要内容

我国《海商法》第130条规定："定期租船合同的内容，包括出租人和承租人的名称、船名、船籍、船级、吨位、容积、船速、燃料消耗、航区、用途、租船期间、交船和还船的时间和地点以及条件、租金及其支付，以及其他有关事项。"苏联海商法、德国海商法和法国海商法也作了类似规定。下面按照我国《海商法》的规定作以说明。

1. 船舶的说明

(1)船名。这是合同的重要项目。如果出租人提供并非合同指明的船舶，即使是姐妹船，承租人也有权拒绝接受。如果指明的船舶在租期开始前或在租期内灭失，合同即告终止。

(2)船籍。船籍即船舶的国籍，也是重要项目。出租人在租期内未征得承租人同意，不得更换船旗。因为这种国籍的变更可能影响或者阻碍船舶的使用。

(3)船级。这也被视为重要项目。如果交船时的级别与合同订明的不一致，承租人有权拒绝接受。

(4)吨位、容积。船舶吨位包括载重吨、总吨、净登记吨。如果船舶的载重吨或容积与合同规定之间的差异并不太大时，承租人可以向出租人要求降低租金。如果合同规定的载重吨和容积冠以"大约"一词，那么允许有一定百分比的差异。如果船舶实际吨位或容积与合同规定存在巨大差异，承租人有权解约。

2. 航速与燃料消耗

在定期租船合同项下，船舶的时间损失由承租人负担，而且承租人须负责提供

船用燃料并支付费用，因而航速及燃油消耗量直接关系到承租人在船舶运营期间的成本和经济效益。船东有义务提供符合合同规定的航速与燃油消耗量的船舶。本条款的性质属于中间条款。如果船舶的实际航速远远低于合同中的规定航速，以至于使承租人丧失了他依赖于定期租船合同所期待的利益，承租人有权解除合同并向船东请求损害赔偿。如果航速只是略低于合同中规定的数值，对因此造成的时间损失，承租人只可向船东索赔。如果船舶实际燃油消耗量大于合同规定的数值，承租人可就因船舶多消耗燃料而造成的损失向船东索赔。

3.交船时间与违约条款

交船是指出租人按合同规定，将船舶交予承租人使用，这也是定期租船合同履行的开端。合同中一般规定到达交船的港口或地点，并按约定做好交船准备的期限。出租人未能按期将船舶交付给承租人时，承租人有权解除合同。当船舶预计将晚于解约日到达交船港时，出租人仍应命令船舶继续开往交船港，到港后由承租人决定接受船舶还是解除合同。如果出租人不能在交船期限交船，是由于其过失所致，承租人有权向出租人索赔因此遭受的损失，而不论承租人是否解除合同。反之，如果船舶的延误不是由于出租人的过失所致，即使承租人解除合同，也不能向出租人索赔因此而遭受的损失。

出租人交付的船舶应是经过谨慎处理之后适航的船舶。谨慎处理使船舶适航并非绝对的适航，谨慎处理是指出租人及他的雇佣人员在通常的情况下，以高度的谨慎和应有的注意保证船舶适航。

4.航行区域

定期租船合同一般列明承租人可以指示船舶前往的区域，有的还特别订明承租人不能指示前往的区域(战争区、冰冻区、与船旗国处于敌对状态的国家或地区)。为了避免日后发生纠纷，最好在合同中订明除外的地区或港口。如果承租人指示船舶前往除外地区或港口，除非事先征得船东同意并负担相关的费用，否则船长有权拒绝前往。

5.运送合法货物

定期租船合同对可装运货物的规定采用了一般原则加除外的方法，即原则上规定可装运“合法货物”，然后又以除外的方式列明不可装运的货物的种类、名称。凡属列明除外的货物，出租人或船长均有权拒装。即使是合同中允许装运的危险货物，承租人亦有义务事先告知其危险性质、成分和应注意预防的事项和急救措施，否则承租人将对由此而产生的后果负责。

6.租金的支付

在定期租船合同项下，承租人支付租金的义务是绝对的，承租人必须准时、足额支付租金。若承租人对此义务有任何轻微的触犯，则无论承租人有无过失，均可能导致船东撤船。租金的“准时”支付以“付到”为准，即按合同规定付到出租人手里或者付到出租人指定的收款银行和账户。在租期内不论租方是否实际使用船舶，甚至是遇到恶劣气候致使船舶不能开航，亦要支付租金。如果租方不按合同规定支付租金，船方有撤船的权利，并可对船上的运送货物行使留置权，但必须注意两个问题：一是船方如果接受了迟付的租金，则不能行使撤船的权利；二是如果船方行使了撤船权利，就不能再取得租金，但可以要求损害赔偿。

7.留置权

定期租船合同通常规定，承租人未向出租人支付租金或者合同约定的其他款项的，出租人对船舶所载承租人的货物和财产以及转租船的收入有留置权。留置权是契约性留置权，即留置权仅适用于合同双方当事人，对第三者无效。同时，它又是占有性留置权，即必须在占有的基础上才能行使留置权。而且留置的客体必须是对方合法拥有的财产，而不能是第三方的财产。

8.停租条款

所谓停租，是指在租期内，由于约定的原因，致使承租人不能按合同规定使用船舶，在这段停止使用期间，承租人可以停付租金。值得注意的是，停租不以船东或其雇员的过失或疏忽为前提条件，即只要出现了合同中约定的停租事件，则无论船东及其雇员有无过失或疏忽，船舶均应停租。

我国《海商法》中没有关于停租的规定，只是在该法第 133 条第 2 款中规定，船舶不符合约定的适航状态或者其他状态而不能正常营运连续满 24 小时的，对因此而损失的营运时间，承租人不付租金，但上述状态是由于承租人造成的除外。除合同另有规定，在停租期间，承租人仍应提供燃料等并支付费用。

9.转租

在整个租期的任何一段时间，承租人有转租该船的自由，但承租人对履行本租船合同仍负有义务。

10.还船

还船是指承租人按照合同规定，将船舶还给出租人。租期结束，承租人将船舶还给出租人时，除正常的自然磨损外，该船舶的状态应当具有出租人交船时同样的良好状态。通常是将完租验船报告与起租验船报告作比较，然后决定该船还船时的状态是否符合合同要求。船舶还船时的良好状态除船体结构、设备以外，还应包括货舱清洁。船舶在归还时如有损坏，承租人应当负责修复或予以赔偿，但出租人不能拒绝接收损坏的船舶。如遇船舶的损坏影响到适航要求，出租人可以在接船后立即进行修理。船舶的修理费和修船期间的损失由承租人负责赔偿。

11.共同海损

定期租船合同一般订有共同海损条款。目前，国际航运界适用较多的是 1974 年约克·安特卫普规则。“波尔的摩”格式规定，共同海损根据 1974 年约克·安特卫普规则进行理算。租金不分摊共同海损。

12.仲裁条款

定期租船合同均订有仲裁条款，以避免日后发生纠纷难以处理。

13. 特殊条款

(1)互有过失船舶碰撞条款。定期租船合同一般都订有该条款。美国法院曾判决该条款无效,但定期租船合同仲裁条款规定的仲裁地点有可能是不受美国判例影响的其他地方,因此,出租人互保协会通常要求出租人在定期租船合同中订入该条款。

(2)新杰森条款。新杰森条款是针对美国有关共同海损分摊所实施的不同法律而制定的。租船合同和提单通常都有此条款。如果租船合同中无此规定,船东根据美国法律不能向提单持有人索取共同海损分摊费用时,可以根据"雇佣和赔偿条款"要求承租人给予赔偿;此外,船东互保协会有可能对船东不承担由此产生的扩大部分损失。

(3)救助报酬条款。根据 1989 年《国际救助公约》的规定,船长必须尽力救助海上人命,这是一项法定的义务。船舶对遇难船舶进行救助,出租人不构成违约,承租人也不能停付租金。因救助所占用的时间,承租人仍要支付租金。为了明确承租人可分享救助报酬的权利,合同一般都作出规定。

三、光船租船合同

(一)光船租船合同的概念及特征

光船租船合同,亦称光船租赁合同,是指船舶出租人向承租人提供不配备船员的船舶,在约定的期间内由承租人占有、使用和营运,并向出租人支付租金的合同。光船租船合同与定期租船合同一样按租用船舶时间的长短来计算租金,但又不同于定期租船合同,它有其自己的特征:

1. 出租人只负责提供船舶本身,租船期间船长、船员由承租人雇佣并支付工资,船用燃料、物料、给养等也都由承租人提供并承担费用。

2. 光船租赁期间船舶的占有权和使用权转移给承租人,但船舶的处分权仍然属于出租人。

3. 光船租赁权的设定、转移和消灭,应当向船舶登记机关登记,未经登记的,不得对抗第三人。光船租船合同纯粹是一种财产租赁合同。光船租船的标的物仅局限于船舶这一特定物体,因而它属于海商法的调整范围。同时,又因它属于财产租赁合同受制于民法中有关财产租赁规定的约束。

(二)光船租船合同的格式

光船租船合同一般采用书面形式订立。和定期租船合同一样,光船租船合同双方当事人在选定的合同格式基础上对此格式加以修改、补充后达成。

目前,国际航运界使用较为广泛的光船租船格式是波罗的海航运公会制定的

“标准光船租船合同”(Standard Bareboat Charter),租约代号“贝尔康 89”(BARECON)。贝尔康主要有三部分内容:第一部分为“格式”;第二部分为“具体条款”;第三部分主要用于通过抵押提供资金的新造船舶租用购买协议,三部分内容供当事人选择使用。

(三)光船租船合同的主要内容

1.有关船舶的说明。包括船名、船籍、船级、吨位、容积、航行区域、船舶用途、租船期限、船舶检验等。船舶检验是指交船时由船舶检验部门对船舶进行的检验并作出检验报告,作为交船时船舶状态的证明,同时还用于还船时船舶状态的证明。出租人对船舶在租期内的状态有权随时进行检验。

2.交船。光船租船合同的出租人在交付船舶时,除合同规定的船舶必须处于适航的状态外,与定期租船合同不同,还应向承租人交还船舶有关证书。

3.船舶的保养与维修。在光船租赁期间,承租人负责船舶的保养与维修。

4.船舶保险。承租人在光船租船期间,应当按照合同约定的船舶价值,以出租人同意的保险方式为船舶进行保险,并负担保险费用。

5.合理使用。承租人应当按照约定的用途合理、合法地使用租赁的船舶。承租人在光船租船期间转让合同的权利和义务,或者以光船租船方式转租船舶,或对船舶设定抵押权,都须事先征得出租人的书面同意。否则,出租人有权根据合同收回船舶并有权向承租人提出索赔。

6.租金支付。承租人应当按照合同约定支付租金,逾期支付租金连续超过 7 天的,出租人有权解除合同并要求损害赔偿。船舶发生失踪或灭失的,租金自船舶灭失或得知其最后消息之日起停止支付,预付租金按比例退还。

7.光船租购。光船租购是光船租船的一种特殊形式。光船租购条款实际上是一种分期付款购买船舶的协议。这是一种普遍的船舶光船租赁融资的方式。光船租购合同的主要目的是船舶买卖,光船租船只是一种途径。这种合同具有光船租船合同和船舶买卖合同的双重性质,出租人是船舶出卖人,承租人是船舶的买受人。

8.其他有关条款。除上述条款外,光船租船合同还订有留置权、救助报酬、共同海损、提单、船舶征用、战争、法律与仲裁等条款。

第三节　海上拖航合同

一、海上拖航合同的概念与特征

海上拖航合同，又称海上拖带合同，是指承托方用拖轮将被拖物经海路从一地拖至另一地，而由被拖方支付拖航费的合同。承拖方是指用自己所有或租用的拖轮的动力或设备设施为他人提供海上拖航服务并收取拖航费的人。被拖方是指需要承拖方提供拖航服务并支付拖航费的被拖物体的所有者或其他关系人。海上拖航合同具有以下法律特征：

1. 合同当事人为承拖方和被拖方。海上拖航合同作为一种独立的合同法律关系，是由承拖方和被拖方建立起来的，双方相互对对方行使权利，承担义务。

2. 海上拖航合同是双务、有偿、诺成、非要式合同。海上拖航合同是双务有偿合同，合同的订立不需要特定法律形式和手续，是一种诺成、非要式合同。

二、海上拖航合同的订立与解除

（一）海上拖航合同的订立

海上拖航合同通常由承托方和被拖方双方当事人就拖航事宜主要条件达成一致即告成立，一般而言在各国的法律中，拖航合同为非要式合同，但根据我国海商法的规定，海上拖航合同的订立必须采取书面形式。

（二）海上拖航合同的解除

海上拖航合同的解除有以下两种情况：

1. 起拖前解除。在起拖前，因不可抗力或不能归责于双方的原因致使合同不能履行，当事双方均可以解除合同。在此种情况下，由于不存在当事方的过失问题，因而互相之间不负赔偿责任。如果合同中没有另外约定，拖航费已经支付的，承拖方应该将其退还给被拖方。

2. 起拖后解除。起拖后，因不可抗力或其他不能归责于双方的原因致使合同不能继续履行的，双方也同样可以解除合同，并且互相不负赔偿责任。即使在没有解除合同的情况下，如果在途中因为前述原因致使被拖物不能拖至目的地的，承拖方可以在目的地的邻近地点或拖轮船长选定的安全地点，将被拖物移交给被拖方或其代理人，并且视为已经履行了合同。

三、海上拖航合同的主要内容

海上拖航合同的内容,主要包括承拖方和被拖方的名称和住所、拖轮和被拖物的名称和主要尺寸、拖轮马力、起拖地和目的地、起拖日期、拖航费及其支付方式,以及其他有关事项。除上述规定的事项,通常合同中还包括以下条款;拖轮的适航与适拖、被拖物的适拖、安全港口保证、留置权、绕航、救助、滞期费、共同海损、责任与免除、合同的解除、索赔及程序、法律适用等。

四、海上拖航合同当事人的权利与义务

(一)承拖方的权利与义务

1. 承拖方的义务

(1)按合同约定提供拖船并使之适航、适拖。所谓按合同约定提供拖船,其含义是:如果合同中未就替代拖船作出约定,则承拖方只能向被拖方提供合同中所约定的拖船,未经被拖方同意,不得以其他拖船替代。承拖方所提供的拖船须满足两个条件:首先,要使拖船适于航行。具体地讲,必须使拖船在整体强度上能够抵御航次中通常出现的或能够合理预见的风险;必须妥善地为拖船装备航海所必要的设备或文件;必须适当地为拖轮配备船员;必须为拖船配备必要的供应品。其次,要使船舶适于拖带被拖物。为了履行合同所规定的拖带义务,承拖方必须为拖船装备拖航作业所需要的索具和相关设备,并在约定的时间和地点,使拖船做好适拖准备。

(2)负责拖航作业的指挥。拖航作业的指挥一般由承拖方行使。承拖方应负责拖船与被拖物之间的接拖和解脱,保证拖航安全。在拖航过程中,如果被拖物和拖船松脱,拖船对被拖物应负守护和救助之责,并且不得请求救助报酬,除非此种守护和救助超出了合同规定的范围。

(3)尽速遣航。所谓尽速遣航是指承拖方应按合同约定的航线或习惯上的航线或地理上的航线,将被拖物尽快地、安全地从起拖地拖至目的地,在此期间,不应产生不合理的延误或不合理绕航

2. 承拖方的权利

(1)拖航费请求权。即承托方有权按合同约定的费率收取拖航费。

(2)留置权。当被拖方未按合同约定支付拖航费和其他合理费用的,承拖方有权留置处在其占有下的被拖物。

(3)免责权。在一般情况下,承拖方违反拖航合同造成被拖方损失时,应负赔偿责任。但是,当承拖方造成被拖方的损失符合法定的或约定的减免责任事由时,

承拖方享有减免赔偿责任的权利。我国海商法规定，承拖方证明被拖方的损失是下列原因造成的，并且海上拖航合同又没有约定或没有不同的约定，承拖方不负赔偿责任：拖轮船长、船员、引航员或者承拖方的其他受雇人、代理人在驾驶拖轮或管理拖轮中的过失；拖轮在海上救助或企图救助人命或财产时的过失。

（二）被拖方的权利与义务

1.被拖方的义务

（1）保证被拖物处于适拖状况并交付。被拖方在起拖前或起拖时，应做好被拖物的拖航准备，谨慎处理，使被拖物处于适拖状态，并向承拖方如实说明被拖物的情况，提供有关检验机构签发的被拖物的适合拖航的证书和有关文件，向承拖方交付被拖物。在保险人或承拖人的要求下，应在被拖物上配备适当的船员或其他人员及其供应品。如被拖物不适拖，承拖方可拒绝拖航。

（2）服从承拖方船长的指挥。在拖航过程中，被拖物上被拖方的船员或其他人员应采取合理措施，积极配合拖轮的航行。当拖航作业由承拖方指挥时，这些人员应听从拖轮船长的指挥，并随时将被拖物的情况报告给拖轮船长。

（3）支付拖航费和其他费用。被拖方应按合同所规定的时间、地点、方式和费率，向承拖方支付拖航费及其他费用。所谓其他费用是指按合同规定应由被拖方支付的费用，例如被拖物的港务费、引航费、代理费、运河通行费、保险费、为拖带被拖物而雇佣拖船所发生的辅助拖轮服务费，为避免在拖带过程中碰撞第三方而进行投保所支付的第三方责任保险费以及其他相关费用，均应由被拖方支付。

（4）接受被拖物。在拖航作业完成后或发生合同所约定的情况因而须在途中某一安全地点交付被拖物时，被拖方应及时接受被拖物，否则，应按合同规定的费率支付滞期费，并赔偿因此而给承拖方所造成的损失。当然，如果被拖方是因恶劣天气或其他可免责的原因所致，被拖方也可免付滞期费用并免予赔偿由此所造成的损失。

2.被拖方的权利

（1）预付拖航费返还请求权。在起拖前因不可抗力或其他不能归责于承拖方和被拖方的原因致海上拖航合同解除，除合同另有约定外，被拖方有权要求承拖方返还已预付的拖航费。

（2）被拖航权。被拖方有权要求承拖方按合同约定的拖航条件提供拖航服务，完成拖航作业，并将被拖物在目的地交付。除不可抗力和其他不能归责于双方的原因外，承拖方未完成拖航作业的，被拖方有权拒付拖航费。当承拖方没有谨慎处理使拖轮适航、适拖，拖轮船长和船员的拖航技术达不到一般拖航要求，或非不可抗力或其他法定的情形，致使承拖方不履行拖航义务而终止合同时，被拖方有权要求承拖方承担责任。

五、海上拖航中的损害赔偿责任

在海上拖航作业过程中时常发生人身伤亡和财产损失。这类损害可能发生在承拖方予被拖方之间，也可能发生在第三人身上，因而形成两种类型的损害赔偿责任，即承拖方与被拖方之间的损害赔偿责任，承托方与被拖方对第三人的损害赔偿责任。

（一）承拖方与被拖方之间的损害赔偿责任

当拖航合同中没有上述关于责任划分的条款时，应当按照各国法律的规定来确定，通常有指挥原则和过失原则两种划分方法。

指挥原则，是指由负责指挥拖航作业的一方承担损害赔偿责任。指挥拖航作业的可以是承拖方，也可以是被拖方。负责指挥的一方如能证明本人或其受雇人员对损害的发生没有过错，则可以不负赔偿责任，但应当承担举证责任。

过失原则，指对于被拖方或承拖方在海上拖航过程中遭受的损害以过失为基础来确定损害赔偿责任的归属。《海商法》第 162 条规定，在海上拖航过程中，承拖方或者被拖方遭受的损失，由一方的过失造成的，有过失的一方应当负赔偿责任；由双方过失造成的，各方按照过失程度的比例负赔偿责任。

（二）承拖方、被拖方与第三方之间的损害赔偿责任

如果在海上拖航过程中造成第三者的损害，例如，拖轮或被拖物碰撞他船，造成他船的损害，承拖方和被拖方的赔偿责任按侵权行为的责任原则确定。我国《海商法》第 163 条规定，在海上拖航过程中，由于承拖方或被拖方的过失，造成第三人人身伤亡或者财产损失的，承拖方和被拖方对第三人负连带责任。

司法考试真题链接

1. 依照我国《海商法》的规定，下列哪项是正确的？（2006 年司法考试真题）

A. 承运人对集装箱装运的货物的责任期间是从货物装上船起至卸下船止

B. 上海至广州的货物运输应当适用海商法

C. 天津至韩国釜山的货物运输应当适用海商法

D. 海商法与民法规定不同时，适用民法的规定

2. 甲公司委托乙海运公司运送一批食品和一台大型设备到欧洲，并约定设备可装载于舱面。甲公司要求乙海运公司即日起航，乙海运公司告知：可以起航，但来不及进行适航检查。随即便起航出海。乙海运公司应对本次航行中产生的哪一

项损失承担责任？（2005 年司法考试真题）

A. 因遭受暴风雨致使装载于舱面的大型设备跌落大海

B. 因途中救助人命耽误了航行，迟延交货致使甲公司受损

C. 海运公司的工作人员在卸载货物时因操作不慎，使两箱食品落水

D. 因船舱螺丝松动，在遭遇暴风雨时货舱进水淹没了 2/3 的食品

3. A 公司委托 B 海运公司运送一批货物，B 公司在责任期间对下列哪些损失无须承担赔偿责任？（2004 年司法考试真题）

A. 因 B 公司过失迟延交货而造成 A 公司在商业上的经济损失

B. 因船长在驾驶船舶中的过失致使货物损坏

C. 船舶在正常航线上发生意外致使货物灭失

D. 船舶航行中为救助他船而使货物部分损毁

第二十九章 海上事故

【引 例】

1996年5月23日,中国籍船舶“致远”轮满载木材,从非洲驶往厦门港,于6月11日到达印度洋洋面。上午10时左右,装运在甲板上的木材部分突然起火,火势逐渐蔓延,船长立即下令浇水灭火,但火势凶猛,装运在甲板上的未燃木材也有随时着火的危险。如果未燃的木材也起火,后果不堪设想。为了防止火势进一步蔓延,船长又下令将甲板上未燃的木材都抛入海中,这样使险情得以缓解。又经过船员全力扑救,10时30分左右,大火被扑灭。装运于甲板上的木材全部遭损,装运于船舱内的木材也有一部分因水湿变形而受损。船舶到达厦门港后,船长宣布了共同海损。

第一节 船舶碰撞

一、船舶碰撞的概念与成立要件

(一)船舶碰撞的概念

船舶碰撞是指船舶在海上或者与海相通的可航水域发生接触,致使有关船舶或船上人身、财物遭受损失的事故。这里使用的“船舶”一词,是指海商法意义上的船舶。

(二)船舶碰撞的成立要件

我国《海商法》第165条将船舶碰撞定义为:“船舶在海上或者与海相通的可航水域发生接触造成损害的事故。前款所指船舶,包括与本法第三条所指船舶的任何其他非用于军事的或者政府公务的船艇。”据此,我国海商法规定的船舶碰撞构成要件有如下几方面:

1. 碰撞必须发生在海上或其他与海相通的可航水域。“与海相通的可航水域”

是指可供 20 总吨位以上海船自由航行的通海水域。

2. 碰撞双方均为船舶。因此排除了船舶和非船舶、非船舶间的碰撞，排除了军事船舶、政府公务船舶和其他船舶的碰撞，同时还排除了 20 总吨以下小型船艇间的碰撞以及内河船舶间的碰撞。

3. 碰撞既包括直接碰撞，也包括间接碰撞。我国《海商法》第 170 条规定："船舶因操纵不当或者不遵守航行规章，虽然实际上没有同其他船舶发生碰撞，但是使其他船舶以及船上的人员，或者其他财产遭受损失的，适用本章的规定。"故间接碰撞也比照船舶碰撞处理，但它以过失为前提，即因操纵不当或违反航行规章导致碰撞。

4. 碰撞须有损害结果。船舶碰撞没有造成船舶及船上人员、货物或者其他财产损失的，不构成船舶碰撞。

二、船舶碰撞的责任及赔偿

（一）船舶碰撞的归责原则

船舶碰撞，实行过错责任原则，具体归责如下：(1)船舶发生碰撞，是由于不可抗力或者其他不能归责于任何一方的原因或者无法查明的原因造成的，碰撞各方相互不负赔偿责任。(2)船舶发生碰撞，是由一方的过失造成的，由有过失的船舶负赔偿责任。(3)船舶发生碰撞，碰撞的船舶互有过失的，各船按照过失程度的比例负赔偿责任；过失的程度相当或者过失程度的比例无法判定的，平均负赔偿责任。

有过失的船舶，对碰撞造成的船舶以及船上的货物和其他财产的损失，依过失程度的比例负赔偿责任。碰撞造成第三人财产损失的，各船的赔偿责任均不超过其应当承担的比例。互有过失的船舶，对造成的第三人的人身伤亡，负连带赔偿责任。一船连带支付的赔偿超过本条第一款规定的比例的，有权向其他有过失的船舶追偿。

（二）船舶碰撞的损害赔偿原则

船舶碰撞损害赔偿遵循民事侵权赔偿的一般原则，但又有其自身的特点。具体而言，包括以下几方面：

1. 恢复原状原则。恢复原状，本意是恢复到原来的状况，是指加害人通过赔偿使受害人的财产或经济地位尽可能恢复到没有遭受损害而本应具有的财产或经济地位。该原则体现在相关国际条约中，是各国处理民事侵权责任的基本原则。根据《碰撞损害赔偿规定》，赔偿应尽量达到恢复原状，不能恢复原状的折价赔偿。但是碰撞造成的人身伤亡不适用该原则。

2.直接损失赔偿原则。最高人民法院发布的《关于审理船舶碰撞和触碰案件财产损害赔偿的规定》(以下简称《碰撞损害赔偿规定》)规定了直接损失赔偿原则,并明确了直接损失的范围。根据直接损失赔偿原则,受害方只能追偿碰撞造成的立即的直接损害,包括可以合理预见的损失。

3.受害方应尽力减少损失原则。根据受害方应尽力减少损失原则,当受害人遭受损害时,应就当时的情况采取力所能及的措施以减轻原有的损害或避免新的损害,即使受害人在受到严重损害后,受害方也有此义务。因此,当船舶碰撞发生后,受害船舶应尽力采取合理措施,将损失控制在最小范围内。

4.责任限制原则。海事索赔责任限制原则是海商法所特有的并区别于民事损害赔偿的一般原则,是全部赔偿原则的例外。在船舶碰撞中,除非船舶碰撞是由责任人故意或者明知可能造成损失而轻率地作为或不作为所致,只要符合责任限制的规定,船舶侵害方即可依法限制其责任,在法定的限额内对外承担赔偿责任,以维护其自身利益。海事索赔责任限制制度是海商法的基本制度,同样适用于因船舶碰撞造成的人身或财产损害赔偿。

(三)船舶碰撞损害赔偿范围

船舶碰撞损害赔偿的范围不仅包括船舶本身的损失,还包括船载货物的损失以及船上旅客和船员人身伤亡损害。船舶损失包括全损和部分损失,两者具体的赔偿或补救方式亦有差异。

1.船舶的损失

(1)船舶全损。船舶全损分为实际全损与推定全损两种情况。船舶发生全损后其赔偿范围包括船舶价值损失、合理的船期损失、船员工资和遣返费以及其他合理费用。在确定船舶价值时,应以船舶灭失之日为准,而且受害方支付的船舶保险费不应计入船舶价值以内,确定船舶价值公认的习惯做法通常为采用船舶灭失的市场价。在“自由、公开”的市场上没有这类船舶的价格时,可以选择“重置成本扣除折旧”的计算方法。合理的船期损失是指船舶遭到全损后,受害方在未找到替代船舶之前因丧失船舶使用、收益权而遭受的损失,但该项损失应以找到替代船所需的合理时间为限。在我国,这个合理期限最长不超过2个月。对于船员工资和遣返费用,根据1925年《国际劳工公约》规定,船员因船舶失事或灭失而被解雇时,船员对解雇期间的工资享有权利,期限为2个月,除非船舶所有人证明该船员能够马上获得适当雇佣。这一原则已为各国所普遍接受。此外,如果船舶碰撞发生在国外,还会发生将船员遣返回国的遣返费。上述两笔费用均可以由受害方索赔。

船舶价值的利息从碰撞之日起算,直至赔付之日终止。如果船舶所有人索赔了运费损失,则利息从运费损失终止计算之日起算,因为索赔运费损失已意味着船舶所有人对无法利用船舶价值的损失进行了索赔。对运费利息的计算,从运费应支付之日起,至实际赔付之日止;支付给第三人的费用,从实际垫付之日起,至实际

获偿为止。

(2)船舶推定全损。推定全损是指船舶实际全损已无法避免,或者虽然未达到全损,但其恢复、修理、救助的费用将超过船舶价值。船舶推定全损的损失计算方法与实际全损时相似,但亦有若干特别的费用。比如,在确定船舶是否推定全损之前,船舶所有人往往会打捞、检验该船,由此产生的打捞费、检验费亦可索赔。

(3)船舶部分损失。在船舶部分损失的情况下,赔偿范围包括三部分:修理费、辅助费及维持费;支付第三方的费用;合理的船期损失。

修理费包括临时修理费和永久修理费;辅助费是指为进行修理而产生的合理费用,包括必要的进坞费、港口费、检验费、住坞费、清仓除气费等;维持费用是指在船舶修理期间,船舶和船员日常消耗的费用,包括燃料、物料、淡水及代用品的消耗和船员工资等。支付第三人的费用主要包括救助费用、拖船费用、打捞费用、赔偿人身伤亡或个人财产的损失以及杂费等。合理的船期损失是指在船舶修理期间,由于船舶所有人不能正常使用该船而遭受的损失。

2. 货物损失

对船载货物的损失,也因全损或部分损失而致其损害赔偿方式不同。若船载货物发生全部损失,过失方应按货物处于完好状态下到达目的港的市价赔偿货方的损失。若没有市价,可按起运地货物的成本加运费为标准来确定过失方的损害赔偿额。若货物为部分损失,则按目的地的完好价格减去受损后的价格余额作为过失方的赔偿额。根据《碰撞损害赔偿规定》第 9 条规定,货物灭失时,应按其实际价值,即以货物装船时的价值加运费加请求人已支付的货物保险费计算,扣除可节省的费用;货物损坏时,以修复所需的费用,或以货物的实际价值扣除残值和可节省的费用计算。在受害船舶为渔船时,船上捕捞的鱼货价值应参照事故发生时的当地市价,扣除可节省的费用;网具的价值,应按原购置价或造价扣除折旧费用和残值计算。

3. 人身伤亡损失

人身伤亡分为人身伤害和人身死亡两种情况。船舶碰撞中责任方应承担的人身伤亡赔偿责任,主要取决于审理案件时适用的准据法以及有关雇佣契约。根据我国最高人民法院于 1992 年 5 月 16 日公布的《关于审理涉外海上人身伤亡案件损害赔偿的具体规定》,人身伤亡的赔偿范围如下:在伤残赔偿时,赔偿范围包括收入损失、医疗护理费、安抚费及其他必要的费用。需要注意的是,安抚费是指对伤残者的精神损失给予补偿,可按伤势轻重、伤痛情况、残废程度,并考虑年龄、职业等因素作一次性赔付。安抚费实际上具有精神赔偿金的性质。

在死亡赔偿时,赔偿范围包括收入损失、医疗护理费、安抚费、丧葬费(以死者生前 6 个月的收入总额为限)以及其他必要费用。其中收入损失的计算公式为:收入损失=(年收入－年个人生活费)×死亡时起至退休的年数＋退休收入×10。该规定同时限定海上伤亡赔偿的最高限额为每人 80 万元人民币。

三、关于船舶碰撞的国际公约

目前适用于处理因船舶碰撞而发生的法律问题的国际公约主要有以下四部：《1910年统一船舶碰撞若干法律规定的国际公约》(以下简称《1910年碰撞公约》)、《1952年船舶碰撞中民事管辖权方面若干规定的国际公约》(以下简称《民事管辖权公约》)、《1952年统一船舶碰撞或其他航行事故中刑事管辖权方面若干规定的国际公约》(以下简称《刑事管辖权公约》)，以及《1972年国际避碰规则》(以下简称《避碰规则》)。

(一)《1910年碰撞公约》

该公约适用于海船之间、海船与内河船之间在任何水域发生的碰撞，不适用于军事船艇和专门用于公务的政府船舶。

对船舶碰撞责任与损害赔偿承担，公约作如下规定：(1)无过失碰撞责任。船舶碰撞的发生是由于意外或不可抗力或不明原因造成的，其损害应由遭受损害者承担。(2)单方过失碰撞责任。碰撞是由于一船的过失所引起的，损害赔偿的责任应由该过失船舶承担。(3)多方过失碰撞责任。两艘或两艘以上的船舶互有过失，各船应按其所犯过失的程度，按比例分担责任。不能确定各船所犯过失的程度，或者过失程度相等，应平均分担。船舶对财产的损害，由过失船舶按上述比例承担。对于人身伤亡的损害，各过失船舶对第三人负连带责任，但是一船所付出的人身伤亡赔偿超过其应承担的部分的，有权向其他过失船舶追偿。(4)引航员的过失责任。由于引航员的过失而发生碰撞，无论是服务性引航还是强制性引航，上述单方过失或多方过失责任均适用。(5)废除过失的法律推定。关于在碰撞责任方面的过失问题的一切法律推定均应废除。

两船发生碰撞后，本船及船上人命没有危险时，应尽力救助他船。如违反这一规定，应负刑事责任。公约还规定，船舶碰撞损害赔偿请求权的时效为2年，从事故发生之日起算。有关人身伤亡赔偿的追偿权，自给付全部赔偿金额之日起算。

(二)《民事管辖权公约》

根据《民事管辖权公约》的规定，海船与海船或海船与内河船舶发生的碰撞，原告只能向下述法院提出诉讼：被告经常居住地或营业所在地法院；扣押过失船舶或得依法扣押属于被告的任何其他船舶的扣押地法院，或提供担保金或其他担保地法院；碰撞发生于港口或内河水域的，则为碰撞发生地法院。值得注意的是，原告对上述有管辖权的法院享有选择权，但原告在未撤销已提起的诉讼之前，不得就同一事实对同一被告在另一管辖区域内提起诉讼。

此外，上述关于司法管辖权的规定，在任何情况下都不妨碍当事人双方通过协

议向其选择的法院就碰撞提起诉讼的权利。

公约还对反诉、共同诉讼、其他诉讼管辖权进行了规定。

(三)《刑事管辖权公约》

1952 年刑事管辖权公约,是 1952 年民事管辖权公约的配套公约。其主要内容有:(1)船舶在公海上发生碰撞或其他航行事故,以致船长或船上其他船员涉及刑事诉讼或纪律处分的案件,只能交由当事船的船旗国司法机关或行政机关处理,除船旗国有关当局外,任何其他国家的有关当局,无权扣押当事船,即使是为了调查。(2)一国有权对在其领海内因船舶碰撞或其他航海事故而发生的刑事案件采取措施,或对其本国人在他国船上的违法行为提出控告。(3)公约不适用于在港口或内河水域发生的碰撞或其他航行事故。

(四)《避碰规则》

《避碰规则》适用于在公海和连接公海而可供海船航行的一切水域中的一切船舶。其主要内容如下:

(1)船舶应当保持正规瞭望。(2)船舶应使用安全航速。(3)各类在航船舶和各种状态的船舶应当显示正确的号灯和号型。(4)在不同情况和状态下的船舶应正确使用声号和灯号。

第二节　海难救助

一、海难救助的概念和种类

海难救助又称海上救助,是指对遭遇海难的船舶、货物和客货运费的全部或部分,由外来力量对其进行救助的行为,而不论这种行为发生在任何水域。依据不同的标准,可以对海难救助作不同的分类。

(一)纯粹救助、合同救助和履行法定义务的救助

依有无救助义务及救助义务的性质,可将海难救助分为纯粹救助、合同救助和履行法定义务的救助。

纯粹救助,是指既无法定义务又无合同义务的救助人对遇难之船舶或财产实施救助的行为。若纯粹救助的标的为财产且救助已有效果,那么救助人可依其救助效果,向被救船舶、财产的所有人请求救助报酬,并且对获救的船舶或财产享有船舶优先权和留置权。

合同救助,是指救助人依据其与被救助人所达成的救助合同的规定所实施的

救助活动。合同救助一般在救助合同订立后进行,救助双方的权利义务依救助合同确定。在实践中,合同救助一般采取"无效果无报酬"的救助原则,只有在环境污染救助的情况下,才实行"无效果,也给予补偿"的原则。

履行法定义务的救助,是法律规定的特殊主体在特殊条件或情形下必须实施的救助,履行救助是该类主体的法定职责或义务。履行法定义务的救助主要有以下几种情况:法定的特殊公务人员如海军、海上防卫队、港区救火人员对其辖区内的遇难船舶、财产或人命的救助,船长对遇险的海上人命的救助。履行法定义务的救助一般不得请求救助报酬。

(二)对人救助和对物救助

依救助标的的性质,可将海难救助分为对人救助和对物救助。对物救助是以物为救助的标的的救助。对物之救助,各国法律和相关救助公约均规定,若救助有效果,则可取得报酬。对人救助是救助人对海上遇难之人实施的救助。许多国家的立法和国际公约规定,对人命救助的报酬采取相对肯定态度,即单纯救助海上人命时不得请求报酬,但是对人命及船舶或货物合并救助时,可以参与救助报酬的分配。

(三)自行救助与第三人救助

依救助人与被救助人的关系,可将海难救助分为自行救助与第三人救助。自行救助,是指船舶之船长和船员,在本船遭受海难时,依据雇佣合同的性质和法律的规定,对其工作的船舶、船载货物或人员施予的救助,因为自行救助是船长、船员正当履行职责的内在要求,除有特殊情况外,一般不得请求救助报酬。

第三人救助,是对他人的船舶、货物及其他人员施以的救助,除公务救助外,若救助取得效果,有权请求报酬。

二、海难救助的构成要件

海难救助必须符合以下条件:(1)须有合格的救助主体。海商法上的海难救助行为必须是来自于遇难船舶本身或其他财产所有人以外的外在力量。遇难船舶船员和其他财产所有人及其雇员的自救行为不构成海难救助。在我国,救助人可以是负有救助义务的人,也可以是不负有救助义务的人,可以是专门从事海难救助的专业救助人,也可以是从事故发生地偶然经过的船舶或飞机,甚至可以是同一船舶所有人的其他船舶。(2)救助标的必须是法律认可的。一般包括船舶和其他财产,军舰和政府公务船舶不构成海难救助关系的客体。(3)救助标的应当处于真实的危险之中。判断真实危险的标准一般包括:救助对象已进入危险状态,该种危险已不可避免,如不及时予以救助,则救助对象会遭受更大的损失。(4)救助一般必须

有效果。海难救助有效果是传统海商法上救助人获取救助报酬的法定条件。救助人救助报酬的多少通常依救助效果的大小确定。

三、海难救助合同

海难救助合同是指救助人与被救助人在救助开始前或进行中达成的由救助方对被救助方遇难的船舶或其他财产进行救助，而由被救助方支付救助报酬或救助费用的双务有偿合同。在现代各国海商法及相关国际公约中，海难救助合同关系仍是海难救助法律主要和基本的调整对象。

（一）海难救助合同的订立

依各国海商法和国际公约的规定，海难救助合同为诺成合同，只要救助方与被救助方关于救助的意思表示一致，合同即可成立。因此，作为被救方的船东自然可以与救助方订立救助合同，遇险船舶的船长或者船舶所有人有权代表船上财产所有人订立救助合同。

（二）海难救助合同的变更

海难救助合同一经成立便对双方当事人具有法律约束力，当事双方不得任意解除，也不得随意变更合同的内容。但在下列情况下，各国法律和相关国际公约均规定了相应的变更规则：(1)在胁迫或危险情况下签订的合同，合同条款显失公平；(2)根据合同支付的救助款项明显过高或者低于实际提供的救助服务。在上述情形下，合同一方当事人起诉或双方当事人协议仲裁的，受理争议的法院或仲裁机构可以判决或裁决变更救助合同。

（三）海难救助合同标准格式

救助一般发生在情势比较紧急的情况下，为了便于救助人与被救助人就救助合同快速达成一致，各国的有关航运组织均制定有自己的救助合同格式，其中使用最广泛的是英国的“劳氏救助合同格式”。

劳氏救助合同格式目前在世界上使用最广，已成国际惯例，对各国海事立法产生了重要影响。该合同格式首创于1891年，后经多次修订，其中1995年的版本成为各种救助合同中的最佳格式，其主要内容有：(1)由遇难船舶船长代表船舶、货物和运费所有人签订救助合同，船舶、货物、运费所有人有义务保证合同的执行；(2)采用“无效果，无报酬原则”，因救助报酬引起的争议，或因执行合同而发生的其他争议，应提交英国劳氏委员会仲裁；(3)救助方可合理地免费使用遇难船舶的某些设备，但不应使其遭受不必要的损坏；(4)如果双方没有明确约定，救助方将获救财产拖带至某一安全地点，就视为履行了救助义务；(5)救助工作结束后，救助方应立即或尽早通知劳氏委员会收取担保金，在收取担保金之前，救助方对获救财产享有留置权；(6)在救助油轮的场合，若救助方无过失，油轮所有人的责任保赔协会都应单独向救助方支付为此发生的合理费用和不超过该费用的15%的附加费；(7)救助合同的当事人，有权就合同内容及履行提交劳氏委员会仲裁，并以英国法为准据法；(8)若被救助方的财产损失是救助方过失造成的，救助方有权依英国法主张限制赔偿责任。

四、海难救助当事人的主要义务

在救助合同中，救助方负有义务，主要包括如下几个方面：(1)以应有的谨慎进行救助；(2)以应有的谨慎防止和减少对海洋环境的污染；(3)应当在必要时，合理地寻求其他救助人的援助；(4)接受被救助方合理的增加其他救助方的要求；(5)在安全地点如实移交获救财产。

而被救助方的义务则包括如下几项：(1)与救助方通力合作；(2)以应有的谨慎防止或者减少环境污染损害；(3)当获救的船舶或其他财产已经被送至安全地点时，及时接受救助方提出的合理的移交要求；(4)提供担保或支付救助款项。

五、海难救助款项

海难救助款项，是指被救助方依照法律规定或者合同约定，应当向救助方支付的任何救助报酬、酬金和补偿金。

(一)海难救助报酬

1.确定救助报酬应考虑的因素

根据各国国内法和相关国际公约，确定救助报酬，应当体现对救助作业的鼓励，并综合考虑下列各项因素：(1)船舶或其他财产获救的价值；(2)救助方在防止或者减少环境污染损害方面的技能和努力；(3)救助方的救助成效；(4)危险的性质和程度；(5)救助方在救助船舶、其他财产和人命方面的技能和努力；(6)救助方所用的时间、支出的费用和遭受的损失；(7)救助方或者救助设备所冒的责任风险和其他风险；(8)救助方提供服务的及时性；(9)用于救助作业的船舶和其他设备的可用性和使用情况；(10)救助设备的备用状况、效能和设备的价值。

但无论如何，救助报酬不得超过船舶和其他财产的获救价值，即获救后的估计价值或实际出卖的收入，扣除有关税款和海关、检疫、检验费用以及进行卸载、保管、估价、出卖而产生的费用后的价值。由于救助人的过失致使救助作业成为必需或者更加困难的，或者救助方有欺诈或者其他不诚实行为的，应当取消或者减少向救助方支付的救助款项。

2. 救助报酬的承担与分配

救助报酬应该由获救的船舶和其他财产的各所有人，按照船舶和其他财产各自的获救价值占全部获救价值的比例承担，各方之间不负连带责任。

参加同一救助作业的各救助方的救助报酬，应当根据法律规定确定救助报酬应考虑的各项因素，由各方协商确定。协商不成的，可以提请受理争议的法院判决或者经各方协议提请仲裁机构裁决。

在救助作业中救助人命的救助方，对获救人员不得请求酬金，但有权从救助船舶或者其他财产、防止或者减少环境污染损害的救助方获得的救助款项中，获得合理的份额。

（二）特别补偿

特别补偿制度是随着现代海难救助作业的发展，为鼓励救助人从事防止和减少海上环境污染损害的救助而产生的一项新型法律制度，是相对于"无效果、无报酬"原则的一种特殊制度。

1. 特殊补偿权的构成要件。特殊补偿权是指救助人对构成环境污染损害危险的船舶或船上货物进行救助，无论成功与否，均依法享有从船舶所有人处获取特别补偿的权利。依《海商法》和 1989 年《国际救助公约》，救助人必须符合两个条件才能够获取特别补偿：(1)救助方须有救助行为；(2)依无效果无报酬原则未取得相当于特别补偿金额的救助报酬。

2. 特别补偿金额的确定与支付。当救助人对构成环境污染损害危险的船舶或船上货物进行救助，但未取得效果时，可以获得相当于救助费用的特别补偿金额；当救助人对构成环境污染损害危险的船舶或船上货物进行救助，并取得效果时，救助方应获取的特别补偿的金额可以另行增加，增加的幅度一般可至救助费用的 30％，最高为救助费用的 100％。

在任何情况下，特别补偿，只有在超过救助方依法能够获得的救助报酬时，方可支付，支付金额为特别补偿超过报酬的差额部分。

3. 特别补偿的承担者。特别补偿的承担者为船舶所有人，即使对环境构成污染损害的只是船上的货物，而不是船舶本身，亦由船舶所有人承担特别补偿的支付义务，但在船舶所有人承担支付特别补偿的责任后，有权对货物所有人进行全部追偿。船舶与船上货物共同对环境构成污染损害的，先由船舶所有人支付全部的特别补偿金额，再向货物所有人追偿超过其应承担的部分。

（三）救助款项的担保与先行支付

被救助方在救助作业结束后，应当根据救助方的要求，对救助款项提供满意的担保。在载货船舶被救助的情况下，船舶和货物都属于被救助的对象。由于货物是在船舶所有人的直接控制下，因此，获救船舶的所有人应当在获救的货物交还前，尽力使货物的所有人对其应当承担的救助款项提供满意的担保。在未根据救助人的要求对获救的财产提供满意的担保以前，未经救助方同意，不得将获救财产从救助作业完成后最初到达的港口或者地点移走。

受理救助款项请求的法院或者仲裁机构，根据具体情况，在合理的条件下，可以裁定或者裁决被救助方向救助方先行支付适当的金额。被救助方先行支付后，其应提供的担保金额应当相应扣减。

六、有关海难救助的国际公约

关于海难救助的国际公约主要包括《1910 年救助公约》和《1989 年国际救助公约》。

（一）《1910 年救助公约》

《1910 年救助公约》由国际海事委员会倡导和制定，1910 年在布鲁塞尔召开的第 3 届海洋法会议上签订，1913 年 3 月 1 日生效。该公约不仅体现了海难救助的传统原则，而且在国际上统一了各国有关海难救助的法律和实践，因而获得了广泛的承认和接受。《1910 年救助公约》主要确定了以下原则：

1. 以人道主义救助人命原则。公约规定，对于海上遭受危险的人，即使是敌人，只要对其船舶、船员和旅客不致造成严重危险，每个船长必须施救。救助人命者对被救助人不得请求报酬，但国内法另有规定者除外。参与救助人命者可以参与因救助船舶、货物及其附属品可获报酬的公平分配。

2. "无效果，无报酬"原则。公约规定，救助无效果者无权要求任何报酬；救助行为有效果者有权获得公平的报酬。在任何情况下，报酬不得超过被救助财产的价值。

3. 救助合同的公平原则。公约规定，在危险期间，并在危险威胁下订立的任何救助合同，经当事人一方请求，如果法院认为合同条款不公平，可以认定合同无效，或变更合同。在任何情况下，如合同存在欺诈或隐瞒，或所付的报酬与救助效果相比，显然过多或过少，经利害关系人请求，法院可以认定合同无效，或变更该合同。

4. 救助报酬确定的原则。根据公约规定，救助报酬金额由当事人协议确定。协议不成，由法院确定。确定救助报酬时，应考虑救助效果、被救助财产的价值等因素。

《1910 年救助公约》不适用于军用船舶或专门用于公务的政府船舶。这给公约的适用带来了不便。于是，国际海事委员会于 1967 年通过了修正公约的议定书，将公约的适用范围扩大至军舰或属于国家或其部门所有、经营、租用的任何其他船舶，不论这些船舶是提供救助，还是接受救助。根据该公约，海难救助的诉讼时效为 2 年，从救助作业终止之日起计算。

(二)《1989年国际救助公约》

《1989年国际救助公约》是国际海事组织于1989年通过的,并于1996年7月14日起正式生效。我国于1995年加入该公约。与《1910年救助公约》相比,该公约对船舶、财产的概念和公约的适用范围等作出了较大的改动,对救助遇难船舶的报酬作出了新的规定,对防止水域污染的花费给予补偿,其中最引人注目的就是特别补偿条款,较1980年劳氏救助合约规定的救助报酬有所提高。承认了救助者在防治油污染方面所作的努力,从法律上维护了环境保护的利益。公约的主要内容有:

1. 公约的适用范围。公约适用于在可航水域或任何其他水域对船舶或任何其他海上财产进行的救助。这里的船舶是指任何船只、舰筏或任何能航行的构造物,亦即作为救助标的船舶不受形状、吨位和用途的限制,从而不限于海船或内河船舶。

2. 特别补偿条款。主要体现于公约第14条:(1)救助人如果救助了危及环境的船舶或货物,根据公约第13条规定获得的救助报酬低于救助人所花费用时,救助人有权获得由船舶所有人支付的相当于其他费用的特别补偿,即使救助不成功,或效果不明显,且未能防止或减少环境污染;(2)救助人的救助作业如果防止或减少了环境污染,船舶所有人向救助人支付的特别补偿可增加至救助费用的130%;(3)法院或仲裁机构如果认为公平合理,并考虑第13条第1款中所列的有关因素,还可将特别补偿增加至200%。

3. 公约增设的其他重要条款。(1)定义条款,公约对"救助作业"、"船舶"、"财产"、"环境损害"和"支付款项"等术语下了明确的定义;(2)救助当事人的义务条款;(3)评定救助报酬的标准条款;(4)船长有权代表财产所有人签订救助合同条款等。

第三节 共同海损

一、共同海损的概念与构成要件

(一)共同海损的概念

共同海损是指载货船舶在海上运输中,遭遇自然灾害、意外事故或其他特殊情况时,为了使船舶、货物免遭共同危险,有意地采取合理措施而引起的特殊牺牲或支出的额外费用,应由各受益方共同分摊损失的一种法律制度。

所谓自然灾害是指自然力造成的灾害,即我们通常讲的不可抗力或天灾给船舶、货物所造成的损坏，如恶劣气候、地震、海啸、流冰、雷电等。意外事故是指船舶在航行中遭遇突然的、外来的、意料之外的事故。如船舶搁浅、触礁、碰撞、机器失灵和火灾等。特殊情况既不是自然灾害，又不是意外事故，但它的出现又足以威胁船舶和货物的共同安全。如船舶在逆风中航行、燃料消耗完毕，若不及时补救，船舶将无法继续航行。

（二）共同海损的构成要件

根据公平原则，只有那些属于共同海损的损失才由受益各方分摊。因此，共同海损的构成必须具备一定的要件：

1. 船舶、货物和其他财产必须遭遇共同危险。即船舶、货物及该船所载其他财产应同时面临危险，若不及时采取措施，船舶和货物就有灭失或损坏的危险。这种危险必须是真实存在的，而不是主观臆测的。引例中船舶甲板上的部分木材突然起火，如不及时扑灭，将使船舶和货物遭受全部损失的危险，严重威胁着船舶和货物的安全，构成共同危险，而且这一危险是真实存在的。

2. 共同海损的措施必须是有意而合理的。所谓有意采取措施，指船长或船上其他有权负责船舶驾驶和管理的人员在主观上明知采取某种措施会导致船舶或货物的进一步损失，但是为了船货的共同安全，而故意采取行动。所谓合理，指措施本身的合理性和合理措施具有一定的限度。前者，船货遇险时，应依当时的具体情况，选择对解除危险有效、节约并能防止或者减少损失扩大的措施。后者，依遇险时的具体情况判断合理的限度，超过限度的措施就不应构成共同海损。措施合理与否也是相对的，如果综合考虑各种因素后选择的当时认为是行之有效的措施，具体实施过程中却未能获得预期效果，该措施也应被认为是合理的，由此产生的牺牲或费用可列入共同海损。引例中，船长命令将甲板上的未燃木材抛入海中，以防火势蔓延，同时浇水灭火，这些措施是有意、积极而合理的。也是有效的，火势得以控制并最终被扑灭，避免了船货全损。

3. 牺牲和费用的支出必须是特殊的。所谓特殊，是指由于共同危险，为了船货共同安全，船长或船上其他负责船舶驾驶和管理的人员采取措施所造成的牺牲、费用的支出或损失超出了正常范围之外的损失。如船舶搁浅，为使船舶得以脱浅，反复使用快进车、快倒车，以使船舶松动，最终得以脱浅。由于采取该措施而导致船舶主机的损害，应列入共同海损。如引例中，被抛入海中的未燃木材的损失以及因浇水灭火所造成的装运于船舱内的木材部分水湿变形受损，都是在发生火灾这一特定海损事故的情况下发生的，是特殊牺牲，并且是由这一海损事故直接造成的。

4. 共同海损措施必须有效果。采取共同海损措施的根本目的是保全船货和其他财产的安全，并由获救财产方即各受益方根据获救财产的价值分摊共同海损牺牲和费用。如果没有获救的财产，也就不存在分摊共同海损牺牲和费用的基础，采取共同海损措施后必须要有效果，如果采取措施后未能避免船货和其他财产的全

损,则不能构成共同海损。但这里所指的“效果”,并非要求财产全部获救,即使只有部分财产获救,也不影响共同海损的成立。如引例中的措施是有效的,火势得以控制并最终被扑灭,避免了船货全损。

(三)共同海损与单独海损的区别

海损就其损失的后果可分为单独海损和共同海损。单独海损是指因自然灾害、意外事故或驾驶人员等的航海过失直接造成的船舶或货物的损失。这部分损失不能要求航海中各利害关系人来分摊,只能由各受害方自行承担,或按运输合同的有关规定进行处理。

共同海损不同于单独海损:首先,损失的构成不同。单独海损一般是指货物本身的损失,不包括费用损失,而共同海损既包括货物损失,又包括因采取共同海损行为而引起的费用损失。其次,造成海损的原因不同。单独海损是海上风险直接导致的货物损失,而共同海损是为了解除或减轻船、货、运费三方共同危险而人为造成的损失。最后,损失的承担者不同。单独海损由受损方自行承担损失,而共同海损则由船、货、运费三方按获救财产价值大小的比例分摊。

二、共同海损牺牲和共同海损费用

共同海损的表现形式为共同海损牺牲和共同海损费用。

(一)共同海损牺牲

共同海损牺牲,是指由于共同海损措施直接造成的船舶或货物或其他财产在形态上的灭失或损坏,包括船舶、货物、运费及船舶所载其他财产的牺牲。

1.船舶牺牲

由于采取共同海损措施给船舶或船用物料造成的损失,通常有以下几种情况:

(1)扑灭船上火灾。船舶发生火灾,危及船货的共同安全,为了解除船货的共同危险而必须采取灭火措施,如喷水、灌水灭火或者使失火船舶搁浅等,该措施导致船舶遭受的损失,这一损失应列入共同海损。

(2)切除残损物。船舶上的某部分在船舶发生事故后已经损坏,但未离船,为了共同安全而切除这些残损部分所造成货物的损失或船舶的进一步破损,以及切除残损物引起的费用是共同海损。

(3)有意搁浅。为了解除船货的共同危险,船长有意将船舶驶往比较安全的浅滩而使之搁浅的措施而给船舶或货物造成的损失,应列入共同海损。

(4)船机的损失。在船舶搁浅并有危险的情况下,如经证明的确是为了共同安全,有意使机器、锅炉冒受损坏的危险而设法起浮船舶,由此造成任何机器和锅炉的损坏,应列入共同海损。但船舶在浮动状态下因使用推进机器和锅炉所造成的损失，在任何情况下不得作为共同海损受到补偿。

(5)属具、船用材料和物料的牺牲。在遭遇危险时，为了共同安全而卸下搁浅船舶的货物、船用燃料和物料时，其减载、租用驳船和重装(如果发生)的额外费用和由此造成共同航程中的财产的任何灭失或损坏，都应认作共同海损。

2. 货物牺牲

由于采取共同海损措施所引起船上所载货物的灭失或损害，主要有以下情况：

(1)抛弃货物。在船货遭遇共同危险的紧急情况下，将货物部分抛入海中以减轻船舶载重量，这部分货物应计入共同海损。

(2)货物的湿损。船舶遭遇意外事故后，在抢救船舶和货物过程中，货物被涌入或渗入货舱的海水浸湿，或在灭火过程中未被火烧的货物受到水湿而引起的损失等，均属共同海损牺牲。

(3)其他共同海损措施所引起的货物损失。船舶自动搁浅、切除残损货物、为修理船舶而将货物驳卸，在驳卸过程中部分货物落入水中受到的损失以及货物储存、搬运和重装等所引起的货物的牺牲和费用，均应列入共同海损。

3. 运费牺牲

运费是船方的收入，当运费是“到付”运费，也称待收运费或有风险的运费时，如果货物途中受到牺牲不能运到目的港，船方应收的运费也随之牺牲。如牺牲的货物被认作共同海损时，运费也应认作共同海损。

(二)共同海损费用

共同海损费用，是指为了解除船舶货物的共同危险而采取的措施所引起的额外费用。共同海损费用通常有在避难港等地发生的额外费用、救助费用和代替费用等。它与共同海损牺牲的区别在于：共同海损牺牲是船舶或货物本身的灭失和损坏，而共同海损费用与船舶和货物的实际损失无关。

1. 在避难港发生的额外费用。根据我国《海商法》第194条的规定，船舶因发生意外、牺牲或其他特殊情况而损坏时，为了安全完成本航程，驶入避难港、避难地点或者驶回装货港口、装货地点进行必要的修理，在该港口或地点额外停留期间所支付的港口费用，船员工资、给养，船舶所消耗的燃料、物料，为修理而卸载、储存、重装或者搬移船上货物、燃料、物料以及其他财产所造成的损失、支付的费用，应当列入共同海损。

2. 代替费用。代替费用是指当船舶遭受意外事故时，为了共同利益和安全，船方为节省原应列入共同海损的费用而支出的另一笔较小的额外费用。为代替可以列为共同海损的特殊费用而支出的额外费用，可以作为代替费用列入共同海损；但是，列入共同海损的代替费用的金额，不得超过被代替的共同海损的特殊费用。

3. 救助费用。船舶遭遇海难，若请求第三方进行救助，当救助成功后，救助方应获得救助报酬。如果救助的对象是船舶和货物，则各自合理支付的报酬可以列

入共同海损。即航程中各有关方所支付的救助费用，不论救助是否根据合同进行，都应列入共同海损，但以使在同一航程中的财产脱离危险而进行的救助为限。

三、共同海损理算

（一）共同海损理算的概念与原则

共同海损理算，是指共同海损事故发生后，采取合理措施所引起的共同海损牺牲和支付的共同海损费用，由全体受益方共同分摊。为此，需要确定作为共同海损受到补偿的牺牲和费用的项目及金额，应参加分摊的受益方及其分摊价值，各受益方的分摊额以及最后应付的金额和结算办法，编制理算书等。这一系列调查研究和审计核算工作，称为共同海损理算。

根据我国《海商法》第 203 条规定，在进行共同海损理算时，应遵循的原则是：(1)如果合同明确约定据以进行理算的理算规则时，则按该理算规则理算。(2)如果合同未作约定时，则适用我国《海商法》第十章的规定进行理算。该章的规定是非强制性的，对第十章未约定事项或规定不明确的，最好在合同中约定解决，我国《海商法》保护这种约定的效力。(3)如遇合同未作规定，海商法也无此规定时，则依照其他相关法律，特别应参照国际上通行惯例——《约克·安特卫普规则》来进行理算。

（二）共同海损理算人与共同海损理算程序

1. 共同海损理算人。海损理算人(Adjuster)是指专门从事共同海损理算的机构或人员(理算师)。我国进行海损理算的机构是中国国际贸易促进委员会海损理算处。凡是在运输合同中规定共同海损在中国理算的，均由该理算处进行理算。

目前，世界上主要的海运国家都设有海损理算机构，英国的海损理算机构在国际上影响最大，英国在世界许多国家和地区设有海损理算分支机构，因此，许多国家都愿意请英国的理算人进行共同海损理算。

2. 共同海损理算程序。进行共同海损理算，先由申请人提出委托，然后由理算人进行调查研究，确定哪些项目属于共同海损，哪些属于单独海损。在此基础上，确定共同海损损失的项目和金额；计算出各受益方应分摊的价值和分摊的金额；制定各受益方应收付的金额和结算办法；最后由理算人编制出共同海损理算书。

（三）共同海损理算的时间和地点

共同海损理算的时间和地点直接关系到各方当事人的经济利益，因此，各国海商法及有关法律对此都作了明确规定。1974 年《约克·安特卫普规则》规则 G 规定，共同海损损失和分摊的理算，应以航程终止的时间和地点的价值为基础。

(四)共同海损理算方法

1.共同海损牺牲金额的确定

共同海损牺牲金额是按照采取共同海损措施给船舶、货物或其他财产所直接造成的特殊牺牲和支付的特殊费用的总和来确定的。我国《海商法》第198条详细规定了船舶、货物和运费的共同海损牺牲金额的确定方法。

(1)船舶共同海损牺牲金额的确定。船舶的共同海损牺牲分部分损失和全损两种。部分损失时,按照实际支付的修理费、减除合理的以新换旧的扣减额计算。船舶尚未修理的,按照牺牲造成的合理贬值计算,但是不得超过估计的修理费。全损时,按照船舶在完好状态下的估计价值,减除不属于共同海损损坏的估计的修理费和该船舶受损后的价值的余额计算。

(2)货物共同海损牺牲金额的确定。货物共同海损牺牲的金额,货物灭失的,按照货物在装船时的价值保险费加运费,减除由于牺牲无须支付运费计算。货物损坏的,在就损坏程度达成协议前售出的,按照货物在装船时的价值加保险费加运费,与出售货物净得的差额计算。

(3)运费共同海损牺牲金额的确定。运费的共同海损牺牲的金额,按照货物遭受牺牲造成的运费的损失金额,减除为取得这笔运费本应支付,但是由于牺牲无须支付的营运费用计算。

2.共同海损分摊价值的确定

共同海损分摊价值,是指船舶、货物和运费的所有人,因共同海损措施而分别受益的价值与因遭受共同海损而获得补偿的财产金额的总和。

(1)船舶共同海损分摊价值。船舶共同海损分摊价值,按照船舶在航程终止时的完好价值,减除不属于共同海损的损失金额计算,或者按照船舶在航程终止时的实际价值,加上共同海损牺牲的金额计算。

(2)货物共同海损分摊价值。货物共同海损分摊价值,按照货物在装船时的价值加保险费加运费,减除不属于共同海损的损失金额和承运人承担风险的运费计算。货物在抵达目的港以前售出的,按照出售净得金额,加上共同海损牺牲的金额计算。

(3)运费共同海损分摊价值。运费分摊价值,按照承运人承担风险并于航程终止时有权收取的运费,减除为取得该项运费而在共同海损事故发生后,为完成本航程所支付营运费用,加上共同海损牺牲的金额计算。

3.共同海损分摊金额的计算

共同海损分摊金额是指因共同海损而受益的船舶、货物、运费等,按其各自分摊价值的大小,应承担的共同海损损失的数额。在理算时,首先以共同海损损失总额除以共同海损分摊价值的总额,再乘以百分之百,得出共同海损百分率,然后以船舶、货物、运费的分摊价值分别乘以共同海损百分率,即可得出每一项财产的分

摊金额。

简言之,各受益方应分摊的共同海损金额可按下列公式计算:

共同海损百分率(损失率)=共同海损损失总金额÷共同海损分摊价值总额;

船舶共同海损分摊金额=船舶共同海损分摊价值×共同海损百分比(%);

货物共同海损分摊金额=货物共同海损分摊价值×共同海损百分比(%);

运费共同海损分摊金额=运费共同海损分摊价值×共同海损百分比(%)。

(五)共同海损的法律与惯例

国际上通行的理算规则为《约克·安特卫普规则》,该规则具有国际惯例的性质,供各国立法机关和理算机构参考。国内的理算规则即中国国际贸易促进委员会制定的《北京理算规则》。

1.《约克·安特卫普规则》

在1860年由英国社会科学促进会发起的英国格拉斯哥共同海损会议上,与会的理算师、保险界和航运界的代表制订了11条关于共同海损理算的格拉斯哥决议。该决议是根据各国的共同海损的立法与习惯比较一致的地方制定的。此后,又于1864年和1877年在英国的约克城和比利时的安特卫普城开会,修改并增订了格拉斯哥决议,增加了第12条,正式命名为"约克·安特卫普规则"。其后,为了进一步满足理算规则的要求,该规则又经过数次修订,先后出台了1924年规则、1950年规则、1974年规则、1994年规则和2004年规则,这些规则同时并存,供各方自由选用。

《2004年约克·安特卫普规则》由四组不同性质的条文组成,全文共32条,扩大了船方的赔偿额,减少了货方的共同海损分摊。修改主要有如下几个方面:(1)规则六将大部分救助报酬排除在共同海损之外;(2)规则十一规定船舶在避难港停留期间的船员工资和给养不得确认为共同海损;(3)规则十四将临时修理费用确认为共同海损,应减除船方的节省;(4)规则二十规定共同海损费用不给予手续费;(5)规则二十一规定采用浮动年利率计算利息;(6)规则二十三增加了索赔共同海损分摊请求权的时效规定。《约克·安特卫普规则》不是强制性的,它只有在合同规定时才适用。该规则每次修改都不废止旧规则,有关方面可在1974年、1994年和2004年《约克·安特卫普规则》三者中选择使用。

2.《北京理算规则》

《北京理算规则》是《中国国际贸易促进委员会共同海损理算暂行规则》的简称,是由中国国际贸易促进委员会制定的,于1975年1月1日起施行。它是我国国际贸易促进委员会海损理算处进行共同海损理算的依据。

《北京理算规则》包括前言和8条规定:(1)共同海损的范围;(2)共同海损理算的原则;(3)共同海损损失金额的计算;(4)共同海损的分摊;(5)利息和手续费;(6)共同海损担保;(7)共同海损时限;(8)共同海损理算的简化。与国际上普遍采用的

《约克·安特卫普规则》相比,《北京理算规则》条文简单、通俗易懂,但实质性内容基本相似,主要差异在于,《北京理算规则》规定不对由于一方不能免责的过失引起的共同海损进行理算,《约克·安特卫普规则》却无此限制。

司法考试真题链接

1. 关于船舶担保物权及针对船舶的请求权的表述,下列哪些选项是正确的?(2012 年司法考试真题)

A. 海难救助的救助款项给付请求,先于在船舶营运中发生的人身伤亡赔偿请求而受偿

B. 船舶在营运中因侵权行为产生的财产赔偿请求,先于船舶吨税、引航费等的缴付请求而受偿

C. 因保存、拍卖船舶和分配船舶价款产生的费用,应从船舶拍卖所得价款中先行拨付

D. 船舶优先权先于船舶留置权与船舶抵押权受偿

2. 南岳公司委托江北造船公司建造船舶一艘。船舶交付使用时南岳公司尚欠江北公司费用 200 万元。南岳公司以该船舶抵押向银行贷款 500 万元。后该船舶不慎触礁,需修理费 50 万元,有多名船员受伤,需医药费等 40 万元。如以该船舶的价值清偿上述债务,下列哪些表述是正确的?(2011 年司法考试真题)

A. 修船厂的留置权优先于银行的抵押权

B. 船员的赔偿请求权优先于修船厂的留置权

C. 造船公司的造船费用请求权优先于银行的抵押权

D. 银行的抵押权优先于修船厂的留置权

3. “大鱼”号货轮在航行中遇雷暴天气,船上部分货物失火燃烧,大火蔓延到机舱。船长为灭火命令船员向舱中灌水。因船舶主机受损,不能继续航行,船长求助拖轮将“大鱼”号拖到避难港。下列哪些损失应列入共同海损?(2005 年司法考试真题)

A. 为灭火而湿损的货物

B. 为将“大鱼”号拖至避难港而发生的拖航费用

C. 失火烧毁的货物

D. 在避难港发生的港口费

4. 悬挂不同国旗的甲、乙两船在公海相撞后,先后驶入我国港口,并在我国海事法院提起索赔诉讼。根据我国《海商法》,我国法院审理该案应适用什么法律?(2004 年司法考试真题)

A. 甲船先到达港口,应适用甲船船旗国法律

B. 乙船是被告，应适用乙船船旗国法律

C. 应适用我国法律

D. 应适用有关船舶碰撞的国际公约

5. 一艘油轮在进入我国某海港时因受海浪影响而触礁，部分原油泄漏，我国某救助公司立即对其进行了救助，将其安全拖带到港口并防止了原油的进一步泄漏。关于此次海难救助，下列说法哪些是正确的？（2003 年司法考试真题）

A. 救助报酬不得超过船舶和其他财产的获救价值

B. 获救船舶的船舶所有人和船上所载原油的所有人应就救助报酬承担连带责任

C. 救助费用可作为共同海损费用由利益各方分担

D. 有关救助报酬的请求权时效期间是 2 年，自救助作业终止之日起计算

第三十章 海上保险合同

【引　例】

甲集团公司(以下简称甲公司)以每吨 2015 元人民币的价格购进 2479.895吨豆粕,需从大连港经水路运往广州黄埔港。2002 年 8 月 27 日,甲公司将货物运进大连港。因乙保险公司(以下简称乙公司)下属支公司与大连港有长期代办保险业务合同关系,大连港收到甲公司货物后,即于 28 日在水路货物承运登记单上加盖了乙保险公司的保险印章,并通知甲公司缴纳保险费。甲公司按每吨 1500 元人民币的保险费对 2479.895 吨豆粕向乙保险公司投保了综合险,保险总额 3719850 元,并支付了保险费人民币 13019 元,保险合同条款按中国人民保险公司《国内水路、铁路货物运输保险条款》规定。该批货物于 2002 年 8 月 28 日开始装船。8 月 30 日凌晨天降大雨,因承运船第八舱液压管爆裂,致使舱盖不能关闭,造成甲公司已装船货物被雨淋湿。甲公司要求承运人卸下 381 件,并告知乙公司货被雨淋,要求乙公司上船对剩余货物是否需要卸下船进行检验确认。乙经查验,没有提出卸货意见。当日,承运人向甲公司出具了“8 仓货物被雨淋湿,已卸下 381 件,余货水湿不详”的货运记录。2002 年 8 月 31 日,该批货物装船完毕后即运往广州黄埔港。9 月 3 日,乙向甲出具了《国内水路、陆路货物运输保险单》。甲乙双方对保险合同成立的时间产生了歧义。

第一节 海上保险合同概述

一、海上保险合同的概念与特点

海上保险合同是指保险人按照约定,对被保险人遭受保险事故造成保险标的的损失所产生的责任负责赔偿,而由被保险人支付保险费的合同。海上保险合同是海上保险关系的法律表现形式,它具有如下特点:

（一）海上保险合同是双务有偿合同

海上保险合同的双务性在于就被保险人而言，是以支付保险费为义务而取得保险保障的权利；就保险人而言，是以履行损失补偿责任为义务而取得收取保险费的权利。双方的权利和义务是相互关联、互为条件的。

（二）海上保险合同是保障性合同

海上保险是为了保障海上风险造成保险标的损失这一目的而订立的。被保险人向保险人支付保险费，其目的在于通过保险保障其对保险标的的经济利益，而保险人以收取保险费为条件，当保险标的遭受损失时，由保险人向被保险人提供赔偿。

（三）海上保险合同是最大诚信合同

最大诚信是订立海上保险合同最为重要的原则之一。保险合同双方当事人必须本着最大诚意和信用来订立合同。任何合同的签订，都必须以当事人的诚信为基础，如果当事人一方以欺诈为手段，诱使他方签订合同，一旦发现，他方则可据此解除合同；如有损害，并可要求对方予以赔偿。因此，被保险人在要求保险人对保险标的进行保险时，必须向保险人诚实地、毫不隐瞒地提供有关保险标的各项资料，对保险人的询问，必须如实陈述，并严格遵守合同的条件；如被保险人没有履行此项义务，有意隐瞒情况，即使在保险合同订立之后，保险人仍可解除合同。

二、海上保险合同的种类

根据保险合同的标的不同，可以将海上保险合同分为海上船舶保险合同和海上货物运输保险合同两种基本类型。

（一）海上船舶保险合同

海上船舶保险合同是指保险人对于其承保的各类海上货物运输的船舶，因为海上风险而发生的物质损失以及有关的利益和经济赔偿责任，承担保险给付责任的保险合同。

国际通行的船舶保险主要由定期保险和航程保险。定期保险是承保人仅在特定期间内负有承保责任的海事保险。定期保险不能笼统地写明保险期为“半年”或“一年”，而应写明具体的起止时间。保险合同一般写明自中午12时起至中午12时止，如不写明，则以当天的零时为准。航程保险是以某一特定航程的安全行驶为保险对象的海事保险，其保险责任的起讫时间规定如下：(1)不载货船舶的起讫时间自起运港解缆或起锚时开始，至目的港抛锚或系缆完毕时为止。(2)载货船舶的起讫时间自起运港装货时开始，至目的港卸货完毕时终止。但自船舶抵达目的港当日午夜零时起，最多不得超过 30 天。超过者，应事先征得保险人同意，加付保险费后保险合同继续有效，最长期限为 90 天。

同一保单中，既可以规定航程范围，也可以规定期限条件，这种保险单也称为混合保险单，即同时以时间和空间两方面来限制保险合同的期间。

（二）海上货物运输保险合同

海上运输保险合同是指保险人对于被保险人交运的海上运输货物承担保险给付责任的保险合同。

海上预约保险合同是一种特殊的海上货物运输保险合同，是指保险人与被保险人之间就约定的期间内对不确定的货物的保险责任范围、保险财产范围、每一保险或每一地点的最高保险金额和保险费计算办法等条款而订立的一种长期的海上货物运输保险合同。预约保险合同一般规定了基本保险条款，如保险货物范围、保险费率、保险险别、承保期限、全部货物最高保险金额等内容，至于具体的每票货物的数量、价值及运载工具，在货物装船之后可以被补充，符合条件的货物起运后，其自动发生投保的效力，受该预约保险合同的保护。

第二节 海上保险合同的订立、转让和解除

一、海上保险合同的订立和变更

海上保险合同是指保险人对被保险人的承保证明，也是规定保险人与被保险人权利和义务的依据。

在英、美等国，保险合同由被保险人通过保险经纪人作为代理人来签订。保险经纪人出具承保单，保险人在承保单上签字，合同即告成立。保险经纪人交纳保险费并从保险人处收取佣金。如被保险人不交保险费，则不能从保险经纪人处取得保险单。我国《海商法》第 221 条明确规定了海上保险合同的订立程序，即被保险人提出保险要求，经保险人同意承保，并就海上保险合同的条款达成协议后，合同成立。保险人应当及时向被保险人签发保险单或者其他保险单证，并在保险单或者其他保险单证中载明当事人双方约定的合同内容。可见，保险人出具保险单并不是保险合同成立的必要条件，保险单只是保险方在保险合同成立的基础上向投保方出具的单证，其最大的功用只是在于举证方面。如引例中，甲公司货物于 2002 年 8 月 27 日入港，自 28 日乙公司代办人在《货物承运登记单》上加盖保险印

单、甲公司按乙公司代办人要求办理货物保险时起,保险合同即告成立。9月3日乙公司出具的保单,是在保险合同成立的基础上被告应当向甲公司出具的保险单证,不是保险合同成立的时间证明。

海上保险合同的变更是指保险合同在签订后履行的过程中,由于情况发生一些变化,对合同内容进行的修改与补充。一般来说,海上保险合同签订后,如果其内容发生变化,被保险人必须及时向保险人申请变更或修改,任何细小变更也必须经保险人同意,并出具批单,酌情增减保险费。海上保险合同内容的变更主要指保险标的的变更,保险金额的变更,保险责任的变更等。

二、海上保险合同的转让

海上保险合同的转让,一般是指被保险人将其合同让与给第三人,而由受让人取代被保险人地位的法律行为。根据国际海上保险的惯例,允许海上保险合同的转让。我国海商法将海上保险合同的转让分为不需经保险人同意的转让和需经保险人同意的转让两类。

(一)不需经保险人同意的转让

我国《海商法》第229条规定,海上货物运输保险合同可以由被保险人背书或者以其他方式转让,合同的权利、义务也随之转移。合同转让时尚未支付保险费的,被保险人和合同受让人负连带支付责任。货物保险合同的转让,并不需要保险人的同意,原因在于此种情况下,货物尚在运输途中处于承运人的监管之下,因而,被保险人的变更对承保风险没有任何影响,且可以便利交易各方利益,促进商品迅速流转,保障国际贸易的正常往来。

(二)需经保险人同意的转让

船舶所有权转移有可能改变船舶的管理状况,从而影响到保险人的承保风险及其保险费率的确定。所以,各国法律一般都规定,船舶保险合同的转让,需经保险人同意。我国《海商法》第230条第1款明确规定:“因船舶转让而转让船舶保险合同的,应当取得保险人同意。”具体方法是由保险人在保险单上批注或附贴批单,确认合同的转让。未经保险人同意的,船舶保险合同从船舶转让时起解除。

三、海上保险合同的解除

海上保险合同的解除有保险责任开始前的解除与保险责任开始后的解除。

(一)保险责任开始前的解除

我国《海商法》第226条规定,保险责任开始前,被保险人可以要求解除合同,但是应当向保险人支付手续费,保险人应当退还保险费。保险人承担赔偿责任是以收取保险费为对价的,所以在保险责任开始前,应允许被保险人解除合同并由保险人退还保险费,保险人仅收取一定的退保手续费。

(二)保险责任开始后的解除

我国《海商法》第227条规定,除合同另有约定外,保险责任开始后,被保险人和保险人均不得解除合同。根据合同约定在保险责任开始后可以解除合同的,被保险人要求解除合同,保险人有权收取自保险责任开始之日起至合同解除之日止的保险费,剩余部分予以退还;保险人要求解除合同,应当将自合同解除之日起至保险期限届满之日止的保险费退还给保险人。

第三节　海上保险合同的主要内容

一、保险人与被保险人名称

保险人,是指与投保人签订保险合同,并承担赔偿或者给付保险金责任的保险公司,是保险合同的一方当事人。在我国,保险人均为保险公司,其他任何单位和个人不得经营保险业务。我国具有保险人资格的主要有中国人民保险公司及其分支机构、太平洋保险公司和平安保险公司等依法设立的保险公司。

被保险人,被保险人是保险合同主体的另一方,指其财产或者责任受保险合同保险,享有保险金请求权的人,投保人可以是被保险人。投保人是指与保险人订立保险合同,并按照保险合同负有支付保险费义务的人。若投保人是保险财产的所有人或经营管理人,两者一致;在保险合同转让的情况下,两者分离。根据保险利益原则,保险标的在遭受保险事故发生损失或产生责任时,被保险人必须具有保险利益。

二、保险标的

保险标的是指保险人与被保险人在海上保险合同中约定的被保险的财产或与财产有关的利益和责任。保险标的的范围很广,主要有船舶、货物以及其他与航海有关的财产和利益。

三、保险价值

保险价值是指保险责任开始时，保险标的的实际价值和保险费的总和。保险人与被保险人约定的，依双方约定。在实际保险业务中，被保险人在投保时，要正确确定保险标的实际价值是困难的，无论是对设备异常复杂、国际市场价值变动不定的现代船舶，还是对品种繁多、运杂费不易准确计算的货物来说，都是如此，所以通常都是由保险人与被保险人来议定约束双方的保险标的的价值。

四、保险金额

保险金额是指保险人承担赔偿或给付保险金责任的最高限额。保险金额由保险人与被保险人约定。保险金额不得超过保险价值；超过保险价值的，超过部分无效。

五、保险责任和除外责任

保险责任是指海上保险合同规定的保险人承保的风险范围，通常通过保险条款来体现。除外责任是指保险合同约定的保险责任以外的责任，亦即保险人不负赔偿责任的风险范围，在此风险范围内发生事故，造成保险标的损失和产生责任，由被保险人自己承担。在不同的海上保险合同中，除外责任的风险范围是不同的。我国《海商法》第 242 条、第 243 条和第 244 条规定了保险人在货物、船舶保险责任中的除外责任。

六、保险期间

保险期间又称保险期限，是指海上保险合同生效和终止的期限。保险人只对合同规定的有效期内发生的保险事故造成保险标的损失和产生的责任负责赔偿。不同的保险合同有着不同的保险期限。它一方面是计算保险费的依据，另一方面又是保险人与被保险人履行权利和义务的责任期限。

七、保险费

保险费是被保险人按保险金额的比例付给保险人的费用。双方当事人关于保险费条款必须达成一致，合同方能成立。交纳保险费是被保险人应尽的法定义务，如果被保险人拒绝交纳保险费，保险人仍有权解除合同。

此外，海上保险合同中一般还应写明险别、运输工具名称、航程、损失处理、赔偿办法等内容和条款。

第四节　海上保险合同当事人的义务

一、被保险人的义务

(一)支付保险费的义务

保险人经营海上保险业务是一种专门性商品经营活动，其与被保险人所签订的海上保险合同具有双务、有偿的性质。这决定了被保险人在此合同中承担的首要义务是向保险人支付保险费。按照我国《海商法》第234条规定："被保险人支付保险费前，保险人可以拒绝签发保险单证。"

被保险人履行支付保险费义务时，应当以海上保险合同中约定的保险费条款为根据。

(二)遵守保证条款的义务

保证是保险法中绝对诚信原则的基本内容之一，对于整个海上保险领域具有普遍的指导意义。它表现为被保险人和保险在海上保险合同中约定，被保险人承诺保证其对某一事项的作为或不作为，或保证某一事项的真实性。

海上保险合同的保证可分为明示保证和默示保证。根据海上保险的惯例，它们各自适用的范围不同，法律条件也有所区别。

1.明示保证的法律要求。在国际海上保险市场中，对于明示保证的遵守要求得尤为严格。明示保证通常采用书面形式，明示保证内容应当在保险单(或投保单)中载明。

(1)开航保证，就是保证船舶在海上保险合同规定的日期准时开航。故保险单上通常写明"在某日(或某日前)开航"。

(2)船舶状态保证。它是保证船舶在指定日期指定地点处于良好状态或完好状态。

(3)船员人数保证，它是保证按照有关国际公约和有关国家的规定，船上配备足够的船员数额，并且要把工作职责予以合理安排。其遵守的条件包括配备船员的人数和时间。

(4)国籍保证。它是对于船舶国籍予以的明示保证。

(5)中立性保证。它是保证承保船舶或货物处于中立状态。

2.默示保证的法律要求。默示保证是依照法律规定而应当遵守的保证。从国

际保险市场的实际情况来讲，默示保证主要在海上保险中予以适用，故各国海商法均有所规定。我国《海商法》从除外责任角度，规定了被保险人必须提供适航船舶的保证。中国人民保险公司的通知保险条款亦有同样规定。

根据国际海上保险的实践，海上保险合同的默示保证主要有三项：

(1)船舶适航的默示保证。它适用于船舶的航次保险、运费保险和货物运输的航次保险，即被保险人保证船舶开航时具有到达承保目的地的适航状态。

(2)船舶不改变航程和不绕航的默示保证。它的内容是保证被保险船舶航行不改变或不偏离两个港口之间的正常航道。

(3)船货合法的默示保证。它是被保险人保证所承保的海上运务以合法的方式进行。

(三)发生保险事故时的通知义务和施救义务

这是被保险人在海上保险合同中所承担着的两项相互联系的义务。其共同之处在于，该两项义务均为被保险人在保险事故发生之后，应予履行的义务。

1. 发生保险事故的通知义务。这项义务是要求被保险人在保险事故发生后，应当立即通知保险人。我国《海商法》第 236 条明确规定："一旦保险事故发生，被保险人应当立即通知保险人。"

2. 施救义务。这项义务要求被保险人在保险事故发生时，应当采取各项合理的抢救措施，防止或减少保险标的损失。此项义务在国际海上保险市场中广泛适用。我国《海商法》第 236 条也规定一旦保险事故发生，被保险人应当"采取必要的合理措施，防止或者减少损失"，"被保险人收到保险人发生的有关采取防止或者减少损失的合理措施的特别通知的，应当按照保险人通知的要求处理"。

二、保险人的义务

赔偿责任是保险人在海上保险合同中所承担的基本义务，我国《海商法》第 237 条规定对保险人收取保险费的对价条件规定如下："发生保险事故造成损失后，保险人应当及时向被保险人支付保险赔偿。"

(一)保险人赔偿保险事故造成的保险标的损失

根据具体承保的标的范围，保险人对于因保险事故造成的船舶、货物、运费、货物预期利润的损失予以赔偿。同时，对于因保险事故而损失的船员工资和对第三人承担法律责任所支付的货币数额，保险人也要赔付。

1. 保险金额是保险人进行保险赔偿的最高限额。我国《海商法》第 238 条规定："保险人赔偿保险事故造成的损失，以保险金额为限。"因此，保险人在保险事故发生后，要依据保险金额，分别确定赔偿数额。

(1)对于足额保险,由于其保险金额与保险标的的实际价值相等,则保险人按照保险标的的实际损失确定保险赔偿数额,全部损失的足额赔偿,部分损失的如数赔偿。

(2)对于不足额保险,因当事人在海上保险合同中确定的保险金额低于保险标的的实际价值,所以,被保险人在保险责任范围内遭受的损失,不能得到充分的经济赔偿,只能在保险金额限度内要求赔偿。

(3)如果是超额保险的海上保险合同,按照国际海上保险的惯例,只要不是出于保险人的恶意行为,保险人并不解除保险合同,但是,"超过保险价值的,超过部分无效"。

2. 保险人对于连续损失的赔偿责任。根据我国《海商法》第 239 条的规定,如果在海上保险合同的保险期限内发生几次保险事故,连续给保险标的造成损失的,保险人应当对连续损失承担赔偿责任。

3. 保险人对于被保险人的共同海损分摊的赔偿责任。在我国海上保险实务中,共同海损的分摊属于保险责任之列,例如,船舶保险条款的一切险和海洋运输货物保险条款均有如此规定。

根据我国《海商法》第 241 条的规定:"保险人按照保险金额共同分摊价值的比例赔偿共同海损分摊。"

(二)保险人要对被保险人支出的有关费用予以赔付

根据我国《海商法》第 240 条规定,这些费用包括:(1)被保险人支出的施救费用。(2)为确定保险事故的性质、程度而支出的检验、估价的合理费用。(3)为执行保险人发生的有关采取防止或者减少损失的合理措施的特别通知而支出的费用等。